PHILOSOPHIE

Sous la direction de Laurence Hansen-Løve

Terminales L, ES, S

Nouvelle édition augmentée

Sous la direction de Laurence Hansen-Løve
Carole Bline, certifiée de philosophie, lycée Jean-Monnet, Joué-lès-Tours
Auguste-Serge Dupin, agrégé de philosophie, Paris
Gérard Durozoi, agrégé de philosophie, Lille
Laurence Hansen-Løve, agrégée de philosophie, lycée Sophie-Germain, Paris
Ole Hansen-Løve, agrégé de philosophie, lycée d'État de Sèvres
Emmanuel Pasquier, agrégé de philosophie, lycée Jacques-Brel, La Courneuve
Chantal Pouméroulie, agrégée de philosophie, lycée Victor-Duruy, Paris
Éric Zernik, agrégé de philosophie, Paris

Belin:
ÉDITEUR INDÉPENDANT
DEPUIS 1777

8, RUE FÉROU 75278 PARIS CEDEX 06
WWW.EDITIONS-BELIN.COM

Malgré tous les efforts de l'éditeur, il nous a été impossible d'identifier certains auteurs. Quelques demandes n'ont pas à ce jour reçu de réponses. Les droits de reproduction sont réservés pour les éditions Belin.

© Éditions Belin 2012

ISBN 978-2-7011-6224-9

Avant-propos

L'enseignement de la philosophie en classes terminales présente le double caractère d'être à la fois ambitieux et introductif. Il est ambitieux de se donner pour objectif de « favoriser l'accès de chaque élève à l'exercice réfléchi du jugement ». Mais l'enseignement philosophique doit conserver un caractère introductif, excluant par principe toute « visée encyclopédique » (Programme des séries générales, mai 2003).

LES TEXTES AU PREMIER PLAN. L'ouvrage que nous vous présentons prend en compte ces deux objectifs. Il réunit des textes clés de l'histoire de la philosophie et qui sont classés, pour chacune des notions, selon un **ordre chronologique**. Ces textes sont introduits par de brefs **chapeaux** qui dégagent le problème philosophique dont ils traitent. En marge ou dans les chapeaux, nous nous sommes efforcés d'indiquer les liens que ces textes peuvent tisser les uns avec les autres, par-delà les distances temporelles. Il s'agit de montrer le développement d'une question, sans pour autant imposer au lecteur une problématique trop particulière impliquant des choix propres aux auteurs du manuel. Notre souci a été de permettre une utilisation souple du recueil qui laisse l'enseignant libre de construire sa propre problématique. Cette formule épurée et rigoureuse du manuel de philosophie permet de recentrer notre travail d'enseignants sur l'essentiel, à savoir les textes, et d'inciter les élèves à les lire.

UNE LECTURE FACILITÉE. Les cinq « champs de problèmes » du programme sont introduits par des textes courts et actuels assortis d'une image susceptible d'amorcer la réflexion. Les portraits et les dates des auteurs sont en regard de chaque texte pour incarner la pensée. Certains textes sont éclairés en marge par une mise en contexte soit historique, soit problématique.

UNE LECTURE PLURIELLE. Afin d'aider l'enseignant à construire des problématiques transversales non soumises à l'ordre historique des textes, nous avons choisi d'approfondir la présentation des **repères**. Après un travail de définition le plus précis possible, nous avons indiqué des liens aux textes du corpus. Dans cette même recherche de transversalité, nous avons établi également des renvois aux repères en marge des dix **œuvres pour l'oral** (chapitre ou fragment d'œuvre des auteurs au programme) qui peuvent faire l'objet d'une étude suivie. Ces renvois présentent l'avantage supplémentaire de fournir des jalons pour la lecture de ces textes plus difficiles d'accès car plus longs.

DES AIDES PÉDAGOGIQUES. Des pages de « méthodes pour le Bac » permettent à l'élève de s'initier pas à pas aux épreuves du baccalauréat à l'aide d'exemples. Nous avons également ajouté des « fiches auteurs », les plus synthétiques possibles, afin de permettre à l'élève de faire connaissance avec les philosophes du programme, et de lui donner envie d'aller plus loin.

Les auteurs

La raison et le réel

La POLITIQUE

Test de la tache colorée

La reconnaissance de son reflet par l'enfant – qui survient généralement entre un an et demi et deux ans – est l'une des étapes clés de la constitution de la conscience de soi. En 1969, le psychologue américain Gordon Gallup imagine un moyen de savoir si les animaux, eux aussi, se reconnaissent dans une glace : il habitue des chimpanzés à la présence d'un miroir puis, après quelques jours, les anesthésie et leur peint des marques rouges sur le visage. À leur réveil, en se regardant dans le miroir, les singes touchent immédiatement leurs marques et, parfois, regardent ensuite leurs doigts. Baptisée « test de la tache colorée », cette expérience est la preuve, selon Gallup, d'une reconnaissance de soi chez les primates.

Jusqu'ici, seuls les chimpanzés, les ourangs-outans, les gorilles et les hommes sont parvenus à réussir ce test. Les scientifiques ont montré que d'autres espèces animales (comme les éléphants ou les perroquets gris d'Afrique) savent se servir d'un miroir comme outil, pour guider leurs gestes ou trouver des objets cachés.

Philippe Lopes,
http://membres.multimania.fr/philippelopes/
Conscience.htm

Gérard Garouste,
Dérive, 2011.

Le sujet

Le sujet

Commencer à réfléchir...

... à partir d'un texte

1. En quoi l'expérience de Gordon Gallup prouve-t-elle qu'il y a reconnaissance de soi chez certains animaux ?

2. Doit-on attribuer la capacité d'être sujet à certains animaux ?

3. À votre avis, la distinction animal-humain peut-elle être maintenue ?

... à partir d'une image

4. Comment, dans ce tableau de Gérard Garouste, est suggérée la proximité entre l'homme et le singe ?

La conscience

Définition élémentaire

▶ La conscience est la faculté de se représenter quelque chose. Les êtres conscients, les animaux, les hommes, ne sont pas seulement « dans » le monde, ils ont aussi le monde « en » eux, « dans leur tête », dans leur conscience, ils se le représentent. Le monde est « présent » et la conscience le « re-présente », le rend présent une seconde fois, en nous.

▶ L'homme a non seulement conscience du monde qui l'environne, mais aussi conscience de soi, conscience d'avoir conscience.

Distinguer pour comprendre

▶ Conscience et inconscience : on peut être privé de toute conscience (par ex. être dans le coma), ou de la conscience d'un objet particulier (par ex. être inconscient d'un danger), ou ne pas avoir de conscience par nature (inertie ou état végétatif des pierres, des végétaux).

▶ Conscience et inconscient : dans la théorie freudienne, l'inconscient est une partie du psychisme, qui peut déterminer, dans une certaine mesure, nos actions, à notre insu.

Repères associés à la notion

➡ Médiat / immédiat (p. 445)
➡ Objectif / subjectif (p. 445)

Platon

[427-347 avant J.-C.]

À L'ÉPOQUE

En 399 av. J.-C., Socrate est condamné à mort. Peu de temps après, Phédon, qui était présent, raconte les derniers moments de Socrate au cours desquels celui-ci discute, sereinement, au sujet de l'âme et de l'immortalité avec ses disciples.

Fiche Platon p. 477

1 La pensée comme intériorité

En toute rigueur, on ne trouve de philosophie de la conscience qu'à partir du XVIIᵉ siècle. Mais en définissant la pensée comme intériorité, Platon jette les bases d'une philosophie du sujet. L'âme n'est elle-même que, lorsque s'arrachant aux sollicitations du corps, elle se concentre sur ce qui lui est le plus proche et le plus familier : les Idées du monde intelligible.

— Mais ce point-là, ne l'avions-nous pas justement établi [...] quand nous disions : toutes les fois que l'âme a recours au corps pour examiner quelque chose, utilisant soit la vue, soit l'ouïe, soit n'importe quel autre sens (par « avoir recours au corps » j'entends : « utiliser les sens pour examiner

5 quelque chose ») alors elle est traînée par le corps dans la direction de ce qui jamais ne reste même que soi, et la voilà en proie à l'errance, au trouble, au vertige, comme si elle était ivre, tout cela parce que c'est avec ce genre de choses qu'elle est en contact ?

— Oui, absolument.

10 — Quand, au contraire, c'est l'âme elle-même, et seulement par elle-même, qui conduit son examen, elle s'élance là-bas, vers ce qui est pur et qui est toujours, qui est immortel et toujours semblable à soi ? Et comme elle est apparentée à cette manière d'être, elle reste toujours en sa compagnie, chaque fois précisément que, se concentrant elle-même en elle-même, cela

15 lui devient possible. C'en est fini alors de son errance : dans la proximité de ces êtres, elle reste toujours semblablement même qu'elle-même, puisqu'elle est à leur contact. Cet état de l'âme, c'est bien ce qu'on appelle la pensée ?

— C'est vraiment très beau, et très vrai, ce que tu dis, Socrate.

Platon,
Phédon (IVᵉ siècle av. J.-C.), 79c-79d,
trad. M. Dixsaut, Éd. Flammarion, coll. « GF », 1991, p. 242.

Descartes

[1596-1650]

1. J'infère : je déduis.

2 La pensée comme conscience

On assimile parfois la pensée à la capacité de calcul, et il n'est pas rare d'entendre soutenir qu'un ordinateur pense. C'est oublier qu'il n'y a pas de pensée sans conscience de soi et que toute pensée est d'abord et essentiellement cette expérience de soi. C'est pourquoi Descartes étend la pensée à « tout ce qui se fait en nous de telle sorte que nous l'apercevons immédiatement par nous-mêmes ».

Ce que c'est que penser
Par le mot de penser, j'entends tout ce qui se fait en nous de telle sorte que nous l'apercevons immédiatement par nous-mêmes ; c'est pourquoi non seulement entendre, vouloir, imaginer, mais aussi sentir, est la même chose ici

5 que penser. Car si je dis que je vois ou que je marche, et que j'infère[1] de là que je suis ; si j'entends parler de l'action qui se fait avec mes yeux ou avec mes jambes, cette conclusion n'est pas tellement infaillible, que je n'aie

2. Le même : la même chose.

quelque sujet d'en douter, à cause qu'il se peut faire que je pense voir ou marcher, encore que je n'ouvre point les yeux et que je ne bouge de ma
10 place ; car cela m'arrive quelquefois en dormant, et le même[2] pourrait peut-être arriver si je n'avais point de corps ; au lieu que si j'entends parler seulement de l'action de ma pensée ou du sentiment, c'est-à-dire de la connaissance qui est en moi, qui fait qu'il me semble que je vois ou que je marche, cette même conclusion est si absolument vraie que je n'en puis
15 douter, à cause qu'elle se rapporte à l'âme, qui seule a la faculté de sentir ou bien de penser en quelque autre façon que ce soit.

René Descartes,
Principes de la philosophie (1644), partie I, § 9,
Éd. Gallimard, coll. « Bibliothèque de la Pléiade », 1966, p. 574.

Fiche Descartes p. 496

Descartes
[1596-1650]

3 « Je suis, j'existe »

Descartes peut être considéré comme le promoteur des philosophies du sujet. Sans doute l'expression « conscience de soi » n'apparaît-elle pas encore sous sa plume. Mais dans le texte de la « Méditation seconde », que nous reproduisons ici, on assiste au mouvement réflexif par lequel la pensée s'assure de sa propre existence. La pensée qui se pense, ou conscience de soi, devient ainsi la première vérité indubitable.

Archimède, pour tirer le globe terrestre de sa place et le transporter en un autre lieu, ne demandait rien qu'un point qui fût fixe et assuré. Ainsi j'aurai droit de concevoir de hautes espérances, si je suis assez heureux pour trouver seulement une chose qui soit certaine et indubitable.
5 Je suppose donc que toutes les choses que je vois sont fausses ; je me persuade que rien n'a jamais été de tout ce que ma mémoire remplie de mensonges me représente ; je pense n'avoir aucun sens ; je crois que le corps, la figure, l'étendue, le mouvement et le lieu ne sont que des fictions de mon esprit. Qu'est-ce donc qui pourra être estimé véritable ? Peut-être rien autre
10 chose, sinon qu'il n'y a rien au monde de certain.
Mais que sais-je s'il n'y a point quelque autre chose différente de celles que je viens de juger incertaines, de laquelle on ne puisse avoir le moindre doute ? N'y a-t-il point quelque Dieu, ou quelque autre puissance, qui me met en l'esprit ces pensées ? Cela n'est pas nécessaire ; car peut-être que
15 je suis capable de les produire de moi-même. Moi donc à tout le moins ne suis-je pas quelque chose ? Mais j'ai déjà nié que j'eusse aucun sens ni aucun corps. J'hésite néanmoins, car que s'ensuit-il de là ? Suis-je tellement dépendant du corps et des sens, que je ne puisse être sans eux ? Mais je me suis persuadé qu'il n'y avait rien du tout dans le monde, qu'il n'y avait
20 aucun ciel, aucune terre, aucuns esprits, ni aucuns corps ; ne me suis-je donc pas aussi persuadé que je n'étais point ? Non certes, j'étais sans doute, si je me suis persuadé, ou seulement si j'ai pensé quelque chose. Mais il y a un je ne sais quel trompeur très puissant et très rusé, qui emploie toute son industrie à me tromper toujours. Il n'y a donc point de doute que je suis,

À L'ÉPOQUE
1642 : mort de Galilée, un an après la parution des *Méditations*. Galilée en soutenant que la terre tourne autour du soleil, Descartes en affirmant que *je pense, je suis* est le point fixe de la philosophie, rompent tous les deux avec la pensée de leur temps.

1. Voir le texte intégral
   de la *Méditation seconde*,
   pp. 103-109.

25 s'il me trompe; et qu'il me trompe tant qu'il voudra, il ne saurait jamais faire que je ne sois rien, tant que je penserai être quelque chose. De sorte qu'après y avoir bien pensé, et avoir soigneusement examiné toutes choses, enfin il faut conclure, et tenir pour constant que cette proposition : *Je suis, j'existe,* est nécessairement vraie, toutes les fois que je la prononce, ou que je
30 la conçois en mon esprit[1].

René Descartes,
Les Méditations (1641), *Méditation seconde,* in *Œuvres et Lettres,*
Éd. Gallimard, coll. « Bibliothèque de la Pléiade », 1966, pp. 274-275.

 Fiche Descartes p. 496

4 La conscience, principe de l'identité personnelle

Locke
[1632-1704]

Imaginons que la conscience de Paul habite la nuit le corps de Pierre pendant que ce dernier dort, et, qu'inversement la conscience de Pierre se réveille le matin, alors que Paul s'assoupit. Serions-nous en présence d'une seule personne ou de deux personnes ? C'est ce scénario de philosophie-fiction qui donne à Locke l'occasion de s'interroger sur ce qui fait l'« *identité personnelle* ».

Il n'y a que la conscience qui puisse unir en une même personne des existences éloignées, et non l'identité de substance. Car, quelle que soit la substance, quelle que soit sa structure, il n'y a pas de personne sans conscience : [ou alors] un cadavre pourrait être une personne, aussi bien que
5 n'importe quelle substance sans conscience.

Pourrions-nous supposer deux consciences distinctes et incommunicables faisant agir le même corps, l'une de jour et l'autre de nuit, et en sens inverse la même conscience qui ferait agir par intervalle des corps distincts ? Je me demande si, dans le premier cas, *celui qui travaille de jour* et
10 *celui qui travaille de nuit* ne seraient pas deux personnes aussi distinctes que *Socrate* et *Platon* ; et si dans le second cas, il n'y aurait pas une personne en deux corps différents, tout comme un homme reste le même dans des vêtements différents.

Il ne sert absolument à rien de dire que dans les cas précédents les
15 *consciences* sont les mêmes ou diffèrent en fonction de substances immatérielles identiques ou différentes, qui introduiraient en même temps la conscience dans ces corps : que ce soit vrai ou faux, cela ne change rien, puisqu'il est évident que l'*identité personnelle* serait dans les deux cas déterminée par la conscience, qu'elle soit attachée à une substance
20 immatérielle individuelle ou non. Si l'on accorde en effet que la substance pensante de l'homme doit être nécessairement supposée immatérielle, il n'en demeure pas moins évident que la chose pensante immatérielle peut se défaire parfois de sa conscience passée, puis la retrouver ; comme en témoigne souvent chez l'homme l'oubli des actions passées,
25 et le fait que plusieurs fois il retrouve trace de conscience passée complètement perdue depuis vingt ans. Supposez que ces intervalles de

À L'ÉPOQUE
Vers 1670, Locke est médecin personnel de Lord Ashley, comte de Shaftesbury. Il persuade celui-ci de subir une opération (facilement mortelle à l'époque) pour lui enlever un kyste au foie… et l'intervention réussit.

Le sujet

mémoire et d'oubli alternent régulièrement jour et nuit, et vous aurez deux personnes qui auront le même Esprit immatériel, tout comme dans l'exemple précédent vous aviez deux personnes avec le même
30 corps. Ainsi le *soi* n'est pas déterminé par l'identité ou la différence de substance – ce dont il ne peut être sûr – mais seulement par l'identité de conscience.

John Locke,
Essai sur l'entendement humain (1690), Livre II, chap. 27, § 23.
La conscience seule constitue le soi, trad. J.-M. Vienne,
Librairie philosophique J. Vrin, 2001, pp. 536-537.

Fiche Locke p. 499

Leibniz
[1646-1716]

1. Conscienciosité :
   ce qui caractérise
   la conscience.

À L'ÉPOQUE
En 1704, Leibniz a terminé ses *Nouveaux Essais* en réponse à Locke, mais celui-ci meurt. Leibniz décide alors d'en différer la publication. L'ouvrage ne paraîtra finalement qu'en 1765, bien après sa propre mort.

Fiche Leibniz p. 501

XVIIᵉ SIÈCLE

5 L'identité morale de la personne

Le texte que nous proposons ici constitue la réponse de Leibniz à Locke. Si le *moi* se réduisait à la conscience présente et passée, nous ne serions pas responsables des actes que nous avons oubliés et notre petite enfance ne ferait plus partie de notre identité. Il faut donc reconstituer la continuité du *moi* en y intégrant les témoignages des autres sur les épisodes oubliés de notre existence.

Je ne voudrais point dire non plus que l'*identité personnelle* et même le *soi* ne demeurent point en nous et que je ne suis point ce *moi* qui ai été dans le berceau, sous prétexte que je ne me souviens plus de rien de tout ce que j'ai fait alors. Il suffit pour trouver l'identité morale par soi-même qu'il y ait une
5 *moyenne liaison de conscienciosité*[1] d'un état voisin ou même un peu éloigné à l'autre, quand quelque saut ou intervalle oublié y serait mêlé. Ainsi, si une maladie avait fait une interruption de la continuité de la liaison de conscienciosité, en sorte que je ne susse point comment je serais devenu dans l'état présent, quoique je me souviendrais des choses plus éloignées, le témoignage
10 des autres pourrait remplir le vide de ma réminiscence. On me pourrait même punir sur ce témoignage, si je venais de faire quelque mal de propos délibéré dans un intervalle, que j'eusse oublié un peu après par cette maladie. Et si je venais à oublier toutes les choses passées, et serais obligé de me laisser enseigner de nouveau jusqu'à mon nom et jusqu'à lire et écrire, je
15 pourrais toujours apprendre des autres ma vie passée dans mon précédent état, comme j'ai gardé mes droits, sans qu'il soit nécessaire de me partager en deux personnes, et de me faire héritier de moi-même. Et tout cela suffit pour maintenir l'identité morale qui fait la même personne.

Gottfried Wilhelm Leibniz,
Nouveaux Essais sur l'entendement humain (1703),
Livre II, chap. 27, Éd. Flammarion, coll. « GF », 1966, pp. 201-202.

Hume
[1711-1776]

6 Le moi face à la discontinuité de la conscience

Hume remet ici en cause la réalité même du *moi*. Si l'on accepte la définition classique du *moi* (un support stable et continu de toutes nos expériences), force est de constater qu'il contredit notre expérience intime. Celle-ci en effet est faite d'une multiplicité de perceptions qui ne laisse place à aucune permanence. L'identité personnelle pourrait bien n'être alors qu'une simple fiction philosophique.

Il y a certains philosophes qui imaginent que nous avons à tout moment la conscience intime de ce que nous appelons notre *moi* ; que nous sentons son existence et sa continuité d'existence ; et que nous sommes certains, plus que par l'évidence d'une démonstration, de son identité et de sa simplicité
5 parfaites. [...]

Pour ma part, quand je pénètre le plus intimement dans ce que j'appelle *moi*, je bute toujours sur une perception particulière ou sur une autre, de chaud ou de froid, de lumière ou d'ombre, d'amour ou de haine, de douleur ou de plaisir. Je ne peux jamais me saisir, *moi*, en aucun moment sans une
10 perception et je ne peux rien observer que la perception. Quand mes perceptions sont écartées pour un temps, comme par un sommeil tranquille, aussi longtemps je n'ai plus conscience de *moi* et on peut dire vraiment que je n'existe pas. Si toutes mes perceptions étaient supprimées par la mort et que je ne puisse ni penser, ni sentir, ni voir, ni aimer ni haïr
15 après la dissolution de mon corps, je serais entièrement annihilé et je ne conçois pas ce qu'il faudrait de plus pour faire de moi un parfait néant.

David Hume,
Traité de la nature humaine (1740), trad. A. Leroy,
Éd. Aubier, 1946, pp. 342 et 343-344.

À L'ÉPOQUE
En 1740, quand il publie son *Traité*, Hume a 29 ans. La discontinuité de la conscience, qu'il décrit ci-contre, ne sera plus abordée dans ses œuvres suivantes. Pour lui, la philosophie n'a peut-être pas les moyens de résoudre le problème.

Fiche Hume p. 505

Rousseau
[1712-1778]

7 La conscience morale

La conscience morale, véritable tribunal intérieur, nous fait juger immédiatement de la valeur de nos actes et nous donne le sens du bien et du mal. Mais cette puissance de jugement n'est-elle que le fruit de l'éducation et l'intériorisation des contraintes sociales ? Rousseau affirme ici, au contraire, qu'elle est la voix de la nature qui nous guide et nous appelle à devenir ou à redevenir ce que nous sommes.

Conscience ! conscience ! instinct divin, immortelle et céleste voix ; guide assuré d'un être ignorant et borné, mais intelligent et libre ; juge infaillible du bien et du mal, qui rends l'homme semblable à Dieu, c'est toi qui fais l'excellence de sa nature et la moralité de ses actions ; sans toi
5 je ne sens rien en moi qui m'élève au-dessus des bêtes, que le triste privilège de m'égarer d'erreurs en erreurs à l'aide d'un entendement sans règle et d'une raison sans principe.

Grâce au ciel, nous voilà délivrés de tout cet effrayant appareil de philosophie : nous pouvons être hommes sans être savants ; dispensés de
10 consumer notre vie à l'étude de la morale, nous avons à moindres frais un guide plus assuré dans ce dédale immense des opinions humaines. Mais ce n'est pas assez que ce guide existe, il faut savoir le reconnaître et le suivre. S'il parle à tous les cœurs, pourquoi y en a-t-il si peu qui l'entendent ? Eh ! c'est qu'il nous parle la langue de la nature, que tout nous
15 a fait oublier. La conscience est timide, elle aime la retraite et la paix ; le monde et le bruit l'épouvantent : les préjugés dont on l'a fait naître sont ses plus cruels ennemis ; elle fuit ou se tait devant eux : leur voix bruyante étouffe la sienne et l'empêche de se faire entendre ; le fanatisme ose la contrefaire, et dicter le crime en son nom. Elle se rebute enfin à force
20 d'être éconduite ; elle ne nous parle plus, elle ne nous répond plus, et, après de si longs mépris pour elle, il en coûte autant de la rappeler qu'il en coûta de la bannir.

Jean-Jacques Rousseau,
Émile ou de l'Éducation (1762), Livre IV, Éd. Flammarion, coll. « GF », 1966, pp. 378-379.

Fiche Rousseau p. 506

À L'ÉPOQUE

En 1762, à sa parution, *Émile* fait scandale. L'extrait illustre un des aspects de la pensée de Rousseau qui choquaient le plus à l'époque : le rejet de toute autorité instituée, notamment celle de l'Église, en matière de conscience morale.

Rousseau

[1712-1778]

8 La conscience à l'état naissant

Pour ressaisir l'authenticité de la conscience et le lien originel qu'elle tisse avec le monde, surprenons-la en amont de toute activité intellectuelle, au moment de son éveil, lorsque nous reprenons nos esprits. Rousseau retrace ici l'expérience de la conscience à l'état naissant lorsque, après un bref évanouissement consécutif à un accident, il revient lentement à lui.

J'étais sur les six heures à la descente de Menil-montant presque vis-à-vis du galant jardinier[1], quand des personnes qui marchaient devant moi s'étant tout à coup brusquement écartées, je vis fondre sur moi un gros chien danois qui s'élançant à toutes jambes devant un carrosse n'eut pas
5 même le temps de retenir sa course ou de se détourner quand il m'aperçut. Je jugeai que le seul moyen que j'avais d'éviter d'être jeté par terre était de faire un grand saut si juste que le chien passât sous moi tandis que je serais en l'air. Cette idée plus prompte que l'éclair et que je n'eus le temps ni de raisonner ni d'exécuter fut la dernière avant mon accident. Je ne
10 sentis ni le coup, ni la chute, ni rien de ce qui s'ensuivit jusqu'au moment où je revins à moi.

[…] L'état auquel je me trouvai dans cet instant est trop singulier pour n'en pas faire ici la description.

La nuit s'avançait. J'aperçus le ciel, quelques étoiles et un peu de ver-
15 dure. Cette première sensation fut un moment délicieux. Je ne me sentais encore que par là. Je naissais dans cet instant à la vie, et il me semblait que je remplissais de ma légère existence tous les objets que j'apercevais. Tout entier au moment présent je ne me souvenais de rien ; je n'avais nulle notion distincte de mon individu, pas la moindre idée de ce qui
20 venait de m'arriver ; je ne savais ni qui j'étais ni où j'étais ; je ne sentais

1. Le galant jardinier : probablement le nom d'un cabaret.

ni mal, ni crainte, ni inquiétude. Je voyais couler mon sang comme j'aurais vu couler un ruisseau, sans songer seulement que ce sang m'appartînt en aucune sorte. Je sentais dans tout mon être un calme ravissant auquel chaque fois que je me le rappelle je ne trouve rien de comparable
25 dans toute l'activité des plaisirs connus.

Jean-Jacques Rousseau,
Rêveries du promeneur solitaire (1776-1778)*, Deuxième promenade,* Éd. Gallimard,
coll. « Bibliothèque de la Pléiade », 1969, pp. 1004-1005.

📄 Fiche Rousseau p. 506

Kant
[1724-1804]

📄 Fiche Kant p. 509

XVIIIᵉ SIÈCLE

9 L'émergence du « Je »

Ce qui distingue une personne d'un animal ou d'une chose, c'est la capacité qu'elle a à s'exprimer à la première personne du singulier. C'est le pouvoir de dire « je » qui fait l'homme. Mais que signifie ce pronom personnel ? Kant décrit cette lumière qui surgit lorsqu'un être vient à dire « je », s'élevant ainsi à la dignité et à l'humanité.

Posséder le Je dans sa représentation : ce pouvoir élève l'homme infiniment au-dessus de tous les autres êtres vivants sur la terre. Par là, il est une personne ; et grâce à l'unité de la conscience dans tous les changements qui peuvent lui survenir, il est une seule et même personne, c'est-à-dire un être
5 entièrement différent, par le rang et la dignité, de *choses* comme le sont les animaux sans raison dont on peut disposer à sa guise ; et ceci, même lorsqu'il ne peut pas dire Je, car il l'a dans sa pensée ; ainsi toutes les langues, lorsqu'elles parlent à la première personne, doivent penser ce Je, même si elles ne l'expriment pas par un mot particulier. Car cette faculté (de penser)
10 est l'entendement.
Il faut remarquer que l'enfant qui sait déjà parler assez correctement ne commence qu'assez tard (peut être un an après) à dire *Je* ; avant, il parle de soi à la troisième personne (Charles veut manger, marcher, etc.) ; et il semble que pour lui une lumière vienne de se lever quand il commence à dire *Je* ; à
15 partir de ce jour, il ne revient jamais à l'autre manière de parler. Auparavant il ne faisait que se *sentir* ; maintenant il se *pense*.

Emmanuel Kant,
Anthropologie du point de vue pragmatique (1798),
trad. M. Foucault, Librairie philosophique J. Vrin, 1984, p. 17.

Hegel
[1770-1831]

XIXᵉ SIÈCLE

10 L'art comme reflet de la conscience de soi

L'être conscient n'est pas ce qu'il est à la manière dont les choses sont. Il est pour lui-même, c'est-à-dire à la fois spectateur et acteur. D'où le besoin éprouvé par l'homme de se réfléchir comme dans un miroir, de poursuivre son reflet à travers l'action qu'il exerce sur le monde et les traces qu'il laisse derrière lui. Dans le texte suivant, Hegel montre que l'art exprime ce besoin.

Le sujet

Le besoin universel et absolu d'où découle l'art (selon son côté formel) a son origine dans le fait que l'homme est conscience *pensante*, autrement dit qu'à partir de lui-même il fait de ce qu'il est, et de ce qui est en général, quelque chose qui soit *pour lui*. Les choses naturelles ne sont qu'*immé-* 5 *diatement* et pour ainsi dire *en un seul exemplaire*, mais l'homme, en tant qu'esprit, se *redouble*, car d'abord il *est* au même titre que les choses naturelles *sont*, mais ensuite, et tout aussi bien, il est *pour soi*, se contemple, se représente lui-même, pense et n'est esprit que par cet être-pour-soi actif. L'homme obtient cette conscience de soi-même de deux manières 10 différentes : *premièrement de manière théorique*, dans la mesure où il est nécessairement amené à se rendre intérieurement conscient à lui-même, où il lui faut contempler et se représenter ce qui s'agite dans la poitrine humaine, ce qui s'active en elle et la travaille souterrainement, se contempler et se représenter lui-même de façon générale, se fixer à son usage ce 15 que la pensée trouve comme étant l'essence, et ne connaître, tant dans ce qu'il a suscité à partir de soi-même que dans ce qu'il a reçu du dehors, que soi-même. – *Deuxièmement*, l'homme devient pour soi par son activité *pratique*, dès lors qu'il est instinctivement porté à se produire lui-même au jour tout comme à se reconnaître lui-même dans ce qui lui est donné 20 immédiatement et s'offre à lui extérieurement. Il accomplit cette fin en transformant les choses extérieures, auxquelles il appose le sceau de son intériorité et dans lesquelles il retrouve dès lors ses propres déterminations. L'homme agit ainsi pour enlever, en tant que sujet libre, son âpre étrangeté au monde extérieur et ne jouir dans la figure des choses que d'une réalité 25 extérieure de soi-même. La première pulsion de l'enfant porte déjà en elle cette transformation pratique des choses extérieures ; le petit garçon qui jette des cailloux dans la rivière et regarde les ronds formés à la surface de l'eau admire en eux une œuvre qui lui donne à voir ce qui est sien. Ce besoin passe par les manifestations les plus variées et les figures les 30 plus diverses avant d'aboutir à ce mode de production de soi-même dans les choses extérieures tel qu'il se manifeste dans l'œuvre d'art.

Georg Wilhelm Friedrich Hegel,
Cours d'Esthétique I (1827), trad. J.-P. Lefebvre et V. von Schenk, Éd. Aubier,
coll. « Bibliothèque philosophique », 1995, pp. 45-46.

À L'ÉPOQUE
Dans les années 1820, Hegel fait cours à Berlin. Les étudiants viennent de partout en Europe suivre son enseignement. Les *Cours d'esthétique* sont issus de notes de cours de ses élèves.

Fiche Hegel p. 510

Marx

[1818-1883]

11 La conscience, reflet de la réalité sociale

Selon Marx, ce n'est pas la conscience ni les idées qui mènent le monde : les causes des grands bouleversements historiques sont à chercher dans les contradictions qui affectent les conditions matérielles et économiques de la société ; la conscience révolutionnaire ne serait alors qu'un effet de ces contradictions et non le moteur de l'histoire.

Dans la production sociale de leur existence, les hommes nouent des rapports déterminés, nécessaires, indépendants de leur volonté ; ces

rapports de production correspondent à un degré donné du développement de leurs forces productives matérielles. L'ensemble de ces rapports forme la
5 structure économique de la société, la fondation réelle sur laquelle s'élève un édifice juridique et politique, et à quoi répondent des formes déterminées de la conscience sociale. Le mode de production de la vie matérielle domine en général le développement de la vie sociale, politique et intellectuelle. Ce n'est pas la conscience des hommes qui détermine leur existence, c'est au
10 contraire leur existence sociale qui détermine leur conscience. À un certain degré de leur développement, les forces productives matérielles de la société entrent en collision avec les rapports de production existants, ou avec les rapports de propriété au sein desquels elles s'étaient mues jusqu'alors, et qui n'en sont que l'expression juridique. Hier encore formes de développement
15 des forces productives, ces conditions se changent en de lourdes entraves. Alors commence une ère de révolution sociale. Le changement dans les fondations économiques s'accompagne d'un bouleversement plus ou moins rapide dans tout cet énorme édifice. Quand on considère ces bouleversements, il faut toujours distinguer deux ordres de choses. Il y a le boule-
20 versement matériel des conditions de production économique. On doit le constater dans l'esprit de rigueur des sciences naturelles. Mais il y a aussi les formes juridiques, politiques, religieuses, artistiques, philosophiques, bref les formes idéologiques, dans lesquelles les hommes prennent conscience de ce conflit et le poussent jusqu'au bout. On ne juge pas un individu sur
25 l'idée qu'il a de lui-même. On ne juge pas une époque de révolution d'après la conscience qu'elle a d'elle-même. Cette conscience s'expliquera plutôt par les contrariétés de la vie matérielle, par le conflit qui oppose les forces productives sociales et les rapports de production.

Karl Marx,
Critique de l'économie politique (1859), in *Œuvres Économiques,* trad. M. Rubel et L. Evrard, Éd. Gallimard, coll. « Bibliothèque de la Pléiade », 1965, pp. 272-273.

À L'ÉPOQUE
Depuis 1849, Marx vit à Londres avec sa famille dans des conditions de grande précarité. Il écrit à l'époque : « Je ne pense pas qu'on ait jamais écrit sur l'argent tout en en manquant à ce point ».

Fiche Marx p. 517

Nietzsche
[1844-1900]

XIXe SIÈCLE

12 Le sujet conscient : une fiction grammaticale

Dans le texte qui suit, Nietzsche dénonce ce qu'il estime être le coup de force de la métaphysique cartésienne qui consiste à passer de la certitude « il y a de la pensée » à la conclusion « donc il y a un sujet pensant ». Le sujet n'est pas un fait d'expérience, mais une fonction grammaticale et rien ne nous prouve que les structures de la grammaire épousent les structures du réel.

« Il est pensé : donc il y a un sujet pensant », c'est à quoi aboutit l'argumentation de Descartes. Mais cela revient à poser comme « vraie *a priori* » notre croyance au concept de *substance* : dire que s'il y a de la pensée, il doit y avoir quelque chose qui pense, ce n'est encore qu'une façon de formuler, propre à
5 notre habitude grammaticale qui suppose à tout acte un sujet agissant. Bref, ici déjà on construit un postulat logique et métaphysique, *au lieu de le*

Le sujet

constater simplement... Par la voie cartésienne on n'arrive pas à une certitude absolue, mais seulement à constater une très forte croyance.

10 Si l'on réduit le précepte à « il est pensé, donc il y a des pensées », on obtient une tautologie pure : et ce qui est justement en cause, la « *réalité* de la pensée », n'est pas touché ; sous cette forme en effet, impossible d'écarter le « phénoménisme »[1] de la pensée. Or ce que *voulait* Descartes, c'est que la pensée eût non seulement une réalité *apparente*, mais une réalité en soi.

Friedrich Nietzsche,
La Volonté de puissance (1884-1886), § 147,
trad. G. Bianquis, Éd. Gallimard, coll. « Tel », 1995, p. 64.

Fiche Nietzsche p. 518

Bergson
[1859-1941]

À L'ÉPOQUE
En 1911, la science est matérialiste et déterministe. Cette année-là, Bergson présente sa conception de la conscience, en l'inscrivant dans une réflexion générale sur la vie et son évolution.

Fiche Bergson p. 522

XXᵉ SIÈCLE

13 La conscience et l'action

Quelle est la fonction de la conscience ? Pour répondre à la question, il suffit d'observer les circonstances où elle surgit, où elle atteint son plus haut degré d'intensité et où elle disparaît. Ainsi, selon Bergson, l'expérience montre que la conscience, associée au choix et à l'hésitation, sert essentiellement à éclairer l'action.

Il me paraît donc vraisemblable que la conscience, originellement immanente à tout ce qui vit, s'endort là où il n'y a plus de mouvement spontané, et s'exalte quand la vie appuie vers l'activité libre. Chacun de nous a d'ailleurs pu vérifier cette loi sur lui-même. Qu'arrive-t-il quand une de nos 5 actions cesse d'être spontanée pour devenir automatique ? La conscience s'en retire. Dans l'apprentissage d'un exercice, par exemple, nous commençons par être conscients de chacun des mouvements que nous exécutons, parce qu'il vient de nous, parce qu'il résulte d'une décision et implique un choix ; puis, à mesure que ces mouvements s'enchaînent davantage entre eux et se 10 déterminent plus mécaniquement les uns les autres, nous dispensant ainsi de nous décider et de choisir, la conscience que nous en avons diminue et disparaît. Quels sont, d'autre part, les moments où notre conscience atteint le plus de vivacité ? Ne sont-ce pas les moments de crise intérieure, où nous hésitons entre deux ou plusieurs partis à prendre, où nous sentons 15 que notre avenir sera ce que nous l'aurons fait ? Les variations d'intensité de notre conscience semblent donc bien correspondre à la somme plus ou moins considérable de choix ou, si vous voulez, de création, que nous distribuons sur notre conduite. Tout porte à croire qu'il en est ainsi de la conscience en général. Si conscience signifie mémoire et anticipation, c'est 20 que conscience est synonyme de choix.

Henri Bergson,
« La conscience et la vie » (1911),
in *L'Énergie spirituelle* (1919), *Œuvres,* Éd. des PUF, 1991, pp. 822-823.

Merleau-Ponty
[1908-1961]

À L'ÉPOQUE

En 1964, dans *L'œil et l'Esprit*, rédigé en Provence au pied de la montagne Sainte-Victoire, Merleau-Ponty montre que Cézanne a le don de nous mettre en contact direct avec le monde. Son dialogue avec le peintre occupa Merleau-Ponty toute sa vie.

 Fiche `Merleau-Ponty` p. 532

Sartre
[1905-1980]

14 Une conscience incarnée

Merleau-Ponty nous rappelle qu'il n'y a de conscience qu'incarnée. À la fois voyant et visible, touchant et touché, le corps percevant est fait de la même étoffe que les êtres perçus. Il appartient donc à la philosophie de décrire, en amont de la réflexion et de la connaissance objective, qui impliquent la distance, cette ouverture originelle au monde avec lequel nous sommes en relation de connivence.

Immergé dans le visible par son corps, lui-même visible, le voyant ne s'approprie pas ce qu'il voit: il l'approche seulement par le regard, il ouvre sur le monde. Et de son côté, ce monde, dont il fait partie, n'est pas en soi ou matière. Mon mouvement n'est pas une décision d'esprit, un faire absolu
5 qui décréterait, du fond de la retraite subjective, quelque changement de lieu miraculeusement exécuté dans l'étendue. Il est la suite naturelle et la maturation d'une vision. Je dis d'une chose qu'elle est mue, mais mon corps, lui, *se* meut, mon mouvement *se* déploie. Il n'est pas dans l'ignorance de soi, il n'est pas aveugle pour soi, il rayonne d'un soi…
10   L'énigme tient en ceci que mon corps est à la fois voyant et visible. Lui qui regarde toutes choses, il peut aussi se regarder, et reconnaître dans ce qu'il voit alors l'« autre côté » de sa puissance voyante. Il se voit voyant, il se touche touchant, il est visible et sensible pour soi-même. C'est un soi, non par transparence, comme la pensée, qui ne pense quoi que ce soit qu'en
15 l'assimilant, en le constituant, en le transformant en pensée – mais un soi par confusion, narcissisme, inhérence de celui qui voit à ce qu'il voit, de celui qui touche à ce qu'il touche, du sentant au senti – un soi donc qui est pris entre des choses, qui a une face et un dos, un passé et un avenir…

Maurice Merleau-Ponty,
L'Œil et l'Esprit (1961), Éd. Gallimard, coll. « Folio Essais », 1993, pp. 18-19.

15 L'intentionnalité de la conscience

S'il est vrai que, selon la formule de Husserl, « toute conscience est conscience de quelque chose » c'est-à-dire visée ou intentionnalité, il en résulte, selon Sartre, que le sujet conscient n'a pas d'intériorité. Il réside tout entier dans cette fuite hors de soi vers un monde extérieur, rétif et étranger.

La conscience et le monde sont donnés d'un même coup: extérieur par essence à la conscience, le monde est, par essence, relatif à elle. C'est que Husserl voit dans la conscience un fait irréductible qu'aucune image physique ne peut rendre. Sauf peut-être l'image rapide et obscure
5 de l'éclatement. Connaître c'est « s'éclater vers », s'arracher à la moite intimité gastrique pour filer, là-bas, par-delà soi, vers ce qui n'est pas soi, là-bas, près de l'arbre et cependant hors de lui, car il m'échappe et me repousse et je ne peux pas plus me perdre en lui qu'il ne se peut diluer en moi: hors de lui, hors de moi. Est-ce que vous ne reconnaissez

10 pas dans cette description vos exigences et vos pressentiments ? Vous saviez bien que l'arbre n'était pas vous, que vous ne pouviez pas le faire entrer dans vos estomacs sombres et que la connaissance ne pouvait pas, sans malhonnêteté, se comparer à la possession. Du même coup la conscience s'est purifiée, elle est claire comme un grand vent, il 15 n'y a rien en elle, sauf un mouvement pour se fuir, un glissement hors de soi ; si, par impossible, vous entriez « dans » une conscience, vous seriez rejeté par un tourbillon et rejeté au-dehors, près de l'arbre, en pleine poussière, car la conscience n'a pas de « dedans » ; elle n'est rien que le dehors d'elle-même et c'est cette fuite absolue, ce refus d'être substance 20 qui la constituent comme une conscience. Imaginez à présent une suite d'éclatements qui nous arrachent à nous-mêmes, qui ne laissent même pas à un « nous-mêmes » le loisir de se former derrière eux, mais qui nous jettent au contraire au-delà d'eux, dans la poussière sèche du monde, sur la terre rude, parmi les choses ; imaginez que nous sommes ainsi rejetés, 25 délaissés par notre nature même dans un monde indifférent, hostile et rétif ; vous aurez saisi le sens précis de la découverte que Husserl exprime dans cette fameuse phrase : « Toute conscience est conscience de quelque chose... » Que la conscience essaye de se reprendre, de coïncider enfin avec elle-même, tout au chaud, volets clos, elle s'anéantit. Cette nécessité 30 pour la conscience d'exister pour autre chose que soi, Husserl la nomme « intentionnalité ».

Jean-Paul Sartre,
Situation I (1947), Éd. Gallimard, 1990, p. 10-11.

Fiche Sartre p. 529

La perception

Définition élémentaire

▶ La perception, c'est une information sur le monde, que la conscience obtient par l'intermédiaire du corps.

▶ Le mot « perception » peut aussi désigner la faculté de perception.

Distinguer pour comprendre

▶ Perception et sensation : on peut opposer la perception comme activité, à la sensation, caractérisée alors par sa passivité.

▶ Percevoir et ne pas avoir de perception : on peut ne pas avoir de faculté de perception, partiellement (être aveugle de naissance) ou totalement (les pierres, les plantes).

▶ L'homme a cinq manières de percevoir, liées aux cinq sens : on peut perdre un ou plusieurs sens (être aveugle, être sourd) mais en garder la mémoire.

▶ Perception et autres facultés de représentation : on distingue la perception de l'imagination, de la mémoire et de la raison ; une double question se pose alors : faut-il les opposer ? Quel lien concevoir entre elles ?

Repères associés à la notion

▶ **Médiat / Immédiat** (p. 445)
▶ **Ressemblance / Analogie** (p. 448)

Descartes
[1596-1650]

1 La perception comme interprétation de signes

Quel rapport l'objet perçu entretient-il avec la perception qu'on en a ? Une réponse de bon sens serait de dire que notre perception est comme un petit tableau dans notre esprit qui ressemblerait à l'objet perçu. Or Descartes dénonce la naïveté de cette hypothèse. Le lien entre la réalité et la perception ne se fonde pas sur la ressemblance mais évoque plutôt le rapport de signification qui lie les signes aux choses signifiées.

Il faut, outre cela, prendre garde à ne pas supposer que, pour sentir, l'âme ait besoin de contempler quelques images qui soient envoyées par les objets jusques au cerveau, ainsi que font communément nos philosophes ; ou, du moins, il faut concevoir la nature de ces images tout
5 autrement qu'ils ne font. Car, d'autant qu'ils ne considèrent en elles autre chose, sinon qu'elles doivent avoir de la ressemblance avec les objets qu'elles représentent, il leur est impossible de nous montrer comment elles peuvent être formées par ces objets, et reçues par les organes des sens extérieurs, et transmises par les nerfs jusques au cerveau. Et
10 ils n'ont eu aucune raison de les supposer, sinon que, voyant que notre pensée peut facilement être excitée, par un tableau, à concevoir l'objet qui y est peint, il leur a semblé qu'elle devait l'être, en même façon, à concevoir ceux qui touchent nos sens, par quelques petits tableaux qui s'en formassent en notre tête, au lieu que nous devons considérer
15 qu'il y a plusieurs autres choses que des images, qui peuvent exciter notre pensée ; comme, par exemple, les signes et les paroles, qui ne ressemblent en aucune façon aux choses qu'elles signifient. Et si pour ne nous éloigner que le moins qu'il est possible des opinions déjà reçues, nous aimons mieux avouer que les objets que nous sentons, envoient
20 véritablement leurs images jusques au-dedans de notre cerveau, il faut au moins que nous remarquions qu'il n'y a aucunes images qui doivent en tout ressembler aux objets qu'elles représentent : car autrement il n'y aurait pas de distinction entre l'objet et son image ; mais qu'il suffit qu'elles leur ressemblent en peu de choses ; et souvent même, que leur
25 perfection dépend de ce qu'elles ne leur ressemblent pas tant qu'elles pourraient faire. Comme vous voyez que les tailles-douces[1], n'étant faites que d'un peu d'encre posée çà et là sur du papier, nous représentent des forêts, des villes, des hommes, et même des batailles et des tempêtes, bien que, d'une infinité de diverses qualités qu'elles nous font concevoir en ces
30 objets, il n'y en ait aucune que la figure seule dont elles aient proprement la ressemblance ; et encore est-ce une ressemblance fort imparfaite, vu que, sur une superficie toute plate, elles nous représentent des corps différemment relevés et enfoncés, et que même, suivant les règles de la perspective, souvent elles représentent mieux des cercles par des ovales
35 que par d'autres cercles ; et des carrés par des losanges que par d'autres carrés ; et ainsi de toutes les autres figures : en sorte que souvent, pour

1. Taille-douce : procédé de gravure.

À L'ÉPOQUE

Descartes est à la fois caractéristique de son temps : il comprend la perception comme donnant une image de l'objet... et novateur : il insiste sur le fait que cette image ne ressemble pas à l'objet, et doit être déchiffrée.

être plus parfaites en qualité d'images, et représenter mieux un objet, elles doivent ne lui pas ressembler.

René Descartes,
La Dioptrique, Discours quatrième (1637), in *Œuvres et Lettres,*
Éd. Gallimard, coll. « Bibliothèque de la Pléiade », 1966, pp. 203-204.

Fiche Descartes p. 496

Descartes
[1596-1650]

2 L'analyse du morceau de cire

Dans la célèbre analyse du morceau de cire, qui achève la seconde méditation[1], Descartes prolonge les conclusions du texte précédent. Si la perception n'était qu'une image sensible, on ne comprend pas comment nous pourrions reconnaître la cire une fois qu'elle a été chauffée, alors que toutes ses qualités sensibles se sont trouvées modifiées.

Prenons pour exemple ce morceau de cire qui vient d'être tiré de la ruche : il n'a pas encore perdu la douceur du miel qu'il contenait, il retient encore quelque chose de l'odeur des fleurs dont il a été recueilli ; sa couleur, sa figure, sa grandeur, sont apparentes ; il est dur, il est froid, on le
5 touche, et si vous le frappez, il rendra quelque son. Enfin toutes les choses qui peuvent distinctement faire connaître son corps, se rencontrent en celui-ci.

Mais voici que, cependant que je parle, on l'approche du feu : ce qui y restait de saveur s'exhale, l'odeur s'évanouit, sa couleur se change, sa
10 figure se perd, sa grandeur augmente, il devient liquide, il s'échauffe, à peine le peut-on toucher, et quoiqu'on le frappe, il ne rendra plus aucun son. La même cire demeure-t-elle après ce changement ? Il faut avouer qu'elle demeure ; et personne ne le peut nier. Qu'est-ce donc que l'on connaissait en ce morceau de cire avec tant de distinction ? Certes ce ne
15 peut être rien de tout ce que j'y ai remarqué par l'entremise des sens, puisque toutes les choses qui tombaient sous le goût, ou l'odorat, ou la vue, ou l'attouchement, ou l'ouïe, se trouvent changées, et cependant la même cire demeure. Peut-être était-ce ce que je pense maintenant, à savoir que la cire n'était pas ni cette douceur du miel, ni cette agréable
20 odeur des fleurs, ni cette blancheur, ni cette figure, ni ce son, mais seulement un corps qui un peu auparavant me paraissait sous ces formes, et qui maintenant se fait remarquer sous d'autres. Mais qu'est-ce, précisément parlant, que j'imagine, lorsque je la conçois en cette sorte ? Considérons-le attentivement, et éloignant toutes les choses qui n'appartiennent
25 point à la cire, voyons ce qui reste. Certes il ne demeure rien que quelque chose d'étendu, de flexible et de muable. Or qu'est-ce que cela : flexible et muable ? N'est-ce pas que j'imagine que cette cire étant ronde est capable de devenir carrée, et de passer du carré en une figure triangulaire ? Non certes, ce n'est pas cela, puisque je la conçois capable de recevoir une
30 infinité de semblables changements, et je ne saurais néanmoins parcourir cette infinité par mon imagination, et par conséquent cette conception que j'ai de la cire ne s'accomplit pas par la faculté d'imaginer.

1. Voir le texte intégral de la *Méditation seconde,* pp. 103-109.

Qu'est-ce maintenant que cette extension ? N'est-elle pas aussi inconnue, puisque dans la cire qui se fond elle augmente, et se trouve
35 encore plus grande quand elle est entièrement fondue, et beaucoup plus encore quand la chaleur augmente davantage ? Et je ne concevrais pas clairement et selon la vérité ce que c'est que la cire, si je ne pensais qu'elle est capable de recevoir plus de variétés selon l'extension, que je n'en ai jamais imaginé. Il faut donc que je tombe d'accord, que je ne saurais pas
40 même concevoir par l'imagination ce que c'est que cette cire, et qu'il n'y a que mon entendement seul qui le conçoive ; je dis ce morceau de cire en particulier, car pour la cire en général, il est encore plus évident. Or quelle est cette cire, qui ne peut être conçue que par l'entendement ou l'esprit ? Certes c'est la même que je vois, que je touche, que j'imagine,
45 et la même que je connaissais dès le commencement. Mais ce qui est à remarquer, sa perception, ou bien l'action par laquelle on l'aperçoit, n'est point une vision, ni un attouchement, ni une imagination, et ne l'a jamais été, quoiqu'il le semblât ainsi auparavant, mais seulement une inspection de l'esprit, laquelle peut être imparfaite et confuse, comme elle était
50 auparavant, ou bien claire et distincte, comme elle est à présent, selon que mon attention se porte plus ou moins aux choses qui sont en elle, et dont elle est composée.

René Descartes,
Les Méditations (1641), *Méditation seconde,* in *Œuvres et Lettres,*
Éd. Gallimard, coll. « Bibliothèque de la Pléiade », 1966, pp. 279-281.

Fiche Descartes p. 496

Locke
[1632-1704]

1. Molyneux : le problème de Molyneux, homme de loi dublinois, passionnera les cercles philosophiques, notamment Berkeley et Diderot, sans qu'il soit possible de lui apporter une réponse définitive (voir le texte 12 ci-dessous).

3 Le problème de Molyneux

Un aveugle de naissance, qui recouvrerait brusquement la vue, percevrait-il visuellement la différence entre une sphère et un cube que le sens du toucher lui avait appris à distinguer ? Y a-t-il une correspondance entre les sens, de sorte que les informations fournies par le toucher trouveraient leur équivalent dans la vision ou dans quelque autre sens ? Telle est la question que Molyneux[1] a soumise à Locke en 1688. Ce dernier répond négativement.

Il faut en outre observer, concernant la perception, que *souvent* les *idées reçues par la sensation sont*, chez les adultes, *modifiées par le jugement*, sans qu'on le remarque. Quand on met devant les yeux un globe rond de couleur uniforme (par exemple d'or, d'albâtre ou de jais), il est certain que
5 l'idée imprimée ainsi dans l'esprit est celle d'un cercle plat diversement ombragé, avec plusieurs niveaux de luminosité et de brillance parvenant à l'œil. Mais à la longue nous nous sommes habitués à percevoir quel type de manifestation les corps convexes produisent habituellement sur nous, quelles transformations sont produites sur les reflets lumineux par la
10 variation de forme sensible des corps ; d'où le jugement, par habitude acquise, transforme aussitôt les manifestations en leurs causes ; de sorte que, saisissant la forme dans ce qui n'est en réalité qu'ombres et couleurs variées, le jugement prend cette réalité pour une marque de la forme et il

se donne la perception d'une forme convexe de couleur uniforme, alors que
15 l'idée que nous en recevons n'est que celle d'une surface diversement
colorée, ce qui est évident en peinture.

À ce propos j'introduirai ici un problème posé par le docte et éminent
Molyneux, qui promeut avec intelligence et application l'authentique
savoir ; il a bien voulu m'envoyer il y a quelques mois la lettre que voici :

20 « Supposez un homme né aveugle puis devenu maintenant adulte ; par
le toucher il a appris à distinguer un cube et une sphère du même métal et
approximativement de la même taille, de sorte qu'il arrive à dire, quand il
sent l'un et l'autre, quel est le cube et quelle est la sphère. Supposez ensuite
qu'on place le cube et la sphère sur une table et que l'aveugle soit guéri.
25 Question : est-ce que par la vue, avant de les toucher, il pourra distinguer et
dire quel est le globe et quel est le cube ? »

À cette question, le questionneur précis et judicieux répond :
« Non, car bien qu'il ait acquis l'expérience de la façon dont un globe et
un cube affectent son toucher, il n'est pas encore parvenu à l'expérience que
30 ce qui affecte de telle manière son toucher doit affecter de telle manière sa
vision ; ou qu'un angle saillant du cube qui a appuyé sur sa main de façon
inégale apparaîtra à son œil comme il le fait avec le cube. »

Je rejoins cet homme de réflexion, que je suis fier d'appeler mon ami,
dans sa réponse à son problème : je suis d'avis que l'aveugle ne sera pas
35 capable, à la première vision, de dire avec certitude quel est le globe et
quel est le cube, s'il les voit seulement, alors qu'il pourrait sans erreur les
nommer d'après le toucher et les distinguer avec certitude par la différence
des figures ressenties.

John Locke,
Essais sur l'entendement humain (1690),
Livre II, chap. 9, trad. J.-M. Vienne, Librairie philosophique J. Vrin, 2001, pp. 236-238.

À L'ÉPOQUE

En 1728, le chirurgien William Cheselden opère un aveugle-né de la cataracte, portant dans le domaine de l'expérimentation ce qui n'était jusqu'alors qu'une expérience de pensée inventée par Molyneux.

Fiche Locke p. 499

Berkeley
[1685-1753]

4 Être, c'est être perçu

Que la table ou l'arbre que je perçois aient une existence indépendante de la perception, cela semble aller de soi. Or c'est précisément cette évidence que Berkeley remet en cause. Pour le philosophe irlandais, être c'est être perçu, de sorte que les choses n'ont de réalité que pour une conscience percevante.

Et il semble tout aussi évident que les diverses impressions ou idées impri-
mées sur les sens, [...] ne peuvent exister autrement que dans un esprit qui
les perçoit. Je pense qu'une connaissance intuitive de cela peut s'obtenir par
quiconque fera attention à ce que veut dire le terme « exister » lorsqu'il est
5 appliqué aux choses sensibles. Je dis que la table sur laquelle j'écris existe,
c'est-à-dire que je la vois et la touche ; et, si je n'étais pas dans mon bureau, je
dirais que cette table existe, ce par quoi j'entendrais que, si j'étais dans mon
bureau, je pourrais la percevoir ; ou bien, que quelque autre esprit la perçoit
actuellement. « Il y eut une odeur », c'est-à-dire, elle fut sentie ; « il y eut un
10 son », c'est-à-dire, il fut entendu ; « il y eut une couleur ou une figure » ; elle

1. *Esse* : être.

2. *Percipi* : être perçu.

fut perçue par la vue ou le toucher. C'est tout ce que je puis entendre par des expressions telles que celles-là. Car, quant à ce que l'on dit de l'existence absolue de choses non pensantes, sans aucun rapport avec le fait qu'elles soient perçues, cela semble parfaitement inintelligible. L'*esse*[1] de ces choses-là, c'est leur *percipi*[2] ; et il n'est pas possible qu'elles aient une existence quelconque en dehors des esprits ou des choses pensantes qui les perçoivent.

George Berkeley,
Principes de la connaissance humaine (1710),
trad. M. Phillips, in *Œuvres,* tome I, Éd. des PUF, 1985, p. 320.

Fiche Berkeley p. 503

Kant

[1724-1804]

1. *A priori* : est « *a priori* » ce qui ne dépend pas du contenu de l'expérience.

À L'ÉPOQUE

Kant reprend les propriétés que Newton attribue à l'espace dans ses *Principes mathématiques* (1687), notamment l'unité et l'homogénéité. Mais il s'accorde avec Leibniz pour en contester la réalité, et le réduit à une forme *a priori* de la sensibilité.

XVIIIe SIÈCLE

5 L'espace, forme *a priori* de la perception

Les objets extérieurs que nous percevons évoluent nécessairement dans l'espace. Mais quel est le statut de l'espace ? Est-il donné dans la perception comme une propriété des objets ou comme le cadre dans lequel ils s'inscrivent ? Ni l'un ni l'autre, répond Kant. L'espace est une forme *a priori*[1] de la sensibilité, c'est-à-dire la condition et le fondement de notre perception.

1. L'espace n'est pas un concept empirique qui ait été tiré d'expériences externes. En effet, pour que certaines sensations puissent être rapportées à quelque chose d'extérieur à moi (c'est-à-dire à quelque chose situé dans un autre lieu de l'espace que celui dans lequel je me trouve), et de même, pour que je puisse me représenter les choses comme en dehors et à côté les unes des autres, – par conséquent comme n'étant pas seulement distinctes, mais placées dans des lieux différents, – il faut que la représentation de l'espace soit posée déjà comme fondement. Par suite la représentation de l'espace ne peut pas être tirée par l'expérience des rapports des phénomènes extérieurs, mais l'expérience extérieure n'est elle-même possible avant tout qu'au moyen de cette représentation.

2. L'espace est une représentation nécessaire *a priori* qui sert de fondement à toutes les intuitions extérieures. On ne peut jamais se représenter qu'il n'y ait pas d'espace, quoique l'on puisse bien penser qu'il n'y ait pas d'objets dans l'espace. Il est considéré comme la condition de la possibilité des phénomènes, et non pas comme une détermination qui en dépende, et il est une représentation *a priori* qui sert de fondement, d'une manière nécessaire, aux phénomènes extérieurs.

3. L'espace n'est pas un concept discursif, ou, comme on dit, un concept universel de rapports des choses en général, mais une pure intuition. En effet, on ne peut d'abord se représenter qu'un espace unique, et, quand on parle de plusieurs espaces, on n'entend par là que les parties d'un seul et même espace. Ces parties ne sauraient, non plus, être antérieures à cet espace unique qui comprend tout, comme si elles en étaient les éléments (capables de le constituer par leur assemblage), mais elles ne peuvent, au contraire, être pensées qu'en lui. Il est essentiellement un ; le divers qui est *en lui* et, par conséquent, aussi le

concept universel d'espace en général, repose en dernière analyse sur des limitations. Il suit de là que, par rapport à l'espace, une intuition
30 *a priori* (qui n'est pas empirique) est à la base de tous les concepts que nous en formons. C'est ainsi que tous les principes géométriques, – par exemple, que dans un triangle, la somme de deux côtés est plus grande que le troisième, – ne sont jamais déduits des concepts généraux de la ligne et du triangle, mais de l'intuition, et cela *a priori* et avec une certitude
35 apodictique[2].

2. Apodictique : est «apodictique» une certitude qui possède le caractère d'une évidence irréfutable.

Emmanuel Kant,
Critique de la raison pure (2ᵉ édition, 1787),
trad. A. Tremesaygues et B. Pacaud, Éd. des PUF, 1971, pp. 55-57.

Fiche Kant p. 509

Lagneau
[1851-1894]

XIXᵉ SIÈCLE

6 Représentation et perception

Dans une perspective très proche de celle de Descartes, Lagneau établit la distinction entre la représentation et la perception. La première correspond à ce qui est reçu passivement, tandis que la perception identifie l'objet qui produit la représentation. Il en résulte que la perception est un acte de l'entendement qui implique une interprétation et un jugement.

Mais si étroitement liées que soient la représentation et la perception, il n'est pas moins nécessaire de les distinguer l'une de l'autre comme deux moments continuellement successifs. Ainsi, qu'un mouvement soudain de ma main se produise devant mes yeux, si je ne saisis que ce mouve-
5 ment, j'ai une simple représentation. Si je sais que c'est ma main qui a passé devant mes yeux, j'ai une perception, c'est-à-dire une représentation déterminée. Enfin, si je cherche à m'expliquer la cause de ma représentation primitive, je fais acte de connaissance rationnelle. Toutefois il faut remarquer que, dans l'acte même par lequel j'ai interprété ce mouvement
10 comme étant le passage de ma main devant mes yeux, mon entendement est intervenu. Si j'étais un enfant à peine né, il me serait impossible de reconnaître dans ce mouvement le passage d'une main devant un œil. Cette interprétation suppose, d'une part que je sais que tout ce qui se présente à moi dans ma représentation est en moi, et ensuite que j'ai appris
15 quelle espèce d'être doit être conçu pour expliquer cette représentation. Autrement dit la perception suppose ceci de plus que la représentation, à savoir la conception d'un être objectif auquel elle se rapporte, et un ensemble d'habitudes acquises par le moyen desquelles j'ai pu évoquer en moi précisément la représentation de l'objet le plus capable d'expli-
20 quer ma représentation. Enfin, en dernier lieu, elle suppose un jugement ferme, définitif, en apparence immédiat, par lequel j'ai appliqué cette construction intérieure d'un objet à ma représentation extérieure, de façon qu'elles fissent corps l'une avec l'autre. Lorsque je perçois un objet extérieur, il ne me semble pas que j'interprète une représentation pas-
25 sive par une représentation active, mais il me semble que cette opération est immédiate, intuitive. La perception est en apparence une intuition

À L'ÉPOQUE
Lagneau s'inscrit dans une tradition cartésienne, et son style, descriptif et précis, participe aussi de cette attention aux choses mêmes qui caractérisera la phénoménologie, conçue par son contemporain Husserl.

Le sujet

immédiate. L'esprit semble passif, alors qu'il est actif. Le côté actif de la perception, l'esprit n'en a généralement pas conscience. Il y a cependant des cas dans lesquels le caractère actif de la perception apparaît distinc-
30 tement, c'est lorsque l'esprit cherche à voir ou à entendre ; mais, quand il voit ou entend, le côté actif disparaît.

Jules Lagneau,
Célèbres leçons et fragments, Éd. des PUF, 1950, pp. 190-191.

XXᵉ SIÈCLE

Bergson
[1859-1941]

1. Résidu : ce que la perception retient des objets de l'univers matériel.

7 Le découpage de la perception

Selon Bergson, la fonction de la perception est essentiellement pratique. Elle isole dans la continuité de l'univers matériel les objets qui intéressent nos besoins et sollicitent notre action. C'est pourquoi l'individualité des objets perçus est moins une donnée naturelle que le résultat d'un découpage du milieu opéré par la perception.

Qu'il y ait, en un certain sens, des objets multiples, qu'un homme se distingue d'un autre homme, un arbre d'un arbre, une pierre d'une pierre, c'est incontestable, puisque chacun de ces êtres, chacune de ces choses a des propriétés caractéristiques et obéit à une loi déterminée d'évolution. Mais la
5 séparation entre la chose et son entourage ne peut être absolument tranchée ; on passe, par gradations insensibles, de l'une à l'autre : l'étroite solidarité qui lie tous les objets de l'univers matériel, la perpétuité de leurs actions et réactions réciproques, prouve assez qu'ils n'ont pas les limites précises que nous leur attribuons. Notre perception dessine, en quelque sorte, la forme
10 de leur résidu[1] ; elle les termine au point où s'arrête notre action possible sur eux et où ils cessent, par conséquent, d'intéresser nos besoins. Telle est la première et la plus apparente opération de l'esprit qui perçoit : il trace des divisions dans la continuité de l'étendue, cédant simplement aux suggestions du besoin et aux nécessités de la vie pratique.

Henri Bergson,
Matière et Mémoire (1896), chap. 4, in *Œuvres,* Éd. des PUF, 1991, p. 344.

📄 Fiche Bergson p. 522

XXᵉ SIÈCLE

Husserl
[1859-1938]

8 La permanence de l'objet perçu

Husserl nous invite à distinguer la perception, entendue comme acte de la conscience, et l'objet perçu. Les actes de la conscience sont discontinus et changeants, tandis que la chose perçue reste identique. À l'encontre de Berkeley, Husserl montre donc que la chose perçue est extérieure à la perception, même si c'est à travers la diversité de ses manifestations perceptives (les « esquisses ») que l'objet apparaît à la conscience.

Partons d'un exemple. Je vois continuellement cette table ; j'en fais le tour et change comme toujours ma position dans l'espace ; j'ai sans cesse conscience de l'existence corporelle d'une seule et même table, de la même table qui en

soi demeure inchangée. Or la perception de la table ne cesse de varier ;
5 c'est une série continue de perceptions changeantes. Je ferme les yeux.
Par mes autres sens je n'ai pas de rapport à la table. Je n'ai plus d'elle
aucune perception. J'ouvre les yeux et la perception reparaît de nouveau.
La perception ? Soyons plus exacts. En reparaissant, elle n'est à aucun
égard individuellement identique. Seule la table est la même : je prends
10 conscience de son identité dans la conscience synthétique[1] qui rattache
la nouvelle perception au souvenir. La chose perçue peut être sans être
perçue, sans même que j'en aie cette conscience potentielle (sous le mode
de l'inactualité décrit précédemment) ; elle peut être sans changer. Quant
à la perception elle-même, elle est ce qu'elle est, entraînée dans le flux
15 incessant de la conscience et elle-même sans cesse fluante : le maintenant
de la perception ne cesse de se convertir en une nouvelle conscience qui
s'enchaîne à la précédente, la conscience du *vient-justement-de-passer* ; en
même temps s'allume un nouveau maintenant. Non seulement la chose
perçue en général, mais toute partie, toute phase, tout moment survenant
20 à la chose, sont, pour des raisons chaque fois identiques, nécessairement
transcendants[2] à la perception, qu'il s'agisse de qualité première ou
seconde. La couleur de la chose vue ne peut par principe être un moment
réel de la conscience de couleur ; elle apparaît ; mais tandis qu'elle apparaît, il est possible et *nécessaire* qu'au long de l'expérience qui la légitime
25 l'apparence ne cesse de changer. La *même* couleur apparaît « dans » un
divers ininterrompu *d'esquisses* de couleur. La même analyse vaut pour
chaque qualité sensible et pour chaque forme spatiale. Une seule et même
forme (donnée corporellement *comme* identique) m'apparaît sans cesse à
nouveau « d'une autre manière », dans des esquisses de formes toujours
30 autres. Cette situation porte la marque de la nécessité.

1. Synthétique : qui rassemble,
qui réunit.

2. Transcendant : qui dépasse,
qui va au-delà.

Edmund Husserl,
Idées directrices pour une phénoménologie (1913),
trad. P. Ricœur, Éd. Gallimard, 1950, pp. 131-132.

Fiche `Husserl` p. 521

Alain
[1868-1951]

9 La perception comme anticipation

Si la perception était pure réception par les sens d'un objet extérieur, il serait impossible de distinguer une vraie d'une fausse perception. Or, dans le texte qui suit, Alain montre que la perception est « une anticipation de nos mouvements » destinée à compléter les informations des sens : je prévois ce que je verrai en tournant la tête dans telle ou telle direction. Ainsi la perception peut être vraie ou fausse, selon que l'anticipation réussit ou échoue.

La perception est exactement une anticipation de nos mouvements et de
leurs effets. Et sans doute la fin est toujours d'obtenir ou d'écarter quelque
sensation, comme si je veux cueillir un fruit ou éviter le choc d'une pierre.
Bien percevoir, c'est connaître d'avance quel mouvement j'aurai à faire
5 pour arriver à ces fins. Celui qui perçoit bien sait d'avance ce qu'il a à

faire. Le chasseur perçoit bien s'il sait retrouver ses chiens qu'il entend, il perçoit bien s'il sait atteindre la perdrix qui s'envole. L'enfant perçoit mal lorsqu'il veut saisir la lune avec ses mains, et ainsi du reste. Donc ce qu'il y a de vrai, ou de douteux, ou de faux dans la perception, c'est cette
10 évaluation, si sensible surtout à la vue dans la perspective et le relief, mais sensible aussi pour l'ouïe et l'odorat, et même sans doute pour un toucher exercé, quand les mains d'un aveugle palpent. Quant à la sensation elle-même, elle n'est ni douteuse, ni fausse, ni par conséquent vraie ; elle est actuelle toujours dès qu'on l'a. Ainsi ce qui est faux dans la perception
15 d'un fantôme, ce n'est point ce que nos yeux nous font éprouver, lueur fugitive ou tache colorée, mais bien notre anticipation. Voir un fantôme c'est supposer, d'après les impressions visuelles, qu'en allongeant la main on toucherait quelque être animé ; ou bien encore c'est supposer que ce que je vois maintenant devant la fenêtre, je le verrai encore devant l'armoire si
20 je fais un certain mouvement.

Alain,
Éléments de philosophie (1941),
Éd. Gallimard, coll. « Folio Essais », 2000, p. 58.

Fiche Alain p. 523

Guillaume
[1878-1962]

10 La forme perçue

Que percevons-nous exactement ? Des impressions éparses (les sensa-tions), ou des ensembles immédiatement dotés d'une signification glo-bale : le chien, le chat, l'arbre, etc. La psychologie de la forme, dont Paul Guillaume fut l'un des meilleurs représentants, montre que la perception saisit d'emblée des formes organiques dont les éléments ne prennent sens qu'en référence au tout dans lequel ils s'intègrent.

Les faits psychiques sont des *formes*, c'est-à-dire des *unités organiques qui s'individualisent et se limitent dans le champ* spatial et temporel de perception ou de représentation. Les formes dépendent, dans le cas de la perception, d'un ensemble de facteurs objectifs, d'une constellation d'excitants ; mais
5 elles sont *transposables*, c'est-à-dire que certaines de leurs propriétés se conservent dans des changements qui affectent, d'une certaine manière, tous ces facteurs. Les formes *peuvent* présenter une *articulation intérieure*, des parties ou membres naturels possédant dans le tout des fonctions déterminées et constituant à son intérieur des unités ou formes de second
10 ordre. La perception des différentes sortes d'éléments et des différentes sortes de rapports correspond à différents *modes d'organisation* d'un tout, qui dépendent à la fois de conditions objectives et subjectives. La corres-pondance qu'on peut établir entre les membres naturels d'un tout articulé et certains éléments objectifs ne se maintient pas, en général, quand ces
15 mêmes éléments appartiennent à un autre ensemble objectif. *Une partie dans un tout est autre chose que cette partie isolée ou dans un autre tout*, à cause des propriétés qu'elle tient de sa place et de sa fonction dans chacun d'eux. le changement d'une condition objective peut tantôt produire

un changement *local* dans la forme perçue, tantôt se traduire par un
20 changement *dans les propriétés de la forme totale.*

Paul Guillaume,
La Psychologie de la forme,
Éd. Flammarion, 1937, pp. 23-24.

Merleau-Ponty
[1908-1961]

1. Intersubjectif : qui se situe entre plusieurs sujets.

2. La subsomption consiste à déterminer une perception au moyen d'un concept.

À L'ÉPOQUE

Merleau-Ponty appartient au courant phénoménologique initié par Husserl. Comme Heidegger, il critique les présupposés cartésiens de Husserl : notamment le fait d'opposer le sujet à l'objet dans le processus de connaissance.

11 Perception et conception

Quelle différence y a-t-il entre ce triangle, par exemple, que je perçois tracé à la craie au tableau, et le triangle que conçoit le mathématicien ? Selon Merleau-Ponty, la perception porte sur la réalité d'un triangle éprouvée comme une existence ici et maintenant par une conscience individuelle, tandis que la conception vise la signification éternelle du triangle et vaut pour toute conscience. Il n'en reste pas moins vrai que c'est dans la perception que la réflexion s'enracine.

Je ne puis identifier sans plus ce que je perçois et la chose même. La couleur rouge de l'objet que je regarde est et restera toujours connue de moi seul. Je n'ai aucun moyen de savoir si l'impression colorée qu'il donne à d'autres est identique à la mienne. Nos confrontations inter-
5 subjectives[1] ne portent que sur la structure intelligible du monde perçu : je puis m'assurer qu'un autre spectateur emploie le même mot que moi pour désigner la couleur de cet objet, et le même mot d'autre part pour qualifier une série d'autres objets que j'appelle aussi les objets rouges. Mais il pourrait se faire que, les rapports étant conser-
10 vés, la gamme des couleurs qu'il perçoit fût en tout différente de la mienne. Or c'est quand les objets me donnent l'impression originaire du « senti », quand ils ont cette manière directe de m'attaquer, que je les dis existants. Il résulte de là que la perception, comme connaissance des choses existantes, est une conscience individuelle et non pas la
15 conscience en général dont nous parlions plus haut. Cette masse sensible dans laquelle je vis quand je regarde fixement un secteur du champ sans chercher à le reconnaître, le « ceci » que ma conscience vise sans paroles n'est pas une signification ou une idée, bien qu'il puisse ensuite servir de point d'appui à des actes d'explicitation logique et d'expression ver-
20 bale. Déjà quand je nomme le perçu ou quand je le reconnais *comme* une chaise ou comme un arbre, je substitue à l'épreuve d'une réalité fuyante la subsomption[2] sous un concept, déjà même, quand je prononce le mot « ceci », je rapporte une existence singulière à l'essence de l'exis-tence vécue. Mais ces actes d'expression ou de réflexion visent un texte
25 originaire qui ne peut pas être dépourvu de sens. La signification que je trouve dans un ensemble sensible y était déjà adhérente. Quand je « vois » un triangle, on décrirait très mal mon expérience en disant que je conçois ou comprends le triangle à propos de certaines données sensibles. La signification est incarnée. C'est ici et maintenant que je perçois ce triangle
30 comme tel, tandis que la conception me le donne comme un être éternel,

dont le sens et les propriétés, comme disait Descartes, ne doivent rien au
fait que je le perçois.

Maurice Merleau-Ponty,
La Structure du comportement (1942), Éd. des PUF, coll. « Quadrige », 1990, p. 228.

Fiche Merleau-Ponty p. 532

Proust

12 Une approche actuelle de la question de Molyneux

**Revenant sur le problème de Molyneux (voir texte 3, p. 34), Joëlle Proust
montre que la véritable question est celle de savoir si la représentation
de l'espace en deux ou trois dimensions est fournie par la seule vision ou
si elle exige des connexions entre les différents sens. Dans cette dernière
hypothèse, l'aveugle opéré ne pourrait, dès la première vision, reconnaître
la sphère du cube.**

Locke introduit la question de Molyneux dans le contexte de la défense
d'une thèse : celle selon laquelle « les idées de sensation sont souvent
changées par le jugement ». « Sans qu'on le remarque », dit-il, une
impression sensible donnée – par exemple l'image d'un cercle ombré
5 fourni à la rétine par une sphère – se trouve transformée par l'apprentissage de l'influence de la forme des objets sur la réflexion lumineuse : le
jugement instruit par l'habitude « modifie les apparences en direction de
leur cause ». Ainsi ce que l'expérience fournit, ce n'est pas seulement la
sensation du cercle ombré, mais c'est la capacité d'associer à cette sensa-
10 tion bidimensionnelle la tridimensionnalité de l'objet qui la cause.

Dans ce contexte, la question de Molyneux illustre l'incapacité supposée
d'un homme dépourvu de toute habitude visuelle à former directement
l'association entre la sensation bidimensionnelle du cercle ombré et l'idée
de surface convexe. Toutefois, la question de Molyneux contient, comme
15 on l'a vu plus haut, deux questions distinctes : celle qui illustre le mieux
le propos de Locke est de savoir si l'aveugle opéré distingue visuellement
un objet plat circulaire d'un objet sphérique. Une seconde question est de
savoir si l'aveugle opéré peut discriminer visuellement deux formes bidi-
mensionnelles, comme un carré et un cercle.

20 Or sur ce second point, Berkeley objecte que Locke aurait dû répondre
par l'affirmative. En effet, argumente Berkeley, Locke considère que la
vue « achemine vers nos esprits les idées de lumière et de couleurs qui sont
particulières à ce sens seulement, *et aussi les idées fort différentes, de figure
et de mouvement* ». Si la vision transmet les idées d'espace et de figure,
25 l'aveugle qui a déjà exploré tactilement la forme carrée devrait être capable
de la reconnaître visuellement. Même dans la version tridimensionnelle
de l'épreuve, l'aveugle pourrait appliquer le concept de carré acquis tactilement aux faces du cube vues, et ainsi reconnaître à première vue le cube
« limité par des surfaces carrées ». Si donc il y a une étendue spatiale com-
30 mune à ce qui est vu et à ce qui est touché, il faut répondre positivement à
la question de Molyneux.

On peut objecter à cette interprétation que Locke *n'adopte pas* la thèse que lui prête ici Berkeley. En fait, Locke considère que les «idées d'espace, de figure et de mouvement» sont «bien différentes» des idées de lumière
35 et de couleurs; ce sont ces dernières «qui appartiennent uniquement à ce sens». Les idées d'espace, de figure et de mouvement, explique-t-il, ne constituent pas «les propres objets de la vue», mais sont dérivées d'une habitude de juger d'une chose par une autre (soit de l'espace par la lumière et la couleur). C'est là une thèse assez proche de celle de Berkeley:
40 le contenu spatial de la vision n'est pas directement accessible dès le premier regard sur le monde, mais exige que des connexions soient faites dans l'expérience entre les données de différents sens.

Joëlle Proust,
« Perception et intermodalité », in *Approches actuelles de la question de Molyneux,*
dir. J. Proust, Éd. des PUF, coll. «Psychologie et sciences de la pensée », 1997, pp. 3-5.

Goodman
[1906-1998]

1. Empirisme : courant de pensée selon lequel toute connaissance dérive des données sensibles.

13 Toute perception engage une interprétation

L'empirisme[1] est naïf en ce qu'il croit en deux mythes, qu'il importe de dénoncer : celui d'un «œil innocent» qui serait une pure saisie sans préjugé ni interprétation, et le mythe du «donné absolu», qui serait un matériau brut indépendant de l'œil qui le saisit.

C'est toujours vieilli que l'œil aborde son activité, obsédé par son propre passé et par les insinuations anciennes et récentes de l'oreille, du nez, de la langue, des doigts, du cœur et du cerveau. Il ne fonctionne pas comme un instrument solitaire et doté de sa propre énergie, mais comme un
5 membre soumis d'un organisme complexe et capricieux. Besoins et préjugés ne gouvernent pas seulement sa manière de voir mais aussi le contenu de ce qu'il voit. Il choisit, rejette, organise, distingue, associe, classe, analyse, construit. Il saisit et fabrique plutôt qu'il ne reflète ; et les choses qu'il saisit et fabrique, il ne les voit pas nues comme autant d'éléments privés d'attri-
10 buts, mais comme des objets, comme de la nourriture, comme des gens, comme des ennemis, comme des étoiles, comme des armes. Rien n'est vu tout simplement, à nu. Les mythes de l'œil innocent et du donné absolu sont de fieffés complices. Tous deux renforcent l'idée, d'où ils dérivent, que savoir consiste à élaborer un matériau brut reçu par les sens, et qu'il
15 est possible de découvrir ce matériau brut soit au moyen de rites de puri-
fication, soit par une réduction méthodique de l'interprétation. Mais recevoir et interpréter ne sont pas des opérations séparables ; elles sont entièrement solidaires. La maxime kantienne fait ici écho : l'œil innocent est aveugle et l'esprit vierge vide. De plus, on ne peut distinguer dans le
20 produit fini ce qui a été reçu et ce qu'on a ajouté. On ne peut extraire le contenu en pelant les couches de commentaires.

Nelson Goodman, *Langages de l'art* (1968), trad. J. Morizot,
Ed. Jacqueline Chambon, 1990, Librairie Arthème Fayard, coll. «Pluriel », 2011

L'inconscient

Définition élémentaire

▶ **L'inconscient est la région inconsciente du psychisme.**
C'est une notion qui vient de Freud : il compare le psychisme (l'esprit humain) à un iceberg, dont la partie émergée serait la conscience, et la partie immergée l'inconscient.

Distinguer pour comprendre

▶ **Inconscient et inconscience :** l'inconscient désigne une région du psychisme, tandis que l'inconscience désigne seulement le fait de ne pas être conscient, de ne pas réaliser quelque chose.

▶ **Inconscient et pré-conscient :** le pré-conscient désigne ce qui n'est pas conscient, mais qui peut le devenir, contrairement à l'inconscient.

▶ **Inconscient et subconscient :** le subconscient est simplement sous la conscience, comme une modalité affaiblie de la conscience ; tandis que le concept d'inconscient marque un véritable clivage avec la conscience.

▶ **Inconscient et conscience.** Si l'inconscient est inconscient, comment se fait-il que l'on puisse en parler ? Comment penser le rapport entre l'inconscient et la conscience ? Et comment peut-il y avoir une science de l'inconscient ?

Repères associés à la notion

▶ **En acte / en puissance** (p. 439)
▶ **Analyse / Synthèse** (p. 436)

Leibniz
[1646-1716]

1 Les petites perceptions

Parce qu'elle identifie la conscience et la pensée, la philosophie classique, de Descartes à Alain, tend à rejeter l'idée même de pensée non consciente. On trouve toutefois chez Leibniz, qui se fonde ici sur l'analyse de certaines modalités de la perception, une première approche de la notion.

D'ailleurs il y a mille marques qui font juger qu'il y a à tout moment une infinité de perceptions en nous, mais sans aperception[1] et sans réflexion, c'est-à-dire des changements dans l'âme même dont nous ne nous apercevons pas, parce que les impressions sont ou trop petites et en trop grand
5 nombre ou trop unies, en sorte qu'elles n'ont rien d'assez distinguant à part, mais jointes à d'autres, elles ne laissent pas[2] de faire leur effet et de se faire sentir, au moins confusément dans l'assemblage. C'est ainsi que l'accoutumance fait que nous ne prenons pas garde au mouvement d'un moulin ou à une chute d'eau, quand nous avons habité tout auprès depuis
10 quelque temps. Ce n'est pas que ce mouvement ne frappe toujours nos organes, et qu'il ne se passe encore quelque chose dans l'âme qui y réponde, à cause de l'harmonie de l'âme et du corps, mais ces impressions qui sont dans l'âme et dans le corps, destituées des attraits de la nouveauté, ne sont pas assez fortes pour s'attirer notre attention et notre mémoire,
15 attachées à des objets plus occupants[3]. Car toute attention demande de la mémoire, et souvent quand nous ne sommes point admonestés[4] pour ainsi dire et avertis de prendre garde à quelques-unes de nos propres perceptions présentes, nous les laissons passer sans réflexion et même sans être remarquées ; mais si quelqu'un nous en avertit incontinent[5] après, et nous fait
20 remarquer par exemple quelque bruit qu'on vient d'entendre, nous nous en souvenons et nous nous apercevons d'en avoir eu tantôt quelque sentiment. Ainsi c'étaient des perceptions dont nous ne nous étions pas aperçus incontinent[5], l'aperception ne venant dans ce cas que de l'avertissement, après quelque intervalle, tout petit qu'il soit. Et pour juger encore mieux
25 des petites perceptions que nous ne saurions distinguer dans la foule, j'ai coutume de me servir de l'exemple du mugissement ou du bruit de la mer dont on est frappé quand on est au rivage. Pour entendre ce bruit comme l'on fait, il faut bien qu'on entende les parties qui composent ce tout, c'est-à-dire les bruits de chaque vague, quoique chacun de ces petits bruits ne se
30 fasse connaître que dans l'assemblage confus de tous les autres ensemble, c'est-à-dire dans ce mugissement même, et ne se remarquerait pas si cette vague qui le fait était seule. Car il faut qu'on en soit affecté un peu par le mouvement de cette vague et qu'on ait quelque perception de chacun de ces bruits, quelque petits qu'ils soient ; autrement on n'aurait pas celle de
35 cent mille vagues, puisque cent mille riens ne sauraient faire quelque chose. On ne dort jamais si profondément, qu'on n'ait quelque sentiment faible et confus et on ne serait jamais éveillé par le plus grand bruit du monde, si on n'avait quelque perception de son commencement qui est petit, comme on ne romprait jamais une corde par le plus grand effort du

1. Aperception : perception distincte aperçue par la conscience.

2. Elles ne laissent pas : elles continuent.

3. Occupants : intéressants, captivants.

4. Admonestés : interpellés.

5. Incontinent : aussitôt.

À l'époque
Par sa théorie des perceptions en-deçà du seuil de conscience, inspirée du calcul infinitésimal qu'il a inventé, Leibniz peut résoudre le paradoxe de Zénon (-480/-420) : si le bruit d'un grain de blé qui tombe est égal à zéro (puisqu'on ne l'entend pas), le bruit d'un million de grains qui tombent devrait être égal à zéro.

40 monde, si elle n'était tendue et allongée un peu par de moindres efforts,
quoique cette petite extension qu'ils font ne paraisse pas.

Gottfried Wilhelm Leibniz,
Nouveaux Essais sur l'entendement humain (1703),
Préface, Éd. Flammarion, coll. « GF », 1966, pp. 38-39.

Fiche Leibniz p. 501

Kant

[1724-1804]

1. John Locke : philosophe
anglais empiriste (1632-1704).

2. Médiatement : indirectement.

Fiche Kant p. 509

2 Le champ des représentations obscures

Inspiré par Leibniz, Kant surmonte l'apparence contradictoire de la notion de « représentation non consciente ». Pour lui, l'activité de l'esprit est principalement non consciente.

Avoir des représentations, et pourtant n'en être pas conscient, constitue, semble-t-il, une contradiction. Comment en effet pourrions-nous savoir que nous les avons si nous n'en sommes pas conscients ? Cette objection, Locke[1] la faisait déjà, qui refusait l'existence même d'une pareille forme
5 de représentation. Cependant nous pouvons être médiatement[2] conscients d'avoir une représentation quand bien même nous n'en sommes pas immédiatement conscients. – De pareilles représentations sont dites *obscures*, les autres sont *claires* ; et si cette clarté s'étend en elles jusqu'aux représentations partielles d'un tout et à leur liaison, ce sont des *représentations* distinctes, –
10 qu'elles appartiennent à la pensée ou à l'intuition.

Si je suis conscient de voir au loin un homme dans une prairie, sans être conscient de voir ses yeux, son nez, sa bouche, etc., je ne fais à dire vrai que tirer une conclusion : cette chose est un homme ; si, parce que je ne suis pas conscient de percevoir telle partie de sa figure (non plus que les autres
15 détails de son physique), je voulais affirmer que je n'ai absolument pas, dans mon intuition, la représentation de cet homme, alors je ne pourrais même pas dire que je vois un homme : car c'est à partir de ces représentations partielles que l'on compose le tout (de la tête ou de l'homme).

Le champ des intuitions sensibles et des sensations dont nous ne
20 sommes pas conscients tout en pouvant conclure que nous les avons, c'est-à-dire le champ des représentations obscures, est immense chez l'homme (et aussi chez les animaux) ; les représentations claires au contraire ne constituent que des points infiniment peu nombreux ouverts à la conscience ; il n'y a, pour ainsi dire, sur la carte immense de
25 notre esprit, que quelques régions *illuminées*.

Emmanuel Kant,
Anthropologie du point de vue pragmatique (1798),
trad. M. Foucault, Librairie philosophique J. Vrin, 1991, pp. 22-23.

Schopenhauer

[1788-1860]

3 Des pensées intimes non conscientes

Schopenhauer redéfinit les concepts hérités de la tradition : la pensée non consciente n'est plus comprise par rapport à la représentation, comme pensée en-deçà du seuil de conscience, mais par rapport à la Volonté, un vouloir vivre qui est la véritable force de chaque être humain. Sa théorie est un chaînon entre la pensée classique du non-conscient et l'invention freudienne de l'inconscient.

Dans la réalité, d'ailleurs, le processus de nos pensées intimes n'est pas aussi simple qu'il le semble dans la théorie ; c'est en fait un enchaînement très complexe. Pour nous rendre la chose sensible, comparons notre conscience à une eau de quelque profondeur ; les pensées nettement
5 conscientes n'en sont que la surface ; la masse, au contraire, ce sont les pensées confuses, les sentiments vagues, l'écho des intuitions et de notre expérience en général, tout cela joint à la disposition propre de notre volonté qui est le noyau même de notre être. Or la masse de notre conscience est dans un mouvement perpétuel, en proportion, bien
10 entendu, de notre vivacité intellectuelle, et grâce à cette agitation continue montent à la surface les images précises, les pensées claires et distinctes exprimées par des mots et les résolutions déterminées de la volonté. Rarement, le processus de notre penser et de notre vouloir se trouve tout entier à la surface, c'est-à-dire consiste dans une suite de jugements nette-
15 ment aperçus. Sans doute, nous nous efforçons d'arriver à une conscience distincte de notre vie psychologique tout entière, pour pouvoir en rendre compte à nous-mêmes et aux autres ; mais l'élaboration des matériaux venus du dehors et qui doivent devenir des pensées se fait d'ordinaire dans les profondeurs les plus obscures de notre être, nous n'en avons pas
20 plus conscience que de la transformation des aliments en sucs et en substances vivifiantes. C'est pourquoi nous ne pouvons souvent pas rendre compte de la naissance de nos pensées les plus profondes ; elles procèdent de la partie la plus mystérieuse de notre être intime. […] La conscience n'est que la surface de notre esprit ; de même que pour la terre, nous ne
25 connaissons de ce dernier que l'écorce, non l'intérieur.

Nous venons d'exposer les lois de l'association des idées. Ce qui la met en mouvement elle-même, c'est, en dernière instance et dans le secret de notre être, la Volonté qui pousse l'intellect, son serviteur, à coordonner les pensées, dans la mesure de ses forces, à rappeler le semblable, le contem-
30 porain, à reconnaître les principes et les conséquences ; car il est de l'intérêt de la Volonté que la pensée s'exerce le plus possible, afin de nous orienter d'avance pour tous les cas qui peuvent se présenter.

Arthur Schopenhauer,
Le Monde comme volonté et comme représentation (1818),
Supplément au Livre I, partie II, chap. 14,
trad. A. Burdeau, Éd. des PUF, 1966, pp. 822-823.

Fiche Schopenhauer p. 511

Le SUJET

Bergson
[1859-1941]

4 Une immense danse macabre

Bergson compare la pensée à une scène, ou bien encore à une maison, mais qui comporterait plusieurs niveaux. Il est possible que tous nos souvenirs soient confinés dans les soubassements de notre âme. Mais pour accéder aux étages supérieurs, certains vont tenter de forcer les portes de la conscience.

Mais derrière les souvenirs qui viennent se poser ainsi sur notre occupation présente et se révéler au moyen d'elle, il y en a d'autres, des milliers et des milliers d'autres, en bas, au-dessous de la scène illuminée par la conscience. Oui, je crois que notre vie passée est là, conservée jusque dans ses moindres
5 détails, et que nous n'oublions rien, et que tout ce que nous avons perçu, pensé, voulu depuis le premier éveil de notre conscience, persiste indéfiniment. Mais les souvenirs que ma mémoire conserve ainsi dans ses plus obscures profondeurs y sont à l'état de fantômes invisibles. Ils aspirent peut-être à la lumière ; ils n'essaient pourtant pas d'y remonter ; ils savent
10 que c'est impossible, et que moi, être vivant et agissant, j'ai autre chose à faire que de m'occuper d'eux. Mais supposez qu'à un moment donné *je me désintéresse* de la situation présente, de l'action pressante, enfin de ce qui concentrait sur un seul point toutes les activités de la mémoire. Supposez, en d'autres termes, que je m'endorme. Alors ces souvenirs immobiles,
15 sentant que je viens d'écarter l'obstacle, de soulever la trappe qui les maintenait dans le sous-sol de la conscience, se mettent en mouvement. Ils se lèvent, ils s'agitent, ils exécutent, dans la nuit de l'inconscient, une immense danse macabre. Et, tous ensemble, ils courent à la porte qui vient de s'entrouvrir.

Henri Bergson,
« Le rêve » (1901), in *L'Énergie spirituelle* (1919), *Œuvres,*
Éd. des PUF, 1991, p. 886.

 Fiche Bergson p. 522

Freud
[1856-1939]

5 Le moi n'est pas maître dans sa propre maison

Freud est le premier à élaborer un concept précis d'inconscient, lié à une théorie de l'esprit humain comme système dynamique de pulsions. Il insiste ici en premier lieu sur le fait que la souveraineté du moi – qu'il compare à un maître égocentrique et présomptueux – est toute relative.

Le psychique[1] en toi ne coïncide pas avec ce dont tu es conscient ; ce sont deux choses différentes, que quelque chose se passe dans ton âme, et que tu en sois par ailleurs informé. Je veux bien concéder qu'à l'ordinaire le service de renseignements qui dessert ta conscience suffit à tes besoins. Tu
5 peux te bercer de l'illusion que tu apprends tout ce qui revêt une certaine importance. Mais dans bien des cas, par exemple dans celui d'un conflit pulsionnel[2] de ce genre, il est en panne, et alors, ta volonté ne va pas plus loin que ton savoir. Mais dans tous les cas, ces renseignements de ta conscience

1. Le psychique : ensemble
   de nos pensées, images
   et représentations.

2. Un conflit pulsionnel : une
   pulsion est une poussée
   psychique qui a sa source
   dans le corps.

sont incomplets et souvent peu sûrs ; par ailleurs, il arrive assez souvent que
10 tu ne sois informé des événements que quand ils se sont déjà accomplis et
que tu ne peux plus rien y changer. Qui saurait évaluer, même si tu n'es pas
malade, tout ce qui s'agite dans ton âme et dont tu n'apprends rien, ou dont
tu es mal informé ? Tu te comportes comme un souverain absolu, qui se
contente des renseignements que lui apportent les hauts fonctionnaires de sa
15 cour, et qui ne descend pas dans la rue pour écouter la voix du peuple. Entre
en toi-même, dans tes profondeurs, et apprends d'abord à te connaître, alors
tu comprendras pourquoi tu dois devenir malade, et tu éviteras peut-être de
le devenir ».

C'est ainsi que la psychanalyse a voulu instruire le moi. Mais ces deux
20 élucidations, à savoir que la vie pulsionnelle de la sexualité en nous ne
peut être domptée entièrement, et que les processus psychiques sont en
eux-mêmes inconscients, ne sont accessibles au moi et ne sont soumis à
celui-ci que par le biais d'une perception incomplète et peu sûre,
reviennent à affirmer que le *moi n'est pas maître dans sa propre maison*.

Sigmund Freud,
« Une difficulté de la psychanalyse » (1917), in *L'Inquiétante Étrangeté et autres essais,*
trad. B. Ferron, Éd. Gallimard, coll. « Folio », 1985, p. 186.

Fiche Freud p. 519

Freud
[1856-1939]

6 Trois blessures narcissiques

Pourquoi la découverte de l'inconscient a-t-elle suscité une telle levée de boucliers ? D'après le téméraire inventeur de la psychanalyse, Copernic et Darwin ont rencontré avant lui-même une hostilité qui aurait pu s'expliquer par des motivations comparables.

Dans le cours des siècles, la science a infligé à l'égoïsme naïf de l'humanité deux graves démentis. La première fois, ce fut lorsqu'elle a montré que la Terre, loin d'être le centre de l'univers, ne forme qu'une parcelle insignifiante du système cosmique dont nous pouvons à peine
5 nous représenter la grandeur. Cette première démonstration se rattache pour nous au nom de Copernic[1], bien que la science alexandrine ait déjà annoncé quelque chose de semblable. Le second démenti fut infligé à l'humanité par la recherche biologique, lorsqu'elle a réduit à rien les prétentions de l'homme à une place privilégiée dans l'ordre de
10 la création, en établissant sa descendance du règne animal et en montrant l'indestructibilité de sa nature animale. Cette dernière révolution s'est accomplie de nos jours, à la suite des travaux de Ch. Darwin[2], de Wallace[3] et de leurs prédécesseurs, travaux qui ont provoqué la résistance la plus acharnée des contemporains. Un troisième démenti sera
15 infligé à la mégalomanie[4] humaine par la recherche psychologique de nos jours qui se propose de montrer au *moi* qu'il n'est seulement pas maître dans sa propre maison, qu'il en est réduit à se contenter de renseignements rares et fragmentaires sur ce qui se passe, en dehors de sa conscience, dans sa vie psychique. Les psychanalystes ne sont ni

1. Copernic (1473-1543) :
   astronome polonais qui imposa
   l'héliocentrisme, c'est-à-dire le
   fait que la Terre tourne autour
   du Soleil.

2. Charles Darwin (1805-1882) :
   naturaliste anglais qui imposa
   sa conception transformiste
   des espèces.

3. Wallace (1823-1913) :
   naturaliste anglais qui se rallia
   lui aussi à la thèse de la
   sélection naturelle des espèces.

4. Mégalomanie : délire
   des grandeurs.

20 les premiers ni les seuls qui aient lancé cet appel à la modestie et au
recueillement, mais c'est à eux que semble échoir la mission d'étendre
cette manière de voir avec le plus d'ardeur et de produire à son appui
des matériaux empruntés à l'expérience et accessibles à tous. D'où la levée
générale de boucliers contre notre science, l'oubli de toutes les règles de poli-
25 tesse académique, le déchaînement d'une opposition qui secoue toutes les
entraves d'une logique impartiale.

Sigmund Freud,
Introduction à la psychanalyse (1916),
chap. 18, trad. S. Jankélévitch, Éd. Payot, 1970, pp. 266-267.

📄 Fiche Freud p. 519

Freud
[1856-1939]

7 Le refoulement

Inconscient, conscient, pré-conscient : Freud divise l'esprit en trois zones, qu'il compare aux pièces d'un appartement. L'idée clé de refoulement est clairement formulée, mais la notion de gardien (que représente-t-il ?) reste énigmatique.

La représentation la plus simple de ce système [le système psychique de l'inconscient] est pour nous la plus commode : c'est la représentation spatiale. Nous assimilons donc le système de l'inconscient à une grande anti-chambre, dans laquelle les tendances psychiques se pressent, telles des
5 êtres vivants. À cette antichambre est attenante une autre pièce, plus étroite, une sorte de salon, dans lequel séjourne la conscience. Mais à l'entrée de l'antichambre dans le salon, veille un gardien qui inspecte chaque ten-dance psychique, lui impose la censure et l'empêche d'entrer au salon si elle lui déplaît. […]. Les tendances qui se trouvent dans l'antichambre
10 réservée à l'inconscient échappent au regard du conscient qui séjourne dans la pièce voisine. Elles sont donc tout d'abord inconscientes. Lorsque, après avoir pénétré jusqu'au seuil, elles sont renvoyées par le gardien, c'est qu'elles sont incapables de devenir conscientes : nous disons alors qu'elles sont *refoulées*. Mais les tendances auxquelles le gardien a permis
15 de franchir le seuil ne sont pas devenues pour cela nécessairement conscientes ; elles peuvent le devenir si elles réussissent à attirer sur elles le regard de la conscience. Nous appellerons donc cette deuxième pièce sys-tème de la *pré-conscience*. Le fait pour un processus de devenir conscient garde ainsi son sens purement descriptif. L'essence du refoulement
20 consiste en ce qu'une tendance donnée est empêchée par le gardien de pénétrer de l'inconscient dans le pré-conscient.

Sigmund Freud,
Introduction à la psychanalyse (1916), chap. 19, trad. S. Jankélévitch,
Éd. Payot, coll. « Petite bibliothèque », 1979, pp. 276-277.

📄 Fiche Freud p. 519

Freud
[1856-1939]

8 La réalisation déguisée d'un désir refoulé

À première vue, nos rêves sont incompréhensibles. Mais la confusion des rêves a elle-même un sens, si l'on en croit Freud. La « déformation » du rêve s'expliquerait par le déguisement qu'une censure impose à certains de nos désirs.

[…] si l'on étudie les pensées latentes du rêve, dont on a été informé par l'analyse de celui-ci, on en trouve une parmi elles qui se détache nettement des autres, qui sont raisonnables et bien connues du rêveur. Ces autres sont des restes de la vie éveillée (restes diurnes) ; mais, dans cette pensée isolée, on
5 reconnaît souvent une motion de désir très scabreuse, qui est étrangère à la vie éveillée du rêveur, et qu'en conséquence, d'ailleurs, il dénie avec stupeur ou indignation. Cette motion est l'élément proprement formateur du rêve, c'est elle qui a fourni l'énergie pour la production du rêve et qui s'est servi des restes diurnes comme d'un matériau : le rêve ainsi constitué représente
10 pour elle une situation de satisfaction, il est *l'accomplissement de son désir*. Ce processus ne serait pas devenu possible si quelque chose dans la nature de l'état de sommeil ne l'avait pas favorisé. Le présupposé psychique du sommeil est le réglage du moi sur le désir de sommeil et le désinvestissement de tous les intérêts de la vie ; étant donné que les accès à la motilité sont en
15 même temps barrés, le moi peut diminuer la dépense au prix de laquelle il maintient d'habitude les refoulements. La motion inconsciente met à profit ce relâchement nocturne du refoulement pour opérer, par le biais du rêve, une percée jusqu'à la conscience. Mais, par ailleurs, la résistance refoulante du moi n'est pas non plus abolie dans le sommeil, elle est seulement
20 diminuée. Un vestige d'elle est resté sous la forme de la *censure du rêve,* qui interdit maintenant à la motion de désir inconsciente de s'exprimer dans les formes qui lui seraient vraiment appropriées. Par suite de la rigueur de la censure du rêve, les pensées latentes du rêve doivent se plier à des modifications et à des atténuations qui rendent méconnaissable le sens prohibé du
25 rêve. Telle est l'explication de la *déformation du rêve,* à laquelle le rêve manifeste doit ses caractères les plus frappants. D'où la justification de cette thèse que : *le rêve est l'accomplissement (camouflé) d'un désir (refoulé).* Nous nous apercevons dès à présent que le rêve est bâti comme un symptôme névrotique, il est une formation de compromis entre la demande d'une motion
30 pulsionnelle refoulée et la résistance d'une puissance censurante dans le moi. Pour avoir la même genèse, il est du reste tout aussi incompréhensible que le symptôme, et nécessite au même titre que lui une interprétation.

La fonction générale de l'acte de rêver est facile à découvrir. Il sert à écarter par une sorte de mise en sourdine les excitations externes et internes qui
35 susciteraient l'éveil, et à garantir ainsi le sommeil contre la perturbation.

Sigmund Freud,
Sigmund Freud présenté par lui-même (1925),
trad. F. Cambon, Éd. Gallimard,
coll. « Connaissance de l'inconscient », 1984, pp. 74-75.

Fiche Freud p. 519

Le sujet

Freud

[1856-1939]

9 Analyse d'un rêve

Dans l'exemple qui suit, Freud démontre que les rêves les plus anodins en apparence peuvent dissimuler un contenu latent (caché) d'ordre érotique, sinon strictement sexuel.

« Vous dites toujours, déclare une spirituelle malade, que le rêve est un désir réalisé. Je vais vous raconter un rêve qui est tout le contraire d'un désir réalisé. Comment accorderez-vous cela avec votre théorie ? » Voici le rêve :
« Je veux donner un dîner, mais je n'ai pour toutes provisions qu'un peu de
5 *saumon fumé. Je voudrais aller faire des achats, mais je me rappelle que c'est dimanche après-midi et que toutes les boutiques sont fermées. Je veux téléphoner à quelques fournisseurs, mais le téléphone est détraqué. Je dois donc renoncer au désir de donner un dîner. »*

[...] Ce qui est venu à l'esprit [de la malade] jusqu'à présent n'a pu servir
10 à interpréter le rêve. J'insiste. Au bout d'un moment, comme il convient lorsqu'on doit surmonter une résistance, elle me dit qu'elle a rendu visite hier à une de ses amies ; elle en est fort jalouse parce que son mari en dit toujours beaucoup de bien. Fort heureusement, l'amie est mince et maigre, et son mari aime les formes pleines. De quoi parlait donc cette personne
15 maigre ? Naturellement de son désir d'engraisser. Elle lui a aussi demandé : « Quand nous inviterez-vous à nouveau ? On mange toujours si bien chez vous. »

Le sens du rêve est clair maintenant. Je peux dire à ma malade : « C'est exactement comme si vous lui aviez répondu mentalement : "Oui-da ! je
20 vais t'inviter pour que tu manges bien, que tu engraisses et que tu plaises plus encore à mon mari ! J'aimerais mieux ne plus donner de dîner de ma vie !" Le rêve vous dit que vous ne pourrez pas donner de dîner, il accomplit ainsi votre vœu de ne point contribuer à rendre plus belle votre amie. La résolution, prise par votre mari, de ne plus accepter d'invitation à dîner,
25 pour ne pas engraisser, vous avait, en effet, indiqué que les dîners dans le monde engraissent. » Il ne manque plus qu'une concordance qui confirmerait la solution. On ne sait encore à quoi le saumon fumé répond dans le rêve. « D'où vient que vous évoquez dans le rêve le saumon fumé ? » — « C'est, répond-elle, le plat de prédilection de mon amie. »

Sigmund Freud,
L'Interprétation des rêves (1900),
chap. 4, trad. I. Meyerson, Éd. des PUF, 1967, pp. 133 et 135.

À L'ÉPOQUE

En 1896, Freud abandonne le traitement de ses malades par hypnose et fait du récit de rêve la voie royale d'accès à l'inconscient. Entre-temps, il a découvert l'importance des projections imaginaires et symboliques que fait le patient sur la personne de l'analyste.

📄 Fiche Freud p. 519

Freud

[1856-1939]

10 Une justification indirecte

L'inconscient, par définition, n'est pas accessible à l'observation. Or, d'un point de vue scientifique, il paraît hasardeux d'admettre l'existence de ce qui n'est pas, et qui ne sera jamais, directement observable. Freud répond ici à ses contradicteurs que l'hypothèse de l'inconscient peut être justifiée de manière indirecte.

On nous conteste de tous côtés le droit d'admettre un psychique inconscient et de travailler scientifiquement avec cette hypothèse. Nous pouvons répondre à cela que l'hypothèse de l'inconscient est *nécessaire* et *légitime*, et que nous possédons de multiples *preuves* de l'existence de
5 l'inconscient. Elle est nécessaire, parce que les données de la conscience sont extrêmement lacunaires ; aussi bien chez l'homme sain que chez le malade, il se produit fréquemment des actes psychiques qui, pour être expliqués, présupposent d'autres actes qui, eux, ne bénéficient pas du témoignage de la conscience. [...] Tous ces actes conscients demeurent
10 incohérents et incompréhensibles si nous nous obstinons à prétendre qu'il faut bien percevoir par la conscience tout ce qui se passe en nous en fait d'actes psychiques ; mais ils s'ordonnent dans un ensemble dont on peut montrer la cohérence, si nous interpolons[1] les actes inconscients inférés. Or, nous trouvons dans ce gain de sens et de cohérence une raison, pleine-
15 ment justifiée, d'aller au-delà de l'expérience immédiate. Et s'il s'avère de plus que nous pouvons fonder sur l'hypothèse de l'inconscient une pratique couronnée de succès, par laquelle nous influençons, conformément à un but donné, le cours des processus conscients, nous aurons acquis, avec ce succès, une preuve incontestable de l'existence de ce dont nous avons fait
20 l'hypothèse. L'on doit donc se ranger à l'avis que ce n'est qu'au prix d'une *prétention intenable* que l'on peut exiger que tout ce qui se produit dans le domaine psychique doive aussi être connu de la conscience.

1. Interpoler : intercaler dans un ouvrage ou un texte un passage qui n'en fait pas partie et en change le sens.

Sigmund Freud,
Métapsychologie (1915),
trad. J. Laplanche et J.-B. Pontalis, Éd. Gallimard, coll. « Idées », 1968, pp. 66-67.

📄 Fiche Freud p. 519

Lacan
[1901-1981]

1. Hystérique : se dit d'une névrose caractérisée par la traduction dans le langage du corps des conflits psychiques.

2. Sémantique : qui a trait au sens.

11 À la recherche du sens

Jacques Lacan, fondateur en 1964 de l'École freudienne de Paris, considère que l'inconscient est « structuré comme un langage ». Plus précisément, il compare ici l'esprit à un ouvrage d'histoire dont l'inconscient serait un chapitre censuré.

L'inconscient est ce chapitre de mon histoire qui est marqué par un blanc ou occupé par un mensonge : c'est le chapitre censuré. Mais la vérité peut être retrouvée ; le plus souvent déjà elle est écrite ailleurs. À savoir :
– dans les monuments : et ceci est mon corps, c'est-à-dire le noyau hysté-
5 rique[1] de la névrose où le symptôme hystérique montre la structure d'un langage et se déchiffre comme une inscription qui, une fois recueillie, peut sans perte grave être détruite ;
– dans les documents d'archives aussi : et ce sont les souvenirs de mon enfance, impénétrables aussi bien qu'eux, quand je n'en connais pas la
10 provenance ;
– dans l'évolution sémantique[2] : et ceci répond au stock et aux acceptions du vocabulaire qui m'est particulier, comme au style de ma vie et à mon caractère ;

Le sujet

– dans les traditions aussi, voire dans les légendes qui sous une forme
15 héroïsée véhiculent mon histoire ;

– dans les traces, enfin, qu'en conservent inévitablement les distorsions, nécessitées par le raccord du chapitre adultéré[3] dans les chapitres qui l'encadrent, et dont mon exégèse[4] rétablira le sens.

Jacques Lacan,
« Fonction et champ de la parole et du langage en psychanalyse » (1953),
in *Écrits,* Éd. du Seuil, 1966, p. 259.

Alain
[1868-1951]

1. Freudisme : ce qu'est devenue la pensée de Freud banalisée.

2. Crimes de soi : crimes en eux-mêmes.

📄 Fiche `Alain` p. 523

12 Un animal redoutable

Sans remettre nécessairement en question la validité globale de la théorie psychanalytique, il est possible de s'interroger sur les enjeux moraux de la découverte de Freud. Qu'en est-il de ma liberté si je suis gouverné à mon insu par un second moi ?

Le *freudisme*[1], si fameux, est un art d'inventer en chaque homme un animal redoutable, d'après des signes tout à fait ordinaires ; les rêves sont de tels signes : les hommes ont toujours interprété leurs rêves, d'où un symbolisme facile. Freud se plaisait à montrer que ce symbolisme facile nous
5 trompe et que nos symboles sont tout ce qu'il y a d'indirect. Les choses du sexe échappent évidemment à la volonté et à la prévision ; ce sont des crimes de soi[2], auxquels on assiste. On devine par là que ce genre d'instinct offrait une riche interprétation. L'homme est obscur à lui-même ; cela est à savoir. Seulement il faut éviter ici plusieurs erreurs que fonde le terme
10 d'*inconscient*. La plus grave de ces erreurs est de croire que l'inconscient est un autre Moi ; un Moi qui a ses préjugés, ses passions et ses ruses ; une sorte de mauvais ange, diabolique conseiller. Contre quoi il faut comprendre qu'il n'y a point de pensées en nous sinon par l'unique sujet, Je ; cette remarque est d'ordre moral.

Alain,
Éléments de philosophie (1941),
Livre II, chap. 16, note, Éd. Gallimard, coll. « Folio Essais », 1996, pp. 154-155.

Ricœur
[1913-2005]

13 Du bénéfice de la cure psychanalytique

Pour retrouver un empire sur moi-même que, dans une situation de souffrance névrotique, j'ai partiellement perdu, je peux avoir besoin du secours d'un psychanalyste. Est-ce à dire que je me dessaisis ainsi de ma propre souveraineté ? Paul Ricœur montre au contraire en quoi la démarche analytique peut être foncièrement libératrice.

Dès lors si la conscience ne peut faire sa propre exégèse[1] et ne peut restaurer son propre empire, il est légitime de penser qu'un *autre* puisse l'expliquer à elle-même et l'aider à se reconquérir ; c'est le principe de la cure psychanalytique. Là où l'effort ne fait qu'exalter l'impulsion morbide, un patient

1. Exégèse : discipline qui se
   donne pour objectif d'établir
   le sens d'un texte.

2. Despote : personne
   qui impose arbitrairement
   sa volonté à son entourage.

5 désenveloppement des thèmes morbides par l'analyste doit faire la relève de
l'effort stérile. La maladie n'est point la faute, la cure n'est point la morale.
Le sens profond de la cure n'est pas une explication de la conscience par
l'inconscient, mais un triomphe de la conscience sur ses propres interdits par
le détour d'une autre conscience déchiffreuse. L'analyste est l'accoucheur
10 de la liberté, en aidant le malade à *former* la pensée qui convient à son mal ;
il dénoue sa conscience et lui rend sa fluidité ; la psychanalyse est une guérison par l'esprit ; le véritable analyste n'est pas le despote[2] de la conscience
malade, mais le serviteur d'une liberté à restaurer. En quoi la cure, pour
n'être pas une éthique, n'en est pas moins la condition d'une éthique retrou-
15 vée là où la volonté succombe au terrible. L'éthique en effet n'est jamais
qu'une réconciliation du moi avec son propre corps et avec toutes les puissances involontaires ; quand l'irruption des forces interdites marque le
triomphe d'un involontaire absolu, la psychanalyse replace le malade dans
des conditions normales où il peut à nouveau tenter avec sa libre volonté une
20 telle réconciliation.

Paul Ricœur,
Philosophie de la volonté, in *Le Volontaire et l'involontaire* (1950),
tome I, Éd. Aubier, pp. 375-376.

Autrui

Définition élémentaire

▶ Autrui, c'est l'autre homme, le « prochain » : une conscience autre que ma conscience, un autre sujet, un moi autre que moi.

Distinguer pour comprendre

▶ Autrui et le moi ou l'ego : autrui, c'est celui qui est en face de moi. S'il est face à moi, comme un objet, comment puis-je savoir qu'il a une conscience, et rentrer dans sa conscience ?

▶ Autrui et l'objet : autrui est plus qu'un objet, puisqu'il est « comme » moi. Peut-on penser un rapport à autrui qui soit indépendant d'un rapport de connaissance rationnelle ?

▶ Autrui et les autres ou le tiers (une 3e personne) : autrui est singulier, comme moi. C'est celui que j'aime ou que je hais, dans une relation duelle entre lui et moi, mais ce n'est pas « tous les autres », ceux qui forment la société. Puis-je vraiment « rencontrer » autrui ? Est-ce que je sais vraiment qui j'aime ?

Repères associés à la notion

Platon

[427-347 avant J.-C.]

1 Autrui, miroir de mon âme

Commentant dans l'*Alcibiade* le précepte «Connais-toi toi-même», Socrate nous invite à nous réfléchir en autrui. De même que l'œil se reflète dans un autre œil, et plus particulièrement dans cette partie d'où procède la vision, la pupille, notre âme se contemplera dans l'intelligence d'une autre âme. Ainsi se trouve justifiée la pratique du dialogue.

SOCRATE. – Examine la chose avec moi. Si c'était à notre regard, comme à un homme, que cette inscription s'adressait en lui conseillant : « regarde-toi toi-même », comment comprendrions-nous cette exhortation ? Ne serait-ce pas de regarder un objet dans lequel l'œil se verrait
5 lui-même ?

ALCIBIADE. – Évidemment.

SOCRATE. – Quel est, parmi les objets, celui vers lequel nous pensons qu'il faut tourner notre regard pour à la fois le voir et nous voir nous-mêmes ?

10 ALCIBIADE. – C'est évidemment un miroir, Socrate, ou quelque chose de semblable.

SOCRATE. – Bien dit. Mais, dans l'œil grâce auquel nous voyons, n'y a-t-il pas quelque chose de cette sorte ?

ALCIBIADE. – Bien sûr.

15 SOCRATE. – N'as-tu pas remarqué que, lorsque nous regardons l'œil de quelqu'un qui nous fait face, notre visage se réfléchit dans sa pupille comme dans un miroir, ce qu'on appelle aussi la poupée, car elle est une image de celui qui regarde ?

ALCIBIADE. – Tu dis vrai.

20 SOCRATE. – Donc, lorsqu'un œil observe un autre œil et qu'il porte son regard sur ce qu'il y a de meilleur en lui, c'est-à-dire ce par quoi il voit, il s'y voit lui-même.

ALCIBIADE. – C'est ce qu'il semble.

SOCRATE. – Mais si, au lieu de cela, il regarde quelque autre partie de
25 l'homme ou quelque autre objet, à l'exception de celui auquel ce qu'il a de meilleur en l'œil est semblable, alors il ne se verra pas lui-même.

ALCIBIADE. – Tu dis vrai.

SOCRATE. – Ainsi, si l'œil veut se voir lui-même, il doit regarder un œil et porter son regard sur cet endroit où se trouve l'excellence de l'œil. Et
30 cet endroit de l'œil, n'est-ce pas la pupille ?

ALCIBIADE. – C'est cela.

SOCRATE. – Eh bien alors, mon cher Alcibiade, l'âme aussi, si elle veut se connaître elle-même, doit porter son regard sur une âme et avant tout sur cet endroit de l'âme, le savoir, ou sur une autre chose à laquelle cet
35 endroit de l'âme est semblable.

ALCIBIADE. – C'est ce qu'il me semble, Socrate.

SOCRATE. – Or, peut-on dire qu'il y a en l'âme quelque chose de plus divin que ce qui a trait à la pensée et à la réflexion ?

ALCIBIADE. – Nous ne le pouvons pas.

À L'ÉPOQUE

Socrate prône le dialogue comme moyen d'atteindre la vérité. Ce processus de découverte de la vérité à deux ou à plusieurs se nomme la maïeutique. Toutes les œuvres de Platon, disciple de Socrate, sont écrites sous forme de dialogues.

Le sujet

40 SOCRATE. – C'est donc au divin que ressemble ce lieu de l'âme, et quand on porte le regard sur lui et que l'on connaît l'ensemble du divin, le dieu et la réflexion, on serait au plus près de se connaître soi-même.

ALCIBIADE. – Ce qu'il me semble.

Platon,

Alcibiade (IVe siècle avant J.-C.), trad. C. Marbœuf et J.-F. Pradeau, Éd. Flammarion, coll. « GF », 132d-133c, 2000, pp. 180-182.

📄 Fiche Platon p. 477

Pascal
[1623-1662]

2 Autrui, toujours manqué

Que la comédie humaine, qui forme la trame des relations sociales, soit jeu de masques, on l'admet aisément. Mais l'amour, au moins, devrait nous livrer le vrai moi de l'être aimé. Simple illusion, selon Pascal. Que l'on apprécie quelqu'un pour sa beauté ou pour ses vertus morales, ce n'est jamais la personne elle-même que l'on aime, mais des qualités transitoires : l'identité de la personne nous échappe toujours.

688-323. Qu'est ce que le moi ?

Un homme qui se met à la fenêtre pour voir les passants ; si je passe par là, puis-je dire qu'il s'est mis là pour me voir ? Non : car il ne pense pas à moi en particulier ; mais celui qui aime quelqu'un à cause de sa beauté,
5 l'aime-t-il ? Non : car la petite vérole, qui tuera la beauté sans tuer la personne, fera qu'il ne l'aimera plus.

Et si on m'aime pour mon jugement, pour ma mémoire, m'aime-t-on ? *moi* ? Non, car je puis perdre ces qualités sans me perdre moi-même. Où est donc ce *moi*, s'il n'est ni dans le corps, ni dans l'âme ? et comment
10 aimer le corps ou l'âme, sinon pour ces qualités, qui ne sont point ce qui fait le moi, puisqu'elles sont périssables ? car aimerait-on la substance de l'âme d'une personne, abstraitement, et quelques qualités qui y fussent ? Cela ne se peut, et serait injuste. On n'aime donc jamais personne, mais seulement des qualités.

Blaise Pascal,

Pensées (1670)*, in Œuvres complètes,* Éd. du Seuil, 1963, p. 591.

📄 Fiche Pascal p. 497

Rousseau
[1712-1778]

3 La naissance de la pitié

La pitié nous fait participer à la douleur d'autrui. En ce sens elle est, avec l'amour, la première passion sociale. Mais quelle est son origine ? Rousseau montre ici qu'elle est naturelle mais qu'elle ne peut devenir active que lorsque les premières facultés se sont développées. C'est pourquoi le primitif est impitoyable : non par méchanceté, mais par ignorance.

Dans les premiers temps[1], les hommes épars sur la surface de la terre n'avaient de société que celle de la famille, de lois que celles de la nature, de langues que le geste et quelques sons inarticulés[2]. Ils n'étaient liés par aucune idée de fraternité commune, et n'ayant aucun arbitre que la

1. J'appelle les premiers temps ceux de la dispersion des hommes, à quelque âge du genre humain qu'on veuille en fixer l'époque. (Note de Rousseau.)

2. Les véritables langues n'ont point une origine domestique, il n'y a qu'une convention plus générale et plus durable qui les puisse établir. Les sauvages de l'Amérique ne parlent presque jamais que hors de chez eux ; chacun garde le silence dans sa cabane, il parle par signes à sa famille, et ces signes sont peu fréquents, parce qu'un sauvage est moins inquiet, moins impatient qu'un Européen, qu'il n'a pas tant de besoins, et qu'il prend soin d'y pourvoir lui-même. (Note de Rousseau.)

3. Voir le chapitre 9 de L'Essai sur l'origine des langues (texte intégral), pp. 206-215.

5 force, ils se croyaient ennemis les uns des autres. C'étaient leur faiblesse et leur ignorance qui leur donnaient cette opinion. Ne connaissant rien, ils craignaient tout, ils attaquaient pour se défendre. Un homme abandonné seul sur la face de la terre, à la merci du genre humain, devait être un animal féroce. Il était prêt à faire aux autres tout le mal qu'il
10 craignait d'eux. La crainte et la faiblesse sont les sources de la cruauté.

Les affections sociales ne se développent en nous qu'avec nos lumières. La pitié, bien que naturelle au cœur de l'homme, resterait éternellement inactive sans l'imagination qui la met en jeu. Comment nous laissons-nous émouvoir à la pitié ? En nous transportant hors de nous-mêmes, en nous
15 identifiant avec l'être souffrant. Nous ne souffrons qu'autant que nous jugeons qu'il souffre ; ce n'est pas dans nous, c'est dans lui que nous souffrons. Qu'on juge combien ce transport suppose de connaissances acquises ! Comment imaginerais-je des maux dont je n'ai nulle idée ? Comment souffrirais-je en voyant souffrir un autre, si je ne sais pas même qu'il souffre,
20 si j'ignore ce qu'il y a de commun entre lui et moi ? Celui qui n'a jamais réfléchi ne peut être ni clément, ni juste, ni pitoyable ; il ne peut pas non plus être méchant et vindicatif. Celui qui n'imagine rien ne sent que lui-même ; il est seul au milieu du genre humain.

La réflexion naît des idées comparées, et c'est la pluralité des idées qui
25 porte à les comparer. Celui qui ne voit qu'un seul objet n'a point de comparaison à faire. Celui qui n'en voit qu'un petit nombre, et toujours les mêmes dès son enfance, ne les compare point encore, parce que l'habitude de les voir lui ôte l'attention nécessaire pour les examiner : mais à mesure qu'un objet nouveau nous frappe, nous voulons le connaître ; dans ceux qui nous
30 sont connus nous lui cherchons des rapports. C'est ainsi que nous apprenons à considérer ce qui est sous nos yeux, et que ce qui nous est étranger nous porte à l'examen de ce qui nous touche.

Appliquez ces idées aux premiers hommes, vous verrez la raison de leur barbarie. N'ayant jamais rien vu que ce qui était autour d'eux, cela même
35 ils ne le connaissaient pas ; ils ne se connaissaient pas eux-mêmes. Ils avaient l'idée d'un père, d'un fils, d'un frère, et non pas d'un homme. Leur cabane contenait tous leurs semblables ; un étranger, une bête, un monstre étaient pour eux la même chose : hors eux et leur famille, l'univers entier ne leur était rien.

40 De là les contradictions apparentes qu'on voit entre les pères des nations : tant de naturel et tant d'inhumanité, des mœurs si féroces et des cœurs si tendres, tant d'amour pour leur famille et d'aversion pour leur espèce. Tous leurs sentiments, concentrés entre leurs proches, en avaient plus d'énergie. Tout ce qu'ils connaissaient leur était cher. Ennemis du reste du monde
45 qu'ils ne voyaient point et qu'ils ignoraient, ils ne haïssaient que ce qu'ils ne pouvaient connaître[3].

Jean-Jacques Rousseau,
Essai sur l'origine des langues (1758-1761), chap. 9,
Éd. Flammarion, coll. « GF », 1993, pp. 83-85.

⌐ Fiche Rousseau p. 506

Kant
[1724-1804]

4 Penser avec autrui

La persuasion se distingue de la conviction en ce que la première est subjective, tandis que la seconde s'appuie sur des arguments objectifs. Mais il arrive que la persuasion se donne pour une conviction. Dans le texte qui suit, Kant fait du rapport à autrui un critère de distinction : c'est la communication et la confrontation des arguments qui permettent d'isoler et d'éliminer l'élément purement subjectif de nos jugements.

La persuasion est une simple apparence, parce que le principe du jugement qui est uniquement dans le sujet est tenu pour objectif. Aussi un jugement de ce genre n'a-t-il qu'une valeur individuelle et la croyance ne peut-elle pas se communiquer. Mais la vérité repose sur l'accord avec l'objet et, par consé-
5 quent, par rapport à cet objet, les jugements de tout entendement doivent être d'accord. [...] La pierre de touche grâce à laquelle nous distinguons si la croyance est une conviction ou simplement une persuasion est donc extérieure et consiste dans la possibilité de communiquer sa croyance et de la trouver valable pour la raison de tout homme, car alors il est au moins à
10 présumer que la cause de la concordance de tous les jugements, malgré la diversité des sujets entre eux, reposera sur un principe commun, je veux dire l'objet avec lequel, par conséquent, tous les sujets s'accorderont de manière à prouver par là la vérité du jugement.

Donc, la persuasion ne peut pas, à la vérité, être distinguée subjective-
15 ment de la conviction, si le sujet ne se représente la croyance que comme un simple phénomène de son propre esprit ; mais l'essai que l'on fait sur l'entendement des autres des principes qui sont valables pour nous, afin de voir s'ils produisent exactement sur une raison étrangère le même effet que sur la nôtre, est un moyen qui, tout en étant seulement subjectif, sert non
20 pas à produire la conviction, mais cependant à découvrir la valeur particulière du jugement, c'est-à-dire ce qui n'est en lui que simple persuasion.

Emmanuel Kant,
Critique de la raison pure (1781),
trad. A. Tremesaygues et B. Pacaud, Éd. des PUF, 1971, pp. 551-552.

 Fiche Kant p. 509

Kant
[1724-1804]

5 L'amitié

Parce qu'elle témoigne d'un sentiment de bienveillance, l'amitié possède, selon Kant, une dimension morale et peut même être considérée comme un devoir. Mais elle représente davantage une norme idéale qu'un sentiment effectivement vécu. Car la véritable amitié doit maintenir un équilibre extrêmement précaire entre l'amour qui attire et le respect qui impose la distance.

L'*amitié* (considérée dans sa perfection) est l'union de deux personnes liées par un amour et un respect égaux et réciproques. — On voit facilement qu'elle est l'Idéal de la sympathie et de la communication en ce qui

concerne le bien de chacun de ceux qui sont unis par une volonté moralement
5 bonne, et que si elle ne produit pas tout le bonheur de la vie, l'acceptation
de cet Idéal et des deux sentiments qui le composent enveloppe la dignité
d'être heureux, de telle sorte que rechercher l'amitié entre les hommes est
un devoir. – Mais il est facile de voir que bien que tendre vers l'amitié
comme vers un maximum de bonnes intentions des hommes les uns à
10 l'égard des autres soit un devoir, sinon commun, du moins méritoire, une
amitié parfaite est une simple Idée, quoique pratiquement nécessaire,
qu'il est impossible de réaliser en quelque pratique que ce soit. En effet,
comment est-il possible pour l'homme dans le rapport avec son prochain
de s'assurer de l'*égalité* de chacun des deux éléments d'un même devoir
15 (par exemple de l'élément constitué par la bienveillance réciproque) en
l'un comme l'autre, ou, ce qui est encore plus important, comment est-il
possible de découvrir quel est dans la même personne le rapport d'un
sentiment constitutif du devoir à l'autre (par exemple le rapport du sentiment procédant de la bienveillance à celui provenant du respect) et si,
20 lorsqu'une personne témoigne trop d'ardeur dans l'*amour*, elle ne perd
pas, ce faisant, quelque chose du *respect* de l'autre ? Comment s'attendre
donc à ce que des deux côtés l'amour et le respect s'équilibrent exactement,
ce qui est toutefois nécessaire à l'amitié ? – On peut, en effet, regarder
l'amour comme la force d'attraction, et le respect comme celle de répulsion,
25 de telle sorte que le principe du premier sentiment commande que l'on se
rapproche, tandis que le second exige qu'on se maintienne l'un à l'égard
de l'autre à une distance convenable. […]

L'amitié est cependant quelque chose de si *tendre* dans la douceur de la
sensation d'une possession réciproque qui s'approche de la fusion en une
30 personne, que si on la laisse reposer sur des *sentiments* et que l'on ne soumet
pas cette communication réciproque et cet abandon à des principes ou à
des règles rigides qui gardent de la familiarité et qui limitent l'amour
réciproque par les exigences du respect, elle sera à tout instant menacée
d'*interruption*.

Emmanuel Kant,
Métaphysique des mœurs, II. *Doctrine de la vertu* (1797),
trad. A. Philonenko, Librairie philosophique J. Vrin, 1965, pp. 147-149.

 Fiche Kant p. 509

Hegel
[1770-1831]

XIXᵉ SIÈCLE

6 Maîtrise et servitude

**Dans le texte qui suit, Hegel analyse la dialectique du maître et de l'esclave.
La lutte de prestige s'achève dans le rapport de domination. Le combattant qui a été jusqu'au bout de son désir d'être reconnu, sans faiblir
devant la peur de la mort, devient le maître de celui qui n'a pas su faire
la preuve de sa liberté. Mais du coup, le maître n'accède à la conscience
de soi et à son exigence de liberté que par l'intermédiaire de son esclave.**

Le maître est la conscience qui est *pour soi*, et non plus seulement le concept
de cette conscience. Mais c'est une conscience étant pour soi, qui est

Le sujet

1. Choséité : mode d'être d'une chose, par opposition au mode d'être d'une personne, notamment caractérisé par l'absence de conscience.

2. Médiatement : indirectement.

3. Subsumer : littéralement, ici, prendre sous soi.

4. Voir aussi le texte 10 du chapitre Le désir.

maintenant en relation avec soi-même par la médiation d'une *autre* conscience, d'une conscience à l'essence de laquelle il appartient d'être synthétisée avec l'*être* indépendant ou la choséité[1] en général. Le maître se rapporte à ces deux moments, à une *chose* comme telle, l'objet du désir, et à une conscience à laquelle la choséité est l'essentiel. Le maître est : 1) comme concept de la conscience de soi, rapport immédiat de l'*être-pour-soi,* mais en même temps il est : 2) comme médiation ou comme un être-pour-soi, qui est pour soi seulement par l'intermédiaire d'un Autre et qui, ainsi, se rapporte : a) immédiatement aux deux moments, b) médiatement[2] à chacun par le moyen de l'autre. Le maître se rapporte médiatement à l'esclave par *l'intermédiaire de l'être indépendant* ; car c'est là ce qui lie l'esclave, c'est là sa chaîne dont celui-ci ne put s'abstraire dans le combat ; et c'est pourquoi il se montra dépendant, ayant son indépendance dans la choséité. Mais le maître est la puissance qui domine cet être, car il montra dans le combat que cet être valait seulement pour lui comme une chose négative ; le maître étant la puissance qui domine cet être, cet être étant la puissance qui domine l'autre individu, dans ce syllogisme le maître subsume[3] par là cet autre individu. Pareillement, le maître se rapporte *médiatement à la chose par l'intermédiaire de l'esclave* ; l'esclave, comme conscience de soi en général, se comporte négativement à l'égard de la chose et la supprime ; mais elle est en même temps indépendante pour lui, il ne peut donc par son acte de nier venir à bout de la chose et l'anéantir ; l'esclave la *transforme donc seulement par son travail*. Inversement, par cette médiation le rapport *immédiat devient* pour le maître la pure négation de cette même chose ou la *jouissance* ; ce qui n'est pas exécuté par le désir est exécuté par la jouissance du maître ; en finir avec la chose : l'assouvissement dans la jouissance. Cela n'est pas exécuté par le désir à cause de l'indépendance de la chose ; mais le maître, qui a interposé l'esclave entre la chose et lui, se relie ainsi seulement à la dépendance de la chose, et purement en jouit. Il abandonne le côté de l'indépendance de la chose à l'esclave, qui l'élabore[4].

Georg Wilhelm Friedrich Hegel,
Phénoménologie de l'esprit (1807), tome I,
trad. J. Hyppolite, Éd. Aubier, 1941, pp. 161-162.

Fiche Hegel p. 510

Husserl
[1859-1938]

7 Un monde partagé

Pour Husserl, le rapport à autrui passe par le partage d'un monde vécu en commun. Même si chacun déploie sur ce monde une perspective qui lui est propre, nous nous entendons sur la réalité et sur le sens des objets qui nous environnent. C'est la perception de cette objectivité du monde qui révèle ce que Husserl appelle l'intersubjectivité.

Ce qui est vrai de moi vaut aussi, je le sais bien, pour tous les autres hommes que je trouve présents dans mon environnement. Par expérience que j'ai d'eux en tant qu'hommes, je les comprends et je les accueille comme des sujets personnels au même titre que moi-même, et rapportés à

5 leur environnement naturel. En ce sens toutefois que je conçois leur environnement et le mien comme formant objectivement un seul et même monde qui accède seulement de façon différente à toutes nos consciences. Chacun a son poste d'où il voit les choses présentes, et en fonction duquel chacun reçoit des choses des apparences différentes. De même le champ actuel de la
10 perception et du souvenir différencie chaque sujet, sans compter que même ce qui en est connu en commun, à titre intersubjectif, accède à la conscience de façon différente, sous des modes différents d'appréhension à des degrés différents de clarté, etc. En dépit de tout cela nous arrivons à nous comprendre avec nos voisins et posons en commun une réalité objective d'ordre
15 spatio-temporel qui forme ainsi *pour nous tous l'environnement des existants, bien qu'en même temps, nous en fassions nous-mêmes partie.*

Edmund Husserl,
Idées directrices pour une phénoménologie (1913),
trad. P. Ricœur, Éd. Gallimard, 1950, pp. 93-94.

Fiche Husserl p. 521

Merleau-Ponty
[1908-1961]

8 L'expérience du miroir

Lorsque pour la première fois l'enfant reconnaît son image dans le miroir, il se voit comme un autre. Dans le texte qui suit, Merleau-Ponty décrit le bouleversement que suscite cette découverte chez l'enfant et les risques d'aliénation qu'elle entraîne.

La compréhension de l'image spéculaire[1] consiste, chez l'enfant, à reconnaître pour *sienne* cette apparence visuelle qui est dans le miroir. Jusqu'au moment où l'image spéculaire intervient, le corps pour l'enfant est une réalité fortement sentie, mais confuse. Reconnaître son visage dans le
5 miroir, c'est pour lui apprendre qu'*il peut y avoir un spectacle de lui-même.* Jusque là il ne *s'est jamais vu,* ou il ne s'est qu'entrevu du coin de l'œil en regardant les parties de son corps qu'il peut voir. Par l'image dans le miroir, il devient capable d'être *spectateur de lui-même.* Par l'acquisition de l'image spéculaire l'enfant s'aperçoit qu'il est *visible* et pour soi et pour
10 autrui. Le passage du moi intéroceptif[2] au moi visible, le passage du moi intéroceptif au « je spéculaire », comme dit encore Lacan[3], c'est le passage d'une forme ou d'un état de la personnalité à un autre. La personnalité avant l'image spéculaire, c'est ce que les psychanalystes appellent chez l'adulte le soi, c'est-à-dire l'ensemble des pulsions confusément senties.
15 L'image du miroir, elle, va rendre possible une contemplation de soi-même. Avec l'image spéculaire, apparaît la possibilité d'une image idéale de soi-même, en termes psychanalytiques, d'un sur-moi, que d'ailleurs cette image soit explicitement posée, ou qu'elle soit simplement impliquée par tout ce que je vis à chaque minute. On comprend alors que le
20 phénomène de l'image spéculaire prenne pour les psychanalystes l'importance qu'elle a justement dans la vie de l'enfant. Ce n'est pas seulement l'acquisition d'un nouveau contenu, mais d'une nouvelle fonction, la fonction narcissique. Narcisse est cet être mythique qui, à force de

1. Image spéculaire : image reflétée par le miroir.

2. Intéroceptif : relatif aux sensations internes à notre corps.

3. Jacques Lacan : psychanalyste français (1901-1981).

Le sujet

regarder son image dans l'eau, a été attiré comme par un vertige et a
25 rejoint dans le miroir de l'eau son image. L'image propre en même
temps qu'elle rend possible la connaissance de soi, rend possible une
sorte d'aliénation : je ne suis plus ce que je me sentais être immédiatement, je suis cette image de moi que m'offre le miroir. Il se produit,
pour employer les termes du docteur Lacan, une « captation » de moi
30 par mon image spatiale. Du coup je quitte la réalité de mon moi vécu
pour me référer constamment à ce moi idéal, fictif ou imaginaire, dont
l'image spéculaire est la première ébauche. En ce sens je suis arraché à
moi-même, et l'image du miroir me prépare à une autre aliénation
encore plus grave, qui sera l'aliénation par autrui. Car de moi-même
35 justement les autres n'ont que cette image extérieure analogue à celle
qu'on voit dans le miroir, et par conséquent autrui m'arrachera à l'intimité immédiate bien plus sûrement que le miroir.

Maurice Merleau-Ponty,
Les Relations à autrui chez l'enfant, Cours de la Sorbonne, Éd. CDU, 1975, pp. 55-57.

Fiche Merleau-Ponty p. 532

Merleau-Ponty
[1908-1961]

1. Mon champ transcendantal :
point de vue, perspective
sur le monde qui m'est propre.

À L'ÉPOQUE
En 1952, Merleau-Ponty
rompt avec Sartre. Leur
amitié ne peut survivre
à de profondes
divergences de pensée.

Fiche Merleau-Ponty p. 532

9 Le dialogue

**Selon Merleau-Ponty, le dialogue représente une expérience exemplaire de
la relation à autrui. En effet, dans un dialogue réussi « nos perspectives
glissent l'une dans l'autre » au point de ne former qu'un seul et même
tissu. Un tel échange nous libère de notre solitude en nous faisant prendre
conscience de la dimension interpersonnelle de la pensée.**

Il y a, en particulier, un objet culturel qui va jouer un rôle essentiel dans
la perception d'autrui : c'est le langage. Dans l'expérience du dialogue,
il se constitue entre autrui et moi un terrain commun, ma pensée et la
sienne ne font qu'un seul tissu, mes propos et ceux de l'interlocuteur sont
5 appelés par l'état de la discussion, ils s'insèrent dans une opération commune dont aucun de nous n'est le créateur. Il y a là un être à deux, et
autrui n'est plus ici pour moi un simple comportement dans mon champ
transcendantal[1], ni d'ailleurs moi dans le sien, nous sommes l'un pour
l'autre collaborateur dans une réciprocité parfaite, nos perspectives
10 glissent l'une dans l'autre, nous coexistons à travers un même monde.
Dans le dialogue présent, je suis libéré de moi-même, les pensées d'autrui
sont bien des pensées siennes, ce n'est pas moi qui les forme, bien que je
les saisisse aussitôt nées ou que je les devance, et même, l'objection que
me fait l'interlocuteur m'arrache des pensées que je ne savais pas possé-
15 der, de sorte que si je lui prête des pensées, il me fait penser en retour.
C'est seulement après coup, quand je me suis retiré du dialogue et m'en
ressouviens, que je puis le réintégrer à ma vie, en faire un épisode de mon
histoire privée, et qu'autrui rentre dans son absence, ou, dans la mesure
où il me reste présent, est senti comme une menace pour moi.

Maurice Merleau-Ponty,
Phénoménologie de la perception (1945), Éd. Gallimard, coll. « Tel », 1975, p. 407.

Sartre
[1905-1980]

🔟 La honte devant autrui

Il est des sentiments qui, en nous, témoignent de la présence d'une autre conscience. Ainsi Sartre montre que la honte est nécessairement honte de soi devant autrui. Ce sentiment paradoxal s'explique par le fait qu'autrui est le médiateur entre moi et moi-même.

Considérons, par exemple, la honte. […] Elle est conscience non positionnelle (de) soi[1] comme honte et, comme telle, c'est un exemple de ce que les Allemands appellent « *Erlebnis*[2] », elle est accessible à la réflexion. En outre sa structure est intentionnelle, elle est appréhension honteuse *de* ce
5 quelque chose et ce quelque chose est *moi*. J'ai honte de ce que je *suis*. La honte réalise donc une relation intime de moi avec moi : j'ai découvert par la honte un aspect de *mon* être. Et pourtant, bien que certaines formes complexes et dérivées de la honte puissent apparaître sur le plan réflexif, la honte n'est pas originellement un phénomène de réflexion. En effet, quels
10 que soient les résultats que l'on puisse obtenir dans la solitude par la *pratique* religieuse de la honte, la honte dans sa structure première est honte *devant quelqu'un*. Je viens de faire un geste maladroit ou vulgaire : ce geste colle à moi, je ne le juge ni le blâme, je le vis simplement, je le réalise sur le mode du pour-soi. Mais voici tout à coup que je lève la tête : quelqu'un
15 était là et m'a vu. Je réalise tout à coup la vulgarité de mon geste et j'ai honte. Il est certain que ma honte n'est pas réflexive, car la présence d'autrui à ma conscience, fût-ce à la manière d'un catalyseur, est incompatible avec l'attitude réflexive : dans le champ de ma réflexion je ne puis jamais rencontrer que la conscience qui est mienne. Or autrui est le média-
20 teur entre moi et moi-même : j'ai honte de moi *tel que j'apparais* à autrui. Et, par l'apparition même d'autrui, je suis mis en mesure de porter un jugement sur moi-même comme sur un objet, car c'est comme objet que j'apparais à autrui. Mais pourtant cet objet apparu à autrui, ce n'est pas une vaine image dans l'esprit d'un autre. Cette image en effet serait entiè-
25 rement imputable à autrui et ne saurait me « toucher ». Je pourrais ressentir de l'agacement, de la colère en face d'elle, comme devant un mauvais portrait de moi, qui me prête une laideur ou une bassesse d'expression que je n'ai pas ; mais je ne saurais être atteint jusqu'aux moelles : la honte est, par nature, *reconnaissance*. Je reconnais que je *suis* comme autrui me voit.

Jean-Paul Sartre,
L'Être et le Néant (1943), Éd. Gallimard, coll. « Tel », 1976, pp. 265-266.

---

1. Elle est conscience non positionnelle (de) soi : elle enveloppe la conscience de soi, mais tacitement, non explicitement.

2. *Erlebnis* : le vécu ou l'expérience.

À L'ÉPOQUE

En 1964, dans son autobiographie *Les Mots*, Sartre raconte comment sa laideur, longtemps objet de dénégation dans sa famille, lui apparaît brutalement à l'âge de 7 ans. Malgré (ou à cause de ?) ce traumatisme, il deviendra, adulte, un séducteur redoutable.

📄 Fiche Sartre p. 529

Sartre
[1905-1980]

1️⃣1️⃣ Le regard d'autrui

Si autrui est bien une conscience autre que la mienne, c'est comme un sujet et non comme un objet que je dois l'appréhender. Pour Sartre, cette expérience d'autrui comme sujet ou comme liberté ne s'éprouve qu'à travers le sentiment d'être moi-même exposé sous un regard qui me fige : « autrui est d'abord l'être pour qui je suis objet ».

1. Objectité : fait de posséder une identité objective.

Mais, en outre, autrui, en figeant mes possibilités, me révèle l'impossibilité où je suis d'être objet, sinon pour une autre liberté. Je ne puis être objet pour moi-même car je suis ce que je suis ; livré à ses seules ressources, l'effort réflexif vers le dédoublement aboutit à l'échec, je suis toujours ressaisi par moi. Et lorsque je pose naïvement qu'il est possible que je
5 sois, sans m'en rendre compte, un être objectif, je suppose implicitement par là même l'existence d'autrui, car comment serais-je objet si ce n'est pour un sujet ? Ainsi autrui est d'abord pour moi l'être pour qui je suis objet, c'est-à-dire l'être *par qui* je gagne mon objectité[1]. Si je dois seulement concevoir une de mes propriétés sur le mode objectif, autrui est déjà
10 donné. Et il est donné non comme être de mon univers, mais comme sujet pur. Ainsi ce sujet pur que je ne puis, par définition, *connaître*, c'est-à-dire poser comme objet, il est toujours *là*, hors de portée et sans distance lorsque j'essaie de me saisir comme objet. Et dans l'épreuve du regard, en m'éprouvant comme objectité non révélée, j'éprouve directement et avec
15 mon être l'insaisissable subjectivité d'autrui.

Du même coup, j'éprouve son infinie liberté. Car c'est pour et par une liberté et seulement pour et par elle que mes possibles peuvent être limités et figés. Un obstacle matériel ne saurait figer mes possibilités, il est seulement l'occasion pour moi de me projeter vers d'autres possibles, il ne
20 saurait leur conférer un *dehors*. Ce n'est pas la même chose de rester chez soi parce qu'il pleut ou parce qu'on vous a défendu de sortir. Dans le premier cas, je me détermine moi-même à demeurer, par la considération des conséquences de mes actes ; je dépasse l'obstacle « pluie » vers moi-même et j'en fais un instrument. Dans le second cas, ce sont mes possibilités
25 mêmes de sortir ou de demeurer qui me sont présentées comme dépassées et figées, et qu'une liberté prévoit et prévient à la fois. Ce n'est pas caprice si, souvent, nous faisons tout naturellement et sans mécontentement ce qui nous irriterait si un autre nous le commandait. C'est que l'ordre et la défense exigent que nous fassions l'épreuve de la liberté d'autrui à travers
30 notre propre esclavage.

Jean-Paul Sartre,
L'Être et le Néant (1943), Éd. Gallimard, coll. « Tel », 1976, pp. 316-317.

Fiche Sartre p. 529

Levinas
[1905-1995]

XXᵉ SIÈCLE

12 Autrui, révélation de la responsabilité morale

Dans la solitude, le Moi conscient est le souverain autour duquel gravite le monde. La présence d'autrui s'éprouve, au contraire, comme un dessaisissement, une limite imprescriptible à cet impérialisme égocentrique. Par sa vulnérabilité, le visage d'Autrui est un appel à la réserve et à la non-violence qui me confronte à ma responsabilité morale.

La présence du visage signifie ainsi un ordre irrécusable – un commandement – qui arrête la disponibilité de la conscience. La conscience est mise en question par le visage. La mise en question ne revient pas à une prise de conscience de cette mise en question. L'« absolument autre » ne se reflète

1. Épiphanie : apparition.

2. Diaconie : fonction religieuse consistant notamment à célébrer la messe.

3. Voir le texte intégral du chapitre 7, pp. 428-433.

5 pas dans la conscience. Il y résiste au point que même sa résistance ne se convertit pas en contenu de conscience. La visitation consiste à bouleverser l'égoïsme même du Moi qui soutient cette conversion. Le visage désarçonne l'intentionnalité qui le vise.

Il s'agit de la mise en question de la conscience et non pas d'une
10 conscience de la mise en question. Le Moi perd sa souveraine coïncidence avec soi, son identification où la conscience revient triomphalement à elle-même pour reposer sur elle-même. Devant l'exigence d'Autrui, le Moi s'expulse de ce repos, n'est pas la conscience, déjà glorieuse, de cet exil. Toute complaisance détruit la droiture du mouvement éthique.

15 Mais la mise en question de cette sauvage et naïve liberté pour soi, sûre de son refuge en soi, ne se réduit pas à un mouvement négatif. La mise en question de soi est précisément l'accueil de l'absolument autre. L'épiphanie[1] de l'absolument autre est visage où Autrui m'interpelle et me signifie un ordre, de par sa nudité, de par son dénuement. C'est sa
20 présence qui est une sommation de répondre. Le Moi ne prend pas seulement conscience de cette nécessité de répondre, comme s'il s'agissait d'une obligation ou d'un devoir particulier dont il aurait à décider. Il est dans sa position même de part en part responsabilité ou diaconie[2], comme dans le chapitre 53 d'Isaïe.

25 Être Moi, signifie, dès lors, ne pas pouvoir se dérober à la responsabilité, comme si tout l'édifice de la création reposait sur mes épaules. Mais la responsabilité qui vide le Moi de son impérialisme et de son égoïsme – fût-il égoïsme du salut – ne le transforme pas en moment de l'ordre universel, elle confirme l'unicité du Moi. L'unicité du Moi, c'est le fait que
30 personne ne peut répondre à ma place[3].

Emmanuel Levinas,
Humanisme de l'autre homme, chap. 7,
Éd. Fata Morgana, 1972, pp. 49-50.

À L'ÉPOQUE
En 1939-1945, Levinas, interné en Allemagne comme Juif, perd toute sa famille à Auschwitz. Sa pensée, en réponse à l'antisémitisme comme haine de l'autre, revendique l'héritage du judaïsme et met au premier plan la responsabilité devant Autrui.

Fiche Levinas p. 530

Deleuze
[1925-1995]

13 Autrui comme structure du possible

La présence d'autrui détermine notre manière de percevoir le monde. Analysant le roman de Michel Tournier, *Robinson ou les limbes du Pacifique*, Gilles Deleuze montre comment Robinson, abandonné dans une île déserte, voit sa perception du monde se modifier sous l'effet de la destruction de tout rapport à autrui. Ce qui lui fait désormais défaut, c'est le sens du possible, la trace au cœur de sa perception d'une vision autre qui ménagerait une transition entre le perçu et le non-perçu.

Que se passe-t-il quand autrui fait défaut dans la structure du monde ? Seule règne la brutale opposition du soleil et de la terre, d'une lumière insoutenable et d'un abîme obscur : « la loi sommaire du tout ou rien ». Le su et le non-su, le perçu et le non-perçu s'affrontent absolument, dans un combat
5 sans nuance ; « ma vision de l'île est réduite à elle-même, ce que je n'en vois pas est un inconnu absolu, partout où je ne suis pas actuellement règne une

nuit insondable ». Monde cru et noir, sans potentialités ni virtualités : c'est la
catégorie du possible qui s'est écroulée. […]

Mais autrui n'est ni un objet dans le champ de ma perception ni un
10 sujet qui me perçoit : c'est d'abord une structure du champ perceptif, sans
laquelle ce champ dans son ensemble ne fonctionnerait pas comme il le
fait. Que cette structure soit effectuée par des personnages réels, par des
sujets variables, moi pour vous, et vous pour moi, n'empêche pas qu'elle
préexiste, comme condition d'organisation en général, aux termes qui
15 l'actualisent dans chaque champ perceptif organisé – le vôtre, le mien.
Ainsi *Autrui-a priori* comme structure absolue fonde la relativité des
autruis comme termes effectuant la structure dans chaque champ. Mais
quelle est cette structure ? C'est celle du possible. Un visage effrayé, c'est
l'expression d'un monde possible effrayant, ou de quelque chose d'ef-
20 frayant dans le monde, que je ne vois pas encore. Comprenons que le
possible n'est pas ici une catégorie abstraite désignant quelque chose qui
n'existe pas : le monde possible exprimé existe parfaitement, mais il
n'existe pas (actuellement) hors de ce qui l'exprime. Le visage terrifié ne
ressemble pas à la chose terrifiante, il l'implique, il l'enveloppe comme
25 quelque chose d'autre, dans une sorte de torsion qui met l'exprimé dans
l'exprimant. Quand je saisis à mon tour et pour mon compte la réalité de
ce qu'autrui exprimait, je ne fais rien qu'expliquer autrui, développer et
réaliser le monde possible correspondant.

Gilles Deleuze,
La Logique du sens, Éd. de Minuit, 1969, pp. 355-357.

Kristeva
[1941-]

14 Étrangers à nous-mêmes ?

**Si dans les sociétés traditionnelles, l'étranger est un ennemi, l'enjeu des
sociétés modernes est de modifier cette approche, ce qui passe par la
reconnaissance de l'étranger en nous : nous n'appartenons jamais pleinement à une identité culturelle unique et homogène.**

Étranger : rage étranglée au fond de ma gorge, ange noir troublant la
transparence, trace opaque, insondable. Figure de la haine de l'autre,
l'étranger n'est ni la victime romantique de notre paresse familiale, ni
l'intrus responsable de tous les maux de la cité. Ni la révélation en
5 marche, ni l'adversaire immédiat à éliminer pour pacifier le groupe.
Étranger, l'étranger nous habite : il est la face cachée de notre identité,
l'espace qui ruine notre demeure, le temps où s'abîment l'entente et la
sympathie. De le reconnaître en nous, nous nous épargnons de le détester
en lui-même. Symptôme qui rend précisément le « nous » problématique,
10 peut-être impossible, l'étranger commence lorsque surgit la conscience de
ma différence et s'achève lorsque nous nous reconnaissons tous étrangers,
rebelles aux liens et aux communautés.

L'« étranger », qui fut l'« ennemi » dans les sociétés primitives, peut-il
disparaître dans les sociétés modernes ? Nous rappellerons quelques

À L'ÉPOQUE

Kristeva, qui est née en Bulgarie, réagit philosophiquement au projet de réforme du code de nationalité proposé en 1986 par le gouvernement de Jacques Chirac et qui prévoyait une remise en cause du droit du sol pour les enfants nés en France de parents étrangers.

15 moments de l'histoire occidentale où l'étranger a été pensé, accueilli ou rejeté, mais où la possibilité d'une société sans étranger a pu être rêvée à l'horizon d'une religion ou d'une morale. La question, encore et peut-être toujours utopique, se pose de nouveau aujourd'hui face à une intégration économique et politique à l'échelle de la planète : pourrons-nous intime-
20 ment, subjectivement, vivre avec les autres, vivre *autres,* sans ostracisme mais aussi sans nivellement ? La modification de la condition des étrangers qui s'impose actuellement conduit à réfléchir sur notre capacité d'accepter de nouveaux codes d'altérité. Aucun « Code de nationalité » ne saurait être praticable sans la lente maturation de cette question en chacun et
25 pour chacun.

Julia Kristeva,
Étrangers à nous-mêmes, Éd. Fayard, 1988, pp. 9-10.

Le désir

Définition élémentaire

▶ **Le désir est une tendance d'un sujet vers un objet**, réel ou imaginé.

▶ **Le désir est une force qui pousse l'homme à l'action.**

Distinguer pour comprendre

▶ **Le désir et l'apathie :** le désir est le cœur de la vie affective, tandis que l'apathie, en tant qu'absence de tout plaisir et de toute douleur, est une sorte de mort psychique, de mort affective.

▶ **Le désir et le besoin :** le besoin renvoie à un cycle naturel qui se répète à l'identique. Tandis que le désir se renouvelle et s'amplifie. Par exemple, manger est de l'ordre du besoin, mais on attise le désir de manger par la cuisine et la diversification des plats ; de même, la sexualité peut être considérée comme un simple besoin, mais l'érotisme consiste à la transformer en désir et à l'aiguiser pour l'entretenir et la porter plus loin. Ainsi, il y a une mesure du besoin, tandis qu'il y a une démesure du désir. Le besoin prend fin en étant satisfait ; tandis que le désir risque d'être relancé lorsqu'il est satisfait.

▶ **Désirer et vouloir :** vouloir renvoie à une décision prise rationnellement, tandis que désirer renvoie au corps, aux affects, aux sentiments, aux passions, à la sexualité, sans autre justification que soi-même.

Repère associé à la notion

→ **IDÉAL / RÉEL** (p. 442)

Platon

[427-347 avant J.-C.]

1. L'espèce androgyne : espèce composée d'une moitié homme et d'une moitié femme.

2. Éphialte et Otos : géants, fils de Poséidon, qui attirèrent la colère des dieux pour avoir tenté d'escalader le ciel.

3. Alizes : fruits rouges.

1 Le désir amoureux : quête de l'unité perdue

Quelle est la nature et la fonction d'Éros, le Désir ? C'est à cette question qu'est consacré *Le Banquet* de Platon. Aristophane raconte ici comment les ancêtres des hommes furent coupés en deux par Zeus pour les punir de leur arrogance. Depuis ce temps, les hommes recherchent leur moitié. Le désir amoureux s'identifie à cette quête de l'unité perdue.

Jadis notre nature n'était pas ce qu'elle est à présent, elle était bien différente. D'abord il y avait trois espèces d'hommes, et non deux, comme aujourd'hui : le mâle, la femelle et, outre ces deux-là, une troisième composée des deux autres ; le nom seul en reste aujourd'hui, l'espèce a disparu. C'était l'espèce
5 androgyne[1] qui avait la forme et le nom des deux autres, mâle et femelle, dont elle était formée ; aujourd'hui elle n'existe plus, ce n'est plus qu'un nom décrié. De plus chaque homme était dans son ensemble de forme ronde, avec un dos et des flancs arrondis, quatre mains, autant de jambes, deux visages tout à fait pareils sur un cou rond, et sur ces deux visages opposés
10 une seule tête, quatre oreilles, deux organes de la génération et tout le reste à l'avenant. Il marchait droit, comme à présent, dans le sens qu'il voulait, et, quand il se mettait à courir vite, il faisait comme les saltimbanques qui tournent en cercle en lançant leurs jambes en l'air ; s'appuyant sur leurs membres qui étaient au nombre de huit, ils tournaient rapidement sur eux-
15 mêmes. Et ces trois espèces étaient ainsi conformées parce que le mâle tirait son origine du soleil, la femelle de la terre, l'espèce mixte de la lune, qui participe de l'un et de l'autre. Ils étaient sphériques et leur démarche aussi, parce qu'ils ressemblaient à leurs parents ; ils étaient aussi d'une force et d'une vigueur extraordinaires, et comme ils avaient de grands courages, ils
20 attaquèrent les dieux, et ce qu'Homère dit d'Éphialte et d'Otos[2], on le dit d'eux, à savoir qu'ils tentèrent d'escalader le ciel pour combattre les dieux.

Alors Zeus délibéra avec les autres dieux sur le parti à prendre. Le cas était embarrassant : ils ne pouvaient se décider à tuer les hommes et à détruire la race humaine à coups de tonnerre, comme ils avaient tué les
25 géants ; car c'était anéantir les hommages et le culte que les hommes rendent aux dieux ; d'un autre côté, ils ne pouvaient non plus tolérer leur insolence. Enfin Jupiter, ayant trouvé, non sans peine, un expédient, prit la parole : « Je crois, dit-il, tenir le moyen de conserver les hommes tout en mettant un terme à leur licence : c'est de les rendre plus faibles. Je vais
30 immédiatement les couper en deux l'un après l'autre ; nous obtiendrons ainsi le double résultat de les affaiblir et de tirer d'eux davantage, puisqu'ils seront plus nombreux. Ils marcheront droit sur deux jambes. S'ils continuent à se montrer insolents et ne veulent pas se tenir en repos, je les couperai encore une fois en deux, et les réduirai à marcher sur une
35 jambe à cloche-pied. »

Ayant ainsi parlé, il coupa les hommes en deux, comme on coupe des alizes[3] pour les sécher ou comme on coupe un œuf avec un cheveu ; et chaque fois qu'il en avait coupé un, il ordonnait à Apollon de retourner le visage et la moitié du cou du côté de la coupure, afin qu'en voyant sa

coupure l'homme devînt plus modeste, et il lui commandait de guérir le
reste. Apollon retournait donc le visage et, ramassant de partout la peau sur
ce qu'on appelle à présent le ventre, comme on fait des bourses à courroie, il
ne laissait qu'un orifice et liait la peau au milieu du ventre : c'est ce qu'on
appelle le nombril. Puis il polissait la plupart des plis et façonnait la poitrine
45 avec un instrument pareil à celui dont les cordonniers se servent pour polir
sur la forme les plis du cuir ; mais il laissait quelques plis, ceux qui sont au
ventre même et au nombril, pour être un souvenir de l'antique châtiment.

Or quand le corps eut été ainsi divisé, chacun, regrettant sa moitié, allait à
elle ; et, s'embrassant et s'enlaçant les uns les autres avec le désir de se fondre
50 ensemble, les hommes mouraient de faim et d'inaction, parce qu'ils ne
voulaient rien faire les uns sans les autres ; et quand une moitié était morte
et que l'autre survivait, celle-ci en cherchait une autre et s'enlaçait à elle, soit
que ce fût une moitié de femme entière – ce qu'on appelle une femme
aujourd'hui – soit que ce fût une moitié d'homme, et la race s'éteignait.

55 Alors Zeus, touché de pitié, imagine un autre expédient : il transpose les
organes de la génération sur le devant ; jusqu'alors ils les portaient derrière,
et ils engendraient et enfantaient non point les uns dans les autres, mais sur
la terre, comme les cigales. Il plaça donc les organes sur le devant et par là
fit que les hommes engendrèrent les uns dans les autres, c'est-à-dire le mâle
60 dans la femelle. Cette disposition était à deux fins : si l'étreinte avait lieu
entre un homme et une femme, ils enfanteraient pour perpétuer la race,
et, si elle avait lieu entre un mâle et un mâle, la satiété les séparerait pour
un temps, ils se mettraient au travail et pourvoiraient à tous les besoins de
l'existence. C'est de ce moment que date l'amour inné des hommes les uns
65 pour les autres : l'amour recompose l'antique nature, s'efforce de fondre
deux êtres en un seul, et de guérir la nature humaine.

Chacun de nous est donc une tessère d'hospitalité[4], puisque nous avons
été coupés comme des soles et que d'un nous sommes devenus deux ; aussi
chacun cherche sa moitié.

Platon,
Le Banquet (IVe siècle avant J.-C.), trad. E. Chambry,
Éd. Flammarion, coll. « GF », 1964, pp. 49-51.

À L'ÉPOQUE
En 416 av. J.-C., Agathon invite ses amis à un banquet. Six de ses invités font, chacun à leur tour, l'éloge d'Éros. Aristophane est l'avant-dernier à prendre la parole, juste avant Socrate.

Fiche Platon p. 477

Platon

[427-347 avant J.-C.]

2 L'Amour philosophe

**C'est encore dans *Le Banquet* que se trouve exposée la conception propre-
ment platonicienne du désir amoureux. Fils de l'Indigence (Pénia) et de La
Ressource (Poros), Éros (ou Amour) tient le milieu entre les mortels et les
immortels. Il est pauvre, mais son manque est fécond et incite à la chasse
et à la recherche. Socrate rapporte ici les propos de la prêtresse Diotime.**

Quand Aphrodite[1] naquit, les dieux célébrèrent un festin, tous les dieux,
y compris Poros, fils de Mètis[2]. Le dîner fini, Pénia, voulant profiter de
la bonne chère, se présenta pour mendier et se tint près de la porte. Or
Poros, enivré de nectar, car il n'y avait pas encore de vin, sortit dans le

1. Aphrodite : déesse
de la beauté.

2. Mètis : «Invention»
ou «Sagesse», première
épouse de Zeus.

5 jardin de Zeus, et, alourdi par l'ivresse, il s'endormit. Alors Pénia, poussée par l'indigence, eut l'idée de mettre à profit l'occasion, pour avoir
un enfant de Poros : elle se coucha près de lui, et conçut l'Amour. Aussi
l'Amour devint-il le compagnon et le serviteur d'Aphrodite, parce qu'il
fut engendré au jour de naissance de la déesse, et parce qu'il est naturel-
10 lement amoureux du beau, et qu'Aphrodite est belle.

Étant fils de Poros et de Pénia, l'Amour en a reçu certains caractères en
partage. D'abord il est toujours pauvre, et loin d'être délicat et beau comme
on se l'imagine généralement, il est dur, sec, sans souliers, sans domicile ;
sans avoir jamais d'autre lit que la terre, sans couverture, il dort en plein
15 air, près des portes et dans les rues ; il tient de sa mère et l'indigence est
son éternelle compagne. D'un autre côté, suivant le naturel de son père, il
est toujours à la piste de ce qui est beau et bon ; il est brave, résolu, ardent,
excellent chasseur, artisan de ruses toujours nouvelles, amateur de science,
plein de ressources, passant sa vie à philosopher, habile sorcier, magicien et
20 sophiste. Il n'est par nature ni immortel ni mortel ; mais dans la même journée, tantôt il est florissant et plein de vie, tant qu'il est dans l'abondance,
tantôt il meurt, puis renaît, grâce au naturel qu'il tient de son père. Ce qu'il
acquiert lui échappe sans cesse, de sorte qu'il n'est jamais ni dans l'indigence, ni dans l'opulence et qu'il tient de même le milieu entre la science et
25 l'ignorance, et voici pourquoi. Aucun des dieux ne philosophe et ne désire
devenir savant, car il l'est ; et, en général si l'on est savant, on ne philosophe
pas ; les ignorants non plus ne philosophent pas et ne désirent pas devenir savants ; car l'ignorance a précisément ceci de fâcheux que, n'ayant ni
beauté, ni bonté, ni science, on s'en croit suffisamment pourvu. Or, quand
30 on ne croit pas manquer d'une chose, on ne la désire pas.

Platon,
Le Banquet (ivᵉ siècle avant J.-C.), trad. E. Chambry,
Éd. Flammarion, coll. « GF », 1964, pp. 64-65.

À L'ÉPOQUE

Socrate a environ 50 ans
quand il prononce ce
discours. Immédiatement
après sa prise de parole,
c'est Alcibiade, son ancien
admirateur, qui fera
un éloge de Socrate
– véritable portrait d'Éros
philosophe.

Fiche Platon p. 477

Épicure

ANTIQUITÉ

3 Le désir, le plaisir et le bonheur

**La véritable sagesse est celle qui conduit au bonheur. À cette fin, il importe
de distinguer entre les désirs vains et les désirs naturels, entre ceux qui
sont nécessaires et ceux qui ne le sont pas. La hiérarchisation des désirs et
des plaisirs constitue ainsi la véritable clé du bonheur.**

[10] Maintenant, il faut parvenir à penser que, parmi les désirs, certains
sont naturels, d'autres sont vains. Parmi les désirs naturels, certains sont
nécessaires, d'autres sont simplement naturels. Parmi les désirs nécessaires,
les uns le sont pour le bonheur, d'autres pour le calme du corps, d'autres
5 enfin simplement pour le fait de vivre. En effet, une vision claire de ces différents désirs permet à chaque fois de choisir ou de refuser quelque chose,
en fonction de ce qu'il contribue ou non à la santé du corps et à la sérénité
de l'âme, puisque ce sont ces deux éléments qui constituent la vie heureuse
dans sa perfection. Car nous n'agissons qu'en vue d'un seul but : écarter de

1. Voir le texte intégral de la *Lettre à Mécénée*, pp. 424-427.

10 nous la douleur et l'angoisse. Lorsque nous y sommes parvenus, les orages de l'âme se dispersent, puisque l'être vivant ne s'achemine plus vers quelque chose qui lui manque, et ne peut rien rechercher de plus pour le bien de l'âme et du corps. En effet, nous ne sommes en quête du plaisir que lorsque nous souffrons de son absence. Mais quand nous n'en souffrons pas,
15 nous ne ressentons pas le manque de plaisir.

[11] Et c'est pourquoi nous disons que le plaisir est le commencement et la fin de la vie heureuse. Car il est le premier des biens naturels. Il est au principe de nos choix et refus, il est le terme auquel nous atteignons chaque fois que nous décidons quelque chose, avec, comme critère du
20 bien, notre sensibilité. Précisément parce qu'il est le bien premier, épousant notre nature, pour cela précisément nous ne recherchons pas tout plaisir. Il est des cas où nous méprisons bien des plaisirs : lorsqu'ils doivent avoir pour suite des désagréments qui les surpassent ; et nous estimons bien des douleurs meilleures que les plaisirs : lorsque, après les avoir sup-
25 portées longtemps, le plaisir qui les suit est plus grand pour nous. Tout plaisir est en tant que tel un bien et cependant il ne faut pas rechercher tout plaisir ; de même la douleur est toujours un mal, pourtant elle n'est pas toujours à rejeter. Il faut en juger à chaque fois, en examinant et com-parant avantages et désavantages, car parfois nous traitons le bien comme
30 un mal, parfois au contraire nous traitons le mal comme un bien.

[12] C'est un grand bien, croyons-nous, que de savoir se suffire à soi-même, non pas qu'il faille toujours vivre de peu en général, mais parce que si nous n'avons pas l'abondance, nous saurons être contents de peu, bien convaincus que ceux-là jouissent le mieux de l'opulence, qui en ont
35 le moins besoin. Tout ce qui est naturel s'acquiert aisément, malaisément ce qui ne l'est pas. Les saveurs ordinaires réjouissent à l'égal de la magni-ficence dès lors que la douleur venue du manque est supprimée. Le pain et l'eau rendent fort vif le plaisir, quand on en fut privé. Ainsi, l'habitude d'une nourriture simple et non somptueuse porte à la plénitude de la
40 santé, elle rend l'homme capable d'accomplir aisément ses occupations, elle nous permet de mieux jouir des nourritures coûteuses quand, par intermittence, nous nous en approchons, elle nous enlève toute crainte des coups de la fortune. Partant, quand nous disons que le plaisir est le but de la vie, il ne s'agit pas des plaisirs déréglés ni des jouissances luxu-
45 rieuses ainsi que le prétendent ceux qui ne nous connaissent pas, nous comprennent mal ou s'opposent à nous. Par plaisir, c'est bien l'absence de douleur dans le corps et de trouble dans l'âme qu'il faut entendre. Car la vie de plaisir ne se trouve pas dans d'incessants banquets et fêtes, ni dans la fréquentation de jeunes garçons et de femmes, ni dans la saveur des
50 poissons et des autres plats qui ornent les tables magnifiques, elle est dans un raisonnement vigilant qui s'interroge sur les raisons d'un choix ou d'un refus, délaissant l'opinion qui avant tout fait le désordre de l'âme[1].

Épicure,
Lettre à Ménécée (IVᵉ-IIIᵉ siècle av. J.-C.), trad. P. Pénisson,
Éd. Hatier, coll. « Les classiques de la philosophie », 1999, pp. 10-12.

À L'ÉPOQUE
Parce qu'il fondait sa sagesse sur une philosophie athée et matérialiste, Épicure a souvent été caricaturé par ses ennemis, les stoïciens, puis les chrétiens. En fait, loin de prôner la débauche, sa philosophie implique une vie sobre.

Fiche Épicure p. 479

Descartes
[1596-1650]

4 La maîtrise des désirs

Le danger que nous fait courir le désir est de nous rendre dépendants de son objet et des conditions extérieures de sa réalisation. Il nous faut donc, selon Descartes, changer nos désirs plutôt que l'ordre du monde, afin de ne désirer que ce que nous savons pouvoir obtenir par nous-mêmes. Grâce à cette maîtrise des désirs, nous ne serons jamais tributaires du cours des choses.

Ma troisième maxime était de tâcher toujours plutôt à me vaincre que la fortune, et à changer mes désirs que l'ordre du monde ; et généralement de m'accoutumer qu'il n'y a rien qui soit entièrement en notre pouvoir que nos pensées, en sorte qu'après que nous avons fait notre mieux touchant
5 les choses qui nous sont extérieures, tout ce qui manque de nous réussir est au regard de nous absolument impossible. Et ceci seul me semblait être suffisant pour m'empêcher de rien désirer à l'avenir que je n'acquisse, et ainsi pour me rendre content : car notre volonté ne se portant naturellement à désirer que les choses que notre entendement lui représente en quelque
10 façon comme possibles, il est certain que si nous considérons tous les biens qui sont hors de nous comme également éloignés de notre pouvoir, nous n'aurons pas plus de regret de manquer de ceux qui semblent être dus à notre naissance, lorsque nous en serons privés sans notre faute, que nous avons de ne posséder pas les royaumes de la Chine ou de Mexique ; et que
15 faisant, comme on dit, de nécessité vertu, nous ne désirerons pas davantage d'être sains étant malades, ou d'être libres étant en prison, que nous faisons maintenant d'avoir des corps d'une matière aussi peu corruptible que les diamants, ou des ailes pour voler comme les oiseaux.

René Descartes,
Discours de la méthode (1637), in *Œuvres et Lettres,*
Éd. Gallimard, coll. « Bibliothèque de la Pléiade », 1966, pp. 142-143.

Fiche Descartes p. 496

Descartes
[1596-1650]

5 La petite fille louche

Comment expliquer que nous sommes attirés par telle ou telle particularité physique dont la recherche chez le partenaire peut aller jusqu'à déterminer notre quête amoureuse ? Descartes raconte comment son premier amour pour une petite fille affectée de strabisme orienta, par la suite, sa vie amoureuse vers les femmes possédant ce même défaut.

Par exemple, lorsque j'étais enfant, j'aimais une fille de mon âge, qui était un peu louche ; au moyen de quoi, l'impression qui se faisait par la vue en mon cerveau, quand je regardais ses yeux égarés, se joignait tellement à celle qui s'y faisait aussi pour émouvoir en moi la passion de l'amour, que
5 longtemps après, en voyant des personnes louches, je me sentais plus enclin à les aimer qu'à en aimer d'autres, pour cela seul qu'elles avaient ce défaut ; et je ne savais pas néanmoins que ce fût pour cela. Au contraire depuis que j'y ai fait réflexion, et que j'ai reconnu que c'était un défaut, je

Le sujet

n'en ai plus été ému. Ainsi, lorsque nous sommes portés à aimer
10 quelqu'un, sans que nous en sachions la cause, nous pouvons croire que
cela vient de ce qu'il y a quelque chose en lui de semblable à ce qui a été
dans un autre objet que nous avons aimé auparavant, encore que nous ne
sachions pas ce que c'est. Et bien que ce soit plus ordinairement une perfection qu'un défaut, qui nous attire ainsi à l'amour ; toutefois, à cause
15 que ce peut être quelquefois un défaut, comme en l'exemple que j'ai
apporté, un homme sage ne se doit pas entièrement laisser aller à cette
passion, avant que d'avoir considéré le mérite de la personne pour
laquelle nous nous sentons émus.

René Descartes,
Lettre à Chanut, 6 juin 1647, in *Œuvres et Lettres,*
Éd. Gallimard, coll. « Bibliothèque de la Pléiade », 1966, pp. 1277-1278.

 Fiche Descartes p. 496

Locke
[1632-1704]

6 Le désir comme malaise

Selon une interprétation rationaliste, la volonté se déterminerait à agir d'après la seule connaissance du bien. C'est cette conception que Locke remet ici en cause. Selon lui, ce n'est pas la connaissance mais le sentiment de malaise ou d'inquiétude qui met la volonté en mouvement. Or ce malaise s'identifie au désir et à l'effort pour supprimer la douleur ressentie « par manque d'un bien absent ».

Le malaise détermine la volonté

Revenons donc à notre recherche quant à ce qui, dans le champ de
l'action, détermine la volonté. Après avoir réexaminé la question, je suis
porté à croire que ce n'est pas, comme on le suppose ordinairement, le plus
5 grand bien envisagé mais un *malaise* (souvent le plus pressant) auquel on
est actuellement soumis ; c'est ce qui successivement détermine la volonté
et nous porte aux actions que nous faisons. Ce *malaise*, on peut le nommer d'après ce qu'il est : *désir, malaise* de l'esprit dû à un bien absent ; toute
douleur du corps quelle qu'elle soit, toute inquiétude de l'esprit, est un
10 *malaise*, et il lui est toujours joint un désir égal à la douleur (ou *malaise*)
ressentie, qui n'en est guère discernable. Car le *désir* n'étant que malaise par
manque d'un bien absent, ce bien absent (par analogie à toute douleur
ressentie) c'est d'être à l'aise ; et tant que cette aisance n'est pas atteinte, on
peut appeler *désir* ce malaise – car personne ne ressent de douleur sans sou-
15 haiter en être délivré, avec un désir égal à la douleur et inséparable de lui.

Le désir est malaise

Outre le désir d'être délivré de la douleur, il en est aussi un autre, le désir
d'un bien positif absent ; ici aussi le désir et le *malaise* sont égaux : autant
l'on désire un bien absent, autant on vit douloureusement son absence.
20 Pourtant un bien absent ne produit pas une douleur en rapport avec la
grandeur qu'il a ou qu'il est censé avoir, alors que toute douleur produit un
désir qui lui est égal ; l'absence d'un bien n'est en effet pas toujours une
douleur, alors que la présence d'une douleur l'est. Et donc on peut envisager

un bien absent sans désir ; mais dans la mesure où quelque part il y a du
25 désir, il y a du *malaise*.

John Locke,
Essai sur l'entendement humain (1690), Livre II, trad. J.-M. Vienne,
Librairie philosophique J. Vrin, 2001, pp. 397-398.

Fiche Locke p. 499

Spinoza
[1632-1677]

7 Le désir : effort pour persévérer dans son être

On définit généralement le désir comme un manque. Dans l'*Éthique*, Spinoza en propose, au contraire, une définition positive : le désir désigne l'effort conscient par lequel un être persévère dans son être et produit les effets qui découlent de son essence. Il en résulte que nous ne désirons pas une chose parce qu'elle est bonne, mais que nous la jugeons bonne parce que nous la désirons.

Proposition IX

L'Esprit, en tant qu'il a tant des idées claires que des idées confuses, s'efforce de persévérer dans son être pour une certaine durée indéfinie et est conscient de cet effort qu'il fait.

5 Démonstration

L'essence de l'Esprit est constituée d'idées adéquates et d'idées inadéquates (*comme nous l'avons vu dans la proposition 3 de cette partie*), et par suite (*par la proposition 7 de cette partie*) tant en tant qu'il a les unes qu'en tant qu'il a les autres, il s'efforce de persévérer dans son être ; et ce (*par la proposition*
10 *8 de cette partie*) pour une certaine durée indéfinie. Et comme l'Esprit (*par la proposition 23 partie 2*) à travers les idées des affections du Corps est nécessairement conscient de soi, l'Esprit est donc (*par la proposition 7 de cette partie*) conscient de son effort. CQFD.

Scolie

15 Cet effort, quand on le rapporte à l'Esprit seul s'appelle Volonté ; mais quand on le rapporte à la fois à l'Esprit et au Corps, on le nomme Appétit, et il n'est, partant, rien d'autre que l'essence même de l'homme, de la nature de qui suivent nécessairement les actes qui servent à sa conservation ; et par suite l'homme est déterminé à les faire.
20   Ensuite, entre l'appétit et le désir il n'y a pas de différence, sinon que le désir se rapporte généralement aux hommes en tant qu'ils sont conscients de leurs appétits, et c'est pourquoi on peut le définir ainsi : *le Désir est l'appétit avec la conscience de l'appétit*. Il ressort donc de tout cela que, quand nous nous efforçons à une chose, quand nous la voulons ou aspirons à elle, ou
25 la désirons, ce n'est pas parce que nous jugeons qu'elle est bonne ; mais au contraire, si nous jugeons qu'une chose est bonne, c'est précisément parce que nous nous y efforçons, nous la voulons, ou aspirons à elle, ou la désirons.

Baruch de Spinoza,
Éthique (1675), partie III, trad. B. Pautrat, Éd. du Seuil, 1988, pp. 219 et 221.

Fiche Spinoza p. 498

Rousseau
[1712-1778]

8 « Malheur à qui n'a plus rien à désirer »

Le désir est souvent décrit comme une malédiction, parce qu'il nous rend sensibles à l'absence et à la privation. Mais n'est-ce pas précisément cette absence qui confère son charme à l'être désiré et qui l'auréole des prestiges de l'imagination ? Ainsi Julie dans *La Nouvelle Héloïse* se console du sacrifice de sa passion : le vrai bonheur est dans le rêve que suscite le désir, non dans la jouissance.

Tant qu'on désire on peut se passer d'être heureux ; on s'attend à le devenir : si le bonheur ne vient point, l'espoir se prolonge, et le charme de l'illusion dure autant que la passion qui le cause. Ainsi cet état se suffit à lui-même, et l'inquiétude qu'il donne est une sorte de jouissance qui supplée à la réa-
5 lité, qui vaut mieux peut-être. Malheur à qui n'a plus rien à désirer ! il perd pour ainsi dire tout ce qu'il possède. On jouit moins de ce qu'on obtient que de ce qu'on espère et l'on n'est heureux qu'avant d'être heureux. En effet, l'homme, avide et borné, fait pour tout vouloir et peu obtenir, a reçu du ciel une force consolante qui rapproche de lui tout ce qu'il désire,
10 qui le soumet à son imagination, qui le lui rend présent et sensible, qui le lui livre en quelque sorte, et, pour lui rendre cette imaginaire propriété plus douce, le modifie au gré de sa passion. Mais tout ce prestige disparaît devant l'objet même ; rien n'embellit plus cet objet aux yeux du possesseur ; on ne se figure point ce qu'on voit ; l'imagination ne pare plus rien de ce
15 qu'on possède, l'illusion cesse où commence la jouissance. Le pays des chimères est en ce monde le seul digne d'être habité, et tel est le néant des choses humaines, qu'hors l'Être existant par lui-même il n'y a rien de beau que ce qui n'est pas.

Jean-Jacques Rousseau,
La Nouvelle Héloïse (1761), partie VI,
Éd. Flammarion, coll. « GF », 1967, pp. 527-528.

 Fiche Rousseau p. 506

Hegel
[1770-1831]

9 Le désir : lutte pour la reconnaissance

Si le désir n'accède à la conscience de soi qu'en se réfléchissant en une autre conscience, son sens le plus authentique sera la quête de la reconnaissance. Être reconnu comme une personne, « un pur être-pour-soi » et non comme un corps, telle est la loi du désir. Or, selon Hegel, c'est dans la lutte à mort que les individus peuvent espérer obtenir cette reconnaissance.

D'abord la conscience de soi est être-pour-soi simple égal à soi-même excluant *de soi* tout ce qui est *autre* [...] Mais l'autre est aussi une conscience de soi. Un individu surgit face à face avec un autre individu. Surgissant ainsi *immédiatement*, ils sont l'un pour l'autre à la manière des objets quel-
5 conques ; ils sont des figures *indépendantes* et parce que l'objet étant s'est ici

déterminé comme vie, ils sont des consciences enfoncées dans l'être de la vie, des consciences qui n'ont pas encore accompli l'une pour l'autre le mouvement de l'abstraction absolue, mouvement qui consiste à extirper de soi tout être immédiat, et à être seulement le pur être négatif de la conscience
10 égale-à-soi-même. En d'autres termes, ces consciences ne se sont pas encore présentées réciproquement chacune comme pur *être-pour-soi*, c'est-à-dire comme *conscience de soi*. Chacune est bien certaine de soi-même, mais non de l'autre[1] ; et ainsi sa propre certitude de soi n'a encore aucune vérité ; car sa vérité consisterait seulement en ce que son propre être-pour-soi se serait
15 présenté à elle comme objet indépendant, ou, ce qui est la même chose, en ce que l'objet se serait présenté comme cette pure certitude de soi-même. Mais selon le concept de la reconnaissance, cela n'est possible que si l'autre objet accomplit en soi-même pour le premier, comme le premier pour l'autre, cette pure abstraction de l'être-pour-soi, chacun l'accomplissant par
20 sa propre opération et à nouveau par l'opération de l'autre.

Se *présenter* soi-même comme pure abstraction de la conscience de soi consiste à se montrer comme pure négation de sa manière d'être objective, ou consiste à montrer qu'on n'est attaché à aucun *être-là* déterminé[2], pas plus qu'à la singularité universelle de l'être-là en général, à montrer qu'on
25 n'est pas attaché à la vie. Cette présentation est la *double* opération : opération de l'autre et opération par soi-même. En tant qu'elle est opération de l'autre, chacun tend donc à la mort de l'autre. Mais en cela est aussi présente la seconde opération, l'opération sur soi et par soi ; car la première opération implique le risque de sa propre vie. Le comportement des deux consciences
30 de soi est donc déterminé de telle sorte qu'elles se *prouvent* elles-mêmes et l'une à l'autre au moyen de la lutte pour la vie et la mort[3].

Georg Wilhelm Friedrich Hegel,
Phénoménologie de l'esprit (1807), tome I, trad. J. Hyppolite,
Éd. Aubier, 1941, pp. 158-159.

⌷ Fiche Hegel p. 510

Hyppolite

[1907-1968]

10 La conscience de soi comme désir

Que désirons-nous vraiment ? Selon Hegel, dont Jean Hyppolite nous propose ici un commentaire, le terme véritable du désir n'est pas un objet du monde extérieur, tel fruit, telle femme, mais le désir lui-même. Ainsi ce n'est que lorsqu'il porte sur un autre désir, c'est-à-dire sur une autre conscience, que le désir accède à sa propre vérité et devient conscience de soi.

L'objet individuel du désir, ce fruit que je vais cueillir, n'est pas un objet posé dans son indépendance ; on peut aussi bien dire qu'en tant qu'objet du désir, il est et il n'est pas ; il est mais bientôt il ne sera plus ; sa vérité est d'être consommé, nié, pour que la conscience de soi à travers cette néga-
5 tion de l'autre se rassemble avec elle-même. De là le caractère ambigu de l'objet du désir, ou mieux encore la dualité de ce terme visé par le désir. « Désormais la conscience, comme conscience de soi a un double objet, l'un immédiat, l'objet de la certitude sensible et de la perception, mais qui,

Le sujet

pour elle, est marqué du caractère du négatif (c'est-à-dire que cet objet n'est
10 que phénomène, son essence étant sa disparition) et le second elle-même
précisément, objet qui est l'essence vraie, et qui, initialement, est présent
seulement dans son opposition au premier objet. » Le terme[1] du désir
n'est donc pas, comme on pourrait le croire superficiellement, l'objet sensible – il n'est qu'un moyen – mais l'unité du Moi avec lui-même. La
15 conscience de soi est désir ; mais ce qu'elle désire, sans le savoir encore
explicitement, c'est elle-même, c'est son propre désir et c'est bien pourquoi elle ne pourra s'atteindre elle-même qu'en trouvant un autre désir,
une autre conscience de soi.

Jean Hyppolite,
Genèse et structure de La Phénoménologie de l'esprit *de Hegel,*
Éd. Aubier, 1946, p. 154.

1. Le terme : l'objectif, le but poursuivi.

Schopenhauer
[1788-1860]

1. Ixion : il fut puni par Zeus pour s'être uni à Héra.

2. Les Danaïdes : pour avoir assassiné leurs maris le jour de leurs noces, elles furent condamnées à remplir éternellement un tonneau percé.

3. Tantale : pour avoir donné son fils à manger aux dieux, il fut condamné à voir l'eau se tarir chaque fois qu'il cherchait à se désaltérer.

À L'ÉPOQUE
Philosophe allemand marqué par le bouddhisme, Schopenhauer considère que notre vision du monde est illusoire. La souffrance de la condition humaine ne peut être dépassée que par l'abolition du désir.

XIXᵉ SIÈCLE

11 Les tourments du désir insatiable

Pour Schopenhauer, le désir constitue le fond obscur de la réalité. Il en découle une vision du monde particulièrement sombre. Le désir est insatiable ; le plaisir n'est qu'une pause éphémère entre deux désirs ; et nous sommes condamnés à vivre éternellement dans les souffrances de la privation.

Tout vouloir procède d'un besoin, c'est-à-dire d'une privation, c'est-à-dire
d'une souffrance. La satisfaction y met fin ; mais pour un désir qui est
satisfait, dix au moins sont contrariés ; de plus le désir est long, et ses
exigences tendent à l'infini ; la satisfaction est courte, et elle est parcimo-
5 nieusement mesurée. Mais ce contentement suprême n'est lui-même
qu'apparent ; le désir satisfait fait place aussitôt à un nouveau désir ; le
premier est une déception reconnue, le second est une déception non
encore reconnue. La satisfaction d'aucun souhait ne peut procurer de
contentement durable et inaltérable. C'est comme l'aumône qu'on jette à
10 un mendiant : elle lui sauve aujourd'hui la vie pour prolonger sa misère
jusqu'à demain. – Tant que notre conscience est remplie par notre
volonté, tant que nous sommes asservis à l'impulsion du désir, aux espérances et aux craintes continuelles qu'il fait naître, tant que nous sommes
sujets du vouloir, il n'y a pour nous ni bonheur durable, ni repos. Pour-
15 suivre ou fuir, craindre le malheur ou chercher la jouissance, c'est en réalité
tout un ; l'inquiétude d'une volonté toujours exigeante, sous quelque
forme qu'elle se manifeste, emplit et trouble sans cesse la conscience ; or
sans repos le véritable bonheur est impossible. Ainsi le sujet du vouloir
ressemble à Ixion[1] attaché sur une roue qui ne cesse de tourner, aux
20 Danaïdes[2] qui puisent toujours pour emplir leur tonneau, à Tantale[3]
éternellement altéré.

Arthur Schopenhauer,
Le Monde comme volonté et comme représentation (1818),
trad. A. Burdeau, Éd. des PUF, 1966, pp. 252-253.

Fiche Schopenhauer p. 511

Freud

[1856-1939]

12 L'éducation du désir

Comment devient-on adulte ? Selon Freud, c'est en soumettant ses pulsions anarchiques aux exigences de la réalité. Cette transformation affecte d'abord les tendances qui visent à la conservation du moi et s'étend ensuite aux pulsions sexuelles.

En ce qui concerne les tendances sexuelles, il est évident que du commencement à la fin de leur développement, elles sont un moyen d'acquisition de plaisir et elles remplissent cette fonction sans faiblir. Tel est également, au début, l'objectif des tendances du *moi*[1]. Mais sous la pression de la
5 grande éducatrice qu'est la nécessité, les tendances du *moi* ne tardent pas à remplacer le principe de plaisir par une modification. La tâche d'écarter la peine s'impose à elles avec la même urgence que celle d'acquérir du plaisir ; le *moi* apprend qu'il est indispensable de renoncer à la satisfaction immédiate, de différer l'acquisition de plaisir, de supporter certaines
10 peines et de renoncer en général à certaines sources de plaisir. Le *moi* ainsi éduqué est devenu « raisonnable », il ne se laisse plus dominer par le principe de plaisir, mais se conforme au *principe de réalité*[2] qui, au fond, a également pour but le plaisir, mais un plaisir qui, s'il est différé et atténué, a l'avantage d'offrir la certitude que procurent le contact avec la réalité et la
15 conformité à ses exigences.

Le passage du principe de plaisir au principe de réalité constitue un des progrès les plus importants dans le développement du *moi*. Nous savons déjà que les tendances sexuelles ne franchissent que tardivement et comme forcées et contraintes cette phase de développement du *moi*, et
20 nous verrons plus tard quelles conséquences peuvent découler pour l'homme de ces rapports plus lâches qui existent entre sa sexualité et la réalité extérieure.

Sigmund Freud,
Introduction à la psychanalyse (1916), trad. S. Jankélévitch,
Éd. Payot, 1965, p. 336.

1. Les tendances du *moi* : tendances qui déterminent la conservation du sujet, par opposition aux pulsions sexuelles qui sont animées par la seule quête du plaisir.

2. Le *principe de réalité* : par opposition au *principe de plaisir* qui vise à la décharge immédiate de la pulsion, le principe de réalité subordonne cette satisfaction aux contraintes de la réalité.

Fiche Freud p. 519

Sartre

[1905-1980]

13 L'amour : désir d'une liberté captive

L'amour est-il possessif ou respectueux de l'autre ? Dans le texte qui suit, Sartre révèle l'ambiguïté et la contradiction interne du désir amoureux : on ne peut être amoureux que d'une personne qui se donne à nous librement. Mais en même temps le désir cherche à prendre possession de cette liberté.

[...] Celui qui veut être aimé ne désire pas l'asservissement de l'être aimé. Il ne tient pas à devenir l'objet d'une passion débordante et mécanique. Il ne veut pas posséder un automatisme, et si on veut l'humilier, il suffit de lui représenter la passion de l'aimé comme le résultat d'un déterminisme
5 psychologique : l'amant se sentira dévalorisé dans son amour et dans son être. Si Tristan et Iseut sont affolés par un philtre, ils intéressent moins ; et il

Le sujet

arrive qu'un asservissement total de l'être aimé tue l'amour de l'amant. Le but est dépassé : l'amant se retrouve seul si l'aimé s'est transformé en automate. Ainsi l'amant ne désire-t-il pas posséder l'aimé comme on possède
10 une chose. Il réclame un type spécial d'appropriation. Il veut posséder une liberté comme liberté.

Mais, d'autre part, il ne saurait se satisfaire de cette forme éminente de la liberté qu'est l'engagement libre et volontaire. Qui se contenterait d'un amour qui se donnerait comme pure fidélité à la foi jurée ? Qui donc
15 accepterait de s'entendre dire : « Je vous aime parce que je me suis librement engagé à vous aimer et que je ne veux pas me dédire ; je vous aime par fidélité à moi-même » ? Ainsi l'amant demande le serment et s'irrite du serment. Il veut être aimé par une liberté et réclame que cette liberté comme liberté ne soit plus libre. Il veut à la fois que la liberté de l'autre
20 se détermine elle-même à devenir amour – et cela, non point seulement au commencement de l'aventure mais à chaque instant – et à la fois que cette liberté soit captivée *par elle-même*, qu'elle se retourne sur elle-même, comme dans la folie, comme dans le rêve, pour vouloir sa captivité. Et cette captivité doit être démission libre et enchaînée à la fois entre nos mains.

Jean-Paul Sartre,
L'Être et le Néant (1943), Éd. Gallimard, coll. « Tel », 1976, p. 416.

À L'ÉPOQUE
En 1929, au début de leur vie de couple, qui durera 50 ans, Sartre et Beauvoir font un pacte : leur amour, nécessaire, sera compatible avec des amours contingentes, leur permettant de vivre d'autres idylles, chacun de son côté.

Fiche Sartre p. 529

Fiche Sartre p. 529

Girard

[1923-]

1. L'être : non pas une personne en particulier, mais l'être en général.

14 Le désir mimétique

Selon Girard, le désir est manque en général ; mais comment, se demande-t-il, ce manque peut-il se rapporter à tel objet particulier ? Le texte qui suit introduit le thème du mimétisme. C'est parce qu'une personne de référence désire cette réalité-ci, qu'à notre tour, par imitation, nous dirigeons notre désir vers elle.

En nous montrant en l'homme un être qui sait parfaitement ce qu'il désire, ou qui, s'il paraît ne pas le savoir, a toujours un « inconscient » qui le sait pour lui, les théoriciens modernes ont peut-être manqué le domaine où l'incertitude humaine est la plus flagrante. Une fois que ses besoins primor-
5 diaux sont satisfaits, et parfois même avant, l'homme désire intensément, mais il ne sait pas exactement quoi, car c'est l'être[1] qu'il désire, un être dont il se sent privé et dont quelqu'un d'autre lui paraît pourvu. Le sujet attend de cet *autre* qu'il lui dise ce qu'il faut désirer, pour acquérir cet être. Si le modèle, déjà doté, semble-t-il, d'un être supérieur désire quelque chose, il
10 ne peut s'agir que d'un objet capable de conférer une plénitude d'être encore plus totale. Ce n'est pas par des paroles, c'est par son propre désir que le modèle désigne au sujet l'objet suprêmement désirable.

Nous revenons à une idée ancienne mais dont les implications sont peut-être méconnues ; le désir est essentiellement *mimétique,* il se calque sur
15 un désir modèle ; il élit le même objet que ce modèle.

Le mimétisme du désir enfantin est universellement reconnu. Le désir adulte n'est en rien différent, à ceci près que l'adulte, en particulier dans

notre contexte culturel, a honte, le plus souvent, de se modeler sur autrui ;
il a peur de révéler son manque d'être. Il se déclare hautement satisfait de
20 lui-même ; il se présente en modèle aux autres ; chacun va répétant :
« Imitez-moi » afin de dissimuler sa propre imitation.

Deux désirs qui convergent sur le même objet se font mutuellement
obstacle. Toute *mimesis*[2] portant sur le désir débouche automatiquement
sur le conflit. Les hommes sont toujours partiellement aveugles à cette
25 cause de la rivalité. Le *même,* le *semblable,* dans les rapports humains,
évoquent une idée d'harmonie : nous avons les mêmes goûts, nous aimons
les mêmes choses, nous sommes faits pour nous entendre. Que se passera-
t-il si nous avons vraiment les *mêmes désirs* ?

René Girard,
La Violence et le Sacré, Éd. Grasset & Fasquelle, 1972, pp. 217-218.

À L'ÉPOQUE
En 1961, dans son œuvre
*Mensonge romantique
et vérité romanesque,*
Girard élabore sa théorie
du désir romantique,
à travers une réflexion
sur les personnages créés
par les grands écrivains.

L'existence et le temps

Définition élémentaire

▶ **Exister** c'est être, sortir du néant (exister vient de *ex-sistere*, « se tenir hors de » : se tenir hors du néant).

▶ **Le temps** est ce qui fait que les choses changent. Le mot « temps » (du latin *tempus*, « division de la durée », dérivé du grec *temnein*, « couper ») renvoie à la mesure du temps, à son découpage en unités régulières pour pouvoir coordonner les actions des hommes.

Distinguer pour comprendre

▶ **Exister et « ne pas être »** : en tant que synonyme d'être, l'existence s'oppose au néant.

▶ **Exister et « vivre »** : vivre désigne simplement la vie biologique, la vie animale ; exister suppose quelque chose de plus, une noblesse supplémentaire qui est liée à la conscience. (Sauf si l'on prend « exister » dans son sens le plus plat, qui signifie simplement « être ».)

▶ **Le temps et l'éternité** : le temps « passe » (comme on le dit dans le langage courant), tandis que l'éternité est statique.

▶ **Le temps mesuré et la durée** : on peut distinguer, d'un côté, le temps objectivé des « chronomètres » et des scientifiques ; de l'autre, la durée vécue, subjective, qui semble plus ou moins longue selon les situations.

▶ **Le temps et l'espace** : on peut dire que les choses sont dans l'espace et qu'elles changent dans le temps.

Repères associés à la notion

→ **Absolu / Relatif** (p. 436)
→ **En acte / En puissance** (p. 439)

Augustin

[354-430]

1 Qu'est-ce que le temps ?

Dans quelle mesure et en quel sens peut-on dire que le temps possède une réalité ? Selon quelles modalités ce passé qui n'est plus, ce futur qui n'est pas encore et ce présent qui s'enfuit sont-ils vécus par nous ? Telles sont les interrogations que saint Augustin formule pour la première fois dans toute leur rigueur philosophique.

XIV. [...]

Qu'est-ce donc que le temps ? Si personne ne me le demande, je le sais. Si quelqu'un pose la question et que je veuille l'expliquer, je ne sais plus.

Toutefois, j'affirme avec force ceci : si rien ne passait, il n'y aurait
5 pas de passé ; si rien n'advenait, il n'y aurait pas de futur ; si rien n'était, il n'y aurait pas de présent. Mais ces deux temps – le passé et le futur –, comment peut-on dire qu'ils « sont », puisque le passé n'est plus, et que le futur n'est pas encore ? Quant au présent, s'il restait toujours présent sans se transformer en passé, il cesserait d'être « temps » pour
10 être « éternité ». Si donc le présent, pour être « temps », doit se transformer en passé, comment pouvons-nous dire qu'il « est », puisque son unique raison d'être, c'est de ne plus être – si bien que, en fait, nous ne pouvons parler de l'être du temps que parce qu'il s'achemine vers le non-être ?

15 **XX.** En revanche, ce qui m'apparaît comme une évidence claire, c'est que ni le futur ni le passé ne sont. C'est donc une impropriété de dire : « Il y a trois temps : le passé, le présent et le futur. » Il serait sans doute plus correct de dire : « Il y a trois temps : le présent du passé, le présent du présent, le présent du futur. » En effet, il y a bien dans l'âme ces trois
20 modalités du temps, et je ne les trouve pas ailleurs. Le présent du passé, c'est la mémoire ; le présent du présent, c'est la vision directe ; le présent du futur, c'est l'attente. S'il m'est permis d'user de ces définitions, alors, oui, je le vois, je déclare, il y a trois temps, et ces trois temps *sont*. Je veux bien que l'on continue à dire : « Il y a trois temps : le passé, le présent, le
25 futur », selon un abus de langage habituel. Soit ! je n'en ai cure, je ne m'y oppose pas ni ne le blâme, pourvu toutefois que l'on comprenne bien ce que l'on dit : ni le futur ni le passé ne sont un présent actuel. De fait, notre langage comporte peu d'expressions propres, pour beaucoup d'impropriétés, mais on voit bien ce que nous voulons dire.

Augustin,
Les Confessions (400), Livre XI, chap. 14 et 20,
in *Œuvres* I, trad. P. Cambronne, Éd. Gallimard,
coll. « Bibliothèque de la Pléiade », 1998, pp. 1041 et 1045-1046.

Fiche Augustin p. 487

Descartes

[1596-1650]

1. Voir aussi le chapitre
La religion, texte 6.

Fiche Descartes p. 496

2 L'existence de Dieu

La métaphysique s'identifie à l'ambition d'accéder à la réalité par les seules forces de la raison sans passer par l'expérience sensible. La meilleure illustration est fournie par la preuve de l'existence de Dieu dans la cinquième Méditation où Descartes entend déduire l'existence d'un Être parfait à partir de la seule analyse de l'idée que nous en avons[1]. Kant prendra cette preuve comme cible de sa critique des prétentions abusives de la raison (voir le texte 6, p. 89).

Or maintenant, si de cela seul que je puis tirer de ma pensée l'idée de quelque chose, il s'ensuit que tout ce que je reconnais clairement et distinctement appartenir à cette chose, lui appartient en effet, ne puis-je pas tirer de ceci un argument et une preuve démonstrative de l'existence de Dieu ? Il
5 est certain que je ne trouve pas moins en moi son idée, c'est-à-dire l'idée d'un être souverainement parfait, que celle de quelque figure ou de quelque nombre que ce soit. Et je ne connais pas moins clairement et distinctement qu'une actuelle et éternelle existence appartient à sa nature, que je connais que tout ce que je puis démontrer de quelque figure ou de
10 quelque nombre, appartient véritablement à la nature de cette figure ou de ce nombre. Et partant, encore que tout ce que j'ai conclu dans les Méditations précédentes ne se trouvât point véritable, l'existence de Dieu doit passer en mon esprit au moins pour aussi certaine, que j'ai estimé jusques ici toutes les vérités des mathématiques, qui ne regardent que les nombres et
15 les figures : bien qu'à la vérité cela ne paraisse pas d'abord entièrement manifeste, mais semble avoir quelque apparence de sophisme. Car, ayant accoutumé dans toutes les autres choses de faire distinction entre l'existence et l'essence, je me persuade aisément que l'existence peut être séparée de l'essence de Dieu, et qu'ainsi on peut concevoir Dieu comme n'étant pas
20 actuellement. Mais néanmoins, lorsque j'y pense avec plus d'attention, je trouve manifestement que l'existence ne peut non plus être séparée de l'essence de Dieu, que de l'essence d'un triangle rectiligne la grandeur de ses trois angles égaux à deux droits, ou bien de l'idée d'une montagne l'idée d'une vallée ; en sorte qu'il n'y a pas moins de répugnance de concevoir un
25 Dieu (c'est-à-dire un être souverainement parfait) auquel manque l'existence (c'est-à-dire auquel manque quelque perfection), que de concevoir une montagne qui n'ait point de vallée.

René Descartes,
Les Méditations (1641), *Méditation cinquième*,
in *Œuvres et Lettres*, Éd. Gallimard,
coll. « Bibliothèque de la Pléiade », 1966, p. 312.

Pascal

[1623-1662]

3 Le refus du présent

L'homme possède le pouvoir de porter son attention sur le passé et sur l'avenir. Mais ce privilège, Pascal l'interprète comme le signe d'une profonde angoisse. En effet, cette valorisation du passé qui n'est plus et de l'avenir

1. Échappons : laissons échapper.

Fiche Pascal p. 497

qui n'est pas encore témoigne de la douleur que nous inflige le présent, le seul temps dont nous disposions réellement.

147-172. Nous ne nous tenons jamais au temps présent. Nous rappelons le passé ; nous anticipons l'avenir comme trop lent à venir, comme pour hâter son cours, ou nous rappelons le passé pour l'arrêter comme trop prompt, si imprudents que nous errons dans les temps qui ne sont point nôtres, et ne
5 pensons point au seul qui nous appartient, et si vains que nous songeons à ceux qui ne sont rien, et échappons[1] sans réflexion le seul qui subsiste. C'est que le présent d'ordinaire nous blesse. Nous le cachons à notre vue parce qu'il nous afflige, et s'il nous est agréable nous regrettons de le voir échapper. Nous tâchons de le soutenir par l'avenir, et pensons à disposer les choses
10 qui ne sont pas en notre puissance pour un temps où nous n'avons aucune assurance d'arriver.

Que chacun examine ses pensées. Il les trouvera toutes occupées au passé ou à l'avenir. Nous ne pensons presque point au présent, et si nous y pensons ce n'est que pour en prendre la lumière pour disposer de l'avenir. Le
15 présent n'est jamais notre fin.

Le passé et le présent sont nos moyens ; le seul avenir est notre fin. Ainsi nous ne vivons jamais, mais nous espérons de vivre, et nous disposant toujours à être heureux il est inévitable que nous ne le soyons jamais.

Blaise Pascal,
Pensées (1670), in *Œuvres complètes,*
Éd. du Seuil, 1963, p. 506.

À L'ÉPOQUE
En novembre 1664, Pascal vit une crise mystique et fait retraite à Port-Royal. Seule la foi, et non la philosophie rationnelle, peut, selon lui, permettre à l'homme d'échapper à la misère de sa condition.

Leibniz

[1646-1716]

4 Le principe de raison suffisante

XVIIe SIÈCLE

Y a-t-il une raison à toute chose, ou bien l'existence et le cours des événements témoignent-ils d'une irréductible contingence ? Leibniz énonce le principe de raison suffisante : « Rien ne se fait sans raison suffisante ». Ce principe, qui peut être regardé comme la clé de voûte de la métaphysique, sera l'une des cibles principales des philosophies modernes qui mettent l'accent sur l'irréductible contingence de l'existence.

Jusqu'ici nous n'avons parlé qu'en simples *physiciens* ; maintenant il faut s'élever à la *métaphysique,* en nous servant du *grand principe,* peu employé communément, qui porte que *rien ne se fait sans raison suffisante,* c'est-à-dire que rien n'arrive, sans qu'il serait possible à celui qui connaîtrait assez les
5 choses, de rendre une raison qui suffise pour déterminer pourquoi il en est ainsi, et non pas autrement. Ce principe posé, la première question qu'on a droit de faire, sera : *pourquoi il y a plutôt quelque chose que rien ?* Car le rien est plus simple et plus facile que quelque chose. De plus, supposé que des choses doivent exister, il faut qu'on puisse rendre raison, *pourquoi elles*
10 *doivent exister ainsi,* et non autrement.

Or cette raison suffisante de l'existence de l'univers ne se saurait trouver dans la suite des choses contingentes, c'est-à-dire des corps et de leurs représentations dans les âmes : parce que la matière étant indifférente en

elle-même au mouvement et au repos, et à un mouvement tel ou autre, on
15 n'y saurait trouver la raison du mouvement, et encore moins d'un tel mouvement. Et quoique le présent mouvement, qui est dans la matière, vienne
du précédent, et celui-ci encore d'un précédent, on n'en est pas plus avancé,
quand on irait aussi loin que l'on voudrait ; car il reste toujours la même
question. Ainsi il faut que la raison suffisante, qui n'ait plus besoin d'une
20 autre raison, soit hors de cette suite des choses contingentes, et se trouve
dans une substance, qui en soit la cause, ou qui soit un être nécessaire, portant la raison de son existence avec soi ; autrement on n'aurait pas encore
une raison suffisante, où l'on puisse finir. Et cette dernière raison des choses
est appelée *Dieu*.

Gottfried Wilhelm Leibniz,
Principes de la Nature et de la Grâce (1714), Éd. des PUF, 1954, pp. 228-229.

Fiche Leibniz p. 501

Fiche Leibniz p. 501

Rousseau
[1712-1778]

1. Ne laissait pas de : ne cessait pas de.

XVIIIᵉ SIÈCLE

5 Le présent et le sentiment d'existence

Pascal soulignait que nous sacrifions constamment le présent au passé et à l'avenir (voir le texte 3 ci-dessus). Dans les *Rêveries du promeneur solitaire*, Rousseau décrit la rêverie comme un de ces moments privilégiés où le présent est vécu pour lui-même. Cette plénitude du présent est simultanément sentiment de l'existence, et jouissance du seul véritable bonheur : celui que l'on puise en soi.

Quand le soir approchait je descendais des cimes de l'île et j'allais volontiers m'asseoir au bord du lac sur la grève dans quelque asile caché ; là le bruit des vagues et l'agitation de l'eau fixant mes sens et chassant de mon âme toute autre agitation la plongeaient dans une rêverie délicieuse où la nuit
5 me surprenait souvent sans que je m'en fusse aperçu. Le flux et reflux de cette eau, son bruit continu mais renflé par intervalles frappant sans relâche mon oreille et mes yeux suppléaient aux mouvements internes que la rêverie éteignait en moi et suffisaient pour me faire sentir avec plaisir mon existence, sans prendre la peine de penser. De temps à autres
10 naissait quelque faible et courte réflexion sur l'instabilité des choses de ce monde dont la surface des eaux m'offrait l'image : mais bientôt ces impressions légères s'effaçaient dans l'uniformité du mouvement continu qui me berçait, et qui sans aucun concours actif de mon âme ne laissait pas de[1] m'attacher au point qu'appelé par l'heure et par le signal convenu
15 je ne pouvais m'arracher de là sans effort.
   [...]
   Mais s'il est un état où l'âme trouve une assiette assez solide pour s'y reposer tout entière et rassembler là tout son être, sans avoir besoin de rappeler le passé ni d'enjamber sur l'avenir ; où le temps ne soit rien pour elle, où le présent dure toujours sans néanmoins marquer sa
20 durée et sans aucun trace de succession, sans aucun autre sentiment de privation ni de jouissance, de plaisir ni de peine, de désir ni de crainte que celui seul de notre existence, et que ce sentiment seul puisse la

remplir tout entière ; tant que cet état dure celui qui s'y trouve peut s'appeler heureux, non d'un bonheur imparfait, pauvre et relatif, tel
25 que celui qu'on trouve dans les plaisirs de la vie mais d'un bonheur suffisant, parfait et plein, qui ne laisse dans l'âme aucun vide qu'elle sente le besoin de remplir. Tel est l'état où je me suis trouvé souvent à l'Île de St Pierre dans mes rêveries solitaires, soit couché dans mon bateau que je laissais dériver au gré de l'eau, soit assis sur les rives du
30 lac agité, soit ailleurs au bord d'une belle rivière ou d'un ruisseau murmurant sur le gravier.

De quoi jouit-on dans une pareille situation ? De rien d'extérieur à soi, de rien sinon de soi-même et de sa propre existence, tant que cet état dure on se suffit à soi-même comme Dieu. Le sentiment de l'exis-
35 tence dépouillé de toute autre affection est par lui-même un sentiment précieux de contentement et de paix qui suffirait seul pour rendre cette existence chère et douce à qui saurait écarter de soi toutes les impressions sensuelles et terrestres qui viennent sans cesse nous en distraire et en troubler ici-bas la douceur.

Jean-Jacques Rousseau,
Rêveries du promeneur solitaire (1776-1778), *Cinquième promenade,*
Éd. Gallimard, coll. « Bibliothèque de la Pléiade », 1969, pp. 1045 et 1046-1047.

Fiche Rousseau p. 506

Kant
[1724-1804]

6 Critique de la preuve cartésienne de l'existence de Dieu

Il est au moins un être dont l'existence se déduit à partir de l'essence : Dieu. C'est ainsi que Descartes établissait la fameuse preuve ontologique de l'existence de Dieu (voir le texte 2 ci-dessus). Or cette preuve repose, selon Kant, sur la confusion entre les propriétés qui appartiennent à l'essence d'une chose et l'existence qui est une simple position.

Cent thalers réels ne contiennent rien de plus que cent thalers possibles. Car, comme les thalers possibles expriment le concept et les thalers réels, l'objet et sa position en lui-même, au cas où celui-ci contiendrait plus que celui-là, mon concept n'exprimerait pas l'objet tout entier et, par consé-
5 quent, il n'en serait pas, non plus, le concept adéquat. Mais je suis plus riche avec cent thalers réels qu'avec leur simple concept (c'est-à-dire qu'avec leur possibilité). Dans la réalité, en effet, l'objet n'est pas simplement contenu analytiquement dans mon concept, mais il s'ajoute synthétiquement à mon concept (qui est une détermination de mon état), sans que, par cette exis-
10 tence en dehors de mon concept, ces cent thalers conçus soient le moins du monde augmentés.

Quand donc je conçois une chose, quels que soient et si nombreux que soient les prédicats par lesquels je la pense (même dans la détermination complète), en ajoutant, de plus, que cette chose *existe*, je n'ajoute
15 absolument rien à cette chose. Car autrement, ce qui existerait ne serait pas exactement ce que j'avais conçu dans mon concept, mais bien

quelque chose de plus, et je ne pourrais pas dire que c'est précisément l'objet de mon concept qui existe. […]

Quelles que soient donc la nature et l'étendue de notre concept d'un 20 objet, il nous faut cependant sortir de ce concept pour attribuer à l'objet son existence. Pour les objets des sens, cela a lieu au moyen de leur enchaînement avec quelqu'une de mes perceptions suivant des lois empiriques ; mais pour des objets de la pensée pure, il n'y a absolument aucun moyen de connaître leur existence, parce qu'elle devrait être connue entièrement 25 *a priori*, alors que notre conscience de toute existence (qu'elle vienne soit immédiatement de la perception, soit de raisonnements qui lient quelque chose à la perception) appartient entièrement et absolument à l'unité de l'expérience, et que si une existence hors de ce champ ne peut pas, à la vérité, être absolument déclarée impossible, elle est pourtant une supposi-30 tion que nous ne pouvons justifier par rien.

[…]

Par conséquent, la preuve ontologique (CARTÉSIENNE) si célèbre, qui veut démontrer par concepts l'existence d'un Être suprême, fait dépenser en vain toute la peine qu'on se donne et tout le travail que l'on y consacre ; nul homme ne saurait, par de simples idées, devenir plus riche de connaissances, 35 pas plus qu'un marchand ne le deviendrait en argent, si, pour augmenter sa fortune, il ajoutait quelques zéros à l'état de sa caisse.

Emmanuel Kant,
Critique de la raison pure (1781), trad. A. Tremesaygue et B. Pacaud,
Éd. des PUF, 1971, pp. 429-431.

Fiche Kant p. 509

À L'ÉPOQUE

En réfutant les preuves de l'existence de Dieu, Kant ne fait nullement la promotion de l'athéisme : il cherche seulement à limiter le savoir, pour faire une place à la croyance.

Kant
[1724-1804]

7 Le temps, forme *a priori* du sens interne

Il nous semble aller de soi que les déterminations temporelles sont observées, comme on observe les couleurs ou les formes des objets. Or Kant dénonce cette conception réaliste du temps. Pour l'auteur de la *Critique de la raison pure*, le temps est la condition subjective de la conscience de nos états internes ; et si nous saisissons tout objet et tout événement dans le temps, c'est parce que leurs perceptions sont d'abord des représentations de notre conscience.

a) Le temps n'est pas quelque chose qui existe en soi, ou qui soit inhérent aux choses comme une détermination objective, et qui, par conséquent, subsiste, si l'on fait abstraction de toutes les conditions subjectives de leur intuition ; dans le premier cas, en effet, il faudrait qu'il fût quelque chose 5 qui existât réellement sans objet réel. Mais dans le second cas, en qualité de détermination ou d'ordre inhérent aux choses elles-mêmes, il ne pourrait être donné avant les objets comme leur condition, ni être connu et intuitionné *a priori* comme leur condition *a priori* par des propositions synthétiques ; ce qui devient facile, au contraire, si le temps n'est que la condition 10 subjective sous laquelle peuvent trouver place en nous toutes les intuitions.

Alors, en effet, cette forme de l'intuition intérieure peut être représentée avant les objets et, par suite, *a priori*.

b) Le temps n'est autre chose que la forme du sens interne, c'est-à-dire de l'intuition de nous-mêmes et de notre état intérieur. En effet, le temps ne 15 peut pas être une détermination des phénomènes extérieurs, il n'appartient ni à une figure, ni à une position, etc.; au contraire, il détermine le rapport des représentations dans notre état interne. Et, précisément parce que cette intuition intérieure ne fournit aucune figure, nous cherchons à suppléer à ce défaut par des analogies et nous représentons la suite du temps par une 20 ligne qui se prolonge à l'infini et dont les diverses parties constituent une série qui n'a qu'une dimension, et nous concluons des propriétés de cette ligne à toutes les propriétés du temps, avec cette seule exception que les parties de la première sont simultanées, tandis que celles du second sont toujours successives. Il ressort clairement de là que la représentation du 25 temps lui-même est une intuition, puisque tous ses rapports peuvent être exprimés par une intuition extérieure.

c) Le temps est la condition formelle *a priori*[1] de tous les phénomènes en général. L'espace, en tant que forme pure de l'intuition extérieure, est limité, comme condition *a priori*, simplement aux phénomènes externes. 30 Au contraire, comme toutes les représentations, qu'elles puissent avoir ou non pour objets des choses extérieures, appartiennent, pourtant, en elles-mêmes, en qualité de déterminations de l'esprit, à l'état interne, et, comme cet état interne est toujours soumis à la condition formelle de l'intuition intérieure et que, par suite, il appartient au temps, le temps est une condi-35 tion *a priori* de tous les phénomènes en général et, à la vérité, la condition immédiate des phénomènes intérieurs (de notre âme), et, par la même, condition médiate des phénomènes extérieurs.

Emmanuel Kant,
Critique de la raison pure (1781),
trad. A. Tremesaygue et B. Pacaud, Éd. des PUF, 1971, pp. 63-64.

1. *A priori* : est « a priori » ce qui ne dépend pas du contenu de l'expérience.

Fiche Kant p. 509

Kierkegaard
[1813-1855]

8 L'existence rebelle à la pensée abstraite

Que signifie pour un homme exister ? Telle est la question que Kierkegaard place au cœur de sa réflexion. Or l'esprit de système que développent les « penseurs abstraits » – Kierkegaard pense particulièrement à Hegel – se condamne à parler de l'homme en général sans jamais retrouver la vie de l'individu dans sa concrétude.

La langue de l'abstraction ne mentionne à vrai dire jamais ce qui constitue la difficulté de l'existence et de l'existant et elle en donne encore moins l'explication. Justement parce qu'elle est *sub specie æterni*[1], la pensée abstraite ne tient pas compte du concret, de la temporalité, 5 du devenir propre à l'existence et de la misère que connaît l'existant du fait qu'il est une synthèse d'éternel et de temporel, plongée dans l'existence. Si l'on admet maintenant que la pensée abstraite est ce qu'il

1. *Sub specie æterni* : sous l'angle de l'éternité.

y a de plus élevé, il en résulte que la science et les penseurs délaissent
fièrement l'existence et qu'ils nous laissent à nous autres hommes le pire à
10 digérer. Et même, il en résulte encore autre chose pour le penseur abstrait
lui-même : comme il est pourtant lui aussi un existant, il doit être en quelque
façon un distrait.

S'informer abstraitement de la réalité (à supposer qu'on en ait le droit,
puisque le particulier, le contingent sont partie intégrante du réel et le
15 contraire de l'abstraction), et donner une réponse abstraite, est beaucoup
moins difficile que de demander ce que signifie que telle chose précise est
une réalité, et que de répondre à cette question. Car l'abstraction ne tient
pas compte de cette chose précise, mais la difficulté consiste précisément à
la rattacher à l'idéalité de la pensée en voulant la penser. L'abstraction ne
20 peut pas même s'occuper d'une pareille contradiction que justement elle
empêche.

L'insuffisance de l'abstraction éclate justement dans toutes les questions qui concernent l'existence ; elle commence par écarter la difficulté en
l'omettant, puis elle se vante de tout expliquer. Elle explique l'immortalité
25 en général et tout va à merveille, car l'immortalité devient identique à l'éternité, celle qui est essentiellement le milieu de la pensée. Mais quant à savoir
si un existant particulier est immortel, ce qui est bien la difficulté, l'abstraction n'en a cure. Elle est désintéressée, mais la difficulté de l'existence est
ce qui intéresse l'existant, infiniment intéressé à exister. La pensée abstraite
30 m'aide ainsi, touchant mon immortalité, en me tuant comme individu ayant
une existence particulière pour me rendre alors immortel ; elle me secourt à
peu près à la façon du médecin de Holberg[2] dont la drogue tua le malade,
mais chassa aussi la fièvre. Quand donc on regarde un penseur abstrait qui
ne veut pas clairement reconnaître et avouer le rapport de sa pensée abstraite
35 avec sa propre existence, il a beau être un esprit remarquable, il n'en produit
pas moins une impression comique : il est en train de cesser d'être homme.

Søren Kierkegaard,
Post-scriptum non scientifique et définitif aux « Miettes philosophiques » (1846),
vol. II, chap. 3, § 1, trad. P. H. Tisseau, Éd. de l'Orante, 1977, pp. 1-2.

2. Le médecin de Holberg :
référence à *Barselstuen*
(La Chambre de l'accouchée),
une des pièces de Ludvig
Holberg (1684-1754),
écrivain danois influencé
par Molière.

Fiche Kierkegaard p. 516

Bergson
[1859-1941]

9 Le présent

**Combien de temps dure mon présent ? la question peut paraître saugrenue, si
l'on définit le présent comme la limite entre le passé et le futur. Mais il s'agit
là, selon Bergson, d'une définition abstraite du temps. Mon présent vivant
possède une certaine épaisseur de durée car il retient le passé immédiat et
anticipe l'avenir.**

On chercherait vainement, en effet, à caractériser le souvenir d'un état
passé si l'on ne commençait par définir la marque concrète, acceptée par
la conscience, de la réalité présente. Qu'est-ce, pour moi, que le moment
présent ? Le propre du temps est de s'écouler ; le temps déjà écoulé est le
5 passé, et nous appelons présent l'instant où il s'écoule. Mais il ne peut être

question ici d'un instant mathématique. Sans doute il y a un présent idéal, purement conçu, limite indivisible qui séparerait le passé de l'avenir. Mais le présent réel, concret, vécu, celui dont je parle quand je parle de ma perception présente, celui-là occupe nécessairement une durée. Où est donc située cette durée ? Est-ce en deçà, est-ce au-delà du point mathématique que je détermine idéalement quand je pense à l'instant présent ? Il est trop évident qu'elle est en deçà et au-delà tout à la fois, et que ce que j'appelle « mon présent » empiète tout à la fois sur mon passé et sur mon avenir. Sur mon passé d'abord, car « le moment où je parle est déjà loin de moi » ; sur mon avenir ensuite, car c'est sur l'avenir que ce moment est penché, c'est à l'avenir que je tends, et si je pouvais fixer cet indivisible présent, cet élément infinitésimal de la courbe du temps, c'est la direction de l'avenir qu'il montrerait. Il faut donc que l'état psychologique que j'appelle « mon présent » soit tout à la fois une perception du passé immédiat et une détermination de l'avenir immédiat. Or le passé immédiat, en tant que perçu, est, comme nous verrons, sensation, puisque toute sensation traduit une très longue succession d'ébranlements élémentaires ; et l'avenir immédiat, en tant que se déterminant, est action ou mouvement. Mon présent est donc à la fois sensation et mouvement ; et puisque mon présent forme un tout indivisé, ce mouvement doit tenir à cette sensation, la prolonger en action. D'où je conclus que mon présent consiste dans un système combiné de sensations et de mouvements. Mon présent est, par essence, sensori-moteur[1].

Henri Bergson,
Matière et Mémoire (1896), chap. 3, in *Œuvres*, Éd. des PUF, 1991, pp. 280-281.

1. Sensori-moteur : la définition est fournie par la phrase précedente.

Fiche Bergson p. 522

Bergson
[1859-1941]

🔟 La survivance du passé

D'où vient notre aptitude à réactiver le passé ? Par quel miracle la mémoire fait-elle resurgir nos souvenirs ? Pour Bergson, ces questions sont mal posées, car elles présupposent que le présent et le passé sont des dimensions temporelles distinctes. Si, au contraire, le passé s'agrège au présent, la vraie difficulté sera d'expliquer le mécanisme de refoulement du souvenir.

La durée est le progrès continu du passé qui ronge l'avenir et qui gonfle en avançant. Du moment que le passé s'accroît sans cesse, indéfiniment aussi il se conserve. La mémoire [...] n'est pas une faculté de classer des souvenirs dans un tiroir ou de les inscrire sur un registre. Il n'y a pas de registre, pas de tiroir, il n'y a même pas ici, à proprement parler, une faculté, car une faculté s'exerce par intermittences, quand elle veut ou quand elle peut, tandis que l'amoncellement du passé sur le passé se poursuit sans trêve. En réalité le passé se conserve de lui-même, automatiquement. Tout entier, sans doute, il nous suit à tout instant : ce que nous avons senti, pensé, voulu depuis notre première enfance est là, penché sur le présent qui va s'y joindre, pressant contre la porte de la conscience qui voudrait le laisser dehors[1]. Le mécanisme cérébral est précisément fait pour en refouler la presque totalité dans l'inconscient et pour n'introduire dans la conscience que ce qui est de nature

1. Voir aussi le chapitre L'inconscient, texte 4.

à éclairer la situation présente, à aider l'action qui se prépare, à donner enfin
15 un travail *utile*. Tout au plus des souvenirs de luxe arrivent-ils, par la porte
entrebâillée, à passer en contrebande. Ceux-là, messagers de l'inconscient,
nous avertissent de ce que nous traînons derrière nous sans le savoir. Mais,
lors même que nous n'en aurions pas l'idée distincte, nous sentirions vaguement que notre passé nous reste présent.

Henri Bergson,
L'Évolution créatrice (1907), chap. I, in *Œuvres*, Éd. des PUF, 1991, p. 498.

Fiche Bergson p. 522

Bergson
[1859-1941]

11 La durée réelle

**Si nous éprouvons tant de difficultés à nous faire une représentation juste du
temps, c'est que nous avons toujours tendance à y mêler des propriétés spatiales. Bergson nous invite à revenir à l'expérience pure de la temporalité.
Il ne suffit pas de dire que le temps est succession, tandis que l'espace est
simultanéité ; il faut également s'abstenir d'introduire une discontinuité entre
le présent, le passé et l'avenir. Le temps est changement continu, c'est-à-
dire durée.**

C'est justement cette continuité indivisible de changement qui constitue la
durée vraie. Je ne puis entrer ici dans l'examen approfondi d'une question
que j'ai traitée ailleurs. Je me bornerai donc à dire, pour répondre à ceux qui
voient dans cette durée « réelle » je ne sais quoi d'ineffable et de mystérieux,
5 qu'elle est la chose la plus claire du monde : la *durée réelle* est ce que l'on
a toujours appelé le *temps*, mais le temps perçu comme indivisible. Que le
temps implique la succession, je n'en disconviens pas. Mais que la succession
se présente d'abord à notre conscience comme la distinction d'un « avant »
et d'un « après » juxtaposés, c'est ce que je ne saurais accorder. Quand nous
10 écoutons une mélodie, nous avons la plus pure impression de succession que
nous puissions avoir, – une impression aussi éloignée que possible de celle
de la simultanéité, – et pourtant c'est la continuité même de la mélodie et
l'impossibilité de la décomposer qui font sur nous cette impression. Si nous
la découpons en notes distinctes, en autant d'« avant » et d'« après » qu'il
15 nous plaît, c'est que nous y mêlons des images spatiales et que nous impré-
gnons la succession de simultanéité : dans l'espace, et dans l'espace seulement, il y a distinction nette de parties extérieures les unes aux autres. Je
reconnais d'ailleurs que c'est dans le temps spatialisé que nous nous plaçons
d'ordinaire. Nous n'avons aucun intérêt à écouter le bourdonnement inin-
20 terrompu de la vie profonde. Et pourtant la durée réelle est là. C'est grâce à
elle que prennent place dans un seul et même temps les changements plus
ou moins longs auxquels nous assistons en nous et dans le monde extérieur.

Ainsi, qu'il s'agisse du dedans ou du dehors, de nous ou des choses, la
réalité est la mobilité même. C'est ce que j'exprimais en disant qu'il y a
25 du changement, mais qu'il n'y a pas de choses qui changent.

Devant le spectacle de cette mobilité universelle, quelques-uns d'entre
nous seront pris de vertige. Ils sont habitués à la terre ferme ; ils ne peuvent

À L'ÉPOQUE
Le 6 avril 1922, lors
d'une séance à la Société
française de philosophie,
Einstein s'oppose
à Bergson : sa théorie
de la relativité générale
est en effet incompatible
avec la conception
bergsonnienne de
la durée, que Bergson
prétend absolue et
plus fondamentale que
le temps physique.

se faire au roulis et au tangage. Il leur faut des points « fixes » auxquels attacher la pensée et l'existence. Ils estiment que si tout passe, rien n'existe ;
30 et que si la réalité est mobilité, elle n'est déjà plus au moment où on la pense, elle échappe à la pensée. Le monde matériel, disent-ils, va se dissoudre et l'esprit se noyer dans le flux torrentueux des choses. – Qu'ils se rassurent ! Le changement, s'ils consentent à le regarder directement, sans voile interposé, leur apparaîtra bien vite comme ce qu'il peut y avoir au
35 monde de plus substantiel et de plus durable. Sa solidité est infiniment supérieure à celle d'une fixité qui n'est qu'un arrangement éphémère entre des mobilités.

Henri Bergson,
« La perception du changement » (1911), in *La Pensée et le Mouvant* (1934),
Éd. des PUF, 1991, pp. 1384-1385.

Fiche Bergson p. 522

Merleau-Ponty
[1908-1961]

12 Unité et permanence du temps

Le temps est présenté comme une puissance de dissolution qui ronge toute existence. Rien de ce qui est temporel ne demeure identique à soi, excepté... le temps lui-même. Merleau-Ponty utilise une série de métaphores pour illustrer la permanence du temps.

Le passage du présent à un autre présent, je ne le pense pas, je n'en suis pas le spectateur, je l'effectue, je suis déjà au présent qui va venir comme mon geste est déjà à son but, je suis moi-même le temps, un temps qui « demeure » et ne « s'écoule » ni ne « change », comme Kant l'a dit dans
5 quelques textes. Cette idée du temps qui se devance lui-même, le sens commun l'aperçoit à sa façon. Tout le monde parle *du* temps, et non pas comme le zoologiste parle du chien ou du cheval, au sens d'un nom collectif, mais au sens d'un nom propre. Quelquefois même, on le personnifie. Tout le monde pense qu'il y a là un seul être concret, tout entier présent
10 en chacune de ses manifestations comme un homme est en chacune de ses paroles. On dit qu'il y a un temps comme on dit qu'il y a un jet d'eau : l'eau change et le jet d'eau demeure parce que la forme se conserve ; la forme se conserve parce que chaque onde successive reprend les fonctions de la précédente : onde poussante par rapport à celle qu'elle poussait, elle devient à
15 son tour onde poussée par rapport à une autre ; et cela même vient enfin de ce que, depuis la source jusqu'au jet, les ondes ne sont pas séparées : il n'y a qu'une seule poussée, une seule lacune dans le flux suffirait à rompre le jet. C'est ici que se justifie la métaphore de la rivière, non pas en tant que la rivière s'écoule, mais en tant qu'elle ne fait qu'un avec elle-même. Seu-
20 lement, cette intuition de la permanence du temps est compromise dans le sens commun, parce qu'il le thématise ou l'objective, ce qui est justement la plus sûre manière de l'ignorer. Il y a plus de vérité dans les personnifications mythiques du temps que dans la notion du temps considéré, à la manière scientifique, comme une variable de la nature en soi ou, à la manière
25 kantienne, comme une forme idéalement séparable de sa matière. Il y a un

2. *Augen-blick* : littéralement, « clin d'œil ».

style temporel du monde et le temps demeure le même parce que le passé est un ancien avenir et un présent récent, le présent un passé prochain et un avenir récent, l'avenir enfin un présent et même un passé à venir, c'est-à-dire parce que chaque dimension du temps est traitée ou visée *comme* autre 30 chose qu'elle-même, – c'est-à-dire enfin parce qu'il y a au cœur du temps un regard, ou, comme dit Heidegger, un *Augen-blick*[1], *quelqu'un* par qui le mot *comme* puisse avoir un sens.

Maurice Merleau-Ponty,
Phénoménologie de la perception (1945), Éd. Gallimard, coll. « Tel », 1975, pp. 481-482.

Fiche `Merleau-Ponty` p. 532

Sartre
[1905-1980]

13 L'existence précède l'essence

Y a-t-il une nature humaine dont chacun d'entre nous serait un exemplaire ? Répondre oui à cette question reviendrait à admettre, comme le remarque Sartre, que notre existence est la réalisation d'une essence préalable conçue par l'entendement divin, à la manière dont un coupe-papier est la réalisation d'une idée conçue par l'artisan. La liberté humaine exclut une telle hypothèse : l'homme existe d'abord et se définit ensuite par ses actes.

Ainsi, le coupe-papier est à la fois un objet qui se produit d'une certaine manière et qui, d'autre part, a une utilité définie, et on ne peut pas supposer un homme qui produirait un coupe-papier sans savoir à quoi l'objet va servir. Nous dirons donc que, pour le coupe-papier, l'essence – c'est-à-dire 5 l'ensemble des recettes et des qualités qui permettent de le produire et de le définir – précède l'existence ; et ainsi la présence, en face de moi, de tel coupe-papier ou de tel livre est déterminée. Nous avons donc là une vision technique du monde, dans laquelle on peut dire que la production précède l'existence.

10 Lorsque nous concevons un Dieu créateur, ce Dieu est assimilé la plupart du temps à un artisan supérieur ; et quelle que soit la doctrine que nous considérions, qu'il s'agisse d'une doctrine comme celle de Descartes ou de la doctrine de Leibniz, nous admettons toujours que la volonté suit plus ou moins l'entendement, ou tout au moins l'ac-15 compagne, et que Dieu, lorsqu'il crée, sait précisément ce qu'il crée. Ainsi, le concept d'homme, dans l'esprit de Dieu, est assimilable au concept de coupe-papier dans l'esprit de l'industriel ; et Dieu produit l'homme suivant des techniques et une conception, exactement comme l'artisan fabrique un coupe-papier suivant une définition et une tech-20 nique. Ainsi, l'homme individuel réalise un certain concept qui est dans l'entendement divin. Au XVIIIᵉ siècle, dans l'athéisme des philosophes, la notion de Dieu est supprimée, mais non pour autant l'idée que l'essence précède l'existence. Cette idée, nous la retrouvons un peu partout : nous la retrouvons chez Diderot, chez Voltaire, et même chez 25 Kant. L'homme est possesseur d'une nature humaine ; cette nature humaine, qui est le concept humain, se retrouve chez tous les hommes, ce qui signifie que chaque homme est un exemple particulier d'un

concept universel, l'homme ; chez Kant, il résulte de cette universalité que l'homme des bois, l'homme de la nature, comme le bourgeois sont 30 astreints à la même définition et possèdent les mêmes qualités de base. Ainsi, là encore, l'essence d'homme précède cette existence historique que nous rencontrons dans la nature.

L'existentialisme athée, que je représente, est plus cohérent. Il déclare que si Dieu n'existe pas, il y a au moins un être chez qui l'existence pré-35 cède l'essence, un être qui existe avant de pouvoir être défini par aucun concept, et que cet être c'est l'homme ou, comme dit Heidegger, la réalité humaine. Qu'est ce que signifie ici que l'existence précède l'essence ? Cela signifie que l'homme existe d'abord, se rencontre, surgit dans le monde, et qu'il se définit après. L'homme, tel que le conçoit l'existentialiste, s'il 40 n'est pas définissable, c'est qu'il n'est d'abord rien. Il ne sera qu'ensuite, et il sera tel qu'il se sera fait. Ainsi, il n'y a pas de nature humaine, puisqu'il n'y a pas de Dieu pour la concevoir.

Jean-Paul Sartre,
L'Existentialisme est un humanisme (1946), Éd. Gallimard, 1970, pp. 18-22.

Fiche Sartre p. 529

Dastur

[1942-]

14 La temporalité originaire

Il y a le temps dans lequel se déroulent les événements extérieurs et les phénomènes physiques, ou encore le temps social mesuré par les horloges. Mais ce temps du monde n'est qu'une forme dérivée d'une temporalité plus originaire qui trouve sa source en l'homme et dans son rapport à la mort. Françoise Dastur commente ici la conception heideggérienne du temps.

Car il ne suffit pas, comme Aristote et après lui saint Augustin l'ont bien vu, de remarquer que la *mesure* du temps n'est possible que par l'intermédiaire de l'âme ou de l'esprit. Il faut en outre savoir reconnaître que l'être humain a une relation tout à fait particulière au temps puisque c'est à partir de lui que 5 peut être déchiffré ce qu'est le temps. Il n'est donc pas *dans* le temps comme le sont les choses de la nature, il est en son fond temporel, il *est* temps.

C'est ce que nous apprend l'analyse phénoménologique[1] de notre expérience de la mesure du temps. Ce qu'indique en effet l'horloge, ce n'est pas la durée, c'est-à-dire la quantité de temps qui s'écoule, mais uniquement 10 le « maintenant » tel qu'il est fixé à chaque fois par rapport à l'action présente, passée ou à venir. Je ne peux donc lire l'heure sur l'horloge qu'en me référant à ce « maintenant » que je suis et qui renvoie à cette temporalité « mienne » qui préexiste à tous les instruments destinés à la mesurer. Le *Dasein*[2] qui est à chaque fois « mien » – au sens où il se définit de manière 15 constitutive comme un « je suis » – n'est donc pas simplement *dans* le temps compris comme ce en quoi se déroulent les événements du monde, c'est le temps qui est au contraire la *modalité* propre de son être. Mais cette temporalité propre du *Dasein* qui se distingue de ce que Heidegger nommera dans *Être et Temps* l'*intratemporalité* des choses du monde, n'est accessible 20 au *Dasein* que lorsque celui-ci se comprend lui-même comme un être

1. L'analyse phénoménologique décrit les opérations et les données de la conscience.

2. Le *Dasein* : littéralement l'« être-là », expression que Heidegger emploie pour désigner l'homme en tant qu'il se pose la question de l'Être.

mortel, c'est-à-dire lorsqu'il anticipe sa propre fin, son propre être révolu, comme ce qui constitue la possibilité extrême de son être, et non pas comme un simple accident qui lui surviendrait de l'extérieur. Par cette anticipa-tion de la mort dans laquelle Heidegger voit l'avenir authentique – non
25 pas ce qui *n'est pas encore* présent, mais la dimension à partir de laquelle il peut y avoir un présent et un passé – *le Dasein se donne à lui-même son temps.* Il devient par là manifeste que la relation originelle au temps n'est pas la mesure. Car dans ce que Heidegger nomme l'anticipation de la mort – *Vorlaufen* : littéralement le fait d'aller au-devant d'elle – il ne s'agit
30 pas de se demander combien de temps encore nous en sépare, mais pour le *Dasein* de saisir son propre être-révolu comme possibilité de chaque instant.

Françoise Dastur,
Heidegger et la Question du temps, Éd. des PUF,
coll. « Philosophies », 1990, pp. 18-19.

Descartes

[1596-1650]

→ Repère
Croire / savoir,
p. 438

Méditations (première et seconde)

Les progrès de la science au XVIᵉ siècle et au début du XVIIᵉ siècle ont bouleversé le modèle médiéval du savoir, que ce soit en cosmologie, en mécanique, en physiologie ou en médecine. Cette révolution s'est traduite par une montée massive du scepticisme, à la fois logique (les anciens modèles s'écroulent) et paradoxale (la science progresse). Dans ses *Méditations*, Descartes entend reconstruire le système du savoir et la métaphysique sur une base indubitable en partant d'une position sceptique. Doutant de tout, et même de l'existence du monde (Méditation I), il identifie le premier principe, *du point de vue de la raison* : au Sujet dans son activité essentielle de penser (*je pense*), et non plus à Dieu comme dans la métaphysique traditionnelle (Méditation II).

PREMIÈRE MÉDITATION - *Des choses que l'on peut révoquer en doute*

Il y a déjà quelque temps que je me suis aperçu que, dès mes premières années, j'avais reçu quantité de fausses opinions pour véritables, et que ce que j'ai depuis fondé sur des principes si mal assurés, ne pouvait être que
5 fort douteux et incertain ; de façon qu'il me fallait entreprendre sérieusement une fois en ma vie de me défaire de toutes les opinions que j'avais reçues jusques alors en ma créance, et commencer tout de nouveau dès les fondements, si je voulais établir quelque chose de ferme et de constant dans les sciences. Mais cette entreprise me semblant être fort grande, j'ai
10 attendu que j'eusse atteint un âge qui fût si mûr, que je n'en pusse espérer d'autre après lui, auquel je fusse plus propre à l'exécuter ; ce qui m'a fait différer si longtemps, que désormais je croirais commettre une faute, si j'employais encore à délibérer le temps qu'il me reste pour agir. Maintenant donc que mon esprit est libre de tous soins, et que je me suis procuré
15 un repos assuré dans une paisible solitude, je m'appliquerai sérieusement et avec liberté à détruire généralement toutes mes anciennes opinions. Or il ne sera pas nécessaire, pour arriver à ce dessein, de prouver qu'elles sont toutes fausses, de quoi peut-être je ne viendrais jamais à bout ; mais, d'autant que la raison me persuade déjà que je ne dois pas moins soi-
20 gneusement m'empêcher de donner créance aux choses qui ne sont pas entièrement certaines et indubitables, qu'à celles qui nous paraissent manifestement être fausses, le moindre sujet de douter que j'y trouverai, suffira pour me les faire toutes rejeter. Et pour cela il n'est pas besoin que je les examine chacune en particulier, ce qui serait d'un travail infini ;
25 mais, parce que la ruine des fondements entraîne nécessairement avec soi tout le reste de l'édifice, je m'attaquerai d'abord aux principes, sur lesquels toutes mes anciennes opinions étaient appuyées.

► Repère
Origine / fondement,
p. 446

Tout ce que j'ai reçu jusqu'à présent pour le plus vrai et assuré, je l'ai appris des sens, ou par les sens: or j'ai quelquefois éprouvé que ces sens étaient trompeurs, et il est de la prudence de ne se fier jamais entièrement à ceux qui nous ont une fois trompés.

Mais, encore que les sens nous trompent quelquefois, touchant les choses peu sensibles et fort éloignées, il s'en rencontre peut-être beaucoup d'autres, desquelles on ne peut pas raisonnablement douter, quoique nous les connaissions par leur moyen: par exemple, que je sois ici, assis auprès du feu, vêtu d'une robe de chambre, ayant ce papier entre les mains, et autres choses de cette nature. Et comment est-ce que je pourrais nier que ces mains et ce corps-ci soient à moi? si ce n'est peut-être que je me compare à ces insensés, de qui le cerveau est tellement troublé et offusqué par les noires vapeurs de la bile, qu'ils assurent constamment qu'ils sont des rois, lorsqu'ils sont très pauvres; qu'ils sont vêtus d'or et de pourpre, lorsqu'ils sont tout nus; ou s'imaginent être des cruches, ou avoir un corps de verre. Mais quoi? ce sont des fous, et je ne serais pas moins extravagant, si je me réglais sur leurs exemples.

Toutefois j'ai ici à considérer que je suis homme, et par conséquent que j'ai coutume de dormir et de me représenter en mes songes les mêmes choses, ou quelquefois de moins vraisemblables, que ces insensés, lorsqu'ils veillent. Combien de fois m'est-il arrivé de songer, la nuit, que j'étais en ce lieu, que j'étais habillé, que j'étais auprès du feu, quoique je fusse tout nu dedans mon lit? Il me semble bien à présent que ce n'est point avec des yeux endormis que je regarde ce papier; que cette tête que je remue n'est point assoupie; que c'est avec dessein et de propos délibéré que j'étends cette main, et que je la sens: ce qui arrive dans le sommeil ne semble point si clair ni si distinct que tout ceci. Mais, en y pensant soigneusement, je me ressouviens d'avoir été souvent trompé, lorsque je dormais, par de semblables illusions. Et m'arrêtant sur cette pensée, je vois si manifestement qu'il n'y a point d'indices concluants, ni de marques assez certaines par où l'on puisse distinguer nettement la veille d'avec le sommeil, que j'en suis tout étonné; et mon étonnement est tel, qu'il est presque capable de me persuader que je dors.

Supposons donc maintenant que nous sommes endormis, et que toutes ces particularités-ci, à savoir, que nous ouvrons les yeux, que nous remuons la tête, que nous étendons les mains, et choses semblables, ne sont que de fausses illusions; et pensons que peut-être nos mains, ni tout notre corps, ne sont pas tels que nous les voyons. Toutefois il faut au moins avouer que les choses qui nous sont représentées dans le sommeil, sont comme des tableaux et des peintures, qui ne peuvent être formées qu'à la ressemblance de quelque chose de réel et de véritable; et qu'ainsi, pour le moins, ces choses générales, à savoir, des yeux, une tête, des mains, et tout le reste du corps, ne sont pas choses imaginaires, mais vraies et existantes. Car de vrai les peintres, lors même qu'ils s'étudient avec le plus d'artifice à représenter des sirènes et des satyres par des formes bizarres et extraordinaires, ne leur peuvent pas toutefois attribuer des formes et des natures entièrement nouvelles, mais font seulement

75 un certain mélange et composition des membres de divers animaux ; ou bien, si peut-être leur imagination est assez extravagante pour inventer quelque chose de si nouveau, que jamais nous n'ayons rien vu de semblable, et qu'ainsi leur ouvrage nous représente une chose purement feinte et absolument fausse, certes à tout le moins les couleurs dont ils le 80 composent doivent-elles être véritables.

Et par la même raison, encore que ces choses générales, à savoir, des yeux, une tête, des mains, et autres semblables, pussent être imaginaires, il faut toutefois avouer qu'il y a des choses encore plus simples et plus universelles, qui sont vraies et existantes ; du mélange 85 desquelles, ni plus ni moins que de celui de quelques véritables couleurs, toutes ces images des choses qui résident en notre pensée, soit vraies et réelles, soit feintes et fantastiques, sont formées. De ce genre de choses est la nature corporelle en général, et son étendue ; ensemble la figure des choses étendues, leur quantité ou grandeur, et leur nombre ; comme aussi le lieu 90 où elles sont, le temps qui mesure leur durée, et autres semblables.

C'est pourquoi peut-être que de là nous ne conclurons pas mal, si nous disons que la physique, l'astronomie, la médecine, et toutes les autres sciences qui dépendent de la considération des choses composées, sont fort douteuses et incertaines ; mais que l'arithmétique, la géométrie, et les autres 95 sciences de cette nature, qui ne traitent que de choses fort simples et fort générales, sans se mettre beaucoup en peine si elles sont dans la nature, ou si elles n'y sont pas, contiennent quelque chose de certain et d'indubitable. Car, soit que je veille ou que je dorme, deux et trois joints ensemble formeront toujours le nombre de cinq, et le carré n'aura jamais plus de quatre 100 côtés ; et il ne semble pas possible que des vérités si apparentes puissent être soupçonnées d'aucune fausseté ou d'incertitude.

Toutefois il y a longtemps que j'ai dans mon esprit une certaine opinion, qu'il y a un Dieu qui peut tout, et par qui j'ai été créé et produit tel que je suis. Or qui me peut avoir assuré que ce Dieu n'ait point fait qu'il n'y ait 105 aucune terre, aucun ciel, aucun corps étendu, aucune figure, aucune grandeur, aucun lieu, et que néanmoins j'aie les sentiments de toutes ces choses, et que tout cela ne me semble point exister autrement que je le vois ? Et même, comme je juge quelquefois que les autres se méprennent, même dans les choses qu'ils pensent savoir avec le plus de certitude, il se peut faire 110 qu'il ait voulu que je me trompe toutes les fois que je fais l'addition de deux et de trois, ou que je nombre les côtés d'un carré, ou que je juge de quelque chose encore plus facile, si l'on se peut imaginer rien de plus facile que cela. Mais peut-être que Dieu n'a pas voulu que je fusse déçu de la sorte, car il est dit souverainement bon. Toutefois, si cela répugnait à sa bonté, de m'avoir 115 fait tel que je me trompasse toujours, cela semblerait aussi lui être aucunement contraire, de permettre que je me trompe quelquefois, et néanmoins je ne puis douter qu'il ne le permette.

Il y aura peut-être ici des personnes qui aimeront mieux nier l'existence d'un Dieu si puissant, que de croire que toutes les autres choses sont incer-120 taines. Mais ne leur résistons pas pour le présent, et supposons, en leur faveur, que tout ce qui est dit ici d'un Dieu soit une fable. Toutefois, de

quelque façon qu'ils supposent que je sois parvenu à l'état et à l'être que je possède, soit qu'ils l'attribuent à quelque destin ou fatalité, soit qu'ils le réfèrent au hasard, soit qu'ils veuillent que ce soit par une continuelle suite
125 et liaison des choses, il est certain que, puisque faillir et se tromper est une espèce d'imperfection, d'autant moins puissant sera l'auteur qu'ils attribueront à mon origine, d'autant plus sera-t-il probable que je suis tellement imparfait que je me trompe toujours. Auxquelles raisons je n'ai certes rien à répondre, mais je suis contraint d'avouer que, de toutes les opinions que
130 j'avais autrefois reçues en ma créance pour véritables, il n'y en a pas une de laquelle je ne puisse maintenant douter, non par aucune inconsidération ou légèreté, mais pour des raisons très fortes et mûrement considérées : de sorte qu'il est nécessaire que j'arrête et suspende désormais mon jugement sur ces pensées, et que je ne leur donne pas plus de créance, que je ferais
135 à des choses qui me paraîtraient évidemment fausses, si je désire trouver quelque chose de constant et d'assuré dans les sciences.

Mais il ne suffit pas d'avoir fait ces remarques, il faut encore que je prenne soin de m'en souvenir ; car ces anciennes et ordinaires opinions me reviennent encore souvent en la pensée, le long et familier usage qu'elles
140 ont eu avec moi leur donnant droit d'occuper mon esprit contre mon gré, et de se rendre presque maîtresses de ma créance. Et je ne me désaccoutumerai jamais d'y acquiescer, et de prendre confiance en elles, tant que je les considérerai telles qu'elles sont en effet, c'est à savoir en quelque façon douteuses, comme je viens de montrer, et toutefois fort probables, en sorte que
145 l'on a beaucoup plus de raison de les croire que de les nier. C'est pourquoi je pense que j'en userai plus prudemment, si, prenant un parti contraire, j'emploie tous mes soins à me tromper moi-même, feignant que toutes ces pensées sont fausses et imaginaires ; jusques à ce qu'ayant tellement balancé mes préjugés, qu'ils ne puissent faire pencher mon avis plus d'un côté que
150 d'un autre, mon jugement ne soit plus désormais maîtrisé par de mauvais usages et détourné du droit chemin qui le peut conduire à la connaissance de la vérité. Car je suis assuré que cependant il ne peut y avoir de péril ni d'erreur en cette voie, et que je ne saurais aujourd'hui trop accorder à ma défiance, puisqu'il n'est pas maintenant question d'agir, mais seulement de
155 méditer et de connaître.

Je supposerai donc qu'il y a, non point un vrai Dieu, qui est la souveraine source de vérité, mais un certain mauvais génie, non moins rusé et trompeur que puissant, qui a employé toute son industrie à me tromper. Je penserai que le ciel, l'air, la terre, les couleurs, les figures, les sons et toutes
160 les choses extérieures que nous voyons, ne sont que des illusions et tromperies, dont il se sert pour surprendre ma crédulité. Je me considérerai moi-même comme n'ayant point de mains, point d'yeux, point de chair, point de sang, comme n'ayant aucuns sens, mais croyant faussement avoir toutes ces choses. Je demeurerai obstinément attaché à cette pensée ; et si, par ce
165 moyen, il n'est pas en mon pouvoir de parvenir à la connaissance d'aucune vérité, à tout le moins il est en ma puissance de suspendre mon jugement. C'est pourquoi je prendrai garde soigneusement de ne point recevoir en ma croyance aucune fausseté, et préparerai si bien mon esprit à toutes les ruses

▶ Repère
CROIRE / SAVOIR,
p. 438

de ce grand trompeur, que, pour puissant et rusé qu'il soit, il ne pourra
170 jamais rien imposer.

Mais ce dessein est pénible et laborieux, et une certaine paresse m'entraîne insensiblement dans le train de ma vie ordinaire. Et tout de même
qu'un esclave qui jouissait dans le sommeil d'une liberté imaginaire,
lorsqu'il commence à soupçonner que sa liberté n'est qu'un songe, craint
175 d'être réveillé, et conspire avec ces illusions agréables pour en être plus
longuement abusé, ainsi je retombe insensiblement de moi-même dans
mes anciennes opinions, et j'appréhende de me réveiller de cet assoupis-
sement, de peur que les veilles laborieuses qui succéderaient à la tranquillité de ce repos, au lieu de m'apporter quelque jour et quelque lumière
180 dans la connaissance de la vérité, ne fussent pas suffisantes pour éclaircir les
ténèbres des difficultés qui viennent d'être agitées.

MÉDITATION SECONDE - *De la nature de l'esprit humain ;*
et qu'il est plus aisé à connaître que le corps

La Méditation que je fis hier m'a rempli l'esprit de tant de doutes, qu'il n'est
185 plus désormais en ma puissance de les oublier. Et cependant je ne vois pas
de quelle façon je les pourrai résoudre ; et comme si tout à coup j'étais tombé
dans une eau très profonde, je suis tellement surpris, que je ne puis ni assurer mes pieds dans le fond, ni nager pour me soutenir au-dessus. Je m'efforcerai néanmoins, et suivrai derechef la même voie où j'étais entré hier, en
190 m'éloignant de tout ce en quoi je pourrai imaginer le moindre doute, tout de
même que si je connaissais que cela fût absolument faux ; et je continuerai
toujours dans ce chemin, jusqu'à ce que j'aie rencontré quelque chose de
certain, ou du moins, si je ne puis autre chose, jusqu'à ce que j'aie appris certainement qu'il n'y a rien au monde de certain.

➡ Repères
Principe /conséquence,
p. 447
Origine / fondement,
p. 446

195 Archimède, pour tirer le globe terrestre de sa place et le transporter en
un autre lieu, ne demandait rien qu'un point qui fût fixe et assuré. Ainsi
j'aurai droit de concevoir de hautes espérances, si je suis assez heureux pour
trouver seulement une chose qui soit certaine et indubitable.

Je suppose donc que toutes les choses que je vois sont fausses ; je me per-
200 suade que rien n'a jamais été de tout ce que ma mémoire remplie de mensonges me représente ; je pense n'avoir aucun sens ; je crois que le corps, la
figure, l'étendue, le mouvement et le lieu ne sont que des fictions de mon
esprit. Qu'est-ce donc qui pourra être estimé véritable ? Peut-être rien autre
chose, sinon qu'il n'y a rien au monde de certain.

205 Mais que sais-je s'il n'y a point quelque autre chose différente de
celles que je viens de juger incertaines, de laquelle on ne puisse avoir le
moindre doute ? N'y a-t-il point quelque Dieu, ou quelque autre puissance, qui me met en l'esprit ces pensées ? Cela n'est pas nécessaire ;
car peut-être que je suis capable de les produire de moi-même. Moi
210 donc à tout le moins ne suis-je pas quelque chose ? Mais j'ai déjà nié
que j'eusse aucun sens ni aucun corps. J'hésite néanmoins, car que
s'ensuit-il de là ? Suis-je tellement dépendant du corps et des sens, que je ne
puisse être sans eux ? Mais je me suis persuadé qu'il n'y avait rien du tout
dans le monde, qu'il n'y avait aucun ciel, aucune terre, aucuns esprits, ni

➡ Repère
**Transcendant
/ immanent,**
p. 449

215 aucuns corps; ne me suis-je donc pas aussi persuadé que je n'étais point ? Non certes, j'étais sans doute, si je me suis persuadé, ou seulement si j'ai pensé quelque chose. Mais il y a un je ne sais quel trompeur très puissant et très rusé, qui emploie toute son industrie à me tromper toujours. Il n'y a donc point de doute que je suis, s'il me trompe ; et qu'il me trompe tant

220 qu'il voudra, il ne saurait jamais faire que je ne sois rien, tant que je penserai être quelque chose. De sorte qu'après y avoir bien pensé, et avoir soigneusement examiné toutes choses, enfin il faut conclure, et tenir pour constant que cette proposition : *Je suis, j'existe,* est nécessairement vraie, toutes les fois que je la prononce, ou que je la conçois en mon esprit.

225 Mais je ne connais pas encore assez clairement ce que je suis, moi qui suis certain que je suis ; de sorte que désormais il faut que je prenne soigneusement garde de ne prendre pas imprudemment quelque autre chose pour moi, et ainsi de ne me point méprendre dans cette connaissance, que je soutiens être plus certaine et plus évidente que toutes celles que j'ai eues

230 auparavant.

C'est pourquoi je considérerai derechef ce que je croyais être avant que j'entrasse dans ces dernières pensées ; et de mes anciennes opinions je retrancherai tout ce qui peut être combattu par les raisons que j'ai tantôt alléguées, en sorte qu'il ne demeure précisément rien que ce qui est

235 entièrement indubitable. Qu'est-ce donc que j'ai cru être ci-devant ? Sans difficulté, j'ai pensé que j'étais un homme. Mais qu'est-ce qu'un homme ? Dirai-je que c'est un animal raisonnable ? Non certes : car il faudrait par après rechercher ce que c'est qu'animal, et ce que c'est que raisonnable, et ainsi d'une seule question nous tomberions insensiblement en une infi-

240 nité d'autres plus difficiles et embarrassées, et je ne voudrais pas abuser du peu de temps et de loisir qui me reste, en l'employant à démêler de semblables subtilités. Mais je m'arrêterai plutôt à considérer ici les pensées qui naissaient ci-devant d'elles-mêmes en mon esprit, et qui ne m'étaient inspirées que de ma seule nature, lorsque je m'appliquais à la considération

245 de mon être. Je me considérais, premièrement, comme ayant un visage, des mains, des bras, et toute cette machine composée d'os et de chair, telle qu'elle paraît en un cadavre, laquelle je désignais par le nom de corps. Je considérais, outre cela, que je me nourrissais, que je marchais, que je sentais et que je pensais, et je rapportais toutes ces actions à l'âme ; mais

250 je ne m'arrêtais point à penser ce que c'était que cette âme, ou bien, si je m'y arrêtais, j'imaginais qu'elle était quelque chose extrêmement rare et subtile, comme un vent, une flamme ou un air très délié, qui était insinué et répandu dans mes plus grossières parties. Pour ce qui était du corps, je ne doutais nullement de sa nature ; car je pensais la connaître fort distinc-

255 tement, et, si je l'eusse voulu expliquer suivant les notions que j'en avais, je l'eusse décrite en cette sorte. Par le corps, j'entends tout ce qui peut être terminé par quelque figure ; qui peut être compris en quelque lieu, et remplir un espace en telle sorte que tout autre corps en soit exclu ; qui peut être senti, ou par l'attouchement, ou par la vue, ou par l'ouïe, ou par le goût,

260 ou par l'odorat ; qui peut être mû en plusieurs façons, non par lui-même, mais par quelque chose d'étranger duquel il soit touché et dont il reçoive

▣ Repère
Universel / général / particulier / singulier ,
p. 449

l'impression. Car d'avoir en soi la puissance de se mouvoir, de sentir et de penser, je ne croyais aucunement que l'on dût attribuer ces avantages à la nature corporelle ; au contraire, je m'étonnais plutôt de voir que de semblables facultés se rencontraient en certains corps.

Mais moi, qui suis-je, maintenant que je suppose qu'il y a quelqu'un qui est extrêmement puissant et, si je l'ose dire, malicieux et rusé, qui emploie toutes ses forces et toute son industrie à me tromper ? Puis-je m'assurer d'avoir la moindre de toutes les choses que j'ai attribuées ci-dessus à la nature corporelle ? Je m'arrête à y penser avec attention, je passe et repasse toutes ces choses en mon esprit, et je n'en rencontre aucune que je puisse dire être en moi. Il n'est pas besoin que je m'arrête à les dénombrer. Passons donc aux attributs de l'âme, et voyons s'il y en a quelques-uns qui soient en moi. Les premiers sont de me nourrir et de marcher ; mais s'il est vrai que je n'aie point de corps, il est vrai aussi que je ne puis marcher ni me nourrir. Un autre est de sentir ; mais on ne peut aussi sentir sans le corps : outre que j'ai pensé sentir autrefois plusieurs choses pendant le sommeil, que j'ai reconnu à mon réveil n'avoir point en effet senties. Un autre est de penser ; et je trouve ici que la pensée est un attribut qui m'appartient : elle seule ne peut être détachée de moi. *Je suis, j'existe :* cela est certain ; mais combien de temps ? À savoir, autant de temps que je pense ; car peut-être se pourrait-il faire, si je cessais de penser, que je cesserais en même temps d'être ou d'exister. Je n'admets maintenant rien qui ne soit nécessairement vrai : je ne suis donc, précisément parlant, qu'une chose qui pense, c'est-à-dire un esprit, un entendement ou une raison, qui sont des termes dont la signification m'était auparavant inconnue. Or je suis une chose vraie, et vraiment existante ; mais quelle chose ? Je l'ai dit : une chose qui pense. Et quoi davantage ? J'exciterai encore mon imagination, pour chercher si je ne suis point quelque chose de plus. Je ne suis point cet assemblage de membres, que l'on appelle le corps humain ; je ne suis point un air délié et pénétrant, répandu dans tous ces membres ; je ne suis point un vent, un souffle, une vapeur, ni rien de tout ce que je puis feindre et imaginer, puisque j'ai supposé que tout cela n'était rien, et que, sans changer cette supposition, je trouve que je ne laisse pas d'être certain que je suis quelque chose.

Mais aussi peut-il arriver que ces mêmes choses, que je suppose n'être point, parce qu'elles me sont inconnues, ne sont point en effet différentes de moi, que je connais ? Je n'en sais rien ; je ne dispute pas maintenant de cela, je ne puis donner mon jugement que des choses qui me sont connues : j'ai reconnu que j'étais, et je cherche quel je suis, moi que j'ai reconnu être. Or il est très certain que cette notion et connaissance de moi-même, ainsi précisément prise, ne dépend point des choses dont l'existence ne m'est pas encore connue ; ni par conséquent, et à plus forte raison, d'aucunes de celles qui sont feintes et inventées par l'imagination. Et même ces termes de feindre et d'imaginer m'avertissent de mon erreur ; car je feindrais en effet, si j'imaginais être quelque chose, puisque imaginer n'est autre chose que contempler la figure ou l'image d'une chose corporelle. Or je sais déjà certainement que je suis, et que tout ensemble il se peut faire que toutes ces

▸ Repère
Essentiel / accidentel,
p. 440

images-là, et généralement toutes les choses que l'on rapporte à la nature
du corps, ne soient que des songes ou des chimères. En suite de quoi je
vois clairement que j'aurais aussi peu de raison en disant : j'exciterai mon
imagination pour connaître plus distinctement qui je suis, que si je disais :
je suis maintenant éveillé, et j'aperçois quelque chose de réel et de véritable ;
mais, parce que je ne l'aperçois pas encore assez nettement, je m'endormi-
rai tout exprès, afin que mes songes me représentent cela même avec plus
de vérité et d'évidence. Et ainsi, je reconnais certainement que rien de tout
ce que je puis comprendre par le moyen de l'imagination, n'appartient à
cette connaissance que j'ai de moi-même, et qu'il est besoin de rappeler et
détourner son esprit de cette façon de concevoir, afin qu'il puisse lui-même
reconnaître bien distinctement sa nature.

Mais qu'est-ce donc que je suis ? Une chose qui pense. Qu'est-ce qu'une
chose qui pense ? C'est-à-dire une chose qui doute, qui conçoit, qui affirme,
qui nie, qui veut, qui ne veut pas, qui imagine aussi, et qui sent. Certes ce
n'est pas peu si toutes ces choses appartiennent à ma nature. Mais pourquoi
n'y appartiendraient-elles pas ? Ne suis-je pas encore ce même qui doute
presque de tout, qui néanmoins entends et conçois certaines choses, qui
assure et affirme celles-là seules être véritables, qui nie toutes les autres, qui
veux et désire d'en connaître davantage, qui ne veux pas être trompé, qui
imagine beaucoup de choses, même quelquefois en dépit que j'en aie, et
qui en sens aussi beaucoup, comme par l'entremise des organes du corps ?
Y a-t-il rien de tout cela qui ne soit aussi véritable qu'il est certain que je
suis, et que j'existe, quand même je dormirais toujours, et que celui qui m'a
donné l'être se servirait de toutes ses forces pour m'abuser ? Y a-t-il aussi
aucun de ces attributs qui puisse être distingué de ma pensée, ou qu'on
puisse dire être séparé de moi-même ? Car il est de soi si évident que c'est
moi qui doute, qui entends, et qui désire, qu'il n'est pas ici besoin de rien
ajouter pour l'expliquer. Et j'ai aussi certainement la puissance d'imaginer ; car encore qu'il puisse arriver (comme j'ai supposé auparavant) que
les choses que j'imagine ne soient pas vraies, néanmoins cette puissance
d'imaginer ne laisse pas d'être tellement en moi, et fait partie de ma pensée.
Enfin je suis le même qui sens, c'est-à-dire qui reçois et connais les choses
comme par les organes des sens, puisqu'en effet je vois la lumière, j'ouïs
le bruit, je ressens la chaleur. Mais l'on me dira que ces apparences sont
fausses et que je dors. Qu'il soit ainsi ; toutefois, à tout le moins, il est très
certain qu'il me semble que je vois, que j'ouïs, et que je m'échauffe ; et c'est
proprement ce qui en moi s'appelle sentir, et cela, pris ainsi précisément,
n'est rien autre chose que penser. D'où je commence à connaître quel je
suis, avec un peu plus de lumière et de distinction que ci-devant.

Mais je ne me puis empêcher de croire que les choses corporelles,
dont les images se forment par ma pensée, et qui tombent sous le sens,
ne soient plus distinctement connues que cette je ne sais quelle partie de moi-même qui ne tombe point sous l'imagination : quoiqu'en
effet ce soit une chose bien étrange, que des choses que je trouve douteuses et éloignées, soient plus clairement et plus facilement connues de
moi, que celles qui sont véritables et certaines, et qui appartiennent à

→ Repère
Croire / savoir,
p. 438

ma propre nature. Mais je vois bien ce que c'est : mon esprit se plaît de s'égarer, et ne se peut encore contenir dans les justes bornes de la vérité. Relâchons-lui donc encore une fois la bride, afin que, venant ci-après à la retirer doucement et à propos, nous le puissions plus facile-
360 ment régler et conduire.

Commençons par la considération des choses les plus communes, et que nous croyons comprendre le plus distinctement, à savoir les corps que nous touchons et que nous voyons. Je n'entends pas parler des corps en général, car ces notions générales sont d'ordinaire plus confuses, mais
365 de quelqu'un en particulier. Prenons pour exemple ce morceau de cire qui vient d'être tiré de la ruche : il n'a pas encore perdu la douceur du miel qu'il contenait, il retient encore quelque chose de l'odeur des fleurs dont il a été recueilli ; sa couleur, sa figure, sa grandeur, sont apparentes ; il est dur, il est froid, on le touche, et si vous le frappez, il rendra quelque
370 son. Enfin toutes les choses qui peuvent distinctement faire connaître un corps, se rencontrent en celui-ci.

Mais voici que, cependant que je parle, on l'approche du feu : ce qui y restait de saveur s'exhale, l'odeur s'évanouit, sa couleur se change, sa figure se perd, sa grandeur augmente, il devient liquide, il s'échauffe,
375 à peine le peut-on toucher, et quoiqu'on le frappe, il ne rendra plus aucun son. La même cire demeure-t-elle après ce changement ? Il faut avouer qu'elle demeure ; et personne ne le peut nier. Qu'est-ce donc que l'on connaissait en ce morceau de cire avec tant de distinction ? Certes ce ne peut être rien de tout ce que j'y ai remarqué par l'entre-
380 mise des sens, puisque toutes les choses qui tombaient sous le goût, ou l'odorat, ou la vue, ou l'attouchement, ou l'ouïe, se trouvent changées, et cependant la même cire demeure. Peut-être était-ce ce que je pense maintenant, à savoir que la cire n'était pas ni cette douceur du miel, ni cette agréable odeur des fleurs, ni cette blancheur, ni cette figure, ni ce
385 son, mais seulement un corps qui un peu auparavant me paraissait sous ces formes, et qui maintenant se fait remarquer sous d'autres. Mais qu'est-ce, précisément parlant, que j'imagine, lorsque je la conçois en cette sorte ? Considérons-le attentivement, et éloignant toutes les choses qui n'appartiennent point à la cire, voyons ce qui reste. Certes il
390 ne demeure rien que quelque chose d'étendu, de flexible et de muable. Or qu'est-ce que cela : flexible et muable ? N'est-ce pas que j'imagine que cette cire étant ronde est capable de devenir carrée, et de passer du carré en une figure triangulaire ? Non certes, ce n'est pas cela, puisque je la conçois capable de recevoir une infinité de semblables change-
395 ments, et je ne saurais néanmoins parcourir cette infinité par mon imagination, et par conséquent cette conception que j'ai de la cire ne s'accomplit pas par la faculté d'imaginer.

Qu'est-ce maintenant que cette extension ? N'est-elle pas aussi inconnue, puisque dans la cire qui se fond elle augmente, et se trouve
400 encore plus grande quand elle est entièrement fondue, et beaucoup plus encore quand la chaleur augmente davantage ? Et je ne concevrais pas clairement et selon la vérité ce que c'est que la cire, si je ne pensais

qu'elle est capable de recevoir plus de variétés selon l'extension, que je n'en ai jamais imaginé. Il faut donc que je tombe d'accord, que je ne saurais pas même concevoir par l'imagination ce que c'est que cette cire, et qu'il n'y a que mon entendement seul qui le conçoive ; je dis ce morceau de cire en particulier, car pour la cire en général, il est encore plus évident. Or quelle est cette cire, qui ne peut être conçue que par l'entendement ou l'esprit ? Certes c'est la même que je vois, que je touche, que j'imagine, et la même que je connaissais dès le commencement. Mais ce qui est à remarquer, sa perception, ou bien l'action par laquelle on l'aperçoit, n'est point une vision, ni un attouchement, ni une imagination, et ne l'a jamais été, quoiqu'il le semblât ainsi auparavant, mais seulement une inspection de l'esprit, laquelle peut être imparfaite et confuse, comme elle était auparavant, ou bien claire et distincte, comme elle est à présent, selon que mon attention se porte plus ou moins aux choses qui sont en elle, et dont elle est composée.

Cependant je ne me saurais trop étonner, quand je considère combien mon esprit a de faiblesse, et de pente qui le porte insensiblement dans l'erreur. Car encore que sans parler je considère tout cela en moi-même, les paroles toutefois m'arrêtent, et je suis presque trompé par les termes du langage ordinaire ; car nous disons que nous voyons la même cire, si on nous la présente, et non pas que nous jugeons que c'est la même, de ce qu'elle a même couleur et même figure : d'où je voudrais presque conclure, que l'on connaît la cire par la vision des yeux, et non par la seule inspection de l'esprit, si par hasard je ne regardais d'une fenêtre des hommes qui passent dans la rue, à la vue desquels je ne manque pas de dire que je vois des hommes, tout de même que je dis que je vois de la cire ; et cependant que vois-je de cette fenêtre, sinon des chapeaux et des manteaux, qui peuvent couvrir des spectres ou des hommes feints qui ne se remuent que par ressorts ? Mais je juge que ce sont de vrais hommes, et ainsi je comprends, par la seule puissance de juger qui réside en mon esprit, ce que je croyais voir de mes yeux.

Un homme qui tâche d'élever sa connaissance au-delà du commun, doit avoir honte de tirer des occasions de douter des formes et des termes de parler du vulgaire ; j'aime mieux passer outre, et considérer, si je concevais avec plus d'évidence et de perfection ce qu'était la cire, lorsque je l'ai d'abord aperçue, et que j'ai cru la connaître par le moyen des sens extérieurs, ou à tout le moins du sens commun, ainsi qu'ils appellent, c'est-à-dire de la puissance imaginative, que je ne la conçois à présent, après avoir plus exactement examiné ce qu'elle est, et de quelle façon elle peut être connue. Certes il serait ridicule de mettre cela en doute. Car, qu'y avait-il dans cette première perception qui fût distinct et évident, et qui ne pourrait pas tomber en même sorte dans le sens du moindre des animaux ? Mais quand je distingue la cire d'avec ses formes extérieures, et que, tout de même que si je lui avais ôté ses vêtements, je la considère toute nue, certes, quoiqu'il se puisse encore rencontrer quelque erreur dans mon jugement, je ne la puis concevoir de cette sorte sans un esprit humain.

450   Mais enfin que dirai-je de cet esprit, c'est-à-dire de moi-même ? Car jusques ici je n'admets en moi autre chose qu'un esprit. Que prononcerai-je, dis-je, de moi qui semble concevoir avec tant de netteté et de distinction ce morceau de cire ? Ne me connais-je pas moi-même, non seulement avec bien plus de vérité et de certitude, mais encore avec
455 beaucoup plus de distinction et de netteté ? Car si je juge que la cire est, ou existe, de ce que je la vois, certes il suit bien plus évidemment que je suis, ou que j'existe moi-même, de ce que je la vois. Car il se peut faire que ce que je vois ne soit pas en effet de la cire ; il peut aussi arriver que je n'aie pas même des yeux pour voir aucune chose ; mais il
460 ne se peut pas faire que lorsque je vois, ou (ce que je ne distingue plus) lorsque je pense voir, que moi qui pense ne soit quelque chose. De même, si je juge que la cire existe, de ce que je la touche, il s'ensuivra encore la même chose, à savoir que je suis ; et si je le juge de ce que mon imagination me le persuade, ou de quelque autre cause que ce
465 soit, je conclurai toujours la même chose. Et ce que j'ai remarqué ici de la cire, se peut appliquer à toutes les autres choses qui me sont extérieures, et qui se rencontrent hors de moi.

    Or si la notion ou la connaissance de la cire semble être plus nette et plus distincte, après qu'elle a été découverte non seulement par la vue
470 ou par l'attouchement, mais encore par beaucoup d'autres causes, avec combien plus d'évidence, de distinction et de netteté, me dois-je connaître moi-même, puisque toutes les raisons qui servent à connaître et concevoir la nature de la cire ou de quelque autre corps, prouvent beaucoup plus facilement et plus évidemment la nature de mon esprit ? Et il se rencontre
475 encore tant d'autres choses en l'esprit même, qui peuvent contribuer à l'éclaircissement de sa nature, que celles qui dépendent du corps, comme celles-ci, ne méritent quasi pas d'être nombrées.

    Mais enfin me voici insensiblement revenu où je voulais ; car, puisque c'est une chose qui m'est à présent connue, qu'à proprement
480 parler nous ne concevons les corps que par la faculté d'entendre qui est en nous, et non point par l'imagination ni par les sens, et que nous ne les connaissons pas de ce que nous les voyons, ou que nous les touchons, mais seulement de ce que nous les concevons par la pensée, je connais évidemment qu'il n'y a rien qui me soit plus facile à connaître que mon
485 esprit. Mais, parce qu'il est presque impossible de se défaire si promptement d'une ancienne opinion, il sera bon que je m'arrête un peu en cet endroit, afin que, par la longueur de ma méditation, j'imprime plus profondément en ma mémoire cette nouvelle connaissance.

René Descartes,
Les Méditations (1641), in *Œuvres et Lettres,*
Éd. Gallimard, coll. « Bibliothèque de la Pléiade », 1966, pp. 267-283.

Fiche Descartes p. 496

Freud
[1856-1939]

Abrégé de psychanalyse (chap. 8 et 9)

Publié en 1940 à titre posthume, ce texte est une synthèse de la théorie psychanalytique que Freud a voulu écrire avant de mourir. S'opposant à l'identification cartésienne de la pensée à la conscience, Freud y décrit le fonctionnement dynamique inconscient de l'esprit comme « appareil psychique » à partir de son second modèle structurel élaboré en 1923. Ce modèle distingue le *ça* (qui recherche le plaisir), le *surmoi* (qui énonce les impératifs positifs et négatifs reçus par le sujet au cours de son éducation) et le *moi* (qui tente de concilier le *ça*, le *surmoi* et la réalité, et a pour but la conservation de l'individu). Freud distingue également deux groupes de pulsions : les pulsions sexuelles (*Eros*) et les pulsions de destruction (*Thanatos*). La maladie mentale naît d'un fonctionnement dysharmonieux de l'appareil psychique.

CHAPITRE VIII - L'appareil psychique et le monde extérieur

Nous sommes arrivés à toutes les vues et hypothèses générales exposées dans notre premier chapitre grâce au lent et minutieux travail dont nous avons donné un exemple dans la deuxième partie de cet ouvrage.

5 Cédons maintenant à la tentation de jeter un coup d'oeil sur les progrès que ce travail nous a permis de réaliser et examinons quelles voies nouvelles s'ouvrent désormais devant nous. Une chose peut nous surprendre, c'est d'avoir été aussi souvent contraints de nous aventurer au-delà des limites de la psychologie. Les phénomènes que nous avons étudiés ne sont pas

10 uniquement d'ordre psychologique, ils ont également un aspect organique et biologique, d'où il s'ensuit que, dans nos efforts pour édifier la psychanalyse, nous avons aussi réalisé d'importantes découvertes en biologie tout en nous voyant obligés d'émettre quelques hypothèses relatives à cette dernière science.

15 Toutefois, ne quittons pas, pour le moment, le domaine de la psychologie. Nous avons reconnu qu'il était impossible d'établir scientifiquement une ligne de démarcation entre les états normaux et anormaux. Ainsi toute distinction, en dépit de son importance pratique, ne peut avoir qu'une valeur conventionnelle. Nous avons été amenés à nous faire une idée du

20 psychisme normal par l'étude de ses troubles, ce qui n'eût pas été possible si ces états morbides – névroses ou psychoses – eussent eu des causes spécifiques agissant à la manière de corps étrangers.

L'étude du trouble passager qui survient pendant le sommeil, trouble inoffensif et dont le rôle est même utile, nous a donné la clef des maladies

25 psychiques permanentes et dangereuses. Nous affirmons que la psychologie du conscient n'était pas plus capable d'éclairer le fonctionnement normal de l'esprit que d'expliquer le rêve. Les seuls renseignements dont elle disposait, ceux de l'auto-perception consciente, se sont partout révélés incapables de nous faire comprendre la multiplicité et la complexité des phénomènes

30 psychiques, impuissants aussi à découvrir la connexion de ceux-ci et, par suite, à trouver les causes déterminantes des phénomènes morbides.

En admettant l'existence d'un appareil psychique à étendue spatiale, bien adapté à son rôle, développé par les nécessités de l'existence et qui ne produit les phénomènes de la conscience qu'en un point particulier et 35 dans certaines conditions, nous avons été en mesure d'établir la psychologie sur des bases analogues à celles de toute autre science, de la physique, par exemple. Dans notre domaine scientifique, comme dans tous les autres, il s'agit de découvrir derrière les propriétés (les qualités) directement perçues des objets, quelque chose d'autre qui dépend moins de 40 la réceptivité de nos organes sensoriels et qui se rapproche davantage de ce qu'on suppose être l'état de choses réel. Certes, nous n'espérons pas atteindre ce dernier puisque nous sommes évidemment obligés de traduire toutes nos déductions dans le langage même de nos perceptions, désavantage dont il nous est à jamais interdit de nous libérer. Mais c'est là 45 justement que se trouvent la nature et la limitation de notre science. Tout se passe comme si, parlant de sciences physiques, nous disions :

« En supposant que notre vue soit assez perçante, nous découvririons qu'un corps en apparence solide est constitué de particules de telle ou telle forme, de telle ou telle dimension, situées, par rapport 50 les unes aux autres, de telle ou telle façon. » C'est ainsi que nous cherchons à augmenter le plus possible, par des moyens artificiels, le rendement de nos organes sensoriels ; toutefois, il convient de se dire que tous ces efforts ne modifient en rien le résultat final. La réalité demeurera à jamais « inconnaissable ». Ce que le travail scientifique tire des 55 perceptions sensorielles primaires, c'est la découverte de connexions et d'interdépendances présentes dans le monde extérieur et qui peuvent, d'une façon quelconque, se reproduire ou se refléter dans le monde intérieur de notre pensée. Cette connaissance nous permet de « comprendre » certains phénomènes du monde extérieur, de les prévoir et 60 parfois de les modifier. C'est de la même façon que nous procédons en psychanalyse. Nous avons pu découvrir certains procédés techniques qui nous permettent de combler les lacunes qui subsistent dans les phénomènes de notre conscience et nous utilisons ces méthodes techniques comme les physiciens se servent de l'expérimentation. Nous inférons 65 ainsi une quantité de processus en eux-mêmes « inconnaissables ». Nous insérons ensuite ceux-ci parmi les processus dont nous sommes conscients. Quand, par exemple, nous déclarons : « Ici s'est inséré un souvenir inconscient », c'est qu'il s'est produit quelque chose que nous ne concevons pas mais qui, s'il était parvenu jusqu'à notre conscient, 70 ne se pourrait décrire que de telle ou telle façon.

Certes, le droit de tirer de pareilles conclusions, de pratiquer de semblables interpolations, de postuler leur exactitude, reste, en chaque cas particulier, soumis à la critique. Avouons-le, il est souvent très difficile d'aboutir à une décision, ce qui d'ailleurs se traduit par de nombreux désaccords 75 entre les psychanalystes. C'est la nouveauté du problème qui en est, en partie, responsable, c'est-à-dire le manque d'entraînement. Toutefois, il n'est que juste d'en accuser aussi un facteur particulier inhérent à cette matière ; en psychologie, en effet, il n'est pas toujours question, comme en physique,

de matières qui n'éveillent qu'un froid intérêt scientifique. Il ne convient
pas de s'étonner outre mesure de voir, par exemple, une analyste femme,
insuffisamment convaincue de l'intensité de son désir du pénis, sous-esti-
mer l'importance de ce facteur chez ses patientes. Cependant, ces sources
d'erreur issues d'une équation personnelle n'ont, tout compte fait, que peu
d'importance. Lorsqu'on ouvre quelque vieux précis de microscopie, on est
stupéfait de voir quelles exigences étaient imposées aux personnes qui se
servaient du microscope à l'époque où il s'agissait encore d'une technique
nouvelle. Aujourd'hui, il n'est plus question de tout cela.

Nous n'entreprendrons pas de donner ici un tableau complet de
l'appareil psychique et de ses fonctions. Si d'ailleurs nous le tentions, nous
serions gênés par le fait que la psychanalyse n'a pas encore eu le temps
d'étudier avec une égale attention chacune de ces fonctions. Contentons-
nous donc d'une récapitulation détaillée de ce que nous avons dit dans
notre première partie.

Donc le noyau de notre être est constitué par le ténébreux *ça* qui
ne communique pas directement avec le monde extérieur et que nous
n'arrivons à connaître que par l'entremise d'une autre instance psychique. Les *pulsions* organiques agissent à l'intérieur du ça et résultent
elles-mêmes de la fusion en proportions variables de deux forces primitives : l'Éros et la Destruction. Ces pulsions se différencient les unes
des autres par leurs relations avec les organes ou les systèmes d'organes. Leur seul but est de se satisfaire au moyen de modifications
de ces organes, modifications qu'elles obtiennent grâce à l'aide d'objets extérieurs. Toutefois une satisfaction immédiate et inconsidérée
comme celles qu'exige le ça risquerait souvent de provoquer de dangereux conflits avec l'extérieur et d'entraîner la destruction du sujet. Le
ça ne se soucie nullement d'assurer le lendemain et ignore l'angoisse.
Il serait peut-être plus correct de dire que, capable d'engendrer les
éléments sensoriels de l'angoisse, il ne peut s'en servir. Les processus
qui intéressent ces présumés éléments psychiques dans le ça ou qui se
déroulent entre eux *(processus primaire)* diffèrent beaucoup de ceux
que la perception consciente nous a rendus familiers au cours de notre
vie intellectuelle et affective. En outre, les restrictions critiques de la
logique n'influencent nullement ce qui se passe dans le ça ; la logique,
en effet, rejette une partie de ces processus, les jugeant nuls, et tend
même à les supprimer.

Le ça, retranché du monde extérieur, a son propre univers de perception. Il ressent avec une extraordinaire acuité certaines modifications
à l'intérieur de lui-même, en particulier les variations de tensions
des émois pulsionnels, variations qui deviennent conscientes en tant
qu'impressions de la série plaisir-déplaisir. Certes, il est malaisé de
déterminer par quelles voies et à l'aide de quels organes sensoriels
terminaux ces perceptions se produisent, mais une chose semble certaine : les auto-perceptions, impressions cénesthésiques[1] et impressions
de plaisir-déplaisir, régissent despotiquement les phénomènes à l'intérieur du ça. Le ça obéit à l'inexorable principe de plaisir, mais n'est pas

1. Impressions cénesthésiques :
impressions globales résultant
de l'ensemble des sensations
internes.

seul à agir de la sorte. L'activité des autres instances psychiques réussit, semble-t-il, à modifier mais non à supprimer le principe de plaisir et une question d'une importance théorique capitale n'a pas encore été résolue : quand et comment ce principe peut-il être surmonté ? En
130 considérant qu'il exige la diminution et peut-être même finalement la disparition des tensions provoquées par les besoins instinctuels (c'est-à-dire *le Nirvana),* nous abordons la question, non encore élucidée, des relations entre le principe de plaisir et les deux forces primitives, l'Éros et l'instinct de mort.

135   L'autre instance psychique, le *moi,* nous semble plus connaissable et nous pensons nous y reconnaître nous-mêmes avec plus de facilité. Elle s'est développée à partir de la couche corticale du ça qui, aménagée pour recevoir et rejeter les excitations, se trouve en contact direct avec l'extérieur *(la réalité).* Prenant son point de départ dans la perception
140 consciente, le moi soumet à son influence des domaines toujours plus vastes, des couches toujours plus profondes du ça, et, en persistant avec ténacité à dépendre du monde extérieur, il porte la marque indélébile de son origine, une sorte de « Made in Germany », pour ainsi dire. Au point de vue psychologique, sa fonction est d'élever les processus
145 du ça à un niveau dynamique plus élevé (peut-être en transformant de l'énergie libre, mobile, en énergie liée, comme dans l'état préconscient) ; le rôle constructif du moi consiste à intercaler entre l'exigence instinctuelle et l'acte propre à satisfaire cette dernière, une activité intellectuelle qui, une fois bien considérés l'état de choses présent et
150 les expériences passées, s'efforce, au moyen d'essais expérimentaux, de peser les conséquences de la ligne de conduite envisagée. C'est ainsi que le moi parvient à décider si l'entreprise projetée peut aboutir à une satisfaction, s'il convient de la remettre à plus tard ou si l'exigence instinctuelle ne doit pas être purement et simplement étouffée parce
155 que trop dangereuse *(principe de réalité).* De même que le ça n'obéit qu'à l'appât du plaisir, le moi est dominé par le souci de la sécurité. Sa mission est la conservation de soi que le ça semble négliger. Le moi se sert des sensations d'angoisse comme d'un signal d'alarme qui lui annonce tout danger menaçant son intégrité. Comme les traces mné-
160 moniques, surtout du fait de leur association avec les résidus verbaux, peuvent devenir tout aussi conscientes que les perceptions, un danger de confusion capable d'aboutir à une méconnaissance de la réalité subsiste ici. Le moi s'en prémunit en instituant l'*épreuve de réalité* qui se trouve parfois interrompue dans les rêves, suivant les conditions
165 du sommeil. Dans ses efforts pour se maintenir au milieu de forces mécaniques, le moi se voit menacé de dangers qui, bien qu'émanant surtout de la réalité extérieure, viennent d'ailleurs encore. Son propre ça constitue lui-même une source de périls semblables et cela pour deux motifs différents. En premier lieu, de trop excessives forces ins-
170 tinctuelles, comme de trop puissantes « excitations » extérieures, sont capables de nuire au moi. Il est vrai qu'elles ne peuvent l'anéantir, mais elles risquent de détruire son organisation dynamique particulière et le

ramener à n'être plus qu'une fraction du ça. En second lieu, l'expérience a pu enseigner au moi que la satisfaction d'une exigence instinctuelle, non
175 insupportable en soi, pourrait cependant susciter une réaction dangereuse du monde extérieur, de sorte que c'est alors l'exigence instinctuelle même qui se mue en danger. C'est donc sur deux fronts que le moi doit lutter, il lui faut défendre son existence à la fois contre un monde extérieur qui menace de le détruire et contre un monde intérieur bien trop exigeant.
180 Il utilise contre ses deux adversaires la même méthode de défense, mais celle-ci s'avère particulièrement inefficace contre l'ennemi du dedans. Par suite de son identité primitive, de son intimité avec l'adversaire, il a les plus grandes difficultés à échapper aux dangers intérieurs et même lorsque ces derniers peuvent, pendant un certain temps, être tenus en échec, ils n'en
185 restent pas moins menaçants.

Nous avons vu comment le moi encore faible et inachevé de la première enfance se trouve durablement endommagé par l'effort qu'il a réalisé pour échapper aux dangers inhérents à cette époque de la vie. La protection des parents écarte de l'enfant les périls extérieurs, mais cette
190 sécurité, il la paye en crainte de perdre l'amour de ces parents, perte d'amour qui le livrerait sans défense à tous les dangers du dehors. Ce facteur exerce une influence décisive sur l'issue du conflit au moment où le garçon entre dans la situation œdipienne. La menace de castration qui pèse sur son narcissisme, renforcée encore à partir de sources primi-
195 tives, prend possession de lui. L'action conjointe des deux influences, celle du danger réel immédiat et celle du danger à fondement phylogé-nétique[2] conservé dans la mémoire, incite l'enfant à adopter des mesures de défense (refoulements). Cette défense, quoique provisoire-ment efficace, se révèle psychologiquement inadéquate au moment où
200 une réactivation de la sexualité vient renforcer les exigences instinctuelles antérieurement éliminées. Du point de vue biologique, nous dirons que le moi se heurte aux excitations de la première période de sexualité, à une époque où son immaturité ne peut le mener qu'à un échec. Le fait que le développement du moi se laisse distancer par le développe-
205 ment libidinal est, à nos yeux, la condition essentielle des névroses. Comment alors n'en pas déduire que les névroses pourraient être évitées si l'on épargnait au moi infantile cette épreuve, c'est-à-dire si on laissait s'épanouir librement la sexualité de l'enfant, comme c'est le cas chez bien des peuples primitifs. Il se peut que l'étiologie[3] des troubles
210 névrotiques soit plus compliquée que nous ne le disons ici ; si tel est le cas, du moins avons-nous fait ressortir une partie essentielle du complexe étiologique. N'oublions pas non plus les influences phylogénétiques qui, présentes quelque part dans le ça, sous une forme que nous ne connaissons pas encore, agissent plus fortement dans la prime enfance qu'à
215 toute autre époque, sur le moi. D'autre part, nous pressentons qu'un aussi précoce essai d'endiguement de l'instinct sexuel et une telle partialité du jeune moi en faveur du monde extérieur par rapport au monde intérieur, partialité qui découle d'ailleurs de l'interdiction imposée à la sexualité infantile, doivent forcément se répercuter sur le développement culturel

2. Phylogénétique : ici, qui a trait à la conservation de l'espèce.

3. Étiologie : recherche des causes d'une maladie.

220 ultérieur des individus. Les exigences instinctuelles auxquelles les satisfactions directes sont refusées, se voyant contraintes de s'engager dans d'autres voies où elles trouvent des satisfactions substitutives, peuvent, ce faisant, être désexualisées et relâcher les liens qui les rattachent aux buts instinctuels primitifs. Concluons-en qu'une grande

225 partie de notre trésor de civilisation, si hautement prisé, s'est constituée au détriment de la sexualité et par l'effet d'une limitation des pulsions sexuelles.

Nous avons inlassablement répété que le moi doit son origine, aussi bien que ses plus importants caractères acquis, à ses relations avec le monde

230 extérieur. Nous sommes donc prêts à admettre que les états pathologiques du moi, ceux où il se rapproche à nouveau le plus du ça, se fondent sur la cessation ou le relâchement des rapports extérieurs. Un fait le confirme: l'expérience clinique montre qu'il y a, au déclenchement d'une psychose, deux motifs déterminants: ou bien la réalité est devenue intolérable, ou

235 bien les pulsions ont subi un énorme renforcement, ce qui, étant donné les exigences rivalisantes du ça et de l'extérieur, doit avoir sur le moi des effets analogues. Le problème de la psychose serait simple et clair si le moi se détachait totalement de la réalité, mais c'est là une chose qui se produit rarement, peut-être même jamais. Même quand il s'agit d'états aussi éloi-

240 gnés de la réalité du monde extérieur que les états hallucinatoires confusionnels *(Amentia)*, les malades, une fois guéris, déclarent que dans un recoin de leur esprit, suivant leur expression, une personne normale s'était tenue cachée, laissant se dérouler devant elle, comme un observateur désintéressé, toute la fantasmagorie morbide. Avons-nous le droit de penser

245 que les choses se passent toujours ainsi ? Je ne sais, mais j'ai sur d'autres psychoses moins tapageuses des renseignements analogues. Je me rappelle un cas de paranoïa chronique, au cours de laquelle, après chaque accès de jalousie, un rêve fournissait à l'analyste un exposé correct, nullement entaché de délire, de l'incident. Un intéressant contraste était ainsi mis en

250 lumière, car tandis que les rêves du névrosé nous révèlent habituellement une jalousie dont il n'a pas conscience à l'état de veille, voici que, chez un psychosé, le délire de l'état de veille est corrigé par un rêve. Nous pouvons probablement admettre que ce qui se passe dans tous les états semblables consiste en un *clivage* psychique. Au lieu d'une unique attitude psychique,

255 il y en a deux; l'une, la normale, tient compte de la réalité alors que l'autre, sous l'influence des pulsions, détache le moi de cette dernière. Les deux attitudes coexistent, mais l'issue dépend de leurs puissances relatives. Les conditions nécessaires à l'apparition d'une psychose sont présentes quand l'attitude anormale prévaut. Le rapport vient-il à s'inverser, alors survient

260 la guérison apparente de la psychopathie. En réalité, les idées délirantes n'ont fait que réintégrer l'inconscient. D'ailleurs de nombreuses observations nous permettent d'affirmer que le délire préexistait bien longtemps avant de se manifester.

Nous disons donc que dans toute psychose existe un *clivage dans le*

265 *moi* et si nous tenons tant à ce postulat, c'est qu'il se trouve confirmé dans d'autres états plus proches des névroses et finalement dans ces

■ Repère
ORIGINE / FONDEMENT, p. 446

Le sujet

dernières aussi. Je m'en suis d'abord moi-même convaincu en ce qui concerne les cas de *fétichisme*. Cette anomalie, qu'on peut ranger parmi les perversions, se fonde, on le sait, sur le fait que le patient – il s'agit presque toujours d'un homme – se refuse à croire au manque de pénis de la femme, ce manque lui étant très pénible parce qu'il prouve la possibilité de sa propre castration. C'est pourquoi il refuse d'admettre, en dépit de ce que sa propre perception sensorielle lui a permis de constater, que la femme soit dépourvue de pénis et il s'accroche à la conviction opposée. Mais la perception bien que niée n'en a pas moins agi et le sujet, malgré tout, n'ose prétendre qu'il a vraiment vu un pénis. Que va-t-il faire alors ? Il choisit quelque chose d'autre, une partie du corps, un objet, auquel il attribue le rôle de ce pénis dont il ne peut se passer. En général, il s'agit d'une chose que le fétichiste a vue au moment où il regardait les organes génitaux féminins ou d'un objet susceptible de remplacer symboliquement le pénis. Il serait toutefois inexact de considérer comme un clivage du moi le processus qui accompagne le choix d'un fétiche. Il s'agit là d'un compromis établi à l'aide d'un déplacement analogue à ceux que le rêve nous a rendus familiers. Mais nos observations ne s'arrêtent pas là. Le sujet s'est créé un fétiche afin de détruire toute preuve d'une possibilité de castration et pour échapper ainsi à la peur de cette castration. Si, comme d'autres créatures vivantes, la femme possède un pénis, il n'y a plus lieu de craindre que votre propre pénis vous soit enlevé. Cependant, on trouve chez certains fétichistes une peur de castration semblable à celle des non-fétichistes et qui engendre chez eux des réactions analogues. C'est pourquoi leur comportement révèle deux opinions contradictoires. D'une part, en effet, on les voit nier la perception qui leur a montré le défaut de pénis chez la femme, d'autre part, ils reconnaissent ce manque dont ils tirent de justes conséquences. Ces deux attitudes persistent tout au long de la vie sans s'influencer mutuellement. N'est-ce pas là ce que l'on peut qualifier de clivage du moi ? Cet état de choses nous permet également de comprendre pourquoi le fétichisme n'est si souvent que partiellement développé. Il ne détermine pas entièrement le choix objectal mais autorise, dans une plus ou moins large mesure, un comportement sexuel normal, parfois même son rôle reste modeste et peut n'être qu'esquissé. Le fétichiste ne réussit jamais parfaitement à détacher son moi de la réalité extérieure.

Gardons-nous de penser que le fétichisme constitue un cas exceptionnel de clivage du moi, mais il nous offre une excellente occasion d'étudier ce phénomène. Revenons au fait que le moi infantile, sous l'emprise du monde réel, se débarrasse par le procédé du refoulement des exigences pulsionnelles réprouvées. Ajoutons maintenant que le moi, durant la même période de vie, se voit souvent obligé de lutter contre certaines prétentions du *monde extérieur,* qui lui sont pénibles, et se sert, en pareille occasion, du procédé de la *négation* pour supprimer les perceptions qui lui révèlent ces exigences. De semblables négations se produisent fréquemment, et pas uniquement chez les fétichistes.

➡ Repère
OBJECTIF / SUBJECTIF,
p. 445

Partout où nous sommes en mesure de les étudier, elles apparaissent
315 comme des demi-mesures, comme des tentatives imparfaites pour détacher le moi de la réalité. Le rejet est toujours doublé d'une acceptation ;
deux attitudes opposées, indépendantes l'une de l'autre, s'instaurent, ce
qui aboutit à un clivage du moi et ici encore l'issue doit dépendre de
celle des deux qui disposera de la plus grande intensité.

320 Les faits de clivage du moi, tels que nous venons de les décrire, ne
sont ni aussi nouveaux, ni aussi étranges qu'ils pourraient d'abord
paraître. Le fait qu'une personne puisse adopter, par rapport à un
comportement donné, deux attitudes psychiques différentes, opposées,
et indépendantes l'une de l'autre, est justement ce qui caractérise les
325 névroses, mais il convient de dire qu'en pareil cas l'une des attitudes est le
fait du moi tandis que l'attitude opposée, celle qui est refoulée, émane du
ça. La différence entre les deux cas est essentiellement d'ordre topogra-
phique ou structural et il n'est pas toujours facile de décider à laquelle des
deux éventualités on a affaire dans chaque cas particulier. Toutefois, elles
330 ont un caractère commun important : en effet, que le moi, pour se
défendre de quelque danger, nie une partie du monde extérieur ou qu'il
veuille repousser une exigence pulsionnelle de l'intérieur, sa réussite, en
dépit de tous ses efforts défensifs, n'est jamais totale, absolue. Deux
attitudes contradictoires se manifestent toujours et toutes deux, aussi
335 bien la plus faible, celle qui a subi l'échec, que l'autre, aboutissent à la
création de complications psychiques. Ajoutons finalement que nos
perceptions conscientes ne nous permettent de connaître qu'une bien
faible partie de tous ces processus.

CHAPITRE IX - LE MONDE INTÉRIEUR

340 La seule façon pour nous de donner une idée d'un ensemble complexe de
phénomènes simultanés est de les décrire isolément et successivement. Il en
résulte que nos exposés pèchent par leur unilatérale simplification et ont
besoin d'être complétés, remaniés, c'est-à-dire rectifiés.

Le moi donc s'interpose entre le ça et le monde extérieur, satisfait
345 les exigences du premier, recueille les perceptions du second, pour
les utiliser sous la forme de souvenirs, enfin, soucieux de sa propre
conservation, il se voit contraint de se prémunir contre les excessives
revendications qui l'assaillent de deux côtés différents. Dans toutes
ses décisions, il obéit aux injonctions d'un principe de plaisir modi-
350 fié. Mais cette manière de se représenter le moi ne vaut que jusqu'à
la fin de la première enfance (jusqu'à 5 ans environ). À cette époque
un important changement s'est effectué : une fraction du monde extérieur a été abandonnée, tout au moins partiellement, en tant qu'objet
et (au moyen de l'identification), s'est trouvée intégrée dans le moi,
355 ce qui signifie qu'elle fait désormais partie du monde intérieur. Cette
nouvelle instance psychique continue à assumer les fonctions autrefois
réservées à certaines personnes du monde extérieur ; elle surveille le
moi, lui donne des ordres, le dirige et le menace de châtiment, exactement comme les parents dont elle a pris la place. Nous appelons cette

▶ Repère
**OBLIGATION
/ CONTRAINTE,**
p. 446

LE SUJET

▶ Repère
**Transcendant
/ immanent,**
p. 449

360 instance le *surmoi* et la ressentons, dans son rôle de justicier, comme notre *conscience*. Chose remarquable, le surmoi fait preuve souvent d'une sévérité qui dépasse celle des parents véritables. C'est ainsi qu'il ne se borne pas à juger le moi sur ses actes, mais aussi et tout autant sur ses pensées et sur ses intentions non mises à exécution et dont il

365 semble avoir connaissance. Rappelons-nous que le héros de la légende d'Œdipe se sent responsable de ses actes et se châtie lui-même, bien que le destin inéluctable annoncé par l'oracle eût dû, à ses propres yeux comme aux nôtres, l'innocenter. En fait, le surmoi est l'héritier du complexe d'Œdipe et ne s'instaure qu'après la liquidation de ce

370 dernier. Son excessive rigueur n'est pas à l'image d'un modèle réel, mais correspond à l'intensité de la lutte défensive menée contre les tentations du complexe d'Œdipe. Philosophes et croyants pressentent ce fait lorsqu'ils affirment que l'éducation ne saurait inculquer aux hommes le sens moral, ni la vie en société le leur faire acquérir, parce

375 qu'il émane d'une source plus haute.

    Tant que le moi vit en bonne intelligence avec le surmoi, la différenciation entre leurs manifestations respectives reste malaisée, mais toute tension, toute mésentente, sont nettement perçues. Les tourments que cause le remords correspondent exactement à la peur de l'enfant devant

380 la menace d'une éventuelle perte d'amour, menace remplacée par l'instance morale. Par ailleurs, quand le moi a pu résister à la tentation de commettre une action réprouvée par le surmoi, son amour propre s'en trouve flatté et sa fierté s'accroît, comme s'il avait réalisé quelque gain précieux. C'est ainsi que le surmoi, bien que devenu fraction du monde

385 intérieur, continue cependant à assumer devant le moi le rôle du monde extérieur. Pour l'individu, le surmoi représente à tout jamais l'influence de son enfance, les soins et l'éducation qu'il a reçus, sa dépendance à l'égard de ses parents, ajoutons que cette enfance, pour bien des gens, se prolonge notablement par la vie en famille. Ce ne sont

390 pas seulement les qualités personnelles des parents qui entrent en ligne de compte, mais tout ce qui a pu produire sur eux quelque effet déterminant, leurs goûts, les exigences du milieu social, les caractères et les traditions de leur race. Ceux qui aiment les généralisations et les distinctions subtiles diront que le monde extérieur où l'individu se meut, après sa sépara-

395 tion d'avec ses parents, représente la puissance du présent, que son ça, avec ses tendances héréditaires, représente le passé organique et que son surmoi, nouveau venu, figure avant tout le passé de civilisation que l'enfant, au cours de ses courtes années d'enfance, est, pour ainsi dire, obligé de revivre. Il est rare que de semblables généralisations soient

400 exactes dans tous les cas. Une partie des conquêtes de la civilisation a certainement laissé des traces dans le ça même, où une grande partie des apports du surmoi trouve un écho ; un grand nombre d'événements vécus par l'enfant auront plus de retentissement dans le cas où ils répètent des événements phylogénétiques très anciens. « Ce que tes

405 aïeux t'ont laissé en héritage, si tu le veux posséder, gagne-le[4]. » C'est ainsi que le surmoi s'assure une place intermédiaire entre le ça et le

4. Goethe. *Faust*, partie I :
*Was Du ererbt von Deinen Vätern
hast, Erwirb es, um es zu besitzen.*

monde extérieur. Il réunit en lui les influences du présent et du passé. Dans l'instauration du surmoi, on peut voir, semble-t-il, un exemple de la façon dont le présent se mue en passé…

Sigmund Freud,
Abrégé de psychanalyse (éd. posthume 1940), chap. 8-9, trad. A. Berman,
Éd. des PUF, coll. « Bibliothèque de psychanalyse », 1973, pp. 71-86.

Fiche Freud p. 519

La culture face au défi de l'altérité

Les zoos humains sont bien les symboles incroyables d'une époque (1875 à 1930) et ils se comptent par centaines. Oubliés jusqu'alors de notre histoire et de notre mémoire, [longtemps] absents des manuels scolaires et des musées, ces multiples "villages nègres" ou exhibitions au Jardin zoologique d'acclimatation ont pu être reconstitués par des recherches récentes, à travers des milliers de clichés et de cartes postales, ainsi qu'à travers des films inédits. Dans ce processus complexe de regard sur l'Autre et d'imaginaire raciste, ils représentent le premier "contact" réel et quotidien entre l'Autre exotique et l'Occident.

Ces attractions, expositions ou villages nègres restent aujourd'hui encore des sujets complexes à aborder pour un pays, une République et une culture qui mettaient alors en exergue "l'égalité de tous les hommes". De fait, dans le contexte de la mission civilisatrice de la France aux colonies, ces zoos, où des "exotiques", mêlés à des bêtes, se montrent en spectacle dans des cages de bois à un public avide de distraction, sont la démonstration la plus évidente du décalage existant entre discours et pratique. La République française a non seulement toléré ces représentations, mais elle les a soutenues et accompagnées avant de les intégrer pleinement dans les grandes expositions coloniales de 1922 et 1931.

Pascal Blanchard,
Hommes et migrations, nov.-déc. 2000,
« Le zoo humain, une longue tradition française ».

Venus de Papouasie-Nouvelle-Guinée pour explorer la France, Polobi et Mudeya portent un regard d'ethnologue sur la civilisation des Blancs : «En France, la tribu de Paris se déplace sous terre». Photographie de Marc Dozier, *Le Monde*, 15 mars 2007.

Commencer à réfléchir...

... à partir d'un texte

1. Des zoos humains ont existé. Avec quelle valeur de la République française cette pratique entrait-elle en contradiction ? Comment qualifier l'imaginaire dont elle était le reflet ?

2. De 1875 à 1930, à l'époque des faits, ces exhibitions étaient désignées comme des « expositions ethnographiques ». Quel objectif était mis en avant dans cette expression ?

3. Quels sont les buts et quelle peut être la portée d'une exposition comme celle qui a été organisée à Paris en 2011-2012 : « Exhibition. L'invention du sauvage » ?

... à partir d'une image

4. Pour découvrir Paris et ses habitants, Polobi et Mudeya ont revêtu leur tenue d'apparat. À votre avis, cette tenue peut-elle favoriser leurs interactions avec les indigènes, ou risque-t-elle de les compromettre ? Pour quelles raisons ?

Le Langage

Définition élémentaire

▶ Le langage est un instrument symbolique d'expression et de communication.

▶ Le langage est dérivé du mot langue (*lingua*, en latin), quoiqu'il puisse passer par d'autres modes de production de signes tels que l'écriture, ou la langue des signes des sourds-muets....

Distinguer pour comprendre

▶ **Le langage et la communication animale :** le langage se distingue des cris, chants, et autres modes de communication animale par son caractère articulé et institué.

▶ **Le langage et les langues.** En tant que faculté d'expression, le langage est plus général que les langues qui sont des systèmes linguistiques particuliers, liés à différentes cultures.

▶ **Le langage et la parole.** Cette dernière suppose une expression orale.

▶ **Le langage et la réalité :** le langage permet de donner une représentation symbolique des objets réels.
Y a-t-il un lien nécessaire entre les mots et les choses, ou bien les signes linguistiques sont-ils arbitraires ?

▶ **Le langage et la pensée :** le langage permet de donner une représentation symbolique des pensées de celui qui parle.
La pensée préexiste-t-elle au langage, ou se forme-t-elle grâce à lui ?

Repère associé à la notion

➡ **INTUITIF / DISCURSIF** (p. 443)

Genèse

[ⁱˣ-ⁱᵛᵉ siècle avant J.-C.]

1. Pays de Shinéar : Babylonie.

2. Babel, nom hébreu de Babylone, signifie «porte du Ciel», mais l'auteur, jouant d'une étymologie très discutable, lui donne le sens de «confusion».

1 La tour de Babel

ANTIQUITÉ

Le mythe biblique suggère que le langage, assimilable à un pouvoir créateur, est source d'une démesure et d'une vanité que la diversité des langues sanctionne durement, rappelant l'homme à sa nature dépendante.

Tout le monde se servait d'une même langue et des mêmes mots. Comme les hommes se déplaçaient à l'orient, ils trouvèrent une vallée au pays de Shinéar[1] et ils s'y établirent. Ils se dirent l'un à l'autre : « Allons ! Faisons des briques et cuisons-les au feu ! » La brique leur servit de pierre et le bitume
5 leur servit de mortier. Ils dirent : « Allons ! Bâtissons-nous une ville et une tour dont le sommet pénètre les cieux ! Faisons-nous un nom et ne soyons pas dispersés sur toute la terre ! »

Or Yahvé descendit pour voir la ville et la tour que les hommes avaient bâties. Et Yahvé dit : « Voici que tous font un seul peuple et parlent une
10 seule langue, et tel est le début de leurs entreprises ! Maintenant, aucun dessein ne sera irréalisable pour eux. Allons ! Descendons ! Et là, confondons leur langage pour qu'ils ne s'entendent plus les uns les autres. » Yahvé les dispersa de là sur toute la face de la terre et ils cessèrent de bâtir la ville. Aussi la nomma-t-on Babel[2], car c'est là que Yahvé confondit le langage de
15 tous les habitants de la terre et c'est de là qu'il les dispersa sur toute la face de la terre.

Genèse (ⁱˣᵉ-ⁱᵛᵉ siècle av. J.-C.),
chap. 11, *La Bible de Jérusalem,* Éd. du Cerf, 1998, p. 43.

Gorgias

[483-375 avant J.-C.]

1. Météorologues : (ici) devins qui s'inspirent du temps qu'il fait.

2 La puissance du langage

ANTIQUITÉ

Sous couvert de critiquer le pouvoir de la rhétorique, ou art de convaincre par le discours, Gorgias en célèbre la puissance. Il décrit comment, par sa maîtrise du langage, le rhéteur prend le contrôle des opinions et des passions de son auditoire et le manipule à sa guise.

Un discours, en effet, lorsqu'il a persuadé l'âme qu'il a persuadée, l'a contrainte à se laisser persuader par ce qui a été dit et à consentir à ce qui a été fait. C'est donc l'auteur de la persuasion, parce qu'il a exercé une contrainte, qui est coupable ; et la victime de la persuasion, parce qu'elle a
5 subi la contrainte du discours, est accusée sans raison. Que l'éloquence persuasive, jointe au discours, ait aussi façonné l'âme comme elle voulait, on doit s'en instruire d'abord d'abord auprès des discours des météorologues[1] qui, en supprimant une opinion et en produisant une autre à la place, font apparaître aux yeux de l'opinion des choses incroyables et invisibles ; en
10 second lieu, auprès des plaidoyers judiciaires, qui exercent leur contrainte par le discours, plaidoyers dans lesquels le discours charme et persuade une foule nombreuse, pourvu qu'il soit écrit avec art, même s'il ne dit pas la vérité ; en troisième lieu, auprès des discours philosophiques lorsqu'ils s'affrontent, et où la vivacité d'esprit se montre capable d'opérer des

LA CULTURE

15 changements dans ce que croit l'opinion. Or la puissance du discours a le même rapport à l'ordonnance de l'âme, que l'ordonnance du remède à la nature des corps. De même, en effet, que différents remèdes expulsent du corps différentes humeurs, et mettent un terme, les uns à la maladie, et les autres à la vie, de même aussi, parmi les discours, les uns affligent, les autres
20 égaient les auditeurs, les uns effraient et les autres rendent audacieux, les autres enfin droguent l'âme et l'ensorcellent par une éloquence malsaine.

Gorgias,
Éloge d'Hélène (IVᵉ siècle av. J.-C.), 12-14, trad. Marie-Laurence Desclos,
Éd. Flammarion, coll. « GF », 2009, pp. 140-141.

Platon

[427-347 avant J.-C.]

ANTIQUITÉ
3 Les dangers du langage rhétorique

Pour dénoncer le pouvoir de la rhétorique, Platon fait dialoguer Socrate avec Gorgias, un professionnel de la parole, qui excelle à convaincre son auditoire. Ce qu'il veut mettre au jour, c'est sur quoi repose la conviction produite par la parole du rhéteur : non pas sur le savoir, mais sur une croyance ; dans les discours du rhéteur, il n'est jamais question de vérité, seulement de vraisemblance.

SOCRATE. – Bon, à ton avis, croire et savoir, est-ce pareil ? Est-ce que savoir et croyance sont la même chose ? ou bien deux choses différentes ?

GORGIAS. – Pour ma part, Socrate, je crois qu'elles sont différentes.

SOCRATE. – Et tu as bien raison de le croire. Voici comment on s'en rend
5 compte. Si on te demandait : « Y a-t-il, Gorgias, une croyance fausse et une vraie ? », tu répondrais que oui, je pense.

GORGIAS. – Oui.

SOCRATE. – Mais y a-t-il un savoir faux du vrai ?

GORGIAS. – Aucunement.

10 SOCRATE. – Savoir et croyance ne sont donc pas la même chose, c'est évident.

GORGIAS. – Tu dis vrai.

SOCRATE. – Pourtant, il est vrai que ceux qui savent sont convaincus, et que ceux qui croient le sont aussi.

15 GORGIAS. – Oui, c'est comme cela.

SOCRATE. – Dans ce cas, veux-tu que nous posions qu'il existe deux formes de convictions : l'une qui permet de croire sans savoir, et l'autre qui fait connaître.

GORGIAS. – Oui, tout à fait.

20 SOCRATE. – Alors, de deux formes de convictions, quelle est celle que la rhétorique exerce, « dans les tribunaux, ou sur toute autre assemblée », lorsqu'elle parle de ce qui est juste et de ce qui ne l'est pas ? Est-ce la conviction qui permet de croire sans savoir ? Ou est-ce la conviction propre à la connaissance ?

25 GORGIAS. – Il est bien évident, Socrate, que c'est une conviction qui tient à la croyance.

SOCRATE. — La rhétorique est donc, semble-t-il, productrice de conviction ; elle fait croire que le juste et l'injuste sont ceci et cela, mais elle ne les fait pas connaître.

30 GORGIAS. — En effet.

SOCRATE. — Par conséquent, l'orateur n'est pas l'homme qui fait connaître, « aux tribunaux, ou à toute autre assemblée », ce qui est juste et ce qui est injuste ; en revanche, c'est l'homme qui fait croire que « le juste, c'est ceci » et « l'injuste, c'est cela », rien de plus. De toute façon, il ne le 35 pourrait pas, dans le peu de temps qu'il a, informer une pareille foule et l'amener à connaître des questions si fondamentales.

GORGIAS. — Oui, assurément.

Platon,
Gorgias (ivᵉ siècle av. J.-C.), 454e-455a, trad. Monique Canto,
Éd. Flammarion, coll. « GF », 2007, pp. 140-142.

📄 Fiche `Platon` p. 477

Platon
[427-347 avant J.-C.]

4 La rectitude des noms

Platon étudie dans ce dialogue la question de savoir si les mots désignent les choses en vertu d'une rectitude naturelle, comme le soutient l'interlocuteur de Socrate qui s'appelle Cratyle, ou si c'est en vertu d'une convention.

SOCRATE. — En tout cas, Cratyle, quelles drôles de choses les noms feraient-ils subir à ce dont ils sont les noms s'ils leur étaient totalement et en tous points assimilés ! Tout serait en quelque sorte dédoublé, sans qu'on puisse dire pour aucun lequel est la chose même, lequel est le nom.

5 CRATYLE. — Tu dis vrai.

SOCRATE. — Eh bien, courage, noble cœur ! Admets que le nom lui aussi est tantôt bien, tantôt mal établi ; ne le force pas à avoir toutes ses lettres pour être parfaitement tel que ce dont il est le nom. Admets même qu'on peut ajouter une lettre qui n'est pas appropriée. Et si tu l'admets pour une 10 lettre, admets-le pour un nom dans l'énoncé ; et si tu l'admets pour un nom, admets aussi qu'un énoncé peut s'ajouter dans le discours, sans être approprié aux choses, et que la chose n'en est pas moins nommée et dite, tant que le discours porte la marque de la chose dont il traite [...].

Tant que cette marque est là, et même si les traits appropriés n'y sont 15 pas tous, l'objet sera dit – bien dit s'ils y sont tous, mal dit s'ils sont en petit nombre. Allons, bonhomme, admettons donc qu'il est « dit », pour n'être pas mis à l'amende comme ceux qui, se promenant la nuit à Égine, sont mis à l'amende pour circulation tardive : n'ayons pas l'air nous aussi en allant vers les choses d'être arrivés à cette vérité un peu de cette façon, à une heure 20 indue. Ou alors, cherche une autre rectitude pour le nom et garde-toi de reconnaître que le nom est un moyen de faire voir la chose avec des syllabes et des lettres. Car si tu dis ces deux choses à la fois, tu ne pourras être en accord avec toi-même.

CRATYLE. — Tu parles juste, à mon avis, Socrate, et c'est une thèse que 25 j'admets.

SOCRATE. – Eh bien, puisque nous sommes d'accord sur ce point, examinons ensuite la question que voici : si l'on veut, comme nous disions, que le nom soit bien établi, il faut qu'il contienne les lettres appropriées ?

CRATYLE. – Oui.

SOCRATE. – Et sont appropriées les lettres qui ressemblent aux choses ?

CRATYLE. – Tout à fait.

SOCRATE. – Alors, c'est ainsi que sont établis les noms bien établis. Mais si un nom quelconque a été mal établi, il se pourrait qu'il soit constitué en majeure partie de lettres appropriées et ressemblantes, si l'on veut qu'il soit une image, mais qu'il contienne aussi un élément qui ne soit pas approprié et qui l'empêche d'être beau et bien fait.

Platon,
Cratyle (IVe siècle av. J.-C.), 432d-433c, trad. C. Dalimier, Éd. Flammarion, coll. « GF », 1998, pp. 172-174.

À L'ÉPOQUE

Vers 410 av. J.-C., à 17 ans, Platon a été lui-même élève de Cratyle, avant de devenir celui de Socrate.

Fiche Platon p. 477

ANTIQUITÉ

Aristote
[384-322 av. J.-C.]

5 Parole et cité

Le terme de « sociabilité », également applicable aux hommes et à diverses espèces animales, masque la spécificité de l'homme comme « animal politique ». Aristote relève cette spécificité en l'associant étroitement au langage, dans la mesure où celui-ci est à la source des communautés humaines.

C'est pourquoi il est évident que l'homme est un animal politique plus que n'importe quelle abeille et que n'importe quel animal grégaire. Car, comme nous le disons, la nature ne fait rien en vain ; or seul parmi les animaux l'homme a un langage. Certes la voix est le signe du douloureux et de l'agréable, aussi la rencontre-t-on chez les animaux ; leur nature, en effet, est parvenue jusqu'au point d'éprouver la sensation du douloureux et de l'agréable et de se les signifier mutuellement. Mais le langage existe en vue de manifester l'avantageux et le nuisible, et par suite aussi le juste et l'injuste. Il n'y a en effet qu'une chose qui soit propre aux hommes par rapport aux autres animaux : le fait que seuls ils aient la perception du bien, du mal, du juste, de l'injuste et des autres notions de ce genre. Or avoir de telles notions en commun c'est ce qui fait une famille et une cité.

Aristote,
Les Politiques (IVe siècle av. J.-C.), Livre I, chap. 2, 1253a 8-19, trad. P. Pellegrin, Éd. Flammation, coll. « GF », 1990, pp. 91-92.

Fiche Aristote p. 478

Descartes
[1596-1650]

6 Le langage, signe de la pensée

Pour Descartes, c'est par l'âme que l'homme se distingue des bêtes. L'action de l'âme consiste dans la pensée, et le langage en est la manifestation. Dans une remarquable définition, Descartes, montrant que le langage ne doit pas être assimilé à la communication, le caractérise par l'«à-propos», la pertinence qui témoigne de la liberté du jugement, et par le recul que donne le signe linguistique. Le langage est bien le propre de l'homme.

Enfin il n'y a aucune de nos actions extérieures, qui puisse assurer ceux qui les examinent, que notre corps n'est pas seulement une machine qui se remue de soi-même, mais qu'il y a aussi en lui une âme qui a des pensées, excepté les paroles, ou autres signes faits à propos des sujets qui se
5 présentent, sans se rapporter à aucune passion. Je dis les paroles ou autres signes, parce que les muets se servent de signes en même façon que nous de la voix ; et que ces signes soient à propos, pour exclure le parler des perroquets, sans exclure celui des fous, qui ne laisse pas d'être à propos des sujets qui se présentent, bien qu'il ne suive pas la raison ; et j'ajoute
10 que ces paroles ou signes ne se doivent rapporter à aucune passion, pour exclure non seulement les cris de joie ou de tristesse, et semblables, mais aussi tout ce qui peut être enseigné par artifice aux animaux ; car si on apprend à une pie à dire bonjour à sa maîtresse, lorsqu'elle la voit arriver, ce ne peut être qu'en faisant que la prolation[1] de cette parole devienne le
15 mouvement de quelqu'une de ses passions ; à savoir, ce sera un mouvement de l'espérance qu'elle a de manger, si l'on a toujours accoutumé de lui donner quelque friandise, lorsqu'elle l'a dit ; et ainsi toutes les choses qu'on fait faire aux chiens, aux chevaux et aux singes, ne sont que des mouvements de leur crainte, de leur espérance, ou de leur joie, en sorte
20 qu'ils les peuvent faire sans aucune pensée. Or il est, ce me semble, fort remarquable que la parole, étant ainsi définie, ne convient qu'à l'homme seul. Car, bien que Montaigne et Charon aient dit qu'il y a plus de différence d'homme à homme, que d'homme à bête, il ne s'est toutefois jamais trouvé aucune bête si parfaite, qu'elle ait usé de quelque signe,
25 pour faire entendre à d'autres animaux quelque chose qui n'eût point de rapport à ses passions ; et il n'y a point d'homme si imparfait, qu'il n'en use ; en sorte que ceux qui sont sourds et muets inventent des signes particuliers, par lesquels ils expriment leurs pensées. Ce qui me semble un très fort argument pour prouver que ce qui fait que les bêtes ne parlent
30 point comme nous, est qu'elles n'ont aucune pensée, et non point que les organes leur manquent. Et on ne peut dire qu'elles parlent entre elles, mais que nous ne les entendons pas ; car, comme les chiens et quelques autres animaux nous expriment leurs passions, ils nous exprimeraient aussi bien leurs pensées, s'ils en avaient.

1. Prolation : action de proférer.

René Descartes,
Lettre au marquis de Newcastle, 23 novembre 1646,
in *Œuvres et Lettres*, Éd. Gallimard,
coll. « Bibliothèque de la Pléiade », 1966, pp. 1254-1256.

À L'ÉPOQUE
Dans cette lettre de 1646, Descartes reprend l'analyse qu'il a consacrée au langage dès 1637 dansle *Discours de la méthode*, VIᵉ partie.

Fiche Descartes p. 496

Leibniz
[1646-1716]

7 La caractéristique universelle

La diversité des langues, la multiplicité des significations des termes usuels, leur imprécision sont autant d'obstacles à la rigueur des raisonnements et à l'accord entre les esprits. Pour y remédier, Leibniz a formé l'idée d'un système de signes précis, comparables aux signes algébriques, qui permettrait de désigner universellement les idées et les relations élémentaires entre les idées. La pensée rationnelle s'apparenterait alors en tous domaines à un calcul.

C'est par la voie des définitions ou analyses continuées jusqu'au bout […] qu'on peut arriver à la caractéristique ou écriture universelle qui ferait à peu près le même effet en matière de mouvement, de physique, de morale et de jurisprudence, que les caractères dans l'arithmétique ou analyse. Ce

5 n'est pas que les raisonnements probables se puissent changer en démonstratifs lorsqu'il n'y a pas *data sufficientia*[1] mais on pourra en ce cas estimer les degrés de la probabilité, et mettre les avantages et désavantages donnés en ligne de compte et raisonner au moins sûrement *ex datis*[2]. Je tiens pour assuré qu'on ne saurait presque obliger davantage le genre humain qu'en

10 établissant une caractéristique telle que je la conçois. Car elle donnerait une écriture, ou si vous voulez langue universelle, qui s'entendrait de tous les peuples. Cette langue s'apprendrait tout entière (au moins pour le plus nécessaire) en peu de jours, et ne se saurait oublier, pourvu qu'on en retînt quelque peu de chose. Mais le principal serait qu'elle nous donne-

15 rait *filum meditandi*[3], c'est-à-dire une méthode grossière et sensible, mais assurée, de découvrir des vérités et résoudre des questions *ex datis* ; comme les opérations et formules qu'on apprend aux apprentis d'arithmétique conduisent en même temps pour ainsi dire leur main et leur esprit. Et comme l'esprit se perd et se confond lorsqu'il y a un grand nombre de

20 circonstances à examiner ou des conséquences à poursuivre, – ce qui arrive dans les délibérations d'importance à l'égard des affaires politiques ou économiques et de la médecine, où l'on manque ordinairement par un dénombrement imparfait et par quelque oubliance, et souvent aussi faute de voir les conséquences, – on se délivrerait par ce moyen des inquiétudes

25 qui agitent l'esprit çà et là et qui le font flotter entre la crainte et l'espérance, en sorte que souvent, au bout de la délibération, on est aussi avancé, ou moins, qu'auparavant. Mais cette caractéristique nous en délivrerait pour la plus grande partie, car les matières les plus brouillées seraient développées aussi bien que les affaires de finance le sont par un bon ordre,

30 par certaines façons ou formules des calculateurs et marchands, et par un livre de compte qui présente la recette et la dépense à la vue d'œil ; c'est ainsi que cette caractéristique débrouillerait l'esprit et nous représenterait les avantages et désavantages.

Gottfried Wilhelm Leibniz,
Lettre à Jean Berthet (fin 1677),
in *Œuvres*,
Éd. Aubier Montaigne, 1972, pp. 120-121.

1. *Data sufficientia* : des données suffisantes.

2. *Ex datis* : à partir des faits, des données.

3. *Filum meditandi* : un fil conducteur.

À L'ÉPOQUE
Leibniz, qui fut diplomate en 1672 à la cour de Louis XIV, et mathématicien, pensait trouver dans une langue universelle le moyen de construire la paix entre les hommes : idéalement, toute controverse aurait pu se régler par un « calcul » ou une clarification des mots.

Fiche Leibniz p. 501

Rousseau
[1712-1778]

8 Les passions à l'origine des langues

Contrairement à l'idée reçue selon laquelle le langage aurait son origine dans les besoins primaires de l'homme, Rousseau soutient qu'il procède de l'affectivité qui accompagne et détermine les premiers rudiments de vie sociale. Ce n'est pas la relation à la nature, mais la relation aux autres qui prescrit l'usage de la parole.

Cela dut être. On ne commença pas par raisonner, mais par sentir. On prétend que les hommes inventèrent la parole pour exprimer leurs besoins ; cette opinion me paraît insoutenable. L'effet naturel des premiers besoins fut d'écarter les hommes et non de les rapprocher. Il le fallait ainsi pour que
5 l'espèce vînt à s'étendre et que la terre se peuplât promptement, sans quoi le genre humain se fût entassé dans un coin du monde, et tout le reste fût demeuré désert.

De cela seul il suit avec évidence que l'origine des langues n'est point due aux premiers besoins des hommes ; il serait absurde que de la cause qui les
10 écarte vînt le moyen qui les unit. D'où peut donc venir cette origine ? Des besoins moraux, des passions. Toutes les passions rapprochent les hommes que la nécessité de chercher à vivre force à se fuir. Ce n'est ni la faim, ni la soif, mais l'amour, la haine, la pitié, la colère, qui leur ont arraché les premières voix. Les fruits ne se dérobent point à nos mains, on peut s'en
15 nourrir sans parler ; on poursuit en silence la proie dont on veut se repaître ; mais pour émouvoir un jeune cœur, pour repousser un agresseur injuste, la nature dicte des accents, des cris, des plaintes : voilà les anciens mots inventés, et voilà pourquoi les premières langues furent chantantes et passionnées avant d'être simples et méthodiques[1].

Jean-Jacques Rousseau,
Essai sur l'origine des langues (1758-1761), chap. 2,
Éd. Flammarion, coll. « GF », 1993, pp. 61-62.

1. Voir le texte intégral du chap. 9 de cet essai pp. 206-215.

Fiche Rousseau p. 506

Hegel
[1770-1831]

9 La pensée et le mot

La pensée fait vivre le mot en l'intériorisant, et celui-ci lui confère en retour une extériorité sans laquelle il n'est pas d'objectivité ni d'objet de la pensée. Il ne saurait y avoir de pensée véritable sans les mots.

Nous n'avons savoir de nos pensées – nous n'avons des pensées déterminées, effectives – que quand nous leur donnons la forme de l'*ob-jectivité*, de l'*être-différencié* d'avec notre *intériorité,* donc la figure de l'*extériorité,* et, à la vérité, d'une extériorité *telle* qu'elle porte, en même temps, l'empreinte de
5 la suprême *intériorité.* Un extérieur ainsi intérieur, seul l'est le *son articulé,* le *mot.* C'est pourquoi vouloir penser sans mots – comme *Mesmer*[1] l'a tenté une fois – apparaît comme une déraison, qui avait conduit cet homme, d'après ce qu'il assura, presque à la manie délirante. Mais il est également risible de regarder le fait, pour la pensée, d'être liée au mot, comme un

1. Mesmer : célèbre médecin et magnétiseur allemand (1734-1815).

LA CULTURE

10 défaut de la première et comme une infortune ; car, bien que l'on soit
d'avis ordinairement que l'*inexprimable* est précisément ce qui est le plus
excellent, cet avis cultivé par la vanité n'a pourtant pas le moindre fondement, puisque l'inexprimable est, en vérité, seulement quelque chose de
trouble, en fermentation, qui n'acquiert de la clarté que lorsqu'il peut
15 accéder à la parole. Le mot donne, par suite, aux pensées, leur être-là le
plus digne et le plus vrai. Assurément, on peut aussi – sans se saisir de la
Chose – se battre avec les mots. Cependant, ce n'est pas là la faute du mot,
mais celle d'une pensée défectueuse, indéterminée, sans teneur. De même
que la *pensée* vraie est la *Chose,* de même le *mot* l'est aussi, lorsqu'il est
20 employé par la pensée vraie. C'est pourquoi, en se remplissant du mot,
l'intelligence accueille en elle la nature de la Chose.

Georg Wilhelm Friedrich Hegel,
Encyclopédie des sciences philosophiques, tome III,
Philosophie de l'Esprit (1827),
addition au § 462, trad. B. Bourgeois,
Librairie philosophique J. Vrin, 1988, pp. 560-561.

Fiche Hegel p. 510

Humboldt
[1767-1835]

XIXᵉ SIÈCLE

10 Le langage comme vision du monde

Le langage a longtemps été compris comme un intermédiaire entre la pensée du sujet et le monde. La communication qu'était censé permettre le langage avait alors deux fonctions : exprimer la pensée et dire le monde. Humboldt remet en cause ce modèle, en affirmant que le langage fait bien plus : il met en forme le monde. À chaque langue correspond une vision du monde différente.

La production du langage répond à un besoin intérieur de l'humanité. Bien loin de se réduire à un simple besoin extérieur destiné à la communication sociale, il est immanent à la nature humaine, il est la condition indispensable pour qu'elle déploie les forces spirituelles qui l'habitent et pour qu'elle
5 accède à une vision du monde [*Gewinnung einer Weltanschauung*] ; expé-rience qui exige que l'homme confronte sa pensée avec d'autres, au sein d'une pensée commune, au nom des exigences de la clarté et de la rigueur. Si donc on accepte l'hypothèse, pratiquement inévitable, qui nous amène à voir dans chaque langue, prise à part, un essai original et, dans la série entière des
10 langues, une contribution concertante, l'un et l'autre étant destinés à com-bler le besoin immanent dont nous parlions, il est aisé d'admettre que la force agissante du langage ne saurait connaître le repos tant qu'elle n'a pas, soit partiellement, soit en totalité, proféré ce qui répond le mieux et le plus complètement aux exigences dont elle doit relever le défi.

Wilhelm von Humboldt,
Introduction à l'œuvre sur le kavi (1827-1829), trad. P. Caussat,
Éd. du Seuil, 1974, pp. 151-152.

Bergson
[1859-1941]

1. **Théorie associationniste :** théorie selon laquelle les opérations mentales résultent de l'association de représentations et s'expliquent par elles.

🔟 La pensée incommensurable avec le langage

Pour Bergson, le langage s'en tient à une juxtaposition, seulement conforme à l'apparence, d'éléments qui se fondent en réalité les uns dans les autres. En cela, il trahit le moi profond et véritable.

Le moi touche en effet au monde extérieur par sa surface ; et comme cette surface conserve l'empreinte des choses, il associera par contiguïté des termes qu'il aura perçus juxtaposés : c'est à des liaisons de ce genre, liaisons de sensations tout à fait simples et pour ainsi dire impersonnelles, que la théorie
5 associationniste[1] convient. Mais à mesure que l'on creuse au-dessous de cette surface, à mesure que le moi redevient lui-même, à mesure aussi ses états de conscience cessent de se juxtaposer pour se pénétrer, se fondre ensemble, et se teindre chacun de la coloration de tous les autres. Ainsi chacun de nous a sa manière d'aimer et de haïr, et cet amour, cette haine, reflètent sa personnalité
10 tout entière. Cependant le langage désigne ces états par les mêmes mots chez tous les hommes ; aussi n'a-t-il pu fixer que l'aspect objectif et impersonnel de l'amour, de la haine, et des mille sentiments qui agitent l'âme. Nous jugeons du talent d'un romancier à la puissance avec laquelle il tire du domaine public, où le langage les avait ainsi fait descendre, des sentiments et des idées
15 auxquels il essaie de rendre, par une multiplicité de détails qui se juxtaposent, leur primitive et vivante individualité. Mais de même qu'on pourra intercaler indéfiniment des points entre deux positions d'un mobile sans jamais combler l'espace parcouru, ainsi, par cela seul que nous parlons, par cela seul que nous associons des idées les unes aux autres et que ces idées se juxta-
20 posent au lieu de se pénétrer, nous échouons à traduire entièrement ce que notre âme ressent : la pensée demeure incommensurable avec le langage.

Henri Bergson,
Essai sur les données immédiates de la conscience (1889), chap. 3, in *Œuvres*,
Éd. des PUF, 1991, pp. 108-109.

📄 Fiche Bergson p. 522

Saussure
[1857-1913]

1. ARBOR : arbre, en latin.

🔢 Nature du signe linguistique

Saussure sépare rigoureusement la structure interne de la langue de l'action qu'exercent sur elle les facteurs externes tels que l'histoire et la vie sociale. Il dégage ainsi, dans sa spécificité, l'objet « langue » dont il analyse les principaux constituants.

§ 1. Signe, signifié, signifiant

Pour certaines personnes la langue, ramenée à son principe essentiel, est une nomenclature, c'est-à-dire une liste de termes correspondant à autant de choses. Par exemple : 🌳 : ARBOR[1] […]
5   Cette conception est critiquable à bien des égards. Elle suppose des idées toutes faites préexistant aux mots ; elle ne nous dit pas si le nom est

de nature vocale ou psychique, car *arbor* peut être considéré sous l'un ou l'autre aspect ; enfin elle laisse supposer que le lien qui unit un nom à une chose est une opération toute simple, ce qui est bien loin d'être vrai.

10 Cependant cette vue simpliste peut nous rapprocher de la vérité, en nous montrant que l'unité linguistique est une chose double, faite du rapprochement de deux termes.

On a vu [dans l'introduction], à propos du circuit de la parole, que les termes impliqués dans le circuit linguistique[2] sont tous deux psychiques et

15 sont unis dans notre cerveau par le lien de l'association. Insistons sur ce point.

Le signe linguistique unit non une chose et un nom, mais un concept et une image acoustique[3]. Cette dernière n'est pas le son matériel, chose purement physique, mais l'empreinte psychique de ce son, la représentation que nous en donne le témoignage de nos sens ; elle est sensorielle, et s'il nous

20 arrive de l'appeler « matérielle », c'est seulement dans ce sens et par opposition à l'autre terme de l'association, le concept, généralement plus abstrait.

Le caractère psychique de nos images acoustiques apparaît bien quand nous observons notre propre langage. Sans remuer les lèvres ni la langue, nous pouvons nous parler à nous-mêmes ou nous réciter mentalement

25 une pièce de vers.

[…]

§ 2. Premier principe : l'arbitraire du signe

Le lien unissant le signifiant au signifié[4] est arbitraire, ou encore, puisque nous entendons par signe le total résultant de l'association d'un signifiant à un signifié, nous pouvons dire plus simplement : *le signe linguistique est*

30 *arbitraire.*

Ainsi l'idée de « sœur » n'est liée par aucun rapport intérieur avec la suite des sons *s-ö-r* qui lui sert de signifiant ; il pourrait être aussi bien représenté par n'importe quelle autre : à preuve les différences entre les langues et l'existence même de langues différentes : le signifié « bœuf » a pour signi-

35 fiant *b-ö-f* d'un côté de la frontière, et *o-k̦-s* (*Ochs*)[5] de l'autre.

Ferdinand de Saussure,
Cours de linguistique générale (1910), partie I, chap. 1, Éd. Payot, 1975, pp. 97-98 et 100.

2. Le circuit linguistique : le concept et l'image acoustique.

3. Le signe linguistique, comme « entité psychique à deux faces », est habituellement défini comme lla combinaison d'un concept (ou signifié) et d'une image acoustique (ou signifiant).

4. Voir la note 3.

5. *Ochs* : bœuf, en allemand.

Saussure

[1857-1913]

13 La langue comme système de différences

Chaque terme d'une langue, caractérisé par la combinaison d'un son et d'une idée, possède une « valeur » entièrement dépendante du système formé par l'ensemble des termes de la langue, opposés ou distincts, et plus spécialement de ce qui l'entoure.

Tout ce qui précède revient à dire que *dans la langue il n'y a que des différences.* Bien plus : une différence suppose en général des termes positifs entre lesquels elle s'établit ; mais dans la langue il n'y a que des différences *sans termes positifs.* Qu'on prenne le signifié ou le signifiant[1], la

5 langue ne comporte ni des idées ni des sons qui préexisteraient au système
linguistique, mais seulement des différences conceptuelles et des différences
phoniques issues de ce système. Ce qu'il y a d'idée ou de matière phonique
dans un signe importe moins que ce qu'il y a autour de lui dans les autres
signes. La preuve en est que la valeur d'un terme peut être modifiée sans
10 qu'on touche ni à son sens ni à ses sons, mais seulement par le fait que tel
autre terme voisin aura subi une modification.

Mais dire que tout est négatif dans la langue, cela n'est vrai que du signifié et du signifiant pris séparément : dès que l'on considère le signe dans sa
totalité, on se trouve en présence d'une chose positive dans son ordre. Un
15 système linguistique est une série de différences de sons combinées avec une
série de différences d'idées ; mais cette mise en regard d'un certain nombre
de signes acoustiques avec autant de découpures faites dans la masse de la
pensée engendre un système de valeurs ; et c'est ce système qui constitue
le lien effectif entre les éléments phoniques et psychiques à l'intérieur de
20 chaque signe. Bien que le signifié et le signifiant soient, chacun pris à part,
purement différentiels et négatifs, leur combinaison est un fait positif ; c'est
même la seule espèce de faits que comporte la langue, puisque le propre de
l'institution linguistique est justement de maintenir le parallélisme entre
ces deux ordres de différences.

Ferdinand de Saussure,
Cours de linguistique générale (1910), partie II, chap. 4, Éd. Payot, 1975, pp. 166-167.

Wittgenstein
[1889-1951]

14 L'usage des mots fonde leur signification

Alors que saint Augustin (354-430) trouve la signification du mot dans l'objet dont il est le signe, Wittgenstein affirme, lui, qu'on ne peut pas sortir du langage : pour lui, la signification d'un mot correspond à son usage dans le langage, de même que la signification d'une pièce de jeu d'échecs corres- pond à ses possibilités de déplacement dans le jeu.

Saint Augustin dit dans ses Confessions (I, c. 8) : « Quand on nommait un
objet quelconque et que le mot articulé déterminait un mouvement vers
cet objet, j'observais et je retenais qu'à cet objet correspondait le son qu'on
faisait entendre, quand on voulait le désigner. Le vouloir d'autrui m'était
5 révélé par les gestes du corps, par ce langage naturel à tous les peuples que
traduisent l'expression du visage, les clins d'yeux, les mouvements des autres
organes, le son de la voix, par où se manifestent les impressions de l'âme
selon qu'elle demande, veut posséder, rejette ou cherche à éviter. Ainsi ces
mots qui revenaient à leur place dans les diverses phrases et que j'enten-
10 dais fréquemment, je comprenais peu à peu de quelles réalités ils étaient les
signes, et ils me servaient à énoncer mes volontés d'une bouche déjà experte
à les former. »

Ces termes, me semble-t-il, nous donnent une image particulière de
l'essence du langage. À savoir celle-ci : Les mots du langage nomment

15 des objets – les propositions sont des liaisons de pareilles dénominations – – On trouve ici l'origine de l'idée que chaque mot a une signification. Cette signification est coordonnée au mot. Elle est l'objet dont le mot tient lieu.

Quant à une différence des classes de mots, Augustin n'en parle point.
20 Qui décrit ainsi l'apprentissage du langage, pense, du moins je le crois, tout d'abord à des substantifs tels que « table », « chaise », « pain », aux noms propres, et en second lieu seulement aux noms de certaines activités et de certaines propriétés, et aux autres sortes de mots comme à quelque chose qui finira par se trouver.

25 Imaginez maintenant l'usage suivant du langage : J'envoie quelqu'un faire des achats. Je lui donne un billet sur lequel se trouvent les signes : cinq pommes rouges. Il porte le bulletin au fournisseur ; celui-ci ouvre un tiroir sur lequel se trouve le signe « pommes » : puis il cherche sur un tableau le mot « rouge » et le trouve vis-à-vis d'un modèle de couleur : à
30 présent il énonce la série des nombres cardinaux – je suppose qu'il les sait par cœur – jusqu'au mot « cinq » et à chaque mot numéral il prend une pomme dans le tiroir, qui a la couleur du modèle. – – C'est ainsi et de façon analogue que l'on opère avec des mots. – Mais comment sait-il où il doit vérifier le mot « rouge » et ce qu'il lui faut faire du mot « cinq » ? – Il n'en
35 était pas question ici, sinon de savoir comment on se sert du mot « cinq ».

Ludwig Wittgenstein,
Investigations philosophiques, 1953 (posthume), trad. Pierre Klossowski,
Éd. Gallimard, 1961.

Fiche Wittgenstein p. 526

Lévi-Strauss
[1908-2009]

À L'ÉPOQUE
Après des missions ethnographiques, de 1935 et 1939, dans le Mato Grosso et en Amazonie, Lévi-Strauss est amené à repenser la notion de culture sur la base du langage. Ses travaux sont l'un des fondements du structuralisme.

XXᵉ SIÈCLE

15 Les rapports entre le langage et la culture

L'ethnologue fait apparaître dans cet extrait la complexité des liens qui rattachent le langage à la culture, en une interaction permanente.

On peut d'abord traiter le langage comme un *produit* de la culture : une langue, en usage dans une société, reflète la culture générale de la population. Mais en un autre sens, le langage est une *partie* de la culture ; il constitue un de ses éléments, parmi d'autres. Rappelons-nous la défini-
5 tion célèbre de Tylor[1], pour qui la culture est un ensemble complexe comprenant l'outillage, les institutions, les croyances, les coutumes et aussi, bien entendu, la langue. Selon le point de vue auquel on se place, les problèmes posés ne sont pas les mêmes. Mais ce n'est pas tout : on peut aussi traiter le langage comme *condition* de la culture, et à un double titre :
10 diachronique[2], puisque c'est surtout au moyen du langage que l'individu acquiert la culture de son groupe ; on instruit, on éduque l'enfant par la parole ; on le gronde, on le flatte avec des mots. En se plaçant à un point de vue plus théorique, le langage apparaît aussi comme condition de la culture, dans la mesure où cette dernière possède une architecture simi-
15 laire à celle du langage. L'une et l'autre s'édifient au moyen d'oppositions

et de corrélations, autrement dit, de relations logiques. Si bien qu'on peut considérer le langage comme une fondation, destinée à recevoir les structures plus complexes parfois, mais du même type que les siennes, qui correspondent à la culture envisagée sous différents aspects.

Claude Lévi-Strauss,
« Linguistique et anthropologie » (1953),
in *Anthropologie structurale*, Éd. Plon, 1958, pp. 78-79.

Benveniste
[1902-1976]

16 Langage et réalité

La faculté de symboliser, c'est-à-dire de représenter la réalité par un signe, soumet la réalité, extérieure, intersubjective ou personnelle, à l'ordre du discours.

Le langage *re-produit* la réalité. Cela est à entendre de la manière la plus littérale : la réalité est produite à nouveau par le truchement du langage. Celui qui parle fait renaître par son discours l'événement et son expérience de l'événement. Celui qui l'entend saisit d'abord le discours et, à travers
5   ce discours, l'événement reproduit. Ainsi la situation inhérente à l'exercice du langage, qui est celle de l'échange et du dialogue, confère à l'acte de discours une fonction double : pour le locuteur, il représente la réalité ; pour l'auditeur, il recrée cette réalité. Cela fait du langage l'instrument même de la communication intersubjective.
10   Ici surgissent aussitôt de graves problèmes que nous laisserons aux philosophes, notamment celui de l'adéquation de l'esprit à la « réalité ». Le linguiste pour sa part estime qu'il ne pourrait exister de pensée sans langage, et que par suite la connaissance du monde se trouve déterminée par l'expression qu'elle reçoit. Le langage reproduit le monde, mais en le
15   soumettant à son organisation propre. Il est *logos*, discours et raison ensemble, comme l'ont vu les Grecs. Il est cela du fait même qu'il est langage articulé, consistant en un arrangement organique de parties, en une classification formelle des objets et des procès[1]. Le contenu à transmettre (ou, si l'on veut, la « pensée ») est ainsi décomposé selon un schéma linguis-
20   tique. La « forme » de la pensée est configurée par la structure de la langue. Et la langue à son tour révèle dans le système de ses catégories sa fonction médiatrice. Chaque locuteur ne peut se poser comme sujet qu'en impliquant l'autre, le partenaire qui, doté de la même langue, a en partage le même répertoire de formes, la même syntaxe d'énonciation et la même
25   manière d'organiser le contenu. À partir de la fonction linguistique, et en vertu de la polarité *je : tu*, individu et société ne sont plus termes contradictoires, mais termes complémentaires.

C'est en effet dans et par la langue qu'individu et société se déterminent mutuellement. L'homme a toujours senti – et les poètes ont souvent chanté
30   – le pouvoir fondateur du langage, qui instaure une réalité imaginaire, anime les choses inertes, fait voir ce qui n'est pas encore, ramène ici ce qui a disparu. C'est pourquoi tant de mythologies, ayant à expliquer qu'à

1. Procès : processus.

l'aube des temps quelque chose ait pu naître de rien, ont posé comme principe créateur du monde cette essence immatérielle et souveraine, la
35 Parole. Il n'est pas en effet de pouvoir plus haut, et tous les pouvoirs de l'homme, sans exception, qu'on veuille bien y songer, découlent de celui-là. La société n'est possible que par la langue ; et par la langue aussi l'individu. L'éveil de la conscience chez l'enfant coïncide toujours avec l'apprentissage du langage, qui l'introduit peu à peu comme indi-
40 vidu dans la société.

Mais quelle est donc la source de ce pouvoir mystérieux qui réside dans la langue ? Pourquoi l'individu et la société sont-ils, ensemble et de la même nécessité, *fondés* dans la langue ?

Parce que le langage représente la forme la plus haute d'une faculté
45 qui est inhérente à la condition humaine, la faculté de *symboliser*.

Entendons par là, très largement, la faculté de *représenter* le réel par un « signe » et de comprendre le « signe » comme représentant le réel, donc d'établir un rapport de « signification » entre quelque chose et quelque chose d'autre.

Émile Benveniste,
Problèmes de linguistique générale (1954),
Éd. Gallimard, 1966, pp. 25-26.

Austin
[1911-1960]

1. *i. e.* (du latin *id est*) : c'est-à-dire.

2. Performatif : énoncé qui constitue simultanément l'action qu'il exprime.

17 Les énonciations performatives

On oppose communément l'action à la parole, le « faire » au « dire ». L'auteur s'interroge ici sur l'existence d'énoncés qui ne sont pas simplement des affirmations qu'on apprécierait sous le seul rapport du vrai et du faux, mais constituent en eux-mêmes une action par laquelle on fait quelque chose.

Nous devions, souvenez-vous, considérer quelques cas (et seulement quelques-uns, Dieu merci !) où *dire* une chose, c'est la *faire*, et noter quel sens cela pourrait avoir. Ou encore, des cas où *par le fait de dire*, ou *en disant* quelque chose, nous faisons quelque chose. Ce thème appartient,
5 parmi beaucoup d'autres, au récent mouvement de remise en question d'une présupposition séculaire : que dire quelque chose (du moins dans tous les cas dignes de considération – *i. e.*[1] dans tous les cas considérés), c'est toujours et tout simplement *affirmer* quelque chose. Présupposition sans nul doute inconsciente, sans nul doute erronée, mais à ce qu'il semble
10 tout à fait naturelle en philosophie. Nous devons apprendre à courir avant que de pouvoir marcher. Si nous ne faisions jamais d'erreurs, comment pourrions-nous les corriger ?

J'ai commencé par attirer votre attention, au moyen d'exemples, sur quelques énonciations bien simples, de l'espèce connue sous le nom de
15 performatoires, ou performatifs[2]. Ces énonciations ont l'air, à première vue, d'« affirmations » – ou du moins en portent-elles le maquillage grammatical. On remarque toutefois, lorsqu'on les examine de plus près, qu'elles ne sont manifestement *pas* des énonciations susceptibles d'être

« vraies » ou « fausses ». Être « vraie » ou « fausse », c'est pourtant bien
20 la caractéristique traditionnelle d'une affirmation. L'un de nos exemples
était, on s'en souvient, l'énonciation « Oui [je prends cette femme comme
épouse légitime] », telle qu'elle est formulée au cours d'une cérémonie de
mariage. Ici nous dirions qu'en prononçant ces paroles, nous *faisons* une
chose (nous nous marions), plutôt que nous ne *rendons compte* d'une chose
25 (*que* nous nous marions). Et l'acte de se marier, comme celui de parier, par
exemple, serait décrit *mieux* (sinon encore *avec précision*) comme l'acte de
prononcer certains mots, plutôt que comme l'exécution d'une action différente, intérieure et spirituelle, dont les mots en question ne seraient que
le signe extérieur et audible. Il est peut-être difficile de *prouver* qu'il en est
30 ainsi ; mais c'est – je voudrais l'affirmer – un fait.

John L. Austin,
Quand dire, c'est faire (1962),
Deuxième conférence, trad. G. Lane,
Éd. du Seuil, 1970, pp. 47-48.

Bourdieu

[1930-2002]

XXᵉ SIÈCLE

18 La base sociale des énonciations performatives

Le sociologue Pierre Bourdieu critique la théorie austinienne (voir ci-dessus texte 17) d'après laquelle certains actes de langage posséderaient en eux-mêmes une véritable puissance d'action ; il lui reproche de négliger les circonstances extérieures au langage qui confèrent du pouvoir à ces actes.

Si, comme le remarque Austin, il est des énonciations qui n'ont pas seulement pour rôle de « décrire un état de choses ou d'affirmer un fait
quelconque », mais aussi d'« exécuter une action », c'est que le pouvoir
des mots réside dans le fait qu'ils ne sont pas prononcés à titre personnel
5 par celui qui n'en est que le « porteur » : le porte-parole autorisé ne peut
agir par les mots sur d'autres agents et, par l'intermédiaire de leur travail,
sur les choses mêmes, que parce que sa parole concentre le capital symbolique[1] accumulé par le groupe qui l'a mandaté et dont il est le *fondé de
pouvoir.* Les lois de la physique sociale n'échappent qu'en apparence aux
10 lois de la physique et le pouvoir que détiennent certains *mots d'ordre*
d'obtenir du travail sans dépense de travail – ce qui est l'ambition même
de l'action magique – trouve son fondement dans le capital que le groupe
a accumulé par son travail et dont la mise en œuvre efficace est subordonnée à tout un ensemble de conditions, celles qui définissent les *rituels*
15 *de la magie sociale.* La plupart des conditions qui doivent être remplies
pour qu'un énoncé performatif réussisse se réduisent à l'adéquation du
locuteur – ou, mieux, de sa fonction sociale – et du discours qu'il prononce : un énoncé performatif[2] est voué à l'échec toutes les fois qu'il n'est
pas prononcé par une personne ayant le « pouvoir » de le prononcer, ou,
20 plus généralement, toutes les fois que « les personnes ou circonstances
particulières » ne sont pas « celles qui conviennent pour qu'on puisse

1. Le capital symbolique désigne le pouvoir que peut conférer à ses détenteurs la maîtrise de certains signes et de leur usage.

2. Énoncé performatif : énoncé qui constitue simultanément l'action qu'il exprime.

LA CULTURE

invoquer la procédure en question », bref toutes les fois que le locuteur n'a pas autorité pour émettre les mots qu'il énonce. Mais le plus important est peut-être que la réussite de ces opérations de magie sociale que sont les
25 *actes d'autorité* ou, ce qui revient au même, les *actes autorisés,* est subordonnée à la conjonction d'un ensemble systématique de conditions interdépendantes qui composent les rituels sociaux.

Pierre Bourdieu,
Ce que parler veut dire, Éd. Fayard, 1982, pp. 107-109.

L'art

Définition élémentaire

▶ L'art est une activité de création d'œuvres ayant une valeur esthétique.

▶ L'étymologie indique le lien de l'art avec la technique (*ars* signifie « technique »), mais l'histoire du mot « art » nous informe aussi sur le fait que ce mot en est venu à désigner quelque chose d'autre que la production technique (avec l'apparition de la notion de « beaux-arts », au XVIIIe siècle).

Distinguer pour comprendre

▶ L'art peut être distingué de la technique : l'œuvre d'art est l'objet d'une création, et elle a pour but le plaisir esthétique, c'est-à-dire qu'elle n'a aucun but pratique. L'objet technique (l'outil), lui, est l'objet d'une production, et il a une fonction pratique : il est subordonné à une fin extérieure à lui. Qu'appelle-t-on « valeur esthétique » ? Est-ce la même chose que la beauté ?

▶ L'art peut être distingué de la science et de la philosophie : l'art produit un effet esthétique, c'est-à-dire qu'il s'adresse aux sens et à l'imagination ; la science et la philosophie, chacune à sa manière, visent en principe une connaissance et s'adressent à la raison.

▶ L'art se distingue de la nature : par l'art, l'homme produit des œuvres ; tandis que la nature n'est pas produite par l'homme. L'art imite-t-il la nature (théorie de la *mimesis*) ? Qu'en est-il de l'art dit « abstrait » ? Quel est le rapport entre les notions d'imitation et de représentation ? Peut-on aller jusqu'à dire que c'est la nature qui imite l'art ?

Repère associé à la notion

→ **FORMEL / MATÉRIEL** (p. 441)

Platon

[427-347 av. J.-C.]

1 Imitation et non-savoir

Quel rapport la peinture entretient-elle exactement avec la réalité ? En comprenant l'art du peintre comme simple fabrication d'illusion, Platon situe plus généralement l'art du côté du non-savoir : pour lui, l'imitation est toujours défectueuse, et l'œuvre qu'elle élabore, simple « copie de copie » – c'est-à-dire de l'apparence – ne peut nous offrir aucune connaissance.

– [C'est Socrate qui parle.] Mais réponds à la question suivante concernant le peintre : à ton avis, ce qu'il entreprend d'imiter, est-ce cet être unique qui existe pour chaque chose par nature, ou s'agit-il des ouvrages des artisans ?

5 – Ce sont les ouvrages des artisans, dit [Glaucon].

– Tels qu'ils existent ou tels qu'ils apparaissent ? cette distinction doit aussi être faite.

– Que veux-tu dire ? demanda-t-il.

– Ceci : un lit, si tu le regardes sous un certain angle, ou si tu le regardes
10 de face, ou de quelque autre façon, est-il différent en quoi que ce soit de ce qu'il est lui-même, ou bien paraît-il différent tout en ne l'étant aucunement ? n'est-ce pas le cas pour tout autre objet ?

– C'est ce que tu viens de dire, dit-il, il semble différent, mais il ne l'est en rien.

15 – À présent, considère le point suivant. Dans quel but l'art de la peinture a-t-il été créé pour chaque objet ? Est-ce en vue de représenter imitativement, pour chaque être, ce qu'il est, ou pour chaque apparence, de représenter comment elle apparaît ? la peinture est-elle une imitation de l'apparence ou de la vérité ?

20 – De l'apparence, dit-il.

– L'art de l'imitation est donc bien éloigné du vrai, et c'est apparemment pour cette raison qu'il peut façonner toutes choses : pour chacune, en effet, il n'atteint qu'une petite partie, et cette partie n'est elle-même qu'un simulacre[1]. C'est ainsi, par exemple, que nous dirons que le peintre
25 peut nous peindre un cordonnier, un menuisier, et tous les autres artisans, sans rien maîtriser de leur art. Et s'il est bon peintre, il trompera les enfants et les gens qui n'ont pas toutes leurs facultés en leur montrant de loin le dessin qu'il a réalisé d'un menuisier, parce que ce dessin leur semblera le menuisier réel.

30 – Oui, assurément.

– Mais voici, mon ami, je présume, ce qu'il faut penser dans ces cas-là. Quand quelqu'un vient nous annoncer qu'il est tombé sur une personne qui possède la connaissance de toutes les techniques artisanales et qui est au courant de tous les détails concernant chacune, un homme qui pos-
35 sède une connaissance telle qu'il ne connaît rien avec moins de précision que n'importe quel expert, il faut lui rétorquer qu'il est naïf et qu'apparemment il est tombé sur un enchanteur ou sur quelque imitateur qui l'a dupé, au point de se faire passer pour un expert universel, en raison de son

1. Simulacre : ce qui n'a que l'apparence de ce qu'il prétend être.

À L'ÉPOQUE

Dans le livre X de la *République,* Socrate s'efforce de convaincre Glaucon que son modèle de cité idéale doit exclure les créateurs dans la mesure où leur activité mimétique détourne le public de la vérité et l'enfonce dans un univers d'images.

inaptitude propre à distinguer ce en quoi consistent la science, l'ignorance
40 et l'imitation.

– C'est tout à fait vrai, dit-il.

Platon,
La République (ɪᴠᵉ siècle av. J.-C.),
Livre X, 598a-d, trad. G. Leroux,
Éd. Flammarion, coll. « GF », 2002, pp. 485-487.

Fiche Platon p. 477

Aristote
[384-322 av. J.-C.]

2 Imitation et plaisir

L'imitation dégrade-t-elle nécessairement son objet ? À l'inverse de Platon, Aristote considère qu'elle est positive : outre qu'elle est propre à l'homme, elle est un moyen d'apprentissage. Dès lors, l'imitation artistique peut nous fournir un plaisir double : elle correspond à une de nos tendances naturelles, et, grâce à ses représentations, elle rend supportable ce qui, dans le réel, ne l'est pas.

À l'origine de l'art poétique dans son ensemble, il semble bien y avoir deux causes, toutes deux naturelles.

Imiter est en effet, dès leur enfance, une tendance naturelle aux hommes – et ils se différencient des autres animaux en ce qu'ils sont des
5 êtres fort enclins à imiter et qu'ils commencent à apprendre à travers l'imitation –, comme la tendance commune à tous, de prendre plaisir aux représentations ; la preuve en est ce qui se passe dans les faits : nous prenons plaisir à contempler les images les plus exactes de choses dont la vue nous est pénible dans la réalité, comme les formes d'animaux les plus
10 méprisés et des cadavres. Une autre raison est qu'apprendre est un grand plaisir non seulement pour les philosophes, mais pareillement aussi pour les autres hommes – quoique les points communs entre eux soient peu nombreux à ce sujet. On se plaît en effet à regarder les images car leur contemplation apporte un enseignement et permet de se rendre compte
15 de ce qu'est chaque chose, par exemple que ce portrait-là, c'est un tel ; car si l'on se trouve ne pas l'avoir vu auparavant, ce n'est pas en tant que représentation que ce portrait procurera le plaisir, mais en raison du fini dans l'exécution, de la couleur ou d'une autre cause de ce genre.

L'imitation, la mélodie et le rythme (car il est évident que les mètres
20 sont une partie des rythmes) nous étant naturels, ceux qui à l'origine avaient les meilleures dispositions naturelles en ce domaine, firent peu à peu des progrès, et à partir de leurs improvisations, engendrèrent la poésie.

Aristote,
Poétique (ɪᴠᵉ siècle av. J.-C.), IV, 1448 b, trad. M. Magnien,
Librairie Générale Française,
coll. « Le Livre de poche classique », 2002, pp. 88-89.

Fiche Aristote p. 478

Burke

Burke

[1729-1797]

❸ Le beau et le sublime

Contre la réduction usuelle de l'esthétique à la théorie du beau, Burke montre qu'il y a deux esthétiques radicalement opposées, celle du beau et celle du sublime. Pour lui, le principe de cette distinction n'est pas rationnel mais empirique.

En terminant cet examen général du beau, on le comparera naturellement au sublime : un remarquable contraste ressort de cette confrontation. Les objets sublimes sont de grande dimension, les beaux objets sont relativement petits, le beau doit être uni et poli, le grand rude et négligé, l'un fuit
5 la rectitude, mais s'en éloigne insensiblement, l'autre préfère la ligne droite et s'en écarte, quand il le fait, par une déviation souvent très marquée, l'un ne saurait être obscur, l'autre doit être sombre et ténébreux, l'un est léger et délicat, l'autre solide et même massif. Ils éveillent en fait des idées fort différentes, l'une fondée sur la douleur, l'autre sur le plaisir et
10 quoiqu'elles puissent varier le contenu en s'écartant par la suite de leurs sources originelle, leur distinction n'en subsiste pas moins, ce que ne doivent jamais oublier les hommes qui veulent influer sur les passions.

Dans la diversité infinie des combinaisons naturelles, il faut s'attendre à trouver réunies en un même objet des qualités qu'on pourrait imaginer
15 les plus distantes les unes des autres. On doit présumer le même type de combinaisons dans les œuvres d'art. Mais, en considérant l'influence d'un objet sur les passions, n'oublions pas que sa propriété dominante produira une affection d'autant plus uniforme et complète que les autres propriétés et qualités de l'objet seront de même nature et tendront à la même fin
20 que la propriété dominante.

De ce que le noir et le blanc s'unissent, se confondent et s'adoucissent de mille manières différentes, s'ensuit-il qu'il n'y ait ni blanc, ni noir ? (Alexander Pope, *Essai sur l'homme*, 1734.)

Si les qualités du sublime et du beau sont parfois unies, cela prouve-t-il
25 leur identité ? Cela prouve-t-il leur parenté ? Cela prouve-t-il même leur absence d'opposition et de contradiction ? Le noir et le blanc peuvent se mêler et s'adoucir mutuellement ; ils ne sont pas pour autant identiques. Mêlés et adoucis, ou unis à d'autres couleurs, ils n'ont pas en tant que noir et en tant que blanc autant de pouvoir qu'ils n'en ont, lorsque chacun se
30 trouve seul et uniforme.

Edmund Burke,
Recherche philosophique sur l'origine de nos idées du sublime et du beau (1757),
XXVII. Le sublime et le beau comparés,
Librairie philosophique J. Vrin, 1990.

À L'ÉPOQUE

Burke, empiriste anglais, s'est toujours opposé au rationalisme des Français. Il rejette aussi bien la théorie du Beau développé par les classiques (Boileau) que le modèle politique de la Révolution française qui entend faire table rase du passé.

Kant

[1724-1804]

4 La prétention du jugement esthétique à l'universalité

En distinguant ce qui n'est qu'agréable pour les sens de ce qui est jugé beau, Kant souligne que le jugement de goût, authentiquement esthétique, implique une adhésion universelle. Plus question dès lors d'admettre à propos du beau la formule convenue : « À chacun selon son goût… ».

Lorsqu'il s'agit de ce qui est agréable, chacun consent à ce que son jugement, qu'il fonde sur un sentiment personnel et en fonction duquel il affirme d'un objet qu'il lui plaît, soit restreint à sa seule personne. Aussi bien disant : « Le vin des Canaries est agréable », il admettra volontiers qu'un
5 autre corrige l'expression et lui rappelle qu'il doit dire : cela *m'est* agréable. Il en est ainsi non seulement pour le goût de la langue, du palais et du gosier, mais aussi pour tout ce qui peut être agréable aux yeux et aux oreilles de chacun. La couleur violette sera douce et aimable pour celui-ci, morte et éteinte pour celui-là. Celui-ci aime le son des instruments à vent, celui-là
10 aime les instruments à corde. Ce serait folie que de discuter à ce propos, afin de réputer erroné le jugement d'autrui, qui diffère du nôtre, comme s'il lui était logiquement opposé ; le principe : *« À chacun son goût »* (s'agissant des sens) est un principe valable pour ce qui est agréable.

Il en va tout autrement du beau. Il serait (tout juste à l'inverse) ridi
15 cule que quelqu'un, s'imaginant avoir du goût, songe en faire la preuve en déclarant : cet objet (l'édifice que nous voyons, le vêtement que porte celui-ci, le concert que nous entendons, le poème que l'on soumet à notre appréciation) est beau *pour moi*. Car il ne doit pas appeler beau, ce qui ne plaît qu'à lui. Beaucoup de choses peuvent avoir pour lui du charme ou de
20 l'agrément ; personne ne s'en soucie ; toutefois lorsqu'il dit qu'une chose est belle, il attribue aux autres la même satisfaction ; il ne juge pas seulement pour lui, mais aussi pour autrui et parle alors de la beauté comme si elle était une propriété des choses. C'est pourquoi il dit : *la chose* est belle et dans son jugement exprimant sa satisfaction, *il exige* l'adhésion des autres, loin
25 de compter sur leur adhésion, parce qu'il a constaté maintes fois que leur jugement s'accordait avec le sien. Il les blâme s'ils jugent autrement et leur dénie un goût, qu'ils devraient cependant posséder d'après ses exigences ; et ainsi on ne peut dire : « À chacun son goût ». Cela reviendrait à dire : le goût n'existe pas, il n'existe pas de jugement esthétique qui pourrait légitime
30 ment prétendre à l'assentiment de tous.

Emmanuel Kant,
Critique de la faculté de juger (1790), § 7,
trad. A. Philonenko, Librairie philosophique J. Vrin, 1993, pp. 74-75.

À L'ÉPOQUE

Au XVIIIᵉ siècle émergent les musées. Se pose alors la question de savoir si une collection d'œuvres d'art est l'expression d'un goût particulier du collectionneur, ou si ce goût a une valeur universelle.

Fiche Kant p. 509

Kant
[1724-1804]

5 L'art : distinct de la nature, de la science et du métier

On évoque aussi volontiers l'art de la peinture que l'art culinaire ou celui des abeilles... Kant, en opposant l'art à la nature, à la science et au métier, entend mettre fin à ce genre de confusion.

1. L'art est distingué de la nature, comme le « faire » l'est de l'« agir » ou « causer » en général ; et le produit ou la conséquence de l'art se distingue en tant qu'œuvre du produit de la nature en tant qu'effet.

En droit on ne devrait appeler art que la production par liberté, c'est-
5 à-dire par un libre-arbitre, qui met la raison au fondement de ses actions. On se plaît à nommer une œuvre d'art le produit des abeilles (les gâteaux de cire régulièrement construits), mais ce n'est qu'en raison d'une analogie avec l'art ; en effet, dès que l'on songe que les abeilles ne fondent leur travail sur aucune réflexion proprement rationnelle, on déclare aussitôt qu'il
10 s'agit d'un produit de leur nature (de l'instinct), et c'est seulement à leur créateur qu'on l'attribue en tant qu'art. Lorsqu'en fouillant un marécage on découvre, comme il est arrivé parfois, un morceau de bois taillé, on ne dit pas que c'est un produit de la nature, mais de l'art ; la cause productrice de celui-ci a pensé à une fin, à laquelle l'objet doit sa forme. On discerne
15 d'ailleurs un art en toute chose, qui est ainsi constituée, qu'une représentation de ce qu'elle est a dû dans sa cause précéder sa réalité (même chez les abeilles), sans que toutefois cette cause ait pu précisément *penser* l'effet ; mais quand on nomme simplement une chose une œuvre d'art, pour la distinguer d'un effet naturel, on entend toujours par là une œuvre de l'homme.

20 **2.** *L'art,* comme habileté de l'homme, est aussi distinct de la *science* (comme *pouvoir* l'est de *savoir*), que la faculté pratique est distincte de la faculté théorique, la technique de la théorie (comme l'arpentage de la géométrie). Et de même ce que l'on *peut,* dès qu'on *sait* seulement ce qui doit être fait, et que l'on connaît suffisamment l'effet recherché, ne s'appelle pas
25 de l'art. Seul ce que l'on ne possède pas l'habileté de faire, même si on le connaît de la manière la plus parfaite, relève de l'art. Camper[1] décrit très exactement comment la meilleure chaussure doit être faite, mais il ne pouvait assurément pas en faire une[2].

3. *L'art* est également distinct du *métier* ; l'art est dit *libéral,* le métier est
30 dit *mercenaire.* On considère le premier comme s'il ne pouvait obtenir de la finalité (réussir) qu'en tant que jeu, c'est-à-dire comme une activité en elle-même agréable ; on considère le second comme un travail, c'est-à-dire comme une activité, qui est en elle-même désagréable (pénible) et qui n'est attirante que par son effet (par exemple le salaire), et qui par conséquent
35 peut être imposée de manière contraignante.

Emmanuel Kant,
Critique de la faculté de juger (1790), § 43,
trad. A. Philonenko, Librairie philosophique J. Vrin, 1993, pp. 198-200.

1. Petrus Camper : anatomiste hollandais (1722-1789).

2. Dans mon pays l'homme du commun à qui l'on propose un problème tel que celui de l'œuf de Christophe Colomb, dit : « Ce n'est pas de l'art il ne s'agit que d'une science ». C'est-à-dire : si on le sait, on le peut : il en dit autant de tous les prétendus arts de l'illusionniste. En revanche il ne répugnera pas à nommer art l'adresse du danseur de corde (note de Kant).

Fiche Kant p. 509

Kant
[1724-1804]

6 Beauté naturelle et beauté artistique

Comment distinguer beauté naturelle et beauté artistique ? La première concerne une chose elle-même, alors que la seconde concerne la représentation d'une chose.

Pour *juger* d'objets beaux, comme tels, il faut du *goût* ; mais il faut du *génie* pour les beaux-arts eux-mêmes, c'est-à-dire pour la *production* de tels objets.

Si l'on considère le génie comme le talent pour les beaux-arts (ce qui est la signification propre du mot) et si l'on désire analyser à ce point de
5 vue les facultés qui doivent s'unir pour constituer un pareil talent, il est nécessaire de déterminer exactement la différence entre la beauté naturelle, dont le jugement n'exige que le goût, et la beauté artistique, dont la possibilité exige le génie (chose dont il faut tenir compte lorsqu'on juge un tel objet).

10 Une beauté naturelle est une *belle chose ;* la beauté artistique est une *belle représentation* d'une chose.

Afin de juger une beauté naturelle comme telle, il n'est pas nécessaire que je possède au préalable un concept de ce que l'objet doit être en tant que chose ; en d'autres termes il ne m'est pas nécessaire de connaître la
15 finalité matérielle (la fin), mais au contraire la simple forme, sans connaissance de la fin, plaît pour elle-même dans le jugement. Mais quand l'objet est donné comme un produit de l'art et doit être déclaré beau comme tel, il faut, puisque l'art suppose toujours une fin dans la cause (et en sa causalité), qu'un concept de ce que la chose doit être soit préalablement
20 mis au fondement ; et puisque l'harmonie du divers en une chose avec une destination interne de celle-ci en tant que fin constitue la perfection de la chose, il faut dans le jugement sur la beauté artistique tenir compte en même temps de la perfection de la chose, alors qu'il n'en est pas du tout question dans la beauté naturelle (comme telle).

Emmanuel Kant,
Critique de la faculté de juger (1790), § 48,
trad. A. Philonenko, Librairie philosophique J. Vrin, 1993, pp. 209-210.

À L'ÉPOQUE

Kant ne cite quasiment pas d'œuvres d'art dans son ouvrage. Il semble même qu'il leur ait préféré les beautés naturelles.
Et pourtant, son texte est fondateur de toute la pensée moderne sur la création artistique.

📄 Fiche Kant p. 509

Hegel
[1770-1831]

7 L'art comme réalité plus haute

Dans le débat initié par Platon sur l'art et l'apparence, Hegel revalorise celle-ci : elle est toujours nécessaire à la manifestation de ce qui est. De surcroît, les apparences, dans l'art, ne sont pas la simple répétition d'un quotidien lui-même confus : elles en constituent plutôt une purification.

Mais venons-en maintenant à l'*indignité* supposée de l'élément artistique en général, indignité de l'*apparence* et de ses *illusions* ; il y aurait, assurément, quelque chose de vrai dans cette objection s'il était légitime d'aborder l'apparence comme ce qui n'est pas censé être. Mais l'*apparence* elle-même
5 est essentielle à l'*essence*, et la vérité ne serait pas si elle ne paraissait et

n'apparaissait pas, si elle n'était pas *pour* une instance quelconque, tant *pour* elle-même que pour l'esprit tout court. Par conséquent, ce n'est pas le *paraître* en général qui peut faire l'objet d'une critique, mais seulement le mode particulier de l'apparence en laquelle l'art donne effectivité à ce
10 qui est véritable en soi-même. Admettons dans cette perspective que l'apparence en laquelle l'art fait accéder ses créations à l'existence soit déterminée comme *illusion* : ce reproche prend d'abord son sens par comparaison avec le *monde extérieur* des manifestations phénoménales et de leur matérialité immédiate, et par rapport également à notre propre
15 monde de sensations, à notre *monde sensible intérieur*, deux mondes auxquels nous avons coutume d'accorder, dans la vie empirique ou vie de notre propre phénoménalité, la valeur et le nom d'effectivité, de réalité et de vérité par opposition précisément à l'art, auquel feraient défaut cette réalité et cette vérité. Mais en fait, toute cette sphère du monde
20 empirique intérieur et extérieur n'est justement pas le monde de l'effectivité véritable, et mérite à plus juste titre que l'art d'être nommée simple apparence et illusion plus coriace encore. L'authentique effectivité ne peut être trouvée qu'une fois dépassée l'immédiateté de la sensation et des objets extérieurs. Car seul est véritablement effectif ce qui est en soi
25 et pour soi, ce qui est substantiel dans la nature et dans l'esprit et qui, certes, se donne la présence et l'existence, mais qui dans cette existence demeure cependant ce qui est en soi et pour soi et est ainsi seulement véritablement effectif. Or l'activité souveraine de ces forces universelles est précisément ce que l'art met en valeur et fait apparaître. Sans doute,
30 l'essentialité apparaît bien aussi dans le monde intérieur et extérieur ordinaire, mais dans la figure d'un chaos de contingences, appauvrie et réduite par l'immédiateté du sensible et par l'arbitraire à l'état de simples situations, épisodes, caractères, etc. L'art ôte justement à la teneur véritable des manifestations phénoménales l'apparence et l'illusion de ce
35 monde mauvais, périssable, et donne à ces manifestations une effectivité supérieure, une effectivité née de l'esprit. Bien loin, par conséquent, d'être simple apparence, ce que l'art amène au paraître mérite bien plus que l'effectivité ordinaire de se voir attribuer une réalité supérieure et une plus véritable existence.

Georg Wilhelm Friedrich Hegel,
Cours d'Esthétique I (1827), trad. J.-P. Lefebvre et V. von Schenk,
Éd. Aubier, coll. « Bibliothèque philosophique », 1995, pp. 14-15.

 Fiche Hegel p. 510

Hegel
[1770-1831]

8 Le besoin d'une science de l'art

L'histoire de l'art est-elle nécessairement sans fin ? Pour Hegel, la réponse est négative : aux apports de l'art succède désormais une « culture réflexive », qui nous livre l'universel de façon intellectuelle, sans représentation. L'art devient donc « du passé » : il laisse la place à une « science de l'art » philosophique.

[…] l'art n'apporte plus aux besoins spirituels cette satisfaction que des époques et des nations du passé y ont cherchée et n'ont trouvée qu'en lui – satisfaction qui, au moins sous le rapport de la religion, était très intimement liée à l'art. Les beaux jours de l'art grec, l'âge d'or du Moyen
5 Âge tardif ne sont plus. Le degré qu'a atteint le développement de la réflexion dans notre vie actuelle fait que nous avons besoin, du point de vue tant de la volonté que du jugement, de retenir des perspectives universelles et de soumettre le particulier à leur régulation, de sorte que les formes, lois, devoirs, droits et maximes universels valent comme principes déterminants
10 et gouvernent presque tout. Mais, en ce qui concerne l'intérêt et la production artistiques, nous exigeons en général plutôt une vie où l'universel ne soit pas présent comme loi ou comme maxime, mais agisse de concert avec le cœur et la sensation en ne faisant qu'un avec eux – de même que dans l'imagination l'universel et le rationnel sont contenus comme étant unis à
15 un phénomène sensible concret. C'est pourquoi notre époque, en raison de sa condition générale, n'est pas propice à l'art. […]

Sous tous ces rapports, l'art est et reste pour nous, quant à sa destination la plus haute, quelque chose de révolu. Il a de ce fait perdu aussi pour nous sa vérité et sa vie authentiques, et il est davantage relégué dans notre
20 *représentation* qu'il n'affirme dans l'effectivité son ancienne nécessité et n'y occupe sa place éminente. Ce que les œuvres d'art suscitent à présent en nous, outre le plaisir immédiat, est l'exercice de notre jugement : nous soumettons à l'examen de notre pensée le contenu de l'œuvre d'art et ses moyens d'exposition, en évaluant leur mutuelle adéquation ou inadéqua-
25 tion. C'est pourquoi la *science* de l'art est bien plus encore un besoin à notre époque qu'elle ne l'était au temps où l'art pour lui-même procurait déjà en tant que tel une pleine satisfaction. L'art nous invite à présent à l'examiner par la pensée, et ce non pas pour susciter un renouveau artistique, mais pour reconnaître scientifiquement ce qu'est l'art.

Georg Wilhelm Friedrich Hegel,
Cours d'Esthétique I (1827), trad. J.-P. Lefebvre et V. von Schenk,
Éd. Aubier, coll. « Bibliothèque philosophique », 1995, pp. 17-19.

Fiche Hegel p. 510

Nietzsche
[1844-1900]

9 L'art aussi nécessaire que le bouffon

Nietzsche admet que l'art est fauteur d'illusion ; mais c'est pour en inverser la portée : l'art est une « contre-puissance » nécessaire qui autorise l'affirma-tion de notre légèreté et de notre insouciance.

Nous n'interdisons pas toujours à notre œil d'arrondir, de parachever par l'imagination : et ce n'est plus alors l'éternelle imperfection que nous trans-portons sur le fleuve du devenir – nous pensons alors porter une *déesse* et nous accomplissons ce service avec de la fierté et une innocence enfantine.
5 […] Nous devons de temps en temps nous reposer de nous-mêmes en jetant d'en haut un regard sur nous-mêmes, et, avec un éloignement artistique en riant sur nous-mêmes ou en pleurant sur nous-mêmes ; nous

devons découvrir le *héros* et de même le *bouffon* qui se cachent dans notre passion de connaissance, nous devons quelquefois nous réjouir de notre
10 folie pour pouvoir continuer à éprouver de la joie à notre sagesse ! Et c'est précisément parce que nous sommes en dernière instance des hommes lourds et sérieux, et plutôt des poids que des hommes, que rien ne nous fait tant de bien que le *bonnet de bouffon* : nous en avons besoin à l'égard de nous-mêmes – nous avons besoin de tout art insolent, planant dans les
15 airs, dansant, moqueur, enfantin et bienheureux pour ne pas perdre cette *liberté qui se tient au-dessus des choses* que notre idéal exige de nous. Ce serait pour nous une *rechute* que de tomber, en raison précisément de notre probité susceptible, au beau milieu de la morale et par amour pour des exigences excessivement sévères que nous nous imposons à cet égard,
20 de nous transformer en monstres et en épouvantails de vertu. Nous devons aussi *pouvoir* nous tenir *au-dessus* de la morale : et pas seulement nous tenir avec la raideur anxieuse de celui qui craint à chaque instant de glisser et de tomber, mais aussi planer et jouer au-dessus d'elle ! Comment pourrions-nous pour ce nous passer de l'art, tout comme du bouffon ?

Friedrich Nietzsche,
Le Gai Savoir (1882), Livre II, § 107,
trad. P. Wotling, Éd. Flammarion,
coll. « GF », 1997, pp. 158-159.

Fiche Nietzsche p. 518

Freud
[1856-1939]

XXᵉ SIÈCLE

10 La sublimation

Qu'est-ce qui distingue l'artiste des autres ? Au lieu de vanter ses « dons » ou son génie, Freud y voit simplement un individu qui évite la névrose en donnant à ses désirs une satisfaction imaginaire, dans et par ses œuvres.

1. Libido (« désir » en latin) :
énergie de la pulsion sexuelle.

Il existe notamment un chemin de retour qui conduit de la fantaisie à la réalité : c'est l'art. L'artiste est en même temps un introverti qui frise la névrose. Animé d'impulsions et de tendances extrêmement fortes, il voudrait conquérir honneurs, puissance, richesses, gloire et amour des
5 femmes. Mais les moyens lui manquent de se procurer ces satisfactions. C'est pourquoi, comme tout homme insatisfait, il se détourne de la réalité et concentre tout son intérêt, et aussi sa libido[1], sur les désirs créés par sa vie imaginaire, ce qui peut le conduire facilement à la névrose. Il faut beaucoup de circonstances favorables pour que son développement
10 n'aboutisse pas à ce résultat ; et l'on sait combien sont nombreux les artistes qui souffrent d'un arrêt partiel de leur activité par suite de névroses. Il est possible que leur constitution comporte une grande aptitude à la sublimation et une certaine faiblesse à effectuer des refoulements susceptibles de décider du conflit. Et voici comment l'artiste
15 retrouve le chemin de la réalité. Je n'ai pas besoin de vous dire qu'il n'est pas le seul à vivre d'une vie imaginaire. Le domaine intermédiaire de la fantaisie jouit de la faveur générale de l'humanité, et tous ceux qui sont privés de quelque chose y viennent chercher compensation et consolation.

Mais les profanes ne retirent des sources de la fantaisie qu'un plaisir
20 limité. Le caractère implacable de leurs refoulements les oblige à se
contenter des rares rêves éveillés dont il faut encore qu'ils se rendent
conscients. Mais le véritable artiste peut davantage. Il sait d'abord donner
à ses rêves éveillés une forme telle qu'ils perdent tout caractère personnel
susceptible de rebuter les étrangers, et deviennent une source de jouis-
25 sance pour les autres. Il sait également les embellir de façon à dissimuler
complètement leur origine suspecte. Il possède en outre le pouvoir mystérieux de modeler des matériaux donnés jusqu'à en faire l'image fidèle
de la représentation existant dans sa fantaisie et de rattacher à cette
représentation de sa fantaisie une somme de plaisir suffisante pour mas-
30 quer ou supprimer, provisoirement du moins, les refoulements.
Lorsqu'il a réussi à réaliser tout cela, il procure à d'autres le moyen de
puiser à nouveau soulagement et consolation dans les sources de jouissances, devenues inaccessibles, de leur propre inconscient ; il s'attire leur
reconnaissance et leur admiration et a finalement conquis *par* sa fantaisie
35 ce qui auparavant n'avait existé que *dans* sa fantaisie : honneurs, puissance et amour des femmes.

Sigmund Freud,
Introduction à la psychanalyse (1916),
trad. S. Jankélévitch, Éd. Payot,
coll. « Petite bibliothèque », 1962, pp. 354-355.

Fiche Freud p. 519

À L'ÉPOQUE

Depuis l'Antiquité, lier création et folie est traditionnel. Freud repense ce lien : le moteur de la création n'est ni transcendant (délire inspiré pour Platon), ni physiologique (mélancolie pour Aristote), il est « fantaisie », inscrite au cœur même de l'âme humaine.

Merleau-Ponty
[1908-1961]

1. La peinture « dégénérée » : allusion, non seulement à l'organisation par les nazis d'une exposition d'« Art dégénéré », où ils dénoncent toutes les tendances de la peinture moderne (cubisme, futurisme, surréalisme, etc.), mais aussi à la façon dont la peinture progressiste (notamment abstraite) fut écartée en URSS lorsqu'il s'agissait d'imposer aux peintres les dogmes du « réalisme socialiste ».

XXᵉ SIÈCLE

11 L'« innocence » de la peinture

Ce qui peut nous fasciner dans l'art pictural ne viendrait-il pas de la sorte d'irresponsabilité dont il bénéficie, et qui nous autorise à oublier les remous du monde ? Il semble, pour Merleau-Ponty, que le peintre, dans son travail, puisse faire abstraction de tout jugement sur la marche de ce monde. Comme si les significations politiques ou idéologiques de ses toiles n'y avaient rien d'urgent.

À l'écrivain, au philosophe, on demande conseil ou avis, on n'admet pas qu'ils tiennent le monde en suspens, on veut qu'ils prennent position, ils ne peuvent décliner les responsabilités de l'homme parlant. La musique, à l'inverse, est trop en deçà du monde et du désignable pour figurer autre chose
5 que des épures de l'Être, son flux et son reflux, sa croissance, ses éclatements, ses tourbillons. Le peintre est seul à avoir droit de regard sur toutes choses sans aucun devoir d'appréciation. On dirait que devant lui les mots d'ordre de la connaissance et de l'action perdent leur vertu. Les régimes qui déclament contre la peinture « dégénérée[1] » détruisent rarement les tableaux : ils
10 les cachent, et il y a là un « on ne sait jamais » qui est presque une reconnais-
sance ; le reproche d'évasion, on l'adresse rarement au peintre. On n'en veut pas à Cézanne d'avoir vécu caché à l'Estaque pendant la guerre de 1870, tout le monde cite avec respect son « c'est effrayant, la vie », quand le moindre étudiant, depuis Nietzsche, répudierait rondement la philosophie s'il était

15 dit qu'elle ne nous apprend pas à être de grands vivants. Comme s'il y avait dans l'occupation du peintre une urgence qui passe toute autre urgence. Il est là, fort ou faible dans la vie, mais souverain sans conteste dans sa rumination du monde, sans autre « technique » que celle que ses yeux et ses mains se donnent à force de voir, à force de peindre, acharné à tirer de ce monde
20 où sonnent les scandales et les gloires de l'histoire des *toiles* qui n'ajouteront guère aux colères ni aux espoirs des hommes, et personne ne murmure.

Maurice Merleau-Ponty,
L'Œil et l'Esprit (1961), Éd. Gallimard, 1964, pp. 13-15.

Fiche Merleau-Ponty p. 532

Goodman
[1906-1998]

12 « Quand y a-t-il art ? »

La chaise sur laquelle on ne s'assoit plus, l'égouttoir à bouteille désormais exposé dans un musée ou dans mon salon méritent-ils vraiment le titre d'œuvre d'art ? Le philosophe américain Nelson Goodman observe ici que toute « chose », même un trou, peut être tenue pour une œuvre d'art pourvu qu'elle s'inscrive, à un moment donné, dans un ordre symbolique déterminé.

La littérature esthétique est encombrée de tentatives désespérées pour répondre à la question « Qu'est-ce que l'art ? » Cette question, souvent confondue sans espoir avec la question de l'évaluation en art « Qu'est-ce que l'art de qualité ? », s'aiguise dans le cas de l'art trouvé – la pierre ramassée
5 sur la route et exposée au musée ; elle s'aggrave encore avec la promotion de l'art dit environnemental et conceptuel[1]. Le pare-chocs d'une automobile accidentée dans une galerie d'art est-il une œuvre d'art ? Que dire de quelque chose qui ne serait pas même un objet, et ne serait pas montré dans une galerie ou un musée – par exemple, le creusement et le remplissage d'un
10 trou dans Central Park[2], comme le prescrit Oldenburg[3] ? Si ce sont des œuvres d'art, alors toutes les pierres des routes, tous les objets et événements, sont-ils des œuvres d'art ? Sinon, qu'est-ce qui distingue ce qui est une œuvre d'art de ce qui n'en est pas une ? Qu'un artiste l'appelle œuvre d'art ? Que ce soit exposé dans un musée ou une galerie ? Aucune de ces réponses
15 n'emportent la conviction.

Je le remarquais au commencement de ce chapitre, une partie de l'embarras provient de ce qu'on pose une fausse question – on n'arrive pas à reconnaître qu'une chose puisse fonctionner comme œuvre d'art en certains moments et non en d'autres. Pour les cas cruciaux, la véritable question
20 n'est pas « Quels objets sont (de façon permanente) des œuvres d'art ? » mais « Quand un objet fonctionne-t-il comme œuvre d'art ? » – ou plus brièvement, comme dans mon titre, « Quand y a-t-il de l'art ? ».

Ma réponse : exactement de la même façon qu'un objet peut être un symbole – par exemple, un échantillon – à certains moments et dans cer-
25 taines circonstances, de même un objet peut être une œuvre d'art en certains moments et non en d'autres. À vrai dire, un objet devient précisément une œuvre d'art parce que et pendant qu'il fonctionne d'une certaine façon

1. Art dit environnemental (ou *Land art*) : art dont les créations, plus ou moins éphémères, modifient le milieu naturel. Art conceptuel : mouvement, apparu à la fin des années 1960, qui vise une dématérialisation de l'œuvre d'art, en considérant que son projet (rédigé) est plus important que sa réalisation.

2. Central Park : grand parc public, situé au centre de Manhattan à New York.

3. Claes Oldenburg : artiste américain d'origine suédoise (né en 1929).

comme symbole. Tant qu'elle est sur une route, la pierre n'est d'habitude pas une œuvre d'art, mais elle peut en devenir une quand elle est donnée à
30 voir dans un musée d'art. Sur la route, elle n'accomplit en général aucune fonction symbolique. Au musée, elle exemplifie[4] certaines de ses propriétés – par exemple, les propriétés de forme, couleur, texture. Le creusement et remplissage d'un trou fonctionne comme œuvre dans la mesure où notre attention est dirigée vers lui en tant que symbole exemplifiant. D'un autre
35 côté, un tableau de Rembrandt cesserait de fonctionner comme œuvre d'art si l'on s'en servait pour boucher une vitre cassée ou pour s'abriter.

[…] Peut-être est-ce exagérer le fait ou parler de façon elliptique que de dire qu'un objet est de l'art quand et seulement quand il fonctionne symboliquement. Le tableau de Rembrandt demeure une œuvre d'art, comme
40 il demeure un tableau, alors même qu'il fonctionne comme abri[5] ; et la pierre de la route ne peut pas au sens strict devenir de l'art en fonctionnant comme art. De façon similaire, une chaise reste une chaise même si on ne s'assied jamais dessus, et une boîte d'emballage reste une boîte d'emballage même si on ne l'utilise jamais que pour s'asseoir dessus. Dire ce que fait
45 l'art n'est pas dire ce qu'est l'art ; mais je suggère de dire que ce que fait l'art nous intéresse tout particulièrement et au premier chef.

Nelson Goodman,
« Quand y a-t-il art ? » (1977), in *La Manière de faire des mondes,*
trad. M.-D. Popelard, Éd. Jacqueline Chambon,
coll. « Rayon art », 1992, pp. 89-90 et 93.

4. Exemplifie : est un échantillon de.

5. Marcel Duchamp (1887-1968), qui a signé, à partir de 1913, quelques objets « tout faits » (*ready made*) pour les introduire dans le champ de l'art, a aussi conçu un *ready made* « réciproque » : « Se servir d'un Rembrandt comme planche à repasser ».

À L'ÉPOQUE
Durant les années 1930, Goodman dirige une galerie d'art à Boston (Massachussetts), tout en préparant sa thèse de philosophie, soutenue en 1941.

Dickie
[1926-]

13 La création comme acte performatif

Dickie propose une définition de l'œuvre d'art qui veut intégrer les œuvres de l'art contemporain dont la visée n'est pas forcément esthétique. Il montre que la transformation d'un objet en œuvre d'art correspond à un énoncé performatif au sens d'Austin[1]. Cet énoncé, tenu par un membre du monde de l'art, a notamment pour modèle la cérémonie de l'adoubement qui élève un homme au rang de chevalier.

Une œuvre d'art au sens classificatoire[2] est 1- un artefact 2- auquel une ou plusieurs personnes agissant au nom d'une certaine institution sociale (le monde de l'art) ont conféré le statut de candidat à l'appréciation[3].

La seconde condition de la définition utilise quatre notions, reliées
5 entre elles de différentes manières, à savoir : 1. agir au nom d'une institution, 2. conférer un statut, 3. être un candidat, et 4. appréciation. Les deux premières notions sont si intimement liées qu'elles doivent être traitées ensemble. Je décrirai d'abord des cas paradigmatiques dans lesquels un statut donné est conféré en dehors du monde de l'art et je montrerai ensuite,
10 ou j'essaierai au moins d'indiquer, comment des actes similaires ont lieu à l'intérieur du monde de l'art. Les exemples les plus marquants de l'action de conférer un statut sont certains actes de l'État impliquant un statut légal. Un roi qui confère le titre de chevalier, une chambre de mise en accusation

1. Voir le chapitre Le langage, texte 17 p. 136.

2. Au sens classificatoire : un objet est une œuvre d'art au sens classificatoire s'il appartient à la classe des œuvres d'art.

3. Candidat à l'appréciation : candidat pour une appréciation positive, pas spécialement esthétique.

La culture

qui inculpe quelqu'un, le président d'un comité d'élection certifiant qu'un
15 tel est qualifié pour être candidat, ou encore un officier communal qui
déclare deux personnes mari et femme, constituent autant de cas où une
ou plusieurs personnes agissant au nom d'une institution sociale (l'État)
confère(nt) un statut *légal* à des individus. [...] Ce qui dans le monde de
l'art correspond à ces procédures et domaines d'autorité n'est codifié nulle
20 part : il fonctionne au niveau d'une pratique coutumière. Néanmoins il y a
une pratique et ce fait définit une institution sociale.

George Dickie,
« Définir l'art » (1974), *Esthétique et poétique,*
Textes réunis et présentés par Gérard Genette,
trad. C. Hary-Schaeffer, Éd. du Seuil, 1992, pp. 22-23.

Le travail et la technique

Définition élémentaire

▶ Le travail est l'activité humaine consistant à détourner les processus naturels (y compris son propre corps, ou son esprit), à les transformer pour les mettre au service de l'homme.

▶ La technique est l'ensemble des procédés systématiques (construction d'outils, mémorisation, transmission du savoir...) utilisés par l'homme pour parvenir à cette fin.

▶ On peut parler du travail de certains animaux, mais la technique est (à quelques exceptions près) spécifiquement humaine : elle suppose en effet une capacité de construire des outils ainsi que des capacités de mémorisation et de transmission qui supposent le langage. Certains animaux ont des ébauches de techniques, mais seul l'homme travaille sur ses propres objets techniques pour les exploiter et améliorer le rendement de son travail : il y a ainsi un cercle vertueux amélioration technique / augmentation de l'efficacité du travail / nouvelle amélioration technique. Ce cercle marque l'entrée dans la culture et est spécifiquement humain.

Distinguer pour comprendre

▶ Le travail s'oppose au jeu et au loisir : d'un côté une activité pénible et sérieuse, de l'autre le repos ou une activité agréable. Remarquons au passage que « loisir » vient du grec *skolè*, qui a donné « école ».

▶ On peut distinguer travail et capital : Marx appelle « capital » l'ensemble des moyens de production (terres, machines, actions financières...) et « travail » l'ensemble des travailleurs.

▶ La technique s'oppose à la nature : la nature produit ses fruits par elle-même, tandis que l'homme produit ses objets par des moyens techniques.

Repère associé à la notion

➡ **En acte / En puissance** (p. 439)

Platon
[427-347 avant J.-C.]

1 La satisfaction des besoins et la division du travail

La spécialisation des tâches, réparties entre les hommes selon leurs diffé-rentes aptitudes, assure une satisfaction rationnelle des besoins primaires. C'est cette exigence rationnelle qui est à l'origine de la cité.

– Or, selon moi, repris-je [c'est Socrate qui parle], la cité se forme parce que chacun d'entre nous se trouve dans la situation de ne pas se suffire à lui-même, mais au contraire de manquer de beaucoup de choses. Y a-t-il, d'après toi, une autre cause à la fondation d'une cité ?

5 – Aucune [dit Adimante].

– Dès lors, un homme recourt à un autre pour un besoin particulier, puis à un autre en fonction de tel autre besoin, et parce qu'ils manquent d'une multitude de choses, les hommes se rassemblent nombreux au sein d'une même fondation, s'associant pour s'entraider. C'est bien à cette société que

10 nous avons donné le nom de cité, n'est-ce pas ?

– Exactement.

– Mais quand un homme procède à un échange avec un autre, qu'il donne ou qu'il reçoive, c'est toujours à la pensée que cela est mieux pour lui ?

– Tout à fait.

15 – Eh bien, allons, dis-je, construisons en paroles notre cité, en commen-çant par ses débuts et ce sont nos besoins, semble-t-il, qui en constitueront le fondement.

– Assurément.

– Mais le premier et le plus important des besoins est de se procurer de la

20 nourriture, pour assurer la subsistance et la vie.

– Oui, absolument.

– Le deuxième est celui du logement ; le troisième, celui du vêtement et des choses de ce genre.

– C'est bien cela.

25 – Mais voyons, repris-je, comment la cité suffira-t-elle à pourvoir à de tels besoins ? Y a-t-il d'autres moyens qu'en faisant de l'un un laboureur, de l'autre un maçon, de l'autre un tisserand ? Ajouterons-nous également un cordonnier ou quelque autre artisan pour s'occuper des soins du corps ?

– Certainement.

30 – La cité réduite aux nécessités les plus élémentaires serait donc formée de quatre ou cinq hommes.

– Il semble bien.

– Mais alors ? Faut-il que chacun d'eux offre le service de son propre travail, le mettant en commun à la disposition de tous les autres, par

35 exemple que le laboureur procure à lui seul les vivres pour quatre et multi-plie par quatre le temps et l'effort pour fournir le blé et le partager avec les autres, ou encore, sans se soucier d'eux, qu'il produise pour ses seuls besoins seulement le quart de ce blé, en un quart de temps, et qu'il consacre les trois quarts restants, l'un à la préparation d'une maison, l'autre au vêtement,

40 l'autre à des chaussures, et qu'au lieu de chercher à mettre en commun les choses qu'il possède, il exerce sa propre activité par lui-même et pour lui seul ? »

Et Adimante répondit :

« Sans doute, Socrate, serait-il plus facile de faire ce que tu as dit d'abord.

45 – Par Zeus, dis-je, rien d'étonnant à cela ! De fait, moi aussi, pendant que tu parles, je réfléchis au fait que chacun de nous, au point de départ, ne s'est pas développé naturellement de manière tout à fait semblable, mais que la nature nous a différenciés, chacun s'adonnant à une activité différente. N'est-ce pas ton avis ?

50 – C'est bien mon avis.

– Mais quoi ? Qui exercerait l'activité la mieux réussie, celui qui travaillerait dans plusieurs métiers, ou celui qui n'en exercerait qu'un seul ?

– Celui qui n'en exercerait qu'un seul.

– Mais il est néanmoins aussi évident, je pense, que si quelqu'un laisse
55 passer l'occasion propice de réaliser quelque chose, le travail est gâché.

– C'est clair, en effet

– C'est que, je pense, la chose à faire n'est pas disposée à attendre le loisir de celui qui doit la faire, mais nécessairement, celui qui fait doit s'appliquer à faire ce qui est à faire, en évitant de le considérer comme une occupation
60 secondaire.

– Nécessairement.

– Le résultat est que des biens seront produits en plus grande quantité, qu'ils seront de meilleure qualité et produits plus facilement, si chacun ne s'occupe que d'une chose selon ses dispositions naturelles et au moment
65 opportun, et qu'il lui soit loisible de ne pas s'occuper des travaux des autres.

Platon,
La République (ive siècle av. J.-C.), Livre II,
369b-370c, trad. G. Leroux, Éd. Flammarion, coll. « GF », 1966, pp. 137-139.

Fiche Platon p. 477

Platon
[427-347 avant J.-C.]

2 La technique comme expédient non naturel

Le mythe de Prométhée, que présente ici le personnage de Protagoras, amène à une interrogation sur l'origine de la technique. La technique n'est pas naturelle à l'homme, elle a pour origine la faiblesse de l'homme par rapport aux autres espèces naturelles. Pour pallier cette faiblesse, Prométhée a volé le feu, ou la technique, aux dieux. La technique a donc une double caractéristique : négative car signe de l'inachèvement de l'humain, positive car créatrice de culture.

Il fut un temps où les dieux existaient déjà, mais où les races mortelles n'existaient pas. Lorsque fut venu le temps de leur naissance, fixé par le destin, les dieux les façonnent à l'intérieur de la terre, en réalisant un mélange de terre, de feu et de tout ce qui se mêle au feu et à la terre.
5 Puis, lorsque vint le moment de les produire à la lumière, ils chargèrent

La CULTURE

Prométhée et Épiméthée de répartir les capacités entre chacune d'elles, en bon ordre, comme il convient. Épiméthée demande alors avec insistance à Prométhée de le laisser seul opérer la répartition : "Quand elle sera faite, dit-il, tu viendras la contrôler." […]

10 Cependant, comme il n'était pas précisément sage, Épiméthée, sans y prendre garde, avait dépensé toutes les capacités pour les bêtes, qui ne parlent pas ; il restait encore la race humaine, qui n'avait rien reçu, et il ne savait pas quoi faire.

Alors qu'il était dans l'embarras, Prométhée arrive pour inspecter la 15 répartition, et il voit tous les vivants harmonieusement pourvus en tout, mais l'homme nu, sans chaussures, sans couverture, sans armes. Et c'était le jour fixé par le destin, où l'homme devait sortir de terre et paraître à la lumière. Face à cet embarras, ne sachant pas comment il pouvait préserver l'homme, Prométhée dérobe le savoir technique d'Héphaïstos et d'Athéna, 20 ainsi que le feu – car, sans feu, il n'y avait pas moyen de l'acquérir ni de s'en servir –, et c'est ainsi qu'il en fait présent à l'homme. De cette manière, l'homme était donc en possession du savoir qui concerne la vie, mais il n'avait pas le savoir politique ; en effet, celui-ci se trouvait chez Zeus. Or Prométhée n'avait plus le temps d'entrer dans l'Acropole où habite Zeus, 25 et il y avait en plus les gardiens de Zeus, qui étaient redoutables ; mais il parvient à s'introduire sans être vu dans le logis commun d'Héphaïstos et d'Athéna, où ils aimaient pratiquer leurs arts, il dérobe l'art du feu, qui appartient à Héphaïstos, ainsi que l'art d'Athéna, et il en fait présent à l'homme. C'est ainsi que l'homme se trouva bien pourvu pour sa vie, et 30 que, par la suite, à cause d'Épiméthée, Prométhée, dit-on, fut accusé de vol.

Platon,
Protagoras (ive siècle av. J.-C.), 320c-322a, trad. Frédérique Ildefonse, Éd. Flammarion, coll. « GF », 1997, pp. 84-86.

📄 Fiche Platon p. 477

À L'ÉPOQUE
Dans son dialogue intitulé *Phèdre*, Platon pense la technique comme un don des dieux (don de l'écriture par Theuth). Protagoras, lui, pense la technique comme un vol, qui permet à l'homme d'échapper à la misère de sa condition naturelle, grâce une ruse irrespectueuse.

Aristote
[384-322 av. J.-C.]

3 La technique comme production

Pour Aristote, la technique met en jeu la raison, et même une « raison vraie », mais de façon différente de la science : contrairement à celle-ci, qui a pour objet les choses nécessaires, elle a affaire aux choses contingentes, celles qui « peuvent être autrement ». Elle se rapproche en cela de l'action, ou exécution. Toutefois en tant que production, la technique s'en distingue, car l'action n'a pour but que sa propre perfection interne (par exemple l'action morale), tandis qu'elle-même met en jeu une création, et donc vise un effet extérieur.

Ce qui peut être autrement comprend notamment une sorte de chose qui peut être produite et exécutée.

Mais il y a une différence entre production et action. Nous pouvons d'ailleurs faire crédit là-dessus, même aux arguments extérieurs[1]. Par 5 conséquent, l'état qui porte rationnellement à l'action est une chose différente de l'état qui porte rationnellement à la production. Et il n'y a pas non

1. Arguments extérieurs : arguments utilisés par Aristote dans d'autres de ses livres.

plus inclusion de l'un par l'autre. L'action n'est pas en effet production ni la production, action.

Le savoir-faire technique

10 Or le fait est que la capacité de bâtir est une technique particulière et par essence un état particulier qui porte rationnellement à la production ; un fait aussi qu'il n'y a pas de technique, quelle qu'elle soit, qui ne soit un état portant rationnellement à la production, ni non plus d'état de ce genre qui ne soit une technique. Il s'ensuit qu'on peut identifier technique et état
15 accompagné de raison vraie qui porte à la production.

Par ailleurs, toute technique met en jeu une création. Autrement dit, exercer une technique, c'est également voir à ce que soit générée l'une des choses qui peuvent être ou n'être pas et dont l'origine se trouve dans le producteur et pas dans le produit. Les choses en effet qui sont ou deviennent
20 par nécessité ne relèvent pas de la technique, ni non plus celles qui adviennent naturellement, car elles contiennent en elles-mêmes leur principe. Cependant, dès lors que production et action diffèrent, nécessairement la technique vise la production, mais pas l'action.

De plus, ce sont d'une certaine façon les mêmes choses qui sont matières
25 à la fortune et à la technique, ainsi que le déclare Agathon : « La technique apprécie la fortune et la fortune la technique. »

La technique est donc, comme on l'a dit, un certain état accompagné de raison vraie qui porte à la production, tandis que le manque de technique, au contraire, est un état qui, avec une raison fausse, porte à la production,
30 leur objet étant ce qui peut être autrement.

Aristote,
Éthique à Nicomaque (IVᵉ siècle av. J.-C.), VI, 4, trad. Richard Bodéüs,
Éd. Flammarion, coll. « GF », 2004, pp. 299-302.

Fiche Aristote p. 478

Descartes
[1596-1650]

4 La domination de la nature par la technique

L'action réfléchie de l'homme sur la nature doit être fondée sur une connaissance rigoureuse et systématique de la matière, permettant à l'homme d'user efficacement des propriétés des corps naturels. Cette action doit s'exercer avant tout sur la nature corporelle de l'homme.

Mais sitôt que j'ai eu acquis quelques notions générales touchant la physique, et que, commençant à les éprouver en diverses difficultés particulières, j'ai remarqué jusques où elles peuvent conduire et combien elles diffèrent des principes dont on s'est servi jusqu'à présent, j'ai cru que je
5 ne pouvais les tenir cachées sans pécher grandement contre la loi qui nous oblige à procurer autant qu'il est en nous le bien général de tous les hommes. Car elles m'ont fait voir qu'il est possible de parvenir à des connaissances qui soient fort utiles à la vie, et qu'au lieu de cette philosophie spéculative qu'on enseigne dans les écoles, on en peut trouver une pratique, par laquelle,
10 connaissant la force et les actions du feu, de l'eau, de l'air, des astres, des

LA CULTURE

1. Artifices : production de l'art au sens de technique.

cieux et de tous les autres corps qui nous environnent, aussi distinctement que nous connaissons les divers métiers de nos artisans, nous les pourrions employer en même façon à tous les usages auxquels ils sont propres, et ainsi nous rendre comme maîtres et possesseurs de la nature. Ce qui n'est pas
15 seulement à désirer pour l'invention d'une infinité d'artifices[1] qui feraient qu'on jouirait sans aucune peine des fruits de la terre et de toutes les commodités qui s'y trouvent, mais principalement aussi pour la conservation de la santé, laquelle est sans doute le premier bien et le fondement de tous les autres biens de cette vie ; car même l'esprit dépend si fort du tempérament et
20 de la disposition des organes du corps, que, s'il est possible de trouver quelque moyen qui rende communément les hommes plus sages et plus habiles qu'ils n'ont été jusqu'ici, je crois que c'est dans la médecine qu'on doit le chercher. Il est vrai que celle qui est maintenant en usage contient peu de choses dont l'utilité soit si remarquable ; mais, sans que j'aie aucun
25 dessein de la mépriser, je m'assure qu'il n'y a personne, même de ceux qui en font profession, qui n'avoue que tout ce qu'on y sait n'est presque rien à comparaison de ce qui reste à y savoir et qu'on se pourrait exempter d'une infinité de maladies, tant du corps que de l'esprit, et même aussi peut-être de l'affaiblissement de la vieillesse, si on avait assez de connaissance de leurs
30 causes et de tous les remèdes dont la nature nous a pourvus.

René Descartes,
Discours de la méthode (1637), partie VI, in *Œuvres et Lettres*,
Éd. Gallimard, coll. « Bibliothèque de la Pléiade », 1966, pp. 168-169.

À L'ÉPOQUE

Dans une lettre de 1639, Descartes dit espérer, grâce aux progrès de la médecine, prolonger sa propre vie jusqu'à l'âge de cent ans. Si cet espoir ne s'est pas réalisé, sa compréhension mécanique du corps a néanmoins inspiré les progrès de la médecine moderne.

Fiche Descartes p. 496

Locke
[1632-1704]

5 Travail et propriété

Les choses sont à tous, chacun est à lui-même et se rend propriétaire de ce qu'il transforme par son propre effort. Le travail est donc au fondement du droit de propriété, sous le contrôle de la loi naturelle.

Bien que la terre et toutes les créatures inférieures appartiennent en commun à tous les hommes, chaque homme est cependant *propriétaire* de sa propre *personne*. Aucun autre que lui-même ne possède un droit sur elle. Le *travail* de son corps et l'*ouvrage* de ses mains, pouvons-nous dire, lui appar-
5 tiennent en propre. Il mêle son *travail* à tout ce qu'il fait sortir de l'état dans lequel la nature l'a fourni et laissé, et il y joint quelque chose qui est sien ; par là il en fait sa propriété. Cette chose étant extraite par lui de l'état commun où la nature l'avait mise, son *travail* lui ajoute quelque chose qui exclut le droit commun des autres hommes. Car ce *travail* étant indiscutablement la
10 propriété de celui qui travaille, aucun autre homme que lui ne peut posséder de droit sur ce à quoi il est joint, du moins là où ce qui est laissé en commun pour les autres est en quantité suffisante et d'aussi bonne qualité.

John Locke,
Traité du gouvernement civil (1690),
chap. 5, § 27, trad. J.-F. Spitz et C. Lazzeri,
Éd. des PUF, coll. « Épiméthée », 1994, p. 22.

Fiche Locke p. 499

Smith

[1723-1790]

6 Valeur et travail

Adam Smith, théoricien de l'économie, s'interroge sur la valeur des choses au point de vue économique, dont le prix est normalement l'expression. Il caractérise cette valeur par la capacité d'une chose d'être échangée contre une certaine quantité de travail.

Un homme est riche ou pauvre, suivant les moyens qu'il a de se procurer les choses nécessaires, commodes ou agréables de la vie. Mais la division une fois établie dans toutes les branches du travail, il n'y a qu'une partie extrêmement petite de toutes ces choses qu'un homme puisse obtenir
5 directement par son travail ; c'est du travail d'autrui qu'il lui faut attendre la plus grande partie de toutes ces jouissances ; ainsi, il sera riche ou pauvre selon la quantité de travail qu'il pourra commander ou qu'il sera en état d'acheter.

Ainsi, la *valeur* d'une denrée quelconque pour celui qui la possède et
10 qui n'entend pas en user ou la consommer lui-même, mais qui a intention de l'échanger pour autre chose, est égale à la quantité de *travail* que cette denrée le met en état d'acheter ou de commander.

Le *travail* est donc la mesure réelle de la *valeur échangeable* de toute marchandise.

15 Le *prix réel* de chaque chose, ce que chaque chose coûte réellement à celui qui veut se la procurer, c'est le travail et la peine qu'il doit s'imposer pour l'obtenir. Ce que chaque chose vaut réellement pour celui qui l'a acquise et qui cherche à en disposer ou à l'échanger pour quelque autre objet, c'est la peine et l'embarras que la possession de cette chose peut lui
20 épargner et qu'elle lui permet d'imposer à d'autres personnes. Ce qu'on achète avec de l'argent ou des marchandises est acheté par du travail, aussi bien que ce que nous acquérons à la sueur de notre front. Cet argent et ces marchandises nous épargnent, dans le fait, cette fatigue. Elles contiennent la valeur d'une certaine quantité de travail, que nous échan-
25 geons pour ce qui est supposé alors contenir la valeur d'une quantité égale de travail. Le travail a été le premier prix, la monnaie payée pour l'achat primitif de toutes choses. Ce n'est point avec de l'or ou de l'argent, c'est avec du travail que toutes les richesses du monde ont été achetées origi- nairement ; et leur valeur pour ceux qui les possèdent et qui cherchent à
30 les échanger contre de nouvelles productions, est précisément égale à la quantité de travail qu'elles les mettent en état d'acheter ou de commander.

Adam Smith,
Recherches sur la nature et les causes de la richesse des nations (1776),
Livre I, chap. 5, trad. G. Garnier, Éd. Flammarion,
coll. « GF », 1991, pp. 99-100.

À L'ÉPOQUE

En 1766, lors d'un voyage en France, Smith rencontre l'économiste Quesnay, qui définit la richesse par le travail de la terre. Smith, qui est né dans une ville industrielle, ne partage cette célébration de l'agriculture, et élargit la définition de la valeur au travail en général.

Kant

[1724-1804]

7 Travail et estime de soi

Le travail, et donc aussi l'effort et la peine qui l'accompagnent, semblent avoir été voulus par la nature comme un moyen, pour un être marqué par la finitude, d'être l'auteur de ses progrès et de ses succès. Il est dès lors capable, du fait de son autonomie, d'éprouver une certaine estime de lui-même.

La nature a voulu que l'homme tire entièrement de lui-même tout ce qui dépasse l'agencement mécanique de son existence animale et qu'il ne participe à aucun autre bonheur ou à aucune autre perfection que ceux qu'il s'est créés lui-même, libre de l'instinct, par sa propre raison. La nature, en effet, ne fait rien en vain
5 et n'est pas prodigue dans l'usage des moyens qui lui permettent de parvenir à ses fins. Donner à l'homme la raison et la liberté du vouloir qui se fonde sur cette raison, c'est déjà une indication claire de son dessein en ce qui concerne la dotation de l'homme. L'homme ne devait donc pas être dirigé par l'instinct ; ce n'est pas une connaissance innée qui devait assurer son
10 instruction, il devait bien plutôt tirer tout de lui-même. La découverte d'aliments, l'invention des moyens de se couvrir et de pourvoir à sa sécurité et à sa défense (pour cela la nature ne lui a donné ni les cornes du taureau, ni les griffes du lion, ni les crocs du chien, mais seulement les mains), tous les divertissements qui peuvent rendre la vie agréable, même son intelligence et
15 sa prudence et aussi bien la bonté de son vouloir, doivent être entièrement son œuvre. La nature semble même avoir trouvé du plaisir à être la plus économe possible, elle a mesuré la dotation animale des hommes si court et si juste pour les besoins si grands d'une existence commençante, que c'est comme si elle voulait que l'homme dût parvenir par son travail à s'élever de
20 la plus grande rudesse d'autrefois à la plus grande habileté, à la perfection intérieure de son mode de penser et par là (autant qu'il est possible sur terre) au bonheur, et qu'il dût ainsi en avoir tout seul le mérite et n'en être redevable qu'à lui-même ; c'est aussi comme si elle tenait plus à ce qu'il parvînt à *l'estime raisonnable de soi* qu'au bien-être.

Emmanuel Kant,
Idée d'une histoire universelle au point de vue cosmopolitique (1784),
Troisième proposition, trad. J.-M. Muglioni, Éd. Bordas,
coll. « Les Œuvres philosophiques », 1988, pp. 12-13.

Fiche Kant p. 509

Hegel

[1770-1831]

8 La transformation de la conscience par le travail

Le travail est une épreuve de la résistance des choses, de l'inertie qu'elles nous opposent, de l'autonomie qu'elles affichent à l'égard de celui qui exerce son travail sur elles. Mais cette épreuve a pour vertu, par la média-tion de l'action qui façonne et transforme durablement, de faire accéder la conscience à l'intuition de sa propre autonomie.

Mais par le travail [la conscience] parvient à elle-même. Certes, dans le moment qui correspond au désir dans la conscience du maître[1], le côté de la relation inessentielle à la chose semblait être échu à la conscience servante, dans la mesure où la chose y conserve son autonomie. Le désir s'est réservé
5 la négation pure de l'objet et le sentiment de soi sans mélange qu'elle procure. Mais précisément pour cette raison, ce contentement n'est lui-même qu'évanescence, car il lui manque le côté *objectal* de ce qui est là et *préexiste*[2]. Tandis que le travail est désir *refréné*, évanescence *contenue* : il façonne. La relation négative à l'objet devient *forme* de celui-ci, devient quelque chose
10 qui *demeure*[3] ; précisément parce que pour celui qui travaille, l'objet a de l'autonomie. Cet élément médian *négatif*, *l'activité* qui donne forme, est en même temps la *singularité* ou le pur être pour soi de la conscience qui accède désormais, dans le travail et hors d'elle-même, à l'élément de la permanence ; la conscience travaillante parvient donc ainsi à la contemplation de
15 l'être autonome, *en tant qu'il est elle-même*.

Georg Wilhelm Friedrich Hegel,
Phénoménologie de l'esprit (1807),
chap. 4, section A, trad. J.-P. Lefebvre, Éd. Aubier, 1991, p. 157.

Fiche Hegel p. 510

1. Le maître : le terme renvoie à la dialectique du maître et de l'esclave : c'est à l'issue d'une «lutte à mort de pur prestige en vue de la reconnaissance» entre deux consciences que l'une de celles-ci est devenue le maître, tandis que l'autre, restée soumise à son désir naturel de conservation, est devenue l'esclave du maître.

2. Pérexiste : subsiste, perdure.

3. Le travail donne forme à la réalité extérieure, à laquelle la conscience impose ses déterminations.

Ricardo
[1772-1823]

XIXᵉ SIÈCLE

9 La valeur, indépendamment de la seule utilité

Lecteur attentif d'Adam Smith, Ricardo relève et précise la distinction de la valeur d'usage et de la valeur d'échange ; il souligne le rôle de la rareté dans la valeur d'échange de certaines marchandises mais affirme la prédominance du travail dans la détermination de cette valeur.

Adam Smith[1] a remarqué que « le mot VALEUR a deux significations différentes, et exprime, tantôt l'utilité d'un objet quelconque, tantôt la faculté que cet objet transmet à celui qui le possède, d'acheter d'autres marchandises. Dans un cas la valeur peut prendre le nom de *valeur* en
5 usage ou d'utilité : dans l'autre celui de valeur en échange. Les choses, dit encore Adam Smith, qui ont le plus de valeur d'utilité n'ont souvent que fort peu ou point de valeur échangeable ; tandis que celles qui ont le plus de valeur échangeable ont fort peu ou point de valeur d'utilité »[2]. L'eau et l'air, dont l'utilité est si grande, et qui sont même indispensables à l'exis-
10 tence de l'homme, ne peuvent cependant, dans les cas ordinaires, être donnés en échange pour d'autres objets. L'or, au contraire, si peu utile en comparaison de l'air ou de l'eau, peut être échangé contre une grande quantité de marchandises.

  Ce n'est donc pas l'utilité qui est la mesure de la valeur échangeable,
15 quoiqu'elle lui soit absolument essentielle. Si un objet n'était d'aucune utilité, ou, en d'autres termes, si nous ne pouvions le faire servir à nos jouissances ou en tirer quelque avantage, il ne posséderait aucune valeur échangeable, quelle que fût d'ailleurs sa rareté, ou la quantité de travail nécessaire pour l'acquérir[3].

1. Adam Smith : voir le texte 6 ci-dessus.

2. Adam Smith, *Recherches sur la nature et les causes de la richesse des nations* (1776).

3. Acquérir : obtenir.

LA CULTURE

20 Les choses, une fois qu'elles sont reconnues utiles par elles-mêmes, tirent leur valeur échangeable de deux sources, de leur rareté, et de la quantité de travail nécessaire pour les acquérir.

Il y a des choses dont la valeur ne dépend que de leur rareté. Nul travail ne pouvant en augmenter la quantité, leur valeur ne peut baisser par
25 suite d'une plus grande abondance. Tels sont les tableaux précieux, les statues, les livres et les médailles rares, les vins d'une qualité exquise, qu'on ne peut tirer que de certains terroirs très peu étendus, et dont il n'y a par conséquent qu'une quantité très bornée, enfin, une foule d'autres objets de même nature, dont la valeur est entièrement indépendante de la
30 quantité de travail qui a été nécessaire à leur production première. Cette valeur dépend uniquement de la fortune, des goûts et du caprice de ceux qui ont envie de posséder de tels objets.

Ils ne forment cependant qu'une très petite partie des marchandises qu'on échange journellement sur le marché. Le plus grand nombre des
35 objets que l'on désire posséder étant le fruit de l'industrie, on peut les multiplier, non seulement dans un pays, mais dans plusieurs, à un degré auquel il est presque impossible d'assigner des bornes, toutes les fois qu'on voudra y consacrer l'industrie nécessaire pour les créer.

Quand donc nous parlons des marchandises, de leur valeur échangeable,
40 et des principes qui règlent leurs prix relatifs, nous n'avons en vue que celles de ces marchandises dont la quantité peut s'accroître par l'industrie de l'homme, dont la production est encouragée par une concurrence libre de toute entrave.

David Ricardo,
Principes de l'économie politique et de l'impôt (1817),
chap. 1, section I, Éd. Calmann-Lévy, 1970, pp. 13-14 (DR).

Marx
[1818-1883]

XIXᵉ SIÈCLE

10 « L'aliénation de l'ouvrier dans son produit »

Marx distingue deux moments dans son analyse de la condition ouvrière : l'exploitation (l'ouvrier n'est pas payé pour la totalité du produit de son travail) et l'aliénation dont il est question ici, qui se caractérise par le fait que les conditions objectives de son travail rendent l'ouvrier étranger à lui-même.

Nous partons d'un fait économique actuel.

L'ouvrier devient d'autant plus pauvre qu'il produit plus de richesse, que sa production croît en puissance et en volume. L'ouvrier devient une marchandise au prix d'autant plus bas qu'il crée plus de marchandises.
5 La dévalorisation du monde humain va de pair avec la mise en valeur du monde matériel. Le travail ne produit pas seulement des marchandises ; il se produit lui-même ainsi que l'ouvrier comme une marchandise dans la mesure où il produit des marchandises en général.

Ce fait n'exprime rien d'autre que ceci : l'objet que le travail produit,
10 son produit, se dresse devant lui comme un être étranger, comme une

puissance indépendante du producteur. Le produit du travail est le travail qui s'est fixé, matérialisé dans un objet, il est l'objectivation du travail. La réalisation du travail est son objectivation. Dans le monde de l'économie politique, cette réalisation du travail apparaît comme la perte pour l'ouvrier
15 de sa réalité, l'objectivation comme la perte de l'objet ou l'asservissement à celui-ci, l'appropriation comme l'aliénation, le dessaisissement.

La réalisation du travail se révèle être à tel point une perte de réalité que l'ouvrier perd sa réalité jusqu'à en mourir de faim. L'objectivation se révèle à tel point être la perte de l'objet que l'ouvrier est spolié non seule-
20 ment des objets les plus indispensables à la vie, mais encore des objets du travail. Oui, le travail lui-même devient un objet dont il ne peut s'emparer qu'en faisant le plus grand effort et avec les interruptions les plus irrégulières. L'appropriation de l'objet se révèle à tel point être une aliénation que, plus l'ouvrier produit d'objets, moins il peut posséder et plus
25 il tombe sous la domination de son propre produit, le capital.

Toutes ces conséquences découlent du fait que, par définition, l'ouvrier se trouve devant le produit de son propre travail dans le même rapport qu'à l'égard d'un objet étranger. S'il en est ainsi, il est évident que, plus l'ouvrier se dépense au travail, plus le monde étranger, objectif, qu'il crée
30 en face de lui devient puissant, plus il s'appauvrit lui-même et plus son monde intérieur devient pauvre, moins il possède en propre. C'est la même chose avec la religion[1]. Plus l'homme projette de choses en Dieu, moins il en garde en lui-même. L'ouvrier place sa vie dans l'objet. Mais alors celle-ci ne lui appartient plus, elle appartient à l'objet. Plus cette
35 activité est grande, plus l'ouvrier est privé d'objets. Il n'est pas ce qu'il produit par son travail. Plus ce produit gagne en substance, moins l'ouvrier est lui-même. L'aliénation de l'ouvrier dans son produit signifie non seulement que son travail devient un objet, une réalité extérieure, mais que son travail existe en dehors de lui, indépendamment de lui, étranger à lui,
40 et devient une puissance autonome face à lui, que la vie qu'il a prêtée à l'objet s'oppose à lui, hostile et étrangère.

Karl Marx,
Manuscrits de 1844, trad. J.-P. Gougeon,
Éd. Flammarion, coll. « GF », 1996, pp. 108-110.

À L'ÉPOQUE
Chez Hegel, Marx lit que le travail libère, et aussi que le travail industriel asservit. Chez Ricardo, il lit que la valeur est dans le travail, et il voit les ouvriers réduits à la pauvreté. Ces contradictions le conduisent à penser la nécessité d'une destruction du capitalisme.

Fiche Marx p. 517

Marx
[1818-1883]

11 L'abeille et l'architecte

La dignité du travail, que l'auteur caractérise ici de façon très générale, réside dans l'intervention de la volonté, qui fixe le but de l'activité et la soutient tout du long. Le travail des hommes se distingue ainsi de l'activité par laquelle l'animal satisfait ses besoins.

Le travail est de prime abord un acte qui se passe entre l'homme et la nature. L'homme y joue lui-même vis-à-vis de la nature le rôle d'une puissance naturelle. Les forces dont son corps est doué, bras et jambes, tête et mains, il les met en mouvement afin de s'assimiler des matières en leur donnant

une forme utile à sa vie. En même temps qu'il agit par ce mouvement sur
la nature extérieure et la modifie, il modifie sa propre nature, et
développe les facultés qui y sommeillent. Nous ne nous arrêterons pas à
cet état primordial du travail où il n'a pas encore dépouillé son mode
purement instinctif. Notre point de départ c'est le travail sous une forme
10 qui appartient exclusivement à l'homme. Une araignée fait des opérations qui ressemblent à celles du tisserand, et l'abeille confond par la
structure de ses cellules de cire l'habileté de plus d'un architecte. Mais ce
qui distingue dès l'abord le plus mauvais architecte de l'abeille la plus
experte, c'est qu'il a construit la cellule dans sa tête avant de la construire
15 dans la ruche. Le résultat auquel le travail aboutit préexiste idéalement
dans l'imagination du travailleur. Ce n'est pas qu'il opère seulement un
changement de forme dans les matières naturelles ; il y réalise du même
coup son propre but dont il a conscience, qui détermine comme loi son
mode d'action, et auquel il doit subordonner sa volonté. Et cette subordi-
20 nation n'est pas momentanée. L'œuvre exige pendant toute sa durée,
outre l'effort des organes qui agissent, une attention soutenue, laquelle ne
peut elle-même résulter que d'une tension constante de la volonté. Elle
l'exige d'autant plus que par son objet et son mode d'exécution, le travail
entraîne moins le travailleur, qu'il se fait moins sentir à lui, comme le
25 libre jeu de ses forces corporelles et intellectuelles ; en un mot, qu'il est
moins *attrayant*.

Karl Marx,
Le Capital (1867), Livre I, 3ᵉ section, chap. 7,
trad. J. Roy, Éd. Flammarion, coll. « GF », 1969, pp. 139-140.

Fiche Marx p. 517

Nietzsche
[1844-1900]

À L'ÉPOQUE

Au XIXᵉ siècle, avec
la révolution industrielle,
la notion de travail
change de sens :
le modèle prépondérant
du travail n'est plus
individuel et artisanal,
mais collectif, fragmenté,
répétitif, producteur
d'objets identiques en
nombre indéfini.

12 « Les apologistes du travail »

**Les anciens voyaient dans le travail l'expression de la soumission de l'homme
à la nécessité ; tout au contraire, les modernes le glorifient comme ce
qui fait honneur à l'homme. Nieztsche diagnostique dans cette nouvelle
attitude l'approbation secrète du pouvoir de répression du travail.**

Les apologistes du travail. – Dans la glorification du « travail », dans les
infatigables discours sur la « bénédiction du travail », je vois la même
arrière-pensée que dans les louanges des actes impersonnels et conformes
à l'intérêt général : la crainte de tout ce qui est individuel. On se rend
5 maintenant très bien compte, à l'aspect du travail – c'est-à-dire de ce dur
labeur du matin au soir – que c'est là la meilleure police, qu'elle tient chacun en bride et qu'elle s'entend vigoureusement à entraver le développement de la raison, des désirs, du goût de l'indépendance. Car le travail
use la force nerveuse dans des proportions extraordinaires, et la soustrait
10 à la réflexion, à la méditation, aux rêves, aux soucis, à l'amour et à la
haine, il place toujours devant les yeux un but minime et accorde des
satisfactions faciles et régulières. Ainsi une société, où l'on travaille sans
cesse durement, jouira d'une plus grande sécurité : et c'est la sécurité que

l'on adore maintenant comme divinité suprême. – Et voici (ô épouvante !)
15 que c'est justement le « travailleur » qui est devenu *dangereux* ! Les « individus dangereux » fourmillent ! Et derrière eux il y a le danger des dangers
– l'*individuum* !

Friedrich Nietzsche,
Aurore (1881), Livre III, § 173, in *Œuvres,* tome I,
trad. H. Albert, Éd. Robert Laffont,
coll. « Bouquins », 1993, p. 1073.

Fiche Nietzsche p. 518

Bergson
[1859-1941]

13 L'homme, un fabricant d'outils

**Bergson s'interroge sur la définition anthropologique communément reçue
qui caractérise l'homme par le savoir théorique, et lui oppose l'*homo
faber*, l'homme comme artisan, qui invente des outils pour améliorer les
conditions et les résultats de son travail.**

En ce qui concerne l'intelligence humaine, on n'a pas assez remarqué
que l'invention mécanique a d'abord été sa démarche essentielle, qu'aujourd'hui encore notre vie sociale gravite autour de la fabrication et de
l'utilisation d'instruments artificiels, que les inventions qui jalonnent la
5 route du progrès en ont aussi tracé la direction. Nous avons de la peine à
nous en apercevoir, parce que les modifications de l'humanité retardent
d'ordinaire sur les transformations de son outillage. Nos habitudes individuelles et même sociales survivent assez longtemps aux circonstances
pour lesquelles elles étaient faites, de sorte que les effets profonds d'une
10 invention se font remarquer lorsque nous en avons déjà perdu de vue la
nouveauté. Un siècle a passé depuis l'invention de la machine à vapeur,
et nous commençons seulement à ressentir la secousse profonde qu'elle
nous a donnée. La révolution qu'elle a opérée dans l'industrie n'en a pas
moins bouleversé les relations entre les hommes. Des idées nouvelles se
15 lèvent. Des sentiments nouveaux sont en voie d'éclore. Dans des milliers d'années, quand le recul du passé n'en laissera plus apercevoir que
les grandes lignes, nos guerres et nos révolutions compteront pour peu
de chose, à supposer qu'on s'en souvienne encore ; mais de la machine
à vapeur, avec les inventions de tout genre qui lui font cortège, on par-
20 lera peut-être comme nous parlons du bronze ou de la pierre taillée ;
elle servira à définir un âge[1]. Si nous pouvions nous dépouiller de tout
orgueil, si, pour définir notre espèce, nous nous en tenions strictement
à ce que l'histoire et la préhistoire nous présentent comme la caractéristique constante de l'homme et de l'intelligence, nous ne dirions peut-être
25 pas *Homo sapiens,* mais *Homo faber. En définitive, l'intelligence, envisagée
dans ce qui en paraît être la démarche originelle, est la faculté de fabriquer des
objets artificiels, en particulier des outils à faire des outils, et d'en varier indéfiniment la fabrication.*

1. Âge : époque.

Henri Bergson,
L'Évolution créatrice (1907), chap. 2, in *Œuvres,*
Éd. des PUF, 1991, pp. 612-613.

Fiche Bergson p. 522

LA CULTURE

Alain
[1868-1951]

14 Le caractère « mis en forme » par le métier

À l'encontre de ceux qui dénigrent le travail, Alain dégage le rôle formateur de l'activité professionnelle. Tenu et assuré par les obligations de sa tâche, l'individu est amené à dépasser ses inclinations premières et à se constituer en véritable individu social.

La fonction est une cérémonie continuée. Le métier aussi, quoique cela paraisse moins. Dès que l'homme est en place, comme on dit si bien, l'opinion autour ne cesse plus de le rappeler à lui-même. L'homme le plus simple et le plus borné, dès que l'on attend quelque chose de lui, il se hâte à le faire.
5 L'attente de beaucoup d'hommes, et surtout dans une organisation divisée et serrée, fait le vide devant celui qu'on attend. Il est comme aspiré. Tous ces hommes dans la rue, c'est là qu'ils courent. Oui, fouettés par cette idée bienfaisante : « Si je n'y suis, qui le fera ? » Ainsi l'on se trouve défini, et obligé envers soi. L'ordre des travaux et le prix du temps, choses tyranniques en
10 nos sociétés, est ce qui remplace l'ancien respect de religion, d'après lequel il fallait un homme qualifié pour faire la moindre chose. En des musiciens d'orchestre qui prennent place, on voit comme cela donne importance si l'on est attendu. L'héroïsme, quand la place est dangereuse, ne vient pas tout de là ; mais il est certainement soutenu, non pas tant par le cercle humain des
15 spectateurs, comme on dit, que par une organisation où toutes les places sont distribuées, et tous les rôles. La peur, en toutes circonstances, vient de ce que l'on n'a plus d'ordres. Le mot ordre a plusieurs sens, et est bien riche. Qui ne reçoit pas d'ordres et qui ne participe pas à un ordre agissant ne saura jamais ce qu'il peut. J'ai lu le récit d'un sauvetage en mer, dangereux et presque
20 impossible, et qui commençait d'étonnante façon. Les marins du bateau de secours étaient au cabaret, occupés à chanter et à boire, bien loin de tout héroïsme. La porte s'ouvre ; quelqu'un annonce qu'un bateau est en péril. Ils se lèvent, ils courent, et sont l'instant d'après à leur beau travail. C'est être assuré de soi. Le chirurgien ou le pompier, de même ; vifs et prompts, sans
25 aucun genre de doute. Heureux celui qui répond de même, vif et prompt, à l'amour ou à l'amitié. Mais cela n'est pas commun sans le pli du métier et le chemin du devoir, tracé par le savoir-faire. L'homme est trop intelligent, communément, pour savoir ce qu'il aime. « Il faut à notre espèce, disait Clotilde de Vaux[1], des devoirs pour faire des sentiments. »
30 En ces sommations du métier, le caractère s'apparaît à lui-même, mais surmonté, mais relevé, mais redressé. Le courage, dans le sens plein, naît de ces expériences. Car les apparences invitent fortement l'homme à redescendre ; mais en revanche le métier le frappe tous les jours aux mêmes points ; l'épreuve le consacre. Celui-là, quand il dit moi, dit quelque chose.
35 Et, puisque la corrélation est évidente entre individu et société, il faut appeler individu le caractère élevé et mis en forme par le métier ou la fonction.

1. Clotilde de Vaux : le philosophe Auguste Comte lui voua une admiration extrême qu'il transforma en culte après sa mort. Il publia le recueil de ses sentences.

Alain,
Les Idées et les Âges (1927), IX, 3, in *Les Passions et la Sagesse*, Éd. Gallimard, coll. « Bibliothèque de la Pléiade », 1960, pp. 270-272.

Fiche Alain p. 523

Freud
[1856-1939]

1. «Il faut cultiver notre jardin» (*Candide*, 1759).

2. Libido : ici, énergie constituée par l'ensemble des pulsions.

15 Valeur psychique de l'activité professionnelle

Freud voit dans l'activité professionnelle un puissant facteur d'organisation des orientations inconscientes en vue de la réalité, mais il admet que cette capacité est limitée par le fait que les hommes sont loin d'avoir toujours la possibilité de choisir librement leur activité.

En l'absence de prédisposition particulière prescrivant impérativement leur direction aux intérêts vitaux, le travail professionnel ordinaire, accessible à chacun, peut prendre la place qui lui est assignée par le sage conseil de Voltaire[1]. Il n'est pas possible d'apprécier de façon suffisante, dans le cadre
5 d'une vue d'ensemble succincte, la significativité du travail pour l'économie de la libido[2]. Aucune autre technique pour conduire sa vie ne lie aussi solidement l'individu à la réalité que l'accent mis sur le travail, qui l'insère sûrement tout au moins dans un morceau de la réalité, la communauté humaine. La possibilité de déplacer une forte proportion de composantes libidinales,
10 composantes narcissiques, agressives et même érotiques, sur le travail professionnel et sur les relations humaines qui s'y rattachent, confère à celui-ci une valeur qui ne le cède en rien à son indispensabilité pour chacun aux fins d'affirmer et justifier son existence dans la société. L'activité professionnelle procure une satisfaction particulière quand elle est librement choisie, donc
15 qu'elle permet de rendre utilisables par sublimation des penchants existants, des motions pulsionnelles poursuivies ou constitutionnellement renforcées. Et cependant le travail, en tant que voie vers le bonheur, est peu apprécié par les hommes. On ne s'y presse pas comme vers d'autres possibilités de satisfaction. La grande majorité des hommes ne travaille que poussée par
20 la nécessité, et de cette naturelle aversion pour le travail qu'ont les hommes découlent les problèmes sociaux les plus ardus.

Sigmund Freud,
Le Malaise dans la culture (1930), trad. P. Cotet, R. Lainé et J. Stute-Cadiot,
Éd. des PUF, coll. « Quadrige », 1995, p. 23, note 1.

Fiche Freud p. 519

Arendt
[1906-1975]

16 Les œuvres, médiation entre l'homme et la nature

L'auteur distingue le travail, dont le produit est voué à la consommation et doit être constamment renouvelé, et l'œuvre, certes souvent soumise à l'usure par le fait de l'usage, mais destinée à subsister. Durables, les œuvres donnent une existence objective à un monde proprement humain qui stabilise les existences individuelles.

L'œuvre de nos mains, par opposition au travail de nos corps[1] – l'*homo faber*[2] qui fait, qui « ouvrage » par opposition à l'*animal laborans* qui peine et « assimile » –, fabrique l'infinie variété des objets dont

1. «L'œuvre de nos mains, par opposition au travail de nos corps» : expression tirée de John Locke («le *travail* de son corps et l'*ouvrage* de ses mains»). Voir le texte 5, p. 158.

2. L'*homo faber*: l'homme en tant qu'artisan. Voir le texte 13, p. 165.

la somme constitue l'artifice humain. Ce sont surtout, mais non
5 exclusivement, des objets d'usage ; ils ont la durabilité dont Locke avait
besoin pour l'établissement de la propriété, la « valeur » que cherchait
Adam Smith pour le marché, et ils témoignent de la productivité où
Marx voyait le test de la nature humaine. L'usage auquel ils se prêtent
ne les fait pas disparaître et ils donnent à l'artifice humain la stabilité, la
10 solidité qui, seules, lui permettent d'héberger cette instable et mortelle
créature, l'homme.

La durabilité de l'artifice humain n'est pas absolue ; l'usage que nous
en faisons l'use, bien que nous ne le consommions pas. Le processus vital
qui imprègne tout notre être l'envahit aussi, et si nous n'utilisons pas les
15 objets du monde, ils finiront par se corrompre, par retourner au processus naturel global d'où ils furent tirés, contre lequel ils furent dressés.
Laissée à elle-même, ou rejetée du monde humain, la chaise redeviendra
bois, le bois pourrira et retournera au sol d'où l'arbre était sorti avant
d'être coupé pour devenir un matériau à ouvrer, avec lequel bâtir. Mais si
20 telle est sans doute la fin inévitable de chaque objet au monde et ce qui le
désigne comme produit d'un auteur mortel, ce n'est pas aussi sûrement le
sort éventuel de l'artifice humain lui-même où chaque objet peut
constamment être remplacé à mesure que changent les générations qui
viennent habiter le monde fait de main d'homme, et s'en vont. En outre,
25 si forcément l'usage use ces objets, cette fin n'est pas leur destin dans le
même sens que la destruction est la fin inhérente de toutes les choses à
consommer. Ce que l'usage use, c'est la durabilité.

C'est cette durabilité qui donne aux objets du monde une relative indépendance par rapport aux hommes qui les ont produits et qui s'en servent,
30 une « objectivité » qui les fait « s'opposer », résister, au moins quelque
temps, à la voracité de leurs auteurs et usagers vivants. À ce point de vue, les
objets ont pour fonction de stabiliser la vie humaine, et – contre Héraclite
affirmant que l'on ne se baigne pas deux fois dans le même fleuve – leur
objectivité tient au fait que les hommes, en dépit de leur nature chan-
35 geante, peuvent recouvrer leur identité dans leurs rapports avec la même
chaise, la même table. En d'autres termes, à la subjectivité des hommes
s'oppose l'objectivité du monde fait de main d'homme bien plus que la
sublime indifférence d'une nature vierge dont l'écrasante force élémentaire, au contraire, les oblige à tourner sans répit dans le cercle de leur
40 biologie parfaitement ajustée au vaste cycle de l'économie de la nature.
C'est seulement parce que nous avons fabriqué l'objectivité de notre
monde avec ce que la nature nous donne, parce que nous l'avons bâtie en
l'insérant dans l'environnement de la nature dont nous sommes ainsi protégés, que nous pouvons regarder la nature comme quelque chose
45 d'« objectif ».

Hannah Arendt,
Condition de l'homme moderne (1958),
chap. 4, trad. G. Fradier, Éd. Calmann-Lévy, 1983.

Fiche Arendt p. 531

Leroi-Gourhan
[1911-1986]

17 Le rôle de la main

L'anthropologue évoque ici, après Aristote, la corrélation entre le cerveau et la main. À la lumière de l'évolution, il lui apparaît que la régression du rôle de la main risque d'affaiblir, dès à présent, les équilibres constitutifs de l'intelligence humaine.

La main à l'origine était une pince à tenir les cailloux, le triomphe de l'homme a été d'en faire la servante de plus en plus habile de ses pensées de fabricant. Du Paléolithique[1] supérieur au XIXᵉ siècle, elle a traversé un interminable apogée. Dans l'industrie, elle joue encore un rôle essentiel,
5 par quelques artisans outilleurs qui fabriquent les pièces agissantes des machines devant lesquelles la foule ouvrière n'aura plus qu'une pince à cinq doigts pour distribuer la matière ou un index pour appuyer sur le bouton. Encore s'agit-il d'un stade de transition, car il n'est pas douteux que les phases non mécaniques de la fabrication des machines s'éliminent
10 peu à peu.

Il serait de peu d'importance que diminue le rôle de cet organe de fortune qu'est la main si tout ne montrait pas que son activité est étroitement solidaire de l'équilibre des territoires cérébraux qui l'intéressent. « Ne rien savoir faire de ses dix doigts » n'est pas très inquiétant à l'échelle de
15 l'espèce car il s'écoulera bien des millénaires avant que régresse un si vieux dispositif neuro-moteur, mais sur le plan individuel, il en est tout autrement : ne pas avoir à penser avec ses dix doigts équivaut à manquer d'une partie de sa pensée normalement, philogénétiquement[2] humaine. Il existe donc à l'échelle des individus sinon à celle de l'espèce, dès à présent,
20 un problème de la régression de la main.

André Leroi-Gourhan,
Le Geste et la Parole, tome II, chap. 8,
Éd. Albin Michel, 1965, pp. 61-62.

1. Paléolithique : première période de l'ère quaternaire, marquée par l'apparition des premières civilisations humaines (pierre taillée).

2. Philo-génétiquement : du point de vue de l'évolution de l'espèce.

Jonas
[1903-1993]

18 Danger de l'utopie technique

Du fait de sa puissance, qui a sa source dans son fondement scientifique, la technique moderne est porteuse d'une utopie en chacun de ses projets, par le développement accéléré de ses effets, sans que nous puissions apprécier les conséquences de sa mise en œuvre.

La caractéristique commune, éthiquement importante, dans tous les exemples cités est ce que nous pouvons appeler le trait « utopique » ou sa dérive utopique qui habite notre agir sous les conditions de la technique moderne – que celui-ci déploie ses effets sur la nature humaine ou non
5 humaine ou que l'« utopie » soit finalement planifiée ou non planifiée. Par le type et la simple grandeur de ses effets boule de neige le pouvoir technologique nous pousse en avant vers des buts du même type que ceux qui formaient autrefois la réserve des utopies. Pour l'exprimer autrement :

LA CULTURE

ce qui n'était que jeux hypothétiques et peut-être éclairants de la raison
10 spéculative, le pouvoir technologique les a transformés en des esquisses
concurrentes de projets exécutables et, en faisant notre choix, nous devons
choisir entre les extrêmes d'effets lointains et en grande partie inconnus.
L'unique chose que nous puissions réellement savoir à leur sujet est leur
extrémisme en tant que tel, qu'ils concernent la situation globale de la
15 nature sur notre planète et l'espèce des créatures qui doivent ou ne
doivent pas la peupler. L'extension inévitablement « utopique » de la
technologie moderne fait que la distance salutaire entre desseins quotidiens
et desseins ultimes, entre des occasions d'exercer l'intelligence ordinaire
et des occasions d'exercer une sagesse éclairée, se rétrécit en permanence.
20 Étant donné que nous vivons aujourd'hui en permanence à l'ombre d'un
utopisme non voulu, automatique, faisant partie de notre mode de fonctionnement, nous sommes perpétuellement confrontés à des perspectives
finales dont le choix positif exige une suprême sagesse – une situation
impossible pour l'homme comme tel, parce qu'il ne possède pas cette
25 sagesse, et en particulier impossible pour l'homme contemporain, qui nie
l'existence même de son objet, à savoir l'existence d'une valeur absolue et
d'une vérité objective. La sagesse nous est le plus nécessaire précisément
alors que nous y croyons le moins.

Hans Jonas,
Le Principe responsabilité (1979), trad. J. Greisch,
Éd. du Cerf, 1990, p. 43.

Séris

[1941-1994]

19 La technique, « plus vraie que nature »

**Attentif à la « technophobie » de nombreux penseurs modernes ou contem-
porains, l'auteur rejette la mise en opposition radicale de la nature et de
la technique, au profit d'une complémentarité, d'une interaction et d'une
relation fluide entre l'une et l'autre.**

L'artificiel comme plus que nature, comme surnature, ne rompt pas avec la
raison. La technique réforme, en la re-formant, la simple nature.

Il n'est pas moins naturel à l'horloge de marquer les heures qu'à l'arbre
de produire ses fruits. Lesquels d'ailleurs sont artificiels *aussi* si ce sont
5 des louises-bonnes, des passe-crassanes, des williams ou des comices. Mais
avant l'horloge, la nature (ou la matière, comme disait La Mettrie[1]) ne
marquait pas les heures, pas plus qu'elle ne produisait ces fruits succulents
de l'automne tempéré. L'horloge de Huygens[2] ou la montre à quartz
créent des phénomènes.
10 La technique procède par sélection, épuration, en détachant et en
isolant les séquences qu'elle contrôle, pour en faire ses méthodes et ses
instruments, ses modèles, ses paradigmes. Elle utilise les constantes, les
rythmes et les propriétés qu'elle révèle successivement dans la nature.
La technique individualise des types, par retranchement de l'accessoire,
15 du bruit, du brouillage ; elle dénoue les fils embrouillés. Elle retient

1. Julien Offray de La Mettrie
(1709-1751) : médecin
et philosophe français, tenant
d'un matérialisme radical.

2. Christiaan Huygens
(1629-1695 : physicien,
mathématicien
et astronome néerlandais.

l'essentiel, le garantit des accidents, le débarrasse des scories. Cela concerne non seulement les corps (la chimie, la métallurgie, la cuisine) mais les séquences d'événements et d'opérations. La synthèse techniquement opérée fait à point nommé et en connaissance de cause ce que la nature
20 fait quelques fois, ou n'importe quand, ou quand il ne faudrait pas. Elle est « plus vraie que nature ».

Jean-Pierre Séris,
La Technique, Conclusion, Éd. des PUF, 1994, pp. 379-380

La religion

Définition élémentaire

▶ La religion au sens le plus courant est l'activité humaine consistant à rendre un culte à une ou des divinités. Religion viendrait du verbe latin *religere*, « respecter », « recueillir ».

▶ C'est aussi un ensemble de croyances, de récits (les mythes), de pratiques et de traditions définissant un certain rapport de l'homme avec le sacré. Religion viendrait du verbe latin *religare*, « relier ».

Distinguer pour comprendre

▶ La religion s'oppose à l'athéisme, qui affirme que Dieu n'existe pas ; ainsi qu'à l'agnosticisme, qui ne se prononce pas sur l'existence de Dieu.

▶ En tant que discours sur le monde, le mythe religieux s'oppose à la science et à la philosophie : en effet, les vérités religieuses sont des vérités « révélées » (par Dieu aux hommes, en général par l'intermédiaire d'un ou plusieurs prophètes) ; elles se fondent sur la foi, ou la croyance, consistant à accorder crédit aux traditions rapportées par les anciens. La philosophie et la science (sans être nécessairement incompatibles avec certaines conceptions religieuses) naissent d'une rupture avec cette attitude, et de la recherche d'un fondement de la vérité qui ne soit pas la croyance en une tradition.

▶ En tant que pratique produisant des œuvres, la religion se distingue de l'art : à travers la statue d'un dieu, c'est la présence même du dieu qui est symbolisée. Ce qui est visé à travers l'œuvre d'art dépend de la philosophie de l'art que l'on adopte.

Repères associés à la notion

→ **ABSOLU / RELATIF** (p.436)
→ **CROIRE / SAVOIR** (p. 438)

LA CULTURE

Platon

[427-347 avant J.-C.]

1 Comment plaire aux dieux ?

Accusé d'impiété et sur le point d'être jugé, Socrate rencontre le devin Euthyphron. Celui-ci se dit mieux instruit que personne des choses de la religion. Socrate lui demande ce qu'il en est de la vraie piété, afin de mieux comprendre ce qu'on lui reproche.

SOCRATE. – Cela étant, est-ce que la piété, qui est le soin des dieux, profite aussi aux dieux et les rend meilleurs ? Et toi, es-tu prêt à reconnaître que, quand tu fais un acte de piété, tu rends meilleur quelqu'un des dieux ?

EUTHYPHRON. – Non, par Zeus.

5 SOCRATE. – Moi non plus, Euthyphron, je ne crois pas que tu le penses ; loin de là. C'est justement pour cela que je t'ai demandé de quel soin des dieux tu voulais parler, bien persuadé que tu ne voulais pas parler de soins de ce genre.

EUTHYPHRON. – Et tu avais raison, Socrate ; ce n'est pas de soins de ce 10 genre que je parle.

SOCRATE. – Bon ; mais alors qu'est-ce qu'est ce soin des dieux qui constitue la piété ?

EUTHYPHRON. – C'est exactement, Socrate, celui que les esclaves rendent à leurs maîtres.

15 SOCRATE. – J'entends : c'est apparemment une sorte de service des dieux.

EUTHYPHRON. – Exactement.

SOCRATE. – Maintenant pourrais-tu me dire, à propos des serviteurs des médecins[1], ce que leur service tend à produire ? N'est-ce pas, à ton avis, la santé ?

20 EUTHYPHRON. – Si.

SOCRATE. – Et les serviteurs des constructeurs de vaisseaux, qu'est-ce que leur service vise à produire ?

EUTHYPHRON. – Évidemment un vaisseau, Socrate.

SOCRATE. – Et celui des serviteurs des architectes, une maison, n'est-ce pas ?

25 EUTHYPHRON. – Oui.

SOCRATE. – Dis-moi maintenant, excellent homme, à propos des serviteurs des dieux, ce qu'ils veulent réaliser en les servant. Il est évident que tu le sais, puisque tu prétends connaître les choses divines mieux que personne au monde.

30 EUTHYPHRON. – Et c'est la vérité, Socrate.

SOCRATE. – Dis-moi donc, au nom de Zeus, quel peut être ce merveilleux résultat que les dieux obtiennent grâce à notre service.

EUTHYPHRON. – Ils en obtiennent beaucoup, et de beaux.

SOCRATE. – Les stratèges aussi, cher ami. Néanmoins tu pourrais aisément 35 les résumer en disant qu'ils obtiennent la victoire à la guerre, n'est-ce pas ?

EUTHYPHRON. – Sans contredit.

SOCRATE. – Les laboureurs aussi, je pense, obtiennent de nombreux et beaux résultats. On peut dire pourtant que l'essentiel de leur travail est de tirer de la nourriture de la terre.

40 EUTHYPHRON. – C'est juste.

1. Les médecins étaient en même temps pharmaciens. Leurs serviteurs étaient leurs assistants.

La CULTURE

2. En sacrifiant : en faisant
des sacrifices.

3. C'est en cela que consiste la
piété : Socrate a déjà réfuté
cette définition en notant que
les dieux ne sont pas d'accord,
ce qui plaît à l'un ne plaît pas
à l'autre. La recherche de
définition est donc un échec.

SOCRATE. – Et les nombreux et magnifiques résultats obtenus par les dieux, en quoi se résument-ils ?

EUTHYPHRON. – Il n'y a pas longtemps que je te l'ai dit, Socrate : ce serait une trop longue tâche de s'instruire exactement de ce qu'il en est de tout
45 cela. Toutefois je puis te dire simplement que, si l'on sait dire et faire ce qui est agréable aux dieux en priant et en sacrifiant[2], c'est en cela que consiste la piété[2], c'est par là que se conservent les familles des particuliers et les communautés de citoyens. Le contraire de ce qui est agréable aux dieux est impie, et c'est ce qui renverse et perd tout.

Platon,
Euthyphron (IVᵉ siècle av. J.-C.), trad. É. Chambry,
Éd. Flammarion, coll. « GF », 1967, 13c-14b, pp. 206-208.

Fiche Platon p. 477

Épictète
[50-130]

1. Sur cette distinction, voir
le chapitre Le bonheur,
texte 4.

2. Polynice et Étéocle : les deux
fils d'Œdipe, roi de Thèbes,
qui s'entretuèrent parce qu'ils
étaient en conflit pour succéder
à leur père.

3. Prémices : premiers fruits
de la terre que l'on offrait
à la divinité.

2 La vraie piété

Celui qui tient quelqu'un d'autre pour responsable de ses malheurs ne peut l'aimer. Impossible donc d'aimer Dieu si l'on estime que le monde est cruel ou injuste à notre égard. Pour les stoïciens, pour Épictète ici, comme pour Platon, la vraie piété implique tout d'abord un jugement droit.

De la piété envers les dieux, sache-le, voici l'essentiel : avoir des jugements droits à leur sujet, en tenant qu'ils existent et dirigent le tout d'un gouvernement beau et juste, et t'être disposé à leur obéir, à céder devant tous les événements et à les accompagner de bon gré en jugeant qu'ils
5 sont accomplis par la pensée la plus parfaite. Dans ces conditions, en effet, tu n'adresseras jamais de reproche aux dieux, et tu ne les accuseras pas de négligence. Il n'est pas possible d'en arriver là par une autre voie qu'en ôtant le bien et le mal des choses qui sont hors de notre portée pour les placer dans les seules choses qui sont à notre portée[1]. Car si tu
10 juges que l'une des premières est un bien ou un mal, de toute nécessité, lorsque tu manqueras d'atteindre ce que tu veux et tomberas dans ce que tu ne veux pas, tu adresseras des reproches aux responsables, et tu les haïras. Tout vivant en effet est naturellement disposé à fuir et à se détourner de ce qui paraît nuisible et de ce qui en est la cause, à pour-
15 suivre au contraire et à admirer ce qui paraît utile et ce qui en est la cause. Il est donc impossible à celui qui pense qu'on lui nuit d'aimer celui qui semble lui nuire, comme aussi il lui est impossible d'aimer cela même qui lui est nuisible. De là vient aussi qu'un père est injurié par son fils, lorsqu'il ne donne pas à l'enfant sa part des choses qui semblent être
20 des biens ; et ceci fit de Polynice et Étéocle[2] des ennemis l'un pour l'autre : ils pensaient que la tyrannie était un bien. C'est pourquoi aussi le paysan injurie les dieux, et comme lui le marin, le marchand, les hommes qui perdent leur femme et leurs enfants. En effet : là où est l'intérêt, là est aussi la piété. En sorte que celui qui s'applique à désirer et à
25 ressentir de l'aversion comme il faut, dans le même temps s'applique aussi à la piété. Pour verser des libations, sacrifier, offrir des prémices[3], il

convient chaque fois de suivre les coutumes de nos pères, dans la pureté et sans nonchalance ni négligence, sans mesquinerie non plus, ni au-delà de ses moyens.

Épictète,
Manuel (Ier-IIe siècle), XXXI, 1-5, trad. É. Cattin,
Éd. Flammarion, coll. « GF », 1997, pp. 78-79.

 Fiche Épictète p. 483

Lucrèce
[98-55 av. J.-C.]

3 Éloge d'Épicure

À l'opposé des stoïciens, les matérialistes antiques estimaient que la religion, dans la mesure où elle tend à nous terroriser, est une source d'oppression et d'aliénation. Lucrèce rend ici hommage à Épicure qui, dans la *Lettre à Ménécée*[1], osa le premier mettre les hommes en garde contre ceux qui cherchent à les enrégimenter en exploitant leur crédulité.

La vie humaine, spectacle répugnant, gisait
sur la terre, écrasée sous le poids de la religion,
dont la tête surgie des régions célestes
menaçait les mortels de son regard hideux,
5 quand pour la première fois un homme, un Grec,
osa la regarder en face, l'affronter enfin.
Le prestige des dieux, ni la foudre ne l'arrêtèrent,
non plus que le ciel de son grondement menaçant,
mais son ardeur fut stimulée au point qu'il désira
10 forcer le premier les verrous de la nature.
Donc, la vigueur de son esprit triompha, et dehors
s'élança, bien loin des remparts enflammés du monde.
Il parcourut par la pensée l'univers infini.
Vainqueur, il revient nous dire ce qui peut naître
15 ou non, pourquoi enfin est assigné à chaque chose
un pouvoir limité, une borne immuable.
Ainsi, la religion est soumise à son tour,
piétinée, victoire qui nous élève au ciel.

Lucrèce,
De la Nature (v. 55 av. J.-C.), I, vers 62-79, trad. José Kany-Turpin,
Éd. Flammarion, coll. « GF », p. 57.

1. Voir le texte intégral pp. 424-427.

À L'ÉPOQUE

Épicure a posé comme principe de l'accès au bonheur qu'il ne faut craindre ni la mort, ni les dieux, sapant ainsi les bases de la piété antique. Son disciple Lucrèce le célèbre dans un discours dont la violence anti-religieuse annonce Nietzsche.

Augustin
[354-430]

4 La parole de Dieu

Vouloir ce que Dieu veut : tel est le fondement de la piété pour Augustin. Mais comment trouver Dieu et connaître sa volonté ?

Mais où donc t'ai-je trouvé pour te connaître ? Avant que je te connaisse, tu n'étais pas encore dans ma mémoire. Où donc t'ai-je trouvé pour te connaître, sinon en toi-même, au-dessus de moi ? Mais entre toi et nous, nulle part il n'y a d'espace ; que nous nous éloignions ou nous rapprochions

La CULTURE

5 de toi, nulle part il n'y a d'espace. Ô Vérité, tu sièges en tous lieux, attentive à tous ceux qui te consultent, répondant simultanément à toutes sortes de consultations variées. Tes réponses sont claires, mais tous ne t'entendent pas clairement. Leurs consultations portent toujours sur ce qu'ils veulent, mais les réponses ne sont pas toujours celles qu'ils veulent. Ton meilleur servi-
10 teur, c'est celui qui vise moins à entendre de toi ce qu'il veut qu'à vouloir ce qu'il entend de toi.

Augustin,
Les Confessions (400), Livre X, chap. 26-27, in *Œuvres,*
trad. P. Cambronne, Éd. Gallimard,
coll. « Bibliothèque de la Pléiade », 1998, pp. 1006-1007.

Fiche Augustin p. 487

Averroès
[1126-1198]

XIIᵉ SIÈCLE

5 Concilier la foi et la raison

À la suite d'Aristote, Averroès, philosophe musulman, considère la philosophie comme la science du vrai. Cette science est-elle conciliable avec la religion sous sa forme révélée ? Elle doit l'être, si l'on croit Averroès. La tradition religieuse n'est en effet suffisante que pour les esprits inaptes à la réflexion rationnelle.

Si l'œuvre de la philosophie n'est rien de plus que la spéculation sur l'univers en tant qu'il fait connaître l'Artisan (je veux dire en tant qu'il est œuvre d'art, car l'univers ne fait connaître l'Artisan que par la connaissance de l'art qu'il révèle, et plus la connaissance de l'art qu'il révèle est parfaite, plus est
5 parfaite la connaissance de l'Artisan), et si la Loi religieuse invite et incite à s'instruire par la considération de l'univers, il est dès lors évident que l'étude désignée par ce nom de philosophie est, de par la Loi religieuse, ou bien obligatoire ou bien méritoire.
  Que la Loi divine invite à une étude rationnelle et approfondie de
10 l'univers, c'est ce qui apparaît clairement dans plus d'un verset du Livre de Dieu (le Béni, le Très-Haut !). Lorsqu'il dit par exemple : *« Tirez enseignement de cela, ô vous qui êtes doués d'intelligence ! »*, c'est là une *énonciation formelle* montrant qu'il est obligatoire de faire usage de raisonnement rationnel, ou rationnel et religieux à la fois. De même, lorsque le
15 Très-Haut dit : *« N'ont-ils pas réfléchi sur le royaume des cieux et de la terre et sur toutes les choses que Dieu a créées ? »* c'est là une *énonciation formelle* exhortant à la réflexion sur tout l'univers. Le Très-Haut a enseigné que parmi ceux qu'Il a honorés du privilège de cette science fut Abraham (le salut soit sur lui !), car le Très-Haut a dit : *« C'est ainsi que nous fîmes voir à Abraham le*
20 *royaume des cieux et de la terre »*. Le Très-Haut a dit aussi : *« Ne voient-ils pas les chameaux, comment ils ont été créés, et le ciel, comment il a été élevé ! »*. Il a dit encore : *« Ceux qui réfléchissent à la création des cieux et de la terre »*, et de même dans des versets innombrables.
  Puisqu'il est bien établi que la Loi divine fait une obligation d'appliquer à
25 la réflexion sur l'univers la spéculation rationnelle, comme la réflexion consiste uniquement à tirer l'inconnu du connu, à l'en faire sortir, et que cela

est le syllogisme, ou se fait par le syllogisme[1], c'est pour nous une obligation de nous appliquer à la spéculation sur l'univers par le syllogisme rationnel ; et il est évident que cette sorte de spéculation, à laquelle la Loi divine invite
30 et incite, prend la forme la plus parfaite quand elle se fait par la forme la plus parfaite du syllogisme, qu'on appelle démonstration.

Averroès,
L'Accord de la religion et de la philosophie. Traité décisif (1179),
trad. L. Gauthier, Éd. Actes Sud/Sindbad,
coll. « La bibliothèque de l'islam, 1989, pp. 12-13.

Fiche Averroès p. 489

Descartes
[1596-1650]

1. Le même : la même chose.

À L'ÉPOQUE
**Dans la pensée
médiévale,** prouver
l'existence de Dieu, c'est
le reconnaître comme
principe de connaissance.
En prouvant l'existence
de Dieu à partir du sujet,
Descartes lui retire
la première place.
C'est l'évidence du *cogito*
qui est première, c'est
le sujet humain qui est
le premier principe.

6 Une preuve de l'existence de Dieu

À la recherche d'une vérité indubitable, Descartes vient de renoncer à toutes ses anciennes opinions. Il ne possède plus désormais qu'une seule certitude : « Je pense, donc je suis ». Comment, partant de là, établir l'existence de Dieu ?

En suite de quoi, faisant réflexion sur ce que je doutais, et que, par conséquent, mon être n'était pas tout parfait, car je voyais clairement que c'était une plus grande perfection de connaître que de douter, je m'avisai de chercher d'où j'avais appris à penser à quelque chose de plus parfait que
5 je n'étais ; et je connus évidemment que ce devait être de quelque nature qui fût en effet plus parfaite. Pour ce qui est des pensées que j'avais de plusieurs autres choses hors de moi, comme du ciel, de la terre, de la lumière, de la chaleur et de mille autres, je n'étais point tant en peine de savoir d'où elles venaient, à cause que, ne remarquant rien en elles qui
10 me semblât les rendre supérieures à moi, je pouvais croire que, si elles étaient vraies, c'étaient des dépendances de ma nature, en tant qu'elle avait quelque perfection ; et si elles ne l'étaient pas, que je les tenais du néant, c'est-à-dire qu'elles étaient en moi pour ce que j'avais du défaut. Mais ce ne pouvait être le même[1] de l'idée d'un être plus parfait que le
15 mien ; car, de la tenir du néant, c'était chose manifestement impossible ; et pour ce qu'il n'y a pas moins de répugnance que le plus parfait soit une suite et une dépendance du moins parfait, qu'il y en a que de rien procède quelque chose, je ne la pouvais tenir non plus de moi-même.

René Descartes,
Discours de la méthode (1637), partie IV,
in *Œuvres et Lettres,* Éd. Gallimard,
Coll. « Bibliothèque de la Pléiade », 1966, pp. 148-149.

Fiche Descartes p. 496

Pascal

[1623-1662]

1. Selon qu'il s'y adonne : comme il lui convient.

Fiche Pascal p. 497

7 Le cœur et la raison

La raison ne peut pas tout. Comprendre les desseins de Dieu n'est pas en son pouvoir. Mais, selon Pascal, c'est la raison elle-même qui nous indique ses propres limites.

183-253. Deux excès : exclure la raison, n'admettre que la raison.

188-267. La dernière démarche de la raison est de reconnaître qu'il y a une infinité de choses qui la surpassent. Elle n'est que faible si elle ne va jusqu'à connaître cela.

5 Que si les choses naturelles la surpassent, que dira [-t-] on des surnaturelles ?

423-277. Le cœur a ses raisons que la raison ne connaît point ; on le sait en mille choses.
Je dis que le cœur aime l'être universel naturellement et soi-même naturellement, selon qu'il s'y adonne[1], et il se durcit contre l'un ou l'autre à son
10 choix. Vous avez rejeté l'un et conservé l'autre ; est-ce par raison que vous vous aimez ?

424-278. C'est le cœur qui sent Dieu et non la raison. Voilà ce que c'est que la foi. Dieu sensible au cœur, non à la raison.

Blaise Pascal,
Pensées (1670), in *Œuvres complètes,* Éd. du Seuil, 1963, pp. 524 et 552.

Locke

[1632-1704]

8 La tolérance religieuse et ses limites

Dans un plaidoyer vigoureux en faveur de la liberté de pensée, John Locke pose les fondements d'une théorie de la séparation radicale de l'État et de l'Église. L'autorité politique ne peut ni ne doit forcer les consciences. En revanche, il lui appartient de préserver les intérêts de l'ensemble de ses sujets.

Le port d'une chape ou d'un surplis ne peut pas plus mettre en danger ou menacer la paix de l'État que le port d'un manteau ou d'un habit sur la place du marché ; le baptême des adultes ne détermine pas plus de tempête dans l'État ou sur la rivière que le simple fait que je prenne un bain. [...]

5 Prier Dieu dans telle ou telle attitude ne rend en effet pas les hommes factieux ou ennemis les uns des autres ; il ne faut donc pas traiter cela d'une autre manière que le port d'un chapeau ou d'un turban ; et pourtant, dans un cas comme dans l'autre, il peut s'agir d'un signe de ralliement susceptible de donner aux hommes l'occasion de se compter, de connaître
10 leurs forces, de s'encourager les uns les autres et de s'unir promptement en toute circonstance. En sorte que, si on exerce sur eux une contrainte, ce n'est pas parce qu'ils ont telle ou telle opinion sur la manière dont il convient de pratiquer le culte divin, mais parce qu'il est dangereux qu'un grand nombre d'hommes manifestent ainsi leur singularité, quelle

1. Le magistrat est
ici le représentant et le symbole
de l'autorité politique, laquelle
a pour mission de préserver
les intérêts de tous ceux qui
sont soumis à sa juridiction.

15 que soit par ailleurs leur opinion. Il en irait de même pour toute mode vestimentaire par laquelle on tenterait de se distinguer du magistrat[1] et de ceux qui le soutiennent ; lorsqu'elle se répand et qu'elle devient un signe de ralliement pour un grand nombre de gens qui, par là, nouent d'étroites relations de correspondance et d'amitié les uns avec les autres,

20 le magistrat ne pourrait-il pas en prendre ombrage, et ne pourrait-il pas user de punitions pour interdire cette mode, non parce qu'elle serait illégitime, mais à raison des dangers dont elle pourrait être la cause ? Ainsi un habit laïc peut avoir le même effet qu'un capuchon de moine ou que toute autre pratique religieuse.

John Locke,
Essai sur la tolérance (1667), trad. J.-F. Spitz,
Éd. Flammarion, coll. « GF », 1992, pp. 110 et 121-122.

Fiche Locke p. 499

Hume
[1711-1776]

1. Anthropomorphisme : tendance
à attribuer à toutes choses
des formes ou des caractères
qui n'appartiennent qu'à
l'homme.

2. Prosopopée : figure de style
qui consiste à donner la parole
à un être inanimé.

3. Hamadryade : nymphe
identifiée à un arbre, qu'elle
était censée habiter.

À L'ÉPOQUE

En 1744, ses écrits lui valent les foudres du clergé : suspecté d'athéisme, il se voit refuser une chaire de philosophie à Edimbourg. Il devient conservateur dans une grande bibliothèque universitaire, puis diplomate à Paris où il se lie d'amitié avec Rousseau.

9 Les fondements de la superstition

Quels sont les véritables ressorts de la superstition ? Dans le texte suivant, Hume montre que les dispositions anthropomorphiques[1] sont spontanées. C'est la raison pour laquelle elles sont si universellement partagées.

Les hommes ont une tendance universelle à concevoir tous les êtres à leur ressemblance et à transférer à tous les objets les qualités auxquelles ils sont habitués et familiarisés et dont ils ont une conscience intime. Nous découvrons des visages humains dans la lune, des armées dans les nuages ;

5 et si nous ne corrigeons pas par l'expérience et la réflexion notre penchant naturel, nous accordons malveillance et bienveillance à tout ce qui nous apporte mal ou bien. De là, la fréquence des prosopopées[2] dans la poésie, qui personnifient les arbres, les montagnes et les rivières et qui attribuent aux éléments inanimés de la nature des sentiments et des passions. Et

10 bien que ces formes et ces expressions poétiques ne s'élèvent pas jusqu'à la croyance, elles peuvent servir du moins à prouver une certaine tendance de l'imagination, sans laquelle elles ne pourraient avoir ni beauté ni naturel. D'ailleurs dieux de rivières ou hamadryades[3] ne sont pas toujours pris pour des êtres purement poétiques et imaginaires : ils peuvent

15 parfois s'intégrer dans la croyance véritable du vulgaire ignorant, qui se représente chaque bosquet, chaque champ sous la domination d'un génie particulier ou d'une puissance invisible qui les habite ou les protège. En vérité les philosophes eux-mêmes ne peuvent entièrement échapper à cette fragilité naturelle : ils ont souvent accordé à la matière inanimée

20 l'horreur du vide, des sympathies, des antipathies et d'autres affections de la nature humaine. L'absurdité n'est pas moindre, quand nous levons les yeux vers les cieux et que, transférant – trop souvent – des passions et des infirmités humaines à la divinité, nous la représentons jalouse, prête à la vengeance, capricieuse et partiale, en bref identique en tout point à un

25 homme méchant et insensé, si ce n'est dans sa puissance et son autorité supérieure. Il n'y a rien d'étonnant alors à ce que l'humanité, placée dans

LA CULTURE

une ignorance aussi absolue des causes et en même temps si inquiète de sa fortune[4] future, reconnaisse immédiatement qu'elle dépend de puissances invisibles, douées de sentiment et d'intelligence.

4. Fortune : destinée.

David Hume,
Histoire naturelle de la religion (1757),
trad. M. Malherbe, Librairie philosophique J. Vrin, 1971, pp. 48-49.

Fiche Hume p. 505

Rousseau

[1712-1778]

1. Théisme : doctrine affirmant l'existence d'un Dieu unique et transcendant, indépendamment de toute religion particulière.

10 Trois religions impraticables

Comment concilier foi et citoyenneté ? À la fin du *Contrat social*, Rousseau pose ce problème mais ne prétend pas pouvoir le résoudre. Le christianisme romain lui paraît voué à l'échec, parce qu'il coupe l'homme en deux en lui imposant des « devoirs contradictoires ». Mais une société de « vrais chrétiens », autant dire une société parfaite, ne peut être qu'une utopie.

La Religion considérée par rapport à la société, qui est ou générale ou particulière, peut aussi se diviser en deux espèces, savoir, la Religion de l'homme et celle du Citoyen. La première, sans Temples, sans autels, sans rites, bornée au culte purement intérieur du Dieu Suprême et aux devoirs éternels
5 de la morale, est la pure et simple Religion de l'Évangile, le vrai Théisme[1], et ce qu'on peut appeler le droit divin naturel. L'autre, inscrite dans un seul pays, lui donne ses Dieux, ses Patrons propres et tutélaires : elle a ses dogmes, ses rites, son culte extérieur prescrit par des lois ; hors la seule Nation qui la suit, tout est pour elle infidèle, étranger, barbare ; elle n'étend les devoirs et
10 les droits de l'homme qu'aussi loin que ses autels. Telles furent toutes les Religions des premiers peuples, auxquelles on peut donner le nom de droit divin civil ou positif.

Il y a une troisième sorte de Religion plus bizarre, qui, donnant aux hommes deux législations, deux chefs, deux patries, les soumet à des
15 devoirs contradictoires et les empêche de pouvoir être à la fois dévots et Citoyens. Telle est la religion des Lamas, telle est celle des Japonais, tel est le christianisme Romain. On peut appeler celui-ci religion du Prêtre. Il en résulte une sorte de droit mixte et insociable qui n'a point de nom.

À considérer politiquement ces trois sortes de religion, elles ont toutes
20 leurs défauts. La troisième est si évidemment mauvaise que c'est perdre le temps de s'amuser à le démontrer. Tout ce qui rompt l'unité sociale ne vaut rien : toutes les institutions qui mettent l'homme en contradiction avec lui-même ne valent rien.

La seconde est bonne en ce qu'elle réunit le culte divin et l'amour des
25 lois, et que faisant de la patrie l'objet de l'adoration des Citoyens, elle leur apprend que servir l'État c'est en servir le Dieu tutélaire. C'est une espèce de Théocratie, dans laquelle on ne doit point avoir d'autre pontife que le Prince, ni d'autres prêtres que les magistrats. Alors mourir pour son pays c'est aller au martyre, violer les lois c'est être impie, et soumettre un
30 coupable à l'exécration publique c'est le dévouer au courroux des dieux ; *sacer esto*[2].

2. *Sacer esto* : sois maudit.

Mais elle est mauvaise en ce qu'étant fondée sur l'erreur et sur le mensonge elle trompe les hommes, les rend crédules, superstitieux, et noie le vrai culte de la divinité dans un vain cérémonial. Elle est mauvaise 35 encore quand, devenant exclusive et tyrannique, elle rend un peuple sanguinaire et intolérant ; en sorte qu'il ne respire que meurtre et massacre, et croit faire une action sainte en tuant quiconque n'admet pas ses Dieux. Cela met un tel peuple dans un état naturel de guerre avec tous les autres, très nuisible à sa propre sécurité.

40 Reste donc la Religion de l'homme ou le Christianisme, non pas celui d'aujourd'hui, mais celui de l'Évangile, qui en est tout à fait différent. Par cette Religion sainte, sublime, véritable, les hommes, enfants du même Dieu, se reconnaissent tous pour frères, et la société qui les unit ne se dissout pas même à la mort.

[…]

45 On nous dit qu'un peuple de vrais Chrétiens formerait la plus parfaite société que l'on puisse imaginer. Je ne vois à cette supposition qu'une grande difficulté ; c'est qu'une société de vrais chrétiens ne serait plus une société d'hommes.

Jean-Jacques Rousseau,
Du contrat social (1762), Livre IV,
chap. 8, Éd. Flammarion, coll. « GF », 1999, pp. 173-175.

À L'ÉPOQUE
En 1962, les écrits de Rousseau sur la religion, notamment dans l'*Émile*, sont condamnés aussi bien par la France catholique que par la Suisse protestante. Ses livres sont brûlés, sa maison lapidée. Expulsé de l'île St-Pierre, il s'exile en Angleterre à l'invitation de Hume.

Fiche Rousseau p. 506

Kant
[1724-1804]

11 La religion morale

Il est possible, selon Kant, de considérer nos devoirs comme des commandements divins. Il ne s'agit certes pas d'une connaissance. Ce n'est qu'une hypothèse mais qui permet de fournir à la loi morale un appui transcendant.

La *religion* (considérée subjectivement) est la connaissance de tous nos devoirs *comme* commandements divins[1].

1. [Note de Kant] Grâce à cette définition, on évite mainte interprétation erronée du concept de religion en général. *Premièrement*, elle n'exige pas en 5 ce qui concerne la connaissance et la confession[1] théoriques, une science assertorique[2] (même pas celle de l'existence de Dieu) ; car, étant donnée notre déficience pour ce qui est de la connaissance d'objets suprasensibles, cette confession pourrait bien être une imposture ; elle présuppose seulement, du point de vue spéculatif, au sujet de la cause suprême des choses, 10 une admission *problématique* (une hypothèse), mais par rapport à l'objet en vue duquel notre raison, commandant moralement, nous invite à agir, une foi pratique, promettant un effet quant au but final de cette raison, par suite une foi *assertorique,* libre, laquelle n'a besoin que de l'*Idée de Dieu* où doit inévitablement aboutir tout effort moral sérieux (et, par suite, plein de foi) 15 en vue du bien, sans prétendre pouvoir en garantir par une connaissance théorique la réalité objective. Pour ce qui peut être imposé à chacun comme devoir, il faut que le *minimum* de connaissance (possibilité de l'existence de Dieu) suffise subjectivement. *Deuxièmement*, on prévient[3], grâce à cette

1. Confession : ici, adhésion religieuse.

2. Assertorique : qui affirme la réalité d'un objet. Exemple : « Dieu existe ».

3. On prévient : on empêche.

LA CULTURE

4. Kant rejoint ici Platon (voir le texte 1 p. 173 : Dieu n'a que faire de nos «soins».

5. Des services de cour : des services liés à des fonctions, c'est-à-dire imposés par le pouvoir, ici le pouvoir ecclésiastique.

définition d'une religion en général, la représentation erronée qu'elle
20 constitue un ensemble de devoirs *particuliers*[4], se rapportant à Dieu directement, et on évite ainsi d'admettre (ce à quoi les hommes sont d'ailleurs très
disposés) outre les devoirs humains moraux et civiques (des hommes envers
les hommes) des *services de cour*[5], en cherchant peut-être même par la suite à
compenser par ces derniers, la carence des premiers. Dans une religion
25 universelle, il n'y a pas de devoirs spéciaux à l'égard de Dieu, car Dieu ne
peut rien recevoir de nous ; nous ne pouvons agir ni sur lui, ni pour lui.

Emmanuel Kant,
La Religion dans les limites de la simple raison (1793),
trad. J. Gibelin, Librairie philosophique J. Vrin, 1972, pp. 201-202.

Fiche Kant p. 509

Hegel
[1770-1831]

Fiche Hegel p. 510

XIXᵉ SIÈCLE

12 L'absolu, objet de la religion

Selon Hegel, la religion a pour objet la relation de la conscience humaine à l'absolu. C'est le sentiment de cette relation qui révèle aux hommes le sens et le but final de leur existence.

[…] Dieu est le commencement et la fin de tout. Dieu est le centre saint qui
remplit toutes choses de vie et d'esprit. La religion a son objet à l'intérieur
d'elle-même, et cet objet est Dieu ; elle est la relation de la conscience
humaine à Dieu. L'objet de la religion est purement et simplement par
5 soi-même et pour soi-même, il est le but final absolu en soi et pour soi, ce qui
est absolument libre. S'occuper du but final ne peut donc avoir d'autre but
final que cet objet même. Toutes les autres fins ne connaissent leur accomplissement qu'en lui. Dans cette occupation, l'esprit se libère de toutes les
finitudes ; elle est la vraie libération de l'homme et la liberté même, la
10 véritable conscience de la vérité. Tout se résout en passé ; la vie finie semble
pareille à un désert de sable ; cette occupation est la conscience de la liberté et
de la vérité. Quand elle est dans le sentiment, elle est félicité ; quand elle est
activité, elle a à révéler la gloire de Dieu et sa majesté. Ce concept de religion
est universel. Cette position, la religion l'a chez tous les peuples et tous les
15 hommes. Partout, cette occupation est considérée comme le dimanche de la
vie. Dans cette région de l'esprit coulent en vérité les flots de l'oubli dont
s'abreuve la Psyché. Toutes les douleurs du banc de sable de la vie s'éva-
nouissent dans cet éther, que ce soit dans le sentiment de recueillement ou
dans celui d'espérance ; tout se résout en passé. Dans la religion se dissipent
20 tous les soucis, l'homme se sent heureux. Toute chose terrestre se dissout en
lumière et en amour – vitalité non pas lointaine mais présente, certitude et
jouissance. Mais même quand la religion est encore détournée vers le futur,
elle rayonne encore, au sein de la vie présente, dans la réalité effective, en
laquelle cette image est substance efficace. C'est là le contenu général de la
25 religion parmi les hommes.

Georg Wilhelm Friedrich Hegel,
Leçon sur la philosophie de la religion (1821-1831),
Introduction, trad. P. Garniron,
Éd. des PUF, coll. « Épiméthée », 1996, pp. 57-58.

Feuerbach
[1804-1872]

13 L'homme séparé de lui-même

Pour Feuerbach, comme pour Hegel, le Dieu du christianisme est le miroir de l'homme. Mais cette projection de l'essence humaine hors d'elle-même pourrait bien être tout le contraire d'une libération. Elle n'est qu'une conscience de soi indirecte.

Et ici donc vaut, *sans aucune restriction,* la proposition : l'objet de l'homme n'est rien d'autre que *son essence objective,* elle-même. Telle est la pensée de l'homme, tels ses sentiments, tel son Dieu : autant de valeur possède l'homme, autant et pas plus, son Dieu. *La conscience de Dieu est la conscience*
5 *de soi de l'homme, la connaissance de Dieu est la connaissance de soi de l'homme.* À partir de son Dieu tu connais l'homme, et inversement à partir de l'homme son Dieu : les deux ne font qu'un. Ce que Dieu est pour l'homme, c'est *son esprit,* son âme, et ce qui est le propre de *l'esprit humain,* son *âme,* son *cœur, c'est cela son Dieu* : Dieu est l'intériorité *manifeste,* le soi *exprimé*
10 de l'homme ; la religion est le solennel dévoilement des trésors cachés de l'homme, l'aveu de ses pensées les plus intimes, *la confession publique de ses secrets d'amour.*
Mais si la religion, consciente de Dieu, est désignée comme étant la conscience de soi de l'homme, cela ne peut signifier que l'homme reli-
15 gieux a directement conscience du fait que sa conscience de Dieu est la conscience de soi de son essence, puisque c'est la carence de cette conscience qui précisément fonde l'essence particulière de la religion. Pour écarter ce malentendu, il vaut mieux dire : la religion est la *première conscience de soi* de l'homme, mais *indirecte.* Partout, par suite, la religion
20 précède la philosophie, aussi bien dans l'histoire de l'humanité que dans l'histoire de l'individu. L'homme déplace d'abord *à l'extérieur de soi* sa propre essence avant de la trouver en lui. La religion est *l'essence infantile* de l'humanité.

Ludwig Feuerbach,
L'Essence du christianisme (1841), trad. J.-P. Osier, Éd. Maspero, 1968, pp. 129-130.

Marx
[1818-1883]

14 La religion, « opium du peuple »

L'homme peut-il se passer de religion ? Dans la mesure où la religion, selon Marx, rend l'oppression supportable, elle peut être comparée à une drogue dure. Cependant, la religion n'est que le symptôme d'une aliénation plus générale et plus profonde.

La religion est le soupir de la créature opprimée, la chaleur d'un monde sans cœur, comme elle est l'esprit de conditions sociales d'où l'esprit est exclu. Elle est *l'opium* du peuple.
Abolir la religion en tant que bonheur *illusoire* du peuple, c'est exiger
5 son bonheur *réel.* Exiger qu'il renonce aux illusions sur sa situation c'est *exiger qu'il renonce à une situation qui a besoin d'illusions.* La critique de la

LA CULTURE

religion est donc *en germe la critique de cette vallée de larmes* dont la religion est l'*auréole*.

La critique a dépouillé les chaînes des fleurs imaginaires qui les
10 recouvraient, non pour que l'homme porte des chaînes sans fantaisie, désespérantes, mais pour qu'il rejette les chaînes et cueille la fleur vivante. La critique de la religion détruit les illusions de l'homme pour qu'il pense, agisse, façonne sa réalité comme un homme désillusionné parvenu à l'âge de la raison, pour qu'il gravite autour de lui-même, c'est-
15 à-dire de son soleil réel. La religion n'est que le soleil illusoire qui gravite autour de l'homme tant que l'homme ne gravite pas autour de lui-même.

C'est donc la *tâche de l'histoire,* après la disparition de l'*Au-delà de la vérité,* d'établir la *vérité de ce monde-ci.* C'est en premier lieu la *tâche de la philosophie,* qui est au service de l'histoire, une fois démasquée la *forme*
20 *sacrée* de l'auto-aliénation de l'homme, de démasquer l'auto-aliénation dans ses *formes non sacrées.* La critique du ciel se transforme par là en critique de la terre, *la critique de la religion en critique du droit,* la *critique de la théologie en critique de la politique.*

Karl Marx,
« Contribution à la critique de la philosophie du droit de Hegel » (1844),
in *Critique du droit politique hégélien,* trad. A. Baraquin, Éd. Sociales, 1975, p. 198.

Fiche Marx p. 517

Nietzsche
[1844-1900]

15 Dieu est mort

Dans le texte qui suit, Nietzsche donne la parole à un « dément » qui tient un discours inintelligible : il prétend que Dieu est mort, qu'il a été assassiné. Un tel délire ne peut que susciter l'hilarité des témoins. Et pourtant, poursuit le fou, cet acte – le meurtre de Dieu – nous l'avons accompli nous-mêmes, vous et moi...

Le dément. – N'avez-vous pas entendu parler de ce dément qui, dans la clarté de midi alluma une lanterne, se précipita au marché et cria sans discontinuer : « Je cherche Dieu ! Je cherche Dieu ! » – Étant donné qu'il y avait justement là beaucoup de ceux qui ne croient pas en Dieu, il déchaîna un
5 énorme éclat de rire. S'est-il donc perdu ? disait l'un. S'est-il égaré comme un enfant ? disait l'autre. Ou bien s'est-il caché ? A-t-il peur de nous ? S'est-il embarqué ? A-t-il émigré ? – ainsi criaient-ils en riant dans une grande pagaille. Le dément se précipita au milieu d'eux et les transperça du regard. « Où est passé Dieu ? lança-t-il, je vais vous le dire ! *Nous l'avons tué,* – vous
10 et moi ! Nous sommes tous ses assassins ! Mais comment avons-nous fait cela ? Comment pûmes-nous boire la mer jusqu'à la dernière goutte ? Qui nous donna l'éponge pour faire disparaître tout l'horizon ? Que fîmes-nous en détachant cette terre de son soleil ? Où l'emporte sa course désormais ? Où nous emporte notre course ? Loin de tous les soleils ? Ne nous abîmons-
15 nous pas dans une course permanente ? Et ce en arrière, de côté, en avant, de tous les côtés ? Est-il encore un haut et un bas ? N'errons-nous pas comme à travers un néant infini ? L'espace vide ne répand-il pas son souffle sur

nous ? Ne s'est-il pas mis à faire plus froid ? La nuit ne tombe-t-elle pas
continuellement, et toujours plus de nuit ? Ne faut-il pas allumer des
20 lanternes à midi ? N'entendons-nous rien encore du bruit des fossoyeurs
qui ensevelissent Dieu ? Ne sentons-nous rien encore de la décomposition
divine ? – les dieux aussi se décomposent ! Dieu est mort ! Dieu demeure
mort ! Et nous l'avons tué ! Comment nous consolerons-nous, nous,
assassins entre les assassins ? Ce que le monde possédait jusqu'alors de
25 plus saint et de plus puissant, nos couteaux l'ont vidé de son sang, – qui
nous lavera de ce sang ? Avec quelle eau pourrions-nous nous purifier ?
Quelles cérémonies expiatoires, quels jeux sacrés nous faudra-t-il inventer ?
La grandeur de cet acte n'est-elle pas trop grande pour nous ? Ne nous
faut-il pas devenir nous-mêmes des dieux pour apparaître seulement
30 dignes de lui ? Jamais il n'y eut acte plus grand, – et quiconque naît après
nous appartient du fait de cet acte à une histoire supérieure à ce que fut
jusqu'alors toute histoire ! » – Le dément se tut alors et considéra de nouveau ses auditeurs : eux aussi se taisaient et le regardaient déconcertés. Il
jeta enfin sa lanterne à terre : elle se brisa et s'éteignit. « Je viens trop tôt,
35 dit-il alors, ce n'est pas encore mon heure. Cet événement formidable est
encore en route et voyage, – il n'est pas encore arrivé jusqu'aux oreilles
des hommes. La foudre et le tonnerre ont besoin de temps, la lumière des
astres a besoin de temps, les actes ont besoin de temps, même après qu'ils
ont été accomplis, pour être vus et entendus. Cet acte est encore plus
40 éloigné d'eux que les plus éloignés des astres, – *et pourtant ce sont eux qui
l'ont accompli.* » – On raconte encore que ce même jour, le dément aurait
fait irruption dans différentes églises et y aurait entonné son *Requiem
aeternam deo*[1]. Expulsé et interrogé, il se serait contenté de rétorquer
constamment ceci : « Que sont donc encore ces églises si ce ne sont pas les
45 caveaux et les tombeaux de Dieu ? » –

1. *Requiem aeternam deo* : repos
éternel pour Dieu.

Friedrich Nietzsche,
Le Gai Savoir (1882), Livre III, § 125, trad. P. Wotling,
Éd. Flammarion, coll. « Mille et une pages », 2000, pp. 161-163.

Fiche Nietzsche p. 518

Durkheim

[1858-1917]

16 Un déclin irréversible

**Quelques années avant Max Weber, le sociologue Émile Durkheim décrit le
processus de « désenchantement » du monde. Ce qu'il nomme encore ici la
« décadence » du processus religieux fera l'objet par la suite de nombreux
travaux, parmi lesquels il faut surtout citer *Le Désenchantement du monde*,
de Marcel Gauchet (1985).**

Or, s'il est une vérité que l'histoire a mise hors de doute, c'est que la religion
embrasse une portion de plus en plus petite de la vie sociale. À l'origine, elle
s'étend à tout ; tout ce qui est social est religieux ; les deux mots sont synonymes. Puis, peu à peu, les fonctions politiques, économiques, scientifiques
5 s'affranchissent de la fonction religieuse, se constituent à part et prennent
un caractère temporel de plus en plus accusé. Dieu, si l'on peut s'exprimer

LA CULTURE

ainsi, qui était d'abord présent à toutes les relations humaines, s'en retire progressivement ; il abandonne le monde aux hommes et à leurs disputes. Du moins, s'il continue à le dominer, c'est de haut et de loin, et l'action qu'il
10 exerce, devenant plus générale et plus indéterminée, laisse plus de place au libre jeu des forces humaines. L'individu se sent donc, il est réellement moins *agi* ; il devient davantage une source d'activité spontanée. En un mot, non seulement le domaine de la religion ne s'accroît pas en même temps que celui de la vie temporelle et dans la même mesure, mais il va de plus en plus
15 en se rétrécissant. [...]

Sans doute, si cette décadence était, comme on est souvent porté à le croire, un produit original de notre civilisation la plus récente et un événement unique dans l'histoire des sociétés, on pourrait se demander si elle sera durable ; mais, en réalité, elle se poursuit d'une manière ininterrompue depuis
20 les temps les plus lointains. C'est ce que nous nous sommes attachés à démontrer. L'individualisme, la libre pensée ne datent ni de nos jours, ni de 1789, ni de la Réforme, ni de la scolastique, ni de la chute du polythéisme gréco-latin ou des théocraties orientales. C'est un phénomène qui ne commence nulle part, mais qui se développe, sans s'arrêter, tout le long de l'histoire.

Émile Durkheim,
De la Division du travail social (1893),
Éd. des PUF, coll. « Quadrige », 1986, pp. 143-144 et 146.

Fiche Durkheim p. 520

À L'ÉPOQUE
Appartenant à une lignée de huit générations de rabbins, Durkheim refuse ce titre pour se consacrer à l'enseignement et à la recherche. Avec Auguste Comte, il est l'un des fondateurs de la sociologie moderne.

Durkheim
[1858-1917]

XXᵉ SIÈCLE

17 La religion : « une chose éminemment collective »

Il paraît difficile, sinon impossible, de chercher à unifier l'immense diversité des faits d'ordre religieux. Définir, c'est arrêter, et le phénomène religieux est mouvant. Il est toutefois possible de fournir, au moins à titre provisoire, une définition précise et rigoureuse de ce que toutes les sociétés ont toujours désigné ou conçu jusqu'ici comme relevant du religieux.

Les croyances proprement religieuses sont toujours communes à une collectivité déterminée qui fait profession d'y adhérer et de pratiquer les rites qui en sont solidaires. Elles ne sont pas seulement admises, à titre individuel, par tous les membres de cette collectivité ; mais elles sont la
5 chose du groupe et elles en font l'unité. Les individus qui la composent se sentent liés les uns aux autres, par cela seul qu'ils ont une foi commune. Une société dont les membres sont unis parce qu'ils se représentent de la même manière le monde sacré et ses rapports avec le monde profane, et parce qu'ils traduisent cette représentation commune dans des pratiques
10 identiques, c'est ce qu'on appelle une Église. [...]

Restent les aspirations contemporaines vers une religion qui consisterait tout entière en états intérieurs et subjectifs et qui serait librement construite par chacun de nous. Mais si réelles qu'elles soient, elles ne sauraient affecter notre définition ; car celle-ci ne peut s'appliquer qu'à
15 des faits acquis et réalisés, non à d'incertaines virtualités. On peut définir

les religions telles qu'elles sont ou telles qu'elles ont été, non telles qu'elles tendent plus ou moins vaguement à être. Il est possible que cet individualisme religieux soit appelé à passer dans les faits ; mais pour pouvoir dire dans quelle mesure, il faudrait déjà savoir ce qu'est la religion, de quels
20 éléments elle est faite, de quelles causes elle résulte, quelle fonction elle remplit ; toutes questions dont on ne peut préjuger la solution, tant qu'on n'a pas dépassé le seuil de la recherche. C'est seulement au terme de cette étude que nous pourrons tâcher d'anticiper l'avenir.

Nous arrivons donc à la définition suivante : *Une religion est un système*
25 *solidaire de croyances et de pratiques relatives à des choses sacrées, c'est-à-dire séparées, interdites, croyances et pratiques qui unissent en une même communauté morale, appelée Église, tous ceux qui y adhèrent.* Le second élément qui prend ainsi place dans notre définition n'est pas moins essentiel que le premier ; car, en montrant que l'idée de religion est inséparable de l'idée d'Église, il
30 fait pressentir que la religion doit être une chose éminemment collective.

Émile Durkheim,
Les Formes élémentaires de la vie religieuse (1912),
Éd. des PUF, coll. « Quadrige », 1914, pp. 60 et 65.

 Fiche Durkheim p. 520

Freud
[1856-1939]

18 La religion comme illusion

Pour Freud, la religion est une illusion, et non pas une erreur. Elle est enracinée dans des désirs très profonds, et très communément partagés. C'est la raison pour laquelle elle ne peut être éliminée simplement par la connaissance ou par la volonté. Freud fournit cependant une explication de l'illusion religieuse tout à fait différente de celle de Marx.

Ces idées [les idées religieuses] qui professent d'être des dogmes, ne sont pas le résidu de l'expérience ou le résultat final de la réflexion : elles sont des illusions, la réalisation des désirs les plus anciens, les plus forts, les plus pressants de l'humanité ; le secret de leur force est la force de ces
5 désirs. Nous le savons déjà : l'impression terrifiante de la détresse infantile avait éveillé le besoin d'être protégé – protégé en étant aimé – besoin auquel le père a satisfait ; la reconnaissance du fait que cette détresse dure toute la vie a fait que l'homme s'est cramponné à un père, à un père cette fois plus puissant. L'angoisse humaine en face des
10 dangers de la vie s'apaise à la pensée du règne bienveillant de la Providence divine, l'institution d'un ordre moral de l'univers assure la réalisation des exigences de la justice, si souvent demeurées irréalisées dans les civilisations humaines, et la prolongation de l'existence terrestre par une vie future fournit les cadres de temps et de lieu où ces désirs
15 se réaliseront. Des réponses aux questions que se pose la curiosité humaine touchant ces énigmes : la genèse de l'univers, le rapport entre le corporel et le spirituel, s'élaborent suivant les prémisses du système religieux. Et c'est un formidable allégement pour l'âme individuelle que de voir les conflits de l'enfance émanés du complexe paternel

20 – conflits jamais entièrement résolus –, lui être pour ainsi dire enlevés et recevoir une solution acceptée de tous.

Quand je dis : tout cela, ce sont des illusions, il me faut délimiter le sens de ce terme. Une illusion n'est pas la même chose qu'une erreur, une illusion n'est pas non plus nécessairement une erreur. L'opinion d'Aristote,
25 d'après laquelle la vermine serait engendrée par l'ordure – opinion qui est encore celle du peuple ignorant –, était une erreur ; de même l'opinion qu'avait une génération antérieure de médecins, et d'après laquelle le tabès[1] aurait été la conséquence d'excès sexuels. Il serait impropre d'appeler ces erreurs des illusions, alors que c'était une
30 illusion de la part de Christophe Colomb, quand il croyait avoir trouvé une nouvelle route maritime des Indes. La part de désir que comportait cette erreur est manifeste.

Sigmund Freud,
L'Avenir d'une illusion (1927), VI, trad. M. Bonaparte, Éd. des PUF, 1971, pp. 43-44.

1. Tabès : nom ancien de la syphilis.

📄 Fiche Freud p. 519

Libera
[1948-]

19 L'héritage oublié

Nous sommes naturellement les héritiers de la pensée médiévale dans son ensemble. La philosophie arabo-musulmane médiévale est l'une de ses principales composantes. Mais elle est trop souvent négligée, comme le constate et le déplore ici ce commentateur d'Averroès[1].

1. Averroès : voir le texte 5, p. 176.

2. *Falasifa* : philosophes, en arabe.

3. Farabi (875-950) : philosophe arabe.

4. Ibn Sina, dit Avicenne (980-1037) : philosophe et médecin iranien.

5. Ghazali (1058-1111) : l'un des grands penseurs de l'islam.

À quoi bon enseigner l'histoire de la pensée philosophique arabo-musulmane ? À quoi bon tenter de renouer avec l'« héritage oublié » ? La réponse est simple et elle se confond avec ce que nous appelons l'*arabisme* : parce qu'on y trouve une dimension à la fois religieuse, humaniste et
5 rationnelle ; parce que cette dimension fait partie de notre héritage dans la mesure où les Latins l'ont reconnue comme telle et qu'ils l'ont soit combattue soit prolongée. En quoi consiste cette dimension ? En deux idées au moins : celle d'une recherche collective, plurielle, voire pluraliste de la vérité ; celle d'une destination intellectuelle et éthique de l'homme.
10 Ce que les médiévaux ont connu des *falasifa*[2] pouvait, s'ils le voulaient, les mener à une idée de concorde, d'accord, de consonance. Philosophique tout d'abord : les « philosophes » musulmans – Farabi[3], Ibn Sina[4], Ghazali[5] – lisaient et commentaient un Aristote fortement néoplatonisé, et l'idée d'une « harmonie » possible entre Aristote et Platon restait, du même coup,
15 à l'horizon de leur travail d'interprète ; philosophique et religieuse ensuite : l'idée d'une « harmonisation » entre l'enseignement des philosophes grecs et celui des prophètes ne semblait pas non plus absurde à certains d'entre eux.
[…]
En lisant chez Avicenne[4] que la pensée pouvait être un progrès quotidien, une assimilation progressive, autrement dit un travail et ultimement une
20 sanctification, les penseurs latins apprenaient ainsi à considérer l'exercice de la pensée comme une ascèse, à « spiritualiser » l'idéal aristotélicien de la sagesse contemplative en une spiritualité du travail intellectuel. En apprenant

des Arabes en général l'existence d'une « espérance philosophique », la *fiducia philosophantium* de Farabi, ils accédaient à l'idée qu'il y avait place sur terre
25 pour une *vie bienheureuse,* une vie de pensée anticipant la vision béatifique promise aux élus dans la patrie céleste.

Alain de Libera,
Penser au Moyen Âge, Éd. du Seuil, 1995, pp. 139 et 141.

Ricœur
[1913-2005]

20 Religion et laïcité

La religion ne concerne-t-elle plus désormais que la sphère privée ? Une telle position semble précisément contrevenir à l'idée même de religion. En tout état de cause, notre rapport privé mais aussi politique au religieux se réfléchit aujourd'hui dans la question de la laïcité. Encore faudrait-il bien s'entendre sur le sens de ce terme.

Cela dit, il me semble qu'il y a dans la discussion publique une méconnaissance des différences entre deux usages du terme *laïcité* ; sous le même mot sont désignées en effet deux pratiques fort différentes : la laïcité de l'État, d'une part ; celle de la société civile, d'autre part.

5 La première se définit par l'abstention. C'est l'un des articles de la Constitution française : l'État ne reconnaît, ni ne subventionne aucun culte. Il s'agit du négatif de la liberté religieuse dont le prix est que l'État, lui, n'a pas de religion. Cela va même plus loin, cela veut dire que l'État ne « pense » pas, qu'il n'est ni religieux ni athée ; on est en présence d'un
10 agnosticisme[1] institutionnel.

Cette laïcité d'abstention implique, en toute rigueur, qu'il y ait une gestion nationale des cultes, comme il y a un ministère des Postes et des Télécommunications. [...]

De l'autre côté, il existe une laïcité dynamique, active, polémique, dont
15 l'esprit est lié à celui de discussion publique. Dans une société pluraliste comme la nôtre, les opinions, les convictions, les professions de foi s'expriment et se publient librement. Ici, la laïcité me paraît être définie par la qualité de la discussion publique, c'est-à-dire par la reconnaissance mutuelle du droit de s'exprimer ; mais, plus encore, par l'acceptabilité des
20 arguments de l'autre. Je rattacherais volontiers cela à une notion développée récemment par Rawls[2] : celle de « désaccord raisonnable ». Je pense qu'une société pluraliste repose non seulement sur le « consensus par recoupement », qui est nécessaire à la cohésion sociale, mais sur l'acceptation du fait qu'il y a des différends non solubles. Il y a un art de traiter ceux-ci,
25 par la reconnaissance du caractère raisonnable des partis en présence, de la dignité et du respect des points de vue opposés, de la plausibilité des arguments invoqués de part et d'autre. Dans cette perspective, le maximum de ce que j'ai à demander à autrui, ce n'est pas d'adhérer à ce que je crois vrai, mais de donner ses meilleurs arguments.

Paul Ricœur,
La Critique et la Conviction, Éd. Calmann-Lévy, 1995, pp. 194-195.

1. Agnosticisme : doctrine qui refuse de se prononcer sur les questions relevant de la religion ou de la métaphysique.

2. John Rawls : philosophe américain (1921-2000), théoricien libéral et républicain, auteur de *Théorie de la justice* (1971).

La CULTURE

Midal
[1967-]

21 Une religion sans Dieu ?

Le mot *bouddha* signifie « l'éveillé, l'illuminé », et le Bouddha, celui dont la doctrine est à l'origine de la religion bouddhiste, n'est pas un Dieu, mais un sage qui a vécu de 566 à 486 avant J.-C. Il n'y a donc pas de Dieu dans le bouddhisme au sens où les trois monothéismes conçoivent Dieu. Cela ne signifie pas pour autant que le bouddhisme exclut tout rapport au divin.

La présentation du bouddhisme en Occident achoppe de manière saisissante sur la question de son rapport au divin. Le bouddhisme est en effet souvent décrit comme étant une religion athée, qui offrirait par là même une alternative à nos monothéismes, une simple morale. Les tenants d'une telle
5 interprétation ne semblent nullement gênés par les grandes expositions régulièrement organisées où sont montrés des panthéons riches de multiples divinités et par les textes qui les évoquent, peu à peu traduits en français. Penser ainsi le bouddhisme comme athée est une vue de l'esprit qui provient d'une construction intellectuelle sans grand rapport avec la réalité de ce
10 chemin spirituel. Une telle erreur repose cependant sur la position très subtile que le bouddhisme adopte par rapport au divin.

L'existence d'un Dieu unique, créateur de la terre, du ciel et de toute chose, n'y trouve pas sa place. La conception religieuse comme détermination métaphysique d'un Dieu « *volonté génératrice de toute existence et*
15 *antérieure à toute existence* » (Bakounine) lui est étrangère. En ce sens, les bouddhistes ne sont pas athées pour la raison très simple que l'idée de Dieu leur est inconcevable. Pour eux, un être *personnel* est forcément un *individu* ; il existe donc au milieu d'autres individus et dépend d'eux, comme ils dépendent de lui. L'absolu, s'il existe, ne peut pas être personnel.
20 S'il l'était, il existerait dans cette situation d'interdépendance et, par là même, ne serait plus absolu.

Le bouddhisme, ne connaissant pas le Dieu du monothéisme, est une tradition spirituelle non théiste[1], ce qui en constitue le caractère profondément unique. [...]
25 Une telle perspective transforme la compréhension habituelle d'une voie spirituelle, en ce qu'elle ne débouche pas sur la nécessité de croire en quoi que ce soit d'extérieur à nous, mais présente une discipline qui nous permet de nous ouvrir simplement à ce qui est. Autrement dit, le bouddhisme n'invite à nul désenchantement[2] ni désacralisation du monde. Il inaugure,
30 au contraire de ce que prétend la *doxa*[3], d'une manière unique, un rapport profond au divin, comme le visage toujours nouveau que nous présente l'éveil quand nous savons lui répondre.

Fabrice Midal,
« La philosophie du bouddhisme »,
Nouvel Observateur, hors série n° 50, avril-juin 2003, pp. 8-9.

1. Théiste : qui affirme l'existence d'un Dieu unique et transcendant, indépendamment de toute religion particulière.

2. Désenchantement : ce terme, inventé par Max Weber tend à signifier aujourd'hui le déclin ou l'affaiblissement des convictions religieuses et la perte du sens du sacré.

3. La *doxa* : l'opinion commune.

L'histoire

Définition élémentaire

▶ **L'histoire désigne l'ensemble des faits passés importants pour un peuple ou pour l'humanité.**

▶ **L'histoire désigne aussi le récit de ces faits,** ou la science portant sur ces faits. Le mot histoire vient du grec istoria, « enquête » (titre du livre d'Hérodote, considéré comme le premier historien) : le terme montre bien que l'histoire n'est pas la transcription passive de faits qui se livreraient tout prêts à l'observateur, mais le fruit d'une reconstitution active et nécessairement parcellaire.

▶ **Pour distinguer, on met parfois un H majuscule pour parler de l'Histoire comme ensemble des faits,** succession d'événements.

Distinguer pour comprendre

▶ En tant que science historique, l'histoire s'oppose au mythe, récit religieux qui raconte les origines du monde et les faits fondateurs de la société. L'histoire, dans sa tentative d'être objective, analyse et compare diverses sources d'informations.

▶ L'histoire se distingue aussi du témoignage. Le récit par un témoin est un document historique parmi d'autres : il n'est pas, en lui-même, une preuve scientifique.

▶ L'Histoire se distingue des « faits de tous les jours » : elle ne retient que certains faits, considérés comme significatifs dans l'évolution de la société.

▶ On peut distinguer l'Histoire et pré-histoire : l'Histoire commence avec l'invention de l'écriture et la présence de témoignages écrits.

Repères associés à la notion

→ **Contingent / Nécessaire / Possible** (p. 437)
→ **Expliquer / Comprendre** (p. 441)

Thucydide

[470-400 ? av. J.-C.]

1. Hérodote (484-420 av. J.-C.), Thucydide (vers 470-vers 400 av. J.-C.) : historiens grecs.

2. Dans les chapitres précédant ce texte, Thucydide a dressé un état des lieux de la Grèce de son époque.

3. Logographes : chroniqueurs de l'époque, jugés naïfs par Thucydide.

À L'ÉPOQUE

En 424 av. J-C, à la suite d'un échec militaire dans le cadre de la guerre entre Athènes et Sparte, Thucydide doit s'exiler pendant vingt ans. Cet exil lui permet de voyager et de rassembler de nombreux témoignages auprès des combattants des deux camps.

1 Une étude rigoureuse et réfléchie

Histoire de la guerre du Péloponnèse constitue, à côté des *Histoires* d'Hérodote[1], l'un des textes fondateurs de l'histoire. Thucydide[1], qui a participé aux événements qu'il rapporte en tant que stratège, a commencé son enquête dès le début du conflit. Mais l'histoire telle qu'il la conçoit ne se réduit pas à cette simple enquête : elle inclut également une démarche rigoureuse qui conduit à évacuer le merveilleux pour ne retenir que les informations les moins sujettes à caution.

XXI. – D'après les indices que j'ai signalés[2], on ne se trompera pas en jugeant les faits tels à peu près que je les ai rapportés. On n'accordera pas la confiance aux poètes, qui amplifient les événements, ni aux logographes[3] qui, plus pour charmer les oreilles que pour servir la vérité, rassemblent des

5 faits impossibles à vérifier rigoureusement et aboutissent finalement pour la plupart à un récit incroyable et merveilleux. On doit penser que mes informations proviennent des sources les plus sûres et présentent, étant donné leur antiquité, une certitude suffisante.

Les hommes engagés dans la guerre jugent toujours la guerre qu'ils font

10 la plus importante, et quand ils ont déposé les armes, leur admiration va davantage aux exploits d'autrefois ; néanmoins, à envisager les faits, cette guerre-ci apparaîtra la plus grande de toutes.

XXII. – Pour ce qui est des discours tenus par chacun des belligérants, soit avant d'engager la guerre, soit quand celle-ci était déjà commencée, il

15 m'était aussi difficile de rapporter avec exactitude les paroles qui ont été prononcées, tant celles que j'ai entendues moi-même que celles que l'on m'a rapportées de divers côtés. Comme il m'a semblé que les orateurs devaient parler pour dire ce qui était le plus à propos, eu égard aux circonstances, je me suis efforcé de restituer le plus exactement possible la pensée complète

20 des paroles exactement prononcées.

Quant aux événements de la guerre, je n'ai pas jugé bon de les rapporter sur la foi du premier venu, ni d'après mon opinion ; je n'ai écrit que ce dont j'avais été témoin ou pour le reste ce que je savais par des informations aussi exactes que possible. Cette recherche n'allait pas sans peine, parce que

25 ceux qui ont assisté aux événements ne les rapportaient pas de la même manière et parlaient selon les intérêts de leur parti ou selon leurs souvenirs variables. L'absence de merveilleux dans mes récits les rendra peut-être moins agréables à entendre. Il me suffira que ceux qui veulent voir clair dans les faits passés et, par conséquent, aussi dans les faits analogues que

30 l'avenir selon la loi des choses humaines ne peut manquer de ramener jugent utile mon histoire. C'est une œuvre d'un profit solide et durable plutôt qu'un morceau d'apparat composé pour une satisfaction d'un instant.

Thucydide,
Histoire de la guerre du Péloponnèse (Vᵉ siècle av. J.-C.),
trad. J. Voilquin, Éd. Flammarion, coll. « GF », 1991, pp. 42-43.

Aristote
[384-322 av. J.-C.]

Fiche Aristote p. 478

1. Alcibiade : homme politique grec, contemporain de Socrate.

2 Poésie et histoire

Poésie et histoire visent l'une et l'autre la compréhension de l'humain. Mais, tandis que l'histoire relate ce qui est effectivement arrivé, la poésie invente ses intrigues et ses personnages. Paradoxalement, Aristote juge celle-ci plus philosophique que l'histoire.

De ce qui a été dit résulte clairement que le rôle du poète est de dire non pas ce qui a réellement eu lieu mais ce à quoi on peut s'attendre, ce qui peut se produire conformément à la vraisemblance ou à la nécessité. En effet, la différence entre l'historien et le poète ne vient pas du fait que l'un s'exprime
5 en vers et l'autre en prose (on pourrait mettre l'œuvre d'Hérodote en vers, et elle n'en serait pas moins de l'histoire en vers qu'en prose); mais elle vient de ce fait que l'un dit ce qui a eu lieu, l'autre, ce à quoi on peut s'attendre. Voilà pourquoi la poésie est une chose plus philosophique et plus noble que l'histoire : la poésie dit plutôt le général, l'histoire le parti-
10 culier. Le général, c'est telle ou telle chose qu'il arrive à tel ou tel de dire ou de faire, conformément à la vraisemblance ou à la nécessité ; c'est le but visé par la poésie, même si par la suite elle attribue des noms aux personnages. Le particulier, c'est ce qu'a fait Alcibiade[1], ou ce qui lui est arrivé.

Aristote,
Poétique (IVᵉ siècle av. J.-C.), 1451 a-b, trad. Michel Magnien, LGF, 1990, p. 98

Ibn Khaldûn
[1332-1406]

3 L'histoire comme une science

Ibn Khaldûn est l'un des premiers historiens modernes. Ses travaux portant sur l'histoire arabe constituent une référence, notamment ses études concernant le passage de la civilisation nomade à la civilisation urbaine. Il insiste ici sur la dimension critique d'une histoire rigoureuse et réfléchie dont il est l'un des fondateurs.

L'histoire est une noble science. Elle présente beaucoup d'aspects utiles. Elle se propose d'atteindre un noble but. Elle nous fait connaître les conditions propres aux nations anciennes, telles qu'elles se traduisent par leur caractère national. Elle nous transmet la biographie des prophètes, la chronique des
5 rois, leurs dynasties et leur politique. Ainsi, celui qui le désire peut obtenir un heureux résultat : en imitant les modèles historiques en matière religieuse ou profane.

Pour écrire des ouvrages historiques, il faut disposer de nombreuses sources et de connaissances très variées. Il faut aussi un esprit réfléchi, et
10 de la profondeur : pour conduire le chercheur à la vérité et le garder de l'erreur. S'il se fie aux récits traditionnels, s'il n'a pas claire notion des principes fournis par la coutume, les fondements de la politique, la nature même de la civilisation et les conditions qui régissent la société humaine, si, d'autre part, il n'évalue pas sa documentation ancienne ou de longue
15 date, en la comparant à des données plus récentes ou contemporaines : il

ne pourra éviter les faux pas et les écarts hors la grand-route de la vérité. Historiens, commentateurs du Coran et grands « traditionnistes » ont commis bien des erreurs. Ils acceptent d'emblée leurs histoires pour argent comptant, sans les contrôler auprès des principes, ni les comparer aux autres
20 récits du même genre. Pas plus qu'ils ne les éprouvent à la pierre de touche de la philosophie, qu'ils ne s'aident de la nature des choses, ou qu'ils ne recourent à la réflexion et à la critique. Ainsi s'égarent-ils loin de la vérité, pour se trouver perdus dans le désert de la légèreté et de l'erreur.

En particulier, c'est ce qui arrive, chaque fois qu'il est question de
25 sommes d'argent ou d'effectifs militaires. C'est une excellente occasion de donner de faux renseignements et d'échafauder des affirmations sans fondement. Il faut donc contrôler à la source et recouper ce genre de choses avec d'autres informations solides.

Ibn Khaldûn,
Discours sur l'histoire universelle (1377), trad. V. Monteil,
Éd. Actes Sud/Sindbad, 1968, pp. 13-14.

Rousseau
[1712-1778]

4 Les écueils d'une histoire subjective

Rousseau met en doute l'objectivité des faits historiques et la validité des explications causales données aux événements. Il insiste sur le caractère irréductiblement interprétatif et fictionnel du récit historique.

Il est difficile de se mettre dans un point de vue d'où l'on puisse juger ses semblables avec équité. Un des grands vices de l'histoire est qu'elle peint beaucoup plus les hommes par leurs mauvais côtés que par les bons ; comme elle n'est intéressante que par les révolutions, les catastrophes, tant
5 qu'un peuple croît et prospère dans le calme d'un paisible gouvernement, elle n'en dit rien ; elle ne commence à en parler que quand, ne pouvant plus se suffire à lui-même, il prend part aux affaires de ses voisins, ou les laisse prendre part aux siennes ; elle ne l'illustre que quand il est déjà sur son déclin : toutes nos histoires commencent où elles devraient finir. Nous
10 avons fort exactement celle des peuples qui se détruisent ; ce qui nous manque est celle des peuples qui se multiplient ; ils sont assez heureux et assez sages pour qu'elle n'ait rien à dire d'eux : et en effet nous voyons, même de nos jours que les gouvernements qui se conduisent le mieux sont ceux dont on parle le moins. Nous ne savons donc que le mal ; à
15 peine le bien fait-il époque. Il n'y a que les méchants de célèbres, les bons sont oubliés ou tournés en ridicule : et voilà comment l'histoire, ainsi que la philosophie, calomnie sans cesse le genre humain.

De plus, il s'en faut bien que les faits décrits dans l'histoire soient la peinture exacte des mêmes faits tels qu'ils sont arrivés : ils changent de forme
20 dans la tête de l'historien, ils se moulent sur ses intérêts, ils prennent la teinte de ses préjugés. Qui est-ce qui sait mettre exactement le lecteur au lieu de la scène pour voir un événement tel qu'il s'est passé ? L'ignorance ou la partialité déguise tout. Sans altérer même un trait historique, en étendant

ou resserrant des circonstances qui s'y rapportent, que de faces différentes
25 on peut lui donner ! Mettez un même objet à divers points de vue, à peine
paraîtra-t-il le même, et pourtant rien n'aura changé que l'œil du spectateur. Suffit-il, pour l'honneur de la vérité, de me dire un fait véritable en
me le faisant voir tout autrement qu'il n'est arrivé ? Combien de fois un
arbre de plus ou de moins, un rocher à droite ou à gauche, un tourbillon
30 de poussière élevé par le vent ont décidé de l'événement d'un combat sans
que personne s'en soit aperçu ! Cela empêche-t-il que l'historien ne vous
dise la cause de la défaite ou de la victoire avec autant d'assurance que s'il
eût été partout ? Or que m'importent les faits en eux-mêmes, quand la
raison m'en reste inconnue ? et quelles leçons puis-je tirer d'un événement
35 dont j'ignore la vraie cause ? L'historien m'en donne une, mais il la
controuve[1] ; et la critique elle-même, dont on fait tant de bruit, n'est
qu'un art de conjecturer, l'art de choisir entre plusieurs mensonges celui
qui ressemble le mieux à la vérité.

Jean-Jacques Rousseau,
Émile ou de l'Éducation (1762), Livre IV,
Éd. Flammarion, coll. « GF », 1966, pp. 309-310.

1. Controuve : invente, fabrique de toutes pièces.

 Fiche Rousseau p. 506

Kant

[1724-1804]

XVIIIe SIÈCLE

5 À la recherche d'un fil directeur pour l'histoire

Un historien scrupuleux doit examiner les faits avec l'humilité que l'on est en droit d'exiger d'un homme de science. Cependant, l'histoire n'est pas un simple tissu d'événements. Une lecture philosophique de l'histoire, si l'on en croit Kant, ne doit pas être écartée. Bien au contraire, elle est la condition *sine qua non* d'une histoire cohérente et significative.

Neuvième proposition

Il faut considérer qu'une tentative philosophique pour traiter de l'histoire uni-
verselle d'après un plan de la nature qui vise la parfaite union civile dans l'espèce
humaine est possible, et même favorable pour ce dessein de la nature. C'est un
5 projet étrange et apparemment absurde de vouloir rédiger l'histoire d'après
l'idée du cours qu'il faudrait que le monde suive s'il devait se conformer à
des fins raisonnables certaines. Il semble qu'un tel point de vue ne puisse
donner lieu qu'à un roman. Si toutefois il est permis d'admettre que la
nature, même dans le jeu de la liberté humaine, n'agit pas sans suivre un
10 plan ni sans viser une fin, cette idée pourrait bien alors devenir utile ; et malgré notre point de vue trop court pour pénétrer le mécanisme secret de son
organisation, il nous serait permis de nous servir de cette idée comme d'un
fil conducteur pour exposer, du moins dans l'ensemble, en tant que système,
ce qui n'est sans cela qu'un *agrégat,* sans plan, d'actions humaines. […]
15 Croire que j'ai voulu, avec cette idée d'une histoire du monde qui a en
quelque sorte un fil directeur a *priori,* évincer l'étude de l'histoire proprement dite qui ne procède que de manière empirique, serait se méprendre
sur mon dessein ; ce n'est qu'une pensée de ce qu'une tête philosophique (il

LA CULTURE

1. Cosmopolitique : du point de vue du monde entier (*cosmos*).

Fiche Kant p. 509

faudrait d'ailleurs qu'elle soit très au fait de l'histoire) peut bien tenter en
20 adoptant un autre point de vue. En outre il faut que le souci du détail, sans doute louable, avec lequel on rédige aujourd'hui l'histoire contemporaine porte naturellement chacun à réfléchir à ceci : comment nos descendants éloignés s'y prendront-ils pour porter le fardeau de l'histoire que nous allons leur laisser après quelques siècles ? Sans doute ils apprécieront du seul point
25 de vue de ce qui les intéresse l'histoire des temps plus anciens, dont il se pourrait que les documents aient alors depuis longtemps disparu : ils se demanderont ce que les peuples et les gouvernements ont accompli de bien ou de mal au point de vue cosmopolitique[1]. Prendre garde à cela, de même qu'à l'ambition des chefs d'État comme à celle de leurs serviteurs, pour leur
30 indiquer le seul moyen qui peut léguer leur glorieux souvenir à la postérité, c'est peut-être encore un petit motif de plus pour tenter une histoire philosophique.

Emmanuel Kant,
Idée d'une histoire universelle au point de vue cosmopolitique (1784),
trad. J.-M. Muglioni, Éd. Bordas, coll. « Les Œuvres philosophiques », 1981, pp. 23 et 25.

Hegel
[1770-1831]

1. En général, on sait ce que l'on *ne* veut *pas*, mais ce que l'on veut reste vague.

2. Il appert : il apparaît.

XIXᵉ SIÈCLE

6 Les grands hommes

À quoi reconnaît-on un grand homme ? Si l'histoire identifie bien ses porte-parole, ses guides, ce n'est qu'après coup. Hegel se demande ici pour quelles raisons les peuples se sentent d'emblée aimantés par ces « conducteurs d'âmes » auxquels l'histoire rendra effectivement hommage, mais dans un second temps.

Il est difficile de savoir ce qu'on veut. On peut certes vouloir ceci ou cela, mais on reste dans le négatif[1] et le mécontentement : la conscience de l'affirmatif peut fort bien faire défaut. Mais les grands hommes savent aussi que ce qu'ils veulent est l'affirmatif. C'est leur propre satisfaction
5 qu'ils cherchent : ils n'agissent pas pour satisfaire les autres. S'ils voulaient satisfaire les autres, ils eussent eu beaucoup à faire parce que les autres ne savent pas ce que veut l'époque et ce qu'ils veulent eux-mêmes. Il serait vain de résister à ces personnalités historiques parce qu'elles sont irrésistiblement poussées à accomplir leur œuvre. Il appert[2] par la suite qu'ils ont eu raison,
10 et les autres, même s'ils ne croyaient pas que c'était bien ce qu'ils voulaient, s'y attachent et laissent faire. Car l'œuvre du grand homme exerce en eux et sur eux un pouvoir auquel ils ne peuvent pas résister, même s'ils le considèrent comme un pouvoir extérieur et étranger, même s'il va à l'encontre de ce qu'ils croient être leur volonté. Car l'Esprit en marche vers une nouvelle
15 forme est l'âme interne de tous les individus ; il est leur intériorité inconsciente, que les grands hommes porteront à la conscience. Leur œuvre est donc ce que visait la véritable volonté des autres ; c'est pourquoi elle exerce sur eux un pouvoir qu'ils acceptent malgré les réticences de leur volonté consciente : s'ils suivent ces conducteurs d'âmes, c'est parce qu'ils y sentent la
20 puissance irrésistible de leur propre esprit intérieur venant à leur rencontre.

Si, allant plus loin, nous jetons un regard sur la destinée de ces individus historiques, nous voyons qu'ils ont eu le bonheur d'être les agents d'un but qui constitue une étape dans la marche progressive de l'Esprit universel.

Georg Wilhelm Friedrich Hegel,
La Raison dans l'histoire (1830), trad. K. Papaioannou, Éd. 10/18, 1965, p. 123.

Fiche Hegel p. 510

Hegel
[1770-1831]

7 Rationalité de l'histoire

Le spectacle des temps révolus, auquel les ouvrages d'histoire nous donnent accès, suscite à bien des égards notre tristesse. Les civilisations du passé se présentent à première vue comme de vastes champs de ruines. Mais il faut aller au-delà de cette première impression. Les échecs, les impasses, les conflits, les guerres, les crises, tout ce que Hegel nomme le « négatif », contribuent néanmoins à la réalisation d'une œuvre. Il s'agit de l'œuvre de la raison.

Le plus noble et le plus beau nous fut arraché par l'histoire : les passions humaines l'ont ruiné. Tout semble voué à la disparition, rien ne demeure. Tous les voyageurs ont éprouvé cette mélancolie. Qui a vu les ruines de Carthage, de Palmyre, Persépolis, Rome sans réfléchir sur la caducité des
5 empires et des hommes, sans porter le deuil de cette vie passée puissante et riche ? Ce n'est pas, comme devant la tombe des êtres qui nous furent chers, un deuil qui s'attarde aux pertes personnelles et à la caducité des fins particulières : c'est le deuil désintéressé de la ruine d'une vie humaine brillante et civilisée.
10 Cependant à cette catégorie du changement se rattache aussitôt un autre aspect : de la mort renaît une vie nouvelle. […] Ainsi l'Esprit affirme-t-il ses forces dans toutes les directions. Nous apprenons quelles sont celles-ci par la multiplicité des productions et des créations de l'Esprit. Dans la jouissance de son activité il n'a affaire qu'à lui-même. Il
15 est vrai que, lié aux conditions naturelles intérieures et extérieures, il y rencontre non seulement des obstacles et de la résistance, mais voit souvent ses efforts échouer. Il est alors déchu dans sa mission en tant qu'être spirituel dont la fin est sa propre activité et non son œuvre, et cependant il montre encore qu'il a été capable d'une telle activité.
20 Après ces troublantes considérations, on se demande quelle est la fin de toutes ces réalités individuelles. Elles ne s'épuisent pas dans leurs buts particuliers. Tout doit contribuer à *une* œuvre. À la base de cet immense sacrifice de l'Esprit doit se trouver une fin ultime. La question est de savoir si, sous le tumulte qui règne à la surface, ne s'accomplit pas une
25 œuvre silencieuse et secrète dans laquelle sera conservée toute la force des phénomènes. Ce qui nous gêne, c'est la grande variété, le contraste de ce contenu. Nous voyons des choses opposées être vénérées comme sacrées et prétendre représenter l'intérêt de l'époque et des peuples. Ainsi naît le besoin de trouver dans l'Idée la justification d'un tel déclin. Cette consi-
30 dération nous conduit à la troisième catégorie, à la recherche d'une fin en

LA CULTURE

soi et pour soi ultime. C'est la catégorie de la *Raison* elle-même, elle existe dans la conscience comme foi en la toute-puissance de la Raison sur le monde. La preuve sera fournie par l'étude de l'histoire elle-même. Car celle-ci n'est que l'image et l'acte de la Raison.

Georg Wilhelm Friedrich Hegel,
La Raison dans l'histoire (1830), trad. K. Papaioannou,
Éd. Plon, coll. « 10/18 », 1965, pp. 54-56.

 Fiche Hegel p. 510

Marx
[1818-1883]

8 La conscience déterminée par la vie

La philosophie allemande idéaliste à laquelle Marx s'attaque dans un ouvrage de jeunesse, marchait selon lui « sur la tête ». Ce sont en effet les idées des hommes qui étaient supposées constituer le moteur de l'histoire. Pour un matérialiste au contraire, l'histoire est déterminée « en dernière instance » par des processus matériels. Il convient donc de remettre l'histoire à l'endroit, c'est-à-dire sur ses pieds (« prémisses réelles »).

À l'encontre de la philosophie allemande[1] qui descend du ciel sur la terre, c'est de la terre au ciel que l'on monte ici. Autrement dit, on ne part pas de ce que les hommes disent, s'imaginent, se représentent, ni non plus de ce qu'ils sont dans les paroles, la pensée, l'imagination et la représentation d'au-
5 trui, pour aboutir ensuite aux hommes en chair et en os ; non, on part des hommes dans leur activité réelle ; c'est à partir de leur processus de vie réel que l'on représente aussi le développement des reflets et des échos idéolo-giques de ce processus vital. Et même les fantasmagories dans le cerveau humain sont des sublimations résultant nécessairement du processus de
10 leur vie matérielle que l'on peut constater empiriquement et qui repose sur des bases matérielles. De ce fait, la morale, la religion, la métaphysique et tout le reste de l'idéologie, ainsi que les formes de conscience qui leur cor-respondent, perdent aussitôt toute apparence d'autonomie. Elles n'ont pas d'histoire, elles n'ont pas de développement ; ce sont au contraire les
15 hommes qui, en développant leur production matérielle et leurs rapports matériels, transforment, avec cette réalité qui leur est propre, et leur pensée et les produits de leur pensée. Ce n'est pas la conscience qui détermine la vie, mais la vie qui détermine la conscience. Dans la première façon de considérer les choses, on part de la conscience comme étant l'individu
20 vivant, dans la seconde façon, qui correspond à la vie réelle, on part des individus réels et vivants eux-mêmes et l'on considère la conscience uni-quement comme *leur conscience*.

Cette façon de considérer les choses n'est pas dépourvue de présuppo-sitions. Elle part des prémisses réelles et ne les abandonne pas un seul
25 instant. Ces prémisses, ce sont les hommes, non pas isolés et figés de quelque manière imaginaire, mais saisis dans leur processus de dévelop-pement réel dans des conditions déterminées, développement visible empiriquement. Dès que l'on représente ce processus d'activité vitale, l'histoire cesse d'être une collection de faits sans vie, comme chez les

1. La philosophie allemande : Marx vise ici les philosophes idéalistes allemands, plus particulièrement Ludwig Feuerbach (1804-1872).

30 empiristes, qui sont eux-mêmes encore abstraits, ou l'action imaginaire de
sujets imaginaires, comme chez les idéalistes.

Karl Marx,
L'Idéologie allemande (1846), trad. R. Cartelle et G. Badia,
Éd. sociales, 1975, pp. 51-52.

Fiche Marx p. 517

Tocqueville
[1805-1849]

9 La complexité de l'histoire

Théoriciens et hommes d'action n'ont pas du tout, *a priori*, la même lecture de l'histoire. Tocqueville, qui fut l'un et l'autre, et qui parle ici en tant que philosophe, explique pour quelles raisons il ne peut en être qu'ainsi. Unilatérales, réductrices, leurs approches doivent être dépassées. Une lecture éclairée de l'histoire, plus subtile, plus complexe, s'efforcera de prendre en compte les divers aspects de la rationalité historique.

J'ai vécu avec des gens de lettres, qui ont écrit l'histoire sans se mêler aux affaires, et avec des hommes politiques, qui ne se sont jamais occupés qu'à produire les événements sans songer à les décrire. J'ai toujours remarqué que les premiers voyaient partout des causes générales, tandis que les autres,
5 vivant au milieu du décousu des faits journaliers, se figuraient volontiers que tout devait être attribué à des incidents particuliers, et que les petits ressorts, qu'ils faisaient sans cesse jouer dans leurs mains, étaient les mêmes que ceux qui font remuer le monde. Il est à croire que les uns et les autres se trompent.
10 Je hais, pour ma part, ces systèmes absolus, qui font dépendre tous les événements de l'histoire de grandes causes premières se liant les unes aux autres par une chaîne fatale, et qui suppriment, pour ainsi dire, les hommes de l'histoire du genre humain. Je les trouve étroits dans leur prétendue grandeur, et faux sous leur air de vérité mathématique. Je crois, n'en
15 déplaise aux écrivains qui ont inventé ces sublimes théories pour nourrir leur vanité et faciliter leur travail, que beaucoup de faits historiques importants ne sauraient être expliqués que par des circonstances accidentelles, et que beaucoup d'autres restent inexplicables ; qu'enfin le hasard ou plutôt cet enchevêtrement de causes secondes, que nous appelons ainsi faute
20 de savoir le démêler, entre pour beaucoup dans tout ce que nous voyons sur le théâtre du monde ; mais je crois fermement que le hasard n'y fait rien, qui ne soit préparé à l'avance. Les faits antérieurs, la nature des institutions, le tour des esprits, l'état des mœurs, sont les matériaux avec lesquels il compose ces impromptus qui nous étonnent et qui nous effraient.
25 La révolution de Février[1], comme tous les autres grands événements de ce genre, naquit de causes générales fécondées, si l'on peut ainsi parler, par des accidents ; et il serait aussi superficiel de la faire découler nécessairement des premières, que de l'attribuer uniquement aux seconds.

1. La révolution de Février :
février 1948.

Charles Alexis de Tocqueville,
Souvenirs (1850-1851), partie II, chap. 1,
Éd. Gallimard, coll. « Folio-histoire », 1999, pp. 84-85.

Fiche Tocqueville p. 514

La CULTURE

Comte
[1798-1857]

🔟 La loi des trois états

Contrairement à Karl Marx, Auguste Comte considère que ce sont les idées qui gouvernent le monde. Les grandes étapes du développement historique correspondent à des « états » (stades) de l'intelligence. Le troisième est dit « positif » (du latin *positivus*, certain, réel) ou encore « scientifique ». Tous les individus, tous les peuples s'orientent nécessairement vers cet « état » qui est celui de la maturité.

L'esprit humain, par sa nature, emploie successivement dans chacune de ses recherches trois méthodes de philosopher, dont le caractère est essentiellement différent et même radicalement opposé : d'abord la méthode théologique, ensuite la méthode métaphysique et enfin la méthode positive. De là,
5 trois sortes de philosophie, ou de systèmes généraux de conceptions sur l'ensemble des phénomènes, qui s'excluent mutuellement : la première est le point de départ nécessaire de l'intelligence humaine ; la troisième, son état fixe et définitif ; la seconde est uniquement destinée à servir de transition.

Dans l'état théologique, l'esprit humain, dirigeant essentiellement ses
10 recherches vers la nature intime des êtres, les causes premières et finales de tous les effets qui le frappent, en un mot, vers les connaissances absolues, se représente les phénomènes comme produits par l'action directe et continue d'agents surnaturels plus ou moins nombreux, dont l'intervention arbitraire explique toutes les anomalies apparentes de l'univers.

15 Dans l'état métaphysique, qui n'est au fond qu'une simple modification générale du premier, les agents surnaturels sont remplacés par des forces abstraites, véritables entités (abstractions personnifiées) inhérentes aux divers êtres du monde, et conçues comme capables d'engendrer par elles-mêmes tous les phénomènes observés, dont l'explication consiste alors à
20 assigner pour chacun l'entité correspondante.

Enfin, dans l'état positif, l'esprit humain, reconnaissant l'impossibilité d'obtenir des notions absolues, renonce à chercher l'origine et la destination de l'univers, et à connaître les causes intimes des phénomènes, pour s'attacher uniquement à découvrir, par l'usage bien combiné du raisonnement et
25 de l'observation, leurs lois effectives, c'est-à-dire leurs relations invariables de succession et de similitude. L'explication des faits, réduite alors à ses termes réels, n'est plus désormais que la liaison établie entre les divers phénomènes particuliers et quelques faits généraux dont les progrès de la science tendent de plus en plus à diminuer le nombre.

Auguste Comte,
Cours de philosophie positive (1830-1842),
Première leçon, tome I, Éd. Hermann, 1975, pp. 21-22.

 Fiche Comte p. 512

Cournot
[1801-1877]

🔟 La religion du progrès

Les théologiens, les philosophes (de Vico à Kant) ont longtemps vu dans le mouvement général et positif de l'histoire l'effet d'une « providence »

divine. Au XIXe siècle, les historiens et les philosophes font désormais l'économie d'une hypothèse ouvertement théologique. Cournot se demande si l'idée prétendument laïque de progrès n'est pas, toutefois, une simple reconduction de ce préjugé religieux.

D'autre part aucune idée, parmi celles qui se réfèrent à l'ordre des faits naturels, ne tient de plus près à la famille des idées religieuses que l'idée de progrès, et n'est plus propre à devenir le principe d'une sorte de foi religieuse pour ceux qui n'en ont plus d'autre. Elle a, comme la foi reli-
5 gieuse, la vertu de relever les âmes et les caractères. L'idée du progrès indéfini, c'est l'idée d'une perfection suprême, d'une loi qui domine toutes les lois particulières, d'un but éminent auquel tous les êtres doivent concourir dans leur existence passagère. C'est donc au fond l'idée du divin ; et il ne faut point être surpris si, chaque fois qu'elle est spécieusement
10 invoquée en faveur d'une cause, les esprits les plus élevés, les âmes les plus généreuses se sentent entraînés de ce côté. Il ne faut pas non plus s'étonner que le fanatisme y trouve un aliment, et que la maxime qui tend à corrompre toutes les religions, celle que l'excellence de la fin justifie les moyens, corrompe aussi la religion du progrès.

Antoine Augustin Cournot,
*Considérations sur la marche des idées
et des événements dans les temps modernes* (1872),
Livre VI, chap. 6, Librairie philosophique J. Vrin, 1973, p. 535.

À L'ÉPOQUE
Mathématicien français qui a formalisé les systèmes économiques, Cournot a aussi réfléchi sur le hasard, défini comme « rencontre de deux séries causales indépendantes ». L'enchaînement des faits n'exclut donc pas l'imprévisible.

Braudel
[1902-1985]

XXe SIÈCLE

12 Non plus une histoire, mais trois

Pour éviter l'écueil d'une histoire événementielle et littéraire, certains historiens français du XXe siècle ont imaginé une nouvelle approche de l'histoire. Cette « nouvelle histoire », fondée dans les années trente en France par Marc Bloch (1886-1944) et Lucien Fevbre (1878-1956), insiste sur les évolutions structurelles, et, par voie de conséquence, sur les processus de longue durée. Dans le texte qui suit, Fernand Braudel (1902-1985) décompose l'histoire en trois « plans étagés », impliquant trois types de temporalités soigneusement dissociées.

Ce livre se divise en trois parties, chacune étant en soi un essai d'explication d'ensemble.

La première met en cause une histoire quasi immobile, celle de l'homme dans ses rapports avec le milieu qui l'entoure ; une histoire lente
5 à couler, à se transformer, faite souvent de retours insistants, de cycles sans cesse recommencés. Je n'ai pas voulu négliger cette histoire-là, presque hors du temps, au contact des choses inanimées, ni me contenter, à son sujet, de ces traditionnelles introductions géographiques à l'histoire, inutilement placées au seuil de tant de livres, avec leurs paysages miné-
10 raux, leurs labours et leurs fleurs qu'on montre rapidement et dont ensuite il n'est plus jamais question, comme si les fleurs ne revenaient pas avec chaque printemps, comme si les troupeaux s'arrêtaient dans leurs

déplacements, comme si les navires n'avaient pas à voguer sur une mer réelle, qui change avec les saisons.

15 Au-dessus de cette histoire immobile se distingue une histoire lentement rythmée : on dirait volontiers, si l'expression n'avait été détournée de son sens plein, une histoire *sociale*, celle des groupes et des groupements. Comment ces vagues de fond soulèvent-elles l'ensemble de la vie méditerranéenne, voilà ce que je me suis demandé dans la seconde partie de
20 mon livre, en étudiant successivement les économies, les États, les sociétés, les civilisations, en essayant enfin, pour mieux éclairer ma conception de l'histoire, de montrer comment toutes ces forces de profondeur sont à l'œuvre dans le domaine complexe de la guerre. Car la guerre, nous le savons, n'est pas un pur domaine de responsabilités individuelles.

25 Troisième partie enfin, celle de l'histoire traditionnelle, si l'on veut de l'histoire à la dimension non de l'homme, mais de l'individu, l'histoire événementielle de Paul Lacombe et de François Simiand[1] : une agitation de surface, les vagues que les marées soulèvent sur leur puissant mouvement. Une histoire à oscillations brèves, rapides, nerveuses. […]
30 Ainsi sommes-nous arrivé à une décomposition de l'histoire en plans étagés. Ou, si l'on veut, à la distinction, dans le temps de l'histoire, d'un temps géographique, d'un temps social, d'un temps individuel. Ou si l'on préfère encore, à la décomposition de l'homme en un cortège de personnages.

1. Paul Lacombe et François Simiand : historiens français contemporains de Fernand Braudel qui ont parlé de « l'histoire événementielle », mais pour s'en démarquer.

Fernand Braudel,
La Méditerranée et le monde méditerranéen à l'époque de Philippe II (1949),
tome I, Éd. A. Colin, 1979, pp. 16-17.

Merleau-Ponty
[1908-1961]

13 Sens et non-sens de l'histoire

Ni les hommes politiques, ni les historiens, ni les philosophes, ne sont censés connaître le sens de l'histoire. Est-il possible, cependant, d'agir en aveugle, c'est-à-dire sans interpréter les faits, sans les articuler, sans les hiérarchiser ? Ni les historiens, ni les acteurs politiques ne peuvent faire vraiment l'économie d'une philosophie de l'histoire au moins implicite.

La politique ne doit-elle pas renoncer à se fonder sur une philosophie de l'histoire, et, prenant le monde comme il est, quels que soient nos vœux, nos jugements ou nos rêves, définir ses fins et ses moyens d'après ce que les faits autorisent ? Mais on ne se passe pas de mise en perspective, nous
5 sommes, que nous le voulions ou non, condamnés aux vœux, aux jugements de valeur, et même à la philosophie de l'histoire. On ne remarque pas assez que, après avoir démontré l'irrationalité de l'histoire, le sceptique abandonne brusquement ses scrupules de méthode quand il en vient aux conclusions pratiques. Il faut bien, pour régler l'action, considérer
10 certains faits comme dominants et d'autres comme secondaires. Si réaliste qu'elle se veuille et si strictement fondée sur les faits, une politique sceptique est obligée de traiter au moins implicitement certains faits comme plus importants que d'autres et, dans cette mesure, elle renferme

une philosophie de l'histoire honteuse, vécue plutôt que pensée, mais non
15 moins efficace. [...]

Notre seul recours est dans une lecture du présent aussi complète et aussi
fidèle que possible, qui n'en préjuge pas le sens, qui même reconnaisse le
chaos et le non-sens là où ils se trouvent, mais qui ne refuse pas de discerner
en lui une direction et une idée, là où elles se manifestent.

Maurice Merleau-Ponty,
Sens et Non-sens (1948), Éd. Gallimard, 1966, pp. 297-299.

Fiche Merleau-Ponty p. 532

Popper
[1902-1994]

14 Une histoire dénuée de justification

La seule étude des faits ne donne aucune indication concernant le cours de l'histoire. Il nous appartient, en tant qu'individus, ou bien en tant que peuples, de décider quelles orientations nous donnerons à notre histoire. Nos décisions ne renvoient pas à un savoir, mais à la liberté.

L'histoire, pas plus que la nature, ne peut nous indiquer ce qu'il faut faire. C'est nous qui y apportons un but et un sens. Les hommes ne sont pas égaux, mais nous pouvons décider de combattre pour l'égalité des droits. Nos institutions sociales ne sont pas rationnelles, mais nous pouvons
5 tenter de les rendre plus rationnelles. Nous pouvons faire un effort semblable en ce qui concerne nos réactions et notre langage, dans lesquels le sentiment l'emporte trop souvent sur la raison. Le langage doit être pour nous, avant tout, un instrument de communication rationnelle. C'est à nous qu'il revient, en définitive, de choisir les buts de notre existence,
10 d'en fixer les objectifs.

En tant que tels, les faits n'ont pas de sens, nos décisions leur en donnent un. [...]

Le dualisme des faits et des décisions commande également notre opinion quant au progrès de l'histoire. On commet la même erreur en
15 croyant à ce progrès qu'en croyant que l'histoire a un sens. Progresser consiste à tendre vers un certain objectif, vers une fin. Cela ne peut être le fait que d'individus, seuls ils peuvent défendre et renforcer les institutions démocratiques dont dépend la liberté et, partant, le progrès. Ils le feront d'autant mieux que ce progrès résulte de leur propre vigilance, de
20 leurs efforts, de leur claire conception des objectifs à atteindre et du réalisme de leur choix.

Lorsque nous aurons cessé d'attendre de l'histoire un jugement et une justification, nous arriverons peut-être à exercer sur le pouvoir un contrôle efficace. En définitive, c'est ainsi que nous pourrions même parvenir à
25 justifier l'histoire. Elle en a le plus grand besoin.

Karl Raimund Popper,
La Société ouverte et ses ennemis (1945),
tome I, trad. J. Bernard et P. Monod, Éd. du seuil, 1979, pp. 184-185.

À L'ÉPOQUE
C'est pendant la Seconde Guerre mondiale que Popper écrit sur l'histoire. Son objectif d'ensemble est de montrer que les théories qui prétendent soumettre l'histoire à un sens déterminé – qu'il soit celui du communisme ou celui du fascisme – conduisent au totalitarisme.

Fiche Popper p. 528

Todorov
[1939-]

1. Éric Conan et Henry Rousso, *Vichy, un passé qui ne passe pas*, 1994.

À L'ÉPOQUE

De sa jeunesse passée sous un régime totalitaire, la Bulgarie communiste, qui se prétendait légitime du fait de sa victoire sur le fascisme, Todorov garde une vigilance toute particulière à l'égard des manipulations de l'histoire.

15 L'histoire instrumentalisée

Le philosophe Tzvetan Todorov, dans un texte polémique, remet en cause l'actuel engouement des médias et des politiques pour la réactualisation constante du passé. Le fameux devoir de mémoire pourrait fausser notre rapport à l'histoire, en détournant la curiosité et le savoir à des fins plus que discutables.

En cette fin de millénaire, les Européens, et tout particulièrement les Français, sont obsédés par un nouveau culte, celui de la mémoire. Comme s'ils étaient saisis de nostalgie pour un passé qui s'éloigne irrévocablement, ils s'adonnent avec ferveur à des rites conjuratoires, censés le maintenir
5 vivant. […]

Il faut d'abord noter que la représentation du passé est constitutive non seulement de l'identité individuelle – la personne présente est faite de ses propres images d'elle-même –, mais aussi de l'identité collective. Or, qu'on le veuille ou non, la plupart des êtres humains ont besoin de ressentir leur
10 appartenance à un groupe : c'est qu'ils trouvent là le moyen le plus immédiat d'obtenir la reconnaissance de leur existence, indispensable à tout un chacun. Je suis catholique, ou berrichon, ou paysan, ou communiste : je ne suis pas personne, je ne risque pas d'être englouti par le néant.
[…]
15 Une autre raison pour se préoccuper du passé est que cela nous permet de nous détourner du présent, tout en nous procurant les bénéfices de la bonne conscience. Qu'on nous rappelle aujourd'hui avec minutie les souffrances passées nous rend peut-être vigilants à l'égard de Hitler et de Pétain, mais nous fait aussi d'autant mieux ignorer les menaces
20 présentes – puisqu'elles n'ont pas les mêmes acteurs ni ne prennent les mêmes formes. Dénoncer les faiblesses d'un homme sous Vichy me fait apparaître comme un vaillant combattant de la mémoire et de la justice, sans m'exposer à aucun danger ni m'obliger d'assumer mes éventuelles responsabilités face aux détresses actuelles. Commémorer les victimes
25 du passé est gratifiant, s'occuper de celles d'aujourd'hui dérange ; « faute d'avoir une action réelle contre le "fascisme" d'aujourd'hui, qu'il soit réel ou fantasmé, on porte l'attaque, résolument, sur le fascisme d'hier »[1].

Tzvetan Todorov,
Les Abus de la mémoire, Éd. Arléa, 1995, pp. 51-55.

Aron
[1905-1983]

16 Vers une histoire unifiée ?

Ce que l'on nomme aujourd'hui la mondialisation est l'unification, à marche plus ou moins forcée, des différents États dans une « Société internationale » dont les membres sont théoriquement regroupés sous l'égide de l'Organisation des Nations Unies (ONU). L'histoire, c'est-à-dire le douloureux périple opposant les uns aux autres des peuples relativement autonomes, toucherait donc à sa fin. On est pourtant encore très loin de cette

« Fédération d'États libres » que Kant appelait de ses vœux dans son opuscule : *Vers la paix perpétuelle*[1].

Quelles sont les conditions auxquelles le fonctionnement d'une Constitution de la Société internationale serait, en théorie, possible ? Elles me paraissent au nombre de trois. Pour que les États acceptent de soumettre leur conduite extérieure au règne de la loi, il faut que les gouvernants se plient eux-mêmes
5 à une pareille discipline par rapport aux peuples. […] Disons, pour reprendre le langage kantien, que les Constitutions, au moins des principaux États, devraient être *républicaines,* fondées sur le consentement des citoyens et l'exercice du pouvoir selon de règles strictes et des procédures légales. Si cette première condition était satisfaite, une deuxième aurait, du
10 même coup, toutes les chances de l'être. Les États auraient conscience de leur parenté, le système serait homogène, une communauté internationale d'abord, supranationale ensuite commencerait d'exister et cette communauté choisirait judicieusement, en cas de crise locale, entre « isolement » et « solution imposée ».

15 Cependant, si cette « communauté internationale » n'est pas concevable sans homogénéité des États, sans la parenté des idéaux, sans la similitude des pratiques constitutionnelles, cette condition nécessaire n'est pas suffisante. Il faut encore que les États consentent à dire « adieu aux armes » et qu'ils acceptent sans inquiétude de soumettre à un tribunal les différends, même
20 ceux qui ont pour objet la répartition des terres et des richesses. Une société internationale homogène, sans course aux armements, sans conflits territoriaux ou idéologiques, est-elle possible ? Oui encore dans l'abstrait, mais sous diverses conditions. La fin de la course aux armements n'exige pas seulement que les États ne se soupçonnent plus réciproquement de noirs desseins ; elle
25 exige aussi que les États ne désirent plus la force pour imposer leur volonté aux autres. Les volontés de puissance collectives doivent disparaître ou plutôt être transférées sur un autre terrain. Quant aux conflits d'ordre économique – qui ne furent pas la cause directe ou prédominante des guerres dans le passé mais qui font apparaître intelligibles, à nos esprits utilitaires, les guerres
30 des civilisations traditionnelles – ils se sont atténués d'eux-mêmes, à notre époque : toutes les sociétés modernes peuvent croître en intensité à meilleur compte qu'en extension et par la conquête. Rassemblons, par la pensée, les résultats de ces analyses : système homogène, États qui ne se suspectent plus l'un l'autre, respect des mêmes idéaux juridiques et moraux, atténuation des
35 conflits économico-démographiques, qui ne voit que l'humanité, pacifiée par la loi, ressemblerait à celle des communautés nationales où la compétition des individus et des intérêts ne revêt plus que rarement un caractère de violence ? Mais ce monde où, conformément à l'idée de la raison, le règne de la loi assurerait la paix serait-il encore divisé en États ou rassemblerait-il l'humanité en
40 une fédération planétaire, sinon en un empire universel ?

Devons-nous, par amour de la paix ou par crainte de la guerre, vouloir une telle fédération ou un tel empire ?

1. Voir aussi le chapitre L'État,
texte 8, p. 356.

Raymond Aron,
Paix et Guerre entre les nations (1962),
Éd. Calmann-Levy, 1985, pp. 721-722.

La culture

Rousseau
[1712-1778]

➔ Repère
**Genre / espèce
/ INDIVIDU,**
p. 442

➔ Repère
**IDENTITÉ / ÉGALITÉ
/ DIFFÉRENCE**
p. 443

Essai sur l'origine des langues (chap. 9)

L'Essai sur l'origine des langues est une œuvre inachevée, publiée à titre posthume en 1781. Commencé en 1755, année de la publication du *Discours sur l'origine et les fondements de l'inégalité parmi les hommes*, il explique l'origine des langues à partir d'un état de nature initial où l'humanité n'a encore développé ni langage, ni raison, ni morale. Contrairement à Hobbes (1588-1679), Rousseau pensait que les hommes y vivaient en paix, en raison d'une très grande dispersion des individus. C'est l'invention tardive de l'agriculture et des techniques (« arts ») qui rassemble les hommes en sociétés et les conduit à développer le langage.

Formation des langues méridionales

Dans les premiers temps[*1], les hommes épars sur la face de la terre n'avaient de société que celle de la famille, de lois que celles de la nature, de langue que le geste et quelques sons inarticulés[2]. Ils n'étaient liés par aucune idée de fraternité commune, et n'ayant aucun arbitre que la force, ils se croyaient
5 ennemis les uns des autres. C'étaient leur faiblesse et leur ignorance qui leur donnaient cette opinion. Ne connaissant rien, ils craignaient tout, ils attaquaient pour se défendre. Un homme abandonné seul sur la face de la terre, à la merci du genre humain, devait être un animal féroce. Il était prêt à faire
10 aux autres tout le mal qu'il craignait d'eux. La crainte et la faiblesse sont les sources de la cruauté.

Les affections sociales ne se développent en nous qu'avec nos lumières. La pitié, bien que naturelle au cœur de l'homme, resterait éternellement inactive sans l'imagination qui la met en jeu. Comment nous laissons-
15 nous émouvoir à la pitié ? En nous transportant hors de nous-mêmes, en nous identifiant avec l'être souffrant. Nous ne souffrons qu'autant que nous jugeons qu'il souffre ; ce n'est pas dans nous, c'est dans lui que nous souffrons. Qu'on songe combien ce transport suppose de connaissances acquises ! Comment imaginerais-je des maux dont je n'ai nulle idée ?
20 Comment souffrirais-je en voyant souffrir un autre, si je ne sais pas même qu'il souffre, si j'ignore ce qu'il y a de commun entre lui et moi ? Celui qui n'a jamais réfléchi ne peut être ni clément, ni juste, ni pitoyable ; il ne peut pas non plus être méchant et vindicatif. Celui qui n'imagine rien ne sent que lui-même ; il est seul au milieu du genre humain.
25 La réflexion naît des idées comparées, et c'est la pluralité des idées qui porte à les comparer. Celui qui ne voit qu'un seul objet n'a point de compa-raison à faire. Celui qui n'en voit qu'un petit nombre, et toujours les mêmes dès son enfance, ne les compare point encore, parce que l'habitude de les voir lui ôte l'attention nécessaire pour les examiner : mais à mesure qu'un

*Les notes, numérotées de 1 à 9, sont des notes de Rousseau. Elles se trouvent à la fin du texte (pp. 215-216).

objet nouveau nous frappe, nous voulons le connaître ; dans ceux qui nous
30 sont connus nous lui cherchons des rapports. C'est ainsi que nous apprenons
à considérer ce qui est sous nos yeux, et que ce qui nous est étranger nous
porte à l'examen de ce qui nous touche.

Appliquez ces idées aux premiers hommes, vous verrez la raison de leur
35 barbarie. N'ayant jamais rien vu que ce qui était autour d'eux, cela même
ils ne le connaissaient pas ; ils ne se connaissaient pas eux-mêmes. Ils avaient
l'idée d'un père, d'un fils, d'un frère, et non pas d'un homme. Leur cabane
contenait tous leurs semblables ; un étranger, une bête, un monstre étaient
pour eux la même chose : hors eux et leur famille, l'univers entier ne leur
40 était rien.

De là les contradictions apparentes qu'on voit entre les pères des nations :
tant de naturel et tant d'inhumanité, des mœurs si féroces et des cœurs si
tendres, tant d'amour pour leur famille et d'aversion pour leur espèce. Tous
leurs sentiments, concentrés entre leurs proches, en avaient plus d'énergie.
45 Tout ce qu'ils connaissaient leur était cher. Ennemis du reste du monde
qu'ils ne voyaient point et qu'ils ignoraient, ils ne haïssaient que ce qu'ils ne
pouvaient connaître.

Ces temps de barbarie étaient le siècle d'or, non parce que les hommes
étaient unis, mais parce qu'ils étaient séparés. Chacun, dit-on, s'estimait le
50 maître de tout, cela peut être ; mais nul ne connaissait et ne désirait que ce
qui était sous sa main : ses besoins, loin de le rapprocher de ses semblables,
l'en éloignaient. Les hommes, si l'on veut, s'attaquaient dans la rencontre,
mais ils se rencontraient rarement. Partout régnait l'état de guerre, et toute
la terre était en paix.

55 Les premiers hommes furent chasseurs ou bergers, et non pas laboureurs ; les premiers biens furent des troupeaux, et non pas des champs.
Avant que la propriété de la terre fût partagée, nul ne pensait à la cultiver.
L'agriculture est un art qui demande des instruments ; semer pour
recueillir est une précaution qui demande de la prévoyance. L'homme en
60 société cherche à s'étendre, l'homme isolé se resserre. Hors de la portée où
son œil peut voir et où son bras peut atteindre, il n'y a plus pour lui ni droit
ni propriété. Quand le Cyclope a roulé la pierre à l'entrée de sa caverne, ses
troupeaux et lui sont en sûreté. Mais qui garderait les moissons de celui
pour qui les lois ne veillent pas ?

65 On me dira que Caïn fut laboureur, et que Noé planta la vigne. Pourquoi non ? Ils étaient seuls, qu'avaient-ils à craindre ? D'ailleurs ceci ne
fait rien contre moi ; j'ai dit ci-devant ce que j'entendais par les premiers
temps. En devenant fugitif, Caïn fut bien forcé d'abandonner l'agriculture ; la vie errante des descendants de Noé dut aussi la leur faire oublier.
70 Il fallut peupler la terre avant de la cultiver : ces deux choses se font mal
ensemble. Durant la première dispersion du genre humain, jusqu'à ce
que la famille fût arrêtée et que l'homme eût une habitation fixe, il n'y
eut plus d'agriculture. Les peuples qui ne se fixent point ne sauraient
cultiver la terre ; tels furent autrefois les nomades, tels furent les Arabes
75 vivant sous des tentes, les Scythes dans leurs chariots, tels sont encore
aujourd'hui les Tartares errants et les sauvages de l'Amérique.

Généralement, chez tous les peuples dont l'origine nous est connue, on trouve les premiers barbares voraces et carnassiers, plutôt qu'agriculteurs et granivores. Les Grecs nomment le premier qui leur apprit
80 à labourer la terre, et il paraît qu'ils ne connurent cet art que fort tard. Mais quand ils ajoutent qu'avant Triptolème ils ne vivaient que de gland, ils disent une chose sans vraisemblance et que leur propre histoire dément : car ils mangeaient de la chair avant Triptolème, puisqu'il leur défendit d'en manger. On ne voit pas au reste qu'ils aient
85 tenu grand compte de cette défense.

Dans les festins d'Homère on tue un bœuf pour régaler ses hôtes, comme on tuerait de nos jours un cochon de lait. En lisant qu'Abraham servit un veau à trois personnes, qu'Eumée fit rôtir deux chevreaux pour le dîner d'Ulysse, et qu'autant en fit Rebecca pour celui de son mari,
90 on peut juger quels terribles dévoreurs de viande étaient les hommes de ces temps-là. Pour concevoir les repas des anciens, on n'a qu'à voir aujourd'hui ceux des sauvages ; j'ai failli dire ceux des Anglais.

Le premier gâteau qui fut mangé fut la communion du genre humain. Quand les hommes commencèrent à se fixer, ils défrichaient
95 quelque peu de terre autour de leur cabane, c'était un jardin plutôt qu'un champ. Le peu de grain qu'on recueillait se broyait entre deux pierres ; on en faisait quelques gâteaux qu'on cuisait sous la cendre, ou sur la braise, ou sur une pierre ardente, dont on ne mangeait que dans les festins. Cet antique usage, qui fut consacré chez les Juifs par la
100 Pâque, se conserve encore aujourd'hui dans la Perse et dans les Indes. On n'y mange que des pains sans levain, et ces pains en feuilles minces se cuisent et se consomment à chaque repas. On ne s'est avisé de faire fermenter le pain que quand il en a fallu davantage, car la fermentation se fait mal sur une petite quantité.
105 Je sais qu'on trouve déjà l'agriculture en grand dès le temps des patriarches. Le voisinage de l'Égypte avait dû la porter de bonne heure en Palestine. Le livre de Job, le plus ancien peut-être de tous les livres qui existent, parle de la culture des champs ; il compte cinq cents paires de bœufs parmi les richesses de Job ; ce mot de paires montre ces bœufs
110 accouplés pour le travail ; il est dit positivement que ces bœufs labouraient quand les Sabéens les enlevèrent, et l'on peut juger quelle étendue de pays devaient labourer cinq cents paires de bœufs.

Tout cela est vrai ; mais ne confondons point les temps. L'âge patriarcal que nous connaissons est bien loin du premier âge. L'Écriture compte
115 dix générations de l'un à l'autre dans ces siècles où les hommes vivaient longtemps. Qu'ont-ils fait durant ces dix générations ? Nous n'en savons rien. Vivant épars et presque sans société, à peine parlaient-ils : comment pouvaient-ils écrire ? Et dans l'uniformité de leur vie isolée quels événements nous auraient-ils transmis ?
120 Adam parlait, Noé parlait ; soit. Adam avait été instruit par Dieu même. En se divisant, les enfants de Noé abandonnèrent l'agriculture, et la langue commune périt avec la première société. Cela serait arrivé quand il n'y aurait jamais eu de tour de Babel. On a vu dans des îles

désertes des solitaires oublier leur propre langue : rarement après plusieurs générations, des hommes hors de leur pays conservent leur premier langage, même ayant des travaux communs et vivant entre eux en société.

Épars dans ce vaste désert du monde, les hommes retombèrent dans la stupide barbarie où ils se seraient trouvés s'ils étaient nés de la terre. En suivant ces idées si naturelles, il est aisé de concilier l'autorité de l'Écriture avec les monuments antiques, et l'on n'est pas réduit à traiter de fables des traditions aussi anciennes que les peuples qui nous les ont transmises.

Dans cet état d'abrutissement, il fallait vivre. Les plus actifs, les plus robustes, ceux qui allaient toujours en avant, ne pouvaient vivre que de fruits et de chasse ; ils devinrent donc chasseurs, violents, sanguinaires ; puis avec le temps guerriers, conquérants, usurpateurs. L'histoire a souillé ses monuments des crimes de ces premiers rois ; la guerre et les conquêtes ne sont que des chasses d'hommes. Après les avoir conquis, il ne leur manquait que de les dévorer. C'est ce que leurs successeurs ont appris à faire.

Le plus grand nombre, moins actif et plus paisible, s'arrêta le plus tôt qu'il put, assembla du bétail, l'apprivoisa, le rendit docile à la voix de l'homme ; pour s'en nourrir, apprit à le garder, à le multiplier ; et ainsi commença la vie pastorale.

L'industrie humaine s'étend avec les besoins qui la font naître. Des trois manières de vivre possibles à l'homme, savoir, la chasse, le soin des troupeaux et l'agriculture, la première exerce le corps à la force, à l'adresse, à la course ; l'âme, au courage, à la ruse : elle endurcit l'homme et le rend féroce. Le pays des chasseurs n'est pas longtemps celui de la chasse[3]. Il faut poursuivre au loin le gibier, de là l'équitation. Il faut atteindre le même gibier qui fuit ; de là les armes légères, la fronde, la flèche, le javelot. L'art pastoral, père du repos et des passions oiseuses, est celui qui se suffit le plus à lui-même. Il fournit à l'homme, presque sans peine, la vie et le vêtement ; il lui fournit même sa demeure. Les tentes des premiers bergers étaient faites de peaux de bêtes : le toit de l'arche et du tabernacle de Moïse n'était pas d'une autre étoffe. À l'égard de l'agriculture, plus lente à naître, elle tient à tous les arts ; elle amène la propriété, le gouvernement, les lois, et par degrés la misère et les crimes, inséparables pour notre espèce de la science du bien et du mal. Aussi les Grecs ne regardaient-ils pas seulement Triptolème comme l'inventeur d'un art utile, mais comme un instituteur et un sage duquel ils tenaient leur première discipline et leurs premières lois. Au contraire, Moïse semble porter un jugement d'improbation sur l'agriculture, en lui donnant un méchant pour inventeur et faisant rejeter de Dieu ses offrandes : on dirait que le premier laboureur annonçait dans son caractère les mauvais effets de son art. L'auteur de la *Genèse* avait vu plus loin qu'Hérodote.

À la division précédente se rapportent les trois états de l'homme considéré par rapport à la société. Le sauvage est chasseur, le barbare est berger, l'homme civil est laboureur.

Soit donc qu'on recherche l'origine des arts, soit qu'on observe les premières mœurs, on voit que tout se rapporte dans son principe aux moyens de pourvoir à la subsistance ; et quant à ceux de ces moyens qui rassemblent les hommes, ils sont déterminés par le climat et par la nature
175 du sol. C'est donc aussi par les mêmes causes qu'il faut expliquer la diversité des langues et l'opposition de leurs caractères.

Les climats doux, les pays gras et fertiles ont été les premiers peuplés et les derniers où les nations se sont formées, parce que les hommes s'y pouvaient passer plus aisément les uns des autres, et que les besoins qui
180 font naître la société s'y sont fait sentir plus tard.

Supposez un printemps perpétuel sur la terre ; supposez partout de l'eau, du bétail, des pâturages ; supposez les hommes, sortant des mains de la nature, une fois dispersés parmi tout cela : je n'imagine pas comment ils auraient jamais renoncé à leur liberté primitive, et quitté la vie
185 isolée et pastorale, si convenable à leur indolence naturelle[4], pour s'imposer sans nécessité l'esclavage, les travaux, les misères inséparables de l'état social.

Celui qui voulut que l'homme fût sociable toucha du doigt l'axe du globe et l'inclina sur l'axe de l'univers. À ce léger mouvement, je vois
190 changer la face de la terre et décider la vocation du genre humain : j'entends au loin les cris de joie d'une multitude insensée ; je vois édifier les palais et les villes ; je vois naître les arts, les lois, le commerce ; je vois les peuples se former, s'étendre, se dissoudre, se succéder comme les flots de la mer ; je vois les hommes rassemblés sur quelques points de leur demeure pour s'y
195 dévorer mutuellement, faire un affreux désert du reste du monde, digne monument de l'union sociale et de l'utilité des arts.

La terre nourrit les hommes ; mais quand les premiers besoins les ont dispersés, d'autres besoins les rassemblent, et c'est alors seulement qu'ils parlent et qu'ils font parler d'eux. Pour ne pas me trouver en contradiction
200 avec moi-même, il faut me laisser le temps de m'expliquer.

Si l'on cherche en quels lieux sont nés les pères du genre humain, d'où sortirent les premières colonies, d'où vinrent les premières émigrations, vous ne nommerez pas les heureux climats de l'Asie Mineure, ni de la Sicile, ni de l'Afrique, pas même de l'Égypte ; vous nommerez les sables
205 de la Chaldée, les rochers de la Phénicie. Vous trouverez la même chose dans tous les temps. La Chine a beau se peupler de Chinois, elle se peuple aussi de Tartares ; les Scythes ont inondé l'Europe et l'Asie ; les montagnes de Suisse versent actuellement dans nos régions fertiles une colonie perpétuelle qui promet de ne point tarir.

210 Il est naturel, dit-on, que les habitants d'un pays ingrat le quittent pour en occuper un meilleur. Fort bien ; mais pourquoi ce meilleur pays, au lieu de fourmiller de ses propres habitants, fait-il place à d'autres ? Pour sortir d'un pays ingrat il y faut être. Pourquoi donc tant d'hommes y naissent-ils par préférence ? On croirait que les pays ingrats ne devraient
215 se peupler que de l'excédent des pays fertiles, et nous voyons que c'est le contraire. La plupart des peuples latins se disaient aborigènes[5], tandis que la grande Grèce, beaucoup plus fertile, n'était peuplée que d'étrangers.

➤ Repère
Genre / espèce / individu, p. 442

Tous les peuples grecs avouaient tirer leur origine de diverses colonies, hors celui dont le sol était le plus mauvais, savoir, le peuple attique, lequel
220 se disait autochtone ou né de lui-même. Enfin, sans percer la nuit des temps, les siècles modernes offrent une observation décisive ; car quel climat au monde est plus triste que celui qu'on nomma la fabrique du genre humain ?

Les associations d'hommes sont en grande partie l'ouvrage des accidents
225 de la nature ; les déluges particuliers, les mers extravasées, les éruptions des volcans, les grands tremblements de terre, les incendies allumés par la foudre et qui détruisaient les forêts, tout ce qui dut effrayer et disperser les sauvages habitants d'un pays dut ensuite les rassembler pour réparer en commun les pertes communes. Les traditions des malheurs de la terre, si
230 fréquents dans les anciens temps, montrent de quels instruments se servit la Providence pour forcer les humains à se rapprocher. Depuis que les sociétés sont établies, ces grands accidents ont cessé et sont devenus plus rares ; il semble que cela doit encore être ; les mêmes malheurs qui rassemblèrent les hommes épars disperseraient ceux qui sont réunis.

235 Les révolutions des saisons sont une autre cause plus générale et plus permanente qui dut produire le même effet dans les climats exposés à cette variété. Forcés de s'approvisionner pour l'hiver, voilà les habitants dans le cas de s'entraider, les voilà contraints d'établir entre eux quelque sorte de convention. Quand les courses deviennent impossibles et que
240 la rigueur du froid les arrête, l'ennui les lie autant que le besoin. Les Lapons ensevelis dans leurs glaces, les Esquimaux, le plus sauvage de tous les peuples, se rassemblent l'hiver dans leurs cavernes, et l'été ne se connaissent plus. Augmentez d'un degré leur développement et leurs lumières, les voilà réunis pour toujours.

245 L'estomac ni les intestins de l'homme ne sont pas faits pour digérer la chair crue ; en général son goût ne la supporte pas ; à l'exception peut-être des seuls Esquimaux dont je viens de parler, les sauvages mêmes grillent leurs viandes. À l'usage du feu, nécessaire pour les cuire, se joint le plaisir qu'il donne à la vue, et sa chaleur agréable au corps. L'aspect de la
250 flamme, qui fait fuir les animaux, attire l'homme[6]. On se rassemble autour d'un foyer commun, on y fait des festins, on y danse ; les doux liens de l'habitude y rapprochent insensiblement l'homme de ses semblables, et sur ce foyer rustique brûle le feu sacré qui porte au fond des cœurs le premier sentiment de l'humanité.

255 Dans les pays chauds, les sources et les rivières, inégalement dispersées, sont d'autres points de réunion, d'autant plus nécessaires que les hommes peuvent moins se passer d'eau que de feu. Les barbares surtout, qui vivent de leurs troupeaux, ont besoin d'abreuvoirs communs, et l'histoire des plus anciens temps nous apprend qu'en effet c'est là que
260 commencèrent et leurs traités et leurs querelles[7]. La facilité des eaux peut retarder la société des habitants dans les lieux bien arrosés. Au contraire, dans les lieux arides il fallut concourir à creuser des puits, à tirer des canaux pour abreuver le bétail. On y voit des hommes associés de temps presque immémorial, car il fallait que le pays restât désert ou

265 que le travail humain le rendît habitable. Mais le penchant que nous avons à tout rapporter à nos usages rend sur ceci quelques réflexions nécessaires.

Le premier état de la terre différait beaucoup de celui où elle est aujourd'hui qu'on la voit parée ou défigurée par la main des hommes. Le
270 chaos que les poètes ont feint dans les éléments régnait dans ses productions. Dans ces temps reculés, où les révolutions étaient fréquentes, où mille accidents changeaient la nature du sol et les aspects du terrain, tout croissait confusément, arbres, légumes, arbrisseaux, herbages ; nulle espèce n'avait le temps de s'emparer du terrain qui lui convenait le mieux et d'y étouffer les
275 autres ; elles se séparaient lentement, peu à peu, et puis un bouleversement survenait qui confondait tout.

Il y a un tel rapport entre les besoins de l'homme et les productions de la terre, qu'il suffit qu'elle soit peuplée, et tout subsiste ; mais avant que les hommes réunis missent par leurs travaux communs une balance entre ses
280 productions, il fallait, pour qu'elles subsistassent toutes, que la nature se chargeât seule de l'équilibre que la main des hommes conserve aujourd'hui ; elle maintenait ou rétablissait cet équilibre par des révolutions, comme ils le maintiennent ou rétablissent par leur inconstance. La guerre, qui ne régnait pas encore entre eux, semblait régner entre les éléments ; les
285 hommes ne brûlaient point de villes, ne creusaient point de mines, n'abattaient point d'arbres, mais la nature allumait des volcans, excitait des tremblements de terre, le feu du ciel consumait des forêts. Un coup de foudre, un déluge, une exhalaison faisaient alors en peu d'heures ce que cent mille bras d'hommes font aujourd'hui dans un siècle. Sans cela je ne
290 vois pas comment le système eût pu subsister et l'équilibre se maintenir. Dans les deux règnes organisés, les grandes espèces eussent à la longue absorbé les petites[8]. Toute la terre n'eût bientôt été couverte que d'arbres et de bêtes féroces ; à la fin tout eût péri.

Les eaux auraient perdu peu à peu la circulation qui vivifie la terre.
295 Les montagnes se dégradent et s'abaissent, les fleuves charrient, la mer se comble et s'étend, tout tend insensiblement au niveau ; la main des hommes retient cette pente et retarde ce progrès ; sans eux il serait plus rapide, et la terre serait peut-être déjà sous les eaux. Avant le travail humain, les sources mal distribuées se répandaient plus inégalement,
300 fertilisaient moins la terre, en abreuvaient plus difficilement les habitants. Les rivières étaient souvent inaccessibles, leurs bords escarpés ou marécageux : l'art humain ne les retenant point dans leurs lits, elles en sortaient fréquemment, s'extravasaient à droite ou à gauche, changeaient leurs directions et leurs cours, se partageaient en diverses branches ; tantôt on les
305 trouvait à sec, tantôt des sables mouvants en défendaient l'approche ; elles étaient comme n'existant pas, et l'on mourait de soif au milieu des eaux.

Combien de pays arides ne sont habitables que par les saignées et par les canaux que les hommes ont tirés des fleuves ! La Perse presque entière ne subsiste que par cet artifice. La Chine fourmille de peuple à l'aide de
310 ses nombreux canaux ; sans ceux des Pays-Bas, ils seraient inondés par les fleuves, comme ils le seraient par la mer sans leurs digues. L'Égypte, le plus

fertile pays de la terre, n'est habitable que par le travail humain. Dans les grandes plaines dépourvues de rivières et dont le sol n'a pas assez de pente, on n'a d'autre ressource que les puits. Si donc les premiers peuples
315 dont il soit fait mention dans l'histoire n'habitaient pas dans les pays gras ou sur de faciles rivages, ce n'est pas que ces climats heureux fussent déserts, mais c'est que leurs nombreux habitants, pouvant se passer les uns des autres, vécurent plus longtemps isolés dans leurs familles et sans communication. Mais dans les lieux arides où l'on ne pouvait avoir de
320 l'eau que par des puits, il fallut bien se réunir pour les creuser, ou du moins s'accorder pour leur usage. Telle dut être l'origine des sociétés et des langues dans les pays chauds.

Là se formèrent les premiers liens des familles, là furent les premiers rendez-vous des deux sexes. Les jeunes filles venaient chercher de l'eau
325 pour le ménage, les jeunes hommes venaient abreuver leurs troupeaux. Là des yeux accoutumés aux mêmes objets dès l'enfance commencèrent d'en voir de plus doux. Le cœur s'émut à ces nouveaux objets, un attrait inconnu le rendit moins sauvage, il sentit le plaisir de n'être pas seul. L'eau devint insensiblement plus nécessaire, le bétail eut soif plus souvent; on
330 arrivait en hâte, et l'on partait à regret. Dans cet âge heureux où rien ne marquait les heures, rien n'obligeait à les compter; le temps n'avait d'autre mesure que l'amusement et l'ennui. Sous de vieux chênes vainqueurs des ans, une ardente jeunesse oubliait par degrés sa férocité; on s'apprivoisait peu à peu les uns avec les autres; en s'efforçant de se faire entendre, on
335 apprit à s'expliquer. Là se firent les premières fêtes, les pieds bondissaient de joie, le geste empressé ne suffisait plus, la voix l'accompagnait d'accents passionnés, le plaisir et le désir, confondus ensemble, se faisaient sentir à la fois. Là fut enfin le vrai berceau des peuples, et du pur cristal des fontaines sortirent les premiers feux de l'amour.

340 Quoi donc! Avant ce temps les hommes naissaient-ils de la terre? Les générations se succédaient-elles sans que les deux sexes fussent unis, et sans que personne s'entendît? Non: il y avait des familles, mais il n'y avait point de nations; il y avait des langues domestiques, mais il n'y avait point de langues populaires; il y avait des mariages, mais il n'y avait point
345 d'amour. Chaque famille se suffisait à elle-même et se perpétuait par son seul sang. Les enfants, nés des mêmes parents, croissaient ensemble, et trouvaient peu à peu des manières de s'expliquer entre eux; les sexes se distinguaient avec l'âge; le penchant naturel suffisait pour les unir, l'instinct tenait lieu de passion, l'habitude tenait lieu de préférence; on
350 devenait maris et femmes sans avoir cessé d'être frère et sœur[9]. Il n'y avait là rien d'assez animé pour dénouer la langue, rien qui pût arracher assez fréquemment les accents des passions ardentes pour les tourner en institutions, et l'on en peut dire autant des besoins rares et peu pressants qui pouvaient porter quelques hommes à concourir à des travaux communs:
355 l'un commençait le bassin de la fontaine, et l'autre l'achevait ensuite, souvent sans avoir eu besoin du moindre accord, et quelquefois même sans s'être vus. En un mot, dans les climats doux, dans les terrains fertiles, il fallut toute la vivacité des passions agréables pour commencer à faire parler

les habitants. Les premières langues, filles du plaisir et non du besoin,
360 portèrent longtemps l'enseigne de leur père ; leur accent séducteur ne
s'effaça qu'avec les sentiments qui les avaient fait naître, lorsque de nouveaux besoins, introduits parmi les hommes, forcèrent chacun de ne songer
qu'à lui-même et de retirer son cœur au-dedans de lui.

Jean-Jacques Rousseau,
Essai sur l'origine des langues (1758-1761),
chap. 9, Éd. Flammarion, coll. « GF », 1993, pp. 83-97.

Fiche Rousseau p. 506

1. J'appelle les premiers temps ceux de la dispersion des hommes, à quelque âge du genre humain qu'on veuille en fixer l'époque. (Cette note et toutes celles qui suivent sont des notes de Rousseau.)

2. Les véritables langues n'ont point une origine domestique, il n'y a qu'une convention plus générale et plus durable qui les puisse établir. Les sauvages de l'Amérique ne parlent presque jamais que hors de chez eux ; chacun garde le silence dans sa cabane, il parle par signes à sa famille, et ces signes sont peu fréquents, parce qu'un sauvage est moins inquiet, moins impatient qu'un Européen, qu'il n'a pas tant de besoins, et qu'il prend soin d'y pourvoir lui-même.

3. Le métier de chasseur n'est point favorable à la population. Cette observation, qu'on a faite quand les îles de Saint-Domingue et de la Tortue étaient habitées par des boucaniers, se confirme par l'état de l'Amérique septentrionale. On ne voit point que les pères d'aucune nation nombreuse aient été chasseurs par état ; ils ont tous été agriculteurs ou bergers. La chasse doit donc être moins considérée ici comme ressource de subsistance que comme un accessoire de l'état pastoral.

4. Il est inconcevable à quel point l'homme est naturellement paresseux. On dirait qu'il ne vit que pour dormir, végéter, rester immobile ; à peine peut-il se résoudre à se donner les mou-vements nécessaires pour s'empêcher de mourir de faim. Rien ne maintient tant les sauvages dans l'amour de leur état que cette délicieuse indolence. Les passions qui rendent l'homme inquiet, prévoyant, actif, ne naissent que dans la société. Ne rien faire est la première et la plus forte passion de l'homme après celle de se conserver. Si l'on y regardait bien, l'on verrait que, même parmi nous, c'est pour parvenir au repos que chacun travaille ; c'est encore la paresse qui nous rend laborieux.

5. Ces noms d'*autochtones* et d'*aborigènes* signifient seulement que les premiers habitants du pays étaient sauvages, sans société, sans lois, sans traditions, et qu'ils peuplèrent avant de parler.

6. Le feu fait grand plaisir aux animaux ainsi qu'à l'homme, lorsqu'ils sont accoutumés à sa vue et qu'ils ont senti sa douce chaleur. Souvent même il ne leur serait guère moins utile qu'à nous, au moins pour réchauffer leurs petits. Cependant on n'a jamais ouï dire qu'au-cune bête, ni sauvage ni domestique, ait acquis assez d'industrie pour faire du feu, même à notre exemple. Voilà donc ces êtres raisonneurs qui forment, dit-on, devant l'homme une société fugitive, dont cependant l'intelligence n'a pu s'élever jusqu'à tirer d'un caillou des étincelles, et les recueillir, ou conserver au moins quelques feux abandonnés ! Par ma foi, les philosophes se moquent de nous tout ouvertement. On voit bien par leurs écrits qu'en effet ils nous prennent pour des bêtes.

7. Voyez l'exemple de l'un et de l'autre au chapitre XXI de la *Genèse*, entre Abraham et Abimelec, au sujet du puits du serment.

8. On prétend que, par une sorte d'action et de réaction naturelle, les diverses espèces du règne animal se maintiendraient d'elles-mêmes dans un balancement perpétuel qui leur tiendrait lieu d'équilibre. Quand l'espèce dévorante se sera, dit-on, trop multipliée aux dépens de l'espèce dévorée, alors, ne trouvant plus de subsistance, il faudra que la première diminue et laisse à la seconde le temps de se repeupler, jusqu'à ce que, fournissant de nouveau une subsistance abondante à l'autre, celle-ci diminue encore, tandis que l'espèce dévorante se repeuple de nouveau. Mais une telle oscillation ne me paraît point vraisemblable ; car, dans

ce système, il faut qu'il y ait un temps où l'espèce qui sert de proie augmente, et où celle qui s'en nourrit diminue, ce qui me semble contre toute raison.

9. Il fallut bien que les premiers hommes épousassent leurs sœurs. Dans la simplicité des premières mœurs, cet usage se perpétua sans inconvénient tant que les familles restèrent isolées, et même après la réunion des plus anciens peuples; mais la loi qui l'abolit n'est pas moins sacrée pour être d'institution humaine. Ceux qui ne la regardent que par la liaison qu'elle forme entre les familles n'en voient pas le côté le plus important. Dans la familiarité que le commerce domestique établit nécessairement entre les deux sexes, du moment qu'une si sainte loi cesserait de parler au cœur et d'en imposer aux sens, il n'y aurait plus d'honnêteté parmi les hommes, et les plus effroyables mœurs causeraient bientôt la destruction du genre humain.

Hegel
[1770-1831]

Cours d'esthétique (Introduction)

Dans ses *Cours d'esthétique*, Hegel critique la théorie classique de l'art comme imitation de la nature, dont il situe l'origine chez Aristote. Parallèlement, Hegel juge insuffisante l'idée, également aristotélicienne, selon laquelle, par la représentation mimétique, le spectateur pourrait se détacher de ses passions et s'en purifier. L'art semble, pour Hegel, avoir une finalité plus haute, spirituelle : révéler dans l'apparence sensible l'universalité de l'idée.

3. Finalité de l'art

La question se pose à présent de savoir quel est l'intérêt, la *fin* que l'homme se propose lorsqu'il produit ce contenu sous forme d'œuvres d'art. Telle était en effet la troisième perspective que nous avions dégagée à propos de
5 l'œuvre d'art, et sa discussion détaillée nous conduira enfin au vrai concept de l'art lui-même.

Si, sur ce point, nous consultons brièvement la conscience commune, sa représentation la plus courante, et qui nous vient aussitôt à l'esprit, est :

A. Le principe de *l'imitation de la nature.* Selon cette conception, l'imi-
10 tation comprise comme habileté à reproduire le plus fidèlement possible des figures naturelles telles qu'elles sont données constituerait la fin essentielle de l'art, et ce serait la réussite de cette représentation conforme à la nature qui donnerait une pleine satisfaction.

a) Cette définition ne contient d'abord qu'une fin visée purement
15 formelle, à savoir que l'homme referait une deuxième fois, dans la mesure de ses moyens, un fac-similé de tout ce qui existe déjà dans le monde extérieur et sans y apporter la moindre modification. Or, une telle répétition peut d'emblée être considérée comme une entreprise *superflue,* puisque tout ce que des tableaux, des spectacles de théâtre, etc.,
20 peuvent exposer par imitation – animaux, scènes de la nature, péripéties humaines – se trouve déjà dans nos jardins, sous notre propre toit ou bien dans des cas qui nous sont connus par notre entourage plus ou moins proche. Et, à y regarder de plus près, cette entreprise superflue peut

➲ Repère
Formel / matériel,
p. 441

même être considérée comme un jeu présomptueux qui reste très en deçà
25 de la nature. Car l'art est limité dans ses moyens d'exposition et ne peut
produire que des illusions partielles, du fait par exemple que l'apparence
d'effectivité qu'il propose ne s'adresse qu'à *un seul* sens : s'il en reste à cette
fin formelle de la *simple imitation,* l'art ne peut fournir, en fait, quelque
chose d'effectivement vivant, mais seulement un faux-semblant singeant
30 la vie. Et d'ailleurs, il est bien connu que les Turcs, étant mahométans, ne
tolèrent pas les tableaux, les images représentant des êtres humains, etc., et
lorsque James Bruce[1], pendant son voyage en Abyssinie, montra à un
Turc une peinture représentant des poissons, celui-ci, passé le premier
étonnement, lui fit bientôt cette réponse : « Lorsque au Jugement dernier
35 ce poisson viendra témoigner contre toi et dira : « Tu m'as peut-être bien
fait un corps, mais tu ne m'as pas donné une âme vivante », comment te
justifieras-tu face à une telle accusation ? » Et le Prophète lui-même,
comme on peut le lire dans la Sunna[2], disait déjà aux deux femmes
Ommi Habiba et Ommi Selma, qui lui parlaient d'images peintes dans
40 les églises éthiopiennes : « Ces images accuseront celui qui les a peintes au
jour du Jugement. » Certes, il existe aussi des exemples d'imitations donnant parfaitement le change. Depuis les temps anciens, on cite toujours
les raisins de Zeuxis[3] pour vanter le triomphe de l'art et en même temps
celui du principe d'imitation de la nature, parce que des colombes
45 vivantes, dit-on, s'y seraient laissé prendre et auraient commencé à les
picorer. À cet exemple séculaire il faudrait ajouter celui, plus récent, du
singe de Büttner[4], qui déchiqueta un hanneton peint dans les *Plaisantes
Curiosités du monde des insectes* de Rösel[5], et obtint cependant, pour avoir
prouvé ainsi l'excellence des illustrations, le pardon de son maître à qui il
50 venait pourtant d'abîmer le plus bel exemplaire de cette œuvre précieuse.
Toutefois, ces exemples et d'autres du même genre ne peuvent manquer
de nous inspirer au moins la réflexion suivante : au lieu de louer des
œuvres d'art parce qu'elles ont *même* abusé des colombes et des singes,
mieux vaudrait se contenter de blâmer justement ceux qui s'imaginent
55 encenser l'œuvre d'art en ne lui attribuant, comme fin suprême et ultime,
qu'un aussi médiocre effet. Mais, de toute façon, il suffit de dire que, du
point de vue de la simple imitation, l'art ne pourra jamais rivaliser avec la
nature et se donnera l'allure d'un ver de terre rampant derrière un élé-
phant. Étant donné que la production de copies ne réussit donc jamais à
60 égaler parfaitement le modèle naturel, la seule fin qu'on puisse désormais
lui trouver est le plaisir pris au tour d'adresse consistant à réaliser quelque
chose qui ressemble à la nature. Et assurément l'homme peut se réjouir
de pouvoir produire quelque chose qui existe déjà par ailleurs, mais qui
est dû cette fois à son propre travail, à son habileté et son application
65 propres. Cependant, même cette joie et cette admiration, prises pour
elles-mêmes, ont tendance à se tempérer et à se refroidir, voire à tourner à
l'ennui et à la répulsion, et cela d'autant plus, justement, que la copie est
semblable au modèle naturel. Il y a des portraits qui, comme on l'a dit
spirituellement, sont ressemblants jusqu'au dégoût, et à propos de cette
70 complaisance que nous avons pour les imitations comme telles, Kant

▶ Repère
**Ressemblance
/ analogie,** p. 448

donne un autre exemple, disant qu'un homme qui sait imiter parfaitement les trilles du rossignol – et il en existe – nous inspire bientôt de l'agacement et que, si le chant que nous écoutions en le prenant pour celui d'un oiseau se révèle être celui d'un homme, nous le trouvons aussitôt fastidieux et
75 rébarbatif. Car alors nous ne reconnaissons plus en lui qu'un habile stratagème, qui n'est ni libre production naturelle ni œuvre d'art ; nous attendons en effet de la libre puissance productrice de l'homme tout autre chose qu'une telle musique, qui nous intéresse uniquement lorsqu'elle surgit sans être intentionnelle, telles les trilles du rossignol qui, rappelant
80 les inflexions de l'émotion humaine, émanent d'une vie originale et caractéristique. De manière générale, ce plaisir que suscite l'habileté imitative ne pourra jamais être que restreint, et il sied mieux à l'homme de prendre plaisir à ce qu'il produit à partir de ses propres ressources. En ce sens, l'invention du plus insignifiant des ouvrages techniques est d'une plus
85 haute valeur, et l'homme peut tirer plus de fierté d'avoir inventé le marteau, le clou*, etc., que de pouvoir jouer les prestidigitateurs en matière d'imitation. Car ce zèle à tout reproduire de manière abstraite ne mérite guère plus d'estime que l'habileté avec laquelle un escamoteur de l'Antiquité s'était entraîné à jeter des lentilles, sans jamais manquer le mille, à travers
90 une petite ouverture : lorsqu'il demanda audience à Alexandre pour lui montrer ce tour d'adresse, ce dernier lui fit donner, pour tout salaire de son art vain et inconsistant, un boisseau de lentilles.

Repère
Objectif / subjectif,
p. 445

b) De plus, dès lors que ce principe de l'imitation est complètement formel, c'est le *beau objectif* lui-même qui disparaît si l'on veut l'ériger en
95 fin. Car alors il n'importe plus de savoir comment est conformé *ce qui* doit être reproduit, mais on s'inquiète seulement de ce qu'il soit *correctement* reproduit. L'objet, le contenu du beau est tenu pour parfaitement indifférent. En effet, même si par ailleurs on parle bien d'une différence entre le beau et le laid à propos d'animaux, d'hommes, de paysages,
100 d'actions, de caractères, cela n'en reste pas moins, si l'on s'en tient à ce principe, une différence qui ne ressortit pas en propre à l'art, auquel on n'a laissé en tout et pour tout que l'imitation abstraite. Dès lors, pour faire le tri entre les objets et apprécier leur différence de beauté et de laideur, la seule instance ultime apte à discriminer les formes infinies de la nature
105 ne peut plus être, étant donné ce manque de critère, que le *goût subjectif,* ce goût subjectif qui ne se laisse pas fixer de règles et ne permet pas qu'on discute de ses décrets. Et en vérité, si pour le choix des objets à représenter on part de ce que les hommes trouvent beau et laid, et donc digne ou non d'être imité par l'art, si l'on part de leur goût, alors il n'y a plus qu'à
110 puiser à discrétion dans toutes les sphères possibles d'objets naturels, car on peut être sûr qu'aucune d'elles ne manque d'amateurs. Pour donner un exemple, il est courant chez le commun des mortels qu'avant le mariage – car ensuite, c'est une autre affaire – tout homme prête à sa future femme une grande, voire une incomparable beauté, et l'on peut
115 dire qu'en l'occurrence, c'est une chance pour les deux parties que le goût subjectif n'ait pas de règle fixe en la matière. Si, par-delà les individus

Œuvres pour l'oral **217**

singuliers et la contingence de leurs goûts respectifs, on en vient maintenant au goût des *nations,* on trouve là aussi une diversité et une opposition extrêmes. Que de fois n'a-t-on pas entendu dire qu'une beauté euro-
120 péenne déplairait à un Chinois ou même à un Hottentot, dans la mesure où, dit-on, le Chinois se fait une tout autre idée de la beauté que le Nègre, le Nègre que l'Européen, et ainsi de suite. Si d'ailleurs nous considérons les œuvres d'art de ces peuples qui vivent hors d'Europe, les images de leurs dieux, par exemple, qui sont nées de leur invention imaginative
125 pour être de sublimes objets de vénération, nous pouvons très bien y voir les idoles les plus hideuses qui soient et entendre leur musique comme un épouvantable vacarme, tandis qu'eux-mêmes tiendront pour quelconques ou laides nos propres sculptures, peintures et musiques.

c) Mais, même en faisant provisoirement abstraction d'un principe
130 objectif de l'art et en admettant que le beau repose sur le goût subjectif et particulier, on trouvera néanmoins sans tarder, en considération de l'art lui-même, que le principe de l'imitation du naturel, qui semblait pourtant être un principe universel, garanti par une grande autorité, ne saurait être retenu, ou en tous les cas pas sous cette forme universelle et complètement
135 abstraite. Car un coup d'œil jeté aux différents arts nous fera aussitôt reconnaître que, si la *peinture* et la *sculpture* nous montrent bien des objets paraissant semblables aux objets naturels ou empruntant essentiellement leur type à la nature, ni les œuvres de *l'architecture,* qui fait elle aussi partie des *beaux-arts,* ni celles de la *poésie,* pour autant qu'elles ne se bornent pas,
140 par exemple, à la simple description, ne peuvent être qualifiées d'imitations de la nature. On se verrait en tout cas contraint, si l'on voulait continuer à faire valoir ce point de vue sur la poésie, de prendre des chemins fort détournés : il faudrait alors relativiser la proposition à bien des égards et faire au moins baisser la « vérité » d'un ton pour se contenter, plus modes-
145 tement, du vraisemblable. Mais le vraisemblable poserait de nouveau une grande difficulté, celle de déterminer ce qui est vraisemblable et ce qui ne l'est pas ; et quand bien même on y parviendrait, il y aurait alors, parmi toutes les fictions complètement arbitraires et échevelées que l'on peut rencontrer en poésie, certaines cependant que l'on n'aurait ni le cœur ni le
150 pouvoir de frapper d'ostracisme.

La fin visée dans l'art doit par conséquent résider ailleurs que dans l'imitation simplement formelle de ce qui existe déjà, sans compter que cette imitation ne peut dans tous les cas donner le jour qu'à des *tours d'adresse* techniquement réussis, et non à des *œuvres d'art.* Certes, c'est pour
155 l'œuvre d'art un moment essentiel que d'avoir pour base la figuration de la nature, puisque aussi bien ce que l'art donne à voir se présente sous la forme d'une manifestation phénoménale extérieure, et par là également naturelle. Il est par exemple important pour les peintres d'avoir étudié les couleurs dans leurs rapports mutuels, les effets de lumière, les réfractions,
160 etc., ainsi que la forme et la figure des objets, de les connaître exactement dans leurs moindres nuances et de savoir les reproduire avec précision ; et d'ailleurs, si de ce point de vue le principe d'imitation de la nature et celui

⊳ Repère
Objectif / subjectif,
p. 445

⊳ Repère
Cause / fin,
p. 437

La culture

218 Œuvres pour l'oral

de la recherche du naturel se sont réaffirmés récemment, c'est principalement parce que l'on voulait ramener à la vigueur et à la déterminité de la nature
165 un art affaibli qui avait fini par sombrer dans le nébuleux, ou bien encore, d'autre part, parce que l'on voulait revendiquer, contre la facture simplement arbitraire et conventionnelle où l'art s'était fourvoyé et qui à vrai dire était tout aussi bien dépourvue d'art que de naturel, la stricte causalité légale de la nature, immédiate et pour soi immuable. Toutefois, cet effort
170 a beau d'un côté receler quelque chose de juste, le naturel ainsi exigé n'est pas en tant que tel le fondement substantiel et premier de l'art, et même si la manifestation phénoménale extérieure dans sa naturalité constitue une détermination essentielle, la naturalité existante n'est pas pour autant la *règle* de l'art, pas plus que la simple imitation des phénomènes extérieurs
175 en tant qu'extérieurs ne constitue sa fin.

B. Dans ces conditions, il nous faut maintenant nous demander ce qui peut bien fournir à l'art son *contenu,* et pour quelle raison ce contenu demande à être exposé. À cet égard, nous trouvons dans notre conscience l'opinion courante selon laquelle l'art aurait pour tâche et pour fin de
180 porter à nos sens, à notre sensibilité et à notre enthousiasme tout ce qui a place dans l'esprit humain. L'art est censé rendre effective la fameuse sentence : *Nihil humani a me alienum puto* [Je pense que rien de ce qui est humain ne m'est étranger]. Voici par conséquent ce qu'on lui assigne comme fin : tirer de leur sommeil et attiser les sentiments, les penchants
185 et les passions *de toute sorte, emplir* le cœur et faire en sorte que l'homme, développé ou non, ressente toute la gamme de ce que l'âme humaine peut porter, éprouver et engendrer au plus intime et au plus secret d'elle, tout ce qui est susceptible d'émouvoir et d'agiter la poitrine humaine en son tréfonds, dans ses diverses facettes et possibilités, et proposer au sentiment
190 et à la contemplation, afin qu'ils en jouissent, tout ce que par ailleurs l'esprit peut avoir d'essentiel et de haut dans sa pensée et dans l'idée, la majesté du noble, de l'éternel et du vrai ; mais il faut tout aussi bien qu'il rende concevable l'infortune et la détresse, le mal et le crime, qu'il familiarise tout autant les hommes avec ce qui est effroyable et terrifiant qu'avec le
195 plaisir et la félicité, enfin qu'il permette à la fantaisie de s'adonner aux jeux frivoles de l'imagination et de s'enivrer de la séduisante magie de visions et de sensations charmant les sens. Si l'art doit saisir cette multiple richesse de contenu, c'est d'une part pour compléter l'expérience naturelle de notre existence extérieure, et d'autre part, de manière générale, pour
200 exciter ces passions, afin que les expériences de la vie ne nous laissent pas insensibles et que nous puissions ainsi acquérir pour tout phénomène la réceptivité voulue. Sur ce terrain, cependant, l'excitation des passions ne se produit pas grâce à l'expérience effective elle-même, mais seulement grâce à son apparence, dès lors que l'art fait illusion et substitue ses productions
205 à l'effectivité. La possibilité de cette illusion qui s'opère par l'apparence de l'art repose sur le fait que toute effectivité doit passer chez l'homme par le médium de la vision et de la représentation et ne pénètre l'être intime et la volonté qu'à travers ce médium. Or, en la matière, il est indifférent que

➡ Repère
Identité / égalité / différence,
p. 443

➡ Repère
Idéal / réel,
p. 442

l'homme soit sollicité par l'effectivité extérieure immédiate ou bien par
210 une autre voie, c'est-à-dire ici par des images, des signes et des représentations qui ont en eux-mêmes et exposent le contenu de l'effectivité.
L'homme peut se représenter des choses qui ne sont pas effectives comme si
elles étaient effectives. Ainsi, peu importe qu'une situation, un rapport, un
quelconque contenu de vie en général nous soit présenté par l'entremise
215 de l'effectivité extérieure ou bien seulement par celle de son apparence :
pour notre être intime, ce contenu reste le même pour ce qui est de nous
affliger ou, selon son essence, de nous réjouir, de nous attendrir ou de
nous ébranler profondément, et de nous faire parcourir toute la gamme
des sentiments et des passions : colère, haine, pitié, peur, terreur, amour,
220 respect et admiration, honneur et gloire.

Exciter en nous toutes les sensations possibles, faire voyager notre âme
à travers toute la diversité des contenus de la vie, donner de l'effectivité à
tous ces mouvements intérieurs par une présence extérieure seulement
illusoire, voilà tout particulièrement ce qui à cet égard est considéré
225 comme étant le pouvoir spécifique et éminent de l'art.

Mais, dès lors que l'on assigne à l'art pour vocation de graver dans
l'être intime et la représentation l'empreinte du bien tout comme celle du
mal, de fortifier l'homme dans ses plus nobles aspirations tout comme de
l'énerver jusqu'à lui faire éprouver les sentiments de plaisir les plus sensuels
230 et les plus égoïstes, on ne lui fixe encore qu'une tâche tout à fait formelle,
et, en l'absence d'une fin solidement établie pour elle-même, l'art ne fournirait alors qu'une forme vide pouvant accueillir n'importe quelle espèce
de contenu et de teneur.

➡ Repère
Formel / matériel,
p. 441

C. À vrai dire, l'art a bien ce côté formel par lequel il peut porter, en les
235 enjolivant, tous les sujets possibles à la contemplation et à la sensation, de
même que la pensée ratiocinante peut aborder tous les objets et toutes les
conduites possibles pour les munir de raisons et de justifications. Mais,
face à un contenu aussi hétéroclite, on ne peut s'empêcher de remarquer
aussitôt que les diverses sensations et représentations que l'art est censé
240 susciter ou fortifier se contrarient entre elles, se contredisent et s'abolissent réciproquement. Sous cet aspect, et d'autant plus, justement, qu'il
est capable d'enthousiasmer l'homme pour des choses opposées, l'art n'est
que l'exacerbation de la contradiction des sentiments et des passions ; il
nous fait tituber dans un vertige bacchique ou bien conduit, tout comme
245 la ratiocination, à l'ergotage sophistique et au scepticisme. Cette disparité
du matériau elle-même nous contraint à ne pas en rester à une détermination aussi formelle, dès lors que la rationalité qui pénètre dans cette
diversité bigarrée exige de voir se dégager d'éléments si contradictoires
une fin plus haute et plus universelle en elle-même, et veut savoir cette

➡ Repère
Cause / fin,
p. 437

250 fin atteinte. De la même manière, la fin ultime que l'on assigne à la
coexistence des hommes et à l'État est certes que *toutes* les facultés
humaines et *toutes* les forces individuelles se développent et s'extériorisent
de *tous* côtés et en *toutes* directions. Mais un point de vue aussi formel se
voit bientôt opposer la question de savoir dans quelle *unité* se résument

255 ces diverses formations, et quel *but unique* constituent nécessairement leur concept fondamental et leur fin dernière. Tout comme le concept de l'État, le concept de l'art fait naître, d'une part, le besoin d'une fin *commune* aux aspects particuliers, mais aussi, d'autre part, d'une fin *substantielle* plus haute.

260 Or, s'agissant d'une telle fin substantielle, la première considération qui se propose à la réflexion est que l'art a la capacité et la vocation d'atténuer l'impétuosité sauvage des désirs.

a) Concernant cette première conception, il reste à découvrir quel est l'aspect propre à l'art qui peut bien lui conférer cette faculté d'abolir tout 265 ce qui est fruste et de dompter et d'éduquer les pulsions, les penchants et les passions. Le comportement fruste en général trouve son fondement dans un égoïsme direct des pulsions, qui visent sans détours et exclusivement à la satisfaction de leur appétit. Or le désir est d'autant plus fruste et impérieux qu'il accapare *tout l'homme* en l'espèce d'une passion singulière 270 et limitée, le rendant ainsi incapable de se dégager, comme universel, de cette déterminité, et lui ôtant le pouvoir de devenir pour soi comme universel. Et si en pareil cas l'homme déclare, par exemple : « La passion est plus forte que moi », certes, pour la conscience le moi abstrait est alors distingué de la passion particulière, mais cette distinction n'est que 275 purement formelle, dès lors que tout ce que l'on dit en énonçant cette séparation, c'est que le moi comme universel ne pèse d'aucun poids face à la puissance de la passion. La sauvagerie de la passion consiste donc en ceci que le moi comme universel ne fait plus qu'un avec le contenu limité de son désir, si bien que l'homme n'a plus aucune volonté en dehors de cette 280 passion singulière. Or ce caractère fruste et cette force indomptée de la passion, l'art les adoucit ne serait-ce qu'en permettant à l'homme de se représenter ce qu'il sent et accomplit en un tel état. Et même si l'art se contente de présenter à la contemplation des tableaux des différentes passions, y compris pour en faire un portrait flatteur, il exerce déjà en cela 285 un pouvoir modérateur, dès lors qu'il porte au moins à la conscience de l'homme ce que sinon celui-ci ne fait qu'*être* immédiatement. Car dorénavant l'homme *observe* ses pulsions et ses penchants, et là où d'ordinaire ceux-ci l'entraînaient sans réflexion, il les voit à présent hors de lui et commence déjà, du fait qu'ils lui font face comme quelque chose d'objectif, 290 à devenir libre à leur égard. C'est pourquoi l'artiste, lorsque la douleur s'empare de lui, peut souvent adoucir et atténuer l'intensité de sa propre sensation de souffrance en représentant celle-ci pour elle-même. Les larmes offrent déjà une consolation ; d'abord entièrement abîmé et concentré dans sa douleur, l'homme peut alors au moins extérioriser de 295 manière immédiate son tourment seulement intérieur. Mais son soulagement sera plus grand encore s'il exprime ce qu'il ressent intérieurement par des paroles, des images, des sons et des figures. C'est pourquoi c'était une bonne coutume antique que d'engager des pleureuses pour les décès et les mises au tombeau, de telle sorte que la douleur, étant extériorisée, 300 pût être rendue visible. Les condoléances, elles aussi, mettent sous les

▣ Repère
Universel / général / particulier / singulier,
p. 449

yeux de l'homme le contenu de son malheur, et tous les commentaires dont celui-ci fait l'objet l'amènent nécessairement à y réfléchir et cela l'allège d'autant. Aussi le fait de pleurer toutes les larmes de son corps et de s'épancher sans réserve a-t-il de tout temps été considéré comme un 305 moyen de se libérer du poids écrasant du chagrin, ou au moins de soulager son cœur. L'adoucissement de la violence des passions trouve donc son fondement universel dans le fait que l'homme est affranchi de l'emprise immédiate d'une émotion et prend conscience de celle-ci comme de quelque chose qui lui est extérieur et à quoi il a désormais à se rapporter 310 de manière idéelle. Grâce à ses représentations, l'art libère de la puissance de la sensibilité au sein même de la sphère sensible. On a beau entendre répéter partout comme une formule consacrée que l'homme devrait rester en unité immédiate avec la nature : cette unité n'est précisément rien d'autre dans son abstraction que la plus fruste inculture et la sauvagerie 315 mêmes, et l'art justement, dans la mesure où il défait cette unité pour l'homme, le dégage doucement de l'emprise de la nature. La fréquentation de ses objets reste purement théorique, et de ce fait, même si d'abord elle ne développe que l'intérêt pour les représentations artistiques comme telles, elle apprend ensuite tout autant à porter attention à leur signification, à les 320 comparer avec d'autres contenus, et elle ouvre ainsi à l'universalité de l'examen et aux perspectives offertes par celui-ci.

b) À cela se rattache maintenant, de manière tout à fait cohérente, la deuxième destination que l'on a prêtée à l'art pour en faire sa fin essentielle, à savoir la *purification* des passions, l'enseignement et le perfectionnement 325 *moral*. Car la définition qui voulait que l'art bride la rudesse de l'inculture et éduque les passions était encore entièrement formelle et générale, si bien qu'il fallut à nouveau s'enquérir d'un mode *déterminé* et d'un *but* essentiel de cette éducation.

(aa) Certes, la conception de la purification des passions souffre encore 330 de la même insuffisance que celle de l'atténuation des désirs ; mais elle a au moins l'avantage sur elle de mieux faire ressortir l'idée que les exposés artistiques demanderaient un critère auquel il faudrait mesurer leur plus ou moins grande dignité. Ce critère serait, précisément, l'efficacité à éliminer tout ce que les passions comportent d'impur pour ne leur laisser 335 que ce qu'elles ont de pur. Dans ces conditions, l'art exige un contenu qui soit propre à manifester cette vertu purificatrice, et dans la mesure où la production de cet effet est censée constituer la fin substantielle de l'art, le contenu purificateur devra être porté à la conscience selon son *universalité* et son *essentialité*.

340 **(bb)** Eu égard à ce dernier aspect, on a affirmé que la finalité de l'art était de dispenser un *enseignement*. D'un côté, donc, le propre de l'art réside dans l'excitation des sentiments et dans la satisfaction que procure cette excitation, y compris s'il s'agit de terreur, de pitié, d'attendrissement douloureux ou de bouleversement – il réside, donc, dans la satisfaction 345 que donne la sollicitation des sentiments et des passions, et, par voie de conséquence, dans un agrément, un plaisir et une délectation que le

Repères
ESSENTIEL / ACCIDENTEL
p. 440

UNIVERSEL / GÉNÉRAL
/ PARTICULIER
/ SINGULIER
p. 449

spectateur prend aux objets artistiques, à leur exposition et à leur effet ; mais, d'un autre côté, cette fin n'est censée avoir son critère supérieur que dans le didactique, dans le *fabula docet* [la fable instruit], c'est-à-dire fina-
350 lement dans l'utilité que l'œuvre d'art peut apporter au sujet. Dans cette perspective, la concise maxime d'Horace : *Et prodesse volunt et* delectare *poetae* [Les poètes veulent être utiles et plaire] résume en peu de mots ce qui a été plus tard développé et délayé à l'infini, jusqu'à devenir la plus plate conception de l'art compris selon cet extrême. – Quoi qu'il en soit, il
355 nous faut d'emblée nous demander si cet enseignement est censé être contenu directement ou indirectement dans l'œuvre d'art, s'il s'y trouve sous une forme explicite ou implicite. – S'il s'agit véritablement d'une fin universelle et non pas contingente, alors cette fin ultime, étant donné le caractère essentiellement spirituel de l'art, ne peut être elle-même qu'une
360 fin spirituelle, une fin qui, encore une fois, n'ait rien de contingent et qui soit en soi et pour soi. Dans la perspective de l'enseignement, cette fin ne saurait être autre que de porter à la conscience, par l'intermédiaire de l'œuvre d'art, une teneur spirituelle qui soit en et pour soi essentielle. Selon cette perspective, il faut donc affirmer que, plus hautes sont les
365 visées que l'art se propose, plus il est tenu d'accueillir en lui un tel contenu et de chercher en son essence, et en elle seulement, le critère permettant de savoir si ce qui est exprimé est adéquat ou non. Et l'art, de fait, a bien été le premier *instituteur* des peuples.

Georg Wilhelm Friedrich Hegel,
Cours d'esthétique (1827), trad. J.-P. Lefebvre et V. von Schenk, Éd. Aubier, coll. « Bibliothèque philosophique », 1995, pp. 60-72.

⊠ Repères
Cause / FIN,
p. 437

**ESSENTIEL
/ ACCIDENTEL,**
p. 440

⬜ Fiche Hegel p. 510

Notes des traducteurs

1. James Bruce (1730-1794) : explorateur anglais, auteur de *Travels to Discover the Source of the Nile [Voyages pour découvrir la source du Nil]*, 1768-1773.

2. Sunna : préceptes religieux des Sunnites.

3. L'anecdote se trouve chez Pline, *Histoire Naturelle*, XXXV, 36.

4. Christian Wilhelm Büttner (1716-1801) : naturaliste.

5. August Johann Rösel von Rosenhof (1705-1759) : zoologue et peintre.

Aomamé, la raison et le monde

Personnage central de 1Q84, le roman fantastique de Murakami, Aomamé est une jeune fille solitaire, douée d'une intelligence et d'une volonté quasi-surhumaines. Habituée à maîtriser son existence, elle est soudain confrontée à des événements qui remettent en cause son idée du monde. Elle tente alors de mettre de l'ordre dans son esprit.

Ma conscience ou mon jugement ne se sont pas déréglés. Non. Une force tout à fait inconcevable s'est mise en activité, et le monde même qui m'environne a fini par en subir des modifications. Plus elle réfléchissait, plus cette hypothèse lui paraissait la bonne. Car sa conscience n'avait pas été affectée par la moindre sensation de perte ou de déformation. Elle s'attela alors à développer l'hypothèse plus avant. *Ce qui est devenu fou, ce n'est pas moi, c'est le monde.* Voilà. Bien. À un point donné, le monde que je connaissais a disparu, ou bien s'est retiré, remplacé par un autre. […]

Bon, eh bien, nous voilà en pleine science-fiction, songea Aomamé. Mais ne serais-je pas en train d'échafauder des hypothèses à ma convenance pour assurer ma défense? En réalité, peut-être est-ce moi, tout simplement qui suis en train de devenir folle. Je considère mon esprit comme parfaitement normal. J'estime que ma conscience n'est pas altérée. Pourtant, la plupart des malades mentaux n'affirment-ils pas qu'ils sont tout à fait équilibrés et que c'est le monde alentour qui est devenu fou?

Haruki Murakami,
1Q84, Belfond, 2011, pp. 192-194

Hayaho Miyazaki,
Le Voyage de Chihiro, 2001.

La raison et le réel

Commencer à réfléchir...

... à partir d'un texte

1. Dans ce texte, Aomamé formule une première hypothèse, puis une seconde. Pourquoi abandonne-t-elle sa première hypothèse ?

2. D'après Aomamé, quel est le critère d'un esprit sain par opposition à un esprit malade ?

3. À votre avis, le monde peut-il comporter des événements invraisemblables et cependant être « vrai » ?

... à partir d'une image

4. Sur cette image, combien y a-t-il de personnages qui vous semblent « réels » ?

5. Qu'est-ce qui, pourtant, donne une réalité au fantôme qui accompagne Chihiro la petite fille ?

Théorie et expérience

Définition élémentaire

▶ Une théorie est un ensemble de propositions organisées, visant à représenter une série de phénomènes.

▶ L'expérience, c'est la mise en relation du sujet avec le réel.

▶ Il y a un va-et-vient entre théorie et expérience : l'expérience du monde suggère qu'il existe des régularités que l'on fixe dans des propositions. C'est l'induction : on passe de l'expérience à la théorie. La théorie décrit l'expérience et cherche en elle des confirmations : c'est l'expérimentation. Le résultat de l'expérience confirme ou infirme l'hypothèse théorique : on revient de l'expérience à la théorie, pour corriger celle-ci ou pour la considérer comme établie et en tirer de nouvelles conséquences.

Distinguer pour comprendre

▶ La théorie et la pratique : la théorie est censée être abstraite, et la pratique, une mise en application de la théorie ; mais il peut y avoir une pratique sans théorie, qu'on appelle un savoir-faire empirique (c'est-à-dire tiré de l'expérience).

▶ L'expérience et l'inexpérience. L'inexpérience, c'est le fait de ne pas avoir beaucoup vécu et d'avoir une faible capacité de prévision.

▶ L'expérience et l'autisme ou le solipsisme. L'expérience s'oppose aussi à la clôture du sujet sur lui-même, à l'absence de tout rapport avec le monde extérieur.

▶ Expérience et expérimentation. On peut distinguer l'expérience comme réception de données et l'expérimentation comme activité de production de données.

Repères associés à la notion

→ En FAIT / En DROIT (p. 439)
→ En THÉORIE / En PRATIQUE (p. 440)

Aristote

[384-322 av. J.-C.)]

1 L'art, l'expérience et la science

Contre un point de vue strictement empiriste, qui privilégie la sensation et l'expérience, Aristote rappelle que la sensation est certes indispensable, mais qu'elle ne nous donne que la « connaissance du particulier ». Ce n'est pas non plus l'expérience, simple savoir-faire, qui conduit à la science, mais l'art, au sens de technique, parce que ce dernier engage en plus le savoir des causes.

Toutefois, nous pensons d'ordinaire que le savoir et la faculté de comprendre appartiennent plutôt à l'art qu'à l'expérience, et nous considérons les hommes d'art comme supérieurs aux hommes d'expérience, la sagesse, chez tous les hommes, accompagnant plutôt le savoir ; c'est parce que les
5 uns connaissent la cause et que les autres ne la connaissent pas. En effet, les hommes d'expérience connaissent qu'une chose est, mais ils ignorent le pourquoi ; les hommes d'art savent à la fois le pourquoi et la cause. C'est pourquoi aussi nous pensons que les chefs, dans toute entreprise, méritent une plus grande considération que les manœuvres ; ils sont plus
10 savants et plus sages parce qu'ils connaissent les causes de ce qui se fait, tandis que les manœuvres sont semblables à ces choses inanimées qui agissent, mais sans savoir ce qu'elles font, à la façon dont le feu brûle ; seulement, les êtres inanimés accomplissent chacune de leurs fonctions en vertu de leur nature propre, et les manœuvres, par l'habitude. Ainsi, ce
15 n'est pas l'habileté pratique qui rend, à nos yeux, les chefs plus sages, mais c'est qu'ils possèdent la théorie et qu'ils connaissent les causes. En général, le signe du savoir c'est de pouvoir enseigner, et c'est pourquoi nous pensons que l'art est plus science que l'expérience, car les hommes d'art, et non les autres, peuvent enseigner.
20 En outre, on ne regarde d'ordinaire aucune des sensations comme constituant la science. Sans doute elles sont le fondement de la connaissance du particulier, mais elles ne nous disent le pourquoi de rien : par exemple, pourquoi le feu est chaud ; elles nous disent seulement qu'il est chaud. – C'est donc à bon droit que celui qui, le premier, inventa un art
25 quelconque, dégagé des sensations communes, excita l'admiration des hommes ; ce ne fut pas seulement à raison de l'utilité de ses découvertes, mais pour sa sagesse et pour sa supériorité sur les autres. Puis les arts se multiplièrent, ayant pour objet, les uns, les nécessités, les autres, l'agrément ; toujours les inventeurs de ces derniers furent considérés comme plus
30 sages que ceux des autres, parce que leurs sciences n'étaient pas dirigées vers l'utile. – Aussi tous les différents arts étaient déjà constitués, quand on découvrit enfin ces sciences qui ne s'appliquent ni aux plaisirs, ni aux nécessités, et elles prirent naissance dans les pays où régnait le loisir. C'est ainsi que l'Égypte fut le berceau des Mathématiques, car on y laissait de
35 grands loisirs à la caste sacerdotale.

Aristote,
La Métaphysique (IVe siècle av. J.-C.),
tome I, trad. J. Tricot, Librairie philosophique J. Vrin, 1945, pp. 4-5.

À L'ÉPOQUE
Vers 344 av. J.-C.,
Aristote étudie la vie marine à l'île de Lesbos. Il donne une grande importance à l'observation. Toute sa vie, il amassera des données, notamment en zoologie, en botanique, en médecine.

Fiche Aristote p. 478

La raison et le réel

Bacon
[1561-1626]

2 Union de l'expérience et de l'entendement

Le *Novum Organum* de Bacon marque la naissance d'un esprit scientifique – au sens où ce dernier se détache de l'autorité des Anciens et se met authentiquement à l'école de l'expérience. Bacon se méfie aussi bien d'une «pratique» trop hâtive que des spéculations pures: considérant qu'«on ne triomphe de la nature qu'en lui obéissant», il se prononce en priorité pour une attitude expérimentale déjà méthodique.

Aphorisme 70

Mais la meilleure démonstration est de loin l'expérience, pourvu qu'elle tienne ferme à cela même qui est expérimenté. Car, si elle est étendue à d'autres cas qui sont jugés semblables sans que cette extension soit faite
5 de manière réglée et ordonnée, elle est alors fallacieuse. Mais le mode d'expérience, que les hommes utilisent aujourd'hui, est aveugle et stupide. C'est pourquoi, à errer et divaguer sans chemin assuré, et à ne prendre conseil que de la rencontre fortuite des choses, ils se portent à la ronde vers mille objets, mais avancent peu; tantôt ils s'emballent, tantôt
10 ils hésitent; et toujours ils trouvent à chercher plus loin. Car il se passe généralement ceci: les hommes se livrent à des expériences à la légère et comme par jeu, en variant quelque peu les expériences déjà connues; en cas d'échec, ils se dégoûtent et renoncent à leur tentative. [...]

De même, à partir d'une expérience variée, il faut en premier s'élever à
15 l'invention[1] des causes et des axiomes vrais, et chercher des expériences lumineuses, non des expériences fructueuses[2]. Et les axiomes, s'ils sont correctement inventés et établis, pourvoient la pratique de moyens abondants, sans limitation, et entraînent derrière eux des colonnes et des foules d'œuvres. [...]

20 ### Aphorisme 95

Ceux qui ont traité les sciences furent ou des empiriques ou des dogmatiques. Les empiriques, à la manière des fourmis, se contentent d'amasser et de faire usage; les rationnels, à la manière des araignées, tissent des toiles à partir de leur propre substance; mais la méthode de l'abeille tient
25 le milieu: elle recueille sa matière des fleurs des jardins et des champs, mais la transforme et la digère par une faculté qui lui est propre. Le vrai travail de la philosophie[3] est à cette image. Il ne cherche pas son seul ou principal appui dans les forces de l'esprit; et la matière que lui offre l'histoire naturelle et les expériences mécaniques, il ne la dépose pas telle
30 quelle dans la mémoire, mais modifiée et transformée dans l'entendement. Aussi, d'une alliance plus étroite et plus respectée entre ces deux facultés, expérimentale et rationnelle (alliance qui reste à former), il faut bien espérer.

Francis Bacon,
Novum Organum (1620), Livre I,
trad. M. Malherbe et J.-M. Pousseur,
Éd. des PUF, 1998, pp. 130-131 et 156-157.

---

1. Invention : au sens de découverte.

2. L'«expérience lumineuse» vise à «dévoiler en quelque chose une cause naturelle», alors que l'«expérience fructueuse» se préoccupe des applications possibles d'une découverte.

3. Philosophie : ici au sens de «philosophie naturelle», qui englobe la connaissance de l'homme et celle de la nature.

À L'ÉPOQUE

Le 9 avril 1626, Bacon tombe gravement malade et meurt, après une expérience menée dans la neige pour prouver que le froid ralentit la putréfaction.
«L'expérience elle-même a parfaitement réussi», tels furent ses derniers mots.

Fiche Bacon p. 494

Descartes

[1596-1650]

3 « Il y a en nous certaines notions primitives »

Le rationalisme cartésien affirme non seulement que l'expérience sensible doit laisser place à l'approche intellectuelle pour savoir ce qu'est un objet (voir « L'analyse du morceau de cire », chapitre La perception, texte 2), mais de surcroît qu'il existe dans l'esprit un petit nombre d'idées « innées », ou de « notions primitives », par définition indépendantes de toute expérience, et fondatrices du savoir ultérieur.

Premièrement, je considère qu'il y a en nous certaines notions primitives, qui sont comme des originaux, sur le patron desquels nous formons toutes nos autres connaissances. Et il n'y a que fort peu de telles notions ; car, après les plus générales, de l'être, du nombre, de la durée, etc., qui
5 conviennent à tout ce que nous pouvons concevoir, nous n'avons, pour le corps en particulier, que la notion de l'extension, de laquelle suivent celles de la figure et du mouvement ; et pour l'âme seule, nous n'avons que celle de la pensée, en laquelle sont comprises les perceptions de l'entendement et les inclinations de la volonté ; enfin, pour l'âme et le corps ensemble,
10 nous n'avons que celle de leur union, de laquelle dépend celle de la force qu'a l'âme de mouvoir le corps, et le corps d'agir sur l'âme, en causant ses sentiments et ses passions.

Je considère aussi que toute la science des hommes ne consiste qu'à bien distinguer ces notions, et à n'attribuer chacune d'elles qu'aux choses
15 auxquelles elles appartiennent. Car, lorsque nous voulons expliquer quelque difficulté par le moyen d'une notion qui ne lui appartient pas, nous ne pouvons manquer de nous méprendre ; comme aussi lorsque nous voulons expliquer une de ces notions par une autre ; car, étant primitives, chacune d'elles ne peut être entendue que par elle-même.

René Descartes,
Lettre à Élisabeth, 21 mai 1643,
in *Œuvres et Lettres*, Éd. Gallimard,
coll. « Bibliothèque de la Pléiade », 1966, pp. 1152-1153.

Fiche Descartes p. 496

Pascal

[1623-1662]

4 Expérience sur la pesanteur de la masse de l'air

L'œuvre scientifique de Pascal est réputée pour ses recherches mathématiques, mais aussi pour ses expériences en physique. Le « principe » affirmant que « la nature a horreur du vide » (exemplaire de ce qu'Auguste Comte qualifiera d'état métaphysique) est ici contesté par un montage expérimental montrant l'efficacité de la pression.

III. Quand une seringue trempe dans l'eau, en tirant le piston, l'eau suit et monte comme si elle lui adhérait.

LA RAISON ET LE RÉEL

Ainsi l'eau monte dans une pompe aspirante, qui n'est proprement qu'une longue seringue, et suit son piston, quand on l'élève, comme si elle 5 lui adhérait.

On prétend que cette élévation de l'eau vient de l'horreur que la nature a du vide, qui arriverait à la place que le piston quitte, si l'eau n'y montait pas, parce que l'air n'y peut entrer ; ce qui se confirme, parce que si l'on fait des fentes par où l'air puisse entrer, l'eau ne s'élève plus.

[...]

10 Si l'on met à une seringue un piston bien long, par exemple, de dix pieds, et creux tout au long, ayant une soupape au bout d'en bas disposée d'une telle sorte qu'elle puisse donner passage de haut en bas, et non de bas en haut ; et qu'ainsi cette seringue soit incapable d'attirer l'eau, ni aucune liqueur[1] par dessus le niveau de la liqueur, parce que l'air peut y 15 entrer en toute liberté par le creux du piston : en mettant l'ouverture de cette seringue dans un vaisseau[2] plein de vif-argent[3], et le tout dans une cuve pleine d'eau, en sorte toutefois que le haut du piston sorte hors de l'eau, il arrivera que si on tire le piston, le vif-argent montera et le suivra, comme s'il lui adhérait ; au lieu qu'il ne monterait en aucune sorte, s'il n'y 20 avait point d'eau dans cette cuve, parce que l'air a un accès tout libre par le manche du piston creux, pour entrer dans le corps de la seringue.

Ce n'est donc pas [par] peur du vide ; car quand le vif-argent ne monterait pas à la place que le piston quitte, il n'y aurait point de vide, puisque l'air y peut entrer en toute liberté ; mais c'est seulement parce que le poids 25 de la masse de l'eau pesant sur le vif-argent du vaisseau, et le pressant en toutes ses parties, hormis en celles qui sont à l'ouverture de la seringue (car l'eau n'y peut arriver, à cause qu'elle en est empêchée par le corps de la seringue et par le piston) ; ce vif-argent pressé en toutes ses parties, hormis en une, est poussé par le poids de l'eau vers celle-là, aussitôt que le 30 piston en se levant lui laisse une place pour y entrer, et contre-pèse dans la seringue le poids de l'eau qui pèse au dehors.

Mais si l'on fait des fentes à la seringue par où l'eau puisse y entrer, le vif-argent ne montera plus, parce que l'eau y entre, et touche aussi bien les parties du vif-argent qui sont à la bouche de la seringue, que les 35 autres ; et ainsi tout étant également pressé, rien ne monte.

Blaise Pascal,
Traités de l'équilibre des liqueurs et de la pesanteur de la masse de l'air (1663),
in *Œuvres complètes*, Éd. du Seuil, 1963, pp. 245 et 247.

1. Liqueur : corps fluide.

2. Vaisseau : contenant.

3. Vif-argent : mercure.

À L'ÉPOQUE

Le 19 septembre 1648, Pascal fait porter un tube renversé dans une cuve remplie de mercure au sommet du puy de Dôme. La différence de hauteur du mercure dans ce tube et dans celui resté à Clermont confirme que la pression atmosphérique varie en fonction de l'altitude.

 Fiche Pascal p. 497

Locke
[1632-1704]

5 La source empirique de nos idées

Contestant radicalement la possibilité des idées innées chères aux cartésiens, Locke entend montrer que tout ce que nous avons dans l'esprit ne peut être élaboré qu'à partir de l'expérience et de la réflexion – cette dernière n'étant que la conséquence des opérations mentales menées sur les idées d'origine empirique, et n'impliquant donc aucun élément antérieur à l'expérience.

§ 2. Supposons que l'esprit soit, comme on dit, du papier blanc[1], vierge de tout caractère, sans aucune idée. Comment se fait-il qu'il en soit pourvu ? D'où tire-t-il cet immense fonds que l'imagination affairée et limitée de l'homme dessine en lui avec une variété presque infinie ? D'où puise-t-il
5 ce qui fait le matériau de la raison et de la connaissance ? Je répondrai d'un seul mot : de l'*expérience* ; en elle, toute notre connaissance se fonde et trouve en dernière instance sa source ; c'est l'observation appliquée soit *aux objets sensibles externes, soit aux opérations internes de l'esprit, perçues et sur lesquelles nous-mêmes réfléchissons, qui fournit à l'entendement tout le*
10 *matériau de la pensée.* Telles sont les deux sources de la connaissance, dont jaillissent toutes les idées que nous avons ou que nous pouvons naturellement avoir.

§ 3. Premièrement, *nos sens,* tournés vers les objets sensibles singuliers, *font entrer dans l'esprit* maintes *perceptions* distinctes des choses, en fonction
15 des diverses voies par lesquelles ces objets les affectent. Ainsi recevons-nous les idées de *jaune,* de *blanc,* de *chaud,* de *froid,* de *mou,* de *dur,* d'*amer,* de *sucré,* et toutes celles que nous appelons qualités sensibles. Et quand je dis que les sens font entrer dans l'esprit ces idées, je veux dire qu'ils font entrer, depuis les objets externes jusqu'à l'esprit, ce qui y produit
20 ces *perceptions.* […]

§ 4. Deuxièmement, l'autre source d'où l'expérience tire de quoi garnir l'entendement d'idées, c'est la *perception* interne *des opérations de l'esprit lui-même* tandis qu'il s'applique aux idées acquises. Quand l'âme vient à réfléchir sur ces opérations, à les considérer, celles-ci garnissent l'enten-
25 dement d'un autre ensemble d'idées qu'on n'aurait pu tirer des choses extérieures, telles que *percevoir, penser, douter, croire, raisonner, connaître, vouloir,* et l'ensemble des actions différentes de notre esprit ; comme nous sommes conscients de ces actions et que nous les observons en nous-mêmes, nous en recevons dans l'entendement des idées aussi distinctes
30 que les idées reçues des corps qui affectent nos sens. Cette source d'idées, chacun l'a entièrement en lui ; et bien qu'elle ne soit pas un sens, puisqu'elle n'a pas affaire aux objets extérieurs, elle s'en approche beaucoup et le nom de « sens interne » semble assez approprié. Mais comme j'appelle l'autre source *sensation,* j'appellerai celle-ci RÉFLEXION, les idées qu'elle
35 fournit n'étant que celles que l'esprit obtient par réflexion sur ses propres opérations internes.

John Locke,
Essai sur l'entendement humain (1690),
Livre II, chap. 1, trad. J.-M. Vienne,
Librairie philosophique J. Vrin, 2001, pp. 164-165.

1. Du papier blanc : traduction littérale de l'expression *white paper* employée par Locke pour référer à la notion de « table rase » (*tabula rasa* en latin).

À L'ÉPOQUE
La critique des idées innées de Descartes s'élabore déjà du vivant de celui-ci. Locke en reprend l'essentiel dans une théorie qui comprend les idées abstraites comme des idées complexes, formées à partir d'idées simples tirées de l'expérience.

Fiche Locke p. 499

Malebranche
[1638-1715]

6 Les suppositions de la géométrie

Galilée affirme avec force que le livre de l'univers « est écrit en langage mathématique » – ce qui ouvre le champ à une explication rigoureuse de tous les phénomènes. Malebranche signale que la nature n'est pas aussi abstraite que la géométrie, mais ne renonce pas pour autant à la fécondité de cette dernière qui peut nous inviter à corriger nos « principes » et nos hypothèses lorsque les phénomènes semblent ne pas lui correspondre.

La géométrie est donc très utile pour rendre l'esprit attentif aux choses dont on veut découvrir les rapports ; mais il faut avouer qu'elle nous est quelquefois occasion d'erreur, parce que nous nous occupons si fort des démonstrations évidentes et agréables que cette science nous fournit,
5 que nous ne considérons pas assez la nature. C'est principalement pour cette raison que toutes les machines qu'on invente ne réussissent pas, que toutes les compositions de musique où les proportions des consonances sont le mieux observées ne sont pas les plus agréables, et que les supputations les plus exactes dans l'astronomie ne prédisent quelquefois
10 pas mieux la grandeur et le temps des éclipses. La nature n'est point abstraite : les leviers et les roues des mécaniques ne sont pas des lignes et des cercles mathématiques ; nos goûts pour les airs de musique ne sont pas toujours les mêmes dans tous les hommes, ni dans les mêmes hommes en différents temps ; ils changent selon les différentes émotions
15 des esprits, de sorte qu'il n'y a rien de si bizarre. Enfin, pour ce qui regarde l'astronomie, il n'y a point de parfaite régularité dans le cours des planètes ; nageant dans ces grands espaces, elles sont emportées irrégulièrement par la matière fluide qui les environne. Ainsi, les erreurs où l'on tombe dans l'astronomie, les mécaniques, la musique, et dans toutes
20 les sciences auxquelles on applique la géométrie, ne viennent point de la géométrie, qui est une science incontestable, mais de la fausse application qu'on en fait.

On suppose, par exemple, que les planètes décrivent par leurs mouvements des cercles et des ellipses parfaitement régulières ; ce qui n'est
25 point vrai. On fait bien de le supposer, afin de raisonner, et aussi parce qu'il s'en faut peu que cela ne soit vrai, mais on doit toujours se souvenir que le principe sur lequel on raisonne est une supposition. [...]

Il ne faut donc pas s'étonner si on se trompe, puisque l'on veut raisonner sur des principes qui ne sont point exactement connus ; et il ne
30 faut pas s'imaginer que la géométrie soit inutile à cause qu'elle ne nous délivre pas de toutes nos erreurs. Les suppositions établies, elle nous fait raisonner conséquemment. Nous rendant attentifs à ce que nous considérons, elle nous le fait connaître évidemment. Nous reconnaissons même par elle si nos suppositions sont fausses ; car étant toujours
35 certains que nos raisonnements sont vrais, et l'expérience ne s'accordant point avec eux, nous découvrons que les principes supposés sont faux. Mais sans la géométrie et l'arithmétique on ne peut rien découvrir dans

À L'ÉPOQUE

En 1664, alors que les œuvres philosophiques de Descartes ont été mises à l'index en 1663, Malebranche découvre son *Traité de l'homme*. C'est ainsi par un traité scientifique d'anatomie qu'il s'initie au cartésianisme inspirateur de sa philosophie.

les sciences exactes qui soit un peu difficile, quoiqu'on ait des principes certains et incontestables.

Nicolas Malebranche,
De la recherche de la vérité (1674), Livre VI, partie I, chap. 4,
Librairie philosophique J. Vrin, 1962, tome II, pp. 176-177.

Fiche Malebranche p. 500

Leibniz
[1646-1716]

7 Caractère fictif de la « table rase »

Leibniz fait valoir, contre Locke, que sa conception de l'âme est à la fois « abstraite » et « corporelle » – ne serait-ce que métaphoriquement. Quant à l'axiome selon lequel « il n'est rien dans l'âme qui ne vienne des sens », il est bon de rappeler qu'il méconnaît l'existence nécessaire de notions indépendantes de l'expérience.

THÉOPHILE[1]. – Cette *tabula rasa*[2] dont on parle tant n'est à mon avis qu'une fiction que la nature ne souffre point et qui n'est fondée que dans les notions incomplètes des philosophes, comme le vide […]. On me répondra peut-être que cette table rase des philosophes veut dire que
5   l'âme n'a naturellement et originairement que des facultés nues. Mais les facultés sans quelque acte, en un mot les pures puissances de l'École, ne sont aussi que des fictions, que la nature ne connaît point, et qu'on n'obtient qu'en faisant des abstractions. Car où trouvera-t-on jamais dans le monde une faculté qui se renferme dans la seule puissance sans exercer acte ? il y
10   a toujours une disposition particulière à l'action et à une action plutôt qu'à l'autre. Et outre la disposition il y a une tendance à l'action, dont même il y a toujours une infinité à la fois dans chaque sujet : et ces tendances ne sont jamais sans quelque effet. L'expérience est nécessaire, je l'avoue, afin que l'âme soit déterminée à telles ou telles pensées, et afin
15   qu'elle prenne garde aux idées qui sont en nous ; mais le moyen que l'expérience et les sens puissent donner des idées ? L'âme a-t-elle des fenêtres, ressemble-t-elle à des tablettes ? est-elle comme de la cire ? Il est visible que tous ceux qui pensent ainsi de l'âme la rendent corporelle dans le fond. On m'opposera cet axiome reçu parmi les philosophes, que rien
20   n'est dans l'âme qui ne vienne des sens. Mais il faut excepter l'âme même et ses affections. *Nihil est in intellectu, quod non fuerit in sensu, excipe : nisi ipse intellectus*[3]. Or l'âme renferme l'être, la substance, l'un, le même, la cause, la perception, le raisonnement, et quantité d'autres notions, que les sens ne sauraient donner.

Gottfried Wilhelm Leibniz,
Nouveaux Essais sur l'entendement humain (1703),
Livre II, chap. 1, § 2, Éd. Flammarion, coll. « GF », 1966, pp. 87-88.

1. Dans ce dialogue imaginaire, Théophile représente Leibniz et son interlocuteur Philalèthe le philosophe Locke, auteur de l'*Essai sur l'entendement humain* (1690).

2. Les *Nouveaux Essais sur l'entendement humain* de Leibniz sont une réponse à l'*Essai philosophique concernant l'entendement humain* de Locke.

3. *Nihil est in intellectu, quod non fuerit in sensu, excipe : nisi ipse intellectus* : il n'est rien dans l'entendement qui n'ait été auparavant dans la sensibilité, si ce n'est l'entendement lui-même.

Fiche Leibniz p. 501

Hume
[1711-1776]

8 Causalité et habitude

Hume montre que la causalité ne provient que d'une habitude et n'a, en conséquence, de réalité que dans ou pour notre pensée : rien ne peut jamais garantir qu'elle corresponde à la façon dont les choses se passent. Dès lors, aucune explication causale n'est absolument certaine.

Quand un objet ou un événement naturel se présente, il nous est impossible, quelle que soit notre sagacité ou notre pénétration, de découvrir ou même de conjecturer sans expérience quel événement en résultera, ou de porter notre prévoyance au-delà de l'objet immédiatement présent à la
5 mémoire et aux sens. Même après un seul cas ou une seule expérience, où nous avons observé qu'un événement particulier s'ensuivait d'un autre, nous ne sommes pas autorisés à former une règle générale, ou à prédire ce qui adviendra en de pareils cas ; étant à bon droit tenu pour une impardonnable témérité de juger du cours entier de la nature d'après une seule
10 expérience, si précise ou si certaine qu'elle soit. Mais lorsqu'une espèce particulière d'événement a toujours été, dans tous les cas, jointe à une autre, nous ne nous faisons plus dorénavant aucun scrupule de prédire l'un d'après l'apparition de l'autre, et d'employer le raisonnement qui nous peut seul assurer d'une chose quelconque de fait ou d'existence.
15 Nous appelons alors l'un des objets *cause*, l'autre *effet*. Nous supposons qu'il y a quelque connexion entre eux, quelque force dans l'un, par où il produit infailliblement l'autre, et opère avec la plus grande certitude et la plus forte nécessité.

Il apparaît donc que cette idée d'une connexion nécessaire entre des
20 événements provient d'une pluralité de cas semblables qui se présentent, de constante conjonction entre ces événements ; et cette idée ne saurait jamais être suggérée par aucun de ces cas en particulier, examiné sous tous les points de vue et dans toutes les positions possibles. Mais il n'y a rien dans une pluralité de cas, qui diffère de chacun des cas particuliers,
25 qu'on suppose exactement semblables ; excepté seulement qu'après une répétition de cas semblables, l'esprit est porté par habitude, lorsque apparaît l'un des événements, à attendre son concomitant ordinaire, et à croire qu'il existera. Cette connexion que nous *sentons* dans l'esprit, cette transition habituelle de l'imagination de l'un des objets à son concomitant ordi-
30 naire, tel est donc le sentiment ou l'impression d'où nous formons l'idée de force ou de connexion nécessaire.

David Hume,
Enquête sur l'entendement humain (1748),
section VII, partie II, trad. D. Deleule,
Éd. Nathan, coll. « Les Intégrales de philo », 1982, pp. 92-93.

Fiche Hume p. 505

Condillac

[1715-1780]

9 Évidence de raison, évidence de fait

S'opposant à Descartes pour élaborer son «sensualisme», Condillac prend soin de distinguer deux sortes d'évidence: la première, de raison, caractérise les notions mathématiques. La seconde, de fait, concerne le monde empirique.

Je sais qu'un triangle est évidemment une surface terminée par trois lignes, parce que, pour quiconque entend la valeur des termes, *surface terminée par trois lignes* est la même chose que *triangle*. Or, dès que je sais évidemment ce que c'est qu'un triangle, j'en connais l'essence; et je puis dans cette essence
5 découvrir toutes les propriétés de cette figure.

Je verrais également toutes les propriétés de l'or dans son essence, si je la connaissais. Sa pesanteur, sa ductilité, sa malléabilité, etc., ne seraient que son essence même qui se transformerait, et qui, dans ses transformations, m'offrirait différents phénomènes; et j'en pourrais découvrir toutes les
10 propriétés par un raisonnement qui ne serait qu'une suite de propositions identiques. Mais ce n'est pas ainsi que je les connais. À la vérité, chaque proposition que je fais sur ce métal, si elle est vraie, est identique. Telle est celle-ci, *L'or est malléable*; car elle signifie *Un corps que j'ai observé être malléable et que je nomme* or, *est malléable*: proposition où la même idée est
15 affirmée d'elle-même.

Lorsque je fais sur un corps plusieurs propositions également vraies, j'affirme donc dans chacune le même du même: mais je n'aperçois point d'identité d'une proposition à l'autre. Quoique la pesanteur, la ductilité, la malléabilité ne soient vraisemblablement qu'une même chose qui se
20 transforme différemment, je ne le vois pas. Je ne saurais donc arriver à la connaissance de ces phénomènes par l'évidence de raison[1]: je ne les connais qu'après les avoir observés, et j'appelle *évidence de fait* la certitude que j'en ai.

Étienne Bonnot de Condillac,
La Logique, ou les premiers développements de l'art de penser (1780),
chap. 9, à Paris, Chez Guillaume, an VI, pp. 177-179.

1. L'évidence de raison: celle qui caractérise la connaissance des objets mathématiques comme le triangle.

Fiche `Condillac` p. 508

Kant

[1724-1804]

10 Caractère *a priori* de la nécessité et de l'universalité

Pour Kant, il existe des jugements et des concepts dotés d'une universalité absolue, provenant d'une capacité de connaissance *a priori* c'est-à-dire antérieure à toute expérience. Les enseignements mêmes de l'expérience ne sont possibles que relativement à des structures de l'esprit déjà capables de les accueillir, et donc indépendantes de l'expérience.

L'expérience nous apprend bien que quelque chose est de telle ou telle manière, mais non point que cela ne peut être autrement. Si donc, PREMIÈREMENT, on trouve une proposition dont la pensée implique la *nécessité*, on a un jugement *a priori*; si cette proposition n'est, en outre,

La Raison et le Réel

Théorie et expérience **235**

1. Induction : généralisation d'une observation ou d'un raisonnement à partir de cas particuliers.

2. Kant reconnaît néanmoins que Hume a interrompu son «sommeil dogmatique» : sa critique du rationalisme (voir Hume, p. 292), amène Kant à distinguer le plan logique, qui obéit au principe de contradiction, et le plan réel, dans lequel deux forces opposées peuvent exister en même temps.

5 dérivée d'aucune autre qui vaut elle-même, à son tour, à titre de proposition nécessaire, elle est absolument *a priori*. SECONDEMENT, l'expérience ne donne jamais à ses jugements une véritable et stricte *universalité,* mais seulement une *universalité* supposée et relative (par induction[1]), qui n'a pas d'autre sens que celui-ci : nos observations, pour nombreuses qu'elles aient été jusqu'ici,

10 n'ont jamais trouvé d'exception à telle ou telle règle. Par conséquent, un jugement pensé avec une stricte universalité, c'est-à-dire de telle sorte qu'aucune exception n'est admise comme possible, ne dérive point de l'expérience, mais est valable absolument *a priori*. L'universalité empirique n'est donc qu'une élévation arbitraire de la valeur ; on fait d'une règle

15 valable dans la plupart des cas une loi qui s'applique à tous, comme, par exemple, dans la proposition : Tous les corps sont pesants. Quand, au contraire, un jugement possède essentiellement une stricte universalité, on connaît à cela qu'il provient d'une source particulière de la connaissance, d'un pouvoir de connaissance *a priori*. Nécessité et stricte universalité sont

20 donc les marques sûres d'une connaissance *a priori* et elles sont indissolublement unies l'une à l'autre. [...]

Si l'on veut un exemple pris dans les sciences, on n'a qu'à parcourir des yeux toutes les propositions de la mathématique ; si on en veut un tiré de l'usage le plus ordinaire de l'entendement, on peut prendre la

25 proposition : Tout changement doit avoir une cause. Qui plus est, dans cette dernière, le concept même d'une cause renferme manifestement le concept d'une liaison nécessaire avec un effet et celui de la stricte universalité de la règle, si bien que ce concept de cause serait entièrement perdu, si on devait le dériver, comme le fait HUME[2], d'une association

30 fréquente de ce qui arrive avec ce qui précède et d'une habitude qui en résulte (d'une nécessité, par conséquent, simplement subjective) de lier des représentations. On pourrait aussi, sans qu'il fût besoin de pareils exemples pour prouver la réalité des principes purs *a priori* dans notre connaissance, montrer que ces principes sont indispensables pour que

35 l'expérience même soit possible, et en expose, par suite, la nécessité *a priori*. D'où l'expérience, en effet, pourrait-elle tirer sa certitude, si toutes les règles, suivant lesquelles elle procède, n'étaient jamais qu'empiriques, et par là même contingentes ? Il serait difficile à cause de cela de donner à ces règles la valeur de premiers principes.

Emmanuel Kant,
Critique de la raison pure, Introduction (2ᵉ édition, 1787),
trad. A. Tremesaygues et B. Pacaud, Éd. des PUF, 1971, pp. 32-34.

À L'ÉPOQUE

1740: Kant découvre Newton. Dans la physique newtonienne, les lois de la gravitation universelle obéissent à une nécessité mathématique et sont confirmées par l'expérience. Kant en tire la conviction qu'une science a priori de la nature est possible.

Fiche Kant p. 509

Bernard
[1813-1878]

11 Sciences d'observation et sciences d'expérimentation

Claude Bernard opère une distinction entre les sciences d'observation et les sciences expérimentales : à la différence des premières, les secondes ambitionnent de modifier ce qu'elles connaissent. Loin de se soumettre

aux conditions naturelles, l'expérimentation revendique son caractère artificiel.

[Extrait 1] Les sciences d'observation sont les *sciences naturelles*. Elles classent les corps suivant leurs degrés de ressemblance et d'affinité apparentes et elles s'arrêtent à l'interprétation et à la contemplation des phénomènes dans les conditions où la nature nous les présente. Le natu-
5 raliste diffère de l'expérimentateur, quoiqu'ils étudient les mêmes corps.

[…]

Le naturaliste ne veut point maîtriser les phénomènes ; il veut seulement connaître les lois que la nature a imposées à chaque être naturel afin d'en déduire l'harmonie générale de la nature.

Les sciences expérimentales vont plus loin et ont un point de vue tout à
10 fait différent. Elles ont un point de vue artificiel ou non naturel, s'il est permis de parler ainsi, en ce qu'elles veulent provoquer des phénomènes non naturels dans l'ordre des choses telles que nous les observons. C'est ainsi que le chimiste fait des corps qui n'existent pas dans la nature.

L'expérimentateur veut troubler la nature, il veut maîtriser les phéno-
15 mènes et les reproduire non seulement dans les conditions où la nature nous les présente mais dans des conditions où elle ne les a pas réalisés.

[Extrait 2] L'essence et le but des *sciences d'observation* résident dans la connaissance de la loi de relation ou de classification des phénomènes de la nature.

[…]

20 L'essence et le but des *sciences expérimentales* résident dans la connaissance de la loi de *formation ou de génération* et d'entretien ou de nutrition (qui n'est que de la force formatrice ou génératrice continuée) des corps ou des phénomènes.

La *chimie* a pour objet de connaître la loi de *formation* et d'entretien et de
25 mort des corps.

La *physique* a pour objet de connaître la loi de formation et d'entretien et de mort des phénomènes.

La *physiologie* expérimentale a pour objet de connaître la loi de généra-tion, de nutrition et de mort des corps vivants.

Claude Bernard,
Principes de médecine expérimentale (1862-1877), Éd. des PUF, 1947, pp. 83-85.

À L'ÉPOQUE
1847-1878 : Claude Bernard fait de nombreuses expériences dans son laboratoire du Collège de France où il est professeur pendant trente ans, consacrant la médecine au rang de science expérimentale.

Husserl
[1859-1938]

XXᵉ SIÈCLE

12 L'empirisme, un dogmatisme de l'expérience

Husserl critique l'empirisme, qui réduit les choses aux *choses de la nature* et la réalité à la *réalité ordinaire*. L'impératif de connaissance « des choses mêmes », qui caractérise sa philosophie, n'implique nullement de se limiter à l'expérience et de rejeter les notions classiques d'« idées » et d'« essences » théorisées par la métaphysique.

LA RAISON ET LE RÉEL

Le naturalisme empiriste procède – nous devons le reconnaître – de motifs hautement estimables. C'est, du point de vue méthodologique, un radicalisme qui, à l'encontre de toutes les « idoles », des puissances de la tradition et de la superstition, des préjugés grossiers et raffinés de tout 5 genre, fait valoir le droit de la raison autonome à s'imposer comme la seule autorité en matière de vérité. Porter sur les choses un jugement rationnel et scientifique, c'est se régler sur les *choses mêmes*[1], ou revenir des discours et des opinions aux choses mêmes, les interroger en tant qu'elles se donnent elles-mêmes et repousser tous les préjugés étrangers à 10 la chose même. *On ne ferait qu'exprimer autrement* la même chose, – *estime l'empiriste* – en disant que toute science procède de *l'expérience*, que les connaissances médiates qu'elle comporte doivent se fonder dans l'expérience immédiate. Ainsi, pour l'empiriste, c'est tout un de parler de science authentique et de science fondée sur l'expérience. En face des 15 faits, que pourraient être les « idées » ou les « essences », sinon des entités scolastiques, des fantômes métaphysiques ? C'est précisément le grand service que nous ont rendu les sciences modernes de la nature d'avoir délivré l'humanité de ces revenants philosophiques. La science ne connaît jamais que la réalité naturelle, celle qui tombe sous l'expérience. […]

20 La faute cardinale de l'argumentation empiriste est d'identifier ou de confondre l'exigence fondamentale d'un retour « aux choses mêmes », avec l'exigence de fonder toute connaissance dans *l'expérience*. En limitant au nom de sa conception naturaliste le domaine des « choses » connaissables, il tient pour acquis sans autre examen que l'expérience est le seul acte qui 25 donne les choses mêmes. Or les *choses* ne sont *pas* purement et simplement les *choses de la nature* ; la réalité, au sens habituel du mot, ne s'identifie pas purement et simplement à la réalité en général.

Edmund Husserl,
Idées directrices pour une phénoménologie (1913),
trad. P. Ricœur, Éd. Gallimard,
coll. « Tel », 2001, pp. 63-65.

1. L'expression « revenir aux choses mêmes » désigne classiquement le point de départ de l'attitude phénoménologique.
Ici, les « choses mêmes » sont « tout ce qui est saisi par une espèce de l'intuition (chose matérielle, valeur, vécu propre, vécu d'autrui) ».
(Note du traducteur.)

À L'ÉPOQUE

Husserl a d'abord suivi une formation mathématique, avant d'en venir à la philosophie à partir d'une réflexion sur les fondements de la science mathématique. Son premier grand texte est *La Philosophie de l'arithmétique* (1891).

Fiche Husserl p. 521

Bachelard

[1884-1962]

13 L'unité : un principe préscientifique

La formation au XVIIᵉ siècle d'une mécanique et d'une physique expérimentales n'a pas suffi pour libérer l'esprit de toutes ses mauvaises habitudes : ainsi, l'affirmation hâtive d'un principe d'unification des domaines et des savoirs constitue un « obstacle épistémologique »[1] exemplaire.

Pour l'esprit préscientifique, l'unité est un principe toujours désiré, toujours réalisé à bon marché. Il n'y faut qu'une majuscule. Les diverses activités naturelles deviennent ainsi des manifestations variées d'une seule et même Nature. On ne peut concevoir que l'expérience se contredise ou même 5 qu'elle se compartimente. Ce qui est vrai du grand doit être vrai du petit et vice versa. À la moindre dualité, on soupçonne une erreur. Ce besoin d'unité pose une foule de faux problèmes. […]

1. « Obstacle épistémologique » : représentation qui bloque ou freine les avancées scientifiques.

2. L'abbé Pluche : auteur d'une
*Histoire du Ciel selon les idées
des Poètes, des Philosophes
et de Moïse*.

On pourrait d'ailleurs écrire tout un livre en étudiant les œuvres, encore nombreuses au XVIIIe siècle, où la Physique est associée à une Théologie, où
10 la Genèse est considérée comme une Cosmogonie scientifique, où l'Histoire du Ciel est considérée « selon les idées des Poètes, des Philosophes et de Moïse ». Des livres comme celui de l'abbé Pluche[2], qui travaille sous cette inspiration, sont, au XVIIIe siècle, entre toutes les mains. Ils connaissent des rééditions jusqu'à la fin du siècle.

Gaston Bachelard,
La Formation de l'esprit scientifique (1938),
Librairie philosophique J. Vrin, 1970, pp. 86-87.

Fiche Bachelard p. 525

Rougier
[1889-1982]

XXe SIÈCLE

14 Les trois parties d'une théorie physique

L'ambition d'une théorie physique n'est pas de fournir une explication des phénomènes qui serait conforme à la « réalité » : elle se propose plutôt de coordonner de façon satisfaisante un certain nombre de lois expérimentales.

Nous avons vu que toute théorie se compose de trois parties. Il y a d'abord les équations fondamentales, les équations de Newton en mécanique, les équations de Maxwell en électromagnétique, l'équation de Schrödinger en mécanique ondulatoire. Ces équations contiennent certains termes primitifs
5 tels que « coordonnée », « temps », « force », « intensité d'un champ magnétique », « conductibilité électrique », etc. qu'elles définissent par postulats.

À ces équations, il convient d'adjoindre les règles de déduction qui enseignent quelles transformations il est possible de faire subir à ces équations sans altérer leur signification et qui constituent le calcul asso-
10 cié à l'axiomatique de la théorie. La mécanique classique a besoin pour ses calculs de l'algèbre et de la géométrie auxquelles se trouve incorporée la logique bivalente équivalente à l'Algèbre de Boole. La mécanique quantique fait appel à une algèbre plus faible par rapport à celle de Boole. Comme les mathématiques peuvent être considérées comme une branche
15 de la logique suivant les vues de Bertrand Russell, on peut appeler ce calcul, calcul logico-mathématique.

La combinaison des équations et des règles du calcul logico-mathématique ne constitue en aucune façon une théorie physique. Il faut y joindre les règles de correspondance permettant de relier les termes primitifs, qui
20 figurent dans les équations fondamentales, à des lectures d'instruments de mesure. Ces règles de correspondance constituent les définitions empiriques de ces termes primitifs […]. Combinées avec les équations d'une théorie physique, convenablement transformées par la logique incorporée à la théorie, ces définitions permettent de soumettre la théorie au contrôle
25 de l'expérience.

Louis Rougier,
Traité de la connaissance,
Éd. Gauthier-Villars, 1955, pp. 239-240.

LA RAISON ET LE RÉEL

Popper

[1902-1994]

À L'ÉPOQUE

En 1934, le Viennois
Popper se trouve en
Nouvelle-Zélande
où il s'est réfugié suite
à l'avènement du régime
nazi, en 1933 en
Allemagne. Il y enseigne
la philosophie, alors
qu'à Vienne, il enseignait
les mathématiques et
la physique.

📖 Fiche Popper p. 528

15 Vérification et falsification

Selon Popper, l'expérience peut, au mieux, corroborer une théorie, mais elle est incapable de prouver qu'elle soit définitivement « vraie ». Ce qui distingue alors la théorie scientifique de celles qui n'ont que l'apparence de la science, c'est que la première est « falsifiable » parce qu'elle se prête à une épreuve expérimentale – mais l'histoire même des sciences rappelle clairement qu'*aucune théorie ne peut être tenue pour définitive*.

Enfin, [une] théorie est mise à l'épreuve en procédant à des applications empiriques des conclusions qui peuvent en être tirées.

Le but de cette dernière espèce de test est de découvrir jusqu'à quel point les conséquences nouvelles de la théorie – quelle que puisse être la nou-
5 veauté de ses assertions – font face aux exigences de la pratique, surgies d'expérimentations purement scientifiques ou d'applications techniques concrètes. Ici encore, la procédure consistant à mettre à l'épreuve est déductive. À l'aide d'autres énoncés préalablement acceptés, l'on déduit de la théorie certains énoncés singuliers que nous pouvons appeler « pré-
10 dictions » et en particulier des prévisions que nous pouvons facilement contrôler ou réaliser. Parmi ces énoncés, l'on choisit ceux qui ne sont pas déductibles de la théorie en cours et plus spécialement ceux qui sont en contradiction avec elle. Nous essayons ensuite de prendre une décision en faveur (ou à l'encontre) de ces énoncés déduits en les comparant aux
15 résultats des applications pratiques et des expérimentations. Si cette décision est positive, c'est-à-dire si les conclusions singulières se révèlent acceptables, ou *vérifiées,* la théorie a provisoirement réussi son test : nous n'avons pas trouvé de raisons de l'écarter. Mais si la décision est négative ou, en d'autres termes, si les conclusions ont été *falsifiées,* cette falsification
20 falsifie également la théorie dont elle avait été logiquement déduite.

Il faudrait noter ici qu'une décision positive ne peut soutenir la théorie que pour un temps car des décisions négatives peuvent toujours l'éliminer ultérieurement. Tant qu'une théorie résiste à des tests systématiques et rigoureux et qu'une autre ne la remplace pas avantageusement dans le
25 cours de la progression scientifique, nous pouvons dire que cette théorie a « fait ses preuves » ou qu'elle est « corroborée ».

Karl Raimund Popper,
La Logique de la découverte scientifique (1934),
trad. N. Thyssen-Rutten et P. Devaux,
Éd. Payot, 1973, pp. 29-30.

Wittgenstein

[1889-1951]

16 Antériorité de notre « image du monde »

Certaines affirmations ou certitudes fondamentales, qui participent à l'élaboration de l'image implicite que nous avons du monde ou de la situation que nous y occupons, peuvent-elles être décelées en deçà de toute distinction logique du vrai et du faux ? Elles évoluent sans doute historiquement, mais n'en composeraient pas moins, selon Wittgenstein, un véritable système de pensée englobant à l'avance toutes les argumentations possibles, scientifiques ou non.

84. Moore[1] dit qu'il *sait* que la terre a existé longtemps avant qu'il ne naisse. Et, exprimé ainsi, cela semble être un énoncé portant sur sa personne, même si c'est en outre un énoncé sur le monde physique. Que Moore sache telle ou telle chose, cela n'est pas intéressant d'un point de vue
5 philosophique, mais ce qui l'est, c'est que telle ou telle chose puisse être sue, et de quelle façon. Si Moore nous avait dit qu'il sait quelle est la distance entre certaines étoiles, nous pourrions en conclure qu'il s'est engagé dans des recherches spéciales et nous voudrons alors apprendre ce qu'elles sont. Mais Moore choisit précisément un cas où nous tous semblons savoir ce
10 qu'il sait et sans pouvoir dire comment. Je crois par exemple en savoir tout autant que Moore à ce sujet (l'existence de la terre) et, s'il sait qu'il en est bien comme il dit, alors *je* le sais aussi. Car il n'est pas non plus parvenu à cette proposition par un cheminement de pensée que j'aurais pu sans doute prendre, mais que je n'ai pas suivi.

15 94. Mais cette image du monde, je ne l'ai pas parce que je me suis convaincu de sa rectitude ; ni non plus parce que je suis convaincu de sa rectitude. Non, elle est l'arrière-plan dont j'ai hérité sur le fond duquel je distingue entre vrai et faux.

95. Les propositions qui décrivent cette image du monde pourraient
20 appartenir à une sorte de mythologie. Et leur rôle est semblable à celui des règles d'un jeu ; et ce jeu, on peut aussi l'apprendre de façon purement pratique, sans règles explicites.

96. On pourrait se représenter certaines propositions, empiriques de forme, comme solidifiées et fonctionnant tels des conduits pour les
25 propositions empiriques fluides, non solidifiées ; et que cette relation se modifierait avec le temps, des propositions fluides se solidifiant et des propositions durcies se liquéfiant.

105. Toute vérification de ce qu'on admet comme vrai, toute confirmation ou infirmation prennent déjà place à l'intérieur d'un système. Et assuré-
30 ment ce système n'est pas un point de départ plus ou moins arbitraire ou douteux pour tous nos arguments ; au contraire il appartient à l'essence de ce que nous appelons un argument. Le système n'est pas tant le point de départ des arguments que leur milieu vital.

Ludwig Josef Wittgenstein,
De la certitude (1969),
trad. J. Fauve, Éd. Gallimard,
coll. « Idées », 1976, pp. 46-51.

1. George Edward Moore : philosophe, titulaire de la chaire de philosophie de l'université de Cambridge (1873-1958). Wittgenstein lui succède en 1939.

Fiche Wittgenstein p. 526

LA RAISON ET LE RÉEL

La démonstration

Définition élémentaire

▶ **La démonstration est un raisonnement.** Elle respecte certaines règles logiques, par exemple le principe de non-contradiction.

▶ **La démonstration déduit une conclusion à partir d'hypothèses.** Les hypothèses peuvent avoir des statuts divers – vérités reçues par intuition ou révélation, ou postulats admis pour les besoins de la démonstration.

Distinguer pour comprendre

▶ **Démontrer et montrer :** on démontre à l'aide d'arguments rationnels, en suivant certaines règles de logique ; celui qui montre se contente des apparentes évidences, que ce soient celles qu'il doit à des exemples particuliers, ou que ce soient celles de la rhétorique (persuasion par l'évidence du langage).

▶ **Démonstration et croyance :** celui qui croit ne peut pas dire pourquoi il croit ce qu'il croit. Celui qui a démontré appuie son opinion sur des principes qui permettent de la justifier.

▶ **Démonstration et argumentation :** on fait cette distinction quand on veut insister sur la spécificité du discours philosophique, qui utilise le langage courant, par rapport à la démonstration mathématique, qui utilise un langage formalisé.

Repères associés à la notion

→ **Persuader / Convaincre** (p. 447)
→ **Principe / Conséquence** (p. 447)

Platon
[427-347 av. J.-C.]

1 La connaissance démonstrative

Platon distingue deux degrés de la connaissance : celui de la science démonstrative qui, à l'instar des mathématiques, repose sur des hypothèses indémontrables, et celui de la connaissance fondamentale, qu'il appelle dialectique, et qui consiste dans la saisie intuitive des principes suprêmes de la réalité, au-delà de toute hypothèse.

– [C'est Socrate qui parle.] Tu sais bien, je pense, que ceux qui s'occupent de géométrie, de calcul et d'autres choses du même genre font l'hypothèse du pair et de l'impair, des figures et des trois espèces d'angles, et de toutes sortes de choses apparentées selon la recherche de chacun, et qu'ils traitent
5 ces hypothèses comme des choses connues ; quand ils ont confectionné ces hypothèses, ils estiment n'avoir à en rendre compte d'aucune façon, ni à eux-mêmes ni aux autres, tant elles paraissent évidentes à chacun ; mais ensuite, en procédant à partir de ces hypothèses, ils parcourent les étapes qui restent et finissent par atteindre, par des démonstrations progressives,
10 le point vers lequel ils avaient tendu leur effort de recherche.

– Eh oui, dit [Glaucon], je sais parfaitement cela.

– Aussi bien dois-tu savoir qu'ils ont recours à des formes visibles et qu'ils construisent des raisonnements à leur sujet, sans se représenter ces figures particulières, mais les modèles auxquels elles ressemblent ; leurs rai-
15 sonnements portent sur le carré en soi et sur la diagonale en soi, mais non pas sur cette diagonale dont ils font un tracé, et de même pour les autres figures. Toutes ces figures, en effet, ils les modèlent et les tracent, elles qui possèdent leurs ombres et leurs reflets sur l'eau, mais ils s'en servent comme autant d'images dans leur recherche pour contempler ces êtres en soi qu'il
20 est impossible de contempler autrement que par la pensée.

– Tu dis vrai.

– Eh bien, voilà présenté ce genre que j'appelais l'intelligible : dans sa recherche de ce genre, l'âme est contrainte d'avoir recours à des hypothèses ; elle ne se dirige pas vers le principe, parce qu'elle n'a pas la force de s'élever
25 au-dessus des hypothèses, mais elle utilise comme des images ces objets qui sont eux-mêmes autant de modèles pour les copies de la section inférieure, et ces objets, par rapport à leurs imitations, sont considérés comme clairs et dignes d'estime.

– Je comprends, dit-il, tu veux parler de ce qui relève de la géométrie et
30 des disciplines connexes.

– Et maintenant, comprends-moi bien quand je parle de l'autre section de l'intelligible, celle qu'atteint le raisonnement lui-même par la force du dialogue ; il a recours à la construction d'hypothèses sans les considérer comme des principes, mais pour ce qu'elles sont, des hypothèses, c'est-à-
35 dire des points d'appui et des tremplins pour s'élancer jusqu'à ce qui est anhypothétique[1], jusqu'au principe du tout. Quand il l'atteint, il s'attache à suivre les conséquences qui découlent de ce principe et il redescend ainsi jusqu'à la conclusion, sans avoir recours d'aucune manière à quelque chose de sensible, mais uniquement à ces formes en soi, qui

1. Anhypothétique : qui n'est pas fondé sur des hypothèses.

La raison et le réel

40 existent par elles-mêmes et pour elles-mêmes, et sa recherche s'achève sur ces formes.

– Je ne comprends pas parfaitement, dit-il, tu évoques une grande entreprise, me semble-t-il ; tu veux montrer que la connaissance de l'être et de l'intelligible, qu'on acquiert par la science du dialogue, la dialectique, est
45 plus claire que celle que nous tirons de ce qu'on appelle les disciplines. Dans ces disciplines, les hypothèses servent de principes, et ceux qui les contemplent sont contraints pour y parvenir de recourir à la pensée, et non pas aux sens ; comme leur examen cependant ne remonte pas vers le principe, mais se développe à partir d'hypothèses, ceux-là ne te semblent
50 pas posséder l'intelligence de ces objets, encore que ces objets seraient intelligibles s'ils étaient contemplés avec le principe.

Platon,
La République (IVe siècle av. J.-C.), Livre VI, 510c-511d, trad. G. Leroux,
Éd. Flammarion, coll. « GF », 2002, pp. 355-357.

📄 Fiche Platon p. 477

À L'ÉPOQUE

À l'entrée de l'Académie, école fondée par Platon, on pouvait lire la formule : « Nul n'entre ici s'il n'est géomètre. » Pour Platon, la connaissance mathématique est un préalable nécessaire à la connaissance philosophique.

Aristote
[384-322 av. J.-C.]

2 Le syllogisme ou l'art de raisonner

Considéré comme l'inventeur de la logique, qui étudie les règles de toute pensée formellement correcte, Aristote aborde ici méthodiquement les bases de cette discipline qui a pour objet la démonstration. Il définit les termes requis et les opérations auxquelles on se livre dans les raisonnements à partir de ces termes. Il énonce les principes du syllogisme, dans lequel il voit la forme élémentaire du raisonnement.

Il faut d'abord établir quel est le sujet de notre enquête et de quelle discipline elle relève : son sujet, c'est la démonstration, et c'est la science démonstrative dont elle dépend. Ensuite nous devons définir ce qu'on entend par *prémisse,* par *terme,* par *syllogisme,* ce qu'est un syllogisme *parfait* et un syllogisme
5 *imparfait.* Après cela, il faudra définir en quoi consiste, pour un terme, d'être ou non contenu dans la totalité d'un autre terme, et ce que nous entendons par *être affirmé universellement* et *être nié universellement.*

La prémisse est le discours qui affirme ou qui nie quelque chose de quelque chose, et ce discours est soit universel, soit particulier, soit indé-
10 fini. J'appelle *universelle,* l'attribution ou la non-attribution à un sujet pris universellement ; *particulière,* l'attribution ou la non-attribution à un sujet pris particulièrement ; *indéfinie,* l'attribution ou la non-attribution faite sans indication d'universalité ou de particularité : par exemple, *les contraires rentrent dans la même science* ou *le plaisir n'est pas le bien.*
15 La prémisse démonstrative diffère de la prémisse dialectique en ce que, dans la prémisse démonstrative, on prend l'une des deux parties de la contradiction (car démontrer, ce n'est pas demander, c'est poser), tandis que, dans la prémisse dialectique[1], on demande à l'adversaire de choisir entre les deux parties de la contradiction. Mais il n'y aura aucune diffé-
20 rence en ce qui concerne la production même du syllogisme dans l'un et l'autre cas : en effet, qu'on démontre ou qu'on interroge, on construit le

1. La dialectique : chez Aristote, la dialectique est l'art de conduire le dialogue à partir d'opinions probables.

syllogisme en posant que quelque chose appartient ou n'appartient pas à une autre chose. Il en résulte qu'une prémisse syllogistique prise en général sera l'affirmation ou la négation de quelque chose au sujet de quelque
25 chose, de la façon que nous venons de dire ; elle est démonstrative si elle est vraie et obtenue au moyen des principes posés primitivement, tandis que, dans la prémisse dialectique, celui qui interroge demande à l'adversaire de choisir l'une des deux parties d'une contradiction, mais dès qu'il syllogise il pose une assertion portant sur l'apparence et le probable [...]. – La nature
30 de la prémisse, et la différence entre les prémisses syllogistique, démonstrative et dialectique seront déterminées dans la suite avec plus de précision, mais, pour notre usage présent, contentons-nous des définitions que nous venons de donner.

J'appelle *terme* ce en quoi se résout la prémisse, savoir le prédicat et le
35 sujet dont il est affirmé, soit que l'être s'y ajoute, soit que le non-être en soit séparé.

Le *syllogisme* est un discours dans lequel, certaines choses étant posées, quelque chose d'autre en résulte nécessairement par le seul fait de ces données. *Par le seul fait de ces données* : je veux dire que c'est par elles que la
40 conséquence est obtenue ; à son tour, l'expression *c'est par elles que la conséquence est obtenue* signifie qu'aucun terme étranger n'est en sus[2] requis pour produire la conséquence nécessaire.

J'appelle syllogisme *parfait* celui qui n'a besoin de rien autre chose que ce qui est posé dans les prémisses, pour que la nécessité de la conclusion soit
45 évidente ; et syllogisme *imparfait,* celui qui a besoin d'une ou plusieurs choses, lesquelles, il est vrai, résultent nécessairement des termes posés, mais ne sont pas explicitement énoncées dans les prémisses.

Dire qu'un terme est contenu dans la totalité d'un autre terme, ou dire qu'un terme est attribué à un autre terme pris universellement, c'est la
50 même chose. Et nous disons qu'un terme est *affirmé universellement* quand on ne peut trouver dans le sujet aucune partie dont on ne puisse affirmer l'autre terme ; pour l'expression *n'être attribué à aucun,* l'explication est la même.

1. En sus : en plus.

Aristote,
Les Premiers Analytiques (IVe siècle av. J.-C.),
Livre I, chap. 1, trad. J. Tricot, Librairie philosophique J. Vrin, 1970, pp. 1-5.

Fiche Aristote p. 478

Aristote
[384-322 av. J.-C.]

3 La science et la démonstration

La science véritable a pour objet le nécessaire et consiste dans une démonstration fondée sur des prémisses premières et immédiatement reconnues comme vraies, donc indémontrables.

Nous estimons posséder la science d'une chose d'une manière absolue, et non pas, à la façon des Sophistes, d'une manière purement accidentelle, quand nous croyons que nous connaissons la cause par laquelle la chose est, que nous savons que cette cause est celle de la chose, et qu'en

LA RAISON ET LE RÉEL

₅ outre il n'est pas possible que la chose soit autre qu'elle n'est. Il est évident que telle est la nature de la connaissance scientifique ; ce qui le montre, c'est l'attitude aussi bien de ceux qui ne savent pas que de ceux qui savent : les premiers croient se comporter comme nous venons de l'indiquer, et ceux qui savent se comportent aussi en réalité de cette ₁₀ même façon. Il en résulte que l'objet de la science au sens propre est quelque chose qui ne peut pas être autre qu'il n'est.

La question de savoir s'il existe encore un autre mode de connaissance sera examinée plus tard. Mais ce que nous appelons ici *savoir* c'est connaître par le moyen de la démonstration. Par *démonstration* j'entends ₁₅ le syllogisme[1] scientifique, et j'appelle *scientifique* un syllogisme dont la possession même constitue pour nous la science. – Si donc la connaissance scientifique consiste bien en ce que nous avons posé, il est nécessaire aussi que la science démonstrative parte de prémisses qui soient vraies, premières, immédiates, plus connues que la conclusion, antérieures à elle, et ₂₀ dont elles sont les causes. C'est à ces conditions, en effet, que les principes de ce qui est démontré seront aussi appropriés à la conclusion. Un syllogisme peut assurément exister sans ces conditions, mais il ne sera pas une démonstration, car il ne sera pas productif de science. Les prémisses doivent être vraies, car on ne peut pas connaître ce qui n'est pas, par exemple la ₂₅ commensurabilité de la diagonale[2]. Elles doivent être premières et indémontrables, car autrement on ne pourrait les connaître faute d'en avoir la démonstration, puisque la science des choses qui sont démontrables, s'il ne s'agit pas d'une science accidentelle, n'est pas autre chose que d'en posséder la démonstration. Elles doivent être les causes de la conclusion, ₃₀ être plus connues qu'elle, et antérieures à elle : causes, puisque nous n'avons la science d'une chose qu'au moment où nous en avons connu la cause ; antérieures, puisqu'elles sont des causes ; antérieures aussi au point de vue de la connaissance, cette préconnaissance ne consistant pas seulement à comprendre de la seconde façon que nous avons indiquée, mais ₃₅ encore à savoir que la chose est.

Aristote,
Les Seconds Analytiques (ɪᴠᵉ siècle av. J.-C.),
Livre I, chap. 2, trad. J. Tricot, Librairie philosophique J. Vrin, 1970, pp. 7-9.

1. Syllogisme : voir le texte précédent.

2. Commensurabilité de la diagonale : le calcul de la diagonale faisant intervenir une racine carrée, elle n'est généralement pas commensurable (c'est-à-dire qu'elle n'est pas exprimable par un nombre rationnel).

Fiche Aristote p. 478

Descartes
[1596-1650]

4 Les règles de la méthode

Descartes voit dans la démarche des mathématiciens l'exemple le plus abouti d'une méthode de démonstration qui peut être étendue à l'ensemble des connaissances rationnelles, en partant de propositions évidentes et élémentaires et en procédant par déductions rigoureuses.

Le premier [des quatre préceptes de la méthode] était de ne recevoir jamais aucune chose pour vraie que je ne la connusse évidemment être telle ; c'est-à-dire d'éviter soigneusement la précipitation et la prévention ; et de ne comprendre rien de plus en mes jugements que ce qui se présenterait si

À L'ÉPOQUE

De son vivant, Descartes est surtout connu comme un grand scientifique. Dès 1618, alors qu'il est à l'école de guerre en Hollande, il résout des questions de mathématiques et de physique soulevées par le physicien Beeckman, restées insolubles jusque-là.

5 clairement et si distinctement à mon esprit que je n'eusse aucune occasion de le mettre en doute.

Le second, de diviser chacune des difficultés que j'examinerais en autant de parcelles qu'il se pourrait et qu'il serait requis pour les mieux résoudre.

Le troisième, de conduire par ordre mes pensées, en commençant par les
10 objets les plus simples et les plus aisés à connaître, pour monter peu à peu, comme par degrés, jusques à la connaissance des plus composés ; et supposant même de l'ordre entre ceux qui ne se précèdent point naturellement les uns les autres.

Et le dernier, de faire partout des dénombrements si entiers, et des
15 revues si générales, que je fusse assuré de ne rien omettre.

René Descartes,
Discours de la méthode (1637), Deuxième partie,
Éd. Gallimard, coll. « Bibliothèque de la Pléiade », 1966, pp. 137-138.

Fiche Descartes p. 496

Arnaud et Nicole
[1612-1694] [1625-1695]

5 La nature des axiomes

Partisans de la philosophie de Descartes, ses contemporains Arnaud et Nicole soutiennent ici la notion de l'idée claire et distincte, appliquée aux axiomes qui forment les points de départ des démonstrations, en distinguant l'adhésion intérieure d'un esprit attentif et la contestation, en paroles, des esprits faux.

Tout le monde demeure d'accord qu'il y a des propositions si claires et si évidentes d'elles-mêmes, qu'elles n'ont pas besoin d'être démontrées ; et que toutes celles qu'on ne démontre point doivent être telles pour être principes d'une véritable démonstration : car si elles sont tant soit peu incertaines, il
5 est clair qu'elles ne peuvent être le fondement d'une conclusion tout à fait certaine.

Mais plusieurs ne comprennent pas assez en quoi consiste cette clarté et cette évidence d'une proposition, car, premièrement, il ne faut pas s'imaginer qu'une proposition ne soit claire et certaine, que lorsque personne ne la
10 contredit ; et qu'elle doive passer pour douteuse, ou qu'au moins on soit obligé de la prouver, lorsqu'il se trouve quelqu'un qui la nie. Si cela était, il n'y aurait rien de certain ni de clair, puisqu'il s'est trouvé des philosophes qui ont fait profession de douter généralement de tout, et qu'il y en a même qui ont prétendu qu'il n'y avait aucune proposition qui fût plus vraisem-
15 blable que sa contraire. Ce n'est donc point par les contestations des hommes qu'on doit juger de la certitude ni de la clarté ; car il n'y a rien qu'on ne puisse contester, surtout de parole : mais il faut tenir pour clair ce qui paraît tel à tous ceux qui veulent prendre la peine de considérer les choses avec attention, et qui sont sincères à dire ce qu'ils en pensent
20 intérieurement. C'est pourquoi il y a une parole de très grand sens dans Aristote[1], qui est que la démonstration ne regarde proprement que le discours intérieur, et non pas le discours extérieur, parce qu'il n'y a rien de si bien démontré qui ne puisse être nié par un homme opiniâtre, qui

1. Aristote, *Les Seconds Analytiques*, Livre I, chap. 10, l. 24-27.

À L'ÉPOQUE

Toute leur vie, Arnaud et Nicole furent en butte à des persécutions, du fait de leur adhésion au jansénisme, une doctrine condamnée par l'Église. Obligés dans un premier temps de se cacher, ils furent ensuite contraints à l'exil.

s'engage à contester de paroles les choses mêmes dont il est intérieurement
25 persuadé, ce qui est une très mauvaise disposition, et très indigne d'un
esprit bien fait ; quoiqu'il soit vrai que cette humeur se prend souvent dans
les écoles de philosophie, par la coutume qu'on y a introduite de douter de
toutes choses, et de mettre son honneur à ne se rendre jamais, celui-là étant
jugé avoir le plus d'esprit qui est le plus prompt à trouver des défaites pour
30 s'échapper[2] ; au lieu que le caractère d'un honnête homme est de rendre les
armes à la vérité, aussitôt qu'on l'aperçoit, et de l'aimer dans la bouche
même de son adversaire.

2. Trouver des défaites pour
s'échapper : trouver les points
faibles d'une argumentation
pour pouvoir contredire
l'interlocuteur.

Antoine Arnaud et Pierre Nicole,
La Logique ou l'art de penser (1662),
partie IV, chap. 6, Éd. Gallimard, coll. « Tel », 1992, p. 297-298.

Spinoza
[1632-1677]

À L'ÉPOQUE

En 1675, inspiré par
le cartésianisme, Spinoza
rédige l'*Éthique,* essai
de métaphysique « à la
manière géométrique » :
axiomes et postulats,
puis définitions, et enfin
démonstrations.
La philosophie emprunte
aux mathématiques leur
nécessité.

XVIIᵉ SIÈCLE

⑥ Les démonstrations sont les yeux de l'Esprit

La démonstration authentique, c'est-à-dire la pure connaissance intellectuelle de la nécessité des choses, qui nous les fait saisir du point de vue de l'éternité, est la vie même de l'Esprit, que nous expérimentons alors comme éternité présente.

Cette idée qui exprime l'essence du Corps sous une espèce d'éternité est, comme nous l'avons dit, une manière de penser précise, qui appartient à l'essence de l'Esprit, et qui nécessairement est éternelle. Et pourtant il ne peut se faire que nous nous souvenions d'avoir existé avant le Corps puisqu'il
5 ne peut y en avoir de traces dans le Corps, et puisque l'éternité ne peut ni se définir par le temps ni avoir aucun rapport au temps. Et néanmoins nous sentons et savons d'expérience que nous sommes éternels. Car l'Esprit ne sent pas moins les choses qu'il conçoit en comprenant, que celles qu'il a en mémoire. En effet, les yeux de l'Esprit, par le moyen desquels il voit les
10 choses et les observe, ce sont les démonstrations elles-mêmes. Quoique donc nous ne nous souvenions pas d'avoir existé avant le Corps, nous sentons pourtant que notre Esprit, en tant qu'il enveloppe l'essence du corps sous une espèce d'éternité, est éternel, et que cette existence qui est la sienne ne peut se définir par le temps, autrement dit s'expliquer par la durée. Notre
15 Esprit ne peut donc être dit durer, et son existence ne peut se définir par un temps précis, qu'en tant qu'il enveloppe l'existence actuelle du Corps, et ce n'est qu'en cela qu'il a la puissance de déterminer par le temps l'existence des choses, et de les concevoir sous la durée.

Baruch de Spinoza,
Éthique (1675), Livre V, Proposition XXIII,
Scolie, trad. B. Pautrat,
Éd. du Seuil, coll. « Points Essais », 1999, pp. 515-517.

Fiche Spinoza p. 498

248 La démonstration

Leibniz
[1646-1716]

1. Dans ce dialogue imaginaire, Théophile représente Leibniz et son interlocuteur Philalèthe le philosophe Locke, auteur de l'*Essai sur l'entendement humain* (1690).

2. Un sorite : un raisonnement en chaîne.

3. Analyse des infinitésimales : calcul dont Leibniz fut l'un des inventeurs, avec Newton.

Fiche Leibniz p. 501

7 La mathématique universelle

La découverte du syllogisme par Aristote est un pas en direction d'un art applicable à toutes les questions, qui permettrait de les résoudre à partir de considérations purement formelles, à la manière d'un calcul.

Théophile[1]. – Votre raisonnement sur le peu d'usage des syllogismes est plein de quantité de remarques solides et belles. Il faut avouer que la forme scolastique des syllogismes est peu employée dans le monde et qu'elle serait trop longue et embrouillerait si on la voulait employer
5 sérieusement. Et cependant, le croiriez-vous ? je tiens que l'invention de la forme des syllogismes est une des plus belles de l'esprit humain, et même des plus considérables. C'est une espèce de *mathématique universelle* dont l'importance n'est pas assez connue ; et l'on peut dire qu'un *art d'infaillibilité* y est contenu, pourvu qu'on sache et qu'on puisse s'en bien servir, ce
10 qui n'est pas toujours permis. Or il faut savoir que par les *arguments en forme,* je n'entends pas seulement cette manière scolastique d'argumenter dont on se sert dans les collèges, mais tout raisonnement qui conclut par la force de la forme, et où l'on n'a besoin de suppléer aucun article, de sorte qu'un *sorite*[2], un autre tissu de syllogisme qui évite la répétition, même un
15 compte bien dressé, un calcul d'algèbre, une analyse des infinitésimales[3] me seront à peu près des arguments en forme, parce que leur forme de raisonner a été prédémontrée, en sorte qu'on est sûr de ne s'y point tromper.

Gottfried Wilhelm Leibniz,
Nouveaux Essais sur l'entendement humain (1703), Livre IV, chap. 17,
Éd. Flammarion, coll. « GF », 1966, pp. 424-425.

Kant
[1724-1804]

1. Apodictique : nécessaire.

2. Intuitive : référée immédiatement à l'objet.

8 Mathématique et philosophie

La démarche philosophique ne peut être assimilée à la démarche mathématique, parce qu'elle appréhende ses objets à travers les seuls concepts, sans rapport immédiat à une intuition qui correspondrait à ces concepts. La démonstration implique que la chose même se montre.

Des démonstrations. – Seule une preuve apodictique[1], en tant qu'elle est intuitive[2], peut s'appeler démonstration. L'expérience nous apprend bien ce qui est, mais non que ce qui est ne puisse pas être autrement. Aussi les arguments empiriques ne peuvent-ils fournir aucune preuve apodictique. Mais la
5 certitude intuitive, c'est-à-dire l'évidence, ne peut jamais résulter de concepts *a priori* (dans la connaissance discursive), quelque apodictiquement certain que puisse être, d'ailleurs, le jugement. Il n'y a donc que la mathématique qui contienne des démonstrations, parce qu'elle ne dérive pas sa connaissance de concepts, mais de la construction des concepts, c'est-à-dire de
10 l'intuition qui peut être donnée *a priori* comme correspondante aux concepts. La méthode algébrique elle-même avec ses équations d'où elle tire par réduction la vérité en même temps que la preuve, si elle n'est pas

LA RAISON ET LE RÉEL

sans doute une construction géométrique, est cependant une construction caractéristique où, à l'aide de signes, on représente les concepts dans l'in-
15 tuition, surtout ceux du rapport des quantités et où, sans même envisager le côté heuristique[3], tous les raisonnements sont garantis contre l'erreur par cela seul que chacun d'eux est mis devant les yeux. La connaissance philosophique, au contraire, est privée nécessairement de cet avantage, puisqu'elle doit toujours considérer le général *in abstracto* (au moyen de
20 concepts), tandis que la mathématique peut le considérer *in concreto* (dans l'intuition singulière) et, cependant, au moyen d'une représentation pure *a priori,* par où tout faux pas devient visible. Aussi donnerais-je plus volontiers aux preuves philosophiques le nom de preuves *acroamatiques* (discursives), parce qu'elles ne peuvent être faites que par de simples mots
25 (par l'objet en pensée), plutôt que celui de *démonstrations,* puisque ces dernières, comme déjà l'expression l'indique, pénètrent dans l'intuition de l'objet.

Emmanuel Kant,
Critique de la raison pure (1781), partie II, chap. 1, section I, § 3,
trad. A. Tremesaygues et B. Pacaud,
Éd. des PUF, 1971, p. 505.

3. Heuristique : qui sert à la découverte.

Fiche Kant p. 509

Blanché

[1898-1975]

XXᵉ SIÈCLE

9 Le modèle mathématique de la rigueur démonstrative

Le géomètre Euclide (vers 300 av. J.-C.) a donné un modèle de rigueur qui a fait école bien au-delà des disciplines mathématiques.

La géométrie classique, sous la forme que lui a donnée Euclide dans ses *Éléments,* a longtemps passé pour un modèle insurpassable, et même difficilement égalable, de théorie déductive. Les termes propres à la théorie n'y sont jamais introduits sans être définis ; les propositions n'y
5 sont jamais avancées sans être démontrées, à l'exception d'un petit nombre d'entre elles qui sont énoncées d'abord à titre de principes : la démonstration ne peut en effet remonter à l'infini et doit bien reposer sur quelques propositions premières, mais on a pris soin de les choisir telles qu'aucun doute ne subsiste à leur égard dans un esprit sain. Bien que tout
10 ce qu'on affirme soit empiriquement vrai, l'expérience n'est pas invoquée comme justification : le géomètre ne procède que par voie démonstrative, il ne fonde ses preuves que sur ce qui a été antérieurement établi, en se conformant aux seules lois de la logique. Chaque théorème se trouve ainsi relié, par un rapport nécessaire, aux propositions dont il se déduit
15 comme conséquence, de sorte que, de proche en proche, se constitue un réseau serré où, directement ou indirectement, toutes les propositions communiquent entre elles. L'ensemble forme un système dont on ne pourrait distraire ou modifier une partie sans compromettre le tout. Ainsi, « les Grecs ont raisonné avec toute la justesse possible dans les
20 mathématiques, et ils ont laissé au genre humain des modèles de l'art de

1. Leibniz, *Nouveaux Essais sur l'entendement humain,* Livre IV, chap. 2, § 13.

démontrer »[1]. Avec eux, la géométrie a cessé d'être un recueil de recettes pratiques ou, au mieux, d'énoncés empiriques, pour devenir une science rationnelle.

Robert Blanché,
L'Axiomatique, § 1, Introduction générale,
Éd. des PUF, 1955, pp. 1-2.

XXᵉ SIÈCLE

10 La méthode axiomatique

Avec la méthode axiomatique, la formalisation de la pensée, qui ne vise que les rapports entre les termes, et non le contenu de ceux-ci, franchit une nouvelle étape. Tout recours à l'évidence intuitive est supprimé, au profit de la cohérence interne du système et donc des seuls rapports entre les termes de ce système.

La méthode axiomatique voudrait parvenir à éliminer tout contenu objectif ou intuitif. De plus, elle rejette la distinction établie depuis Euclide entre axiomes, postulats et hypothèses : l'axiomatique part de propositions, proposées sans démonstration, mais dont le bien-fondé
5 apparaîtra dans la valeur de la construction que l'on peut faire grâce à elles ; ces propositions sont appelées par les axiomaticiens tantôt postulats, tantôt axiomes. L'on construit, à partir d'un nombre aussi petit que possible de ces axiomes, un système hypothético-déductif selon un certain nombre de règles : une axiomatique doit être *consistante,* c'est-à-dire non
10 contradictoire (si l'on a le droit d'admettre la coexistence de divers systèmes formels qui se contredisent, en revanche, à l'intérieur d'un même système, il est inadmissible que les axiomes se contredisent) ; il faut donc que les axiomes de base soient compatibles entre eux. Par ailleurs, un système d'axiomes est dit *complet,* lorsque, de deux propositions contra-
15 dictoires formulées correctement dans les termes du système, l'une des deux, au moins, peut toujours être démontrée. Si un tel système est en outre consistant, on voit qu'alors, de tout couple formé à l'intérieur du système par une proposition quelconque et sa négation, on peut toujours en démontrer une et une seule. On peut donc toujours décider de sa vérité
20 ou de sa fausseté par rapport au système d'axiomes. D'un tel système, on dit qu'il est *décidable.* Les exigences de consistance sont beaucoup plus pressantes que celles de complétude et de décidabilité. Enfin, dans un système axiomatisé, les axiomes sont conditionnés chacun par l'ensemble de tous les autres et les êtres constitués dans le système n'existent que par la
25 base axiomatique.

André Virieux-Reymond,
L'Épistémologie, Éd. des PUF, 1966, pp. 48-50.

Granger
[1920-]

🔢 Argumentation philosophique et preuve objective

Pour l'auteur, la validation des énoncés philosophiques est inséparable de l'expression que les philosophes lui ont donnée ; cette expression elle-même ne peut être entièrement formalisée, elle reste toujours tributaire des termes de la langue commune.

Une première différence entre la justification efficace en philosophie et l'administration de la preuve dans les domaines de la connaissance objective mérite certainement de nous arrêter. C'est que, pour celle-ci, à coup sûr, si le mode d'expression et de communication du savoir peut
5 bien avoir de l'importance, il ne saurait pourtant en aucun cas faire partie intégrante de l'instrument de validation, de la spécificité démonstrative du discours. Une dissociation de l'appareil *rhétorique* et de l'appareil « *analytique* » y est toujours possible, et même en droit nécessaire ; faute de quoi la transmission d'une connaissance objective n'est qu'illusion. En
10 est-il donc de même de la connaissance philosophique ? À condition de dépouiller le mot « rhétorique » de toute connotation d'artifice captieux[1], la réponse ne peut être que négative. En philosophie, « analytique » et rhétorique sont difficilement séparables, et c'est pourquoi la fréquentation directe des textes des grands philosophes est irremplaçable, alors
15 qu'on peut se passer à la rigueur de lire les mémoires originaux des savants pour s'instruire de leur science. Nous avons déjà tenté de montrer que la nature du concept philosophique était rebelle à toute formalisation véritable, et requérait une exposition dans une langue naturelle[2]. Il faudra voir maintenant quelle est la part d'une rhétorique dans l'argumentation
20 philosophique, et comment elle demeure inséparable autrement que par fiction de son aspect proprement « analytique ». La distinction d'un ordre des matières et d'un ordre des raisons ne s'applique ainsi à la lettre qu'à une connaissance visant à décrire et à construire des objets. En philosophie, en revanche, la disposition des thèmes et leur ordre *font partie déjà*
25 de ce dont on veut parler ; et la production philosophique est un *art tout d'exécution,* dont le résultat n'est point en quelque sorte extérieur à cette exécution même.

Gilles-Gaston Granger,
Pour la connaissance philosophique,
Éd. Odile Jacob, 1988, pp. 202-203.

1. Captieux : qui tend à induire en erreur.

2. Langue naturelle : langue qui peut être effectivement parlée.

L'interprétation

Définition élémentaire

▶ Interpréter, c'est exprimer le ou les sens latents dans un ensemble de données considérées comme un texte.

▶ Exemples d'interprétation : le musicien qui interprète une partition ; le commentateur qui interprète le commandement de Dieu inscrit dans un texte sacré ; le lecteur, qui passe des lettres aux sons, et des sons au sens des mots et des phrases ; le lecteur qui passe du sens littéral d'une métaphore à son sens figuré ; le juge qui interprète la loi générale pour l'appliquer à un cas particulier...

Distinguer pour comprendre

▶ L'interprétation et la compréhension immédiate : penser qu'il faut interpréter, c'est penser que le sens (d'un phénomène, d'un texte...) n'est pas donné directement, par lui-même, littéralement, mais est produit par celui qui interprète.

▶ L'interprétation et l'affirmation : l'interprète n'est, en principe, pas libre de ce qu'il dit : il ne fait que transmettre un sens qu'il trouve et qui ne dépend pas, ou pas entièrement, de lui.

▶ L'interprétation comme activité et l'interprétation comme résultat : cette dernière est toujours particulière, c'est le sens proposé par tel ou tel interprète.

Repères associés à la notion

⊡ **Cause / Fin** (p. 437)
⊡ **Expliquer / Comprendre** (p. 441)

Aristote
[384-322 av. J.-C.]

1 L'«interprétation» des choses au moyen des mots

Pour Aristote, tout son de la voix ayant une signification est déjà une interprétation, parce qu'il est un symbole, c'est-à-dire une façon de dire le monde, d'exprimer les états d'âme qui sont les images des choses. En un sens plus rigoureux, il y a «interprétation» à partir du moment où il y a une phrase susceptible d'être vraie ou fausse.

Le discours est un son vocal possédant une signification conventionnelle, et dont chaque partie, prise séparément, présente une signification comme énonciation et non pas comme affirmation ou négation. Je veux dire que, par exemple, le mot *homme* signifie bien quelque chose, mais
5 non pas cependant qu'il est ou qu'il n'est pas: il n'y aura affirmation ou négation que si on y ajoute autre chose. Toutefois une seule syllabe du mot *homme* ne signifie rien, pas plus que, dans *souris*, la syllabe *ris* n'est significative; en fait, ce n'est qu'un son. C'est seulement dans les mots composés que la syllabe est significative, bien que ce ne soit pas par elle-
10 même, ainsi que nous l'avons dit plus haut.

Tout discours a une signification, non pas toutefois comme un instrument naturel, mais, ainsi que nous l'avons dit, par convention. Pourtant tout discours n'est pas une proposition, mais seulement le discours dans lequel réside le vrai ou le faux, ce qui n'arrive pas dans tous les cas: ainsi
15 la prière est un discours, mais elle n'est ni vraie ni fausse. – Laissons de côté les autres genres de discours: leur examen est plutôt l'œuvre de la Rhétorique ou de la Poétique. C'est la proposition que nous avons à considérer pour le moment.

Aristote,
De l'Interprétation (IVe siècle av. J.-C.), chap. 4,
trad. J. Tricot, Librairie philosophique J. Vrin, 1969, pp. 83-84.

Fiche Aristote p. 478

Spinoza
[1632-1677]

2 L'interprétation des Écritures

L'interprétation des textes sacrés, avec ses enjeux de pouvoir, joue un rôle déterminant dans l'histoire de l'interprétation. Prenant le contre-pied des théologiens, qui usent en la matière d'un principe d'autorité, Spinoza préconise une démarche rationnelle, historique et critique, fondée sur l'analyse interne des textes.

De même en effet que la Méthode dans l'interprétation de la nature consiste essentiellement à considérer d'abord la Nature en historien et, après avoir ainsi réuni des données certaines, à en conclure les définitions des choses naturelles, de même, pour interpréter l'Écriture, il est nécessaire d'en
5 acquérir une exacte connaissance historique et une fois en possession de cette connaissance, c'est-à-dire de données et de principes certains, on peut en conclure par voie de légitime conséquence la pensée des auteurs de

l'Écriture. De sorte en effet (je veux dire si l'on n'admet d'autres principes et d'autres données pour interpréter l'Écriture et en éclaircir le contenu,
10 que ce qui peut se tirer de l'Écriture elle-même et de son histoire critique), chacun pourra avancer sans risque d'erreur, et l'on pourra chercher à se faire une idée de ce qui passe notre compréhension avec autant de sécurité que de ce qui nous est connu par la Lumière Naturelle. Pour établir clairement que cette voie n'est pas seulement sûre, mais qu'elle est la voie
15 unique et s'accorde avec la méthode d'interprétation de la Nature, il faut noter toutefois que l'Écriture traite très souvent de choses qui ne peuvent être déduites des principes connus par la Lumière Naturelle ; ce sont des histoires et des révélations qui en forment la plus grande partie ; or les histoires contiennent principalement des miracles, c'est-à-dire (comme
20 nous l'avons montré au chapitre précédent) des récits de faits insolites de la Nature adaptés aux opinions et aux jugements des Historiens qui les ont écrits ; les révélations, elles, sont adaptées aux opinions des Prophètes, de sorte qu'elles dépassent réellement, comme nous l'avons montré au chapitre II, la compréhension humaine. C'est pourquoi la connaissance
25 de toutes ces choses, c'est-à-dire de presque tout le contenu de l'Écriture, doit être tirée de l'Écriture même, de même que la connaissance de la Nature, de la Nature même.

Baruch de Spinoza,
Traité théologico-politique (1670), chap. 7, trad. Ch. Appuhn,
Éd. Flammarion, coll. « GF », 1965, pp. 138-139.

Fiche Spinoza p. 498

À L'ÉPOQUE
Issu d'une famille juive d'Amsterdam, Spinoza acquiert une solide connaissance de la Bible avant d'être excommunié, à l'âge de 24 ans. L'hostilité que rencontre sa philosophie l'empêche de publier ses œuvres majeures, qui paraîtront de façon posthume.

Hegel
[1770-1831]

XIXᵉ SIÈCLE

3 Les caractéristiques spécifiques du symbole

Contrairement au signe linguistique, qui n'a qu'une relation arbitraire avec la chose désignée, le symbole a une valeur expressive qui évoque la nature de la chose à laquelle il renvoie. Son contenu est apparenté à la chose désignée et appelle une interprétation pour aller du sens littéral au sens caché.

Le symbole en général est une existence extérieure qui est immédiatement présente ou donnée pour le regard de celui qui la contemple et qui cependant n'est pas prise pour elle-même, telle qu'elle se présente immédiatement, mais doit être comprise en un sens plus large et plus universel.
5 Par conséquent, il faut aussitôt distinguer, s'agissant du symbole, deux choses différentes : premièrement, la *signification*, et ensuite l'*expression* de cette signification. La *signification* est une représentation mentale ou bien un objet, de tel ou tel contenu, l'*expression* est une existence sensible ou une image d'une espèce quelconque.
10 1. Ainsi, le symbole est d'abord un *signe*. Mais, dans le cas de la simple désignation, la connexion qu'ont l'une avec l'autre la signification et son expression n'est qu'une jonction tout à fait arbitraire. Telle expression, telle chose sensible ou telle image se présente dès lors si peu elle-même qu'elle porte bien plutôt à la représentation un contenu qui lui est étranger,

LA RAISON ET LE RÉEL

15 avec lequel elle n'a pas besoin d'être dans une quelconque communauté
caractéristique. […]

2. Il en va par conséquent autrement pour un signe censé être un *symbole*. Le lion, par exemple, est pris comme un symbole de la magnanimité, le renard comme symbole de la ruse, le cercle comme symbole de l'éternité
20 et le triangle comme celui de la Trinité. Or le lion, le renard possèdent pour soi les qualités mêmes dont ils sont censés exprimer la signification. De même, le cercle ne montre pas l'aspect inachevé ou arbitrairement limité d'une ligne droite ou d'une autre ligne ne revenant pas en soi-même, lequel aspect peut échoir quant à lui à un quelconque intervalle de temps limité ;
25 et le triangle pris comme un *tout* a le même *nombre* de côtés et d'angles que ceux qui se présentent dans l'idée de Dieu si l'on soumet au *décompte* les déterminations que la religion appréhende en Dieu[1].

Dans ces espèces de symbole, les êtres sensibles donnés possèdent par conséquent déjà dans le fait même de leur propre existence la signification
30 pour l'exposition et l'expression de laquelle ils sont employés ; et le symbole pris en ce sens plus large n'est pas, pour cette raison, un simple signe indifférent, mais un signe qui, dans son extériorité, comprend en même temps en lui-même le contenu de la représentation qu'il fait apparaître. Mais ce qu'il doit néanmoins porter devant la conscience n'est pas lui-même en tant
35 que telle chose singulière concrète, mais précisément cette seule qualité universelle de la signification.

3. *Troisièmement,* il faut ensuite remarquer que le symbole, quoique ne devant pas, comme le signe simplement extérieur et formel, être tout à fait inadéquat à sa signification, doit néanmoins, inversement, pour demeurer
40 symbole, ne pas se rendre non plus complètement approprié à elle. […]

Il résulte maintenant de tout cela que le symbole, selon son propre concept, demeure essentiellement ambigu.

Georg Wilhelm Friedrich Hegel,
Cours d'Esthétique I (1827),
trad. J.-P. Lefebvre et V. von Schenk, Éd. Aubier, 1995, pp. 406-409.

1. Les déterminations de Dieu :
Dieu est Père,
Fils et Saint-Esprit.

À L'ÉPOQUE

La pensée de Hegel est contemporaine du romantisme allemand, qui tente de fusionner la philosophie et la poésie. Pour Hegel, l'art apparaît d'abord comme art symbolique : le symbole est la présentation sensible d'une Idée.

Fiche Hegel p. 510

Nietzsche
[1844-1900]

4 État de rêve et état de veille

Nietzsche compare les contenus de l'état de rêve et de l'état de veille à des interprétations plus ou moins libres d'un texte que forment le corps et les sensations ; la vie de la conscience est alors assimilable à un commentaire inlassablement repris.

D'où vient que dans ce rêve je jouis des indescriptibles beautés de la musique, d'où vient que dans cet autre je plane et je m'élève, avec la volupté de l'aigle, jusqu'aux cimes les plus lointaines ? Ces imaginations, où se déchargent et se donnent jeu nos instincts de tendresse, ou d'espièglerie ou
5 d'aventure, nos désirs de musique et de sommets – et chacun aura sous la main des exemples plus frappants encore –, sont les interprétations de nos excitations nerveuses pendant le sommeil, des interprétations *très libres,* très

arbitraires de la circulation du sang, du travail des intestins, de la pression des bras et de la couverture, du son des cloches d'une église, du bruit d'une
10 girouette, des pas des noctambules et d'autres choses du même genre. Si ce texte qui, en général, demeure le même d'une nuit à l'autre, reçoit des commentaires variés au point que la raison créatrice *imagine* hier ou aujourd'hui des *causes* si différentes pour les mêmes excitations nerveuses : cela tient au fait que le souffleur de cette raison fut différent aujourd'hui de ce qu'il
15 a été hier, – un autre *instinct* voulut se satisfaire, se manifester, s'exercer, se soulager, se décharger, – c'est cet instinct-là qui était au plus fort de son flux et hier c'en était un autre. – La vie de veille ne possède pas la même *liberté* d'interprétation que la vie de rêve, elle est moins poétique, moins effrénée, – mais me faut-il ajouter que nos instincts en état de veille ne
20 font également pas autre chose que d'interpréter les excitations nerveuses et d'en fixer les « causes » selon leurs besoins ? qu'entre l'état de veille et le rêve il n'y a pas de différence *essentielle* ? que, même si l'on compare des degrés de civilisation très différents, la liberté d'interprétation éveillée sur l'un de ces degrés ne le cède en rien à la liberté d'interprétation en rêve
25 de l'autre ? que nos évaluations et nos jugements moraux ne sont que des images et des fantaisies, cachant un processus physiologique inconnu à nous, une espèce de langage convenu pour désigner certaines irritations nerveuses ? que tout ce que nous appelons conscience n'est en somme que le commentaire plus ou moins fantaisiste d'un texte inconnu, peut-être
30 inconnaissable, mais pressenti ?

Friedrich Nietzsche,
Aurore (1881), Livre II, § 119, in *Œuvres,* tome I, trad. H. Albert,
Éd. Robert Laffont, coll. « Bouquins », 1993, pp. 1042-1043.

À L'ÉPOQUE
En 1878, dans *Humain, trop humain*, Nietzsche décide d'exposer sa pensée sous forme d'aphorismes, c'est-à-dire d'énoncés brefs, non reliés entre eux, et qui se suivent plus ou moins thématiquement, pour respecter l'idée selon laquelle toute pensée est en devenir, et à interpréter.

📄 Fiche Nietzsche p. 518

Freud
[1856-1939]

5 « Le travail du rêve »

Freud distingue dans le rêve le contenu manifeste et le contenu latent, assimilables respectivement à une traduction et à un original. L'interprétation s'efforce alors de reconstituer ce dernier en considérant le premier contenu comme un rébus, sorte de devinette graphique dont les éléments renvoient à des significations.

Toutes les tentatives faites jusqu'à présent pour élucider les problèmes du rêve s'attachaient à son contenu manifeste[1], tel que nous le livre le souvenir, et s'efforçaient d'interpréter ce contenu manifeste. Lors même qu'elles renonçaient à l'interprétation, elles se fondaient encore sur ce contenu
5 manifeste.
 Nous sommes seuls à avoir tenu compte de quelque chose d'autre : pour nous, entre le contenu du rêve et les résultats auxquels parvient notre étude, il faut insérer un nouveau matériel psychique, le contenu *latent* ou les pensées du rêve, que met en évidence notre procédé d'analyse.
10 C'est à partir de ces pensées latentes[2] et non à partir du contenu manifeste que nous cherchons la solution.

1. Contenu manifeste : contenu du récit du rêve fait par le rêveur.

2. Pensées latentes : pensées cachées et refoulées que le travail d'analyse doit révéler.

La raison et le réel

De là vient qu'un nouveau travail s'impose à nous. Nous devons rechercher quelles sont les relations entre le contenu manifeste du rêve et les pensées latentes et examiner le processus par lequel celles-ci ont produit celui-là.

Les pensées du rêve et le contenu du rêve nous apparaissent comme deux exposés des mêmes faits en deux langues différentes ; ou mieux, le contenu du rêve nous apparaît comme une transcription des pensées du rêve, dans un autre mode d'expression, dont nous ne pourrons connaître les signes et les règles que quand nous aurons comparé la traduction et l'original. Nous comprenons les pensées du rêve d'une manière immédiate dès qu'elles nous apparaissent. Le contenu du rêve nous est donné sous forme de hiéroglyphes, dont les signes doivent être successivement traduits dans la langue des pensées du rêve. On se trompera évidemment si on veut lire ces signes comme des images et non selon leur signification conventionnelle. Supposons que je regarde un rébus : il représente une maison sur le toit de laquelle on voit un canot, puis une lettre isolée, un personnage sans tête qui court, etc. Je pourrais déclarer que ni cet ensemble, ni ses diverses parties n'ont de sens. Un canot ne doit pas se trouver sur le toit d'une maison et une personne qui n'a pas de tête ne peut pas courir ; de plus, la personne est plus grande que la maison, et, en admettant que le tout doive représenter un paysage, il ne convient pas d'y introduire des lettres isolées, qui ne sauraient apparaître dans la nature. Je ne jugerai exactement le rébus que lorsque je renoncerai à apprécier ainsi le tout et les parties, mais m'efforcerai de remplacer chaque image par une syllabe ou par un mot qui, pour une raison quelconque, peut être représenté par cette image. Ainsi réunis, les mots ne seront plus dépourvus de sens, mais pourront former quelque belle et profonde parole. Le rêve est un rébus, nos prédécesseurs ont commis la faute de vouloir l'interpréter en tant que dessin. C'est pourquoi il leur a paru absurde et sans valeur.

Sigmund Freud,
L'Interprétation des rêves (1900),
trad. I. Meyerson, Éd. des PUF, 1967, pp. 241-242.

Fiche Freud p. 519

À L'ÉPOQUE

En 1895, Freud fait un rêve. Il s'y voit auscultant la bouche d'une patiente, qui souffre d'une infection consécutive à une erreur médicale. L'interprétation que Freud propose de ce rêve lui sert de modèle pour la compréhension du sens latent des rêves.

Gadamer
[1900-2002]

1. Herméneutique : art d'interpréter, qui a d'abord eu pour objets les textes de la Bible.

XXᵉ SIÈCLE

6 La tâche herméneutique

Pour Gadamer, l'herméneutique[1] a changé d'objet du fait du développement de la conscience historique, qui nous fait apprécier l'écart entre présent et passé. L'interprétation doit rendre possible une nouvelle appropriation du passé.

L'herméneutique est la discipline classique qui s'occupe de l'art de la compréhension des textes. Si nos réflexions sont exactes, le problème herméneutique se présente sous un jour tout différent de celui sous lequel on le connaît. Il s'oriente dans le même sens que celui que notre critique de la conscience esthétique a fait prendre au problème de l'esthétique. Mieux : l'herméneutique devrait être comprise de façon si englobante qu'elle devrait

embrasser la sphère entière de l'art avec tous les problèmes qu'il pose. Toute œuvre d'art – et non seulement celle qui relève de la littérature – doit être comprise comme n'importe quel autre texte offert à la compréhension, et
10 une telle compréhension exige une capacité définie. Par là, la conscience herméneutique acquiert une amplitude qui dépasse encore celle de la conscience esthétique. *L'esthétique doit se résoudre dans l'herméneutique.* Ce n'est pas là simplement une déclaration qui concerne l'envergure du problème; elle est à plus forte raison valable du point de vue du contenu.
15 Car, inversement, l'herméneutique doit être définie de façon telle qu'elle puisse rendre justice à l'expérience de l'art. La compréhension doit être entendue comme une partie de l'avènement du sens, grâce auquel le sens de toutes les énonciations – celle de l'art et celle de tous les autres types de communication – se forme et s'accomplit.
20   Or, l'herméneutique, cette antique discipline auxiliaire de la théologie et de la philologie, a connu au XIXᵉ siècle une élaboration systématique qui en a fait la base de tous les travaux dans les sciences humaines. Elle s'est fondamentalement élevée au-dessus de son but initial, purement pragmatique, qui était de permettre ou de faciliter la compréhension des
25 textes littéraires. Ce n'est pas seulement la tradition littéraire qui est esprit aliéné, en quête d'une appropriation nouvelle et plus correcte; tout ce qui n'est plus dans une relation immédiate à son propre monde et qui ne s'exprime plus en lui et par lui, donc toute tradition, l'art aussi bien que toutes les autres créations spirituelles du passé – droit, religion, philo-
30 sophie, etc. – tout cela est devenu étranger à son sens originel et dépend de cet esprit de découverte et de médiation qu'avec les Grecs nous dénommons d'après Hermès, le messager des Dieux.

Hans-Georg Gadamer,
Vérité et méthode (1960), trad. É. Sacre révisée par P. Ricœur,
Éd. du Seuil, coll. « L'ordre philosophique », 1976, pp. 94-95.

À L'ÉPOQUE
Pour élaborer sa pensée, qui distingue l'interprétation philosophique de la connaissance propre aux sciences exactes, Gadamer s'est inspiré, notamment, des méditations de Heidegger sur la parole des poètes (Hölderlin, Novalis...).

Ricœur
[1913-2005]

XXᵉ SIÈCLE

7 Le concept d'interprétation

Dire et vouloir dire ne sont pas toujours une seule et même chose, et c'est dans cet écart entre l'un et l'autre que l'interprétation a sa source; l'interprétation va toujours d'un premier sens à un second. Cette dualité de sens est caractéristique du symbole.

Si nous appelons symbolique la fonction signifiante dans son ensemble, nous n'avons plus de mot pour désigner ce groupe de signes dont la texture intentionnelle appelle une lecture d'un autre sens dans le sens premier, littéral, immédiat. Il m'a semblé que le problème de l'unité du langage ne pouvait
5 être valablement posé avant d'avoir donné consistance à un groupe d'expressions qui ont en commun de désigner un sens indirect dans et par un sens direct et qui appellent de cette façon quelque chose comme un déchiffrage, bref, au sens précis du mot, une interprétation. Vouloir dire autre chose que ce que l'on dit, voilà la fonction symbolique.

LA RAISON ET LE RÉEL

10   Entrons un peu plus avant dans l'analyse sémantique du signe et du symbole. En tout signe un véhicule sensible est porteur de la fonction signifiante qui fait qu'il vaut pour autre chose. Mais je ne dirai pas que j'interprète le signe sensible lorsque je comprends ce qu'il dit. L'interprétation se réfère à une structure intentionnelle de second degré qui suppose
15   qu'un premier sens est constitué où quelque chose est visé à titre premier, mais où ce quelque chose renvoie à autre chose qui n'est visé que par lui.

Ce qui peut ici prêter à confusion c'est qu'il y a dans le signe une dualité ou plutôt deux couples de facteurs qui peuvent être considérés chaque fois comme composant l'unité de la signification ; il y a d'abord la dualité de
20   structure du signe sensible et de la signification qu'il porte (du signifiant et du signifié dans la terminologie de Ferdinand de Saussure[1]) ; il y a en outre la dualité intentionnelle du signe (à la fois sensible et spirituel, signifiant et signifié) et de la chose ou de l'objet désigné. C'est avec le signe linguistique, conventionnel et institué, que cette double dualité, structurale et intention-
25   nelle, atteint sa pleine manifestation ; d'une part les mots, phonétiquement différents selon les langues, portent des significations identiques, d'autre part ces significations font que les signes sensibles valent pour quelque chose qu'ils désignent ; nous disons que les mots, par leur qualité sensible, *expriment* des significations et que, grâce à leur signification, ils *désignent*
30   quelque chose. Le mot signifier couvre ces deux couples de l'expression et de la désignation.

Ce n'est pas de cette dualité qu'il s'agit dans le symbole. Elle est d'un degré supérieur ; ce n'est ni celle du signe sensible et de la signification, ni celle de la signification et de la chose, laquelle est inséparable de la précé-
35   dente. Elle s'ajoute et se superpose à la précédente comme relation du sens au sens ; elle présuppose des signes qui ont déjà un sens primaire, littéral, manifeste, et qui par ce sens renvoient à un autre sens. Je restreins donc délibérément la notion de symbole aux expressions à double ou multiple sens dont la texture sémantique est corrélative du travail d'interprétation
40   qui en explicite le sens second ou les sens multiples.

Paul Ricœur,
De l'Interprétation, Éd. du Seuil, 1965, pp. 21-22.

1. Ferdinand de Saussure, auteur du *Cours de linguistique générale* (1910), est considéré comme le fondateur de la linguistique moderne et d'une partie de sa terminologie. (Voir Le langage, texte 12 p. 131.)

Le vivant

Définition élémentaire

▶ **Le vivant désigne l'ensemble des êtres qui sont en vie :** depuis la cellule, jusqu'aux organismes que sont les animaux.

▶ **Les êtres vivants possèdent des caractéristiques communes :** notamment la capacité de se reproduire, la dépendance envers un milieu, la faculté de s'auto-réguler.

▶ **La biologie est la science qui étudie les vivants :** l'organisation particulière de leurs éléments, leur principe de croissance, leurs échanges avec le milieu extérieur, leur capacité à se reproduire.

Distinguer pour comprendre

▶ **La vie et la mort.** Les deux notions sont certes opposées, mais il faut remarquer que mourir est quelque chose qui ne peut arriver qu'aux vivants.

▶ **Le vivant et la matière inerte,** ou matière sans mouvement. Les virus, cas limite, marquent le passage de la matière inerte au vivant.

▶ **Organisme et mécanisme :** un mécanisme est fait de pièces disjointes dont l'articulation conditionne le mouvement de l'ensemble, tandis que dans un organisme les éléments (organes) sont dans une relation d'interdépendance et d'interrégulation qui semble subordonnée au fonctionnement de l'organisme pris comme un tout.

▶ **Organisation du vivant et évolution du vivant.** On peut considérer les différentes espèces à un moment donné ou comme produit d'une évolution.

Repères associés à la notion

▸ **Cause / Fin** (p. 437)
▸ **En acte / En puissance** (p. 439)

Aristote

[384-322 av. J.-C.]

1. Composée : associant une matière et une forme.

À L'ÉPOQUE

Par son père, Aristote est issu d'une lignée de médecins et de vétérinaires. La question de la vie est essentielle chez lui et une partie considérable de son œuvre, près d'un tiers, est consacrée à l'étude des êtres vivants.

Fiche Aristote p. 478

1 L'âme comme réalisation de la vie

Outre qu'il apporte une définition générale de la vie, ce texte d'Aristote précise la nature de la relation entre l'âme et le corps.

Mais, parmi les corps naturels, les uns ont la vie, cependant que les autres ne l'ont pas ; et par vie, nous voulons dire la propriété de par soi-même se nourrir, croître et dépérir. Si bien que tout corps naturel, ayant la vie en partage, peut être substance, une substance, cependant, comme on l'a dit,
5 composée[1]. Mais, puisque c'est précisément un corps qui a cette propriété, c'est-à-dire possède la vie, le corps ne saurait être l'âme. Le corps, en effet, ne se range pas dans les réalités qui se disent d'un sujet, mais se présente plutôt comme sujet ou matière.

Il faut donc nécessairement que l'âme soit substance comme forme d'un
10 corps naturel qui a potentiellement la vie. Or cette substance est réalisation. Donc, elle est la réalisation d'un tel corps.

Aristote,
De l'âme (IVe siècle av. J.-C.), II, 1, trad. R. Bodéüs, Éd. Flammarion, coll. « GF », 1993, pp. 135-136.

Aristote

[384-322 av. J.-C.]

1. Ces déclarations de Démocrite : « tout le monde voit bien ce qu'est la forme de l'homme, puisque c'est la forme extérieure et la structure qui la font connaître », Aristote a objecté qu'un mort présente le même aspect sans être un homme (vivant).

2. Tarière : grande vrille de charpentier.

2 L'âme comme principe formel de la vie

Qu'est-ce qui distingue l'animal vivant de la matière brute ? Selon Aristote, c'est la présence de l'âme. Si le naturaliste oublie cette âme, il se condamne à ne saisir, dans les corps vivants, que des effets sans cause – comme un menuisier qui parlerait de ses gestes sans tenir compte du projet qui les dirige.

Ces déclarations de Démocrite[1] sont donc vraiment simplistes : c'est comme si un charpentier parlait d'une main de bois. Et c'est bien ainsi que les physiologues parlent de la genèse et des causes de la structure, se demandant à quelles forces est due leur organisation. Le charpentier
5 parlerait peut-être de sa hache et de sa tarière[2], comme eux font de l'air et de la terre ; seulement, il parlerait mieux ; il ne lui suffirait pas de dire qu'au contact de son outil se produit tantôt un trou, tantôt une surface plane, mais il dirait aussi pourquoi il a donné tel coup et en vue de quoi – il dirait la cause qui fait que telle ou telle chose prend sa forme. Ce qui
10 manifeste que ces naturalistes ont tort et qu'il faut parler de la nature d'un animal, de ce qu'il est, de ses qualités et de chacune de ses parties, comme on parle de la forme d'un lit.

Or, si cela c'est l'âme, ou une partie de l'âme, ou, au moins, ce qui n'existe pas sans âme (l'âme disparue il n'y a plus d'animal et aucune des
15 parties ne demeure la même, sinon seulement par la configuration extérieure, comme ceux qui, dans la légende, ont été changés en pierres), s'il en est ainsi, il appartiendra au naturaliste de parler de l'âme et d'en avoir

la science, et sinon de toute âme, du moins de ce qui fait l'animal ce qu'il est ; le naturaliste doit connaître ce qu'est l'âme ou cette partie spéciale de
20 l'âme, et tout ce qui accompagne son essence, d'autant plus que nature se dit en deux sens : la matière et la substance. C'est cette dernière qui joue le rôle de moteur et de fin. C'est cela qu'est l'âme de l'animal, ou tout entière, ou une partie d'elle-même. Ainsi, il faut, dans l'étude de la nature, insister davantage sur l'âme que sur la matière, dans la mesure
25 précisément selon laquelle c'est plutôt par l'âme que la matière est nature, que l'inverse ; en effet, le bois n'est lit et trépied, que parce qu'il est cela en puissance.

Aristote,
Parties des animaux (IVe siècle av. J.-C.),
Livre I, chap. 1, trad. J.-M. Le Blond,
Éd. Flammarion, coll. « GF », 1998, pp. 42-43.

Fiche Aristote p. 478

À L'ÉPOQUE
Pour Démocrite (460-370 av. J.-C.), auquel s'oppose ici Aristote, le vivant s'explique de façon mécaniste, sans faire appel à la notion de cause finale (but) ou de finalité.

Descartes
[1596-1650]

XVIIe SIÈCLE

3 Les animaux-machines

Doit-on, comme l'affirmait Aristote, accorder de l'âme à tout ce qui vit ? Descartes, dans la mesure où il caractérise l'âme par la pensée, tend à assimiler les animaux à des machines.

Je sais bien que les bêtes font beaucoup de choses mieux que nous, mais je ne m'en étonne pas ; car cela même sert à prouver qu'elles agissent naturellement et par ressorts, ainsi qu'une horloge, laquelle montre bien mieux l'heure qu'il est, que notre jugement ne nous l'enseigne. Et sans
5 doute que, lorsque les hirondelles viennent au printemps, elles agissent en cela comme des horloges. Tout ce que font les mouches à miel est de même nature, et l'ordre que tiennent les grues en volant, et celui qu'observent les singes en se battant, s'il est vrai qu'ils en observent quelqu'un, et enfin l'instinct d'ensevelir leurs morts, n'est pas plus étrange que celui
10 des chiens et des chats, qui grattent la terre pour ensevelir leurs excréments, bien qu'ils ne les ensevelissent presque jamais : ce qui montre qu'ils ne le font que par instinct, et sans y penser. On peut seulement dire que, bien que les bêtes ne fassent aucune action qui nous assure qu'elles pensent, toutefois, à cause que les organes de leurs corps ne sont pas fort
15 différents des nôtres, on peut conjecturer qu'il y a quelque pensée jointe à ces organes, ainsi que nous expérimentons en nous, bien que la leur soit beaucoup moins parfaite. À quoi je n'ai rien à répondre, sinon que, si elles pensaient ainsi que nous, elles auraient une âme immortelle aussi bien que nous ; ce qui n'est pas vraisemblable, à cause qu'il n'y a point de
20 raison pour le croire de quelques animaux, sans le croire de tous, et qu'il y en a plusieurs trop imparfaits pour pouvoir croire cela d'eux, comme sont les huîtres, les éponges, etc.

René Descartes,
Lettre au marquis de Newcastle, 23 novembre 1646, in *Œuvres et Lettres,*
Éd. Gallimard, coll. « Bibliothèque de la Pléiade », 1966, pp. 1256-1257.

À L'ÉPOQUE
Durant l'hiver 1631-1632, Descartes vit au centre-ville d'Amsterdam, dans le quartier des bouchers ; il peut ainsi étudier de manière directe l'anatomie des êtres vivants, en faisant de nombreuses dissections.

Fiche Descartes p. 496

LA RAISON ET LE RÉEL

4 Force motrice et force organisatrice

Puisqu'un mécanisme ne peut en engendrer un autre, ne convient-il pas de distinguer, malgré Descartes, l'animal de la machine, et, en conséquence, la force qui organise le premier de celle qui meut la seconde ?

Dans une montre une partie est l'instrument du mouvement des autres, mais un rouage n'est pas la cause efficiente de la production d'un autre rouage ; certes une partie existe pour une autre, mais ce n'est pas par cette autre partie qu'elle existe. C'est pourquoi la cause productrice de celles-
5 ci et de leur forme n'est pas contenue dans la nature (de cette matière), mais en dehors d'elle dans un être, qui d'après des Idées peut réaliser un tout possible par sa causalité. C'est pourquoi aussi dans une montre un rouage ne peut en produire un autre et encore moins une montre d'autres montres, en sorte qu'à cet effet elle utiliserait (elle organiserait) d'autres
10 matières ; c'est pourquoi elle ne remplace pas d'elle-même les parties, qui lui ont été ôtées, ni ne corrige leurs défauts dans la première formation par l'intervention des autres parties, ou se répare elle-même, lorsqu'elle est déréglée : or tout cela nous pouvons en revanche l'attendre de la nature organisée. – Ainsi un être organisé n'est pas simplement machine,
15 car la machine possède uniquement une *force motrice* ; mais l'être organisé possède en soi une *force formatrice,* qu'il communique aux matériaux, qui ne la possèdent pas (il les organise) : il s'agit ainsi d'une force formatrice qui se propage et qui ne peut pas être expliquée par la seule faculté de mouvoir (le mécanisme).

Emmanuel Kant,
Critique de la faculté de juger (1790),
§ 65, trad. A. Philonenko, Librairie philosophique J. Vrin, 1993, pp. 297-298.

À L'ÉPOQUE
À la fin du XVIIIᵉ siècle, avant l'invention de la machine à vapeur (XIXᵉ siècle) et de l'ordinateur (XXᵉ siècle), le modèle de la machine est celui de l'horloge et de l'automate, comme aux siècles précédents.

Fiche Kant p. 509

5 Le mécanisme de la sélection naturelle

Les variations que l'on observe entre les organismes d'une même espèce sur plusieurs générations peuvent être soit utiles pour leur survie et leur reproduction, soit nuisibles, soit neutres. Darwin fait l'hypothèse qu'un tri mécanique favorise la conservation des variations utiles et l'élimination des nuisibles : c'est la « sélection naturelle ». En s'opposant, avec ce concept, à toute explication finalisée de l'évolution du vivant, il révolutionne les théories de l'évolution alors en vigueur.

Faut-il donc s'étonner, quand on voit que des variations utiles à l'homme se sont certainement produites, que d'autres variations, utiles à l'animal dans la grande et terrible bataille de la vie, se produisent dans le cours de nombreuses générations ? Si le fait est admis, pouvons-nous douter (il faut
5 toujours se rappeler qu'il naît beaucoup plus d'individus qu'il n'en peut vivre) que les individus possédant un avantage quelconque, quelque léger qu'il soit d'ailleurs, ait la meilleure chance de vivre et de se reproduire ?

Nous pouvons être certains, d'autre part, que toute variation, si peu nuisible qu'elle soit à l'individu, entraîne forcément la disparition de celui-ci. J'ai
10 donné le nom de *sélection naturelle* à cette conservation des différences et des variations individuelles favorables et à cette élimination des variations nuisibles. Les variations qui ne sont ni utiles ni nuisibles à l'individu, ne sont certainement pas affectées par la sélection naturelle et demeurent à l'état d'éléments variable, tels que peut-être ceux que nous
15 remarquons chez certaines espèces polymorphes.

Charles Darwin,
L'Origine des espèces (1859), trad. Edmond Barbier,
revue par Daniel Becquemont,
Éd. Flammarion, coll. « GF », 1992, p. 130.

Bernard
[1813-1878]

1. Substratum : substrat, c'est-à-dire support.

⑥ Physiologie et métaphysique

Lorsqu'on étudie le vivant d'un point de vue expérimental, on n'y décèle rien d'autre qu'un déterminisme physico-chimique. Notre esprit peut sans doute concevoir la présence d'une « force vitale », mais le statut d'une telle force reste problématique.

De ce qui précède, il résulte que les conditions qui nous sont accessibles pour faire apparaître les phénomènes de la vie sont toutes matérielles et physico-chimiques. Il n'y a d'action possible que *sur* et *par* la matière. L'univers ne montre pas d'exception à cette loi. Toute manifestation phénoménale,
5 qu'elle siège dans les êtres vivants ou en dehors d'eux, a pour substratum[1] obligé des conditions matérielles. Ce sont ces conditions que nous appelons les *conditions déterminées* du phénomène.

Nous ne pouvons connaître que les conditions matérielles et non la nature intime des phénomènes de la vie. Dès lors, nous n'avons affaire qu'à
10 la matière, et non aux causes premières ou à la force vitale directrice qui en dérive. Ces causes nous sont inaccessibles. Croire autre chose, c'est commettre une erreur de fait et de doctrine ; c'est être dupe de métaphores et prendre au réel un langage figuré. […]

La conception que nous nous formons du but de toute science expéri-
15 mentale et de ses moyens d'action est donc générale ; elle appartient à la physique et à la chimie et s'applique à la physiologie. Elle revient à dire, en d'autres termes, qu'un phénomène vital a, comme tout autre phénomène, un déterminisme rigoureux, et que jamais ce déterminisme ne saurait être autre chose qu'un déterminisme physico-chimique. La force vitale, la
20 vie, appartiennent au monde métaphysique ; leur expression est une nécessité de l'esprit : nous ne pouvons nous en servir que subjectivement. Notre esprit saisit l'unité et le lien, l'harmonie des phénomènes, et il la considère comme l'expression d'une *force* ; mais grande serait l'erreur de croire que cette force métaphysique est active. Il en est d'ailleurs de même
25 de ce que nous appelons les *forces physiques* ; ce serait une pure illusion que de vouloir rien provoquer par elles. Ce sont là des conceptions

LA RAISON ET LE RÉEL

métaphysiques nécessaires, mais qui ne sortent point du domaine où elles sont nées, et ne viennent point réagir sur les phénomènes qui ont donné à l'esprit l'occasion de les créer.

Claude Bernard,
Leçons sur les phénomènes de la vie communs aux animaux et aux végétaux (1878),
Librairie philosophique J. Vrin, 1966, pp. 52-54.

Bergson

[1859-1941]

À L'ÉPOQUE

À la fin du XIXe siècle, la théorie de Darwin est très critiquée, notamment en France où existe un fort courant lamarckien, qui défend l'hérédité des caractères acquis. Bergson, avec le concept d'*évolution créatrice*, veut produire une théorie de l'évolution par-delà l'opposition Darwin-Lamarck.

7 L'élan vital

On peut concevoir l'évolution des vivants comme orientée vers un but. Mais comment repère-t-on ce but lui-même ? Ne serait-ce pas d'un point de vue rétrospectif ? Car on ne saurait admettre que ce qui nous apparaît comme un point d'arrivée était programmé dès le départ.

C'est en vain qu'on voudrait assigner à la vie un but, au sens humain du mot. Parler d'un but est penser à un modèle préexistant qui n'a plus qu'à se réaliser. C'est donc supposer, au fond, que tout est donné, que l'avenir pourrait se lire dans le présent. C'est croire que la vie, dans son
5 mouvement et dans son intégralité, procède comme notre intelligence, qui n'est qu'une vue immobile et fragmentaire prise sur elle, et qui se place toujours naturellement en dehors du temps. La vie, elle, progresse et dure. Sans doute on pourra toujours, en jetant un coup d'œil sur le chemin une fois parcouru, en marquer la direction, la noter en termes
10 psychologiques et parler comme s'il y avait eu poursuite d'un but. C'est ainsi que nous parlerons nous-mêmes. Mais, du chemin qui allait être parcouru, l'esprit humain n'a rien à dire, car le chemin a été créé au fur et à mesure de l'acte qui le parcourait, n'étant que la direction de cet acte lui-même. [...]
15 Nous disions que la vie, depuis ses origines, est la continuation d'un seul et même élan qui s'est partagé entre des lignes d'évolution divergentes. Quelque chose a grandi, quelque chose s'est développé par une série d'additions qui ont été autant de créations. C'est ce développement même qui a amené à se dissocier des tendances qui ne pouvaient croître
20 au-delà d'un certain point sans devenir incompatibles entre elles. À la rigueur, rien n'empêcherait d'imaginer un individu unique en lequel, par suite de transformations réparties sur des milliers de siècles, se serait effectuée l'évolution de la vie. Ou encore, à défaut d'un individu unique, on pourrait supposer une pluralité d'individus se succédant en une série
25 unilinéaire. Dans les deux cas l'évolution n'aurait eu, si l'on peut s'exprimer ainsi, qu'une seule dimension. Mais l'évolution s'est faite en réalité par l'intermédiaire de millions d'individus sur des lignes divergentes, dont chacune aboutissait elle-même à un carrefour d'où rayonnaient de nouvelles voies, et ainsi de suite indéfiniment.

Henri Bergson,
L'Évolution créatrice (1907), chap. 1, in *Œuvres*,
Éd. des PUF, 1991, pp. 538 et 540.

Fiche Bergson p. 522

Merleau-Ponty
[1908-1961]

8 Dialectique de l'organisme et de son milieu

L'organisme vivant est-il déterminé causalement par des stimuli extérieurs ? Merleau-Ponty tente de prouver que ce n'est pas le cas, en montrant que les variations quantitatives produites par ces stimuli font varier *qualitativement* la réponse globale de l'organisme. Il dégage ainsi les insuffisances du modèle mécaniste traditionnel auquel il oppose une approche « dialectique ».

En décrivant l'individu physique ou organique et son entourage, nous avons été amenés à admettre que leurs rapports n'étaient pas mécaniques, mais dialectiques[1]. Une action mécanique, qu'on prenne le mot au sens restreint ou au sens large, est celle où la cause et l'effet sont décomposables
5 en éléments réels qui se correspondent chacun à chacun. Dans les actions élémentaires, la dépendance est à sens unique, la cause est condition nécessaire et suffisante de l'effet considéré dans son existence et dans sa nature, et, même quand on parle d'action réciproque entre deux termes, elle se laisse ramener à une série de déterminations à sens unique. Au contraire,
10 avons-nous vu, les stimuli physiques n'agissent sur l'organisme qu'en y suscitant une réponse globale qui variera qualitativement quand ils varient quantitativement ; ils jouent à son égard le rôle d'occasions plutôt que de causes ; la réaction dépend, plutôt que des propriétés matérielles des stimuli, de leur signification vitale. Ainsi entre les variables d'où dépend
15 effectivement la conduite et cette conduite même, apparaît un rapport de sens, une relation intrinsèque. On ne peut assigner un moment où le monde agit sur l'organisme, puisque l'effet même de cette « action » exprime la loi intérieure de l'organisme. En même temps que l'extériorité mutuelle des stimuli se trouve dépassée l'extériorité mutuelle de l'orga-
20 nisme et de l'entourage. À ces deux termes définis isolément, il faut donc substituer deux corrélatifs, le « milieu » et l'« aptitude », qui sont comme les deux pôles du comportement et participent à une même structure.

Maurice Merleau-Ponty,
La Structure du comportement (1945), Éd. des PUF,
coll. « Quadrige », 2001, p. 174.

1. Rapports dialectiques : rapports dynamiques conduisant à un dépassement des termes initiaux dans un résultat nouveau.

À L'ÉPOQUE
En 1937-1939, Merleau-Ponty a suivi (avec Lacan, Bataille, Queneau, Aron...) les cours sur Hegel du théoricien marxiste Alexandre Kojève. Par la suite, il a tenté de penser la positivité du concept de dialectique tel que l'ont élaboré Hegel, puis Marx.

Fiche Merleau-Ponty p. 532

Canguilhem
[1904-1995]

9 Normal et pathologique

Comment distinguer le vivant normal du vivant pathologique ? Si le normal implique des normes, on constate que le pathologique n'en manque pas : comment comprendre dès lors l'infériorité du vivant dans la maladie ?

Nous ne pouvons pas dire que le concept de « pathologique » soit le contradictoire logique du concept de « normal », car la vie à l'état pathologique n'est pas absence de normes mais présence d'autres normes. En toute rigueur, « pathologique » est le contraire vital de « sain » et non le contradictoire

1. Kurt Goldstein (1878-1965) : neurologue américain d'origine allemande, auteur de *La Structure de l'organisme* (1934).

5 logique de normal. [...] La maladie, l'état pathologique, ne sont pas perte d'une norme mais allure de la vie réglée par des normes vitalement inférieures ou dépréciées du fait qu'elles interdisent au vivant la participation active et aisée, génératrice de confiance et d'assurance, à un genre de vie qui était antérieurement le sien et qui reste permis à d'autres. On pourrait 10 objecter, et du reste on l'a fait, qu'en parlant d'infériorité et de dépréciation nous faisons intervenir des notions purement subjectives. Et pourtant il ne s'agit pas ici de subjectivité individuelle, mais universelle. Car s'il existe un signe objectif de cette universelle réaction subjective d'écartement, c'est-à-dire de dépréciation vitale de la maladie, c'est précisément l'existence, 15 coextensive de l'humanité dans l'espace et dans le temps, d'une médecine comme technique plus ou moins savante de la guérison des maladies.

Comme le dit Goldstein[1], les normes de vie pathologique sont celles qui obligent désormais l'organisme à vivre dans un milieu « rétréci », différant qualitativement, dans sa structure, du milieu antérieur de vie, et dans ce 20 milieu rétréci exclusivement, par l'impossibilité où l'organisme se trouve d'affronter les exigences de nouveaux milieux, sous forme de réactions ou d'entreprises dictées par des situations nouvelles. Or, vivre pour l'animal déjà, et à plus forte raison pour l'homme, ce n'est pas seulement végéter et se conserver, c'est affronter des risques et en triompher.

Georges Canguilhem,
« Le normal et le pathologique » (1951), in *La Connaissance de la vie,*
Librairie philosophique J. Vrin, 1971, pp. 166-167.

À L'ÉPOQUE
Dans la filiation de Cournot (1801-1877) et Bergson (1859-1941), Canguilhem se réclame du courant vitaliste et dénonce comme réductionniste le mécanisme de la biologie contemporaine.

Ridley
[1956-]

XXᵉ SIÈCLE

10 Le gène est l'unité de la sélection

Le zoologiste Mark Ridley explique comment la théorie des gènes confirme et justifie la théorie de l'évolution. Les variations sur lesquelles porte la sélection naturelle sont génétiques. Et c'est par mutation que de nouveaux gènes apparaissent à chaque génération : s'ils sont positifs, leur fréquence augmente. En revanche, la sélection naturelle ne porte pas sur les variations qu'auront acquises les organismes au cours de leur vie, car celles-ci ne sont pas transmises : il n'y a pas d'hérédité des caractères acquis.

En fait, c'est le gène qui est l'unité de sélection. Les changements évolutifs à tous les autres niveaux sont provoqués par l'action de la sélection naturelle sur les gènes. Mais en disant cela nous sautons directement à la conclusion ; dans l'immédiat, il nous faut d'abord fournir des justifications. La sélection 5 naturelle se limite à modifier la fréquence de quelque chose qui est transmis d'une génération à la suivante. Considérons seulement deux niveaux, l'organisme et le gène. Sont-ils transmis ? Les gènes le sont : si un nouveau type de gène apparaît, la sélection naturelle peut en modifier la fréquence. Si le nouveau gène se propage plus vite que l'ancien, sa fréquence augmen- 10 tera, et *vice versa*. Mais supposons maintenant qu'une nouvelle forme d'organisme apparaisse. La sélection naturelle peut-elle modifier sa fréquence ? Uniquement si la modification est d'origine génétique. Si elle est

À L'ÉPOQUE
Dans les années 1940, le darwinisme, qui avait été contesté au début du XXᵉ siècle, se trouve confirmé et renforcé par les thèses de Mendel sur l'hérédité. La synthèse Darwin-Mendel, ou « néodarwinisme », est le socle sur lequel s'unifie la biologie contemporaine

acquise, comme les gros muscles du maréchal-ferrant, elle ne sera pas transmise, et sa fréquence ne sera pas affectée par la sélection naturelle. La
15 causalité est à sens unique : une modification d'un gène provoque un changement de l'organisme qui le porte, mais la réciproque n'est pas vraie.

Mark Ridley
L'Évolution (1985), trad. Éric Buffetaut,
Éd. Pour la science, coll. « Science d'avenir », 1996, pp. 51-52.

11 Sélection et adaptation

Monod
[1910-1976]

1. Téléonomiques (du grec *télos*, fin, et *nomos*, loi) : qui vont dans le sens global d'une adaptation sélective.

L'objectivité scientifique invite à refuser, dans l'étude du vivant comme ailleurs, l'idée de causes finales, ou d'un but poursuivi par la nature. Il n'en reste pas moins, rappelle ici Monod, que les espèces se caractérisent par des performances qui orientent la sélection. Au concept de cause finale, Monod substitue un concept strictement mécaniste. Celui-ci est à l'œuvre dans le programme génétique qui commande le développement des êtres vivants. Il explique l'apparence de finalité de la nature.

Une autre difficulté pour la théorie sélective provient de ce qu'elle a été trop souvent comprise ou présentée comme faisant appel aux seules conditions du *milieu extérieur* comme agents de la sélection. C'est là une conception tout à fait erronée. Car les pressions de sélection qu'exercent
5 sur les organismes les conditions externes ne sont en aucun cas indépendantes des performances téléonomiques[1] caractéristiques de l'espèce. Des organismes différents vivant dans la même « niche » écologique ont avec les conditions externes (y compris les autres organismes) des interactions très différentes et spécifiques. Ce sont ces interactions spécifiques, en partie
10 « choisies » par l'organisme lui-même, qui déterminent la nature et l'orientation de la pression de sélection qu'il subit. Disons que les « conditions initiales » de sélection que rencontre une mutation nouvelle comprennent à la fois et de façon indissoluble, le milieu extérieur et l'ensemble des structures et performances de l'appareil téléonomique.
15 Il est évident que la part des performances téléonomiques dans l'orientation de la sélection devient de plus en plus grande à mesure que s'élève le niveau d'organisation donc d'*autonomie* de l'organisme à l'égard du milieu. Et cela au point qu'on peut sans doute considérer cette part comme décisive chez les organismes supérieurs, dont la survie et la reproduction dépendent
20 avant tout de leur comportement. [...]
Le fait que, dans l'évolution de certains groupes, on observe une tendance générale, soutenue pendant des millions d'années, au développement apparemment orienté de certains organes, témoigne de ce que le choix initial d'un certain type de comportement (devant l'agression d'un prédateur par
25 exemple) engage l'espèce dans la voie d'un perfectionnement continu des structures et performances qui sont le support de ce comportement. C'est parce que les ancêtres du cheval avaient tôt choisi de vivre dans la plaine et de fuir à l'approche d'un prédateur (plutôt que de tenter de se défendre

LA RAISON ET LE RÉEL

ou de se cacher) que l'espèce moderne, à la suite d'une longue évolution
30 comprenant de multiples stades de réduction, marche aujourd'hui sur le
bout d'un seul doigt.

Jacques Monod,
Le Hasard et la Nécessité, Éd. du Seuil, 1970, pp. 141-143.

Jacob
[1920-]

12 Le vivant et le temps

Tous les organismes vivants se développent et vivent dans le temps. Mais François Jacob ajoute qu'ils disposent aussi d'un système de « mémoire de l'espèce » : le système génétique.

Contrairement à la plupart des branches de la physique, la biologie fait du temps l'un de ses principaux paramètres. La flèche du temps, on la trouve à travers l'ensemble du monde vivant, qui est le produit d'une évolution dans le temps. On la trouve aussi dans chaque organisme qui se
5 modifie sans cesse pendant toute sa vie. Le passé et l'avenir représentent des directions totalement différentes. Chaque être vivant va de la naissance à la mort. La vie de chaque individu est soumise à un développement selon un plan, particularité qui a eu une influence considérable sur la philosophie d'Aristote et, par là, sur toute la culture occidentale, sur sa théologie, son art
10 et sa science. La biologie moléculaire a comblé le fossé qui a longtemps séparé cette caractéristique des êtres vivants, le développement selon un plan, et l'univers physique. La flèche du temps, nécessaire là où il y a vie, fait maintenant partie de notre représentation du monde. C'est la spécialité de la biologie, son estampille pour ainsi dire.
15 La plupart des organismes possèdent des horloges internes qui règlent leurs cycles physiologiques. Tous ont des systèmes de mémoire qui sont à la base de leur fonctionnement, de leur comportement et même de leur existence. L'un de ces systèmes, le système génétique, est commun à tous les organismes. C'est, en somme, la mémoire de l'espèce. Elle est le résultat
20 de l'évolution. Elle conserve, chiffrée dans l'ADN, la trace des événements qui, génération après génération, ont conduit à la situation actuelle. Comme on l'a précédemment discuté, les gènes ne sont pas influencés directement par les avatars de la vie. Les caractères acquis ne sont pas transmis à la descendance. L'expérience n'enseigne pas l'hérédité. Et si,
25 en fin de compte, l'environnement retentit sur l'hérédité, c'est toujours à travers le long périple et les détours imposés par la sélection naturelle.

François Jacob,
Le Jeu des possibles (1981), Éd. du Livre de Poche, 1985, pp. 95-96.

À L'ÉPOQUE

En 1970, dans *La logique du vivant,* Jacob retrace les étapes de la pensée du vivant jusqu'à la biologie moléculaire qu'il a contribué à développer. Il montre que la biologie moderne, qui repose sur la notion de programme génétique, peut repenser la question de la finalité de façon mécanique.

13 Éthique et procréation

Les connaissances de plus en plus approfondies en génétique ont permis la mise au point des techniques de fécondation *in vitro* et de transfert d'embryon. Jacques Testard, l'un des initiateurs de ces techniques, estime qu'il convient de réfléchir, d'un point de vue moral, à leurs utilisations possibles.

Il nous reste quelques années heureuses avant d'être capables de manipuler le génome humain, mais on sait déjà établir la carte génétique qui est la véritable carte d'identité ; on sait aussi reconnaître de plus en plus tôt les futurs indésirables, porteurs d'écarts irréversibles à la norme. En toute logique cer-
5 tains souhaitent généraliser ces diagnostics pour contredire des mariages ou éviter des naissances car il y va, paraît-il, de la qualité d'une société moderne. Puisque, pour les tares les plus importantes, l'élimination du fœtus est déjà pratiquée, une fois encore la définition d'un seuil se pose, celui qui fait que l'homme devient intolérable pour l'homme.
10 On l'a dit, l'enjeu immédiat et grandiose pour les méthodes de procréation assistée passe par les techniques identitaires. Je crois que le moment est venu de faire une pause, c'est le moment d'autolimitation du chercheur. Le chercheur n'est pas l'exécuteur de tout projet naissant dans la logique propre de la technique. Placé au creuset de la spirale des possibles il devine
15 avant quiconque où va la courbe, ce qu'elle vient apaiser, mais aussi ce qu'elle vient trancher, censurer, renier. Moi, « chercheur en procréation assistée », j'ai décidé d'arrêter. Non pas la recherche pour mieux faire ce que nous faisons déjà, mais celle qui œuvre à un changement radical de la personne humaine là où la médecine procréative rejoint la médecine pré-
20 dictive. Que les fanatiques de l'artifice se tranquillisent, les chercheurs sont nombreux et j'ai conscience, sur ce point, d'être isolé. Que les hommes inquiets, ceux qu'on nommait « humanistes » et qu'on dit aujourd'hui « nostalgiques », s'interrogent. Qu'ils le fassent vite.

Jacques Testard,
L'Œuf transparent, Éd. Flammarion, coll. « Champs », 1986, pp. 32-33.

La matière et l'esprit

Définition élémentaire

▶ La notion de matière rassemble tout ce qui peut faire l'objet d'une perception vraie (non illusoire), notamment ce qui peut être touché.

▶ L'esprit est une réalité pensante active.

▶ La matière et l'esprit s'opposent et se complètent pour former l'ensemble du réel : ce qui pense d'un côté (l'esprit), ce qui est pensé de l'autre (la matière). L'opposition matière / esprit recoupe celle entre matière et forme si l'on considère que la matière est quelque chose de passif, qui ne s'anime que sous l'effet d'un esprit. Aux extrêmes deux philosophies s'opposent : le spiritualisme, pour qui la matière n'a pas d'existence réelle, seul l'esprit en a ; et de l'autre côté, le matérialisme, pour qui tout est matière, même l'esprit.

Distinguer pour comprendre

▶ **La matière et la forme.** Dans cette distinction, la matière est considérée comme un contenu passif, et la forme, comme le principe actif qui lui donne forme.

▶ **L'esprit,** en tant que synonyme d'intelligence, s'oppose à la sensibilité.

▶ **L'esprit et la lettre** (en droit) : l'esprit d'un texte, c'est son intention générale ; la lettre du texte, c'est ce qui est écrit.

▶ **Le dualisme et le monisme esprit-matière.** Contrairement au dualisme, qui distingue l'esprit et la matière, le monisme affirme leur identité, soit en réduisant l'un à l'autre (matérialisme ou spiritualisme), soit en affirmant leur parallélisme (Spinoza).

Repères associés à la notion

➔ **En acte / En puissance** (p. 439)
➔ **Transcendant / Immanent** (p. 449)

Lucrèce
[98-55 av. J.C.]

1 L'esprit, matière très subtile

Doit-on admettre que le corps et l'esprit sont de nature différente ? Les épicuriens soutiennent, sans doute pour la première fois dans l'histoire de la philosophie, un matérialisme intégral : Lucrèce rappelle quelques-uns des arguments permettant de considérer que l'esprit est composé des mêmes éléments que n'importe quel corps matériel.

Et puis, tu le vois bien : l'esprit avec le corps pâtit,
à l'intérieur du corps il partage nos sensations.
Que s'abatte la force horrible d'une arme,
brisant os et tendons, même sans atteinte à la vie,
5   s'ensuit une langueur, une douce attirance
de la terre, puis un trouble submerge l'esprit,
et parfois naît un vague désir de ressurgir.
Il faut donc que l'esprit soit de nature corporelle
Puisqu'il souffre des coups et blessures du corps.

10   *Nature atomique de l'esprit*
Mais quel est le corps de l'esprit et comment
il s'est formé, je te l'explique maintenant.
d'abord je dis qu'il est extrêmement subtil
et se compose des plus minuscules atomes ;
15   pour t'en convaincre, remarque donc ceci :
rien ne paraît si rapide qu'un projet de l'esprit
et sa mise en œuvre par l'esprit lui-même.
Ainsi donc l'esprit est plus prompt à se mouvoir
Que tous les corps visibles, à portée de nos sens.
20   Mais une nature aussi mobile doit se composer
des atomes les plus ronds et les plus minuscules :
qu'à la moindre impulsion ils puissent s'ébranler.
L'eau s'agite et s'écoule sous une légère pulsion
parce qu'elle est formée d'atomes subtils et volubiles.
25   La nature du miel est au contraire plus stable,
sa liqueur plus paresseuse, plus rétive à se mouvoir,
car toute sa matière a plus grande cohésion
pour la simple raison que d'atomes moins lisses
elle est composée, moins subtils et moins ronds.
30   Vois les graines de pavots, un souffle vague et léger
peut en faire choir et couler un tas haut dressé,
mais contre un amas de pierre ou d'épis,
non il ne peut rien : plus les atomes sont petits
et lisses, plus grande est donc leur mobilité.
35   Plus lourds et plus rugueux, ils sont au contraire plus stables.
Ainsi, puisque la nature de l'esprit s'est révélée
Extrêmement mobile, elle doit se composer
D'atomes entre tous petits, lisses et ronds.

1. Memmius: C. Memmius Gemellus, ami de Lucrèce auquel s'adresse le poème *De la Nature*. Homme politique, banni pour corruption électorale, il se réfugia à Athènes, y acquit les jardins d'Épicure et prétendit y faire construire un palais – projet auquel Cicéron le supplia de renoncer.

Cette connaissance, mon bon Memmius[1],
40   se révélera souvent utile et secourable.

Voici qui prouve encore à quel point le tissu de l'âme
Est subtil et combien elle occuperait peu d'espace
s'il était possible de grouper ses atomes.
Dès que le calme repos du trépas saisit l'homme,
45   que la nature de l'esprit et de l'âme s'est retirée,
dans tout le corps on ne constate aucune perte
de forme ou de poids : la mort préserve tout,
hormis la chaleur et la sensibilité vitales.
D'infimes atomes forment donc nécessairement
50   toute l'âme nouée à ses veines, tendons et chairs,
puisque après sa retraite du corps tout entier
le contour extérieur des membres cependant
se présente indemne ; leur poids, sans perte aucune.
Ainsi du vin quand son bouquet s'est évanoui,
55   du parfum dont l'esprit suave s'est envolé
ou de n'importe quel corps ayant perdu son goût :
à nos yeux néanmoins il ne s'en trouve nullement
amoindri et rien ne semble soustrait à son poids ;
c'est donc que des atomes nombreux et minuscules
60   font l'odeur et le goût dans tout le corps des choses.
Oui, encore une fois, la nature de l'âme et de l'esprit
se révèle formée des atomes les plus menus
puisque dans sa fuite elle n'emporte aucun poids.

Lucrèce,
De la nature (v. 55 av. J.-C.), III, vers 168-230, trad. José Kany-Turpin,
Éd. Flammarion, coll. « GF », pp. 191-193.

Fiche Lucrèce p. 481

Thomas d'Aquin
[1225-1274]

1. Intellect passif : puissance cognitive qui dépend du corps et du sensible, et que l'homme partage avec l'animal.

2. Intellect possible : principe de l'« acte de comprendre et de raisonner », qui n'appartient qu'à l'homme.

2 L'« intellect possible », indépendant du corps

Le spiritualisme chrétien affirme l'indépendance de l'âme relativement au corps. Thomas d'Aquin souligne que ce qui dépend du corps ne peut saisir l'universel : il faut en conséquence que l'activité proprement intellectuelle soit étrangère au corps.

Tout être qui se meut lui-même implique à la fois moteur et mouvement. Comme les autres animaux, l'homme se meut lui-même. Mais en l'homme le premier moteur est l'intelligence qui, par son propre objet, met en mouvement la volonté. L'intellect passif[1] à lui seul ne peut pas
5 jouer ce rôle, parce qu'il n'atteint que des données particulières. L'acte de volonté implique un jugement universel qui relève de l'intellect possible[2], et un jugement particulier qui peut relever de l'intellect passif. L'intellect possible est donc ce qu'il y a en l'homme de plus noble et de

plus formel, et c'est par lui, plus que par l'intellect passif, que la nature
10 humaine est spécifiée.

Et la preuve que l'intellect possible n'est pas l'acte du corps, c'est qu'il
connaît toutes les formes sensibles dans ce qu'elles ont d'universel. Une
fonction dont l'opération peut saisir ce qu'il y a d'universel dans le sensible ne saurait être l'acte d'un corps. Il en est ainsi de la volonté : tout
15 objet de l'intelligence peut être aussi objet de volonté, ne serait-ce que de
la volonté de le connaître. L'universel est ainsi impliqué dans l'acte de la
volonté. Comme dit Aristote dans sa *Rhétorique* : « Nous haïssons dans
leur nature universelle les brigands, lorsque nous nous irritons contre
tel ou tel brigand. » Par suite, la volonté elle-même ne saurait être l'acte
20 d'une partie du corps, ni dépendre d'une puissance qui serait l'acte d'un
corps. Tout dans l'âme dépend directement du corps, excepté l'activité
intellectuelle proprement dite.

Thomas d'Aquin,
Somme contre les Gentils (entre 1255 et 1264), II,
chap. 60, trad. C. Michon, Éd. Flammarion, coll. « GF », 1999.

Fiche Thomas d'Aquin p. 490

Descartes
[1596-1650]

XVIIe SIÈCLE

3 L'union de l'âme et du corps

Si l'on affirme que l'âme et le corps sont hétérogènes au même titre que la pensée et la matière, comment concevoir leur union dans l'homme ? Descartes aborde cette union en deux temps, pour distinguer, d'une part, la façon dont l'âme concerne le corps tout entier, et, d'autre part, l'ins-cription de l'âme en un lieu corporel précis.

Art. 30. *Que l'âme est unie à toutes les parties du corps conjointement*

[…] il est besoin de savoir que l'âme est véritablement jointe à tout le corps,
et qu'on ne peut pas proprement dire qu'elle soit en quelqu'une de ses parties à l'exclusion des autres, à cause qu'il est un et en quelque façon indivi-
5 sible, à raison de la disposition de ses organes qui se rapportent tellement
tous l'un à l'autre que, lorsque quelqu'un d'eux est ôté, cela rend tout le
corps défectueux ; et à cause qu'elle est d'une nature qui n'a aucun rapport à
l'étendue ni aux dimensions ou autres propriétés de la matière dont le corps
est composé, mais seulement à tout l'assemblage de ses organes, comme
10 il paraît de ce qu'on ne saurait aucunement concevoir la moitié ou le tiers
d'une âme ni quelle étendue elle occupe, et qu'elle ne devient point plus
petite de ce qu'on retranche quelque partie du corps, mais qu'elle s'en sépare
entièrement lorsqu'on dissout l'assemblage de ses organes.

Art. 31. *Qu'il y a une petite glande dans le cerveau en laquelle l'âme exerce ses*
15 *fonctions plus particulièrement que dans les autres parties*

Il est besoin aussi de savoir que, bien que l'âme soit jointe à tout le corps, il y
a néanmoins en lui quelque partie en laquelle elle exerce ses fonctions plus
particulièrement qu'en toutes les autres ; et on croit communément que cette
partie est le cerveau, à cause que c'est à lui que se rapportent les organes des

1. Les esprits : les « esprits
animaux », c'est-à-dire « les
plus vives et les plus subtiles
parties du sang » qui entrent
dans « les cavités du cerveau »
tandis que d'autres en sortent,
provoquant les mouvements
des muscles.

LA RAISON ET LE RÉEL

20 sens; et le cœur, à cause que c'est comme en lui qu'on sent les passions. Mais, en examinant la chose avec soin, il me semble avoir évidemment reconnu que la partie du corps en laquelle l'âme exerce immédiatement ses fonctions n'est nullement le cœur, ni aussi tout le cerveau, mais seulement la plus intérieure de ses parties, qui est une certaine glande fort petite, située dans

25 le milieu de sa substance, et tellement suspendue au-dessus du conduit par lequel les esprits[1] de ses cavités antérieures ont communication avec ceux de la postérieure, que les moindres mouvements qui sont en elle peuvent beaucoup pour changer le cours de ces esprits, et réciproquement que les moindres changements qui arrivent au cours des esprits peuvent beaucoup

30 pour changer les mouvements de cette glande.

René Descartes,
Les Passions de l'âme (1645-1646), in *Œuvres et Lettres*,
Éd. Gallimard, coll. « Bibliothèque de la Pléiade », 1966, pp. 710-711.

À L'ÉPOQUE
En 1643, Descartes rencontre Élisabeth de Bohême, fille de l'électeur Palatin détrôné, en exil en Hollande. Il débute une correspondance nourrie avec la jeune femme. Leur dialogue inspirera à Descartes ses *Passions de l'âme*.

Fiche Descartes p.496

La Mettrie
[1709-1751]

4 L'unité matérielle de l'homme

La Mettrie prolonge la conception cartésienne des animaux-machines par l'affirmation d'un homme-machine. La pensée peut-elle alors être davantage qu'une conséquence, ou un produit, de l'organisation complexe de cette machine ?

Mais puisque toutes les facultés de l'âme dépendent tellement de la propre organisation du cerveau et de tout le corps qu'elles ne sont visiblement que cette organisation même, voilà une machine bien éclairée ! car enfin, quand l'homme seul aurait reçu en partage la Loi naturelle, en serait-il moins une

5 machine ? Des roues, quelques ressorts de plus que dans les animaux les plus parfaits, le cerveau proportionnellement plus proche du cœur, et recevant aussi plus de sang, la même raison donnée ; que sais-je enfin ? des causes inconnues produiraient toujours cette conscience délicate, si facile à blesser, ces remords qui ne sont pas plus étrangers à la matière que la pensée, et en

10 un mot toute la différence qu'on suppose ici. L'organisation suffirait-elle donc à tout ? oui, encore une fois ; puisque la pensée se développe visiblement avec les organes, pourquoi la matière dont ils sont faits ne serait-elle pas aussi susceptible de remords, quand une fois elle a acquis avec le temps la faculté de sentir ?

15 L'âme n'est donc qu'un vain terme dont on n'a point d'idée, et dont un bon esprit ne doit se servir que pour nommer la partie qui pense en nous. Posé le moindre principe de mouvement, les corps animés auront tout ce qu'il leur faut pour se mouvoir, sentir, penser, se repentir, et se conduire, en un mot, dans le physique et dans le moral qui en dépend. [...]

20 En effet, si ce qui pense en mon cerveau n'est pas une partie de ce viscère, et conséquemment de tout le corps, pourquoi lorsque tranquille dans mon lit je forme le plan d'un ouvrage, ou que je poursuis un raisonnement abstrait, pourquoi mon sang s'échauffe-t-il ? pourquoi la fièvre de mon esprit passe-t-elle dans mes veines ? Demandez-le aux hommes d'imagination, aux

À L'ÉPOQUE
Au XVIIIe siècle en France, le pouvoir royal, de droit divin, réprime comme dangereux tout auteur de thèses matérialistes ou athées. C'est ainsi qu'en 1745, *L'Histoire naturelle de l'âme*, de La Mettrie, lui fait perdre sa place de médecin des Gardes françaises à Paris.

25 grands poètes, à ceux qu'un sentiment bien rendu ravit, qu'un goût exquis,
que les charmes de la Nature, de la vérité, ou de la vertu transportent! Par
leur enthousiasme, par ce qu'ils vous diront avoir éprouvé, vous jugerez
de la cause par les effets: par cette *Harmonie* que Borelli[1], qu'un seul anatomiste a mieux connue que tous les Leibniziens, vous connaîtrez l'unité
30 matérielle de l'homme.

Julien Offray de La Mettrie,
L'Homme-machine (1747), Éd. Bossard, 1921, pp. 112-113 et 120.

1. Giovanni-Alfonso Borelli :
   médecin et physicien italien
   (1608-1679), qui a tenté
   d'expliquer les mouvements
   des membres du corps humain
   par les lois de la mécanique.

Diderot

[1713-1784]

XVIIIᵉ SIÈCLE

5 De la matière à la sensibilité

Peut-on, en observant le développement d'un organisme, constater que la pensée y apparaît comme un prolongement de sa matière ? Diderot en est persuadé.

Voyez-vous cet œuf ? c'est avec cela qu'on renverse toutes les écoles de
théologie et tous les temples de la terre. Qu'est-ce que cet œuf ? une masse
insensible avant que le germe y soit introduit ; et après que le germe y est
introduit, qu'est-ce encore ? une masse insensible, car ce germe n'est lui-
5 même qu'un fluide inerte et grossier. Comment cette masse passera-t-elle à
une autre organisation, à la sensibilité, à la vie ? par la chaleur. Qui produira la chaleur ? le mouvement. Quels seront les effets successifs du
mouvement ? Au lieu de me répondre, asseyez-vous, et suivons-les de l'œil
de moment en moment. D'abord c'est un point qui oscille, un filet qui
10 s'étend et qui se colore ; de la chair qui se forme ; un bec, des bouts d'ailes,
des yeux, des pattes qui paraissent ; une matière jaunâtre qui se dévide et
produit des intestins ; c'est un animal. Cet animal se meut, s'agite, crie ;
j'entends ses cris à travers la coque ; il se couvre de duvet ; il voit. La
pesanteur de sa tête, qui oscille, porte sans cesse son bec contre la paroi inté-
15 rieure de sa prison ; la voilà brisée ; il en sort, il marche, il vole, il s'irrite,
il fuit, il approche, il se plaint, il souffre, il aime, il désire, il jouit ; il a
toutes vos affections ; toutes vos actions, il les fait. Prétendrez-vous, avec
Descartes, que c'est une pure machine imitative[1]. Mais les petits enfants se
moqueront de vous, et les philosophes vous répliqueront que si c'est là une
20 machine, vous en êtes une autre. Si vous avouez qu'entre l'animal et vous il
n'y a de différence que dans l'organisation, vous montrerez du sens et de la
raison, vous serez de bonne foi ; mais on en conclura contre vous qu'avec
une matière inerte, disposée d'une certaine manière, imprégnée d'une autre
matière inerte, de la chaleur et du mouvement on obtient de la sensibilité,
25 de la vie, de la mémoire, de la conscience, des passions, de la pensée. Il ne
vous reste qu'un de ces deux partis à prendre ; c'est d'imaginer dans la
masse inerte de l'œuf un élément caché qui en attendait le développement
pour manifester sa présence, ou de supposer que cet élément imperceptible
s'y est insinué à travers la coque dans un instant déterminé du développe-
30 ment. Mais qu'est-ce que cet élément ? Occupait-il de l'espace, ou n'en
occupait-il point ? Comment est-il venu, ou s'est-il échappé, sans se

1. Sur la théorie cartésienne
   des animaux-machines,
   voir le chapitre Le vivant,
   texte 3.

À L'ÉPOQUE

Pour échapper à la
censure et à la prison,
que Diderot a connues
en 1749, ces entretiens,
dont la thèse dominante
est celle du matérialisme,
paraissent de façon
anonyme dans la
Correspondance littéraire
en 1762 et ne seront
publiés qu'à titre
posthume en 1769.

LA RAISON ET LE RÉEL

mouvoir ? Où était-il ? Que faisait-il là ou ailleurs ? A-t-il été créé à l'instant du besoin ? Existait-il ? Attendait-il un domicile ? Homogène, il était matériel ; hétérogène, on ne conçoit ni son inertie avant le développement,
35 ni son énergie dans l'animal développé. Écoutez-vous, et vous aurez pitié de vous-même ; vous sentirez que, pour ne pas admettre une supposition simple qui explique tout, la sensibilité, propriété générale de la matière, ou produit de l'organisation, vous renoncez au sens commun, et vous précipitez dans un abîme de mystères, de contradictions et d'absurdités.

Denis Diderot,
Entretien entre d'Alembert et Diderot (1769), Éd. Bossard, 1921, pp. 52-54.

Fiche Diderot p. 507

Bergson
[1859-1941]

6 Le cerveau et la conscience

Au nom de la science, certains veulent ramener l'activité consciente d'un sujet au seul fonctionnement de son cerveau. Bergson met en question le caractère authentiquement scientifique d'une telle thèse, en prenant ironiquement appui sur ce qu'enseigne l'expérience.

[...] je reviens à ce que je disais d'abord, à l'impossibilité d'appeler scientifique une thèse qui n'est ni démontrée ni même suggérée par l'expérience.

Que nous dit en effet l'expérience ? Elle nous montre que la vie de l'âme ou, si vous aimez mieux, la vie de la conscience, est liée à la vie du
5 corps, qu'il y a solidarité entre elles, rien de plus. Mais ce point n'a jamais été contesté par personne, et il y a loin de là à soutenir que le cérébral est l'équivalent du mental, qu'on pourrait lire dans un cerveau tout ce qui se passe dans la conscience correspondante. Un vêtement est solidaire du clou auquel il est accroché ; il tombe si l'on arrache le clou ; il oscille si le clou
10 remue ; il se troue, il se déchire si la tête du clou est trop pointue ; il ne s'ensuit pas que chaque détail du clou corresponde à un détail du vêtement, ni que le clou soit l'équivalent du vêtement ; encore moins s'ensuit-il que le clou et le vêtement soient la même chose. Ainsi, la conscience est incontestablement accrochée à un cerveau mais il ne résulte nullement de là que le
15 cerveau dessine tout le détail de la conscience, ni que la conscience soit une fonction du cerveau. Tout ce que l'observation, l'expérience, et par conséquent la science nous permettent d'affirmer, c'est l'existence d'une certaine *relation* entre le cerveau et la conscience.

Henri Bergson,
« L'âme et le corps » (1912), in *L'Énergie spirituelle*, Éd. des PUF, 1991, pp. 841-842.

Fiche Bergson p. 522

Husserl
[1859-1938]

7 Sciences de l'esprit et dangers de l'objectivisme

En prenant modèle sur les sciences de la nature, les sciences de l'esprit ne risquent-elles pas de trahir l'esprit lui-même ? En affirmant l'indépendance

de ce dernier, Husserl tient à préserver sa spécificité en même temps que le caractère prioritaire de sa connaissance.

L'esprit et même seul l'esprit existe en lui-même et pour lui-même, il est indépendant et, dans cette indépendance et seulement en elle, il peut être traité de manière véritablement rationnelle et de fond en comble scientifiquement. Mais en ce qui concerne la nature dans sa vérité scientifique, elle n'est indépen-
5 dante qu'apparemment et n'est amenée qu'apparemment pour elle-même à la connaissance rationnelle dans les sciences de la nature. Car la vraie nature dans son sens scientifique est le produit de l'esprit du chercheur des sciences de la nature, elle présuppose donc la science de l'esprit. L'esprit est essentiellement capable de mettre en œuvre la connaissance de
10 soi et, en tant qu'esprit scientifique, la connaissance scientifique, et ce, de manière répétée. Ce n'est que dans la pure connaissance des sciences de l'esprit que le scientifique n'est pas concerné par l'objection selon laquelle son agir lui resterait voilé à lui-même. En conséquence, il est absurde que les sciences de l'esprit combattent les sciences de la nature pour obtenir
15 l'égalité des droits. De même qu'elles accordent à ces dernières leur objectivité à titre d'indépendance, de même elles ont elles-mêmes succombé à l'objectivisme[1]. Mais, telles qu'elles sont maintenant constituées, avec leurs disciplines multiples, elles sont dépourvues de la rationalité dernière et véritable qui rendrait possible la conception spirituelle du monde. C'est
20 précisément ce manque de rationalité véritable de toutes parts qui est la source de l'obscurité de plus en plus intenable dans laquelle se trouve l'homme à l'égard de sa propre existence et de ses tâches infinies. Elles sont inséparablement unifiées en une tâche unique : *ce n'est que lorsque l'esprit cessant de se tourner naïvement vers le dehors, revient en lui-même et demeure*
25 *en lui-même et purement en lui-même, qu'il peut se suffire à lui-même.*

Edmund Husserl,
La Crise de l'humanité européenne et la philosophie (1935),
trad. N. Depraz, Éd. Hatier, coll. « Profil », 1996, pp. 75-76.

1. Objectivisme : tendance à privilégier la connaissance qui, négligeant l'apport du sujet, s'en tient aux données contrôlables de l'expérience.

À L'ÉPOQUE

Husserl s'inscrit dans la filiation de Descartes et du *cogito* (l'existence du sujet pensant) comme fondement de la connaissance.

Fiche Husserl p. 521

Russell
[1872-1970]

8 Une matière sans solidité, un esprit sans spiritualité

La distinction traditionnelle entre la physique (comme étude de la matière et de ses lois) et la psychologie (comme étude de l'esprit et de ses lois) est-elle encore justifiée ? Russell montre qu'il est nécessaire de les concevoir comme complémentaires, tout en renonçant à des oppositions caduques.

Enfin, il faut bien dire que si la vieille distinction entre âme et corps s'est évaporée, c'est tout autant parce que la « matière » a perdu sa solidité que parce que l'« esprit » a perdu sa spiritualité. On pense encore parfois, et tout le monde pensait autrefois, que les données de la physique sont publiques,
5 en ce sens qu'elles sont visibles pour tous, tandis que celles de la psychologie sont privées, étant obtenues par introspection. Mais il ne s'agit que d'une différence de degré. Deux personnes ne peuvent jamais percevoir exactement

LA RAISON ET LE RÉEL

le même objet en même temps, parce que la différence de leurs positions entraîne une différence dans ce qu'elles voient. Quand on examine atten-
10 tivement les données de la physique, on constate qu'elles ont le même caractère privé que celles de la psychologie. Et le caractère quasi public qu'elles possèdent n'est pas entièrement impossible en psychologie.

Les faits qui constituent le point de départ de ces deux sciences sont, en partie au moins, identiques. La tache de couleur que nous voyons est une
15 donnée pour la physique et aussi pour la psychologie. La physique en tire une série de conclusions dans un certain cadre, la psychologie une autre série de conclusions dans un autre cadre. On pourrait dire, bien que ce soit une façon trop grossière d'exprimer les choses, que la physique s'occupe des relations de cause à effet en dehors du cerveau, et la psychologie des
20 relations de cause à effet à l'intérieur du cerveau (à l'exclusion de celles que peut découvrir, par observation extérieure, le physiologiste qui examine le cerveau). Les données de la physique et celles de la psychologie sont des événements qui, en un sens, se produisent dans le cerveau. Ils ont un enchaînement de causes extérieures, qui sont étudiées par la physique, et un
25 enchaînement d'effets intérieurs (souvenirs, habitudes, etc.) qui sont étudiés par la psychologie. Mais il n'existe aucune preuve d'une différence fondamentale entre les éléments du monde physique et ceux du monde psychologique. Nous en savons moins à leur sujet qu'on ne le pensait autrefois, mais nous en savons assez pour être à peu près sûrs que ni l'« âme » ni le « corps »
30 n'ont de place dans la science moderne.

Bertrand Russell,
Science et Religion (1935), trad. P.-R. Mantoux,
Éd. Gallimard, coll. « Folio Essais », 1990, pp. 98-100.

Fiche Russell p. 524

Popper
[1902-1994]

9 Les trois Mondes

Au lieu de réduire le monde matériel au monde mental (ou l'inverse), Popper leur ajoute un troisième monde : celui des théories. Cela lui permet de considérer les interactions qui les lient.

Par « Monde 1 », j'entends ce qui, d'habitude, est appelé le monde de la physique, des pierres, des arbres et des champs physiques des forces. J'entends également y inclure les mondes de la chimie et de la biologie. Par « Monde 2 », j'entends le monde psychologique, qui, d'habitude, est étudié
5 par les psychologues d'animaux aussi bien que par ceux qui s'occupent des hommes, c'est-à-dire le monde des sentiments, de la crainte et de l'espoir, des dispositions à agir et de toutes sortes d'expériences subjectives, y compris les expériences subconscientes et inconscientes. Les deux termes de « Monde 1 » et de « Monde 2 » sont ainsi facilement expliqués. L'explica-
10 tion de ce que j'appelle le « Monde 3 » est un petit peu plus difficile.

Par « Monde 3 », j'entends le monde des productions de l'esprit humain. Quoique j'y inclue les œuvres d'art ainsi que les valeurs éthiques et les institutions sociales (et donc, autant dire les sociétés), je me limiterai

en grande partie au monde des bibliothèques scientifiques, des livres, des
problèmes scientifiques et des théories, y compris les fausses. [...]

Quoique je propose, avec le Dr Johnson, Alfred Landé et d'autres réalistes de bon sens, de considérer le Monde 1 comme le modèle même de la réalité, je ne suis pas moniste mais pluraliste. Un immatérialisme moniste ou un phénoménalisme niant l'existence du Monde 1 et n'admettant que les expériences comme existantes, donc uniquement le Monde 2, fut plutôt à la mode jusqu'à très récemment. Aujourd'hui, le point de vue contraire est beaucoup plus à la mode. Je veux dire le point de vue selon lequel *seul* le Monde 1 existe. Cette façon de voir est appelée matérialisme moniste, ou physicalisme, ou behaviourisme philosophique. Plus récemment, cette théorie a été appelée aussi « théorie de l'identité », parce qu'elle affirme que les expériences mentales sont en réalité identiques aux processus du cerveau.

Les différentes formes de monisme seront remplacées ici par un pluralisme : la thèse des trois mondes. Ce pluralisme s'appuie sur deux séries très différentes d'arguments. D'abord, pour montrer la réalité du Monde 2, on peut faire appel au bon sens et à l'incapacité des physicalistes de produire des arguments efficaces contre cette attitude venant du bon sens selon laquelle une rage de dents peut, en fait, être très réelle.

Mon second argument, cependant, le plus important, procède très différemment. Il part de l'affirmation selon laquelle les objets du Monde 3, telles les théories, sont en forte interaction avec le Monde 1 physique. L'exemple le plus simple est la façon dont nous faisons des changements dans le Monde 1 lorsque nous construisons, par exemple, des réacteurs nucléaires, ou des bombes atomiques, ou des gratte-ciel, ou des terrains d'aviation selon des plans et des théories du Monde 3.

Mon argument principal en faveur de l'existence du Monde 2 des expériences subjectives est que nous devons normalement appréhender ou comprendre une théorie du Monde 3 avant de pouvoir l'utiliser pour agir sur le Monde 1 ; mais appréhender ou comprendre une théorie est un processus mental du Monde 2 : en général, le Monde 3 a une interaction avec le Monde 1 par le truchement du Monde 2, mental. La conception, la construction et l'utilisation de bulldozers pour l'édification de terrains d'aviation en est un exemple. Il y a d'abord une interaction entre la conception par l'esprit humain appartenant au Monde 2 et les restrictions internes des Mondes 1 et 3 qui limitent la planification des machines. Deuxièmement, il y a une interaction entre le Monde 2 et le Monde 1 du cerveau humain qui, à son tour, agit sur nos membres qui, eux, conduisent les bulldozers.

Karl Raimund Popper,
L'Univers irrésolu. Plaidoyer pour l'indéterminisme (1959),
trad. R. Bouveresse, Éd. Hermann, 1984, pp. 94, 96-97.

Fiche Popper p. 528

LA RAISON ET LE RÉEL

Lyotard

[1924-1998]

🔟 Philosophie de la vie et matérialisme

Dans *Matière et mémoire,* Bergson développe une philosophie pragmatiste de la matière : l'action y « est finalisée par un intérêt », et une philosophie métaphysique de la vie : celle-ci est évolution créatrice. Lyotard s'oppose à Bergson en contestant chacune de ces deux approches. Il défend un matérialisme non pragmatiste et rejette toute métaphysique de la vie comme étant « romantique ».

On peut donner à une philosophie de la matière, comme fait Bergson dans *Matière et Mémoire*[1], un tour pragmatiste, qui s'enchaîne aisément, quoi que Bergson lui-même en ait pensé, avec le technologisme ou le techno-scientisme ambiant. L'enchaînement d'une philosophie avec l'autre exige

5 cependant une correction, qui à la réflexion n'est pas minime et dont Bergson a été parfaitement conscient. Le pragmatisme, comme son nom l'indique, est l'une des nombreuses versions de l'humanisme. Le sujet humain qu'il présuppose est certes matériel, engagé dans un milieu, et tourné vers l'action. Il reste que cette dernière est finalisée par un intérêt, qui

10 se représente comme une sorte d'ajustement optimum du sujet à l'environnement. Si l'on observe l'histoire des sciences et des techniques (et des arts dont je n'ai pas parlé, bien que la question de la matière, du matériau en particulier, y soit décisive), on remarque que telle ne fut pas, et telle n'est pas, aujourd'hui surtout, leur finalité.

15 La complexification des transformateurs, théoriques et pratiques, a toujours eu pour effet de déstabiliser l'ajustement du sujet humain à son environnement. Et elle le modifie toujours dans le même sens : elle retarde la réaction, elle multiplie les réponses possibles, elle augmente la liberté matérielle, et en ce sens, elle ne peut que décevoir la demande de

20 sécurité qui est inscrite dans l'humain comme dans tout vivant. Autrement dit, on ne voit pas que le désir, appelons-le ainsi, de complexifier la mémoire puisse relever de la demande d'équilibrer la relation de l'homme avec son milieu. Pragmatiquement, ce désir opère en sens contraire, du moins tout d'abord, et l'on sait que les découvertes et les

25 inventions scientifiques (mais aussi techniques ou artistiques) sont rarement motivées par une demande de sécurité et d'équilibre.

Celle-ci veut le repos, l'identité ; le désir n'en a que faire, aucun succès ne lui complaît ni ne l'arrête.

Bergson introduit, pour réduire cette objection, la notion d'un élan

30 vital, d'une invention créatrice. C'est où il délaisse le pragmatisme, et échange une métaphysique du bien-être pour une téléologie[2] de la vie. Celle-ci n'est pas nouvelle, elle est romantique ou pré-romantique, elle a donné sa pleine mesure dans la dialectique spéculative[3].

Mais dans l'état actuel des sciences et des techniques, le recours à

35 l'entité « Vie » pour couvrir ce que j'appelle, faute de mieux, désir (*conatus, appetitio* chez d'autres), c'est-à-dire la complexification qui désavoue, désautorise pour ainsi dire, tour à tour les objets de demande – cette appellation apparaît beaucoup trop tributaire encore

1. *Matière et Mémoire* : ouvrage de Bergson paru en 1896, qui entend notamment montrer que l'esprit excède l'activité cérébrale qui lui correspond, et considère que la matière est par essence répétition, tandis que l'esprit est création.

2. Téléologie (du grec *télos*, fin et *logos*, discours) : conception selon laquelle les phénomènes sont organisés en fonction d'un but global.

3. Dialectique spéculative : dialectique dans sa version hégélienne, selon laquelle le devenir dans son ensemble est orienté par la réalisation finale de la Raison.

de l'expérience humaine, trop anthropomorphique. Que des systèmes
40 se forment comme l'atome ou l'étoile ou la cellule ou le cortex humain
ou enfin le cortex collectif constitué par les mémoires-machines, dire
qu'une Vie est responsable de cela[4], est contraire, comme toutes les
téléologies, à l'esprit matérialiste, au sens noble, au sens de Diderot[5],
qui est celui de la connaissance. [...]

45   Il me semble que la microphysique et la cosmologie inspirent davantage au philosophe d'aujourd'hui un matérialisme qu'aucune téléologie.
    Un matérialisme immatérialiste, s'il est vrai que la matière est éner-
gie et que l'esprit est de la vibration retenue.

Jean-François Lyotard,
« Matière et temps », in *Matière et Philosophie,*
Éd. du Centre Pompidou, 1988, pp. 45-46 (DR).

4. *Cela : que des systèmes
se forment comme l'atome [...]
ou le cortex collectif constitué
par les mémoires-machines.*

5. Voir le texte 5, p. 277.

Changeux – Ricœur

[1936-] [1913-2005]

11 Modélisation scientifique et appauvrissement du psychique

La neurobiologie étudie le lien « entre une organisation anatomique de neurones et de connexions, d'une part, et le comportement, d'autre part » (Changeux). Une telle approche peut-elle rendre compte de la richesse de la pensée ? Le philosophe a-t-il raison de craindre une perte de sens ? Le scientifique peut-il se contenter de faire valoir la portée libératrice de ses recherches ?

P. RICŒUR. – Ma question est en fait de savoir si l'on peut modéliser[1] l'expérience vécue de la même façon que l'on peut modéliser l'expérience au sens expérimental du mot. La compréhension que j'ai de ma place dans le monde, de moi-même, de mon corps et d'autres corps, se laisse-t-elle
5 modéliser sans dommages ? C'est-à-dire, sans dommage épistémologique, sans perte de sens.

La modélisation est vraiment constructrice dans votre champ et, encore une fois, dans le champ également très construit de la psychologie expérimentale. Mais mon problème est de savoir si la psychologie ne se place pas
10 déjà dans une position ambiguë par rapport à l'expérience vécue et son incroyable richesse. Quand nous aborderons le rapport des sciences neuronales[2] à la morale, nous considérerons les prédispositions « biologiques » à la moralité. Mais cette biologie vécue ne sera pas forcément votre biologie à vous, sans oublier les dimensions spirituelles qui font partie de l'expérience
15 totale. La modélisation ne sera-t-elle pas appauvrissante dans l'ordre de la compréhension du psychique, alors qu'elle est purement et simplement constructrice dans l'ordre du savoir scientifique ?

J.-P. CHANGEUX. – La démarche scientifique impose retenue, prudence et humilité ; elle ne peut avoir l'ambition d'expliquer l'ensemble des fonc-
20 tions du cerveau en une seule fois. J'essaie d'expliquer progressivement et de m'approcher pas à pas de la connaissance objective. Je suis quand même surpris par votre déclaration selon laquelle la démarche de modélisation est

1. Modéliser : former un modèle théorique pertinent.

2. Sciences neuronales : sciences du système nerveux et du cerveau. Elles étudient comment les connexions entre cellules nerveuses se mettent en place au cours du développement individuel et tentent « de rendre compte, de manière rigoureusement formalisée, d'une conduite définie sur la base à la fois de l'organisation anatomique d'un réseau de cellules nerveuses et de l'activité qui circule dans celui-ci » (Changeux).

3. *Bacchus et Ariane*: toile des frères Le Nain.

appauvrissante, s'accompagne de « dommages épistémologiques », entraîne une « perte de sens ». En effet, je cite souvent cette phrase de Paul
25 Ricœur à propos des sciences de l'homme : « expliquer plus pour mieux comprendre » ! Un modèle reste toujours partiel, mais il donne des armes pour progresser dans la connaissance. Le gain attendu est considérable par rapport à ce qui peut être perdu. Pourquoi introduire une quelconque limite a *priori* dans le champ de mes investigations ? Quelle liberté, quelle
30 joie de pouvoir voguer vers l'inconnu, contre vents et marée, en dépit des systèmes de pensée et des idéologies régnantes !

Certes, je sais que je n'arriverai pas à rendre compte aujourd'hui de « l'expérience totale » que j'éprouve, par exemple, devant le *Bacchus et Ariane*[3] du musée d'Orléans, ou à l'écoute du *Requiem* de Fauré (qui,
35 incidemment, n'était pas croyant).

Mais ce que je sais de mes fonctions cérébrales n'appauvrit en rien ma compréhension de cette expérience psychique. Au contraire. Ces explications, si fragmentaires qu'elles soient, me laissent comprendre que cette « dimension spirituelle », je ne la dois à aucune force surnaturelle
40 oppressante ou opprimante.

Jean-Pierre Changeux, Paul Ricœur,
La Nature et la Règle. Ce qui nous fait penser (1998),
Éd. Odile Jacob, coll. « Poches », 2000, pp. 82-83.

À L'ÉPOQUE
À partir des années 1950, les progrès de la neurobiologie et de la cybernétique ont conduit à espérer imiter la pensée humaine dans son intégralité à l'aide de procédures mécaniques, conformément au modèle de la biologie depuis Darwin.

La vérité

Définition élémentaire

▶ **La vérité est l'adéquation d'une représentation avec ce qu'elle représente.** Autrement dit, est vrai l'énoncé qui correspond bien à la réalité. «Adéquat» signifie «conforme».

▶ **Exemple donné par le logicien Tarski:** l'énoncé «la neige est blanche» est vrai si et seulement si la neige est en effet blanche.

Distinguer pour comprendre

▶ **La vérité et l'erreur:** celle-ci est une représentation non adéquate de l'objet. (Mentir, c'est induire autrui en erreur en lui donnant une fausse représentation de ce qui est.)

▶ **La vérité et l'illusion:** représentation non adéquate, l'illusion se donne pour vraie et se produit nécessairement du fait du fonctionnement humain. Ainsi, il ne suffit pas de démentir une illusion pour qu'elle cesse: la tour carrée vue de loin paraît nécessairement ronde, du fait du fonctionnement de notre œil (Descartes).

▶ **La vérité et l'opinion vraie:** quand on fait cette distinction, c'est pour opposer une représentation adéquate de l'objet accompagnée des preuves qui l'établissent, et une représentation adéquate mais non justifiée.

▶ **Les vérités matérielles et les vérités formelles:** on peut opposer les faits empiriques, comme en sciences physiques ou en histoire, dont la vérité est établie par des preuves, et les énoncés non empiriques, comme en logique ou en mathématiques, dont la vérité est la cohérence logique.

Repères associés à la notion

→ **Expliquer / Comprendre** (p. 441)
→ **Objectif / Subjectif** (p. 445)

La raison et le réel

Platon

[427-347 avant J.-C.]

1. Éristique : qui suscite la controverse.

2. Pindare : poète grec (518-438 av. J.-C.).

1 La réminiscence

Puisque l'homme a soif de vérité, où doit-il la chercher ? Mais peut-il seulement entreprendre une telle quête ? Le jeune Ménon semble croire que non. Et si la vérité était déjà présente en notre âme immortelle, sans que nous le sachions clairement ? En faisant du savoir la redécouverte de connaissances oubliées, la réminiscence selon Platon nous enrichit d'une vérité sans limites.

MÉNON. – Et de quelle façon chercheras-tu, Socrate, cette réalité dont tu ne sais absolument pas ce qu'elle est ? Laquelle des choses qu'en effet tu ignores, prendras-tu comme objet de ta recherche ? Et si même, au mieux, tu tombais dessus, comment saurais-tu qu'il s'agit de cette chose
5 que tu ne connaissais pas ?

SOCRATE. – Je comprends de quoi tu parles, Ménon. Tu vois comme il est éristique[1], cet argument que tu débites, selon lequel il n'est possible à un homme de chercher ni ce qu'il connaît ni ce qu'il ne connaît pas ! En effet, ce qu'il connaît, il ne le chercherait pas, parce qu'il le connaît, et le connaissant, n'a aucun besoin d'une recherche ; et ce qu'il ne connaît pas, il ne le
10 chercherait pas non plus, parce qu'il ne saurait même pas ce qu'il devrait chercher.

MÉNON. – Ne crois-tu donc pas que cet argument soit bon, Socrate ?

SOCRATE. – Non, je ne le crois pas.

15 MÉNON. – Peux-tu me dire en quoi il n'est pas bon ?

SOCRATE. – Oui. Voilà, j'ai entendu des hommes aussi bien que des femmes, qui savent des choses divines…

MÉNON. – Que disaient-ils ? Quel était leur langage ?

SOCRATE. – Un langage vrai, à mon sens, et beau !

20 MÉNON. – Quel est-il ? Et qui sont ceux qui tiennent ce langage ?

SOCRATE. – Ce langage, ce sont ceux des prêtres et des prêtresses qui s'attachent à rendre raison des choses auxquelles ils se consacrent, qui le tiennent. C'est aussi Pindare[2] qui parle ainsi, comme beaucoup d'autres poètes, tous ceux qui sont divins. Ce qu'ils disent, c'est ceci. Voyons, exa-
25 mine s'ils te semblent dire la vérité.

Ils déclarent en effet que l'âme des hommes est immortelle, et que tantôt elle arrive à un terme – c'est justement ce qu'on appelle « mourir » –, tantôt elle naît à nouveau, mais qu'elle n'est jamais détruite. C'est précisément la raison pour laquelle il faut passer sa vie de la façon la plus
30 pieuse possible. […]

Or comme l'âme est immortelle et qu'elle renaît plusieurs fois, qu'elle a vu à la fois les choses d'ici et celles de l'Hadès [le monde de l'Invisible], c'est-à-dire toutes les réalités, il n'y a rien qu'elle n'ait appris. En sorte qu'il n'est pas étonnant qu'elle soit capable, à propos de la vertu comme
35 à propos d'autres choses, de se remémorer ces choses dont elle avait justement, du moins dans un temps antérieur, la connaissance. En effet, toutes les parties de la nature étant apparentées, et l'âme ayant tout appris, rien n'empêche donc qu'en se remémorant une seule chose, ce

À L'ÉPOQUE

Pour montrer ce qu'il entend par réminiscence, Socrate demande à Ménon de faire venir un de ses esclaves, sans instruction, et lui soumet un problème mathématique. Il l'amène à construire un carré dont la surface est le double de l'original.

que les hommes appellent précisément « apprendre », on ne redécouvre
40 toutes les autres, à condition d'être courageux et de chercher sans
craindre la fatigue. Ainsi, le fait de chercher et le fait d'apprendre sont,
au total, une réminiscence.

Il ne faut donc pas se laisser persuader par cet argument éristique. En
effet, il nous rendrait paresseux et, chez les hommes, ce sont les indolents
45 qui aiment à l'entendre, tandis que l'argument que j'ai rapporté exhorte au
travail et rend ardent à chercher.

Platon,
Ménon (IVᵉ siècle av. J.-C.), 80d-81e,
trad. M. Canto-Sperber, Éd. Flammarion, coll. « GF », 1991, pp. 152-154.

Fiche Platon p. 477

Sextus Empiricus

[vers 180 - milieu
du IIIᵉ siècle]

1. Les dogmatiques : Sextus
Empiricus nomme ainsi
les philosophes rationalistes,
qui admettent la possibilité
d'une connaissance de la
réalité (plus particulièrement :
Aristote, Épicure, les stoïciens).

2. Diallèle : équivalent d'un
« cercle vicieux » qui mène
à une suspension de
l'assentiment.

2 L'obscurité du vrai

Avant que l'esprit cherche la vérité, il faut admettre qu'elle existe, et que nous pouvons l'atteindre. Le scepticisme de Sextus Empiricus conteste radicalement cette possibilité. Ne suffit-il pas de développer logiquement les positions opposées de ceux qui affirment l'existence du vrai et de ceux qui la nient pour constater qu'on aboutit dans tous les cas à une impasse ?

Comme il y a un désaccord au sujet du vrai parmi les dogmatiques[1], puisque les uns disent qu'il existe quelque chose de vrai, alors que d'autres disent qu'il n'existe rien de vrai, il n'est pas possible de trancher ce désaccord ; en effet celui qui dit qu'il existe quelque chose de
5 vrai n'emportera pas la conviction s'il le dit sans démonstration, à cause du désaccord, et s'il veut apporter une démonstration et qu'il convient qu'elle est fausse, il n'emportera pas la conviction, mais s'il dit que la démonstration est vraie, il tombe dans l'argument du diallèle[2], et on lui demandera aussi une démonstration de ce que cette
10 démonstration est vraie, et une autre pour celle-là, à l'infini. Mais il est impossible de démontrer à l'infini ; il est donc aussi impossible de savoir s'il existe quelque chose de vrai.

De plus le « quelque chose », dont ils disent qu'il est la classe la plus générale, est soit vrai, soit faux, soit ni faux ni vrai, soit et faux
15 et vrai. S'ils disent qu'il est faux, ils conviendront que tout est faux, car de même que tous les animaux particuliers sont animés, puisque l'animal est animé, de même si le plus général de tout – le « quelque chose » – est faux, toutes les choses particulières seront aussi fausses et rien ne sera vrai. Nous en conclurons que rien n'est faux ; en effet les
20 expressions elles-mêmes « tout est faux » et « il existe quelque chose de faux », appartenant à l'ensemble de toutes les choses, seront fausses. Mais si le « quelque chose » est vrai, tout sera vrai. D'où on conclura à nouveau que rien n'est vrai, s'il est vrai que cela – je veux dire « que rien n'est vrai » –, étant une chose qui existe réellement, est vrai. Si le
25 « quelque chose » est à la fois faux et vrai, chaque chose particulière

sera aussi fausse et vraie. De là on conclura que rien n'est vrai par nature ; en effet ce qui a une nature telle qu'il est vrai ne saurait en aucun cas être faux. Et si le « quelque chose » n'est ni faux ni vrai, on conviendra que toutes les choses particulières elles aussi, dont on dira qu'elles ne sont ni
30 fausses ni vraies, ne seront pas vraies. Et pour ces raisons l'existence du vrai nous demeurera obscure.

Sextus Empiricus,
Esquisses pyrrhoniennes (IIᵉ-IIIᵉ siècle),
Livre II, § 85-87, trad. P. Pellegrin,
Éd. du Seuil, coll. « Points Essais », 1997, pp. 247-249.

Fiche Sextus Empiricus p. 485

Augustin
[354-430]

3 Réciprocité de l'être, du vrai et de l'immortalité

Si l'on admet que la vérité est, où peut-on la situer ? Pour étrange qu'elle nous paraisse, cette question que pose Augustin lui permet de montrer que la vérité ne peut être compatible avec ce qui périt. Il faut alors reconnaître que seul ce qui est immortel peut être vrai.

R. (La Raison) – Cette phrase te semble-t-elle vraie : « Tout ce qui est est nécessairement quelque part » ?

A. (Augustin) – Rien qui provoque davantage l'assentiment.

R. – Tu avoues que la vérité est ?

5 A. – Je l'avoue.

R. – Il est donc nécessaire de chercher à savoir où. Car elle n'occupe pas de lieu, à moins que tu ne penses qu'autre chose que le corps occupe le lieu, ou alors que la vérité est un corps.

A. – Je n'en crois rien.

10 R. – Où donc crois-tu qu'elle soit ? N'est pas nulle part ce à quoi nous avons concédé l'être.

A. – Si je le savais, je n'aurais peut-être plus rien à chercher.

R. – Au moins, peux-tu savoir où elle n'est pas ?

A. – Si tu cherches à t'en souvenir avec moi, peut-être le pourrai-je.

15 R. – Elle n'est assurément pas dans les choses périssables. Tout ce qui est ne peut durer, si ne dure ce en quoi cela est[1] ; or, même pour les choses qui périssent, la vérité dure […]. La vérité n'est donc pas dans les choses mortelles. La vérité est, et elle n'est pas nulle part. Il y a donc des choses immortelles. Or, rien n'est vrai en quoi la vérité ne soit. Il s'ensuit que rien n'est
20 vrai si ce n'est ce qui est immortel. Et aucun faux arbre n'est un arbre, et aucune fausse ligne n'est une ligne, et aucun faux argent n'est de l'argent : et, en somme, rien n'est de ce qui est faux. Or, tout ce qui n'est pas vrai est faux. Donc, on ne peut pas dire à juste titre que quelque chose est, si ce n'est ce qui est immortel.

1. Ce en quoi cela est : ce qui sert de support à ce qui existe (*Tout ce qui est,* « accident » ou « substance », étant périssable).

Augustin,
Les Soliloques (IVᵉ-Vᵉ siècle), Livre I, 29, trad. S. Dupuy-Trudelle,
in *Œuvres,* I, Éd. Gallimard, coll. « Bibliothèque de la Pléiade », 1998, p. 215.

Fiche Augustin p. 487

Descartes
[1596-1650]

4 Simplicité de la vérité

**Pour Descartes, toute tentative pour définir la vérité ne peut que l'obscurcir :
c'est que la vérité ne dépend que de notre « lumière naturelle » ou raison
– à condition bien sûr que nous en fassions bon usage.**

Et pour le général du livre[1], il tient un chemin fort différent de celui que
j'ai suivi. Il examine ce que c'est que la vérité ; et pour moi, je n'en ai
jamais douté, me semblant que c'est une notion si transcendantalement[2]
claire, qu'il est impossible de l'ignorer : en effet, on a bien des moyens pour
5 examiner une balance avant que de s'en servir, mais on n'en aurait point
pour apprendre ce que c'est que la vérité, si on ne la connaissait de nature.
Car quelle raison aurions-nous de consentir à ce qui nous l'apprendrait, si
nous ne savions qu'il fût vrai, c'est-à-dire, si nous ne connaissions la
vérité ? Ainsi on peut bien expliquer *quid nominis*[3] à ceux qui n'entendent
10 pas la langue, et leur dire que ce mot *vérité,* en sa propre signification,
dénote la conformité de la pensée avec l'objet, mais que, lorsqu'on l'attribue aux choses qui sont hors de la pensée, il signifie seulement que ces
choses peuvent servir d'objets à des pensées véritables, soit aux nôtres, soit
à celles de Dieu ; mais on ne peut donner aucune définition de logique qui
15 aide à connaître sa nature. Et je crois le même de plusieurs autres choses,
qui sont fort simples et se connaissent naturellement, comme sont la
figure, la grandeur, le mouvement, le lieu, le temps, etc., en sorte que,
lorsqu'on veut définir ces choses, on les obscurcit et on s'embarrasse. Car,
par exemple, celui qui se promène dans une salle, fait bien mieux entendre
20 ce que c'est que le mouvement, que ne fait celui qui dit : *est actus entis in
potentia prout in potentia*[4], et ainsi des autres.

L'auteur prend pour règle de ses vérités le consentement universel ;
pour moi, je n'ai pour règle des miennes que la lumière naturelle, ce qui
convient bien en quelque chose : car tous les hommes ayant une même
25 lumière naturelle, ils semblent devoir tous avoir les mêmes notions ; mais
il est très différent, en ce qu'il n'y a presque personne qui se serve bien de
cette lumière, d'où vient que plusieurs (par exemple tous ceux que nous
connaissons) peuvent consentir à une même erreur, et il y a quantité de
choses qui peuvent être connues par la lumière naturelle, auxquelles jamais
30 personne n'a encore fait de réflexion.

René Descartes,
Lettre à Mersenne, 16 octobre 1639, in *Œuvres et Lettres,*
Éd. Gallimard, coll. « Bibliothèque de la Pléiade », 1966, pp. 1059-1060.

1. Pour le général du livre : pour
l'ensemble du livre. Le livre
en question est *De la Vérité,*
de Herbert de Cherbury,
que Mersenne a envoyé
à Descartes.

2. Transcendantalement :
évidemment.

3. Expliquer *quid nominis* : donner
une explication verbale.

4. *Est actus entis in potentia prout
in potentia :* c'est l'acte de l'être
en puissance, autant qu'il est
en puissance.

À L'ÉPOQUE
En 1637, deux ans avant
cette lettre, Descartes
récapitule, dans son
Discours de la méthode,
les deux outils de la
méthode pour accéder
à la vérité : l'intuition et
la déduction.

Fiche Descartes p. 496

Descartes
[1596-1650]

5 Le monde est un texte à déchiffrer

**Le physicien, selon Descartes, est comme un lecteur qui déchiffre un message
codé. S'il obtient un sens, il est sûr d'avoir trouvé la règle de codage. Mais
sa certitude est seulement morale car, en théorie, il se pourrait que le texte
ait été crypté à l'aide d'un autre code.**

LA RAISON ET LE RÉEL

À L'ÉPOQUE

En 1641, en écrivant les *Méditations,* Descartes a fondé sa physique sur une métaphysique. Si le physicien ne peut avoir qu'une certitude morale, il peut accéder à la certitude absolue en comprenant, comme l'a montré la IIIe Méditation, que Dieu existe et qu'il n'est pas trompeur.

Et si quelqu'un, pour deviner un chiffre[1] écrit avec les lettres ordinaires, s'avise de lire un B partout où il y aura un A, et de lire un C partout où il y a un B, et ainsi de substituer en la place de chaque lettre celle qui la suit en l'ordre de l'alphabet, et que, le lisant de cette façon, il trouve des paroles
5 qui aient du sens, il ne doutera point que ce ne soit le vrai sens de ce chiffre qu'il aura ainsi trouvé, bien qu'il se pourrait faire que celui qui l'a écrit y ait mis un sens tout différent, en donnant une tout autre signification à chaque lettre : car cela peut si difficilement arriver, principalement lorsque ce chiffre contient beaucoup de mots, qu'il n'est moralement pas croyable.

René Descartes,
Principes (1644), « Partie IV. De la terre », article 205,
in *Œuvres et Lettres*, Éd. Gallimard, coll. « Bibliothèque de la Pléiade », 1966, p. 668.

Pascal
[1632-1662]

À L'ÉPOQUE

La nuit du 23 novembre 1654, Pascal fait une expérience mystique de Dieu. Cette révélation religieuse l'amène à privilégier le cœur par rapport à la raison déductive, et à placer au second rang les sciences, dans lesquelles il excelle depuis son jeune âge.

XVIIe SIÈCLE

6 Complémentarité du cœur et de la raison

L'exercice de la raison est-il seul apte à nous faire connaître la vérité ? N'y a-t-il pas d'autre accès à la certitude ? En soulignant la valeur des principes que nous fournit le « cœur », Pascal indique les limites d'une raison « qui voudrait juger de tout » : comment pourrait-elle notamment s'exercer à propos des vérités de la foi ?

110-282. Nous connaissons la vérité non seulement par la raison mais encore par le cœur. C'est de cette dernière sorte que nous connaissons les premiers principes et c'est en vain que le raisonnement, qui n'y a point de part, essaie de les combattre. Les pyrrhoniens[1], qui n'ont que cela pour objet, y tra-
5 vaillent inutilement. Nous savons que nous ne rêvons point. Quelque impuissance où nous soyons de le prouver par raison, cette impuissance ne conclut autre chose que la faiblesse de notre raison, mais non pas l'incertitude de toutes nos connaissances, comme ils le prétendent. Car l[es] connaissances des premiers principes : espace, temps, mouvement,
10 nombres, sont aussi fermes qu'aucune de celles que nos raisonnements nous donnent et c'est sur ces connaissances du cœur et de l'instinct qu'il faut que la raison s'appuie et qu'elle y fonde tout son discours. Le cœur sent qu'il y a trois dimensions dans l'espace et que les nombres sont infinis et la raison démontre ensuite qu'il n'y a point deux nombres carrés dont l'un soit double
15 de l'autre. Les principes se sentent, les propositions se concluent et le tout avec certitude quoique par différentes voies – et il est aussi inutile et aussi ridicule que la raison demande au cœur des preuves de ses premiers principes pour vouloir y consentir, qu'il serait ridicule que le cœur demandât à la raison un sentiment de toutes les propositions qu'elle démontre pour vouloir
20 les recevoir.

Cette impuissance ne doit donc servir qu'à humilier la raison – qui voudrait juger de tout – mais non pas à combattre notre certitude. Comme s'il n'y avait que la raison capable de nous instruire, plût à Dieu que nous n'en eussions au contraire jamais besoin et que nous connussions toutes choses

25 par instinct et par sentiment, mais la nature nous a refusé ce bien ; elle ne
nous a au contraire donné que très peu de connaissances de cette sorte ;
toutes les autres ne peuvent être acquises que par raisonnement.

Et c'est pourquoi ceux à qui Dieu a donné la religion par sentiment de
cœur sont bienheureux et bien légitimement persuadés, mais à ceux qui ne
30 l'ont pas nous ne pouvons la donner que par raisonnement, en attendant
que Dieu la leur donne par sentiment de cœur, sans quoi la foi n'est
qu'humaine et inutile pour le salut.

Blaise Pascal,
Pensées (1670), in *Œuvres complètes,* Éd. du Seuil, 1963, pp. 512-513.

 Fiche `Pascal` p. 497

Hume
[1711-1776]

XVIIIe SIÈCLE

7 Le soleil se lèvera-t-il demain ?

Toutes les vérités que nous pouvons formuler sont-elles de même nature ? Hume distingue celles qui peuvent être démontrées, qui sont indépendantes de la nature et dont la négation est contradictoire, de celles qui concernent les « choses de fait », dont la négation n'est pas contradictoire.

Tous les objets sur lesquels s'exerce la raison humaine ou qui sollicitent
nos recherches se répartissent naturellement en deux genres : les *relations
d'idées* et les *choses de fait.* Au premier genre appartiennent les propositions de la géométrie, de l'algèbre et de l'arithmétique, et, en un mot,
5 toutes les affirmations qui sont intuitivement ou démonstrativement
certaines. Cette proposition : *le carré de l'hypoténuse est égal à la somme des
carrés des deux autres côtés,* exprime une relation entre ces éléments géométriques. Cette autre : *trois fois cinq égalent la moitié de trente,* exprime
une relation entre ces nombres. On peut découvrir les propositions de
10 ce genre par la simple activité de la pensée et sans tenir compte de
ce qui peut exister dans l'univers. N'y eût-il jamais eu dans la nature
de cercle ou de triangle, les propositions démontrées par Euclide n'en
garderaient pas moins pour toujours leur certitude et leur évidence.

Les choses de fait, qui constituent la seconde classe d'objets sur lesquels
15 s'exerce la raison humaine, ne donnent point lieu au même genre de
certitude ; et quelque évidente que soit pour nous leur vérité, cette évidence n'est pas de même nature que la précédente. Le contraire d'une
chose de fait ne laisse point d'être possible, puisqu'il ne peut impliquer
contradiction, et qu'il est conçu par l'esprit avec la même facilité et la
20 même distinction que s'il était aussi conforme qu'il se pût à la réalité. Une
proposition comme celle-ci : *le soleil ne se lèvera pas demain,* n'est pas moins
intelligible et n'implique pas davantage contradiction que cette autre affirmation : *il se lèvera.* C'est donc en vain que nous tenterions d'en démontrer la fausseté. Si elle était fausse démonstrativement, elle impliquerait
25 contradiction, et jamais l'esprit ne pourrait la concevoir distinctement.

David Hume,
Enquête sur l'entendement humain (1748), section IV, partie I, trad. D. Deleule,
Éd. Nathan, coll. « Les Intégrales de philo », 1982, pp. 50-51.

 Fiche `Hume` p. 505

LA RAISON ET LE RÉEL

Kant

[1724-1804]

8 Les critères universels de la vérité

Une fois admis que les objets que nous cherchons à connaître sont différents les uns des autres, est-il possible de découvrir un critère matériel universel de la vérité ? Non, selon Kant, puisque son universalité contredirait son aspect « matériel » (qui concerne les différences entre objets). Il reste cependant possible d'élaborer des critères formels universels de la vérité, puisque leur caractère formel indique qu'on néglige tous les objets possibles.

La vérité, dit-on, consiste dans l'accord de la connaissance avec l'objet. Selon cette simple définition de mot, ma connaissance doit donc s'accorder avec l'objet pour avoir valeur de vérité. Or le seul moyen que j'ai de comparer l'objet avec ma connaissance *c'est que je le connaisse*. Ainsi
5 ma connaissance doit se confirmer elle-même ; mais c'est bien loin de suffire à la vérité. Car puisque l'objet est hors de moi et que la connaissance est en moi, tout ce que je puis apprécier c'est si ma connaissance de l'objet s'accorde avec ma connaissance de l'objet. Les anciens appelaient *diallèle*[1] un tel cercle dans la définition. Et effectivement c'est
10 cette faute que les sceptiques n'ont cessé de reprocher aux logiciens ; ils remarquaient qu'il en est de cette définition de la vérité comme d'un homme qui ferait une déposition au tribunal et invoquerait comme témoin quelqu'un que personne ne connaît, mais qui voudrait être cru en affirmant que celui qui l'invoque comme témoin est un honnête
15 homme. […]

Un critère matériel et universel de la vérité n'est pas possible – il est même en soi contradictoire. Car en tant qu'universel, valable pour tout objet en général, il devrait ne faire acception d'absolument aucune distinction entre les objets tout en servant cependant, justement en tant
20 que critère matériel, à cette distinction-même, pour pouvoir déterminer si une connaissance s'accorde précisément à l'objet auquel elle est rapportée et non pas à un objet quelconque en général, ce qui ne voudrait proprement rien dire. Car la vérité matérielle doit consister dans cet accord d'une connaissance avec cet objet déterminé auquel elle est rap-
25 portée. En effet une connaissance qui est vraie si elle est rapportée à un objet, peut être fausse si elle est rapportée à un autre. Il est donc absurde d'exiger un critère matériel universel de la vérité qui devrait à la fois faire abstraction et ne pas faire abstraction de toute différence entre les objets.
30 En revanche, si ce sont de critères *formels universels* qu'il s'agit, il est aisé de décider qu'il peut parfaitement y en avoir. Car la vérité *formelle* consiste simplement dans l'accord de la connaissance avec elle-même en faisant complètement abstraction de tous les objets et de toute diffé-rence entre eux. Et par conséquent les critères formels universels de la
35 vérité ne sont rien d'autre que les caractères logiques universels de l'accord de la connaissance avec elle-même, ou ce qui est la même chose – avec les lois universelles de l'entendement et de la raison.

1. Diallèle : voir ci-dessus le texte de Sextus Empiricus (texte 2, note 2).

Ces critères formels universels ne sont assurément pas suffisants pour la vérité objective, mais ils doivent cependant être considérés comme sa
40 *conditio sine qua non*[2].

Emmanuel Kant,
Logique (1800), Introduction, VIII,
trad. L. Guillermit, Librairie philosophique J. Vrin, 1966, pp. 54-56.

Fiche Kant p. 509

Kant
[1724-1804]

1. Les *data* : les données.

9 Croyance et savoir

Faut-il maintenir une distinction entre croyance et savoir ? Cette dernière peut, dans certaines conditions, devenir un savoir. Mais lorsqu'elle ne correspond qu'à un besoin de la raison (sans recours possible au témoignage ou à l'expérience), elle ne le peut pas. Il convient alors de distinguer ce qui est hypothèse de ce qui est postulat de la raison : la distinction repose sur l'intention (théorique ou pratique) de la raison elle-même.

Toute croyance, même historique, doit certes être *rationnelle* (car l'ultime pierre de touche de la vérité est toujours la raison) ; cependant une croyance de la raison est celle qui ne se fonde sur d'autres *data*[1] que ceux qui sont contenus dans la raison *pure*. Or toute *croyance* est un assentiment
5 subjectivement suffisant, mais objectivement insuffisant *pour la conscience* ; on l'oppose par conséquent au *savoir*. Par ailleurs, si on donne son assentiment à quelque chose pour des raisons objectives, bien qu'insuffisantes pour la conscience, et qu'il s'agit par suite d'une simple opinion, cette *opinion* peut cependant, si elle est progressivement complétée par
10 des raisons de même espèce, devenir enfin un *savoir*. En revanche, quand les raisons de l'assentiment, d'après leur nature, ne sont objectivement absolument pas valables, la croyance ne pourra jamais devenir un savoir par quelque usage de la raison que ce soit. La croyance historique, par exemple à la mort d'un grand homme qu'attestent quelques lettres, *peut*
15 *devenir un savoir* si les autorités de la localité la font connaître ainsi que sa sépulture, son testament, etc. Que quelque chose puisse ainsi être tenu pour historiquement vrai, c'est-à-dire cru, d'après des témoignages, par exemple qu'il existe une ville nommée Rome dans le monde et que celui qui n'y est jamais allé puisse tout de même dire : *je sais* et pas seulement *je crois* qu'il
20 existe une ville nommée Rome, voilà qui va bel et bien de pair. En revanche, la pure *croyance de la raison* ne pourra jamais être métamorphosée par les *data* naturels de la raison et de l'expérience en un *savoir* parce que le fondement de l'assentiment est simplement subjectif, c'est-à-dire un besoin nécessaire de la raison (et il le restera aussi longtemps que nous serons
25 des hommes) de seulement *supposer* et non de démontrer l'existence d'un être suprême. Ce besoin de la raison, pour un usage *théorique* d'elle-même qui la satisfasse, ne serait rien d'autre qu'une pure *hypothèse de la raison,* c'est-à-dire une opinion qui, pour des raisons subjectives, suffirait à l'assentiment ; parce qu'on ne peut jamais escompter une autre raison
30 que celle-ci pour *expliquer des effets donnés,* et que la raison a cependant

LA RAISON ET LE RÉEL

besoin d'un principe d'explication. En revanche, la *croyance de la raison* qui repose sur le besoin de son usage dans une intention *pratique,* pourrait s'appeler un postulat de la raison [...].

Emmanuel Kant,
Que signifie s'orienter dans la pensée ? (1786),
trad. J.-F. Poirier et F. Proust, Éd. Flammarion, coll. « GF », 1991, pp. 64-65.

Fiche Kant p. 509

Schopenhauer
[1788-1860]

10 Opinion commune et paresse intellectuelle

Comment se forme une opinion commune, alors même qu'elle ne se préoccupe pas de la vérité ? Selon Schopenhauer, elle acquiert une apparence de légitimité en se répandant de proche en proche et la paresse intellectuelle qu'elle favorise constitue un obstacle à la recherche du vrai.

Ce qu'on qualifie d'opinion commune est, à bien l'examiner, l'opinion de deux ou trois personnes ; et c'est de quoi nous pourrions nous convaincre si nous pouvions seulement observer la manière dont naît une pareille opinion commune. Nous découvririons alors que ce sont deux ou trois personnes qui
5 ont commencé à l'admettre ou à l'affirmer, et auxquelles on a fait la politesse de croire qu'ils l'avaient examinée à fond ; préjugeant de la compétence de ceux-ci, quelques autres se sont mis à admettre également cette opinion ; un grand nombre d'autres gens se sont mis à leur tour à croire ces premiers, car leur paresse intellectuelle les poussait à croire de prime abord, plutôt que de
10 commencer par se donner la peine d'un examen. C'est ainsi que de jour en jour, le nombre de tels partisans paresseux et crédules d'une opinion s'est accru ; car une fois que l'opinion avait derrière elle un bon nombre de voix, les générations suivantes ont supposé qu'elle n'avait pu les acquérir que par la justesse de ses arguments. Les derniers douteurs ont désormais été
15 contraints de ne pas mettre en doute ce qui était généralement admis, sous peine de passer pour des esprits inquiets, en révolte contre des opinions universellement admises, et des impertinents qui se croyaient plus malins que tout le monde. Dès lors, l'approbation devenait un devoir. Désormais, le petit nombre de ceux qui sont doués de sens critique sont forcés
20 de se taire ; et ceux qui ont droit à la parole sont ceux qui, totalement incapables de se former des opinions propres et un jugement propre, ne sont que l'écho des opinions d'autrui : ils n'en sont que plus ardents et plus intolérants à les défendre. Car ce qu'ils détestent chez celui qui pense autrement, ce n'est pas tant l'opinion différente qu'il affirme, mais l'outre-
25 cuidance de vouloir juger par lui-même ; ce qu'eux ne risquent jamais, et ils le savent, mais sans l'avouer. Bref : rares sont ceux qui peuvent penser, mais tous veulent avoir des opinions et que leur reste-t-il d'autre que de les emprunter toutes cuites à autrui, au lieu de se les former eux-mêmes ? Puisqu'il en est ainsi, quelle importance faut-il encore attacher à la voix
30 de cent millions d'hommes ? Autant que, par exemple, à un fait de l'histoire que l'on découvre chez cent historiens, au moment où l'on

prouve qu'ils se sont tous copiés les uns les autres, raison pour laquelle, en dernière analyse, tout remonte aux dires d'un seul témoin.

Arthur Schopenhauer,
L'Art d'avoir toujours raison (1830-1831), trad. H. Plard, Éd. Circé-Poche, 1999, pp. 48-49.

📄 Fiche Schopenhauer p. 511

Nietzsche
[1844-1900]

11 La vérité comme falsification

Nietzsche remet en cause l'opposition traditionnelle, en sciences, entre vérité et illusion, en montrant que l'origine de la vérité est dans la falsification : la science substitue à une réalité toujours différente, chaotique et imprévisible, des images fallacieuses où dominent l'identité, l'ordre et la loi.

Pensons encore, en particulier, à la formation des concepts. Tout mot devient immédiatement concept par le fait qu'il ne doit pas servir justement pour l'expérience originale, unique, absolument individualisée, à laquelle il doit sa naissance, c'est-à-dire comme souvenir, mais qu'il doit servir en
5 même temps pour des expériences innombrables, plus ou moins analogues, c'est-à-dire, à strictement parler, jamais identiques et ne doit donc convenir qu'à des cas différents. Tout concept naît de l'identification du non-identique. Aussi certainement qu'une feuille n'est jamais tout à fait identique à une autre, aussi certainement le concept feuille a été formé grâce à l'abandon
10 délibéré de ces différences individuelles, grâce à un oubli des caractéristiques, et il éveille alors la représentation, comme s'il y avait dans la nature, en dehors des feuilles, quelque chose qui serait « la feuille », une sorte de forme originelle selon laquelle toutes les feuilles seraient tissées, dessinées, cernées, colorées, crêpées, peintes, mais par des mains malhabiles au point
15 qu'aucun exemplaire n'aurait été réussi correctement et sûrement comme la copie fidèle de la forme originelle. […] L'omission de l'individuel et du réel nous donne le concept comme elle nous donne aussi la forme, là où au contraire la nature ne connaît ni formes ni concepts, donc, pas non plus de genres, mais seulement un X, pour nous inaccessible et indéfinissable. Car
20 notre antithèse de l'individu et du genre est aussi anthropomorphique et ne provient pas de l'essence des choses, même si nous ne nous hasardons pas non plus à dire qu'elle ne lui correspond pas : ce qui serait une affirmation dogmatique et, en tant que telle, aussi juste que sa contraire.

Qu'est-ce donc que la vérité ? Une multitude mouvante de métaphores,
25 de métonymies, d'anthropomorphismes, bref, une somme de relations humaines qui ont été poétiquement et rhétoriquement faussées, transposées, ornées, et qui, après un long usage, semblent à un peuple fermes, canoniales et contraignantes : les vérités sont les illusions dont on a oublié qu'elles le sont, des métaphores qui ont été usées et qui ont perdu leur force sensible,
30 des pièces de monnaie qui ont perdu leur empreinte et qui entrent dès lors en considération, non plus comme pièces de monnaie, mais comme métal.

Friedrich Nietzsche,
Le Livre du philosophe, III (1873),
trad. A. K. Marietti, Éd. Flammarion, coll. « GF », 1991, pp. 182-183.

📄 Fiche Nietzsche p. 518

LA RAISON ET LE RÉEL

James
[1842-1910]

12 Le concept pragmatique de vérité

William James défend une conception pragmatique de la vérité opposée à celle du rationalisme. La vérité n'est pas une, éternelle et ne se définit pas par conformité à la réalité. Elle est plurielle, évolutive et dépend de nos intérêts pratiques.

Notre définition de la vérité est une définition de vérités au pluriel, de processus de guidage qui se réalisent *in rebus*[1], et n'ont pour unique qualité commune que d'être *payants*. Ils sont payants dans la mesure où ils nous guident vers ou jusqu'à un point dans un système qui plonge en
5 maints endroits dans les percepts sensoriels que nous pouvons éventuellement copier mentalement, mais avec lesquels en tous cas nous sommes dans une relation qu'on pourrait vaguement qualifier de « vérification ». Pour nous, la vérité n'est qu'un nom collectif qui désigne divers processus de vérification, tout comme la santé, la richesse, la force, etc., ne sont que
10 des noms qui recouvrent d'autres processus liés à la vie, et que l'on recherche également parce que cela est payant. La vérité se *fait*, tout comme la santé, la richesse et la force se font au fil de l'expérience.

1. *In rebus* : dans les choses, en latin.

William James,
*Le Pragmatisme (*1907), trad. Nathalie Ferron,
Éd. Flammarion, coll. « Champs », 2007, p. 239.

Russell
[1872-1970]

13 Vérité absolue et vérité « technique »

Il suffit de prendre en compte l'histoire des sciences pour comprendre que la vérité scientifique n'est pas absolue – contrairement aux croyances religieuses. La vérité scientifique, pour Russell, est ainsi simplement « technique » – ce qu'ignoraient les pionniers de la science, et ce qui a pu faire croire qu'ils étaient par principe hostiles à la religion.

Un credo[1] religieux diffère d'une théorie scientifique en ce qu'il prétend exprimer la vérité éternelle et absolument certaine, tandis que la science garde un caractère provisoire : elle s'attend à ce que des modifications de ses théories actuelles deviennent tôt ou tard nécessaires, et se rend compte
5 que sa méthode est logiquement incapable d'arriver à une démonstration complète et définitive. Mais, dans une science évoluée, les changements nécessaires ne servent généralement qu'à obtenir une exactitude légèrement plus grande ; les vieilles théories restent utilisables quand il s'agit d'approximations grossières, mais ne suffisent plus quand une observation
10 plus minutieuse devient possible. En outre, les inventions techniques issues des vieilles théories continuent à témoigner que celles-ci possédaient un certain degré de vérité pratique, si l'on peut dire. La science nous incite donc à abandonner la recherche de la vérité absolue, et à y substituer ce qu'on peut appeler la vérité « technique », qui est le propre de toute théorie
15 permettant de faire des inventions ou de prévoir l'avenir. La vérité

1. *Credo* : je crois, en latin. Un credo est un dogme, un article de foi.

« technique » est une affaire de degré : une théorie est d'autant plus vraie qu'elle donne naissance à un plus grand nombre d'inventions utiles et de prévisions exactes. La « connaissance » cesse d'être un miroir mental de l'univers, pour devenir un simple instrument à manipuler la matière.
20 Mais ces implications de la méthode scientifique n'apparaissaient pas aux pionniers de la science : ceux-ci, tout en utilisant une méthode nouvelle pour rechercher la vérité, continuaient à se faire de la vérité elle-même une idée aussi absolue que leurs adversaires théologiens.

Bertrand Russell, *Science et Religion* (1935),
trad. P.-R. Mantoux, Éd. Gallimard, coll. « Folio Essais », 1990, p. 12-13.

Fiche Russell p. 524

Einstein et Infeld

[1879-1955] [1898-1968]

14 La réalité objective, horizon ultime de la connaissance

Quelle relation la vérité scientifique entretient-elle avec la réalité ? Pour la science moderne, on ne saurait les confondre. Tout au plus peut-on admettre que les lois et les vérités de la science, dans leur développement, se rapprochent du réel en expliquant de mieux en mieux ses phénomènes. Mais Einstein et Infeld précisent que ce réel reste une « limite idéale », avec laquelle la vérité scientifique ne viendra jamais coïncider.

Les concepts physiques sont des créations libres de l'esprit humain et ne sont pas, comme on pourrait le croire, uniquement déterminés par le monde extérieur. Dans l'effort que nous faisons pour comprendre le monde, nous ressemblons quelque peu à l'homme qui essaie de com-
5 prendre le mécanisme d'une montre fermée. Il voit le cadran et les aiguilles en mouvement, il entend le tic-tac, mais il n'a aucun moyen d'ouvrir le boîtier. S'il est ingénieux, il pourra se former quelque image du mécanisme, qu'il rendra responsable de tout ce qu'il observe, mais il ne sera jamais sûr que son image soit la seule capable d'expli-
10 quer ses observations.

Il ne sera jamais en état de comparer son image avec le mécanisme réel, et il ne peut même pas se représenter la possibilité ou la signification d'une telle comparaison. Mais le chercheur croit certainement qu'à mesure que ses connaissances s'accroîtront, son image de la réalité deviendra de plus
15 en plus simple et expliquera des domaines de plus en plus étendus de ses impressions sensibles. Il pourra aussi croire à l'existence d'une limite idéale de la connaissance que l'esprit humain peut atteindre. Il pourra appeler cette limite idéale la réalité objective.

Albert Einstein et Léopold Infeld,
L'Évolution des idées en physique (1936),
trad. M. Solovine, Éd. Flammarion, coll. « Champs », 1983, pp. 34-35.

À L'ÉPOQUE

Einstein et son collaborateur Einfeld ont écrit *L'Évolution des idées en physique* contre une vision empiriste de la science, selon laquelle les théories scientifiques s'élaborent de manière inductive, en généralisant de façon seulement probable à partir des données de l'expérience.

LA RAISON ET LE RÉEL

Rougier
[1889-1982]

15 Dualité de la vérité

Peut-on se contenter d'évoquer la vérité, comme s'il ne devait en exister qu'une sorte ? Une fois reconnu que c'est une valeur qui concerne les propositions, et non le réel, encore faut-il en distinguer deux sortes : celle de la forme des propositions, et celle de leur contenu. Les philosophes eux-mêmes n'ont-ils pas trop souvent oublié cette distinction ?

La confusion entre les deux sortes de vérité est la source d'un grand nombre de méprises philosophiques.

La première est celle des Rationalistes classiques, des Criticistes et des Idéalistes allemands. À parler de la théorie des nombres *naturels,* de la
5 géométrie, de la mécanique, de la physique et, parfois, de la biologie *rationnelles,* ils ont entendu que l'arithmétique pythagoricienne, la géométrie euclidienne, la mécanique cartésienne ou newtonienne, la physique des forces centrales, la philosophie de la nature basée sur une dialectique de concepts étaient des sciences jouissant d'un double privilège : celui d'être démontrables
10 par les seules ressources de la pensée pure ; celui d'être applicables *a priori* à la nature. Confondant les schémas logiques que sont l'arithmétique pure et la géométrie pure avec la matière intuitive en laquelle ils sont ordinairement engagés ; distinguant mal l'évidence rationnelle qui dérive du caractère tautologique[1] des raisonnements déductifs d'avec l'évidence intuitive qui dérive de
15 l'inspection d'un modèle, ils ont cru en l'existence de propositions *synthétiques a priori*[2], basées sur une évidence hybride, mi-rationnelle et mi-intuitive, qui n'était que l'expression subjective de simples habitudes mentales acquises au cours de l'évolution de l'espèce. Nous verrons comment la théorie des nombres naturels, la géométrie ordinaire, la mécanique classique ne
20 s'appliquent pas *a priori* à la nature ; comment elles ne jouissent d'aucun privilège, sauf de correspondre à des expériences macroscopiques coutumières.

Les Empiristes ont commis l'erreur inverse. John Stuart Mill, Herbert Spencer ont vainement essayé de prouver que les règles de la Logique, les principes des mathématiques sont des généralisations empiriques. Si les
25 propositions de la logique et des mathématiques étaient telles, elles participeraient du caractère approximatif et contingent de toute connaissance *a posteriori*[3]. Ils n'ont pas su découvrir le caractère conventionnel des propositions logico-mathématiques, qui se réfèrent, non aux objets naturels et à leurs comportements, mais au langage que nous tenons à leur sujet. […]
30 La dualité de la vérité formelle ou tautologique, qui se rapporte à la forme des propositions, et de la vérité matérielle, intuitive ou empirique, qui se rapporte au contenu des propositions est à la base de toute théorie de la connaissance. La croyance en l'univocité du concept de vérité nous jette dans le panlogisme[4] leibnizien qui tient toutes les vérités pour analytiques[5],
35 ou dans l'empirisme naïf qui oublie la faculté que possède l'esprit humain de créer des systèmes purement formels soumis à la seule condition d'être cohérents.

Louis Rougier,
Traité de la connaissance, Éd. Gauthier-Villars, 1955, pp. 43-44.

1. Tautologique (du grec *to autos,* le même, et *logos,* le discours) : qui ne fait que redire la même chose.

2. Kant considère les propositions mathématiques comme des jugements synthétiques *a priori,* c'est-à-dire qui fournissent quelque chose de nouveau sans rien emprunter pourtant à l'expérience.

3. *A posteriori* : tiré de l'expérience.

4. Panlogisme : tentative de tout ramener à la logique.

5. Analytique : qui n'apporte rien de nouveau, qui se contente d'expliciter ce qui est contenu dans un concept.

Foucault

[1926-1984]

16 La vérité, de l'acte ritualisé d'énonciation à l'énoncé

La vérité a-t-elle toujours concerné nos énoncés et ce que nous y disons ? Avant Platon, ne qualifiait-elle pas davantage l'efficacité d'un discours que son mode d'élaboration ? Puisque notre « volonté de vérité » est une élaboration historique, il n'est pas inconcevable qu'elle soit susceptible d'autres transformations.

Car, chez les poètes grecs du vıᵉ siècle encore, le discours vrai – au sens fort et valorisé du mot – le discours vrai pour lequel on avait respect et terreur, celui auquel il fallait bien se soumettre, parce qu'il régnait, c'était le discours prononcé par qui de droit et selon le rituel requis ; c'était le discours qui
5 disait la justice et attribuait à chacun sa part ; c'était le discours qui, prophétisant l'avenir, non seulement annonçait ce qui allait se passer, mais contribuait à sa réalisation, emportait avec soi l'adhésion des hommes et se tramait ainsi avec le destin. Or voilà qu'un siècle plus tard la vérité la plus haute ne résidait plus déjà dans ce qu'*était* le discours ou dans ce qu'il *faisait,* elle
10 résidait en ce qu'il *disait* : un jour est venu où la vérité s'est déplacée de l'acte ritualisé, efficace, et juste, d'énonciation, vers l'énoncé lui-même : vers son sens, sa forme, son objet, son rapport à sa référence. Entre Hésiode[1] et Platon un certain partage s'est établi, séparant le discours vrai et le discours faux ; partage nouveau puisque désormais le discours vrai n'est plus le dis-
15 cours précieux et désirable, puisque ce n'est plus le discours lié à l'exercice du pouvoir. Le sophiste est chassé.

Ce partage historique a sans doute donné sa forme générale à notre volonté de savoir. Mais il n'a pas cessé pourtant de se déplacer : les grandes mutations scientifiques peuvent peut-être se lire parfois comme les consé-
20 quences d'une découverte, mais elles peuvent se lire aussi comme l'apparition de formes nouvelles dans la volonté de vérité.

Michel Foucault,
L'Ordre du discours, Éd. Gallimard, 1971, pp. 16-18.

1. Hésiode : poète grec
(vıııᵉ-vııᵉ siècle av. J.-C.).

📄 Fiche Foucault p. 533

Platon

[427-347 avant J.-C.]

La République (livre VII)

Au livre VI de la *République,* Platon a réparti les êtres de *façon hiérarchique* en quatre régions : 1. Au sommet, les idées qui correspondent aux premiers principes, et que l'on atteint par intuition ; 2. Puis, les idées que l'on atteint par raisonnement ; 3. En descendant encore, les choses sensibles, où règne l'opinion ; 4. Au plus bas, les fictions sensibles, où règne l'imagination fantaisiste. Le mythe de la caverne au Livre VII illustre par une image sensible les deux modes, ascendant et descendant, de la démarche du philosophe (la dialectique). Partant du sensible (la caverne), dans lequel la vie humaine est plongée, le philosophe doit s'élever vers les idées (le monde extérieur) dont le principe suprême a pour image le Soleil – source de la lumière ou, par analogie, de la connaissance –, puis il doit redescendre dans l'obscurité du sensible afin de libérer, à ses risques et périls, les hommes prisonniers de l'illusion (ils contemplent attachés des ombres sur une paroi).

« Le mythe de la caverne »

– Eh bien, après cela, [c'est Socrate qui parle], compare notre nature, considérée sous l'angle de l'éducation et de l'absence d'éducation, à la situation suivante. Représente-toi des hommes dans une sorte d'habita-
5 tion souterraine en forme de caverne. Cette habitation possède une entrée disposée en longueur, remontant de bas en haut tout le long de la caverne vers la lumière. Les hommes sont dans cette grotte depuis l'enfance, les jambes et le cou ligotés de telle sorte qu'ils restent sur place et ne peuvent regarder que ce qui se trouve devant eux, incapables de tourner la tête à
10 cause de leurs liens. Représente-toi la lumière d'un feu qui brûle sur une hauteur loin derrière eux et, entre le feu et les hommes enchaînés, un che-min sur la hauteur, le long duquel tu peux voir l'élévation d'un petit mur, du genre de ces cloisons qu'on trouve chez les montreurs de marionnettes et qu'ils érigent pour les séparer des gens. Par-dessus ces cloisons, ils
15 montrent leurs merveilles.

– Je vois, dit [Glaucon].

– Imagine aussi, le long de ce muret, des hommes qui portent toutes sortes d'objets fabriqués qui dépassent le muret, des statues d'hommes et d'autres animaux, façonnées en pierre, en bois et en toute espèce
20 de matériau. Parmi ces porteurs, c'est bien normal, certains parlent, d'autres se taisent.

– Tu décris là, dit-il, une image étrange et de biens étranges prisonniers.

– Ils sont semblables à nous, dis-je. Pour commencer, crois-tu en effet que de tels hommes auraient pu voir quoi que ce soit d'autre, d'eux-mêmes

➲ Repère
**Ressemblance
/ analogie,** p. 448

25 et les uns des autres, si ce ne sont les ombres qui se projettent, sous l'effet du feu, sur la paroi de la grotte en face d'eux ?

– Comment auraient-il pu, dit-il, puisqu'ils ont été forcés leur vie durant de garder la tête immobile ?

– Qu'en est-il des objets transportés ? N'est-ce pas la même chose ?

30 – Bien sûr que si.

– Alors, s'ils avaient la possibilité de discuter les uns avec les autres, n'es-tu pas d'avis qu'ils considéreraient comme des êtres réels les choses qu'ils voient ?

– Si, nécessairement.

35 – Et que se passerait-il si la prison recevait aussi un écho provenant de la paroi d'en face ? Chaque fois que l'un de ceux qui passent se mettrait à parler, crois-tu qu'ils penseraient que celui qui parle est quelque chose d'autre que l'ombre qui passe ?

– Par Zeus, non, dit-il, je ne le crois pas.

▶ Repère
Croire / savoir, p. 438

40 – Mais alors, dis-je, de tels hommes considéreraient que le vrai n'est absolument rien d'autre que les ombres des objets fabriqués.

– De toute nécessité, dit-il.

– Examine dès lors, dis-je, la situation qui résulterait de la libération de leurs liens et de la guérison de leur égarement, dans l'éventualité où, dans le
45 cours des choses, il leur arriverait ce qui suit. Chaque fois que l'un d'entre eux serait détaché et contraint de se lever subitement, de retourner la tête, de marcher et de regarder vers la lumière, à chacun de ses mouvements il souffrirait, et l'éblouissement le rendrait incapable de distinguer ces choses dont il voyait auparavant les ombres. Que crois-tu qu'il répondrait
50 si quelqu'un lui disait que tout à l'heure il ne voyait que des lubies, alors que maintenant, dans une plus grande proximité de ce qui est réellement, et tourné davantage vers ce qui est réellement, il voit plus correctement ? Surtout si, en lui montrant chacune des choses qui passent, on le contraint de répondre à la question : qu'est-ce que c'est ? Ne crois-tu pas qu'il serait
55 incapable de répondre et qu'il penserait que les choses qu'il voyait aupara-vant étaient plus vraies que celles qu'on lui montre à présent ?

– Bien plus vraies, dit-il.

– Et de plus, si on le forçait à regarder en face la lumière elle-même, n'aurait-il pas mal aux yeux et ne la fuirait-il pas en se retournant vers ces
60 choses qu'il est en mesure de distinguer ? Et ne considérerait-il pas que ces choses-là sont réellement plus claires que celles qu'on lui montre ?

– C'est le cas, dit-il.

▶ Repère
Transcendant
/immanent, p. 449

– Si par ailleurs, dis-je, on le tirait de là par la force, en le faisant remonter la pente raide et si on ne le lâchait pas avant de l'avoir sorti
65 dehors à la lumière du soleil, n'en souffrirait-il pas et ne s'indigne-rait-il pas d'être tiré de la sorte ? Et lorsqu'il arriverait à la lumière, les yeux éblouis par l'éclat du jour, serait-il capable de voir ne fût-ce qu'une seule des choses qu'à présent on lui dirait êtres vraies ?

– Non, il ne le serait pas, dit-il, en tout cas pas sur le coup.

70 – Je crois bien qu'il aurait besoin de s'habituer, s'il doit en venir à voir les choses d'en-haut. Il distinguerait d'abord plus aisément les ombres,

et après cela, sur les eaux, les images des hommes et des autres êtres qui s'y reflètent, et plus tard encore ces êtres eux-mêmes. À la suite de quoi, il pourrait contempler plus facilement, de nuit, ce qui se trouve dans le ciel, et
75 le ciel lui-même, en dirigeant son regard vers la lumière des astres et de la lune, qu'il ne contemplerait de jour le soleil et sa lumière.

— Comment faire autrement ?

— Alors, je pense que c'est seulement au terme de cela qu'il serait enfin capable de discerner le soleil, non pas dans ses manifestations
80 sur les eaux ou dans un lieu qui lui est étranger, mais lui-même en lui-même, dans son espace propre, et de le contempler tel qu'il est.

— Nécessairement, dit-il.

▶ Repère
Cause / FIN, p. 437

— Et après cela, dès lors, il en inférerait au sujet du soleil que c'est lui qui produit les saisons et les années, et qui régit tout ce qui se trouve
85 dans le lieu visible, et qui est cause d'une certaine manière de tout ce qu'ils voyaient là-bas.

— Il est clair, dit-il, qu'il en arriverait là ensuite.

— Mais alors quoi ? Ne crois-tu pas que, se remémorant sa première habitation, et la sagesse de là-bas, et ceux qui étaient alors ses compa-
90 gnons de prison, il se réjouirait du changement, tandis qu'eux il les plaindrait ?

— Si, certainement.

— Les honneurs et les louanges qu'ils étaient susceptibles de recevoir alors les uns des autres, et les privilèges conférés à celui qui distinguait
95 avec le plus d'acuité les choses qui passaient et se rappelait le mieux celles qui défilaient habituellement avant les autres, lesquelles après et lesquelles ensemble, celui qui était le plus capable de deviner, à partir de cela, ce qui allait venir, celui là, es-tu d'avis qu'il désirerait posséder ces privilèges et qu'il envierait ceux qui, chez ces hommes-là, reçoivent
100 les honneurs et auxquels on confie le pouvoir ? Ou bien crois-tu qu'il éprouverait ce dont parle Homère, et qu'il préférerait de beaucoup, *étant aide-laboureur, être aux gages d'un autre homme, un sans terre,*[1] et subir tout au monde plutôt que de s'en remettre à l'opinion et de vivre de cette manière ?

1. Homère, *Odyssée*, XI, 489-490.

105 — C'est vrai, dit-il, je crois pour ma part qu'il accepterait de tout subir plutôt que de vivre de cette manière-là.

— Alors, réfléchis bien à ceci, dis-je. Si, à nouveau, un tel homme descendait pour prendre place au même endroit, n'aurait-il pas les yeux remplis d'obscurité, ayant quitté tout d'un coup le soleil ?

110 — Si, certainement, dit-il.

— Alors, s'il lui fallait de nouveau concourir avec ceux qui se trouvent toujours prisonniers là-bas, en formulant des jugements pour discriminer les ombres de là-bas, dans cet instant où il se trouve alors aveuglé, avant que ses yeux ne se soient remis et le temps requis pour qu'il s'habitue étant
115 loin d'être négligeable, ne serait-il pas l'objet de moqueries et ne dirait-on pas de lui : « comme il a gravi le chemin qui mène là-haut, il revient les yeux ruinés », et encore : « cela ne vaut même pas la peine d'essayer d'aller là-haut » ? Quant à celui qui entreprendrait de les détacher et de les

conduire en haut, s'ils avaient le pouvoir de s'emparer de lui de quelque
120 façon et de le tuer, ne le tueraient-ils pas ?

– Si, absolument, dit-il.

Platon,
La République (IVe siècle av. J.-C.), Livre VII, 514a-517a,
trad. G. Leroux, Éd. Flammarion, coll. « GF », 2002, pp. 358-362.

Fiche Platon p. 477

Kant
[1724-1804]

XVIIIe SIÈCLE

Critique de la raison pure

Dans la *Critique de la raison pure*, Kant tente de construire une synthèse entre la métaphysique rationaliste, qui prétend connaître *a priori* (sans passer par l'expérience) l'être en soi des choses, et l'empirisme anti-métaphysique de Hume, qui affirme que la connaissance est toujours *a posteriori* (dérive de l'expérience). Sa solution est de penser l'*a priori* comme condition de possibilité de l'expérience : la raison ne peut atteindre les choses en soi, mais uniquement les phénomènes. Il ne faut donc pas faire tourner le sujet autour des objets, comme le font les empiristes : ce sont les objets qui tournent autour du sujet (sont constitués par lui de façon *a priori*). Une telle révolution théorique est analogue à la révolution de Copernic en astronomie : ce n'est pas le Soleil – source de la lumière ou, par analogie, de la connaissance – qui tourne autour de la Terre (le monde de l'expérience), mais l'inverse. Cette révolution prolonge la révolution cartésienne qui situe la source de la connaissance dans le Sujet, et non plus en Dieu. Kant achève ainsi de séparer la philosophie de la théologie, le savoir de la foi.

Préface de la seconde édition (1787)

Si, dans le travail que l'on fait sur des connaissances qui sont du domaine propre de la raison, on suit ou non la voie sûre d'une science, c'est ce qu'on peut juger bientôt d'après le résultat. Quand, après avoir fait beaucoup de
5 dispositions et de préparatifs, aussitôt qu'on arrive au but, on tombe dans l'embarras, ou que, pour l'atteindre, on doit, plusieurs fois, retourner en arrière et prendre une autre route ; quand, de même, il n'est pas possible de mettre d'accord les divers collaborateurs sur la manière dont il faut poursuivre le but commun, alors on peut toujours être convaincu qu'une
10 telle étude est encore bien loin d'avoir suivi la marche sûre d'une science et qu'elle est un simple tâtonnement ; et c'est déjà un mérite pour la raison de découvrir, autant qu'elle peut, ce chemin, dût-elle même renoncer, comme à des choses vaines, à plusieurs vues qui étaient contenues dans le but primitif qu'on s'était proposé sans réflexion.
15 Que la *Logique* ait suivi ce chemin déjà depuis les temps les plus anciens, le fait que, depuis ARISTOTE, elle n'a été obligée de faire aucun pas en arrière, suffit à le montrer : je suppose en effet que l'on ne voudra pas lui compter pour des améliorations la mise au rancart de quelques subtilités superflues ou une détermination plus claire de son exposé, choses qui touchent plutôt à
20 l'élégance qu'à la certitude de la science. Ce qu'il faut encore admirer en elle,

La raison et le réel

Œuvres pour l'oral **303**

c'est que, jusqu'à présent, elle n'a pu faire, non plus, aucun pas en avant et que, par conséquent, selon toute apparence, elle semble close et achevée. En effet, si quelques modernes ont cru l'étendre en y ajoutant des chapitres soit de *Psychologie,* sur les diverses facultés de la connaissance (l'imagination, l'esprit), soit de *Métaphysique,* sur l'origine de la connaissance ou sur les diverses espèces de certitude suivant la diversité des objets (sur l'Idéalisme, le Scepticisme, etc.), soit d'*Anthropologie,* sur les préjugés (leurs causes et leurs remèdes), cela prouve leur méconnaissance de la nature propre de cette science. On n'étend pas, mais on défigure les sciences, quand on en fait se pénétrer les limites ; or, les limites de la logique sont rigoureusement déterminées par cela seul qu'elle est une science qui expose dans le détail et prouve de manière stricte, uniquement les règles formelles de toute pensée (que cette pensée soit *a priori* ou empirique, qu'elle ait telle ou telle origine ou tel ou tel objet, qu'elle trouve dans notre esprit des obstacles accidentels ou naturels).

Si la Logique a si bien réussi, elle ne doit cet avantage qu'à sa limitation qui l'autorise et même l'oblige à faire abstraction de tous les objets de la connaissance et de toutes leurs différences, par suite de quoi l'entendement n'a à s'y occuper absolument que de lui-même et de sa forme. Il devait être naturellement plus difficile pour la raison d'entrer dans la voie sûre de la science, quand elle n'a plus affaire simplement à elle-même, mais aussi à des objets ; c'est pourquoi la logique même, en tant que propédeutique, ne constitue, pour ainsi dire, que le vestibule des sciences, et quand il est question des connaissances, on suppose, il est vrai, une logique pour les apprécier, mais l'acquisition de ces connaissances est à chercher dans les sciences proprement et objectivement appelées de ce nom.

En tant qu'il doit y avoir de la raison dans les sciences, il faut qu'on y connaisse quelque chose *a priori,* et la connaissance de la raison peut se rapporter à son objet de deux manières, soit simplement pour *déterminer* cet objet et son concept (qui doit être donné d'autre part), soit aussi pour le *réaliser.* L'une est la *connaissance théorique* et l'autre la *connaissance pratique* de la raison. Il faut que la partie pure de chacune, si étendu ou si restreint que puisse être son contenu, à savoir, celle dans laquelle la raison détermine son objet entièrement *a priori,* soit exposée tout d'abord seule et sans aucun mélange de ce qui vient d'autres sources ; car c'est de la mauvaise économie que de dépenser aveuglément toutes ses rentrées, sans pouvoir distinguer plus tard, quand les revenus viennent à manquer, quelle partie de ces revenus peut supporter la dépense et sur quelle partie il faut la restreindre.

La *Mathématique* et la *Physique* sont les deux connaissances théoriques de la raison qui doivent déterminer leurs objets *a priori,* la première d'une façon entièrement pure, la seconde au moins en partie, mais alors en tenant compte d'autres sources de connaissance que de celles de la raison.

La *Mathématique,* depuis les temps les plus reculés où s'étende l'histoire de la raison humaine, est entrée, chez l'admirable peuple grec, dans la voie sûre d'une science. Mais il ne faut pas croire qu'il lui ait été plus facile qu'à la Logique, où la raison n'a affaire qu'à elle-même, de trouver ce chemin royal, ou plutôt de se le tracer à elle-même. Je crois plutôt que (principalement chez

▣ Repère
Formel / matériel,
p. 441

▣ Repère
Objectif / subjectif,
p. 445

* Les notes, numérotées
de 1 à 6 sont des notes de Kant.
Elles se trouvent à la fin du texte
(pp. 316-317).

les Égyptiens) elle est restée longtemps à tâtonner et que ce changement définitif doit être attribué à une révolution qu'opéra l'heureuse idée d'un seul homme, dans une tentative à partir de laquelle la voie que l'on devait suivre ne pouvait plus rester cachée et par laquelle était ouverte et tracée, pour tous les temps et à des distances infinies, la sûre voie scientifique. L'histoire de cette révolution dans la méthode, qui fut plus importante que la découverte du chemin du fameux cap, et celle de l'heureux mortel qui l'accomplit, ne nous sont point parvenues. Cependant la tradition que nous rapporte DIOGÈNE LAERTE, qui nomme le prétendu inventeur des plus petits éléments des démonstrations géométriques, de ceux qui, de l'avis général, n'ont jamais besoin de démonstration, prouve que le souvenir de la révolution qui fut opérée par le premier pas fait dans cette voie récemment découverte a dû paraître extraordinairement important aux mathématiciens et est devenu par là même inoubliable. Le premier qui démontra le *triangle isocèle* (qu'il s'appelât THALÈS ou comme l'on voudra) eut une révélation ; car il trouva qu'il ne devait pas suivre pas à pas ce qu'il voyait dans la figure, ni s'attacher au simple concept de cette figure comme si cela devait lui en apprendre les propriétés, mais qu'il lui fallait réaliser (ou construire) cette figure, au moyen de ce qu'il y pensait et s'y représentait lui-même *a priori* par concepts (c'est-à-dire par construction), et que, pour savoir sûrement quoi que ce soit *a priori*, il ne devait attribuer aux choses que ce qui résulterait nécessairement de ce que lui-même y avait mis, conformément à son concept.

La *Physique* arriva bien plus lentement à trouver la grande voie de la science ; il n'y a guère plus d'un siècle et demi en effet que l'essai magistral de l'ingénieux BACON DE VERULAM en partie provoqua et en partie, car on était déjà sur sa trace, ne fit que stimuler cette découverte qui, tout comme la précédente, ne peut s'expliquer que par une révolution subite dans la manière de penser. Je ne veux considérer ici la Physique qu'en tant qu'elle est fondée sur des principes empiriques.

Quand GALILÉE fit rouler ses sphères sur un plan incliné avec un degré d'accélération dû à la pesanteur déterminé selon sa volonté, quand TORRICELLI fit supporter à l'air un poids qu'il savait lui-même d'avance être égal à celui d'une colonne d'eau à lui connue, on quand, plus tard, STAHL transforma les métaux en chaux et la chaux en métal, en leur ôtant ou en leur restituant quelque chose*[1], ce fut une révélation lumineuse pour tous les physiciens. Ils comprirent que la raison ne voit que ce qu'elle produit elle-même d'après ses propres plans et qu'elle doit prendre les devants avec les principes qui déterminent ses jugements, suivant des lois immuables, qu'elle doit obliger la nature à répondre à ses questions et ne pas se laisser conduire pour ainsi dire en laisse par elle ; car autrement, faites au hasard et sans aucun plan tracé d'avance, nos observations ne se rattacheraient point à une loi nécessaire, chose que la raison demande et dont elle a besoin. Il faut donc que la raison se présente à la nature tenant, d'une main, ses principes qui seuls peuvent donner aux phénomènes concordant entre eux l'autorité de lois, et de l'autre, l'expérimentation qu'elle a imaginée d'après ces principes, pour être instruite par elle, il est vrai, mais non pas comme un écolier qui se

⊵ Repère
**CONTINGENT
/ nécessaire
/ POSSIBLE**, p. 437

⊵ Repère
**PRINCIPE
/ conséquence**, p. 447

⊵ Repère
**CONTINGENT
/ nécessaire
/ POSSIBLE**, p. 437

LA RAISON ET LE RÉEL

115 laisse dire tout ce qu'il plaît au maître, mais, au contraire, comme un juge en fonctions qui force les témoins à répondre aux questions qu'il leur pose. La Physique est donc ainsi redevable de la révolution si profitable opérée dans sa méthode uniquement à cette idée qu'elle doit chercher dans la nature – et non pas faussement imaginer en elle – conformément à ce que la raison y

120 transporte elle-même, ce qu'il faut qu'elle en apprenne et dont elle ne pourrait rien connaître par elle-même. C'est par là seulement que la Physique a trouvé tout d'abord la sûre voie d'une science, *alors* que depuis tant de siècles elle en était restée à de simples tâtonnements.

La *Métaphysique,* connaissance spéculative de la raison tout à fait isolée et

125 qui s'élève complètement au-dessus des enseignements de l'expérience par de simples concepts (et non pas, comme la *Mathématique,* en appliquant ses concepts à l'intuition), et où, par conséquent, la raison doit être son propre élève, n'a pas encore eu jusqu'ici l'heureuse destinée de pouvoir s'engager dans la voie sûre d'une science ; elle est cependant plus ancienne que toutes

130 les autres et elle subsisterait quand bien même toutes les autres ensemble seraient englouties dans le gouffre d'une barbarie entièrement dévastatrice. Car la raison s'y trouve continuellement dans l'embarras, même quand elle veut apercevoir *a priori* des lois que l'expérience la plus vulgaire confirme ou, du moins, a la prétention de confirmer. En elle, il faut sans cesse rebrous-

135 ser chemin, parce qu'on trouve que la route qu'on a suivie ne mène pas où l'on veut arriver. Quant à l'accord de ses partisans dans leurs assertions, elle en est tellement éloignée qu'elle semble être plutôt une arène tout particulièrement destinée à exercer les forces des lutteurs en des combats de parade et où jamais un champion n'a pu se rendre maître de la plus petite place et

140 fonder sur sa victoire une possession durable. On ne peut pas hésiter à dire que sa méthode n'ait été jusqu'ici qu'un simple tâtonnement et, ce qu'il y a de plus fâcheux, un tâtonnement entre de simples concepts.

Or, d'où vient qu'on n'a pas pu trouver encore ici la sûre voie de la science ? Cela serait-il par hasard impossible ? Pourquoi donc la nature

145 a-t-elle mis dans notre raison cette tendance infatigable qui lui fait en rechercher la trace, comme si c'était un de ses intérêts les plus considérables ? Bien plus, combien peu de motifs nous avons de nous fier à notre raison, si, non seulement elle nous abandonne dans un des sujets les plus importants de notre curiosité, mais si encore elle nous amorce par des illusions d'abord,

150 pour nous tromper ensuite ? Peut-être jusqu'ici ne s'est-on que trompé de route : quels indices pouvons-nous utiliser pour espérer qu'en renouvelant nos recherches nous serons plus heureux qu'on ne l'a été avant nous ?

Je devais penser que l'exemple de la Mathématique et de la Physique qui, par l'effet d'une révolution subite, sont devenues ce que nous les voyons,

155 était assez remarquable pour faire réfléchir sur le caractère essentiel de ce changement de méthode qui leur a été si avantageux et pour porter à l'imiter ici – du moins à titre d'essai, – autant que le permet leur analogie, en tant que connaissances rationnelles, avec la métaphysique. Jusqu'ici on admettait que toute notre connaissance devait se régler sur les objets ; mais, dans cette

160 hypothèse, tous les efforts tentés pour établir sur eux quelques jugements *a priori* par concepts, ce qui aurait accru notre connaissance, n'aboutissaient à

▶ Repère
OBJECTIF / SUBJECTIF,
p. 445

rien. Que l'on essaie donc enfin de voir si nous serons pas plus heureux dans les problèmes de la métaphysique en supposant que les objets doivent se régler sur notre connaissance, ce qui s'accorde déjà mieux avec la possibilité désirée d'une connaissance *a priori* de ces objets qui établisse quelque chose à leur égard avant qu'ils nous soient donnés. Il en est précisément ici comme de la première idée de COPERNIC ; voyant qu'il ne pouvait pas réussir à expliquer les mouvements du ciel, en admettant que toute l'armée des étoiles évoluait autour du spectateur, il chercha s'il n'aurait pas plus de succès en faisant tourner l'observateur lui-même autour des astres immobiles. Or, en Métaphysique, on peut faire un pareil essai, pour ce qui est de l'intuition des objets. Si l'intuition devait se régler sur la nature des objets, je ne vois pas comment on en pourrait connaître quelque chose *a priori* ; si l'objet, au contraire (en tant qu'objet des sens), se règle sur la nature de notre pouvoir d'intuition, je puis me représenter à merveille celle possibilité. Mais, comme je ne peux pas m'en tenir à ces intuitions, si elles doivent devenir des connaissances ; et comme il faut que je les rapporte, en tant que représentations, à quelque chose qui en soit l'objet et que je le détermine par leur moyen, je puis admettre l'une de ces deux hypothèses : ou les *concepts* par lesquels j'opère cette détermination se règlent aussi sur l'objet, et alors je me trouve dans la même difficulté sur la question de savoir comment je peux en connaître quelque chose *a priori,* ou bien les objets, ou, ce qui revient au même, l'expérience dans laquelle seule ils sont connus (en tant qu'objets donnés) se règle sur ces concepts, – et je vois aussitôt un moyen plus facile de sortir d'embarras. En effet, l'expérience elle-même est un mode de connaissance qui exige le concours de l'entendement dont il me faut présupposer la règle en moi-même avant que les objets ne soient donnés par conséquent *a priori*, et cette règle s'exprime en des concepts *a priori* sur lesquels tous les objets de l'expérience doivent nécessairement se régler et avec lesquels ils doivent s'accorder. Pour ce qui regarde les objets en tant qu'ils sont simplement conçus par la raison – et cela, il est vrai, nécessairement – mais sans pouvoir (du moins tels que la raison les conçoit) être donnés dans l'expérience – toutes les tentatives de les penser (car il faut pourtant qu'on puisse les penser) doivent, par conséquent, fournir une excellente pierre de touche de ce que nous regardons comme un changement de méthode dans la façon de penser, c'est que nous ne connaissons *a priori* des choses que ce que nous y mettons nous-mêmes[2].

Cet essai réussit à souhait et promet à la Métaphysique dans sa première partie, où elle ne s'occupe que des concepts *a priori* dont les objets correspondants peuvent être donnés dans l'expérience conformément à ces concepts, le sûr chemin d'une science. On peut, en effet, très bien expliquer, à l'aide de ce changement de méthode, la possibilité d'une connaissance *a priori* et, ce qui est encore plus, doter les lois, qui servent *a priori* de fondement à la nature, considérée comme l'ensemble des objets de l'expérience, de leurs preuves suffisantes – deux choses qui étaient impossibles avec la méthode jusqu'ici adoptée. Mais cette déduction de notre pouvoir de connaître a priori conduit, dans la première partie de la Métaphysique, à un résultat étrange et qui, en apparence, est très préjudiciable au but qu'elle poursuit dans sa seconde

▶ Repère
**Essentiel
/ accidentel,**
p. 440

▶ Repère
Absolu / relatif,
p. 436

▶ Repère
**Transcendant /
immanent,**
p. 449

partie : c'est qu'avec ce pouvoir nous ne pouvons pas dépasser les limites de
210 l'expérience possible, ce qui pourtant est l'affaire la plus essentielle de cette
science. Mais la vérité du résultat auquel nous arrivons dans cette première
application de notre connaissance rationnelle *a priori* nous est fournie par la
contre-épreuve de l'expérimentation, en cela même que cette faculté
n'atteint que des phénomènes et non les choses en soi qui, bien que réelles
215 par elles-mêmes, restent inconnues de nous. Car ce qui nous porte à sortir
nécessairement des limites de l'expérience et de tous les phénomènes, c'est
l'*Inconditionné* que la raison exige dans les choses en soi, nécessairement et à
bon droit, pour tout ce qui est conditionné, afin d'achever ainsi la série des
conditions. Or, en admettant que notre connaissance expérimentale se règle
220 sur les objets en tant que choses en soi, on trouve que l'Inconditionné *ne peut
pas être pensé* sans contradiction ; au contraire, si l'on admet que notre représentation des choses telles qu'elles nous sont données ne se règle pas sur les
choses mêmes considérées comme choses en soi, mais que c'est plutôt ces
objets, comme phénomènes qui se règlent sur notre mode de représentation,
225 la *contradiction disparaît,* et si, par conséquent, l'Inconditionné ne doit pas se
trouver dans les choses en tant que nous les connaissons (qu'elles nous sont
données), mais bien dans les choses en tant que nous ne les connaissons pas,
en tant que choses en soi, c'est une preuve que ce que nous avons admis tout
d'abord à titre d'essai est fondé[3]. Or, il nous reste encore à chercher, après
230 avoir refusé à la raison spéculative tout progrès dans le champ du supra-sen-
sible, s'il ne se trouve pas, dans le domaine de sa connaissance pratique, des
données qui lui permettent de déterminer ce concept rationnel transcendant
de l'Inconditionné et de dépasser, de cette manière, conformément au désir
de la Métaphysique, les limites de toute expérience possible avec notre
235 connaissance *a priori,* mais uniquement possible au point de vue pratique.
En suivant cette méthode, la raison spéculative nous a du moins procuré un
champ libre pour une pareille extension, bien qu'elle ait dû le laisser vide. Il
nous est donc encore permis, elle-même nous y invite, de le remplir, si nous
pouvons par des *données* pratiques[4].
240   C'est dans cette tentative de changer la méthode suivie jusqu'ici en Métaphysique et d'opérer ainsi en elle une révolution totale, suivant l'exemple
des géomètres et des physiciens, que consiste l'œuvre de cette Critique de la
raison pure spéculative. Elle est un traité de la méthode et non un système
de la science elle-même. Mais elle en décrit tout de même la circonscription
245 totale, tant par rapport à ses limites que par rapport à sa structure interne ;
c'est que la raison pure spéculative a ceci de particulier en elle-même, qu'elle
peut et doit mesurer exactement son propre pouvoir suivant les diverses
manières dont elle choisit les objets de sa pensée et faire aussi un dénombrement complet de toutes les façons différentes de se poser les problèmes,
250 en même temps que se tracer, de cette manière, tout le plan d'un système
de métaphysique. En effet, pour ce qui regarde le premier point, dans la
connaissance *a priori* rien ne peut être attribué aux objets que ce que le sujet
pensant tire de lui-même et, pour ce qui est du second point, par rapport aux
principes de la connaissance, la raison pure est une unité tout à fait à part et
255 qui se suffit à elle-même, dans laquelle chaque membre, comme dans un

corps organisé, existe pour les autres et tous pour chacun et où nul principe ne peut être pris avec certitude sous un point de vue sans avoir été examiné dans *l'ensemble* de ses rapports avec tout l'usage pur de la raison. Mais, pour cela, la Métaphysique a aussi le rare bonheur, qui ne saurait être le partage
260 d'aucune autre science rationnelle ayant affaire à des objets (car la logique ne s'occupe que de la forme de la pensée en général), qu'une fois mise par cette Critique dans la voie sûre d'une science, elle peut embrasser pleinement tout le champ des connaissances qui lui appartiennent, achever ainsi son œuvre et la transmettre à la postérité comme une possession utilisable,
265 mais qu'il est impossible de jamais augmenter, parce qu'on aura simplement à s'occuper des principes et des limites de leur usage, limites que la Critique déterminera elle-même. Elle est donc tenue à cette perfection en tant que science fondamentale et c'est d'elle qu'il faut pouvoir dire : *nil actum reputans si quid superesset agendum* [pensant que rien n'est fait s'il reste quelque chose
270 à faire].

Mais quel est donc, demandera-t-on, ce trésor que nous pouvons léguer à la postérité avec une Métaphysique ainsi épurée par la Critique et placée aussi par elle dans une position fixe. On sera amené, par un coup d'œil rapide jeté sur cette œuvre, à penser que l'utilité n'en est que *négative,* c'est-
275 à-dire que nous ne pourrons jamais, avec la raison spéculative, nous risquer au-delà des limites de l'expérience, et c'est là, dans le fait, sa première utilité. Mais cette utilité deviendra *positive,* dès qu'on s'apercevra que les principes sur lesquels la raison spéculative s'appuie pour se hasarder au-delà de ses limites ont en réalité pour conséquence inévitable non pas une *extension,*
280 mais bien, à y regarder de plus près, un *rétrécissement* de l'usage de notre raison. En effet, ces principes menacent d'étendre réellement à tout les limites de la sensibilité d'où ils relèvent proprement et d'annihiler entièrement l'usage pur de la raison (pratique). C'est pourquoi une critique qui limite la raison spéculative est *négative* en tant que telle ; mais supprimant du même
285 coup un obstacle qui en menace l'usage pratique, ou qui menace même de l'anéantir, elle est en réalité d'une utilité *positive* et très importante, dès qu'on est convaincu qu'il y a un usage pratique absolument nécessaire de la raison pure (l'usage moral), dans lequel elle s'étend inévitablement au-delà des limites de la sensibilité, – en quoi, en vérité, elle n'a besoin d'aucun secours
290 de la raison spéculative, – mais dans lequel aussi il faut qu'elle soit assurée contre toute opposition de la raison spéculative, pour ne pas tomber en contradiction avec elle-même. Dénier cette utilité *positive* à ce service que nous rend la Critique équivaudrait à dire que la police n'a pas d'utilité positive, parce que sa fonction principale n'est que de fermer la porte à la
295 violence que les citoyens peuvent craindre les uns des autres, pour que chacun puisse faire ses affaires en toute tranquillité et sécurité. Que l'espace et le temps ne soient que des formes de l'intuition sensible et, par conséquent, que des conditions de l'existence des choses comme phénomènes, qu'en outre nous n'ayons pas d'autres concepts de l'entendement ni, par suite, des
300 éléments pour la connaissance des choses, à moins qu'une intuition correspondante à ces concepts ne puisse être donnée, que, par conséquent, nous ne puissions connaître aucun objet comme chose en soi, mais seulement en tant

➲ Repère
Principe / conséquence,
p. 447

➲ Repère
Principe / conséquence,
p. 447

➲ Repère
Formel / matériel,
p. 441

▶ Repère
Objectif / subjectif,
p. 445

▶ Repère
Cause / fin,
p. 437

▶ Repère
**En théorie
/ en pratique,**
p. 440

qu'objet d'intuition sensible, c'est-à-dire en tant que phénomène, cela sera prouvé dans la partie analytique de la Critique. Il en résultera évidemment
305 que la seule connaissance spéculative possible de la raison sera limitée aux simples objets de l'*expérience*. Toutefois, il faut bien remarquer, il y a toujours ici cette réserve à faire, que nous pouvons au moins *penser* ces mêmes objets comme choses en soi, quoique nous ne puissions pas les connaître (en tant que tels)[5]. Car autrement on arriverait à cette proposition absurde qu'un
310 phénomène (ou *apparence*) existerait sans qu'il y ait rien qui apparaisse. Or, supposons maintenant que cette distinction nécessairement faite par notre Critique entre les choses comme objets d'expérience et ces mêmes choses comme choses en soi ne fût pas du tout faite, alors, le principe de causalité, et, par conséquent, le mécanisme naturel dans la détermination des choses,
315 devrait s'étendre absolument à toutes les choses en général considérées comme causes efficientes. Du même être, par conséquent, par exemple de l'âme humaine, je ne pourrais pas dire que sa volonté est libre et qu'elle est en même temps soumise à la nécessité physique, c'est-à-dire qu'elle n'est pas libre, sans tomber dans une contradiction manifeste, puisque, dans ces deux
320 propositions, j'ai pris l'âme dans le même sens, c'est-à-dire comme une chose en général (comme une chose en soi), et que, sans une critique préalable, je ne peux pas la prendre dans un autre sens. Mais si la Critique ne s'est pas trompée en nous apprenant à prendre l'objet *dans deux sens,* c'est-à-dire comme phénomène et comme chose en soi ; si sa déduction des concepts de
325 l'entendement est exacte, si, par conséquent aussi le principe de causalité ne s'applique qu'aux choses prises dans le premier sens, c'est-à-dire en tant qu'elles sont des objets d'expérience, tandis que, dans le second sens, ces choses ne lui sont pas soumises ; alors la même volonté dans l'ordre des phénomènes (des actions visibles) peut être pensée comme nécessairement
330 soumise aux lois de la nature, et, sous ce rapport, comme n'*étant pas libre,* – et pourtant, d'autre part, en tant qu'appartenant à une chose en soi, comme échappant à cette loi naturelle, et par conséquent *comme libre,* sans qu'il y ait ici contradiction. Or, quoique je ne puisse *connaître* mon âme, envisagée sous ce dernier point de vue, par la raison spéculative (encore moins par une
335 observation empirique), ni, par conséquent, la liberté comme la propriété d'un être auquel j'attribue des effets dans le monde sensible, parce qu'il me faudrait connaître, d'une manière déterminée, un tel être dans son existence et non cependant dans le temps (ce qui est impossible, parce que je ne puis étayer mon concept sur aucune intuition), je puis pourtant *penser* la liberté,
340 c'est-à-dire que la représentation de cette liberté ne renferme du moins en moi aucune contradiction, si l'on admet notre distinction critique des deux modes de représentation (mode sensible et mode intellectuel) et la limitation qui en découle relativement aux concepts purs de l'entendement, par conséquent aussi relativement aux principes qui dérivent de ces concepts. Or, sup-
345 posé que la morale implique nécessairement la liberté (au sens le plus strict), comme une propriété de notre volonté, puisqu'elle pose *a priori* comme des *données* de la raison des principes pratiques qui ont leur origine dans cette même raison et qui seraient absolument impossibles sans la supposition de la liberté ; mais que la raison spéculative ait démontré que cette liberté ne se

350 laisse nullement concevoir, il faut nécessairement que la première de ces
suppositions – la supposition morale – ne fasse place à celle dont le contraire
renferme une contradiction manifeste ; par conséquent, la *liberté* et, avec elle,
la moralité (dont le contraire ne renferme aucune contradiction, quand on
ne suppose pas au préalable la liberté) doivent céder la place au *mécanisme de*
355 *la nature*. Mais, comme, au point de vue de la morale, j'ai seulement besoin
que la liberté ne soit pas contradictoire en elle-même, et qu'ainsi, du moins,
elle se laisse concevoir sans qu'il soit nécessaire de l'examiner plus à fond,
que, par suite, elle ne mette aucun obstacle au mécanisme naturel du même
acte (envisagé sous un autre rapport), ainsi la doctrine de la moralité garde sa
360 position et la physique aussi la sienne. Or, cela n'aurait pas lieu, si la Critique
ne nous avait pas instruits auparavant de notre inévitable ignorance par rapport aux choses en soi et si elle n'avait pas limité à de simples phénomènes
tout ce que nous pouvons *connaître* théoriquement. La même illustration de
l'utilité positive des principes critiques de la raison pure se montrerait si nous
365 envisagions le concept de Dieu et celui de la *nature simple* de notre âme, mais
je n'y insiste pas pour être court. Je ne peux donc jamais *admettre Dieu,* la
liberté, l'immortalité en faveur de l'usage pratique nécessaire de ma raison,
sans enlever en même temps à la raison spéculative ses prétentions injustes
à des vues transcendantes. Car, pour arriver à ces vues, il faut qu'elle
370 emploie des principes qui ne s'étendent en fait qu'aux objets de l'expérience
possible, mais qui, dès qu'on les applique à ce qui ne peut pas être un objet
d'expérience, transforment réellement aussitôt cette chose en phénomène et
déclarent impossible toute EXTENSION pratique de la raison pure. Je dus donc
abolir le *savoir* afin d'obtenir une place pour la *croyance.* Du reste, le dogma-
375 tisme de la Métaphysique, c'est-à-dire le préjugé d'avancer dans cette science
sans une Critique de la raison pure, est la vraie source de toute l'incrédulité
qui s'attaque à la moralité – incrédulité toujours très dogmatique, elle aussi.
– S'il n'est donc pas impossible de laisser à la postérité une Métaphysique
systématique construite sur le plan de la Critique de la raison pure, ce legs
380 ne sera pas un présent de peu de valeur : soit que l'on considère simplement
la culture que doit acquérir la raison en suivant la voie sûre d'une science, au
lieu de procéder par les tâtonnements aveugles et les divagations vaines
qu'elle fait sans la critique ; soit qu'on regarde aussi le meilleur emploi du
temps pour une jeunesse avide de savoir qui trouve dans le dogmatisme
385 habituel un encouragement, si précoce et si fort, à raisonner facilement sur
des choses auxquelles elle ne comprend rien et auxquelles, pas plus que
personne au monde, elle n'entendra jamais rien, ou à courir à la recherche
de pensées et d'opinions nouvelles et à négliger ainsi l'étude des sciences
solides ; soit surtout que l'on fasse entrer en compte l'inappréciable avantage
390 d'en finir une bonne fois avec toutes les objections contre la moralité et la
religion, à la manière de SOCRATE, c'est-à-dire par la preuve la plus claire de
l'ignorance de l'adversaire. Car il y a toujours eu et il y aura toujours dans le
monde une métaphysique, mais toujours aussi on trouvera à côté une dialectique de la raison pure qui lui est naturelle. La première et la plus impor-
395 tante affaire de la philosophie est donc d'enlever, une fois pour toutes, à cette
dialectique toute influence pernicieuse, en tarissant la source des erreurs.

⊡ Repère
**Transcendant
/ immanent,**
p. 449

⊡ Repère
Croire / savoir,
p. 438

La raison et le réel

Malgré ce changement important dans le champ des sciences et le *préjudice* que la raison spéculative doit en éprouver dans les possessions qu'elle s'était attribuées jusqu'ici, tout reste cependant dans le même état avantageux

400 qu'auparavant, en ce qui concerne l'intérêt général de l'humanité et le profit que le monde tirait jusqu'ici des doctrines de la raison pure ; le préjudice n'affecte que *le monopole des écoles,* mais en aucune façon les intérêts des hommes. Je demande au dogmatique le plus rigide, si la preuve de la permanence de notre âme après la mort, tirée de la simplicité de sa substance, si

405 celle de la liberté du vouloir en face de l'universel mécanisme, fondée sur de subtiles, mais impuissantes distinctions de la nécessité pratique subjective et objective, si celle de l'existence de Dieu par le concept d'un Être souverainement réel (par la contingence des objets changeants et la nécessité d'un premier moteur), je lui demande si, après être sorties des écoles, ces preuves ont

410 jamais pu arriver au public et avoir la moindre influence sur sa conviction ? Or, si cela n'est pas arrivé et si l'on ne peut jamais l'attendre, à cause de l'incapacité de l'intelligence ordinaire des hommes pour d'aussi subtiles spéculations ; si, bien plus, pour ce qui concerne le premier point, cette disposition remarquable naturelle à tout homme de ne pouvoir jamais être satisfait par

415 rien de temporel, en tant qu'insuffisant au besoin de son entière destination, peut faire naître l'espérance d'une *vie future ;* si, par rapport au second point, la claire représentation des devoirs, en opposition avec toutes les exigences de nos tendances, suffit seule à faire naître la conscience de la *liberté* ; si, enfin, par rapport au troisième point, l'ordre magnifique, la beauté, la prévoyance

420 qui éclatent de toutes parts dans la nature, sont suffisantes toutes seules à faire naître la croyance en un sage et grand *auteur du monde,* conviction qui se propage dans le public, en tant qu'elle repose sur des fondements rationnels ; alors, non seulement ce domaine reste intact, mais encore il gagne plus de considération, par cela seul que les écoles auront appris désormais à ne plus

425 élever des prétentions à une vue plus haute et plus étendue que celle à laquelle peut arriver aussi facilement la grande foule (qui est digne de notre estime) et à se limiter ainsi uniquement à la culture de ces preuves, qui sont à la portée de tout le monde et qui suffisent au point de vue moral. Cette réforme ne porte donc que sur les arrogantes prétentions des écoles qui, ici (comme, à

430 bon droit d'ailleurs, sur beaucoup d'autres points), voudraient passer pour être seules à connaître et à garder des vérités dont elles communiquent au public l'usage, mais dont elles gardent la clef pour elles (*quod mecum nescit, solus vult scire videri*). Nous avons pourtant tenu compte des prétentions plus justes du philosophe spéculatif. Il demeure toujours le dépositaire exclusif

435 d'une science utile au public, qui ne s'en doute pas, je veux parler de la Critique de la raison ; jamais elle ne peut, en effet, devenir populaire, mais il n'est pas nécessaire qu'elle le soit ; car si les arguments finement tissés à l'appui de vérités utiles entrent peu dans la tête du peuple, son esprit n'est pas moins rebelle aux objections également subtiles que l'on pourrait y faire. Au

440 contraire, parce que l'École, ainsi que tout homme qui s'élève à la spéculation, tombe inévitablement dans ces deux défauts, la Critique est obligée de prévenir une fois pour toutes, par l'examen approfondi des droits de la raison spéculative, le scandale que doivent causer tôt ou tard, même pour le

peuple, les disputes où s'engagent inévitablement les métaphysiciens (et, en
445 tant que tels, enfin, beaucoup de théologiens) sans critique et qui finissent
par fausser leurs doctrines. La Critique peut seule couper dans leurs racines
le *matérialisme,* le *fatalisme,* l'*athéisme,* l'*incrédulité* des libres penseurs, le
fanatisme, la *superstition,* fléaux qui peuvent devenir nuisibles à tout le
monde, enfin l'*idéalisme* et le *scepticisme* qui sont dangereux plutôt pour les
450 écoles et ne peuvent que difficilement passer dans le public. Si les gouvernements trouvent bon de se mêler des affaires des savants, il serait plus
conforme à leur sage souci pour les sciences aussi bien que pour les hommes
de favoriser la liberté d'une telle critique qui seule est capable d'établir sur
une base solide les travaux de la raison, que de soutenir le ridicule despo-
455 tisme des écoles qui jettent les hauts cris sur un danger public quand on
déchire leurs toiles d'araignées dont le public n'a jamais eu connaissance et
dont par conséquent il ne peut pas sentir la perte.

La Critique n'est pas opposée à un *procédé dogmatique* de la raison dans
sa connaissance pure en tant que science (car la science doit toujours être
460 dogmatique, c'est-à-dire strictement démonstrative, en s'appuyant sur
de sûrs principes *a priori*), mais elle est opposée au *dogmatisme,* c'est-à-
dire à la prétention d'aller de l'avant avec une connaissance pure
(la connaissance philosophique) tirée de concepts d'après des principes tels
que ceux dont la raison fait usage depuis longtemps sans se demander com-
465 ment ni de quel droit elle y est arrivée. Le dogmatisme est donc la marche
dogmatique que suit la raison pure sans *avoir fait une critique préalable de son
pouvoir propre.* Cette opposition de la Critique au dogmatisme ne doit pas
consister, par suite, à plaider la cause de cette stérilité verbeuse qui prend
mal à propos le nom de popularité, ni encore moins celle du scepticisme qui
470 fait prompte justice de toute la métaphysique; la Critique est plutôt la préparation nécessaire au développement d'une métaphysique bien établie en
tant que science qui doit être nécessairement traitée d'une manière dogmatique et strictement systématique, donc scolastique (et non populaire); c'est
là une exigence inévitable en métaphysique, puisque cette science s'engage
475 à accomplir son œuvre tout à fait *a priori* et, par suite, à l'entière satisfaction de la raison spéculative. Dans l'exécution du plan que trace la Critique,
c'est-à-dire dans la construction d'un système futur de métaphysique, nous
devrons suivre la méthode sévère de l'illustre Wolf, le plus grand de tous
les philosophes dogmatiques. Wolf montra le premier par son exemple
480 (et il créa par là cet esprit de profondeur, qui n'est pas encore éteint en
Allemagne) comment on peut, par l'établissement régulier des principes,
la claire détermination des concepts, la rigueur voulue des démonstrations,
la façon d'empêcher les sauts téméraires dans le développement des conséquences, s'engager dans la voie sûre d'une science. Plus que tout autre, il
485 était fait pour donner à la métaphysique ce caractère d'une science, si l'idée
lui était venue de préparer d'abord le terrain par la critique de l'instrument,
c'est-à-dire de la raison pure elle-même : c'est là une lacune qu'on doit attribuer plutôt à la façon dogmatique de penser de son temps qu'à lui-même
et sur laquelle les philosophes, aussi bien ceux de son époque que ceux des
490 temps passés, n'ont rien à se reprocher les uns aux autres. Ceux qui rejettent

◉ Repère
**PRINCIPE
/ conséquence,**
p. 447

LA RAISON ET LE RÉEL

sa méthode et, du même coup, le procédé de la Critique de la raison pure, ne peuvent pas avoir d'autre intention que de briser les liens de la science et de convertir le travail en jeu, la certitude en opinion, la philosophie en philodoxie.

495 *Pour ce qui est de cette seconde édition,* je n'ai pas voulu, comme de juste, laisser passer l'occasion qu'elle m'offrait d'enlever, autant que possible, les difficultés et les obscurités d'où peuvent être nées plusieurs fausses interprétations où sont tombés, peut être par ma faute, des hommes perspicaces, en appréciant ce livre. Dans les propositions mêmes et dans leurs preuves, non
500 plus que dans la forme et que dans l'ensemble du plan, je n'ai rien trouvé à changer, ce qui s'explique, en partie, par le long examen auquel j'avais soumis mon œuvre, avant de la livrer au public, en partie, par la nature même du sujet, à savoir par la nature d'une raison pure spéculative qui renferme une véritable organisation où tout est organe, où tout existe pour
505 chaque membre et chaque membre pour tous les autres, et où tout défaut, si petit qu'il soit, que ce soit une faute (une erreur) ou une omission, doit immanquablement se manifester dans l'usage. L'invariable fixité de ce système s'affirmera, je l'espère, encore plus dans l'avenir. Ce qui me donne cette confiance, ce n'est pas une vaine présomption, mais uniquement
510 l'évidence que produit l'expérience du résultat identique auquel on arrive soit en allant des plus petits éléments jusqu'au tout de la raison pure, soit en redescendant du tout à chaque partie (car ce tout est aussi donné en lui-même par le but final de la raison dans la pratique), tandis que si on essaie de changer seulement la plus petite partie, on est amené aussitôt à des
515 contradictions qui portent non seulement sur le système, mais sur toute la raison humaine en général. Seulement, dans l'exposition, il y a encore beaucoup à faire, et, dans cette édition, j'ai essayé des corrections qui doivent remédier soit au malentendu de l'esthétique, surtout dans le concept du temps, soit à l'obscurité de la déduction des concepts de l'entendement, soit
520 au prétendu défaut d'évidence suffisante dans les preuves des principes de l'entendement pur, soit enfin à la fausse interprétation des paralogismes de la psychologie rationnelle. Jusque-là (à savoir, jusqu'à la fin du premier chapitre de la dialectique transcendantale) s'étendent seulement les changements que j'ai faits dans la rédaction[6]: car le temps m'a fait défaut; et
525 d'ailleurs, pour ce qui suivait, aucun malentendu commis par un lecteur informé et impartial ne m'avait été signalé; je n'ai pas besoin de nommer, avec les louanges qu'ils méritent, les juges dont j'ai pris les avis en considération, ils trouveront bien d'eux-mêmes les endroits que j'ai retouchés d'après leur conseil. Ces corrections entraînent pour le lecteur un léger dommage
530 qu'on ne pouvait pas éviter sans rendre ce livre trop volumineux, en effet, plus d'un lecteur pourrait regretter divers passages qui, sans être, il est vrai, essentiels à l'intégrité de l'ensemble, pourraient être utiles à un autre point de vue, et qu'il a fallu supprimer ou raccourcir pour faire place à une exposition qui, je l'espère, est maintenant plus claire. Cette nouvelle exposition ne
535 change du reste absolument rien au fond, pour ce qui est des propositions et de leurs preuves mêmes; mais cependant, elle s'écarte tellement, par endroits, de l'ancienne, dans la manière de présenter les choses, qu'il n'était

▣ Repère
**En théorie
/ en pratique,**
p. 440

pas possible de l'y intercaler. Ce léger dommage, que chacun peut d'ailleurs, à son gré, réparer par la comparaison avec la première édition, sera bien
540 compensé, je l'espère, par une plus grande clarté. J'ai remarqué, dans divers écrits publiés (soit à l'occasion de l'examen de certains livres, soit dans des traités spéciaux), j'ai remarqué, avec un plaisir reconnaissant, que l'esprit de profondeur n'est pas mort en Allemagne, qu'il n'y a été étouffé seulement que pour peu de temps par la mode d'une liberté de penser affectant le
545 génie, et que les épineux sentiers de laCritique qui conduisent à une science de la raison pure scolastique mais, en tant que telle, seule durable et par là absolument nécessaire, n'ont pas découragé les esprits vaillants et clairs qui les ont suivis. À ces hommes distingués, qui, à la sûreté de vue, allient si heureusement encore le talent d'une claire exposition (dont je ne me sens pas
550 capable), je laisse le soin de mettre la dernière main à mon œuvre pour corri- ger ce qu'elle peut encore avoir par endroit de défectueux. Je ne cours pas, en effet, dans ce cas, le danger d'être contredit, mais bien celui de n'être pas compris. De mon côté, je ne puis pas, dès maintenant, m'engager dans toutes les discussions que pourra soulever mon livre, mais je ferai soigneusement
555 attention à tous les signes que pourront me faire des amis ou des adversaires, pour les utiliser dans l'exécution future du système que je construirai sur cette propédeutique. Mais pendant ces travaux, je suis arrivé à un âge assez avancé (j'entre, ce mois-ci, dans ma soixante-quatrième année): aussi je dois être économe de mon temps, si je veux exécuter mon plan qui est de publier
560 la Métaphysique de la nature aussi bien que celle des mœurs, comme confir- mation de l'exactitude de la Critique de la raison aussi bien spéculative que pratique. J'attendrai donc l'éclaircissement des obscurités, qu'il était difficile d'éviter dans cette œuvre, au début, ainsi que la défense de l'ensemble, des hommes de mérite qui en ont fait leur propre affaire. Il y a toujours certains
565 côtés par où est vulnérable un traité philosophique (car il ne peut pas s'avan- cer aussi bien cuirassé qu'un traité de mathématiques), bien que la structure du système considéré au point de vue de l'unité ne coure pas le moindre danger. En effet, quand il est nouveau, peu de personnes ont l'esprit assez habile pour le voir d'ensemble et un plus petit nombre encore sont capables
570 d'y prendre plaisir, parce que toutes les nouveautés leur sont importunes. Des contradictions apparentes peuvent être trouvées dans tout écrit, surtout dans un écrit à la démarche libre, si l'on met en regard les uns des autres des passages particuliers arrachés de leur place, et ces contradictions peuvent jeter sur cet ouvrage un jour défavorable aux yeux de ceux qui se fient au
575 jugement d'autrui; mais elles sont faciles à résoudre pour celui qui s'est élevé à l'idée de l'ensemble. Toutefois, quand une théorie renferme quelque soli- dité, l'action et la réaction qui semblaient tout d'abord la menacer d'un grand danger, ne servent, avec le temps, qu'à faire disparaître ces inégalités, et, si des hommes impartiaux, lumineux et amis de la vraie popularité s'en
580 occupent, qu'à lui procurer en peu de temps toute l'élégance désirable.

Königsberg, avril 1787.

Emmanuel Kant,
Critique de la raison pure, trad. A. Tremesaygues et B. Pacaud, Éd. des PUF, 1971, pp. 15-30.

◻ Fiche Kant p. 509

Notes de Kant

➡ p. 305

1. Je ne suis pas ici, d'une manière précise, la marche de l'histoire de la méthode expérimentale, dont les premiers débuts, d'ailleurs, ne sont pas bien connus.

➡ p. 307

2. Cette méthode empruntée aux physiciens consiste donc à rechercher les éléments de la raison pure dans ce *qu'on peut confirmer ou rejeter au moyen de l'expérimentation*. Or, il n'y a pas d'expérience possible (comme il y en a en physique) qui permette d'examiner quant à leurs OBJETS les propositions de la raison pure, surtout lorsqu'elles se risquent en dehors des limites de toute expérience possible. On ne pourra donc faire cet examen que sur des *concepts* et des *principes* admis a priori, en les envisageant de telle sorte que ces mêmes objets puissent être considérés sous deux points de vue différents *d'une part* comme objets des sens et de l'entendement dans l'expérience, et *d'autre part* comme objets que l'on ne fait que concevoir, c'est-à-dire comme des objets de la raison pure isolée et s'efforçant de s'élever au-dessus des limites de l'expérience. Or s'il se trouve qu'en envisageant les choses sous ce double point de vue, on tombe d'accord avec le principe de la raison pure, et que, les considérant sous un seul point de vue, la raison tombe inévitablement en conflit avec elle-même, alors l'expérimentation décide en faveur de l'exactitude de cette distinction.

➡ p. 308

3. Cette expérimentation de la raison pure a beaucoup d'analogie avec celle que les *chimistes* appellent souvent essai de *réduction*, mais généralement *procédé synthétique*. *L'analyse* du *métaphysicien* sépare la connaissance a priori en deux éléments très différents, à savoir : celui des choses comme phénomènes et celui des choses en soi. La *dialectique* les réunit de nouveau pour faire l'*accord* avec l'idée rationnelle nécessaire de l'*inconditionné* et elle trouve que cet accord n'est jamais produit que par cette distinction, laquelle est par conséquent vraie.

➡ p. 308

4. C'est ainsi que les lois centrales des mouvements des corps célestes convertirent en certitude absolue la théorie que COPERNIC n'avait admise tout d'abord que comme une hypothèse, et qu'elles prouvèrent en même temps la force invisible qui lie le système du monde (l'attraction de NEWTON) et qui n'aurait jamais été démontrée si COPERNIC n'avait pas osé rechercher, d'une manière contraire au témoignage des sens, mais pourtant vraie, l'explication des mouvements observés, non dans les objets du ciel, mais dans leur spectateur. Dans cette préface, je ne présente que comme une hypothèse le changement de méthode que j'expose dans la Critique et qui est analogue à cette hypothèse de COPERNIC. Ce changement sera toutefois établi dans le traité même par la nature de nos représentations de l'espace et du temps et par les concepts élémentaires de l'entendement ; il sera donc prouvé non plus hypothétiquement, mais bien apodictiquement. Je le présente ici comme hypothèse uniquement pour faire ressortir le caractère toujours hypothétique des premiers essais d'une réforme de ce genre.

➡ p. 310

5. Pour *connaître* un objet, il faut pouvoir en prouver la possibilité (soit par le témoignage de l'expérience de sa réalité, soit a priori par la raison). Mais je puis *penser* ce que je veux, pourvu que je ne tombe pas en contradiction avec moi-même, c'est-à-dire pourvu que mon concept soit une pensée possible, quoique je ne puisse pas répondre que, dans l'ensemble de toutes les possibilités, un objet corresponde ou non à ce concept, pour attribuer à un tel concept une valeur objective (une réelle possibilité, car la première n'était que logique), il faudrait quelque chose de plus. Mais ce quelque chose de plus, on n'a pas besoin de le chercher dans les sources théoriques de la connaissance, il peut également se trouver dans les sources pratiques.

➡ p. 314

6. La seule addition véritable que je pourrais citer – mais là encore ne s'agit-il que du mode de démonstration – est celle par laquelle j'ai fait une réfutation nouvelle de l'idéalisme psychologique et donné une preuve rigoureuse (la seule même que je croie possible) de la réalité objective de l'intuition extérieure. Quelque inoffensif que puisse paraître l'idéalisme par rapport au but essentiel de la métaphysique (et en réalité, il ne l'est pas), c'est toujours un scandale pour la philosophie et pour le sens commun en général qu'il faille simplement admettre à titre de *croyance* l'existence des choses extérieures (d'où nous

tirons pourtant toute la matière de nos connaissances, même pour notre sens intime) et que, s'il plaît à quelqu'un d'en douter, nous ne puissions lui opposer aucune preuve suffisante. Comme il y a quelque obscurité dans l'exposition de cette preuve – de la troisième ligne à la sixième – je demande qu'on veuille bien modifier comme suit cette période : « *Or, ce permanent ne peut pas être une intuition en moi ; car, tous les principes de détermination de mon existence, qui peuvent être trouvés en moi, sont des représentations et ont besoin précisément, en tant que telles, de quelque chose de permanent qui soit distinct de ces représentations et par rapport à quoi leur changement, – et, par conséquent, mon existence dans le temps où elles changent, – puisse être déterminé.* » On objectera sans doute à cette preuve que je n'ai cependant la conscience immédiate que de ce qui est en moi, c'est-à-dire de ma *représentation* des choses extérieures, et que, par conséquent, il reste toujours à établir si quelque chose qui y correspond existe ou non hors de moi. Mais j'ai conscience de *mon existence dans le temps* (par conséquent aussi de la faculté qu'elle a d'y être déterminable) par mon expérience interne, ce qui est plus que d'avoir simplement conscience de ma représentation, mais ce qui est identique à la *conscience empirique de mon existence*, laquelle n'est déterminable que par rapport à quelque chose *qui existe hors de moi* et qui est lié à mon existence. Cette conscience de mon existence dans le temps est donc identiquement liée à la conscience d'un rapport à quelque chose hors de moi, et c'est, par conséquent, l'expérience et non la fiction, les sens et non l'imagination qui lient inséparablement l'extérieur à mon sens interne, car le sens externe est déjà par lui-même une relation de l'intuition à quelque chose de réel existant hors de moi et dont la réalité, à la différence de la fiction, ne repose que sur ce qu'il est inséparablement lié à l'expérience intérieure elle-même, comme à la condition de sa possibilité, ce qui est ici le cas. Si à la *conscience intellectuelle* de mon existence dans la représentation : *je suis*, qui accompagne tous mes jugements et tous les actes de mon entendement, je pouvais joindre en même temps une détermination de mon existence par l'*intuition intellectuelle*, alors la conscience d'un rapport à quelque chose existant en dehors de moi n'appartiendrait pas nécessairement à cette détermination. Or, cette conscience intellectuelle précède sans doute, mais l'intuition intérieure, dans laquelle seule mon existence peut être déterminée, est sensible et liée à la condition du temps ; et cette détermination, – par conséquent aussi l'expérience interne elle-même, – dépend de quelque chose de permanent qui n'est pas en moi et qui, par suite, ne peut être que hors de moi et avec quoi je dois me considérer comme en relations. Ainsi la réalité du sens externe est nécessairement liée à celle du sens interne pour la possibilité d'une expérience en général, c'est-à-dire que j'ai tout aussi sûrement conscience qu'il y a hors de moi des choses qui se rapportent à mon sens que j'ai conscience d'exister moi-même dans le temps. Mais quant à savoir à quelles intuitions données correspondent réellement des objets extérieurs à moi et qui, par conséquent, appartiennent au sens externe auxquels ils doivent être attribués et non à l'imagination, c'est ce qu'il faut décider, dans chaque cas particulier, suivant les règles qui servent à distinguer une expérience en général (même l'expérience interne) d'une imagination : le principe reste toujours qu'il y a réellement une expérience extérieure. On peut encore ajouter ici la remarque suivante : la représentation de quelque chose de *permanent* dans l'existence n'est pas identique à la *représentation permanente*, car celle-ci peut être très changeante et très variable, comme toutes nos représentations, même celles de la matière, et cependant elles se rapportent à quelque chose de permanent qui doit donc être une chose distincte de toutes mes représentations et extérieure à moi et dont l'existence est nécessairement comprise dans la *détermination* de ma propre existence et ne constitue avec elle qu'une seule expérience qui n'aurait jamais lieu intérieurement, si elle n'était pas en même temps extérieure (en partie). Quant au comment, nous ne pouvons pas plus l'expliquer ici que nous ne pouvons expliquer comment nous concevons en général ce qui subsiste dans le temps et dont la simultanéité avec ce qui change produit le concept de changement.

Les indignés de *Wall Street*

«Nous fermerons *Wall Street* ! », affirme un mot d'ordre mis en ligne sur la page Facebook du mouvement contestataire. «Nous ferons tinter la "Cloche du peuple" (la cloche qui tradition-nellement sonne pour marquer l'ouverture et la fermeture de la séance quotidienne, N.D.L.R.) et nous organiserons une fête de rue pour célébrer la destruction de l'économie de *Wall Street* ».

Un porte-parole de la Bourse new-yorkaise a refusé de commenter l'information. « La Bourse de New York ouvrira à l'heure. Les gens pourront aller travailler, soyez-en assurés », a pour sa part déclaré le maire de la ville, Michael Bloomberg, interrogé lundi par des journalistes sur le projet des manifestants.

Le mouvement *Occupy Wall Street*, qui entend dénoncer les inégalités sociales et la cupidité des banques et des marchés financiers, a depuis le mois de septembre essaimé dans de nombreuses villes américaines. À Oakland, à l'est de San Francisco, la police est intervenue lundi à l'aube pour démanteler un campement installé par des militants anti-*Wall Street*, selon des témoins. Les manifestants avaient rejeté vendredi un appel à lever leur camp de toile, installé sur une place faisant face à l'hôtel de ville, après plusieurs échauffourées avec les forces de l'ordre au cours des dernières semaines.

20 minutes,
« Les indignés de *Wall Street* veulent fermer la bourse »,
15 novembre 2011.

Suart Franklin, *Photographie d'un étudiant place Tian'anmen*, Chine, 1989.

La politique

Commencer à réfléchir...

... à partir d'un texte

1. Quels buts poursuivent les militants du mouvement *Occupy Wall Street* ? De leur point de vue, la légalité ne coïncide pas avec la justice. Pourquoi ?

2. Ce combat oppose-t-il, selon vous, la politique et l'économie ? La société et l'économie ? Deux visions de l'économie ? Deux visions de la politique ? Précisez le sens que vous donnez aux termes que vous choisirez pour répondre.

3. Les manifestants sont également appelés les «Indignés de *Wall Street*». À votre avis, la politique doit-elle être déterminée par la seule raison ou doit-elle aussi prendre en considération sentiments et émotions ?

... à partir d'une image

4. Le personnage central de cette photographie vous semble-t-il exprimer la force ou la faiblesse ? Pour quelles raisons ?

5. À votre avis, la manifestation est-elle un mode d'expression efficace en politique ?

La société

Définition élémentaire

▶ **La société est un groupe organisé d'individus.** On trouve des sociétés animales aussi bien que des sociétés humaines.

▶ **La société humaine est un groupe organisé d'êtres humains,** caractérisé par des institutions et des traditions.

Distinguer pour comprendre

▶ **La société s'oppose à l'individu isolé.**

▶ **La société humaine s'oppose à la nature,** en ce qu'elle est constituée d'institutions mises en place par les hommes. Contrairement à la nature, elle est un fait culturel et elle évolue selon une histoire.

▶ **La société se distingue de l'État :** la première est l'ensemble des citoyens ou sujets (on peut se la représenter comme un axe horizontal) ; le second est l'instance dirigeante de ces citoyens (axe vertical). On distinguera alors la société du gouvernement et on distinguera les phénomènes sociaux des phénomènes politiques. Par exemple, la vie économique concerne la société ; la guerre avec un autre État concerne le gouvernement.

▶ **On peut distinguer société et communauté,** comme le fait par exemple le sociologue allemand Tönnies (*Gesellschaft / Gemeinschaft*). La première est une association artificielle visant la conciliation d'intérêts divergents. La seconde est une association fondée sur des liens affectifs et traditionnels non formalisés. Cette distinction rejoint en partie celle que Rousseau avait proposée entre l'âge des cabanes (première sortie de la dispersion des hommes à l'état de nature) et l'état de société à proprement parler (fondé sur la reconnaissance de la propriété privée).

Repères associés à la notion

➜ **Idéal / Réel** (p. 442)
➜ **Identité / Égalité / Différence** (p. 443)

Aristote

[384-322 av. J.-C.]

À L'ÉPOQUE

À l'âge de 17 ans et jusqu'à 38 ans, Aristote est à Athènes pour suivre les cours de Platon dans son Académie, puis enseigner et écrire à son tour. Il s'intéresse à la vie politique mais ne peut y participer en tant qu'étranger (il est originaire de Macédoine).

Fiche `Aristote` p. 478

1 Antériorité de la cité sur l'individu

L'homme vit en société ; mais on peut s'interroger sur la naissance et la nécessité de cette dernière. Pour Aristote, c'est « par nature » que la Cité (en grec « polis – d'où vient le mot « politique ») est antérieure à chacun de ses membres, et lui permet d'acquérir prudence et vertu.

De plus une cité est par nature antérieure à une famille et à chacun de nous. Le tout, en effet, est nécessairement antérieur à la partie, car le corps entier une fois détruit, il n'y a plus ni pied ni main, sinon par homonymie, comme quand on parle d'une main de pierre, car c'est après la mort qu'une main
5 sera telle, mais toutes les choses se définissent par leur fonction et leur vertu, de sorte que quand elles ne les ont plus il ne faut pas dire qu'elles sont les mêmes, mais qu'elles n'ont que le même nom. Que donc la cité soit à la fois par nature et antérieure à chacun de ses membres, c'est clair. S'il est vrai, en effet, que chacun pris séparément n'est pas autosuffisant, il sera dans la
10 même situation que les autres parties vis-à-vis du tout, alors que celui qui n'est pas capable d'appartenir à une communauté ou qui n'en a pas besoin parce qu'il se suffit à lui-même n'est en rien une partie d'une cité, si bien que c'est soit une bête soit un dieu. C'est donc par nature qu'il y a chez tous les hommes la tendance vers une communauté de ce genre, mais le premier qui
15 l'établit n'en fut pas moins cause des plus grands biens. De même, en effet, qu'un homme accompli est le meilleur des animaux, de même aussi quand il a rompu avec loi et justice est-il le pire de tous. Car la plus terrible des injustices c'est celle qui a des armes. Or l'homme naît pourvu d'armes en vue d'acquérir prudence et vertu, dont il peut se servir à des fins absolument
20 inverses. C'est pourquoi il est le plus impie et le plus féroce quand il est sans vertu et il est le pire des animaux dans ses dérèglements sexuels et gloutons. Or la vertu de justice est politique, car la justice introduit un ordre dans la communauté politique, et la justice démarque le juste de l'injuste.

Aristote,
Les Politiques (IVe siècle av. J.-C.), Livre I, chap. 2, 1253a, trad. P. Pellegrin, Éd. Flammarion, coll. « GF », 1990, pp. 92-93.

Cicéron

[106-43 av. J.-C.]

2 L'extension variable des sociétés

Cicéron décrit les relations sociales selon différents niveaux de complexité ou d'expansion. Il passe ainsi de la famille à l'État, mais c'est pour privilégier finalement une société plus cosmopolite : celle des « hommes de bien », liés par l'amitié.

Dans la société humaine, il existe plusieurs degrés. Si nous partons de cette société universelle dont nous venons de parler, nous en trouvons d'abord une plus restreinte qui unit les hommes de même race, de même nation, de même langue. Celle-ci en renferme à son tour une plus intime,
5 celle de la cité. Que de choses en effet sont communes entre citoyens ! Le

forum, les temps, les portiques, les routes, les lois, les droits, les tribunaux, les suffrages ; puis les coutumes, les amitiés, les intérêts et les contrats qui obligent tant d'individus les uns à l'égrd des autres ! Mais le lien le plus étroit, c'est celui de la parenté : nous voici arrivés de l'association la plus

10 large à la plus restreinte de toutes.

La nature ayant donné à tous les être vivants le désir de se reproduire, le mariage fonde une première société ; la naissance des enfants en crée une seconde ; et toutes deux sont complétées par l'habitation dans une même demeure, où tout est commun. C'est là le berceau de la cité et comme la

15 pépinière de la Répblique. Viennent ensuite les sociétés des frères, celles de leurs enfants et des enfants de leurs enfants, qui, ne pouvant plus être contenus dans une même demeure, s'en vont dans d'autres maisons et frment des espèces de colonies. Viennent enfin les alliances par mariage, qui créent encore des parentés nouvelles. Ces générations qui croissent et

20 multiplient forment la République. La communauté du sang unit les hommes par les liens d'une bienveillance et d'une affection réciproques. C'est en effet une grande chose que d'avoir les mêmes monuments, le même culte, une même sépulture.

Mais de toutes les sociétés, il n'en est pas de plus belle et de plus solide

25 que celle d'honnêtes gens entre lesquels la ressemblance des caractères produit l'amitié.

Cicéron,
Traité des Devoirs (44 av. J.-C.), Livre I, XVII, trad. Henri Joly et Cyril Morana,
Mille et une nuits, département de la Librairie Arthème Fayard, 2011, pp. 39-40.

Fiche Cicéron p. 480

À L'ÉPOQUE
Toute sa vie, Cicéron entretient une correspondance régulière et très nourrie avec ses amis, jusqu'à plusieurs fois par jour. À l'un d'eux, Atticus, il destina un traité *Sur l'amitié.*

Locke
[1632-1704]

3 L'accès à la société civile par l'ordre juridique

Quel est le caractère distinctif d'une société authentiquement politique ? Pour Locke, c'est l'existence, non seulement de lois (puisqu'il y a des lois naturelles), mais aussi de juges et de tribunaux : c'est ainsi, lorsque chacun renonce au pouvoir d'être juge pour soi-même, que s'instaure l'ordre civil.

Les hommes étant nés tous également, ainsi qu'il a été prouvé, dans une *liberté* parfaite, et avec le droit de jouir paisiblement et sans contradiction, de tous les droits et de tous les privilèges des *lois de la nature* ; chacun a, par la *nature,* le pouvoir, non seulement de conserver ses biens propres,

5 c'est-à-dire, sa vie, sa *liberté* et ses richesses, contre toutes les entreprises, toutes les injures et tous les attentats des autres ; mais encore de juger et de punir ceux qui violent les *lois de la nature,* selon qu'il croit que l'offense le mérite, de punir même de mort, lorsqu'il s'agit de quelque crime énorme, qu'il pense mériter la mort. Or, parce qu'il ne peut y avoir de

10 *société politique,* et qu'une telle société ne peut subsister, si elle n'a en soi le pouvoir de conserver ce qui lui appartient en propre, et, pour cela, de punir les fautes de ses membres ; là seulement se trouve une *société poli- tique,* où *chacun des membres s'est dépouillé de son pouvoir naturel, et l'a*

remis entre les mains de la société, afin qu'elle en dispose dans toutes sortes de
15 *causes, qui n'empêchent point d'appeler toujours aux lois établies par elle.* Par ce moyen, tout jugement des particuliers étant exclu, la société acquiert le droit de souveraineté ; et certaines lois étant établies, et certains hommes autorisés par la communauté pour les faire exécuter, ils terminent tous les différends qui peuvent arriver entre les membres de cette *société*-là, tou-
20 chant quelque matière de droit, et punissent les fautes que quelque membre aura commises contre la *société* en général, ou contre quelqu'un de son corps, conformément aux peines marquées par les lois. Et par là, il est aisé de discerner ceux qui sont ou qui ne sont pas ensemble en *société politique*. Ceux qui composent un seul et même corps, qui ont des lois
25 communes établies et des juges auxquels ils peuvent appeler, et qui ont l'autorité de terminer les disputes et les procès, qui peuvent être parmi eux et de punir ceux qui font tort aux autres et commettent quelque crime : ceux-là sont en *société civile* les uns avec les autres ; mais ceux qui ne peuvent appeler de même à aucun tribunal sur la terre, ni à aucunes
30 *lois positives,* sont toujours dans l'*état de nature* ; chacun, où il n'y a point d'autre juge, étant juge et exécuteur pour soi-même, ce qui est, comme je l'ai montré auparavant, le véritable et parfait *état de nature*.

John Locke,
Traité du gouvernement civil (1690), chap. 7, § 87, trad. D. Mazel,
Éd. Flammarion, coll. « GF », 1984, pp. 241-242.

Fiche Locke p. 499

Hume
[1711-1776]

XVIIIᵉ SIÈCLE

4 Société et insuffisances naturelles de l'homme

Comment survivrait un homme seul ? Ne serait-il pas condamné par sa faiblesse, par son incompétence et par les dangers extérieurs ? Selon Hume, la vie en société est un rempart contre ces trois dangers.

Ce n'est que par la société que [l'homme] est capable de suppléer à ses déficiences et de s'élever à une égalité avec les autres créatures, voire d'acquérir une supériorité sur elles. Par la société, toutes ses infirmités sont compensées et, bien qu'en un tel état ses besoins se multiplient sans cesse,
5 néanmoins ses capacités s'accroissent toujours plus et le laissent, à tous points de vue, plus satisfait et plus heureux qu'il ne pourrait jamais le devenir dans sa condition sauvage et solitaire. Lorsque chaque individu travaille séparément et seulement pour lui-même, sa force est trop réduite pour exécuter quelque ouvrage important ; employant son labeur à sub-
10 venir à tous ses divers besoins, il n'atteint jamais la perfection dans un savoir-faire particulier ; et, puisque sa force et sa réussite ne sont pas égales tout le temps, le moindre défaut de l'une des deux doit entraîner inévitablement l'échec et la détresse. La société fournit un remède à ces *trois* inconvénients. Par la conjonction des forces, notre pouvoir est aug-
15 menté. Par la répartition des tâches, notre compétence s'accroît. Et par l'assistance mutuelle, nous sommes moins exposés à la fortune et aux

La POLITIQUE

accidents. C'est par ce supplément de *force,* de *compétence* et de *sécurité* que la société devient avantageuse.

David Hume,
Traité de la nature humaine (1740), Livre III,
section II, trad. Ph. Saltel, Éd. Flammarion, coll. « GF », 1993, p. 85.

Fiche Hume p. 505

Kant
[1724-1804]

XVIIIᵉ SIÈCLE

5 «L'insociable sociabilité»

Ce que Kant nomme insociabilité invite chacun à l'égoïsme. Celui-ci n'est cependant pas négatif : il est au contraire la source du progrès qui amène l'homme à développer ses propres capacités. Sans concurrence sociale, les hommes ne vaudraient pas davantage que des moutons.

Le moyen dont se sert la nature pour mener à son terme le développement de toutes [l]es dispositions [des hommes] est leur antagonisme dans la société, dans la mesure où cet antagonisme finira pourtant par être la cause d'un ordre réglé par des lois. J'entends ici par antagonisme l'insociable sociabilité des hommes,
5 c'est-à-dire leur penchant à entrer en société, lié toutefois à une opposition générale qui menace sans cesse de dissoudre cette société. Une telle disposition est très manifeste dans la nature humaine. L'homme a une inclination à *s'associer,* parce que dans un tel état il se sent plus qu'homme, c'est-à-dire qu'il sent le développement de ses dispositions naturelles. Mais il a aussi un
10 grand penchant à se *séparer* (s'isoler) : en effet, il trouve en même temps en lui l'insociabilité qui fait qu'il ne veut tout régler qu'à sa guise et il s'attend à provoquer surtout une opposition des autres, sachant bien qu'il incline lui-même à s'opposer à eux. Or, c'est cette opposition qui éveille toutes les forces de l'homme, qui le porte à vaincre son penchant à la paresse, et fait
15 que, poussé par l'appétit des honneurs, de la domination et de la possession, il se taille une place parmi ses compagnons qu'il ne peut *souffrir* mais dont il ne peut *se passer.* Ainsi vont les premiers véritables progrès de la rudesse à la culture, laquelle repose à proprement parler sur la valeur sociale de l'homme ; ainsi tous les talents sont peu à peu développés, le goût formé,
20 et même, par le progrès des Lumières, commence à s'établir un mode de pensée qui peut, avec le temps, transformer notre grossière disposition naturelle au discernement moral en principes pratiques déterminés, et ainsi transformer cet accord *pathologiquement*[1] extorqué pour l'établissement d'une société en un tout *moral.* Sans ces propriétés, certes en elles-
25 mêmes fort peu engageantes, de l'insociabilité, d'où naît l'opposition que chacun doit nécessairement rencontrer à ses prétentions égoïstes, tous les talents resteraient cachés en germe pour l'éternité, dans une vie de bergers d'Arcadie[2], dans une concorde, un contentement et un amour mutuel parfaits ; les hommes, doux comme les agneaux qu'ils paissent,
30 ne donneraient à leur existence une valeur guère plus grande que celle de leur bétail, ils ne rempliraient pas le vide de la création quant à sa finalité, comme nature raisonnable. Il faut donc remercier la nature pour leur incompatibilité d'humeur, pour leur vanité qui en fait des rivaux jaloux,

1. Pathologiquement (du grec *pathos,* ce qui affecte le corps ou l'âme, surtout en mal) : de façon subie.

2. Une vie de bergers d'Arcadie : désigne symboliquement une existence innocente et passivement satisfaite.

À L'ÉPOQUE
En dépit de l'austérité de sa vie, Kant aime recevoir à sa table et y faire bonne chère. Ses amis le décrivent comme un hôte agréable, qui distraie ses convives par la richesse et l'humour de sa conversation.

pour leur désir insatiable de possession et même de domination ! Sans cela,
35 toutes les excellentes dispositions naturelles qui sont en l'humanité som-
meilleraient éternellement sans se développer.

Emmanuel Kant,
Idée d'une histoire universelle au point de vue cosmopolitique (1784),
trad. J.-M. Muglioni, Éd. Bordas, coll. « Les Œuvres philosophiques »,1988, pp. 15-16.

Fiche Kant p. 509

Stirner
[1806-1856]

6 Individu égoïste et fantôme de société

**La société est-elle vraiment ce qui permet l'accomplissement de l'individu ?
Selon Stirner, l'être individuel fait toujours les frais de son inscription
dans n'importe quel ensemble – de la famille à l'humanité.**

Dans la société, les exigences humaines peuvent tout au plus être satisfaites,
tandis que celles de l'égoïsme n'y trouvent jamais leur compte.

Il est indéniable qu'entre toutes les questions actuelles, c'est la question
« sociale » qui intéresse le plus notre époque ; c'est donc sur la société que
5 nous avons à porter plus particulièrement notre attention. Si l'intérêt qu'on y
apporte était moins passionné et moins aveugle, la Société ne nous ferait pas
perdre de vue les individus et nous reconnaîtrions qu'une Société ne peut se
rajeunir tant que ceux qui la composent et la constituent restent vieux. [...]

Tu te donnes et tu te comportes envers les hommes comme tu es :
10 hypocrite, tu agis en hypocrite, chrétien, en chrétien. C'est pourquoi le
caractère des associés détermine celui de la Société : ils en sont les créatures.
C'est tout au moins ce qu'il faut reconnaître, même quand on se refuse à
examiner le concept « Société » en lui-même.

Bien loin d'être parvenus à se mettre en valeur et à se développer com-
15 plètement, les hommes n'ont même pas pu jusqu'ici fonder leurs Sociétés
sur eux-mêmes, ou plutôt ils n'ont pu que fonder des « sociétés » et vivre
en société. Ces sociétés furent toujours des personnes, et des personnes
puissantes, des « personnes morales », c'est-à-dire des fantômes, qui frap-
paient l'individu de terreur et de folie. En qualité de fantômes, les noms de
20 « peuple » et de « peuplade » les caractérisent le mieux du monde : le peuple
des patriarches, des Hellènes, etc., et finalement le peuple des hommes,
l'humanité.

Max Stirner,
L'Unique et sa propriété (1844),
trad. H. Lasvignes, Éd. SLIM, 1948, pp. 238-239.

À L'ÉPOQUE
En 1841-1843, après
avoir suivi des cours de
Hegel, Stirner fréquente
les jeunes hégéliens.
Il est, notamment,
un ami d'Engels,
le grand théoricien
du communisme, avec
Marx. Engels fit le seul
portrait que l'on
possède de lui.

Nietzsche
[1844-1900]

7 « Plaisir et instinct social »

**Un plaisir partagé avec d'autres est-il plus riche et satisfaisant qu'un plaisir
particulier ? Pour Nietzsche, l'« instinct social » trouve dans ce partage
une confirmation, et se renforce grâce aux « manifestations de plaisir
semblables ».**

L'homme tire de ses rapports avec d'autres hommes une nouvelle espèce de *plaisir* qui s'ajoute aux sentiments agréables dont il est lui-même la source ; par là, il étend considérablement le domaine émotif du plaisir en général. Peut-être beaucoup de choses qui entrent dans cette catégorie
5 lui viennent-elles des animaux, qui éprouvent manifestement du plaisir à jouer entre eux, notamment la mère avec ses petits. Que l'on pense aussi aux rapports sexuels, où presque toute femelle paraît intéressante à n'importe quel mâle en vue du plaisir, et réciproquement. Le sentiment de plaisir fondé sur les relations humaines rend en général l'homme meilleur ; la joie
10 goûtée en commun, le plaisir pris ensemble s'en trouvent accrus, donnent de l'assurance à l'individu, le rendent bienveillant, abolissent la méfiance, l'envie : car, on se sent bien soi-même et l'on voit l'autre se sentir bien de la même manière. *Les manifestations de plaisir semblables* éveillent l'imagination de la sympathie, le sentiment d'être comme égaux ; c'est ce que font
15 aussi les souffrances communes, les mêmes orages, les mêmes dangers, les mêmes ennemis. C'est là-dessus sans doute que se fonde ensuite l'alliance la plus archaïque : le sens en est de se délivrer et se protéger en commun d'un déplaisir menaçant, au profit de chaque individu. Et l'instinct social grandissant naît ainsi du plaisir.

Friedrich Nietzsche,
Humain, trop humain (1878), tome I, § 98, trad. R. Rovini,
Éd. Gallimard, coll. « Folio Essais », 1988, pp. 93-94.

À L'ÉPOQUE
En 1882, Nietzsche rencontre Lou Andreas-Salomé à qui il propose de former avec lui un « cercle des esprits libres », sur le modèle du jardin d'Épicure. Il va même jusqu'à lui proposer le mariage mais elle refuse.

Fiche Nietzsche p. 518

Durkheim
[1858-1917]

8 L'origine sociale des catégories mentales

Il est banal de signaler les influences de la société sur les conduites indivi-duelles. Dans cet extrait, Durkheim repère, en amont, l'existence d'une conscience collective où sont inscrites nos premières catégories mentales, bien antérieures aux modes ou aux goûts.

[La société] n'est possible que si les individus et les choses qui la composent sont répartis entre différents groupes, c'est-à-dire classés, et si ces groupes eux-mêmes sont classés les uns par rapport aux autres. La société suppose donc une organisation consciente de soi qui n'est autre chose qu'une classi-
5 fication. Cette organisation de la société se communique naturellement à l'espace qu'elle occupe. Pour prévenir tout heurt, il faut que à chaque groupe particulier, une portion déterminée d'espace soit affectée : en d'autres termes, il faut que l'espace total soit divisé, différencié, orienté, et que ces divisions et ces orientations soient connues de tous les esprits. D'autre part, toute convo-
10 cation à une fête, à une chasse, à une expédition militaire implique que des dates sont fixées, convenues et, par conséquent, qu'un temps commun est établi que tout le monde conçoit de la même façon. Enfin, le concours de plusieurs en vue de poursuivre une fin commune n'est possible que si l'on s'entend sur le rapport qui existe entre cette fin et les moyens qui permettent
15 de l'atteindre, c'est-à-dire si une même relation causale est admise par tous

les coopérateurs de la même entreprise. Il n'est donc pas étonnant que le
temps social, l'espace social, les classes sociales, la causalité collective soient
à la base des catégories correspondantes, puisque c'est sous leurs formes
sociales que des différentes relations ont, pour la première fois, été appré-
20 hendées avec une certaine clarté par la conscience humaine.

En résumé, la société n'est nullement l'être illogique ou alogique, incohé-
rent et fantasque qu'on se plaît trop souvent à voir en elle. Tout au contraire,
la conscience collective est la forme la plus haute de la vie psychique,
puisque c'est une conscience de consciences. Placée en dehors et
25 au-dessus des contingences individuelles et locales, elle ne voit les choses que
par leur aspect permanent et essentiel qu'elle fixe en des notions communi-
cables. […] Attribuer à la pensée logique des origines sociales, ce n'est donc
pas la rabaisser, en diminuer la valeur, la réduire à n'être qu'un système de
combinaisons artificielles ; c'est, au contraire, la rapporter à une cause qui
30 l'implique naturellement.

Émile Durkheim,
Les Formes élémentaires de la vie religieuse (1912),
Éd. des PUF, coll. « Quadrige », 1990, pp. 632-634.

Fiche Durkheim p. 520

Popper
[1902-1994]

9 Société close et société ouverte

**Le terme « société » recouvre des réalités très différentes. Popper oppose
ici deux de ses modèles : la société close reste « organique » parce que
ses membres en demeurent étroitement dépendants, la société ouverte
risque d'aboutir à une « abstraction » telle que tout lien entre ceux qui la
composent tendrait à disparaître.**

J'appelle *société close* la société magique ou tribale, et *société ouverte,* celle où
les individus sont confrontés à des décisions personnelles.

Une société close typique peut être comparée à un organisme, et la
théorie biologique de l'État peut, dans une large mesure, lui être appli-
5 quée. On peut, en effet, la rapprocher d'un troupeau dont la cohésion est
maintenue par des liens comme la parenté, la vie commune, la joie ou la
douleur. Les rapports sensoriels : toucher, odorat ou vue, y prédominent
encore sur les rapports sociaux plus abstraits, comme les échanges ou la
répartition du travail. La théorie organique de l'État peut se concevoir
10 dans le cas d'une société close parce que la dépendance des membres à
l'ensemble y est déterminée par des règles immuables, comme dans un
organisme vivant. Elle ne se conçoit pas dans le cas de la société ouverte,
caractérisée par une rivalité entre ses membres pouvant aller jusqu'à la
lutte de classes. […]
15 Du fait même de la perte de son caractère organique, une société ouverte
risque de s'acheminer progressivement vers une « société abstraite ». Elle
peut en effet cesser, dans une large mesure, d'être un véritable rassemblement d'individus. Imaginons, au prix d'une certaine exagération, une
société où les hommes ne se rencontrent jamais face à face, où les affaires

LA POLITIQUE

20 sont traitées par des individus isolés communiquant entre eux par lettres
ou par télégrammes, se déplaçant en voiture fermée et se reproduisant par
insémination artificielle : pareille société serait totalement abstraite et déper-
sonnalisée. Or, la société moderne lui ressemble déjà sur bien des points.
Dans une ville, les piétons se croisent mais s'ignorent, les membres d'un
25 syndicat portent une carte et paient une cotisation mais peuvent ne jamais
se connaître. Beaucoup d'individus ont peu ou pas de contacts humains et
vivent dans l'anonymat et l'isolement.

Karl Raimund Popper,
La Société ouverte et ses ennemis, (1945), tome I, *L'Ascendant de Platon,*
trad. J. Bernard et P. Monod, Éd. du Seuil, 1979, pp. 142-143.

Fiche Popper p. 528

Les échanges

Définition élémentaire

▸ **Échanger signifie obtenir quelque chose en donnant quelque chose d'autre à la place.**

▸ **Au pluriel, « les échanges » renvoie à tout ce qui concerne la vie économique, c'est-à-dire l'ensemble des interactions entre les membres de la communauté humaine.**

Distinguer pour comprendre

▸ **Échanger s'oppose à garder pour soi.** C'est ce qui distingue par exemple les êtres vivants des choses inertes qui restent relativement stables, ou bien qui se dégradent indépendamment de toute interaction avec l'environnement.

▸ **Dans le domaine politico-économique, les échanges s'opposent à l'autarcie,** c'est-à-dire l'autosuffisance. Dans la cité idéale, telle que la pensait Aristote, l'autarcie est la règle : les échanges économiques se font de manière interne, sans qu'il soit nécessaire d'établir des rapports avec les autres cités.

▸ **On peut distinguer échange et don :** dans l'échange, je donne en vue de recevoir, tandis que le don n'attend rien en retour. Il existe néanmoins des systèmes de dons et contre-dons. Mais le contre-don, à la différence de l'objet échangé, peut ne pas être de même nature ni de même valeur que le don.

▸ **La notion d'échanges va de pair avec celles de travail et de production :** par le travail, l'homme produit des objets qu'il peut échanger pour en obtenir d'autres (c'est le troc).

Repères associés à la notion

▸ **Abstrait / Concret** (p. 436)
▸ **Identité / Égalité / Différence** (p. 443)

1 Rôle de la monnaie

Le besoin suscite l'échange, mais comment assurer le caractère équitable de ce dernier ? Ce ne peut être qu'en substituant au besoin initial un étalon conventionnel mais universel, qui est la monnaie. Celle-ci peut tout mesurer, et garantit en permanence la possibilité d'une circulation des marchandises.

C'est pourquoi toutes les choses faisant objet de transaction doivent être d'une façon quelconque commensurables[1] entre elles. C'est à cette fin que la monnaie a été introduite, devenant une sorte de moyen terme, car elle mesure toutes choses et par suite l'excès et le défaut, par exemple combien
5 de chaussures équivalent à une maison ou à telle quantité de nourriture. Il doit donc y avoir entre un architecte et un cordonnier le même rapport qu'entre un nombre déterminé de chaussures et une maison (ou telle quantité de nourriture), faute de quoi il n'y aura ni échange ni communauté d'intérêts ; et ce rapport ne pourra être établi que si entre les biens
10 à échanger il existe une certaine égalité. Il est donc indispensable que tous les biens soient mesurés au moyen d'un unique étalon, comme nous l'avons dit plus haut. Et cet étalon n'est autre, en réalité, que le besoin, qui est le lien universel (car si les hommes n'avaient besoin de rien, ou si leurs besoins n'étaient pas pareils, il n'y aurait plus d'échange du tout, ou
15 les échanges seraient différents) ; mais la monnaie est devenue une sorte de substitut du besoin et cela par convention, et c'est d'ailleurs pour cette raison que la monnaie reçoit le nom de *nomisma,* parce qu'elle existe non pas par nature, mais en vertu de la loi (*nomos*), et qu'il est en notre pouvoir de la changer et de la rendre inutilisable. [...]
20 Mais pour les échanges éventuels, dans l'hypothèse où nous n'avons besoin de rien pour le moment, la monnaie est pour nous une sorte de gage, donnant l'assurance que l'échange sera possible si jamais le besoin s'en fait sentir, car on doit pouvoir en remettant l'argent obtenir ce dont on manque. La monnaie, il est vrai, est soumise aux mêmes fluctuations
25 que les autres marchandises (car elle n'a pas toujours un égal pouvoir d'achat) ; elle tend toutefois à une plus grande stabilité. De là vient que toutes les marchandises doivent être préalablement estimées en argent, car de cette façon il y aura toujours possibilité d'échange, et par suite communauté d'intérêts entre les hommes. La monnaie, dès lors, jouant le
30 rôle de mesure, rend les choses commensurables entre elles et les amène ainsi à l'égalité : car il ne saurait y avoir ni communauté d'intérêts sans échange, ni échange sans égalité, ni enfin égalité sans commensurabilité.

1. Commensurables : évaluables suivant une échelle commune.

Aristote,
Éthique à Nicomaque, (IVe siècle av. J.-C.),
Livre V, chap. 8, 1133a-1133g,
trad. J. Tricot, Librairie Philosophique J. Vrin, 1971, pp. 241-244.

Fiche Aristote p. 478

Cicéron
[106-43 av. J.-C.]

📄 Fiche Cicéron p. 480

ANTIQUITÉ

2 Propriété privée et nécessité des échanges

Toute propriété privée est de convention, et ne doit pas être violée. Mais c'est la nature elle-même qui encourage, selon Cicéron, à pratiquer l'échange, lequel permet de renforcer les liens sociaux.

Or, la nature ne donne rien en propre à personne. Toute propriété repose ou bien sur une ancienne occupation (pour ceux, par exemple, qui se sont établis dans une terre inhabitée), ou bien sur la vistoire (comme il arrive dans les conquêtes faites à la guerre), soit enfin sur une loi, sur un contrat, sur une
5 condition, sur un tirage au sort. C'est ainsi que le territoire d'Arpinum est dit appartenir aux Arpinates, celui de Tusculum aux Tusculans. Il en est de même des possessions particulières. Dès lors, puisque la part que chacun a reçue des biens communs à tous est devenue sa propriété, que chacun garde la sienne : quiconque usurpe le bien d'autrui viole le droit de propriété.
10   Mais, comme le dit noblement Platon, nous ne sommes pas nés pour nous seuls : notre patrie, nos parents, nos amis réclament une part de notre existence ; et selon les maximes des stoïciens, tout ce que la terre produit est à l'usage des hommes, les hommes eux-mêmes ont été créés pour les hommes, et tous sont destinés à s'aider les uns les autres. Prenons
15 donc ici la nature pour guide : multiplions les biens communs à tous par un échange de bons offices, donnant et recevant tour à tour, employant notre industrie, nos efforts et nos richesses à resserrer les liens de la société humaine.

Cicéron,
Traité des devoirs (44 av. J.-C.), Livre I, VII,
trad. Henri Joly et Cyril Morana,
Mille et une nuits, département de la Librairie Arthème Fayard, 2011, pp. 19-20.

Rousseau
[1712-1778]

1. Commerce : relation.

XVIIIe SIÈCLE

3 Les échanges, source de l'inégalité

Sans doute les échanges – notamment de services – semblent-ils rendre la vie des hommes plus facile. Mais on peut aussi se demander avec Rousseau si leur apparition n'a pas rompu un bonheur antérieur.

Tant que les hommes se contentèrent de leurs cabanes rustiques, tant qu'ils se bornèrent à coudre leurs habits de peaux avec des épines et des arêtes, à se parer de plumes et de coquillages, à se peindre le corps de diverses couleurs, à perfectionner ou embellir leurs arcs et leurs flèches, à
5 tailler avec des pierres tranchantes quelques canots de pêcheurs ou quelques grossiers instruments de musique ; en un mot, tant qu'ils ne s'appliquèrent qu'à des ouvrages qu'un seul pouvait faire, et qu'à des arts qui n'avaient pas besoin du concours de plusieurs mains, ils vécurent libres, sains, bons et heureux autant qu'ils pouvaient l'être par leur
10 nature, et continuèrent à jouir entre eux des douceurs d'un commerce[1] indépendant. Mais, dès l'instant qu'un homme eut besoin du secours d'un

La POLITIQUE

autre, dès qu'on s'aperçut qu'il était utile à un seul d'avoir des provisions pour deux, l'égalité disparut, la propriété s'introduisit, le travail devint nécessaire, et les vastes forêts se changèrent en des campagnes riantes
15 qu'il fallut arroser de la sueur des hommes, et dans lesquelles on vit bientôt l'esclavage et la misère germer et croître avec les moissons.

La métallurgie et l'agriculture furent les deux arts dont l'invention produisit cette grande révolution. Pour le poète, c'est l'or et l'argent ; mais pour le philosophe, ce sont le fer et le blé qui ont civilisé les hommes et
20 perdu le genre humain. Aussi l'un et l'autre étaient-ils inconnus aux sauvages de l'Amérique, qui pour cela sont toujours demeurés tels ; les autres peuples semblent même être restés barbares tant qu'ils ont pratiqué l'un de ces arts sans l'autre. Et l'une des meilleures raisons peut-être pourquoi l'Europe a été, sinon plus tôt, du moins plus constamment et
25 mieux policée que les autres parties du monde, c'est qu'elle est à la fois la plus abondante en fer et la plus fertile en blé.

Jean-Jacques Rousseau,
Discours sur l'origine et les fondements de l'inégalité parmi les hommes (1755),
Partie II, Éd. sociales, 1965, pp. 117-118.

Fiche Rousseau p. 506

Smith
[1723-1790]

XVIIIᵉ SIÈCLE

4 Échange et réciprocité des intérêts

L'économie n'a que faire des bons sentiments. Tout homme doit compter sur d'autres pour satisfaire ses besoins, mais il serait naïf, selon Smith, de croire en la bienveillance d'autrui.

Dans presque toutes les espèces d'animaux, chaque individu, quand il est parvenu à sa pleine croissance, est tout à fait indépendant, et, tant qu'il reste dans son état naturel, il peut se passer de l'aide de toute autre créature vivante. Mais l'homme a presque continuellement besoin du secours de ses
5 semblables, et c'est en vain qu'il l'attendrait de leur seule bienveillance. Il sera bien plus sûr de réussir, s'il s'adresse à leur intérêt personnel et s'il leur persuade que leur propre avantage leur commande de faire ce qu'il souhaite d'eux. C'est ce que fait celui qui propose à un autre un marché quelconque ; le sens de sa proposition est ceci : *Donnez-moi ce dont j'ai*
10 *besoin, et vous aurez de moi ce dont vous avez besoin vous-même* ; et la plus grande partie de ces bons offices qui nous sont si nécessaires, s'obtient de cette façon. Ce n'est pas de la bienveillance du boucher, du marchand de bière ou du boulanger, que nous attendons notre dîner, mais bien du soin qu'ils apportent à leurs intérêts. Nous ne nous adressons pas à leur
15 humanité, mais à leur égoïsme ; et ce n'est jamais de nos besoins que nous leur parlons, c'est toujours de leur avantage. Il n'y a qu'un mendiant qui puisse se résoudre à dépendre de la bienveillance d'autrui ; encore ce mendiant n'en dépend-il pas en tout : c'est bien la bonne volonté des personnes charitables qui lui fournit le fond entier de sa subsistance ; mais
20 quoique ce soit là en dernière analyse le principe d'où il tire de quoi satisfaire aux besoins de sa vie, cependant ce n'est pas celui-là qui peut y

pourvoir à mesure qu'ils se font sentir. La plus grande partie de ses
besoins du moment se trouve satisfaite comme ceux des autres hommes,
par traité, par échange et par achat. Avec l'argent que l'un lui donne, il
25 achète du pain. Les vieux habits qu'il reçoit d'un autre, il les troque
contre d'autres vieux habits qui l'accommodent mieux, ou bien contre
un logement, contre des aliments, ou enfin contre de l'argent qui lui servira à se procurer un logement, des aliments ou des habits quand il en
aura besoin.

Adam Smith,
Recherches sur la nature et les causes de la richesse des nations (1776),
Livre I, chap. 2, trad. G. Mairet,
Éd. Gallimard, coll. « Idées », 1976, pp. 48-49.

Marx

[1818-1883]

5 Le prix du travail considéré comme marchandise

**Selon Marx, c'est une triple concurrence qui détermine le prix d'une mar-
chandise. Il considère le travail comme une marchandise parmi d'autres,
et montre qu'il a un prix, déterminé par ses frais de production.**

Qu'est-ce qui détermine le prix d'une marchandise ?

C'est la concurrence entre acheteurs et vendeurs, le rapport entre
l'offre et la demande, entre ce qui se propose et ce dont on a besoin. La
concurrence qui détermine le prix d'une marchandise est *triple*.

5 Une même marchandise est offerte par différents vendeurs. La qualité étant égale, celui qui vend à meilleur marché est certain d'évincer
les autres vendeurs et de s'assurer le plus fort débit. Aussi les vendeurs
se disputent-ils les débouchés. Chacun d'eux veut vendre, vendre le plus
possible, et, si cela se peut, vendre seul en éliminant les autres vendeurs.
10 C'est pourquoi l'un vend meilleur marché que l'autre. Il y a donc une
concurrence entre les vendeurs, et cette concurrence fait baisser le prix
des marchandises offertes. Mais il se produit aussi une *concurrence entre
les acheteurs,* qui fait, elle, monter le prix des marchandises.

Enfin, il se produit une *concurrence entre les vendeurs et les acheteurs.*
15 Les uns veulent acheter au plus bas prix, les autres vendre le plus cher
possible. Le résultat de cette concurrence entre acheteurs et vendeurs
dépendra du comportement des deux parties : il change suivant que la
concurrence intérieure est plus forte dans le camp des acheteurs ou dans
celui des vendeurs.
20 [...] Il va de soi que les mêmes lois générales, qui règlent le prix de
toute marchandise, sont aussi celles qui règlent le *salaire,* ou *prix du travail.*

Ce salaire va tantôt monter, tantôt baisser, suivant le rapport de l'offre
et de la demande, suivant l'allure que prend la concurrence entre les
acheteurs du travail, qui sont les capitalistes, et les vendeurs de travail,
25 les travailleurs. Les oscillations des salaires correspondent à celles des prix
des marchandises en général. *Mais ce qui, dans les limites de ces oscillations,*

détermine le prix du travail, ce sont ses frais de production, le temps de travail nécessaire pour produire cette marchandise particulière, le travail.

Quels sont donc les frais de production du travail lui-même?

30 *Ce sont les frais à engager pour que le travailleur subsiste en tant que travailleur, et pour le former au travail.*

Karl Marx,
Travail salarié et capital (1848),
trad. M. Rubel et L. Evrard, in *Œuvres,* Éd. Gallimard,
coll. « Bibliothèque de la Pléiade », tome I, 1965, pp. 206 et 210.

Fiche Marx p. 517

Mauss
[1872-1950]

6 Don et hiérarchie sociale

Le don, la consommation de luxe, permettent-ils d'échapper aux lois générales de l'économie ? Rien n'est moins sûr selon Mauss : même le potlatch[1] implique des relations de pouvoir entre celui qui offre et celui qui accepte.

Les vaygu'a des Trobriand[2], bracelets et colliers, tout comme les cuivres du Nord-Ouest américain ou les wampun iroquois, sont à la fois des richesses, des signes de richesse, des moyens d'échange et de paiement, et aussi des choses qu'il faut donner, voire détruire… On a intérêt à les donner
5 pour pouvoir en posséder d'autres à nouveau, en les transformant en marchandises ou en services qui se retransformeront à leur tour en monnaies. On dirait vraiment que le chef trobriandais ou tsimshian[3] procède à un lointain degré à la façon du capitaliste qui sait se défaire de sa monnaie en temps utile, pour reconstituer ensuite son capital mobile.
10 Intérêt et désintéressement expliquent également cette forme de la circulation archaïque des signes de richesse qui les suivent.

Même la destruction pure des richesses ne correspond pas à ce détachement complet qu'on croirait y trouver. Même ces actes de grandeur ne sont pas exempts d'égotisme. La forme purement somptuaire, presque
15 toujours exagérée, souvent purement destructrice, de la consommation, où des biens considérables et longtemps amassés sont donnés tout d'un coup ou même détruits, surtout en cas de potlatch, donne à ces institutions un air de pure dépense dispendieuse, de prodigalité enfantine. En effet, et en fait, non seulement on y fait disparaître des choses utiles, de
20 riches aliments consommés avec excès, mais même on y détruit pour le plaisir de détruire, par exemple, ces cuivres, ces monnaies, que les chefs tsimshian, tlingit et haïda[3] jettent à l'eau et que brisent les chefs kwakiutl[3] et ceux des tribus qui leur sont alliées. Mais le motif de ces dons et de ces consommations forcenées, de ces pertes et de ces destructions folles de
25 richesses, n'est, à aucun degré, surtout dans les sociétés à potlatch, désintéressé. Entre chefs et vassaux, entre vassaux et tenants[4], par ces dons, c'est la hiérarchie qui s'établit. Donner, c'est manifester sa supériorité, être plus, plus haut, *magister* ; accepter sans rendre ou sans rendre plus, c'est se subordonner, devenir client et serviteur, devenir petit, choir plus
30 bas (*minister*).

1. Potlatch : cérémonie ritualisée au cours de laquelle deux tribus ou deux clans rivalisent en dons et contre-dons (de monnaies, couvertures, armes ou nourriture) pour affirmer leur richesse et une supériorité symbolique.

2. Trobriand : archipel océanien coiffant la pointe orientale de la Nouvelle-Guinée.

3. Tsimshian, tlingit, haïda, kwakiutl : sociétés du Nord-Ouest américain pratiquant le potlatch.

4. Tenants : champions ou représentants d'un clan.

5. *Mana* (terme polynésien et mélanésien) : pouvoir surnaturel inhérent à certains objets ou à certains hommes (chefs ou sorciers), capables de le capter et de l'utiliser.

Être le premier, le plus beau, le plus chanceux, le plus fort et le plus riche, voilà ce qu'on cherche et comment on l'obtient. Plus tard, le chef confirme son *mana*[5] en redistribuant à ses vassaux, parents, ce qu'il vient de recevoir ; il maintient son rang parmi les chefs en rendant bracelets
35 contre colliers, hospitalité contre visites, et ainsi de suite… Dans ce cas la richesse est, à tout point de vue, autant un moyen de prestige qu'une chose d'utilité. Mais est-il sûr qu'il en soit autrement parmi nous et que même chez nous la richesse ne soit pas avant tout le moyen de commander aux hommes ?

Marcel Mauss,
Essai sur le don (1923), in *Sociologie et Anthropologie*,
Éd. des PUF, 1950, pp. 268-270.

Lévi-Strauss
[1908-2009]

7 Communication et échanges

La notion d'échanges semble évoquer spontanément celle de produits (de biens ou de services). Mais, selon l'anthropologue, toute société pratique au moins deux autres genres d'échanges, également fondamentaux puisqu'en leur absence, la société ne pourrait subsister.

Dans toute société, la communication s'opère au moins à trois niveaux : communication des femmes ; communication des biens et des services ; communication des messages. Par conséquent, l'étude du système de parenté, celle du système économique et celle du système linguistique
5 offrent certaines analogies. Toutes trois relèvent de la même méthode ; elles diffèrent seulement par le niveau stratégique où chacune choisit de se situer dans un univers commun. […]
L'analogie qui vient d'être affirmée entre sociologie de la parenté, science économique et linguistique, laisse subsister une différence entre
10 les trois modes de communication correspondants : ils ne sont pas à la même échelle. Envisagés sous le rapport des taux de communication pour une société donnée, les inter-mariages et l'échange des messages diffèrent entre eux, quant à l'ordre de grandeur, à peu près comme les mouvements des grosses molécules de deux liquides visqueux, traver-
15 sant par osmose la paroi difficilement perméable qui les sépare, et ceux d'électrons émis par des tubes cathodiques. Quand on passe du mariage au langage, on va d'une communication à rythme lent à une autre, à rythme très rapide. Différence facilement explicable : dans le mariage, objet et sujet de communication sont presque de même nature (femmes
20 et hommes, respectivement) ; tandis que, dans le langage, celui qui parle ne se confond jamais avec ses mots. Nous sommes donc en présence d'une double opposition : *personne* et *symbole* ; *valeur* et *signe*. On comprend mieux, ainsi, la position intermédiaire des échanges économiques par rapport aux deux autres formes : les biens et les services ne sont pas des
25 personnes (comme les femmes) ; mais, à la différence des phonèmes, ce sont encore des valeurs. Et pourtant, bien qu'ils ne soient intégralement,

LA POLITIQUE

ni des symboles, ni des signes, on a besoin de symboles et de signes pour les échanger dès que le système économique atteint un certain degré de complexité.

Claude Lévi-Strauss,
Anthropologie structurale, Éd. Plon, 1969, pp. 326-327.

Baudrillard

[1929-2007]

8 La valeur d'échange comme règle du jeu

Le bonheur, ne serait-ce pas de consommer sans payer ? À ceux qui en rêvent, Baudrillard objecte que le désir s'est habitué à n'être pleinement satisfait qu'en respectant certaines règles.

C'est oublier que le désir n'a pas du tout vocation à s'accomplir dans la « liberté », mais dans la règle, pas du tout dans la transparence d'un contenu de valeur, mais dans l'opacité du code de la valeur. C'est le *désir du code,* et ce désir a « besoin » pour s'accomplir de sauver la règle du jeu. C'est avec
5 cet investissement de la règle par le désir en vue de son accomplissement que l'ordre social a partie liée, c'est lui qu'il exploite en vue de sa reproduction. C'est là où le phantasme et l'institution se rejoignent, l'ordre politique du pouvoir et l'ordre fétichique de la perversion (l'accomplissement du désir). Le phantasme de la valeur, c'est aussi le phantasme de l'ordre et de
10 la loi.

Cette règle du jeu, dans notre société, c'est la loi de la valeur d'échange. S'il n'y a plus de règle du jeu, ce n'est plus intéressant. On ne peut même plus tricher, ni voler (pratique contre-dépendante de la règle du jeu économique). Si consommer n'est possible que dans les règles, si le désir ne
15 s'accomplit que fétichiquement, la levée de cette règle, au lieu de frayer la voie à une jouissance sauvage, l'interdit au contraire. Le *prix* des choses devient alors essentiel, non plus seulement quantitativement comme valeur d'échange, ni seulement différentiellement […], mais comme loi, comme forme fétichisée – point crucial de l'économie marchande et de
20 l'économie psychique de la valeur. Le prix des choses devient alors garant de l'économie psychique de la valeur. On peut préférer cet équilibre à la consumation gratuite et sauvage. Mais le prix payé est aussi celui de la jouissance, dont le taux baisse tendanciellement selon le cycle de reproduction élargie de la satisfaction.
25 De la même façon, l'athlète ou le joueur qui « ne peut s'empêcher » de perdre le fait aussi pour préserver la possibilité même de se battre, la règle du jeu à l'abri de laquelle seule on peut (con)courir[1]. Là encore, sauver la règle du jeu est un impératif plus fondamental que gagner. Chaque partenaire obéit implicitement à cette structure de l'échange, à cette fonction
30 collective et inconsciente[2].

Jean Baudrillard,
« De l'accomplissement du désir dans la valeur d'échange »,
in *Pour une Critique de l'économie politique du signe* (1972),
Éd. Gallimard, coll. « Tel », 1976, pp. 274-275.

1. L'idéologie du sport est un mixte entre cette « loi » implicite et la loi du plus fort. (Note de l'auteur.)

2. Un joueur, un coureur qui gagnerait à tout coup, sans exception, – ce serait une infraction grave à la loi de l'échange, quelque chose comme l'inceste ou le sacrilège, et la collectivité, à la limite, se devrait de le supprimer. – Du même ordre : la collection achevée, où nul terme ne manque : c'est la mort. (Note de l'auteur.)

À L'ÉPOQUE

Influencé à la fois par la psychanalyse, le marxisme et le structuralisme, Baudrillard a développé une pensée singulière qui se démarque de l'humanisme libéral.

Moulin

[1924-]

1. Art «pompier» : on nomme ainsi
les œuvres qui, depuis 1860,
sont produites en respectant
les règles de la figuration
la plus ressemblante, et se
tiennent à l'écart de l'art
«moderne» depuis
l'Impressionnisme ; l'adjectif
proviendrait de moqueries
d'atelier à l'égard des peintres
qui, après David, coiffaient de
casques rutilants leurs figures
grecques ou romaines.

2. *Deaccessioning* : au sens
propre, exclusion d'un
catalogue (de bibliothèque
ou de musée).

3. Type-idéal : modèle exemplaire.

4. Peinture classée : œuvres
anciennes ou modernes déjà
entrées dans le patrimoine
historique.

À L'ÉPOQUE

Fondatrice, en 1983, du Centre de sociologie des arts, Raymonde Moulin a inventé cette nouvelle discipline qu'est la sociologie du marché de l'art. Elle en propose les fondements dans sa thèse de 1967, *Le Marché de la peinture en France*.

9 Le marché de l'art

Certaines personnes sont choquées par la valeur que peuvent atteindre des œuvres d'art. Mais le plus troublant n'est-il pas que puissent être échangées – sur le marché de l'art – des œuvres dont on commence par affirmer qu'elles sont « uniques » ?

L'œuvre mise en vente, tableau ou sculpture, est singulière et irremplaçable ; elle est indivisible et non substituable. À cet effet originel de rareté s'adjoignent deux facteurs temporels de raréfaction. D'une part, les œuvres d'art ne sont pas physiquement impérissables. Il est impossible de faire le
5 bilan de celles qui ont été perdues du fait des cataclysmes naturels ou des destructions humaines. Les aléas de la destinée posthume des artistes ont, de surcroît, diminué les chances de survie de certaines œuvres. D'autre part, il faut compter avec le capital artistique gelé dans les musées qui assurent la conservation des œuvres et leur mise à disposition du public. En France,
10 ces biens, qui font partie du patrimoine national, sont définitivement retirés du marché. Les œuvres sont ainsi protégées des effets de mode, même si, selon les moments, elles disparaissent dans les réserves ou réapparaissent sur les cimaises. L'existence du musée d'Orsay, dans sa présentation actuelle qui revisite l'art « pompier »[1], témoigne en faveur de cette permanence.
15 La situation juridique n'est pas la même aux États-Unis où la procédure du *deaccessioning*[2] autorise la mise en vente, sous certaines conditions, des œuvres appartenant à un musée.

Ces biens d'art uniques constituent le type-idéal[3] des biens rares dont la différenciation accomplie confère un monopole, au sens étymologique
20 du terme, à leur détenteur. Qu'il s'agisse ou non d'une vente aux enchères, le vendeur d'un tableau est vendeur unique d'un tableau unique. Cependant, il est bien connu que le monopoleur n'est jamais aussi totalement maître du prix qu'il peut le paraître. Des variables relatives à la demande doivent être prises en considération : le revenu des acheteurs
25 potentiels, le taux de rendement des actions et des obligations, la conjoncture économique générale. On admet de plus […] l'existence d'une certaine substituabilité entre des biens *a priori* hétérogènes. Un tableau de maître non substituable à un autre en tant que tel peut offrir, en tant que source de prestige ou valeur refuge, des usages identiques. L'unicité de l'œuvre
30 impose une situation de monopole, mais les motivations complexes des acheteurs éventuels (qui n'achètent pas toujours l'œuvre unique, mais le symbole social ou le placement solide) réintroduisent au sein du monopole des éléments concurrentiels. Le degré de substituabilité de l'offre va décroissant au fur et à mesure qu'on s'approche de l'excellence artistique
35 et de la rareté extrême.

Dans le marché de la peinture classée[4], où dominent les éléments monopolistiques, on atteint, dans le cas idéal-typique de la limitation quasi absolue de l'offre, des sortes de sommets économiques, sous condition que cette rareté rarissime soit constituée préalablement comme
40 valeur artistique, c'est-à-dire que soit définie la place de l'artiste dans

l'histoire de l'art et la place d'une œuvre particulière dans l'œuvre entier de l'artiste. Le prix dépend, en dernière analyse, de la compétition finale entre deux enchérisseurs, de leur désir de posséder l'œuvre et de leurs moyens d'achat. Il est, en tant que tel, largement imprévisible.

Raymonde Moulin,
Le Marché de l'art. Mondialisation et nouvelles technologies,
Éd. Flammarion, coll. « Champs », 2003, pp. 13-15.

La justice et le droit

Définition élémentaire

▶ **La justice, c'est un idéal d'après lequel un état de fait ou une obligation peuvent être reconnus comme légitimes ou illégitimes.** La Justice (avec une majuscule) désigne l'institution judiciaire, le pouvoir d'appliquer les lois : les juges, les tribunaux, la police.

▶ **Le droit, au sens objectif, est l'ensemble des règles organisant la vie des individus en société.** Ces règles peuvent prendre la forme de lois, de décrets (forme écrite) ou de coutumes (forme non écrite).

▶ **Le droit a aussi un sens moral (ou subjectif):** « revendiquer un droit », c'est pouvoir demander quelque chose à quelqu'un au nom d'un principe supérieur.

Distinguer pour comprendre

▶ **Le droit (au sens légal de système juridique) et l'illégalité.** Si la loi interdit le délit, elle n'en exclut pas l'existence, au contraire: elle n'existe que parce qu'elle en prévoit l'existence.

▶ **Le droit positif et le droit naturel:** le droit positif, c'est l'ensemble du droit existant ; la notion de droit naturel renvoie à l'idée qu'il y aurait des lois du comportement humain inscrites dans la nature même.

▶ **La justice en tant qu'égalité et la justice en tant qu'équité.** L'égalité est le principe du même traitement pour tous, tandis que l'équité est le principe du traitement différencié en fonction des mérites respectifs de chacun.

▶ **La justice et la vengeance.** Celle-ci est individuelle (elle ne se soucie pas d'un ordre social global) et disproportionnée (on tue pour une insulte). La justice implique l'arbitrage d'un tiers.

Repères associés à la notion

▸ **En fait / En droit** (p. 439)
▸ **Légal / Légitime** (p. 444)

Platon

[427-347 avant J.-C.]

ANTIQUITÉ

1 La fable de l'anneau de Gygès

À Socrate, qui défend la thèse selon laquelle la justice est toujours supérieure à l'injustice, Glaucon, reprenant la position du sophiste Trasymaque, oppose la fable de Gygès, qui montre qu'un homme en état d'impunité cèdera toujours à la tentation de l'injustice.

[Gygès le Lydien] était un berger au service de celui qui régnait alors sur la Lydie. Après un gros orage et un tremblement de terre, le sol s'était fissuré et une crevasse s'était formée à l'endroit où il faisait paître son troupeau. Cette vue l'émerveilla et il y descendit pour voir, entre autres merveilles
5 qu'on rapporte, un cheval d'airain creux, percé de petites ouvertures à travers lesquelles, ayant glissé la tête, il aperçut un cadavre, qui était apparemment celui d'un géant. Ce mort n'avait rien sur lui, si ce n'est un anneau d'or à la main, qu'il prit avant de remonter. À l'occasion de la réunion coutumière des bergers, au cours de laquelle ils communiquaient au roi ce
10 qui concernait le troupeau pour le mois courant, notre berger se présenta portant au doigt son anneau. Ayant pris place avec les autres, il tourna par hasard le chaton de l'anneau vers la paume de sa main. Cela s'était à peine produit qu'il devint invisible aux yeux de ceux qui étaient rassemblés autour de lui, et qui se mirent à parler de lui, comme s'il avait quitté l'as-
15 semblée. Il en fut stupéfait et, manipulant l'anneau en sens inverse, il tourna le chaton vers l'extérieur : ce faisant, il redevint aussitôt visible. Prenant conscience de ce phénomène, il essaya de nouveau de manier l'anneau pour vérifier qu'il avait bien ce pouvoir, et la chose se répéta de la même manière : s'il tournait le chaton vers l'intérieur, il devenait invisible ;
20 s'il le tournait vers l'extérieur, il devenait visible. Fort de cette observation, il s'arrangea aussitôt pour faire partie des messagers délégués auprès du roi et parvenu au palais, il séduisit la reine. Avec sa complicité, il tua le roi et s'empara ce faisant du pouvoir. Supposons à présent qu'il existe deux anneaux de ce genre, l'un au doigt du juste, l'autre au doigt de l'injuste : il
25 n'y aurait personne, semble-t-il, d'assez résistant pour se maintenir dans la justice et avoir la force de ne pas attenter aux biens d'autrui et de ne pas y toucher, alors qu'il aurait le pouvoir de prendre impunément au marché ce dont il aurait envie, de pénétrer dans les maisons pour s'unir à qui lui plairait, et de tuer les uns, libérer les autres de leurs chaînes selon son gré, et
30 d'accomplir ainsi dans la société humaine tout ce qu'il voudrait, à l'égal d'un dieu. S'il se comportait de la sorte, il ne ferait rien de différent de l'autre, et de fait les deux tendraient au même but. On pourrait alors affirmer qu'on tient là une preuve de poids que personne n'est juste de son plein gré, mais en y étant contraint, compte tenu du fait qu'on ne l'est pas
35 personnellement en vue d'un bien : partout, en effet, ou chacun croit possible pour lui de commettre l'injustice, il le fait.

Platon,
La République (ive siècle av. J.-C.),
Livre II, 359d-360c, trad. G. Leroux,
Éd. Flammarion, coll. « GF », 2002, pp. 123-125.

📄 Fiche Platon p. 477

Platon

[427-347 avant J.-C.]

📄 Fiche `Platon` p. 477

2 Généalogie de la loi

Dans un texte où il prend position contre Socrate, le sophiste Calliclès remonte aux origines de la loi, en montrant qu'elle est une invention des « faibles » contre les « forts ». Il oppose ainsi la nature à la loi : la seule « loi naturelle » est la loi du plus fort.

C'est en fonction d'eux-mêmes et de leur intérêt personnel que les faibles font les lois, qu'ils attribuent des louanges, qu'ils répartissent les blâmes. Ils veulent faire peur aux hommes plus forts qu'eux et qui peuvent leur être supérieur. C'est pour empêcher que ces hommes ne leur soient supé-
5 rieurs qu'ils disent qu'il est vilain, qu'il est injuste, d'avoir plus que les autres et que l'injustice consiste justement à vouloir avoir plus. Car, ce qui plaît aux faibles, c'est d'avoir l'air égaux à de tels hommes, alors qu'ils leur sont inférieurs.

Et quand on dit qu'il est injuste, qu'il est vilain, de vouloir avoir plus
10 que la plupart des gens, on s'exprime en se référant à la loi. Or, au contraire, il est évident, selon moi, que la justice consiste en ce que le meilleur ait plus que le moins bon et le plus fort plus que le moins fort. Partout il en est ainsi, c'est ce que la nature enseigne, chez toutes les espèces animales, chez toutes les races humaines et dans toutes les cités !
15 Si le plus fort domine le moins fort et s'il est supérieur à lui, c'est là le signe que c'est juste. […] Chez nous, les êtres meilleurs et les plus forts, nous commençons à les façonner, dès leur plus jeune âge, comme on fait pour dompter les lions ; avec nos formules magiques et nos tours de passe-passe, nous en faisons des esclaves, en leur répétant qu'il faut être égal
20 aux autres et que l'égalité est ce qui est beau et juste. Mais, j'en suis sûr, s'il arrivait qu'un homme eût la nature qu'il faut pour secouer tout ce fatras, le réduire en miettes et s'en délivrer, si cet homme pouvait fouler aux pieds nos grimoires, nos tours de magie, nos enchantements, et aussi toutes nos lois qui sont contraires à la nature – si cet homme, qui était
25 notre esclave, se redressait et nous apparaissait comme un maître, alors, à ce moment-là, le droit de la nature brillerait dans tout son éclat.

Platon,
Gorgias (IVᵉ siècle av. J.-C.), 483b-484a, trad. Monique Canto,
Éd. Flammarion, coll. « GF », 2007, pp. 212-213.

Aristote

[384-322 av. J.-C.]

3 Droit naturel et droit positif

Aristote distingue la justice naturelle, qui vaut par elle-même indépendamment des opinions humaines, et la justice selon la loi établie par les hommes ; il s'efforce de montrer que la première est compatible, jusqu'à un certain point, avec la variabilité des lois humaines.

La justice politique elle-même est de deux espèces, l'une naturelle et l'autre légale. Est naturelle celle qui a partout la même force et ne dépend pas de

telle ou telle opinion ; légale, celle qui à l'origine peut être indifféremment ceci ou cela, mais qui une fois établie, s'impose : par exemple, que la rançon
5 d'un prisonnier est d'une mine[1], ou qu'on sacrifie une chèvre et non deux moutons, et en outre toutes les dispositions législatives portant sur des cas particuliers, comme par exemple le sacrifice en l'honneur de Brasidas[2] et les prescriptions prises sous forme de décrets.

Certains sont d'avis que toutes les prescriptions juridiques appar-
10 tiennent à cette dernière catégorie, parce que, disent-ils, ce qui est naturel est immuable et a partout la même force (comme c'est le cas pour le feu, qui brûle également ici et en Perse), tandis que le droit est visiblement sujet à variations. Mais dire que le droit est essentiellement variable n'est pas exact d'une façon absolue, mais seulement en un sens déterminé.
15 Certes, chez les dieux, pareille assertion n'est peut-être pas vraie du tout ; dans notre monde, du moins, bien qu'il existe aussi une certaine justice naturelle, tout dans ce domaine est cependant passible de changement ; néanmoins on peut distinguer ce qui est naturel et ce qui n'est pas naturel. Et parmi les choses qui ont la possibilité d'être autrement qu'elles ne sont,
20 il est facile de voir quelles sortes de choses sont naturelles et quelles sont celles qui ne le sont pas mais reposent sur la loi et la convention, tout en étant les unes et les autres pareillement sujettes au changement. Et dans les autres domaines, la même distinction s'appliquera : par exemple, bien que par nature la main droite soit supérieure à la main gauche, il est
25 cependant toujours possible de se rendre ambidextre. Et parmi les règles de droit, celles qui dépendent de la convention et de l'utilité sont semblables aux unités de mesure : en effet, les mesures de capacité pour le vin et le blé ne sont pas partout égales, mais sont plus grandes là où on achète, et plus petites là où l'on vend. Pareillement les règles de droit qui ne sont
30 pas fondées sur la nature, mais sur la volonté de l'homme, ne sont pas partout les mêmes, puisque la forme du gouvernement elle-même ne l'est pas, alors que cependant il n'y a qu'une seule forme de gouvernement qui soit partout naturellement la meilleure.

Aristote,
Éthique à Nicomaque (IVe siècle av. J.-C.), Livre V,
chap. 10, 1134b-1135a, trad. J. Tricot,
Librairie philosophique J. Vrin, 1983, pp. 250-252.

1. Mine : monnaie de cent drachmes.

2. Brasidas : général spartiate qui joua un rôle dans la guerre du Péloponnèse.

À L'ÉPOQUE

Dans sa *Rhétorique*, Aristote évoque le personnage de Sophocle, Antigone, qui, pour pouvoir donner une sépulture à son frère criminel, se réclame d'un droit supérieur à celui de l'État et des hommes. Pour Aristote, elle incarne l'idée de droit naturel.

Fiche Aristote p. 478

Cicéron

[106-43 av. J.-C.]

4 Loi naturelle et intérêt commun

Il y a une seule loi naturelle qui correspond à l'intérêt commun de tous les hommes : ne pas attenter aux droits d'autrui. Cette loi naturelle est fondée par les dieux.

Voici donc un principe sur lequel nous devons tous nous régler : c'est que l'intérêt général et l'intérêt particulier ne font qu'un, et que si chacun tire tout à soi, la société n'est plus possible. Je vais plus loin : si la nature prescrit à l'homme de faire du bien à son semblable, quel qu'il soit, par cela seul

5 qu'il est homme, il s'ensuit nécessairement que cette même nature a
voulu que tous les intérêts fussent communs. S'il en est ainsi, une seule et
même loi naturelle s'impose s'impose à tous : c'est elle qui nous impose de
ne pas nuire aux autres hommes. Or la première proposition est vraie ; la
seconde l'est donc également.

10   Il est absurde de dire, avec quelques individus, qu'on ne voudrait rien
prendre à son père ou à son frère, mais qu'on ne doit pas avoir les mêmes
égards aux autres citoyens. N'y a-t-il donc poux ni droit, ni société établie
entre les hommes en vue de leurs communs intérêts ? c'est là une
maxime qui détruit toute association et renverse la cité. Quant à ceux
15 qui prétendent qu'on doit respecter ses concitoyens, mais non les étrangers,
ceux-là brisent la société universelle du genre humain, et détruisent de
fond en comble avec elle la bienfaisance, la libéralité, la bonté, la justice.
Or, porter atteinte à ces vertus, c'est être impie envers les dieux immortels
eux-mêmes ; car c'est renverser la société qu'ils ont établie entre les
20 hommes, et dont le lien le plus étroit est cette conviction, qu'il est plus
contraire à la nature de s'approprier le bien d'un autre que de subir tous
les coups de la fortune […].

Cicéron,
Traité des devoirs (44 av. J.-C.), Livre III, VI,
trad. Henri Joly et Cyril Morana, Mille et une nuits,
département de la Librairie Arthème Fayard, 2011.

Fiche Cicéron p. 480

Pascal
[1632-1662]

5 « Justice, force »

Justice et force s'opposent et dépendent cependant l'une de l'autre ; pour se compléter, elles doivent se dominer l'une l'autre ; la justice étant controversée, c'est la force qui s'impose à la justice.

103-298. Il est juste que ce qui est juste soit suivi ; il est nécessaire que ce qui
est le plus fort soit suivi.

Ça justice sans la force est impuissante, la force sans la justice est tyrannique.

5   La justice sans force est contredite, parce qu'il y a toujours des méchants.
La force sans la justice est accusée. Il faut donc mettre ensemble la justice et
la force, et pour cela faire que ce qui est juste soit fort ou que ce qui est fort
soit juste.

La justice est sujette à dispute. La force est très reconnaissable et sans
10 dispute. Aussi on n'a pu donner la force à la justice, parce que la force a
contredit la justice et a dit qu'elle était injuste, et a dit que c'était elle qui
était juste.

Et ainsi ne pouvant faire que ce qui est juste fût fort, on a fait que ce qui
est fort fût juste.

Blaise Pascal,
Pensées (1670), in *Œuvres complètes,*
Éd. du Seuil, 1963, p. 512.

Fiche Pascal p. 497

La politique

Rousseau

[1712-1778]

1. Voir le Livre I *Du contrat social* (texte intégral), pp. 368-379.

6 Y a-t-il un droit du plus fort ?

Par un raisonnement serré et incisif, Rousseau montre qu'il ne saurait y avoir de droit du plus fort et que cette notion confuse est un leurre dont les despotes ne sauraient se passer[1].

Le plus fort n'est jamais assez fort pour être toujours le maître, s'il ne transforme sa force en droit et l'obéissance en devoir. De là le droit du plus fort ; droit pris ironiquement en apparence, et réellement établi en principe : Mais ne nous expliquera-t-on jamais ce mot ? La force est une puissance physique ; je ne vois point quelle moralité peut résulter de ses effets. Céder
5 à la force est un acte de nécessité, non de volonté ; c'est tout au plus un acte de prudence. En quel sens pourra-ce être un devoir ?

Supposons un moment ce prétendu droit. Je dis qu'il n'en résulte qu'un galimatias inexplicable. Car sitôt que c'est la force qui fait le droit, l'effet
10 change avec la cause ; toute force qui surmonte la première succède à son droit. Sitôt qu'on peut désobéir impunément on le peut légitimement, et puisque le plus fort a toujours raison, il ne s'agit que de faire en sorte qu'on soit le plus fort. Or qu'est-ce qu'un droit qui périt quand la force cesse ? S'il faut obéir par force on n'a pas besoin d'obéir par devoir, et si l'on n'est plus
15 forcé d'obéir on n'y est plus obligé. On voit donc que ce mot de droit n'ajoute rien à la force ; il ne signifie ici rien du tout.

Obéissez aux puissances. Si cela veut dire, cédez à la force, le précepte est bon, mais superflu, je réponds qu'il ne sera jamais violé. Toute puissance vient de Dieu, je l'avoue ; mais toute maladie en vient aussi. Est-ce à dire
20 qu'il soit défendu d'appeler le médecin ? Qu'un brigand me surprenne au coin d'un bois : non seulement il faut par force donner la bourse, mais quand je pourrais la soustraire suis-je en conscience obligé de la donner ? car enfin le pistolet qu'il tient est aussi une puissance.

Convenons donc que force ne fait pas droit, et qu'on n'est obligé d'obéir
25 qu'aux puissances légitimes. Ainsi ma question primitive revient toujours.

Jean-Jacques Rousseau,
Du contrat social (1762), Livre I, chap. 3,
Éd. Flammarion, coll. « GF », 1966, pp. 44-45.

À L'ÉPOQUE

En 1762, dans *Du contrat social*, Rousseau écrit que la loi est l'acte de la volonté générale. Toute décision doit venir du peuple par référendum. Ce principe fut celui de la Constitution de l'An I, en 1793, mais elle ne fut jamais appliquée.

Fiche Rousseau p. 506

Kant

[1724-1804]

7 Pas de droit sans contrainte

La contrainte ne vient pas s'ajouter au droit, elle est contenue dans l'idée même du droit, comme un obstacle opposé à l'action de ceux qui portent atteinte à la liberté de tous.

La résistance opposée à l'obstacle d'un effet est une protection de celui-ci et s'accorde avec lui. Or, tout ce qui est injuste est un obstacle à la liberté suivant des lois universelles ; mais la contrainte est un obstacle ou une résistance exercée sur la liberté. Il s'ensuit que si un certain usage de la
5 liberté même est un obstacle à la liberté suivant des règles universelles

(c'est-à-dire est injuste), alors la contrainte, qui lui est opposée, en tant *qu'obstacle à ce qui fait obstacle à la liberté*, s'accorde avec cette dernière suivant des lois universelles, c'est-à-dire qu'elle est juste ; par conséquent une faculté de contraindre ce qui lui est nuisible est, suivant le principe de
10 contradiction, liée en même temps au droit.

Emmanuel Kant,
Métaphysique des mœurs, I. *Doctrine du droit* (1796),
trad. A. Philonenko, Librairie philosophique J. Vrin, 1979, pp. 105-106.

📄 Fiche Kant p. 509

Hegel
[1770-1831]

XIXᵉ SIÈCLE

8 L'équivalence du crime et de la peine

La peine doit être équivalente au crime, sans qu'il soit toujours possible ni envisageable qu'elle lui soit matériellement identique ; l'égalité est à chercher dans la valeur interne du crime et du châtiment.

La suppression du crime est la loi du talion en ce sens que, d'après son concept, celle-ci est violation d'une violation, que, selon son existence empirique, le crime a une sphère qualitative et quantitative déterminée et que, par suite, la négation du crime doit avoir, dans son existence empirique, la
5 même étendue. Cette identité (du crime et de la peine), qui repose sur le concept, n'est pas l'égalité dans la qualité spécifique de la violation, mais dans la nature en soi de la violation, c'est-à-dire une égalité suivant la valeur.

Remarque. – Puisque, d'ordinaire, dans les sciences, la définition d'une détermination – ici, il s'agit de la définition de la peine – doit être
10 tirée de la représentation générale, issue elle-même de l'expérience psychologique de la conscience, celle-ci montrerait que le sentiment général des peuples et des individus à l'égard du crime est et a été que le crime mérite un châtiment et qu'il faut infliger au criminel ce qu'il a fait subir aux autres. […] Cette détermination du concept est précisément cette connexion
15 nécessaire entre le crime et la peine : selon cette connexion, le crime, en tant que volonté qui s'annule elle-même, contient en soi sa suppression qui apparaît comme peine. C'est l'identité intérieure qui, pour l'entendement, se réfléchit comme égalité dans l'existence empirique extérieure. La nature qualitative et quantitative du crime et sa suppression tombent
20 dans la sphère de l'extériorité, où aucune détermination absolue n'est possible. Dans le champ de la finitude, cette détermination reste une exigence dont l'entendement cherche à préciser sans cesse les limites, ce qui est certes de la plus haute importance, mais qui va à l'infini et n'aboutit qu'à une perpétuelle approximation. Si on néglige cette nature de la
25 finitude et si l'on s'en tient exclusivement à l'égalité abstraite spécifique, on se heurte à une difficulté telle qu'il devient impossible de déterminer les peines (surtout quand la psychologie ajoute à cela l'influence décisive des impulsions sensibles et, par suite – car on a le choix entre les deux éventualités – ou la force trop grande de la volonté mauvaise, ou, inverse-
30 ment, la faiblesse trop grande de la volonté libre). Il devient, en outre, alors très facile de présenter sous une forme absurde la loi du talion (vol

LA POLITIQUE

pour vol, brigandage pour brigandage, œil pour œil, dent pour dent, puisque dans ces deux derniers cas, on peut se représenter le malfaiteur avec un seul œil ou sans dents). Mais le concept n'a rien à voir avec cette 35 absurdité, qui doit être imputée à cette égalité spécifique (que l'on fait intervenir dans le talion). La valeur, en tant qu'égalité interne des choses, qui, dans leur existence, sont spécifiquement tout à fait différentes, est une détermination que nous avons déjà vue intervenir dans les contrats et aussi dans l'action civile contre le crime.

Georg Wilhelm Friedrich Hegel,
Principes de la philosophie du droit (1821), § 101,
trad. R. Derathé, Librairie philosophique J. Vrin, 1989, pp. 144-145.

 Fiche Hegel p. 510

XXᵉ SIÈCLE

9 Le fondement de la règle de droit

Théoricien du positivisme juridique, qui n'admet que les seules règles du droit positif, c'est-à-dire effectivement en vigueur, Kelsen établit qu'une règle de droit ne peut être fondée que par une autre règle de droit, et que la hiérarchie des normes (ou règles de droit) suppose une norme fondamentale et première qui ne saurait elle-même être juridiquement fondée.

Dire qu'une norme se rapportant à la conduite d'êtres humains « est valable », c'est affirmer qu'elle est obligatoire, que ces individus doivent se conduire de la façon qu'elle prévoit. Déjà dans un chapitre précédent, on a expliqué qu'à cette question de savoir pourquoi une norme est valable, 5 c'est-à-dire pourquoi des individus doivent se conduire de telle ou telle façon, on ne peut pas répondre en constatant un fait positif, un fait qui est, et qu'ainsi le fondement de validité d'une norme ne peut pas se trouver dans un semblable fait. De ce que quelque chose *est*, il ne peut pas s'ensuivre que quelque chose *doit être* ; non plus que, de ce que quelque chose *doit être*, 10 il ne peut s'ensuivre que quelque chose *est*. La validité d'une norme ne peut avoir d'autre fondement que la validité d'une autre norme. En termes figurés, on qualifie la norme qui constitue le fondement de la validité d'une autre norme de norme supérieure par rapport à cette dernière, qui apparaît donc comme une norme inférieure à elle.

[...]

15 Comme on l'a noté dans un alinéa précédent, la norme qui constitue le fondement de validité d'une autre norme est par rapport à celle-ci une norme supérieure. Mais il est impossible que la quête du fondement de la validité d'une norme se poursuive à l'infini, comme la quête de la cause d'un effet. Elle doit nécessairement prendre fin avec une norme 20 que l'on supposera dernière et suprême. En tant que norme suprême, il est impossible que cette norme soit *posée,* – elle ne pourrait être posée que par une autorité, qui devrait tirer sa compétence d'une norme encore supérieure, elle cesserait donc d'apparaître comme suprême. La norme suprême ne peut donc être que *supposée*. Sa validité ne peut plus 25 être déduite d'une norme supérieure ; le fondement de sa validité ne

À L'ÉPOQUE
Kelsen revendique un retour à Kant : pour lui, le droit positif doit faire appel à un droit naturel hypothétique comme à une idée régulatrice.

peut plus faire l'objet d'une question. Nous appellerons une semblable norme, une norme supposée suprême : la norme fondamentale.

Hans Kelsen,
Théorie pure du droit (1934), trad. C. Eisenmann,
Éd. Dalloz, coll. « Philosophie du droit », 1962, pp. 255-257.

Alain
[1868-1951]

À L'ÉPOQUE
À l'approche de la Première Guerre mondiale, Alain milite pour le pacifisme. Lorsque celle-ci est déclarée, il s'engage, bien que trop âgé pour être mobilisable, pour faire ce qu'il estime être son devoir de citoyen.

Fiche Alain p. 523

🔟 La justice est d'abord en l'homme

Alain rappelle que la justice, avant d'être un ordre extérieur régissant les relations entre les hommes, est une vertu, c'est-à-dire une disposition de l'âme caractérisée par un accord harmonieux, à l'intérieur de celle-ci, de ce qui la compose : pensée, volonté et appétits.

On dit « un esprit juste », et cette expression embrasse beaucoup plus que les égards qu'on doit aux autres. Le mot droit présente la même admirable ambiguïté. Utile avertissement au premier regard sur ce vaste objet ; car ce qui est droit, c'est déjà une idée. Mais l'esprit juste est encore quelque
5 chose de plus que l'esprit qui forme une idée et qui s'y tient ferme, ne voulant point que sa définition soit courbée par aucun essai d'expérience. L'esprit juste, il me semble, est celui qui ne met point trop d'importance aux petites choses ni aux petits malheurs, ni aux flatteries, ni au tumulte humain, ni à la plainte, ni même au mépris, ce que l'esprit droit ne sait
10 pas toujours faire. C'est pourquoi Platon, homme divin, voulut considérer dans la justice l'harmonie intérieure seulement, et le bon gouvernement de soi, ce qui fait que sa *République* est un traité de l'âme juste principalement et de la société juste par épisode. À cet exemple, je me garderai de considérer jamais la justice comme quelque chose d'existant qu'il faut
15 accepter ; car la justice est une chose qu'il faut faire et refaire, sans aucun secours étranger, par soi seul, et aussi bien à l'égard d'un homme qu'on ne connaît point, qu'on n'a jamais vu.

Alain,
Éléments de philosophie (1941), Éd. Gallimard, coll. « Idées », 1996, pp. 311-312.

Weil
[1904-1977]

1️⃣1️⃣ L'État du droit

Le monopole de la violence qui revient à l'État souverain[1] n'est légitime que si l'État, dans l'emploi de cette violence, se conforme strictement aux lois qui le règlent et se soumet ainsi lui-même aux lois, tout comme les citoyens.

S'il s'agissait simplement de distinguer l'État moderne d'autres formes, plus antiques, on serait donc fondé de voir dans le monopole de la violence une vraie différence spécifique : longtemps considéré comme but et idéal, ce monopole n'a été réalisé que dans le monde moderne, presque
5 contemporain ; au moins jusqu'à la fin du xviiiᵉ siècle, pratiquement jusqu'au milieu du siècle suivant, l'emploi de la violence est resté permis, dans la plupart des pays, à certaines personnes dans certaines situations

1. Voir Weber, chapitre L'État, texte 10.

(envers les serfs, les esclaves, les femmes, les enfants, etc.). Cependant, quand il s'agit de comprendre la signification de ce fait, le fait lui-même
10 ne suffit pas. Il n'est peut-être pas décisif de constater qu'il dessine un trait en même temps trop large et trop étroit pour constituer, à lui seul, la définition de l'État moderne : trop large, parce qu'il ferait apparaître comme modernes les formes les plus primitives de la tyrannie (le tyran seul ayant des droits est aussi seul à disposer de la violence dans la réalité) ;
15 trop étroit, parce qu'il exclurait du nombre des États modernes certains États qui conservent des traits du droit ancien (duel, punition de l'adultère par vengeance privée). Il importe bien plus qu'à ce défaut formel de la définition s'ajoute celui, fondamental, de ne pas montrer pourquoi ce monopole s'est constitué et pour quelles raisons il se maintient.

20   Ainsi rencontre-t-on, à côté de la définition par le monopole de la violence, une autre qui fait de l'État moderne l'*État du droit* et voit l'essentiel non dans le monopole de la violence, mais dans le fait que l'action de l'État, de même que l'action de tout citoyen, est réglée par des *lois*. Elle enferme la première, étant donné que l'emploi de la violence reste réservé
25 à l'État, qui crée, enforce et exécute les lois et, par la loi, règle l'emploi de la violence. Il ne l'emploie cependant que dans certaines circonstances qu'il est seul à définir par la loi et en dehors desquelles il s'interdit lui-même de s'en servir. Cette loi est formulée et formelle, et aucun droit non-écrit ne peut être invoqué contre elle : le contenu de la loi peut être influencé,
30 voire fourni, par de tels droits traditionnels (« imprescriptibles », « naturels »), mais la reconnaissance de ces droits par l'État est requise de façon absolue, et elle n'est donnée que dans la forme de la loi.

La définition de l'État comme État de droit possède de gros avantages sur la première. Elle n'est ni trop large ni trop étroite, et sans sacrifier
35 l'avantage de la première, qui fut d'insister sur un trait essentiel de l'État moderne, elle y ajoute une détermination positive en indiquant la nature qu'a ce monopole de la violence dans la réalité moderne : il ne se révèle pas seulement dans un fait brut, dans la concentration effective du pouvoir contraignant entre les mains de l'État ou de ceux qui prétendent être
40 l'État, mais il apparaît sous forme rationnelle aux yeux de tous les citoyens, comme ce cadre des lois qui règle tous leurs rapports entre eux, avec la société et avec l'État, pour autant que ces relations peuvent donner lieu à l'emploi de la violence.

Éric Weil,
Philosophie politique, § 33,
Librairie philosophique J. Vrin, 1956, p. 143.

À L'ÉPOQUE

En 1933, lorsqu'Hitler accède au pouvoir et que Goebbels lui propose de collaborer au ministère de la Culture et de la Propagande, Éric Weil, qui a lu l'ouvrage antisémite d'Hitler, *Mein Kampf*, quitte précipitamment l'Allemagne pour la France.

Rawls

[1921-2002]

12 Justice sociale et efficacité économique

Une théorie moderne de la justice doit concilier les exigences de justice, qui tendent vers l'égalité, avec l'efficacité économique, qui entraîne des inégalités.

En premier lieu : chaque personne doit avoir un droit égal au système le plus étendu de libertés de base égales pour tous qui soit compatible avec le même système pour les autres.

En second lieu : les inégalités sociales et économiques doivent être organisées
5 *de façon à ce que, à la fois, a) l'on puisse raisonnablement s'attendre à ce qu'elles soient à l'avantage de chacun et b) qu'elles soient attachées à des positions et à des fonctions ouvertes à tous.*

[…] Ces principes s'appliquent, en premier lieu, comme je l'ai dit, à la structure sociale de base ; ils commandent l'attribution des droits et des
10 devoirs et déterminent la répartition des avantages économiques et sociaux. Leur formulation présuppose que, dans la perspective d'une théorie de la justice, on divise la structure sociale en deux parties plus ou moins distinctes, le premier principe s'appliquant à l'une, le second à l'autre. Ainsi nous distinguons entre les aspects du système social qui
15 définissent et garantissent l'égalité des libertés de base pour chacun et les aspects qui spécifient et établissent des inégalités sociales et économiques. Or, il est essentiel d'observer que l'on peut établir une liste de ces libertés de base. Parmi elles, les plus importantes sont les libertés politiques (droit de vote et d'occuper un poste public), la liberté d'expression, de réunion,
20 la liberté de pensée et de conscience ; la liberté de la personne qui comporte la protection à l'égard de l'oppression psychologique et de l'agression physique (intégrité de la personne) ; le droit de propriété personnelle et la protection à l'égard de l'arrestation et de l'emprisonnement arbitraires, tels qu'ils sont définis par le concept de l'autorité de la loi. Ces libertés
25 doivent être égales pour tous d'après le premier principe.

Le second principe s'applique, dans la première approximation, à la répartition des revenus et de la richesse et aux grandes lignes des organisations qui utilisent des différences d'autorité et de responsabilité. Si la répartition de la richesse et des revenus n'a pas besoin d'être égale, elle doit
30 être à l'avantage de chacun et, en même temps, les positions d'autorité et de responsabilité doivent être accessibles à tous. On applique le second principe en gardant les positions ouvertes, puis, tout en respectant cette contrainte, on organise les inégalités économiques et sociales de manière à ce que chacun en bénéficie[1].

John Rawls,
Théorie de la justice (1971), trad. C. Audard,
Éd. du Seuil, 1987, pp. 91-92.

1. L'État doit prendre en charge les plus démunis et rétablir une forme d'équilibre au moyen d'un système de redistribution.

À L'ÉPOQUE

Dès sa sortie en 1970, la *Théorie de la justice* de Rawls suscite les critiques : Robert Nozick, qui plaide au contraire pour une approche minimaliste de l'État, la trouve trop à gauche ; Amartya Sen, qui insiste sur la nécessité d'une justice concrète, la juge trop à droite, parce que déconnectée de la réalité.

La POLITIQUE

L'État

Définition élémentaire

▶ L'État désigne l'ensemble des institutions et des organes culturels par lesquels une société se donne les moyens de se gouverner et de s'administrer.

▶ Par rapport aux autres États, un État désigne l'ensemble de la société ainsi que son gouvernement.

Distinguer pour comprendre

▶ L'État et la société : la société est l'ensemble des citoyens ou sujets (on peut se la représenter comme un axe horizontal) ; l'État est l'instance dirigeante de ces citoyens (axe vertical).

▶ L'État et la nation : l'État renvoie plus spécifiquement aux institutions gouvernementales ; la nation, c'est le peuple uni par une conscience historique commune, mais sans nécessairement s'être donné des institutions.

▶ L'État se distingue des instances plus petites qu'il englobe (régions, départements, communes...), ainsi que des instances plus grandes dans lesquelles il est englobé (confédération, empire...).

Repère associé à la notion

▶ **OBLIGATION / CONTRAINTE** (p. 446)

Aristote

[384-322 av. J.-C.]

1. Pour la raison indiquée : ils sont de même race.

2. La musique grecque distinguait huit modes musicaux, dont les deux nommés ici. Pour Aristote, le mode dorien a un caractère particulièrement moral, tandis que le mode phrygien est orgiastique et passionnel.

3. Constitution : «Une constitution est pour une cité une organisation des diverses magistratures et surtout de celle qui est souveraine dans toutes les affaires» (Aristote, *Les Politiques*, 1278b).

Fiche Aristote p. 478

1 Définition de l'État

Aristote s'interroge sur les éléments essentiels et constitutifs de la définition de l'État et dégage sa caractéristique proprement politique.

Mais si les mêmes gens habitent le même territoire, doit-on dire que tant que la race des habitants reste la même la cité reste la même, bien que sans cesse ses membres meurent et naissent, comme nous avons aussi coutume de dire que les rivières et les sources sont les mêmes bien que sans cesse
5 leurs flots viennent et s'en aillent ? Ou doit-on dire que les habitants restent les mêmes pour la raison indiquée[1], mais que la cité est autre ? S'il est vrai, en effet, que la cité est une communauté déterminée, et si elle est une communauté de constitution entre des citoyens, quand la constitution devient spécifiquement autre c'est-à-dire différente, il semblerait que
10 nécessairement la cité ne soit plus la même, comme d'un chœur qui est tantôt comique tantôt tragique nous disons qu'il n'est pas le même alors qu'il est souvent composé des mêmes personnes. De même aussi toute autre communauté et tout autre composé sont autres si la forme de la composition est autre, par exemple pour un morceau de musique composé des mêmes
15 sons, nous disons qu'il est autre quand il est d'abord dorien, puis phrygien[2]. Si donc les choses ont bien lieu de cette manière, il est manifeste qu'il faut dire que la cité est la même principalement en regardant sa constitution[3]. Par contre, on peut lui donner un nom différent ou lui garder le même, qu'elle continue d'être habitée par les mêmes hommes ou par des hommes
20 totalement différents.

Aristote,
Les Politiques, (IVe siècle av. J.-C.), Livre III,
chap. 3, 1276a-1276b, trad. P. Pellerin,
Éd. Flammarion, coll. « GF », 1990, pp. 213-214.

Aristote

[384-322 av. J.-C.]

2 Les différentes sortes de constitutions

En dépit de la grande diversité des régimes politiques, il est possible d'établir une classification selon les critères du nombre de ceux qui gouvernent et de ce qu'ils ont en vue ; une telle classification semble devoir englober toutes les formes de gouvernement possibles.

Puisque constitution et gouvernement signifient la même chose, et qu'un gouvernement c'est ce qui est souverain dans les cités, il est nécessaire que soit souverain soit un seul individu, soit un petit nombre, soit un grand nombre de gens. Quand cet individu, ce petit ou ce grand nombre gou-
5 vernent en vue de l'avantage commun, nécessairement ces constitutions sont droites, mais quand c'est en vue de l'avantage propre de cet individu, de ce petit ou de ce grand nombre, ce sont des déviations. Car ou bien il ne faut pas appeler citoyens ceux qui participent à la vie de la cité, ou bien il faut qu'ils en partagent les avantages.

10 Nous appelons d'ordinaire royauté celle des monarchies qui a en vue l'avantage commun ; parmi les constitutions donnant le pouvoir à un nombre de gens petit mais supérieur à un, nous en appelons une l'aristocratie soit parce que les meilleurs y ont le pouvoir, soit parce qu'on y gouverne pour le plus grand bien de la cité et de ceux qui en sont membres. Quand
15 c'est la multitude qui détient le gouvernement en vue de l'avantage commun, la constitution est appelée du nom commun à toutes les constitutions, un gouvernement constitutionnel. Et c'est rationnel, car il peut arriver qu'un seul individu ou qu'un petit nombre se distingue par sa vertu, alors qu'il est vraiment difficile qu'un grand nombre de gens possèdent une vertu dans
20 tous les domaines, avec comme exception principale la vertu guerrière : elle naît en effet dans la masse. C'est pourquoi dans cette dernière sorte de constitution c'est la classe guerrière qui est absolument souveraine et ce sont ceux qui détiennent les armes qui participent au pouvoir.

Les déviations des constitutions qu'on a indiquées sont : la tyrannie pour
25 la royauté, l'oligarchie pour l'aristocratie, la démocratie pour le gouvernement constitutionnel. Car la tyrannie est une monarchie qui vise l'avantage du monarque, l'oligarchie celui des gens aisés, la démocratie vise l'avantage des gens modestes. Aucune de ces formes ne vise l'avantage commun.

Aristote,
Les Politiques, (IVe siècle av. J.-C.),
Livre III, chap. 7, 1279a, trad. P. Pellerin,
Éd. Flammarion, coll. « GF », 1990, pp. 229-230.

📄 Fiche Aristote p. 478

À L'ÉPOQUE

Alors qu'au Ve av. J.-C., à Athènes, le gouvernement est une démocratie directe où le peuple décide en assemblée, le vrai pouvoir tend à être confisqué par les rhéteurs formés par les sophistes. Comme Platon dans la *République*, Aristote a un regard critique sur ce régime.

Augustin

[354-430]

À L'ÉPOQUE

Les philosophes grecs pensent un État idéal à partir de la figure du Sage. Augustin, qui conçoit la nature humaine viciée par le péché originel, estime, lui, que la cité terrestre, déchirée par le conflit des intérêts, ne peut espérer parvenir à une paix durable.

📄 Fiche Augustin p. 487

ANTIQUITÉ

3 L'État, « une troupe de brigands »

Considéré dans sa réalité objective, hors de toute référence à son but, l'État peut être assimilé à une bande de brigands, puisque les deux choses se définissent de la même façon.

Sans la justice, en effet, les royaumes sont-ils autre chose que de grandes troupes de brigands ? Et qu'est-ce qu'une troupe de brigands, sinon un petit royaume ? Car c'est une réunion d'hommes où un chef commande, où un pacte social est reconnu, où certaines conventions règlent le partage du
5 butin. Si cette troupe funeste, en se recrutant de malfaiteurs[1], grossit au point d'occuper un pays, d'établir des postes importants, d'emporter des villes, de subjuguer des peuples, alors elle s'arroge ouvertement le titre de royaume, titre qui lui assure non pas le renoncement à la cupidité, mais la conquête de l'impunité. C'est une spirituelle et juste réponse que fit à
10 Alexandre le Grand ce pirate tombé en son pouvoir. « À quoi penses-tu, lui dit le roi, d'infester la mer ? – À quoi penses-tu d'infester la terre ? répond le pirate avec une audacieuse liberté. Mais parce que je n'ai qu'un frêle navire, on m'appelle corsaire, et parce que tu as une grande flotte, on te nomme conquérant. »

Augustin,
La Cité de Dieu (424), Livre IV, § 4,
trad. L. Moreau, Éd. du Seuil, 1994, p. 167.

1. En se recrutant de malfaiteurs :
en se formant par le recrutement
de malfaiteurs.

Machiavel
[1449-1527]

1. Les susdites qualités :
les qualités évoquées ci-dessus
(loyauté, prudence, ruse,
dissimulation…).

2. Pitoyable : plein de pitié.

3. D'un chacun : par chacun.

À L'ÉPOQUE

Le but poursuivi par Machiavel dans *Le Prince* a toujours été diversement interprété. Les uns y ont vu un éloge de la tyrannie, d'autres, comme Spinoza ou Rousseau, une éducation républicaine des peuples, qui révèle les ressorts secrets de la tyrannie.

Fiche Machiavel p. 492

4 Un prince doit savoir feindre

Le prince véritable étant celui qui a pour fin la conservation et le développement de l'État, il devra en tant que tel prendre ses distances à l'égard des vertus que les hommes honorent en général, mais dont la pratique n'est pas toujours compatible avec le service de l'État.

À un prince, donc, il n'est pas nécessaire d'avoir en fait toutes les susdites qualités[1], mais il est bien nécessaire de paraître les avoir. Et même, j'oserai dire ceci : que si on les a et qu'on les observe toujours, elles sont dommageables ; et que si l'on paraît les avoir, elles sont utiles ; comme de paraître
5 pitoyable[2], fidèle, humain, droit, religieux, et de l'être ; mais d'avoir l'esprit édifié de telle façon que, s'il faut ne point l'être, tu puisses et saches devenir le contraire. Et il faut comprendre ceci : c'est qu'un prince, et surtout un prince nouveau, ne peut observer toutes ces choses pour lesquelles les hommes sont tenus pour bons, étant souvent contraint, pour maintenir l'État, d'agir contre
10 la foi, contre la charité, contre l'humanité, contre la religion. Aussi faut-il qu'il ait un esprit disposé à tourner selon que les vents de la fortune et les variations des choses le lui commandent, et comme j'ai dit plus haut, ne pas s'écarter du bien, s'il le peut, mais savoir entrer dans le mal, s'il le faut.

Il faut donc qu'un prince ait grand soin qu'il ne lui sorte jamais de la
15 bouche chose qui ne soit pleine des cinq qualités susdites, et qu'il paraisse, à le voir et l'entendre, toute miséricorde, toute bonne foi, toute droiture, toute humanité, toute religion. Et il n'y a chose plus nécessaire à paraître avoir que cette dernière qualité. Les hommes en général jugent plus par les yeux que par les mains ; car il échoit à chacun de voir, à peu de gens de per-
20 cevoir. Chacun voit ce que tu parais, peu perçoivent ce que tu es ; et ce petit nombre ne se hasarde pas à s'opposer à l'opinion d'une foule qui a la majesté de l'État qui la défend ; et dans les actions de tous les hommes, et surtout des princes où il n'y a pas de tribunal à qui recourir, on considère la fin. Qu'un prince, donc, fasse en sorte de vaincre et de maintenir l'État : les
25 moyens seront toujours jugés honorables et loués d'un chacun[3].

Nicolas Machiavel,
Le Prince (1513), chap. 18, trad. Y. Lévy,
Éd. Flammarion, coll. « GF », 1980, pp. 142-143.

Hobbes
[1588-1679]

5 Origine de la puissance irrésistible de l'État

L'État est fondé sur un pacte passé entre les individus, en faveur d'un tiers auquel ils transfèrent l'ensemble de leurs droits et de leurs biens, dont la volonté sera désormais la leur et qui accède ainsi à un pouvoir de contrainte auquel nul ne pourra résister.

Le seul moyen d'établir pareille puissance commune, capable de défendre les humains contre les invasions des étrangers et les préjudices commis aux

La POLITIQUE

uns par les autres et, ainsi, les protéger de telle sorte que, par leur industrie propre et les fruits de la terre, ils puissent se suffire à eux-mêmes et vivre
5 satisfaits, est de rassembler toute leur puissance et toute leur force sur un homme ou sur une assemblée d'hommes qui peut, à la majorité des voix, ramener toutes leurs volontés à une seule volonté ; ce qui revient à dire : désigner un homme, ou une assemblée d'hommes, pour porter leur personne ; et chacun fait sienne et reconnaît être lui-même l'auteur de toute
10 action accomplie ou causée par celui qui porte leur personne, et relevant de ces choses qui concernent la paix commune et la sécurité ; par là même, tous et chacun d'eux soumettent leurs volontés à sa volonté, et leurs jugements à son jugement. C'est plus que le consentement ou la concorde ; il s'agit d'une unité réelle de tous en une seule et même personne, faite par convention de
15 chacun avec chacun, de telle manière que c'est comme si chaque individu devait dire à tout individu : *j'autorise cet homme ou cette assemblée d'hommes, et je lui abandonne mon droit de me gouverner moi-même, à cette condition que tu lui abandonnes ton droit et autorises toutes ses actions de la même manière.* Cela fait, la multitude, ainsi unie en une personne une, est appelée un ÉTAT,
20 en latin *CIVITAS*. Telle est la génération de ce grand LÉVIATHAN[1], ou plutôt (pour parler avec plus de déférence) de ce *dieu mortel,* auquel nous devons, sous le *dieu immortel,* notre paix et notre défense. En effet, en vertu du pouvoir conféré par chaque individu dans l'État, il dispose de tant de puissance et de force assemblées en lui que, par la terreur qu'elles ins-
25 pirent, il peut conformer la volonté de tous en vue de la paix à l'intérieur et de l'entraide face aux ennemis de l'étranger. En lui réside l'essence de l'État qui est (pour le définir) *une personne une dont les actions ont pour auteur, à la suite de conventions mutuelles passées entre eux-mêmes, chacun des membres d'une grande multitude, afin que celui qui est cette personne puisse*
30 *utiliser la force et les moyens de tous comme il l'estimera convenir à leur paix et à leur défense commune.*

Celui qui est dépositaire de cette personne est appelé SOUVERAIN et l'on dit qu'il a la *puissance souveraine ;* en dehors de lui, tout un chacun est son SUJET.

Thomas Hobbes,
Léviathan (1651), chap. 17, trad. G. Mairet,
Éd. Gallimard, coll. « Folio Essais », 2000, pp. 287-289.

1. Léviathan : monstre marin mentionné dans la bible (Job, XL). Le mot désigne ici la puissance souveraine.

 Fiche Hobbes p. 495

Locke
[1632-1704]

6 Les limites du pouvoir de l'État

L'État doit strictement se tenir dans les limites de la poursuite du bien commun (la défense de l'intégrité, des droits et de la propriété des individus) au moyen de lois dûment établies et appliquées, et tout recours à la violence doit être fondé sur les dispositions de la loi.

S'il est vrai qu'en entrant en société, les hommes abandonnent l'égalité, la liberté et le pouvoir exécutif qu'ils possédaient dans l'état de nature, et qu'ils les remettent entre les mains de la société pour que le législatif en

dispose selon que le bien de cette même société l'exigera, il reste cependant
5 que chacun ne le fait que dans l'intention de préserver d'autant mieux sa
personne, sa liberté et sa propriété (car on ne peut supposer qu'une créature rationnelle change de situation dans l'intention de la rendre pire). Le
pouvoir de la société, ou du *législatif* qu'elle institue, *ne peut jamais être*
censé s'étendre au-delà de ce que requiert le bien commun; il est obligé de
10 garantir la propriété de chacun, en remédiant aux trois défauts que nous
avons mentionnés ci-dessus[1], et qui rendaient l'état de nature si incertain et
si inconfortable. Par conséquent, quiconque détient le législatif ou le pouvoir
suprême de la république est tenu de gouverner selon des *lois fixes* et établies,
promulguées et connues du peuple, et non par des décrets improvisés; de
15 gouverner par le moyen de *juges impartiaux* et intègres, appelés à trancher
tous les différends en fonction de ces lois; enfin, de n'employer à l'intérieur
la force de la communauté *que pour l'exécution de ces lois*, et à l'extérieur pour
prévenir les atteintes de l'étranger ou en obtenir réparation, afin de garantir
la communauté contre les incursions et les invasions. Tout ceci ne doit être
20 dirigé vers aucune autre *fin* que la paix, la sûreté et le *bien public* du peuple.

John Locke,
Traité du gouvernement (1690), chap. 9, § 131,
trad. J.-F. Spitz avec la collaboration de C. Lazzeri,
Éd. des PUF, coll. « Épiméthée », 1994, p. 93.

1. « [Les] trois défauts que nous avons mentionnés ci-dessus » sont évoqués dans les lignes qui suivent.

Fiche Locke p. 499

Rousseau
[1712-1778]

7 Le contrat social

Le contrat que chacun passe avec le tout en aliénant ses droits naturels et tout ce qu'il possède crée les conditions d'une égalité entre les hommes et d'une liberté fondée sur le règne de la loi ; chacun obéit aux lois dont il est lui-même l'auteur[1].

Je suppose les hommes parvenus à ce point où les obstacles qui nuisent à leur conservation dans l'état de nature l'emportent par leur résistance sur les forces que chaque individu peut employer pour se maintenir dans cet état. Alors cet état primitif ne peut plus subsister, et le genre humain périrait s'il
5 ne changeait sa manière d'être.

Or comme les hommes ne peuvent engendrer de nouvelles forces, mais seulement unir et diriger celles qui existent, ils n'ont plus d'autre moyen pour se conserver que de former par agrégation une somme de forces qui puisse l'emporter sur la résistance, de les mettre en jeu par un seul mobile et
10 de les faire agir de concert.

Cette somme de forces ne peut naître que du concours de plusieurs : mais la force et la liberté de chaque homme étant les premiers instruments de sa conservation, comment les engagera-t-il sans se nuire, et sans négliger les soins qu'il se doit ? Cette difficulté ramenée à mon sujet peut s'énoncer en
15 ces termes :

« Trouver une forme d'association qui défende et protège de toute la force commune la personne et les biens de chaque associé, et par laquelle

1. Voir le Livre I du *Contrat social* (texte intégral), pp. 368-379.

LA POLITIQUE

chacun s'unissant à tous n'obéisse pourtant qu'à lui-même et reste aussi libre qu'auparavant. » Tel est le problème fondamental dont le contrat
20 social donne la solution.

Les clauses de ce contrat sont tellement déterminées par la nature de l'acte que la moindre modification les rendrait vaines et de nul effet; en sorte que, bien qu'elles n'aient peut-être jamais été formellement énoncées, elles sont partout les mêmes, partout tacitement admises et reconnues;
25 jusqu'à ce que, le pacte social étant violé, chacun rentre alors dans ses premiers droits et reprenne sa liberté naturelle, en perdant la liberté conventionnelle pour laquelle il y renonça.

Ces clauses bien entendues se réduisent toutes à une seule, savoir l'aliénation totale de chaque associé avec tous ses droits à toute la communauté.
30 Car, premièrement, chacun se donnant tout entier, la condition est égale pour tous, et la condition étant égale pour tous, nul n'a intérêt de la rendre onéreuse aux autres.

De plus, l'aliénation se faisant sans réserve, l'union est aussi parfaite qu'elle ne peut l'être et nul associé n'a plus rien à réclamer : car s'il restait
35 quelques droits aux particuliers, comme il n'y aurait aucun supérieur commun qui pût prononcer entre eux et le public, chacun étant en quelque point son propre juge prétendrait bientôt l'être en tous, l'état de nature subsisterait et l'association deviendrait nécessairement tyrannique ou vaine.

Enfin, chacun se donnant à tous ne se donne à personne, et comme il n'y
40 a pas un associé sur lequel on n'acquière le même droit qu'on lui cède sur soi, on gagne l'équivalent de tout ce qu'on perd, et plus de force pour conserver ce qu'on a.

Si donc on écarte du pacte social ce qui n'est pas de son essence, on trouvera qu'il se réduit aux termes suivants : *Chacun de nous met en commun sa*
45 *personne et toute sa puissance sous la suprême direction de la volonté générale ; et nous recevons en corps chaque membre comme partie indivisible du tout.*

Jean-Jacques Rousseau,
Du contrat social (1762), Livre I, chap. 6,
Éd. Flammarion, coll. « GF », 1966, pp. 50-52.

À L'ÉPOQUE

Rousseau, qui estime que la démocratie directe n'est pas praticable dans les grandes nations modernes, écrit en 1863 un projet de constitution pour la Corse. La Corse a selon lui, comme la ville de Genève dont il est citoyen, des conditions idéales pour y appliquer son contrat social.

Fiche Rousseau p. 506

Kant

[1724-1804]

8 Une société des nations

Les hommes ont créé l'État pour contrecarrer l'hostilité qui les oppose, mais les relations entre les États s'apparentent à un état de nature qui prend souvent la forme d'un état de guerre ; les États doivent donc à leur tour, sous la pression d'une nature qui les oppose les uns aux autres, tendre vers des lois communes.

Le problème de l'établissement d'une constitution civile parfaite dépend du problème de l'établissement d'une législation qui règle les relations extérieures des États *et ne peut être résolu sans lui.* À quoi sert de travailler à une constitution civile réglée par des lois entre des particuliers, c'est-à-dire à
5 l'organisation d'une communauté ? Car la même insociabilité qui a

contraint les hommes à cette tâche est à nouveau la cause qui fait que chaque communauté fait preuve dans les relations extérieures d'État à État d'une liberté sans entrave ; par suite il faut que chacune attende de l'autre les mêmes maux qui opprimaient les hommes isolés et les forçaient à entrer 10 dans un état civil réglé par la loi. La nature a donc à nouveau utilisé l'incompatibilité d'humeur des hommes, celle même des grandes sociétés et des grands corps politiques composés des créatures de cette sorte, comme moyen pour trouver, dans leur antagonisme inévitable, un état de calme et de sécurité ; ainsi, par les guerres, par l'extrême tension qu'exigent sans 15 relâche leurs préparatifs, par la détresse qui en résulte et dont finalement chaque État doit souffrir intérieurement même en pleine paix, elle pousse chacun à sortir de l'état sans loi des sauvages pour entrer dans une société des nations ; chaque État parvient ainsi à ce que la raison aurait pu lui dire sans qu'une si triste expérience lui soit nécessaire ; il y arrive après 20 des essais d'abord infructueux, à travers de multiples dévastations et renversements, et même un épuisement intérieur général de ses forces. Alors tous, même les plus petits, pourraient attendre leur sécurité et leurs droits non de leur propre force et de leur propre appréciation de leurs droits mais seulement de cette grande société des nations […], de la réunion de 25 leurs puissances et d'un jugement d'après les lois issues de la réunion de leurs volontés.

Emmanuel Kant,
Idée d'une histoire universelle au point de vue cosmopolitique (1784), Septième proposition, trad. J.-M. Muglioni, Éd. Bordas, coll. « Les Œuvres philosophiques », 1988, pp. 18-19.

📄 Fiche Kant p. 509

À L'ÉPOQUE
Les Lumières, avec l'abbé de Saint-Pierre (1713) et Kant (1784 et 1795), ont développé l'idée d'une alliance entre les nations présentée comme condition de possibilité de la paix perpétuelle. Ce projet sera repris par la Société des Nations à la fin de la Première Guerre mondiale, et l'ONU à la fin de la Seconde.

Hegel

[1770-1831]

9 L'État comme accès de l'individu à l'universel

Il n'y a de développement de l'individualité libre qu'à la faveur de l'État émancipateur, dont les hommes sont eux-mêmes les agents, s'élevant ainsi à la dimension de l'universel. La liberté de l'homme est la synthèse du particulier et de l'universel.

L'État est la réalité effective de la liberté concrète. Or, la liberté concrète consiste en ceci que la personne individuelle et ses intérêts particuliers trouvent leur développement complet et obtiennent la reconnaissance de leur droit-pour-soi (dans le système de la famille et de la société civile) ; 5 mais elle consiste aussi bien en ceci que, d'une part, ils passent d'eux-mêmes à l'intérêt de l'universel et que, d'autre part, avec leur savoir et leur vouloir, ils reconnaissent cet universel, le reconnaissent comme leur propre esprit substantiel[1] et agissent en vue de l'universel comme de leur but final. Il en résulte que l'universel ne vaut et ne peut s'accomplir sans l'intérêt, le savoir 10 et le vouloir particuliers et que, pareillement, les individus ne vivent pas uniquement pour leur propre intérêt comme de simples personnes privées, sans vouloir en même temps dans et pour l'universel, sans avoir une activité consciente de ce but. Le principe des États modernes a cette force et cette

1. Comme leur propre esprit substantiel : comme quelque chose qui est constitutif de leur être.

2. Unité substantielle : unité
du tout que forme l'État
et l'ensemble
de ses membres.

profondeur prodigieuses de permettre au principe de la subjectivité de
15 s'accomplir au point de devenir l'extrême autonome de la particularité
personnelle et de le ramener en même temps dans l'unité substantielle[2] et
ainsi de conserver en lui-même cette unité substantielle.

Georg Wilhelm Friedrich Hegel,
Principes de la philosophie du droit (1821), § 260,
trad. R. Derathé, Librairie philosophique J. Vrin, 1989, p. 264.

Fiche Hegel p. 510

Weber
[1864-1920]

1. «Anarchie au sens propre»
(ou étymologique) : où il n'y a
pas de pouvoir.

2. Parentèle : famille au sens
élargi, ensemble des parents.

10 Le monopole de la violence légitime

Aux notions classiques de paix civile ou de concorde entre les citoyens, Max Weber ajoute ici, comme caractéristique de l'État moderne, le monopole de la violence physique légitime : en interdisant les violences privées, l'État se réserve l'exclusivité du recours à la violence, tant à l'intérieur qu'à l'extérieur de ses frontières.

S'il n'existait que des structures sociales d'où toute violence serait absente, le concept d'État aurait alors disparu et il ne subsisterait que ce qu'on appelle, au sens propre du terme, l'« anarchie[1] ». La violence n'est évidemment pas l'unique moyen normal de l'État – cela ne fait aucun doute –, mais elle
5 est son moyen spécifique. De nos jours la relation entre État et violence est tout particulièrement intime. Depuis toujours les groupements politiques les plus divers – à commencer par la parentèle[2] – ont tous tenu la violence physique pour le moyen normal du pouvoir. Par contre il faut concevoir l'État contemporain comme une communauté humaine qui, dans les
10 limites d'un territoire déterminé – la notion de territoire étant une de ses caractéristiques –, revendique avec succès pour son propre compte *le monopole de la violence physique légitime*. Ce qui est en effet le propre de notre époque, c'est qu'elle n'accorde à tous les autres groupements, ou aux individus, le droit de faire appel à la violence que dans la mesure où
15 l'État le tolère : celui-ci passe donc pour l'unique source du « droit » à la violence. Par conséquent, nous entendrons par politique l'ensemble des efforts que l'on fait en vue de participer au pouvoir ou d'influencer la répartition du pouvoir, soit entre les États, soit entre les divers groupes à l'intérieur d'un même État. […]
20 Comme tous les groupements politiques qui l'ont précédé historique-ment, l'État consiste en un rapport de *domination* de l'homme sur l'homme fondé sur le moyen de la violence légitime (c'est-à-dire sur la violence qui est considérée comme légitime).

Max Weber,
Le Savant et le Politique (1919), trad. J. Freund,
E. Fleischmann et É. de Dampierre, Éd. Plon, 1963, p. 124-126.

Arendt
[1906-1975]

11 La légitimité « surhumaine » du totalitarisme

Le totalitarisme est-il d'une nature telle que toute légitimité s'y trouve bafouée ? Arendt souligne ici qu'il recourt en fait à une conception anormale de la légitimité en se référant, non aux lois des hommes, soupçonnées d'inefficacité, mais à celles de l'Histoire (communisme) ou de la Nature (nazisme). La conséquence en est que les régimes totalitaires veulent modeler l'humanité dans sa totalité, et qu'ils prétendent exercer un pouvoir mondial.

Telle est la prétention monstrueuse, et pourtant, apparemment sans réplique, du régime totalitaire que, loin d'être « sans lois », il remonte aux sources de l'autorité, d'où les lois positives ont reçu leur plus haute légitimité ; loin d'être arbitraire, il est plus qu'aucun autre avant lui, soumis à ces
5 forces surhumaines ; loin d'exercer le pouvoir au profit d'un seul homme, il est tout à fait prêt à sacrifier les intérêts vitaux immédiats de quiconque à l'accomplissement de ce qu'il prétend être la loi de l'Histoire ou celle de la Nature. Son défi aux lois positives est, assure-t-il, une forme plus élevée de légitimité qui, s'inspirant des sources elles-mêmes, peut se défaire
10 d'une légalité mesquine. La légitimité totalitaire se vante d'avoir trouvé un moyen d'instaurer le règne de la justice sur la terre – à quoi la légalité du droit positif, de son propre aveu, ne pourrait jamais parvenir. L'écart entre légalité et justice ne pourrait jamais être comblé : en effet les normes du bien et du mal, en quoi le droit positif traduit sa propre source d'auto-
15 rité – la « loi nouvelle » qui gouverne tout l'univers, ou bien la loi divine que révèle l'histoire humaine, ou encore les coutumes et les traditions qui expriment la loi commune aux sentiments de tous les hommes – sont nécessairement générales ; elles doivent pouvoir s'appliquer à un nombre incalculable et imprévisible de cas, de sorte que chaque cas concret et
20 individuel, avec son concours de circonstances unique, leur échappe d'une manière ou d'une autre.

La légitimité totalitaire, dans son défi à la légalité et dans sa prétention à instaurer le règne direct de la justice sur la terre, accomplit la loi de l'Histoire ou de la Nature sans la traduire en normes de bien et de mal
25 pour la conduite individuelle. Elle applique la loi directement au genre humain sans s'inquiéter de la conduite des hommes. La loi de la Nature ou celle de l'Histoire, pour peu qu'elles soient correctement exécutées, sont censées avoir la production du genre humain pour ultime produit ; et c'est cette espérance qui se cache derrière la prétention de tous les régimes totali-
30 taires à un règne planétaire. La politique totalitaire veut transformer l'espèce humaine en un vecteur actif et infaillible d'une loi à laquelle, autrement, les hommes ne seraient qu'à leur corps défendant passivement soumis.

Hannah Arendt,
Le Système totalitaire (1951), trad. J.-L. Bourget, R. Davreu et P. Lévy,
Éd. du Seuil, coll. « Points Essais », 2001, pp. 205-206.

À L'ÉPOQUE
Le concept de totalitarisme, conçu comme recouvrant à la fois le système nazi et le bolchevisme, est apparu en Europe dans les années 30. Le début de la guerre froide en 1947 a conduit Arendt à en systématiser la théorie.

Fiche Arendt p. 531

La POLITIQUE

Spinoza

[1632-1677]

Traité théologico-politique (chap. 20)

Publié du vivant de Spinoza en 1670, mais sans nom d'auteur, le *Traité théo-logico-politique* prend le contre-pied de la conception du pouvoir qui était dominante à l'époque : il défend la liberté de la pensée rationnelle dans les domaines religieux et politique. Dans la continuité de Descartes qui reconnaît à chaque homme une liberté infinie, Spinoza comprend comme un droit naturel et inaliénable celui de «faire de sa raison un libre usage et de juger de toutes choses» : pour lui, la finalité de l'État est la liberté. Dans la formation de l'État, chaque individu cède au souverain sa liberté d'action – s'engageant ainsi à respecter les décrets du souverain, sans quoi l'État serait chaotique –, mais non sa liberté de pensée. L'État démocratique est donc le meilleur, car le plus conforme à la liberté naturelle de l'homme. Comme exemple d'État libre, Spinoza croit judicieux de prendre celui des Provinces-Unies (les Pays-Bas, où il vit). Le *Traité Théologico-politique* y est interdit en 1674.

Où l'on montre que dans un État libre il est loisible à chacun de penser ce qu'il veut et de dire ce qu'il pense.

S'il était aussi facile de commander aux âmes qu'aux langues, il n'y aurait aucun souverain qui ne régnât en sécurité et il n'y aurait pas de gouverne-
5 ment violent, car chacun vivrait selon la complexion des détenteurs du pouvoir et ne jugerait que d'après leurs décrets du vrai ou du faux, du bien ou du mal, du juste ou de l'inique. Mais, comme nous l'avons fait observer au commencement du chapitre XVII, cela ne peut être ; il ne peut se faire que l'âme d'un homme appartienne entièrement à un autre ; personne en
10 effet ne peut transférer à un autre, ni être contraint d'abandonner son droit naturel ou sa faculté de faire de sa raison un libre usage et de juger de toutes choses. Ce gouvernement par suite est tenu pour violent, qui prétend dominer sur les âmes et une majesté souveraine paraît agir injustement contre ses sujets et usurper leur droit, quand elle veut prescrire à chacun ce
15 qu'il doit admettre comme vrai ou rejeter comme faux, et aussi quelles opinions doivent émouvoir son âme de dévotion envers Dieu : car ces choses sont du droit propre de chacun, un droit dont personne, le voulût-il, ne peut se dessaisir. Je le reconnais, plus d'un a l'esprit occupé de préjugés tels et de si incroyable façon que, tout en n'étant pas directement placé
20 sous le commandement d'un autre, il est suspendu à la parole de cet autre à ce point qu'on peut dire justement qu'il appartient à cet autre, en tant qu'être pensant ; quelle soumission toutefois que par certains artifices on arrive à obtenir, encore n'a-t-on jamais fait que les hommes aient cessé d'éprouver que chacun abonde dans son propre sens et qu'entre les têtes

25 la différence n'est pas moindre qu'entre les palais. Moïse qui, non par la
fourberie, mais par sa vertu divine, s'était si bien emparé du jugement de
son peuple, d'autant qu'on croyait ses paroles et tous ses actes inspirés par
Dieu, ne put cependant échapper ni aux rumeurs ni aux interprétations
défavorables ; encore bien moins les autres Monarques y échappent-ils ?
30 Et si l'on pouvait concevoir quelque moyen de l'empêcher, ce serait au
plus dans un État monarchique, non du tout dans une démocratie où
tous, ou au moins la plus grande partie du peuple, participent au pouvoir
collectif, je pense que tout le monde voit pourquoi.

Si grand donc que soit le droit attribué au souverain sur toutes
35 choses et tout interprète du droit et de la piété qu'on le croie, encore ne
pourra-t-il jamais se dérober à la nécessité de souffrir que les hommes
jugent de toutes choses suivant leur complexion propre et soient affec-
tés aussi de tel sentiment ou tel autre. Il est bien vrai qu'il peut en droit
tenir pour ennemis tous ceux qui, en toutes matières, ne pensent pas
40 entièrement comme lui ; mais la discussion ne porte plus sur son droit,
elle porte sur ce qui lui est utile. Accordons en effet qu'un souverain
peut en droit gouverner avec la pire violence, et condamner à mort les
citoyens pour le plus léger motif ; tout le monde niera que dans cette
façon de gouverner le jugement de la droite Raison reste sauf. Et
45 même, comme un souverain ne peut régner de la sorte sans mettre en
danger tout l'État, nous pouvons nier aussi qu'il ait la puissance d'user
des moyens indiqués et d'autres semblables, et conséquemment qu'il
en ait le droit absolu ; car nous avons montré que le droit du souverain
a pour limite sa puissance.

50 Si donc personne ne peut renoncer à la liberté de juger et d'opiner
comme il veut, et si chacun est maître de ses propres pensées par un
droit supérieur de Nature, on ne pourra jamais tenter dans un État,
sans que la tentative ait le plus malheureux succès, de faire que des
hommes, d'opinions diverses et opposées, ne disent cependant rien que
55 d'après la prescription du souverain ; même les plus habiles, en effet,
pour ne rien dire de la foule, ne savent se taire. C'est un défaut commun
aux hommes que de confier aux autres leurs desseins, même quand le
silence est requis ; ce gouvernement donc sera le plus violent qui dénie
à l'individu la liberté de dire et d'enseigner ce qu'il pense ; au contraire,
60 un gouvernement est modéré quand cette liberté est accordée à l'individu. Et cependant, nous ne saurions le nier, la majesté du souverain
peut être lésée par des paroles comme par des actions ; et, par suite, s'il
est impossible d'enlever complètement cette liberté aux sujets, il sera
très pernicieux de la leur accorder entièrement. Nous avons donc ici à
65 nous demander dans quelle mesure précise cette liberté peut et doit
être concédée sans danger pour la paix de l'État et le droit du souverain ;
c'est là, suivant l'avertissement donné au début du chapitre xvi, mon
objet principal.

Des fondements de l'État tels que nous les avons expliqués ci-dessus,
70 il résulte avec la dernière évidence que sa fin dernière n'est pas la
domination ; ce n'est pas pour tenir l'homme par la crainte et faire

⊡ Repère
ORIGINE / FONDEMENT,
p. 446

qu'il appartienne à un autre que l'État est institué ; au contraire c'est pour libérer l'individu de la crainte, pour qu'il vive autant que possible en sécurité, c'est-à-dire conserve, aussi bien qu'il se pourra, sans dommage pour autrui, son droit naturel d'exister et d'agir. Non, je le répète, la fin de l'État n'est pas de faire passer les hommes de la condition d'êtres raisonnables à celle de bêtes brutes ou d'automates, mais au contraire il est institué pour que leur âme et leur corps s'acquittent en sûreté de toutes leurs fonctions, pour qu'eux-mêmes usent d'une Raison libre, pour qu'ils ne luttent point de haine, de colère ou de ruse, pour qu'ils se supportent sans malveillance les uns les autres. La fin de l'État est donc en réalité la liberté. Nous avons vu aussi que, pour former l'État, une seule chose est nécessaire : que tout le pouvoir de décréter appartienne soit à tous collectivement, soit à quelques-uns, soit à un seul. Puisque, en effet, le libre jugement des hommes est extrêmement divers, que chacun pense être seul à tout savoir et qu'il est impossible que tous opinent pareillement et parlent d'une seule bouche, ils ne pourraient vivre en paix si l'individu n'avait renoncé à son droit d'agir suivant le seul décret de sa pensée. C'est donc seulement au droit d'agir par son propre décret qu'il a renoncé, non au droit de raisonner et de juger ; par suite nul à la vérité ne peut, sans danger pour le droit du souverain, agir contre son décret, mais il peut avec une entière liberté opiner et juger et en conséquence aussi parler, pourvu qu'il n'aille pas au-delà de la simple parole ou de l'enseignement, et qu'il défende son opinion par la Raison seule, non par la ruse, la colère ou la haine, ni dans l'intention de changer quoi que ce soit dans l'État de l'autorité de son propre décret. Par exemple, en cas qu'un homme montre qu'une loi contredit à la Raison, et qu'il exprime l'avis qu'elle doit être abrogée, si, en même temps, il soumet son opinion au jugement du souverain (à qui seul il appartient de faire et d'abroger des lois) et qu'il s'abstienne, en attendant, de toute action contraire à ce qui est prescrit par cette loi, certes il mérite bien de l'État et agit comme le meilleur des citoyens ; au contraire, s'il le fait pour accuser le magistrat d'iniquité et le rendre odieux, ou tente séditieusement d'abroger cette loi malgré le magistrat, il est du tout un perturbateur et un rebelle. Nous voyons donc suivant quelle règle chacun, sans danger pour le droit et l'autorité du souverain c'est-à-dire pour la paix de l'État, peut dire et enseigner ce qu'il pense ; c'est à la condition qu'il laisse au souverain le soin de décréter sur toutes actions, et s'abstienne d'en accomplir aucune contre ce décret, même s'il lui faut souvent agir en opposition avec ce qu'il juge et professe qui est bon. Et il peut le faire sans péril pour la justice et la piété ; je dis plus, il doit le faire, s'il veut se montrer juste et pieux ; car, nous l'avons montré, la justice dépend du seul décret du souverain et, par suite, nul ne peut être juste s'il ne vit pas selon les décrets rendus par le souverain. Quant à la piété, la plus haute sorte en est (d'après ce que nous avons montré dans le précédent chapitre) celle qui s'exerce en vue de la paix et de la tranquillité de l'État ; or elle ne peut se maintenir si chacun doit vivre selon le

▶ Repère
Cause / FIN, p. 437

jugement particulier de sa pensée. Il est donc impie de faire quelque
120 chose selon son jugement propre contre le décret du souverain de qui
l'on est sujet, puisque, si tout le monde se le permettait, la ruine de
l'État s'ensuivrait. On n'agit même jamais contrairement au décret et à
l'injonction de sa propre Raison, aussi longtemps qu'on agit suivant les
décrets du souverain, car c'est par le conseil même de la Raison qu'on a
125 décidé de transférer au souverain son droit d'agir d'après son propre
jugement. Nous pouvons donner de cette vérité une confirmation tirée
de la pratique : dans les conseils, en effet, que leur pouvoir soit ou ne
soit pas souverain, il est rare qu'une décision soit prise à l'unanimité
des suffrages, et cependant tout décret est rendu par la totalité des
130 membres aussi bien par ceux qui ont voté *contre* que par ceux qui ont
voté *pour*. Mais je reviens à mon propos. Nous venons de voir, en nous
reportant aux fondements de l'État, suivant quelle règle l'individu
peut user de la liberté de son jugement sans danger pour le droit du
souverain. Il n'est pas moins aisé de déterminer de même quelles opi-
135 nions sont séditieuses dans l'État : ce sont celles qu'on ne peut poser
sans lever le pacte par lequel l'individu a renoncé à son droit d'agir
selon son propre jugement : cette opinion, par exemple, que le souverain n'est pas indépendant en droit ; ou que personne ne doit tenir ses
promesses ; ou qu'il faut que chacun vive d'après son propre jugement ;
140 et d'autres semblables qui contredisent directement à ce pacte. Celui
qui pense ainsi est séditieux, non pas à raison du jugement qu'il porte
et de son opinion considérée en elle-même[1] mais à cause de l'action qui
s'y trouve impliquée : par cela même qu'on pense ainsi, en effet, on
rompt tacitement ou expressément la foi due au souverain. Par suite
145 les autres opinions qui n'impliquent point une action telle que rupture
du pacte, vengeance, colère, etc., ne sont pas séditieuses, si ce n'est dans
un État en quelque mesure corrompu ; c'est-à-dire où des fanatiques et
des ambitieux qui ne peuvent supporter les hommes de caractère indépendant ont réussi à se faire une renommée telle que leur autorité
150 l'emporte dans la foule sur celle du souverain. Nous ne nions pas
cependant qu'il n'y ait en outre des opinions qu'il est malhonnête de
proposer et de répandre, encore qu'elles semblent avoir seulement le
caractère d'opinions vraies ou fausses. Nous avons déjà, au chapitre XV, déterminé quelles elles étaient, en prenant soin de ne porter
155 aucune atteinte à la liberté de la Raison. Que si enfin nous considérons
que la fidélité envers l'État comme envers Dieu se connaît aux œuvres
seules, c'est-à-dire à la piété envers le prochain, nous reconnaîtrons
sans hésiter que l'État le meilleur concède à l'individu la même liberté
que nous avons fait voir que lui laissait la Foi. Je le reconnais, une telle
160 liberté peut avoir ses inconvénients ; mais y eut-il jamais aucune institution si sage que nuls inconvénients n'en pussent naître ? Vouloir tout
régler par des lois, c'est irriter les vices plutôt que les corriger. Ce que
l'on ne peut prohiber, il faut nécessairement le permettre, en dépit du
dommage qui souvent peut en résulter. Quels ne sont pas les maux
165 ayant leur origine dans le luxe, l'envie, l'avidité, l'ivrognerie et autres

◗ Repère
En théorie
/ en pratique,
p. 440

◗ Repère
Origine / fondement
p. 446

◗ Repère
Genre / espèce
/ individu
p. 442

1. Les opinions que vise ici
Spinoza sont, semble-t-il, celles
qui sont contraires à la raison
non parce qu'elles sont
fausses, mais parce qu'elles
s'opposent au libre usage
de la raison. (Cette note et
celles qui suivent sont celles
du traducteur).

passions semblables ? On les supporte cependant parce qu'on ne peut les prohiber par le pouvoir des lois et bien que ce soient réellement des vices ; encore bien plus la liberté du jugement, qui est en réalité une vertu, doit-elle être admise et ne peut-elle être comprimée. Ajoutons

170 qu'elle n'engendre pas d'inconvénients que l'autorité des magistrats (je vais le montrer) ne puisse éviter ; pour ne rien dire ici de la nécessité première de cette liberté pour l'avancement des sciences et des arts ; car les sciences et les arts ne peuvent être cultivés avec un heureux succès que par ceux dont le jugement est libre et entièrement affranchi.

175 Posons cependant que cette liberté peut être comprimée et qu'il est possible de tenir les hommes dans une dépendance telle qu'ils n'osent pas proférer une parole, sinon par la prescription du souverain ; encore n'obtiendra-t-il jamais qu'ils n'aient de pensées que celles qu'il aura voulu ; et ainsi, par une conséquence nécessaire, les hommes ne cesse-

180 raient d'avoir des opinions en désaccord avec leur langage et la bonne foi, cette première nécessité de l'État, se corromprait ; l'encouragement donné à la détestable adulation et à la perfidie amènerait le règne de la fourberie et la corruption de toutes les relations sociales. Tant s'en faut d'ailleurs qu'il soit jamais possible de l'obtenir ; on ne fera point que

185 tous répètent toujours la leçon faite ; au contraire, plus on prendra de soin pour ravir aux hommes la liberté de la parole, plus obstinément ils résisteront, non pas les avides, les flatteurs et les autres hommes sans force morale, pour qui le salut suprême consiste à contempler des écus dans une cassette et à avoir le ventre trop rempli, mais ceux à qui une

190 bonne éducation, la pureté des mœurs et la vertu donnent un peu de liberté. Les hommes sont ainsi faits qu'ils ne supportent rien plus malaisément que de voir les opinions qu'ils croient vraies tenues pour criminelles, et imputé à méfait ce qui émeut leurs âmes à la piété envers Dieu et les hommes ; par où il arrive qu'ils en viennent à détester

195 les lois, à tout oser contre les magistrats, à juger non pas honteux, mais très beau, d'émouvoir des séditions pour une telle cause et de tenter quelle entreprise violente que ce soit. Puis donc que telle est la nature humaine, il est évident que les lois concernant les opinions menacent non les criminels, mais les hommes de caractère indépendant, qu'elles

200 sont faites moins pour contenir les méchants que pour irriter les plus honnêtes, et qu'elles ne peuvent être maintenues en conséquence sans grand danger pour l'État. Ajoutons que de telles lois condamnant des opinions sont du tout inutiles : ceux qui jugent saines les opinions condamnées ne peuvent obéir à ces lois ; à ceux qui au contraire les rejettent comme

205 fausses, ces lois paraîtront conférer un privilège et ils en concevront un tel orgueil que plus tard, même le voulant, les magistrats ne pourraient les abroger. À quoi il faut joindre encore ces conclusions tirées au chapitre XVIII en deuxième lieu de l'Histoire des Hébreux. Combien de schismes enfin sont nés dans l'Église surtout de ce que les magistrats ont

210 voulu mettre fin par des lois aux controverses des docteurs ! Si en effet les hommes n'étaient pas dominés par l'espoir de tirer à eux les lois et les magistrats, de triompher de leurs adversaires aux applaudissements du

vulgaire, et de recueillir des honneurs, ils ne se combattraient pas avec tant de malveillance, leurs âmes ne seraient pas agitées d'une telle
215 fureur. Cela non seulement la Raison, mais l'expérience l'enseigne par des exemples quotidiens ; de telles lois en effet, commandant ce que chacun doit croire et interdisant de rien dire ou écrire contre telle opinion ou telle autre, ont été souvent instituées en manière de satisfaction ou plutôt de concession à la colère des hommes incapables de souffrir
220 aucune fierté de caractère et qui aisément, par une sorte de malfaisant prestige, peuvent tourner en rage la dévotion de la foule séditieuse et l'exciter contre ceux qu'ils lui désignent. Combien ne vaudrait-il pas mieux contenir la colère et la fureur du vulgaire que d'établir des lois dont les seuls violateurs possibles sont les amis des arts et de la vertu, et
225 de réduire l'État à cette extrémité qu'il ne puisse supporter les hommes d'âme fière ! Quelle pire condition concevoir pour l'État que celle où des hommes de vie droite, parce qu'ils ont des opinions dissidentes et ne savent pas dissimuler, sont envoyés en exil comme des malfaiteurs ? Quoi de plus pernicieux, je le répète, que de tenir pour ennemis et de
230 conduire à la mort des hommes auxquels on n'a ni crime ni forfait à reprocher, simplement parce qu'ils ont quelque fierté de caractère, et de faire ainsi du lieu de supplice, épouvante du méchant, le théâtre éclatant où, pour la honte du souverain, se voient les plus beaux exemples d'endurance et de courage ? Qui sait en effet qu'il est, dans sa
235 conduite, irréprochable, ne craint pas la mort comme un criminel et ne se sauve pas du supplice par des implorations ; car le remords d'aucune vilenie ne torture son âme ; il est honorable à ses yeux, non infamant, de mourir pour la bonne cause, glorieux de donner sa vie pour la liberté. Quel exemple de tels hommes peuvent-ils donner par une mort,
240 dont la cause est ignorée des âmes oiseuses et sans force, haïe des séditieux, aimée des meilleurs ? Certes nul n'y apprendra rien qu'à les imiter s'il ne veut aduler.

Pour que la fidélité donc et non la complaisance soit jugée digne d'estime, pour que le pouvoir du souverain ne souffre aucune diminution,
245 n'ait aucune concession à faire aux séditieux, il faut nécessairement accorder aux hommes la liberté du jugement et les gouverner de telle sorte que, professant ouvertement des opinions diverses et opposées, ils vivent cependant dans la concorde. Et nous ne pouvons douter que cette règle de gouvernement ne soit la meilleure, puisqu'elle s'accorde
250 le mieux avec la nature humaine. Dans un État démocratique (c'est celui qui rejoint le mieux l'état de nature) nous avons montré que tous conviennent d'agir par un commun décret, mais non de juger et de raisonner en commun[2] ; c'est-à-dire, comme les hommes ne peuvent penser exactement de même, ils sont convenus de donner
255 force de décret à l'avis qui rallierait le plus grand nombre de suffrages, se réservant l'autorité d'abroger les décisions prises sitôt qu'une décision meilleure leur paraîtrait pouvoir être prise. Moins il est laissé aux hommes de liberté de juger, plus on s'écarte de l'état le plus naturel, et plus le gouvernement a de violence. Pour qu'on voie

2. Spinoza parle un peu comme Lamartine : Il faut se séparer, pour penser, de la foule / Et s'y confondre pour agir.

La politique

maintenant comment cette liberté n'a pas d'inconvénients qui ne puissent être évités par la seule autorité du souverain et comment, par cette seule autorité, des hommes professant ouvertement des opinions différentes peuvent être mis aisément dans l'impossibilité de se nuire les uns aux autres, les exemples ne manquent pas et point n'est besoin 265 de les chercher loin. Que la ville d'Amsterdam nous soit en exemple, cette ville qui, avec un si grand profit pour elle-même et à l'admiration de toutes les nations, a goûté les fruits de cette liberté ; dans cette république très florissante, dans cette ville très éminente, des hommes de toutes nations et de toutes sectes vivent dans la plus parfaite concorde 270 et s'inquiètent uniquement, pour consentir un crédit à quelqu'un, de savoir s'il est riche ou pauvre et s'il a accoutumé d'agir en homme de bonne foi ou en fourbe. D'ailleurs la Religion ou la secte ne les touche en rien, parce qu'elle ne peut servir à gagner ou à perdre sa cause devant le juge ; et il n'est absolument aucune secte, pour odieuse qu'elle 275 soit, dont les membres (pourvu qu'ils ne causent de tort à personne, rendent à chacun le sien et vivent honnêtement) ne soient protégés et assistés par l'autorité des magistrats. Jadis, au contraire, quand les hommes d'État et les États des Provinces se laissèrent entraîner dans la controverse des Remontrants et des Contre-Remontrants, on aboutit à 280 un schisme[3] ; et beaucoup d'exemples ont alors fait connaître que les lois établies sur la Religion, c'est-à-dire pour mettre fin aux controverses, irritent les hommes plus qu'elles ne les corrigent ; et aussi que d'autres hommes usent de ces lois pour prendre toute sorte de licences ; et, en outre, que les schismes[3] ne naissent pas d'un grand zèle pour la vérité 285 (ce zèle est, au contraire, une source de bienveillance et de mansué- tude), mais d'un grand appétit de régner. Par là il est établi, avec une clarté plus grande que la lumière du jour, que les schismatiques sont bien plutôt ceux qui condamnent les écrits des autres et excitent contre les auteurs le vulgaire turbulent, que les auteurs eux-mêmes qui, le plus 290 souvent, écrivent pour les doctes seulement et demandent le secours de la seule Raison ; en second lieu, que les vrais perturbateurs sont ceux qui, dans un État libre, veulent détruire la liberté du jugement qu'il est impossible de comprimer.

Nous avons ainsi montré : 1° qu'il est impossible d'enlever aux 295 hommes la liberté de dire ce qu'ils pensent ; 2° que cette liberté peut être reconnue à l'individu sans danger pour le droit et l'autorité du souverain et que l'individu peut la conserver sans danger pour ce droit, s'il n'en tire point licence de changer quoi que ce soit aux droits recon- nus dans l'État ou de rien entreprendre contre les lois établies ; 3° que 300 l'individu peut posséder cette liberté sans danger pour la paix de l'État et qu'elle n'engendre pas d'inconvénients dont la réduction ne soit aisée ; 4° que la jouissance de cette liberté donnée à l'individu est sans danger pour la piété ; 5° que les lois établies sur les matières d'ordre spéculatif sont du tout inutiles ; 6° nous avons montré enfin que non 305 seulement cette liberté peut être accordée sans que la paix de l'État, la piété et le droit du souverain soient menacés, mais que, pour leur

3. Allusion aux troubles causés en Hollande par les controverses religieuses des Remontrants (Arminiens) et des Contre-Remontrants (Gomaristes) ; on sait que Barneveldt perdit la vie et Grotius la liberté dans ces luttes.

➡ Repère
Genre / espèce / INDIVIDU
p. 442

conservation, elle doit l'être. Où, en effet, les hommes s'efforcent de ravir cette liberté à leurs adversaires, où les opinions des dissidents, non les âmes, seules capables de péché, sont appelées devant les tribu-
310 naux, des exemples sont faits, qui semblent plutôt des martyres d'hommes honnêtes, et qui produisent plus d'irritation, excitent plus à la miséricorde, sinon à la vengeance, qu'ils n'inspirent d'effroi. Puis les relations sociales et la bonne foi se corrompent, l'adulation et la perfidie sont encouragées et les adversaires des condamnés s'enor-
315 gueillissent, parce qu'on a eu complaisance pour leur colère et que les chefs de l'État se sont faits les sectateurs de leur doctrine, dont ils passent eux-mêmes pour les interprètes. Ainsi arrive-t-il qu'ils osent usurper le droit et l'autorité du souverain, ont le front de se prétendre immédiatement élus par Dieu[4] et de revendiquer pour leurs décrets un
320 caractère devant lequel ils veulent que s'inclinent ceux du souverain, œuvre tout humaine ; toutes choses contraires, personne ne peut l'ignorer, au salut de l'État. Ici comme au chapitre XVIII nous concluons donc que ce qu'exige avant tout la sécurité de l'État, c'est que la Piété et la Religion soient comprises dans le seul exercice de la
325 Charité et de l'Équité, que le droit du souverain de régler toutes choses tant sacrées que profanes se rapporte aux actions seulement et que pour le reste il soit accordé à chacun de penser ce qu'il veut et de dire ce qu'il pense.

J'ai ainsi achevé de traiter les questions qui rentraient dans mon
330 dessein. Il ne me reste plus qu'à avertir expressément que je soumettrai de grand cœur à l'examen et au jugement des Autorités de ma Patrie tout ce que j'ai écrit. Si j'ai dit quoi que ce soit qu'elles jugent contraire aux lois du pays ou nuisible au salut commun, je veux que cela soit comme n'ayant pas été dit. Je sais que je suis homme et que j'ai pu me
335 tromper ; du moins ai-je mis tous mes soins à ne me pas tromper et, avant tout, à ne rien écrire qui ne s'accorde entièrement avec les lois du pays, la liberté et les bonnes mœurs.

Baruch de Spinoza,
Traité théologico-politique (1670), trad. Ch. Appuhn, chap. 20,
Éd. Flammarion, coll. « GF », 1965, pp. 327-336.

4. Il est dangereux pour la paix de l'État de permettre à quelques hommes de tenir tête au pouvoir du souverain en se prévalant du titre d'envoyés de Dieu ou de représentants de Dieu ; c'est ce que montre l'histoire des Hébreux. Spinoza se rencontrerait ici avec Voltaire (voir en particulier le jugement de Voltaire sur le rôle de Joad dans *Athalie*).

Fiche Spinoza p. 498

Rousseau
[1712-1778)]

Du contrat social (Livre I)

Dans la continuité de Descartes et de Spinoza, Rousseau pense la constitution d'un État qui puisse garantir la liberté politique et l'égalité juridique de ses citoyens. Considérant que la liberté est constitutive de notre nature, il en conclut qu'elle est inaliénable : il est illégitime de penser comme Aristote un « esclavage naturel », ou comme Grotius (1583-1645) un « droit de l'esclavage » (fondé sur le « droit de la guerre »). À la différence de Spinoza, Rousseau juge nécessaire que les individus aliènent *tous leurs droits* dans le pacte social constitutif de l'État libre : « chacun se donnant à tous ne se donne à personne ». Le souverain, c'est le peuple saisi comme unité totale, supérieure à la somme des individus, et dont la « volonté générale » (qui vise l'intérêt commun) ne se réduit pas à la somme des volontés particulières (qui visent l'intérêt particulier). La soumission à la volonté générale équivaut à la liberté civile, qui se substitue lors du contrat à la liberté naturelle, de même que l'égalité juridique s'y substitue à l'inégalité naturelle. *Du contrat social* (1762) est l'une des références principales des théoriciens de la Révolution française de 1789. L'esclavage est aboli en France par la Convention, le 4 février 1794.

⟩ Repère
**Contingent
/ nécessaire
/ possible,**
p. 437

Je veux chercher si dans l'ordre civil il peut y avoir quelque règle d'administration légitime et sûre, en prenant les hommes tels qu'ils sont, et les lois telles qu'elles peuvent être : Je tâcherai d'allier toujours dans cette recherche ce que le droit permet avec ce que l'intérêt pres-
5 crit, afin que la justice et l'utilité ne se trouvent point divisées.

J'entre en matière sans prouver l'importance de mon sujet. On me demandera si je suis prince ou législateur pour écrire sur la Politique ? Je réponds que non, et que c'est pour cela que j'écris sur la Politique. Si j'étais prince ou législateur, je ne perdrais pas mon temps à dire ce
10 qu'il faut faire ; je le ferais, ou je me tairais.

1. Le souverain : le peuple.

Né citoyen d'un État libre, et membre du souverain[1], quelque faible influence que puisse avoir ma voix dans les affaires publiques, le droit d'y voter suffit pour m'imposer le devoir de m'en instruire. Heureux, toutes les fois que je médite sur les Gouvernements, de
15 trouver toujours dans mes recherches de nouvelles raisons d'aimer celui de mon pays !

CHAPITRE I - Sujet de ce premier Livre

L'homme est né libre, et partout il est dans les fers. Tel se croit le maître des autres, qui ne laisse pas d'être plus esclave qu'eux. Comment
20 ce changement s'est-il fait ? Je l'ignore. Qu'est-ce qui peut le rendre légitime ? Je crois pouvoir résoudre cette question.

Si je ne considérais que la force, et l'effet qui en dérive, je dirais : tant qu'un Peuple est contraint d'obéir et qu'il obéit, il fait bien ; sitôt qu'il peut secouer le joug et qu'il le secoue, il fait encore mieux ; car,
25 recouvrant sa liberté par le même droit qui la lui a ravie, ou il est fondé à la reprendre, ou l'on ne l'était point à la lui ôter. Mais l'ordre social

⟩ Repère
En fait / en droit,
p. 439

La politique

2. Grotius (Hugo de Groot, dit) : juriste hollandais (1583-1645).

3. Hobbes (Thomas) : philosophe anglais (1588-1679).

est un droit sacré, qui sert de base à tous les autres. Cependant ce droit ne vient point de la nature ; il est donc fondé sur des conventions. Il s'agit de savoir quelles sont ces conventions. Avant d'en venir là je dois
30 établir ce que je viens d'avancer.

CHAPITRE II - Des premières Sociétés

La plus ancienne de toutes les sociétés et la seule naturelle est celle de la famille. Encore les enfants, ne restent-ils liés au père qu'aussi longtemps qu'ils ont besoin de lui pour se conserver. Sitôt que ce
35 besoin cesse, le lien naturel se dissout. Les enfants, exempts de l'obéissance qu'ils devaient au père, le père exempt des soins qu'il devait aux enfants, rentrent tous également dans l'indépendance. S'ils continuent de rester unis ce n'est plus naturellement, c'est volontairement, et la famille elle-même ne se maintient que par convention.

40 Cette liberté commune est une conséquence de la nature de l'homme. Sa première loi est de veiller à sa propre conservation, ses premiers soins sont ceux qu'il se doit à lui-même, et, sitôt qu'il est en âge de raison, lui seul étant juge des moyens propres à se conserver devient par là son propre maître.

45 La famille est donc si l'on veut le premier modèle des sociétés politiques ; le chef est l'image du père, le peuple est l'image des enfants, et tous étant nés égaux et libres n'aliènent leur liberté que pour leur utilité. Toute la différence est que dans la famille l'amour du père pour ses enfants le paye des soins qu'il leur rend, et que dans l'État le plaisir
50 de commander supplée à cet amour que le chef n'a pas pour ses peuples.

> Repère
> **En fait / en droit,**
> p. 439

Grotius[2] nie que tout pouvoir humain soit établi en faveur de ceux qui sont gouvernés : Il cite l'esclavage en exemple. Sa plus constante manière de raisonner est d'établir toujours le droit par le fait. On pourrait employer une méthode plus conséquente, mais non pas plus
55 favorable aux Tyrans.

> Repère
> **Genre / espèce
> / individu,**
> p. 442

Il est donc douteux, selon Grotius, si le genre humain appartient à une centaine d'hommes, ou si cette centaine d'hommes appartient au genre humain, et il paraît dans tout son livre pencher pour le premier avis : c'est aussi le sentiment de Hobbes[3]. Ainsi voilà l'espèce humaine
60 divisée en troupeaux de bétail, dont chacun a son chef, qui le garde pour le dévorer.

> Repère
> **Ressemblance
> / analogie,**
> p. 448

Comme un pâtre est d'une nature supérieure à celle de son troupeau, les pasteurs d'hommes, qui sont leurs chefs, sont aussi d'une nature supérieure à celle de leurs peuples. Ainsi raisonnait, au rapport
65 de Philon, l'Empereur Caligula ; concluant assez bien de cette analogie que les rois étaient des Dieux, ou que les peuples étaient des bêtes.

Le raisonnement de ce Caligula revient à celui d'Hobbes et de Grotius. Aristote avant eux tous avait dit aussi que les hommes ne sont point naturellement égaux, mais que les uns naissent pour l'esclavage et les
70 autres pour la domination.

Aristote avait raison, mais il prenait l'effet pour la cause. Tout homme né dans l'esclavage naît pour l'esclavage, rien n'est plus certain.

Les esclaves perdent tout dans leurs fers, jusqu'au désir d'en sortir : ils aiment leur servitude comme les compagnons d'Ulysse aimaient leur
75 abrutissement. S'il y a donc des esclaves par nature, c'est parce qu'il y a eu des esclaves contre nature. La force a fait les premiers esclaves, leur lâcheté les a perpétués.

Je n'ai rien dit du roi Adam, ni de l'Empereur Noé père de trois grands monarques qui se partagèrent l'univers, comme firent les
80 enfants de Saturne, qu'on a cru reconnaître en eux. J'espère qu'on me saura gré de cette modération ; car, descendant directement de l'un de ces Princes, et peut-être de la branche aînée, que sais-je si par la vérification des titres je ne me trouverais point le légitime roi du genre humain ? Quoi qu'il en soit, on ne peut disconvenir qu'Adam n'ait été
85 Souverain du monde comme Robinson de son île, tant qu'il en fut le seul habitant ; et ce qu'il y avait de commode dans cet empire était que le monarque assuré sur son trône n'avait à craindre ni rébellions ni guerres ni conspirateurs.

CHAPITRE III - Du droit du plus fort

90 Le plus fort n'est jamais assez fort pour être toujours le maître, s'il ne transforme sa force en droit et l'obéissance en devoir. De là le droit du plus fort ; droit pris ironiquement en apparence, et réellement établi en principe. Mais ne nous expliquera-t-on jamais ce mot ? La force est une puissance physique ; je ne vois point quelle moralité peut résulter
95 de ses effets. Céder à la force est un acte de nécessité, non de volonté ; c'est tout au plus un acte de prudence. En quel sens pourra-ce être un devoir ?

Supposons un moment ce prétendu droit. Je dis qu'il n'en résulte qu'un galimatias inexplicable. Car sitôt que c'est la force qui fait le
100 droit, l'effet change avec la cause ; toute force qui surmonte la première succède à son droit. Sitôt qu'on peut désobéir impunément on le peut légitimement, et puisque le plus fort a toujours raison, il ne s'agit que de faire en sorte qu'on soit le plus fort. Or qu'est-ce qu'un droit qui périt quand la force cesse ? S'il faut obéir par force on n'a pas besoin
105 d'obéir par devoir, et si l'on n'est plus forcé d'obéir on n'y est plus obligé. On voit donc que ce mot de droit n'ajoute rien à la force ; il ne signifie ici rien du tout.

Obéissez aux puissances. Si cela veut dire, cédez à la force, le précepte est bon mais superflu, je réponds qu'il ne sera jamais violé.
110 Toute puissance vient de Dieu, je l'avoue ; mais toute maladie en vient aussi. Est-ce à dire qu'il soit défendu d'appeler le médecin ? Qu'un brigand me surprenne au coin d'un bois : non seulement il faut par force donner la bourse, mais quand je pourrais la soustraire suis-je en conscience obligé de la donner ? Car enfin le pistolet qu'il tient est
115 aussi une puissance.

Convenons donc que force ne fait pas droit, et qu'on n'est obligé d'obéir qu'aux puissances légitimes. Ainsi ma question primitive revient toujours.

◼ Repère
Obligation / contrainte,
p. 446

◼ Repère
En fait / en droit,
p. 439

◼ Repère
Légal / légitime,
p. 444

◄ Repère
**OBLIGATION
/ CONTRAINTE**,
p. 446

120 Puisque aucun homme n'a une autorité naturelle sur son semblable, et puisque la force ne produit aucun droit, restent donc les conventions pour base de toute autorité légitime parmi les hommes.

Si un particulier, dit Grotius, peut aliéner sa liberté et se rendre esclave d'un maître, pourquoi tout un peuple ne pourrait-il pas aliéner 125 la sienne et se rendre sujet d'un roi ? Il y a là bien des mots équivoques qui auraient besoin d'explications, mais tenons-nous-en à celui d'*aliéner*. Aliéner c'est donner ou vendre. Or un homme qui se fait esclave d'un autre ne se donne pas, il se vend, tout au moins pour sa subsistance : mais un peuple pourquoi se vend-il ? Bien loin qu'un roi 130 fournisse à ses sujets leur subsistance il ne tire la sienne que d'eux, et selon Rabelais un roi ne vit pas de peu. Les sujets donnent donc leur personne à condition qu'on prendra aussi leur bien ? Je ne vois pas ce qu'il leur reste à conserver.

On dira que le despote assure à ses sujets la tranquillité civile. Soit ; 135 mais qu'y gagnent-ils, si les guerres que son ambition leur attire, si son insatiable avidité, si les vexations de son ministère les désolent plus que ne feraient leurs dissensions ? Qu'y gagnent-ils, si cette tranquillité même est une de leurs misères ? On vit tranquille aussi dans les cachots ; en est-ce assez pour s'y trouver bien ? Les Grecs enfermés 140 dans l'antre du Cyclope y vivaient tranquilles, en attendant que leur tour vînt d'être dévorés.

Dire qu'un homme se donne gratuitement, c'est dire une chose absurde et inconcevable ; un tel acte est illégitime ou nul, par cela seul que celui qui le fait n'est pas dans son bon sens. Dire la même chose 145 de tout un peuple, c'est supposer un peuple de fous : la folie ne fait pas droit.

Quand chacun pourrait s'aliéner lui-même il ne peut aliéner ses enfants ; ils naissent hommes et libres ; leur liberté leur appartient, nul n'a droit d'en disposer qu'eux. Avant qu'ils soient en âge de raison 150 le père peut en leur nom stipuler des conditions pour leur conservation, pour leur bien-être ; mais non les donner irrévocablement et sans condition ; car un tel don est contraire aux fins de la nature et passe les droits de la paternité. Il faudrait donc pour qu'un gouvernement arbitraire fût légitime qu'à chaque génération le peuple fût le maître de 155 l'admettre ou de le rejeter : mais alors ce gouvernement ne serait plus arbitraire.

Renoncer à sa liberté c'est renoncer à sa qualité d'homme, aux droits de l'humanité, même à ses devoirs. Il n'y a nul dédommagement possible pour quiconque renonce à tout. Une telle renonciation est 160 incompatible avec la nature de l'homme, et c'est ôter toute moralité à ses actions que d'ôter toute liberté à sa volonté. Enfin c'est une convention vaine et contradictoire de stipuler d'une part une autorité absolue et de l'autre une obéissance sans bornes. N'est-il pas clair qu'on n'est engagé à rien envers celui dont on a droit de tout exiger, et cette seule 165 condition sans équivalent, sans échange n'entraîne-t-elle pas la nullité de l'acte ? Car quel droit mon esclave aurait-il contre moi, puisque tout ce qu'il a m'appartient, et que son droit étant le mien, ce droit de moi contre moi-même est un mot qui n'a aucun sens ?

170 Grotius et les autres tirent de la guerre une autre origine du prétendu droit d'esclavage. Le vainqueur ayant, selon eux, le droit de tuer le vaincu, celui-ci peut racheter sa vie aux dépens de sa liberté ; convention d'autant plus légitime qu'elle tourne au profit de tous deux.

Mais il est clair que ce prétendu droit de tuer les vaincus ne résulte en aucune manière de l'état de guerre. Par cela seul que les hommes
175 vivant dans leur primitive indépendance n'ont point entre eux de rapport assez constant pour constituer ni l'état de paix ni l'état de guerre, ils ne sont point naturellement ennemis. C'est le rapport des choses et non des hommes qui constitue la guerre, et l'état de guerre ne pouvant naître des simples relations personnelles, mais seulement des relations
180 réelles, la guerre privée ou d'homme à homme ne peut exister, ni dans l'état de nature où il n'y a point de propriété constante, ni dans l'état social où tout est sous l'autorité des lois.

Les combats particuliers, les duels, les rencontres sont des actes qui ne constituent point un état ; et à l'égard des guerres privées, autorisées
185 par les établissements de Louis IX roi de France et suspendues par la paix de Dieu, ce sont des abus du gouvernement féodal, système absurde s'il en fut jamais, contraire aux principes du droit naturel, et à toute bonne politie[4].

4. Politie : mot choisi par Rousseau, de préférence à « politique ».

La guerre n'est donc point une relation d'homme à homme, mais
190 une relation d'État à État, dans laquelle les particuliers ne sont ennemis qu'accidentellement, non point comme hommes ni même comme citoyens, mais comme soldats, non point comme membres de la patrie, mais comme ses défenseurs. Enfin chaque État ne peut avoir pour ennemis que d'autres États et non pas des hommes, attendu qu'entre
195 choses de diverses natures on ne peut fixer aucun vrai rapport.

Ce principe est même conforme aux maximes établies de tous les temps et à la pratique constante de tous les peuples policés. Les déclarations de guerre sont moins des avertissements aux puissances qu'à leurs sujets. L'étranger, soit roi, soit particulier, soit peuple, qui vole, tue ou
200 détient les sujets sans déclarer la guerre au prince, n'est pas un ennemi, c'est un brigand. Même en pleine guerre un prince juste s'empare bien en pays ennemi de tout ce qui appartient au public, mais il respecte la personne et les biens des particuliers ; il respecte des droits sur lesquels sont fondés les siens. La fin de la guerre étant la destruction de l'État
205 ennemi, on a droit d'en tuer les défenseurs tant qu'ils ont les armes à la main ; mais sitôt qu'ils les posent et se rendent, cessant d'être ennemis ou instruments de l'ennemi, ils redeviennent simplement hommes et l'on n'a plus de droit sur leur vie. Quelquefois on peut tuer l'État, sans tuer un seul de ses membres : or la guerre ne donne aucun droit qui ne
210 soit nécessaire à sa fin. Ces principes ne sont pas ceux de Grotius ; ils ne sont pas fondés sur des autorités de poètes, mais ils dérivent de la nature des choses, et sont fondés sur la raison.

▶ Repère
PRINCIPE / conséquence
p. 447

À l'égard du droit de conquête, il n'a d'autre fondement que la loi du plus fort. Si la guerre ne donne point au vainqueur le droit de massa-
215 crer les peuples vaincus, ce droit qu'il n'a pas ne peut fonder celui de les asservir. On n'a le droit de tuer l'ennemi que quand on ne peut le faire esclave ; le droit de le faire esclave ne vient donc pas du droit de le tuer. C'est donc un échange inique de lui faire acheter au prix de sa liberté sa vie sur laquelle on n'a aucun droit. En établissant le droit de vie et de
220 mort sur le droit d'esclavage, et le droit d'esclavage sur le droit de vie et de mort, n'est-il pas clair qu'on tombe dans le cercle vicieux ?

En supposant même ce terrible droit de tout tuer, je dis qu'un esclave fait à la guerre ou un peuple conquis n'est tenu à rien du tout envers son maître, qu'à lui obéir autant qu'il y est forcé. En prenant
225 un équivalent à sa vie le vainqueur ne lui en a point fait grâce : au lieu de le tuer sans fruit il l'a tué utilement. Loin donc qu'il ait acquis sur lui nulle autorité jointe à la force, l'état de guerre subsiste entre eux comme auparavant, leur relation même en est l'effet, et l'usage du droit de la guerre ne suppose aucun traité de paix. Ils ont fait une
230 convention ; soit : mais cette convention, loin de détruire l'état de guerre, en suppose la continuité.

Ainsi, de quelque sens qu'on envisage les choses, le droit d'esclavage est nul, non seulement parce qu'il est illégitime, mais parce qu'il est absurde et ne signifie rien. Ces mots, *esclavage,* et, *droit* sont contra-
235 dictoires ; ils s'excluent mutuellement. Soit d'un homme à un homme, soit d'un homme à un peuple, ce discours sera toujours également insensé. *Je fais avec toi une convention toute à ta charge et toute à mon profit, que j'observerai tant qu'il me plaira, et que tu observeras tant qu'il me plaira.*

240 **CHAPITRE V – Qu'il faut toujours remonter à une première convention**

Quand j'accorderais tout ce que j'ai réfuté jusqu'ici, les fauteurs du despotisme n'en seraient pas plus avancés. Il y aura toujours une grande différence entre soumettre une multitude, et régir une société. Que des hommes épars soient successivement asservis à un seul, en quelque
245 nombre qu'ils puissent être, je ne vois là qu'un maître et des esclaves, je n'y vois point un peuple et son chef ; c'est si l'on veut une agréga-tion, mais non pas une association ; il n'y a là ni bien public ni corps politique. Cet homme, eût-il asservi la moitié du monde, n'est toujours qu'un particulier ; son intérêt, séparé de celui des autres, n'est toujours
250 qu'un intérêt privé. Si ce même homme vient à périr, son empire après lui reste épars et sans liaison, comme un chêne se dissout et tombe en un tas de cendres, après que le feu l'a consumé.

Un peuple, dit Grotius, peut se donner à un roi. Selon Grotius un peuple est donc un peuple avant de se donner à un roi. Ce don même
255 est un acte civil, il suppose une délibération publique. Avant donc que d'examiner l'acte par lequel un peuple élit un roi, il serait bon d'examiner l'acte par lequel un peuple est un peuple. Car cet acte étant nécessairement antérieur à l'autre est le vrai fondement de la société.

En effet, s'il n'y avait point de convention antérieure, où serait, à
260 moins que l'élection ne fût unanime, l'obligation pour le petit nombre
de se soumettre au choix du grand, et d'où cent qui veulent un maître
ont-ils le droit de voter pour dix qui n'en veulent point ? La loi de la
pluralité des suffrages est elle-même un établissement de convention,
et suppose au moins une fois l'unanimité.

265 **CHAPITRE VI - Du pacte social**

Je suppose les hommes parvenus à ce point où les obstacles qui
nuisent à leur conservation dans l'état de nature, l'emportent par leur
résistance sur les forces que chaque individu peut employer pour se
maintenir dans cet état. Alors cet état primitif ne peut plus subsister, et
270 le genre humain périrait s'il ne changeait sa manière d'être.

Or comme les hommes ne peuvent engendrer de nouvelles forces,
mais seulement unir et diriger celles qui existent, ils n'ont plus d'autre
moyen pour se conserver, que de former par agrégation une somme de
forces qui puisse l'emporter sur la résistance, de les mettre en jeu par
275 un seul mobile et de les faire agir de concert.

Cette somme de forces ne peut naître que du concours de plusieurs :
mais la force et la liberté de chaque homme étant les premiers instruments de sa conservation, comment les engagera-t-il sans se nuire, et
sans négliger les soins qu'il se doit ? Cette difficulté ramenée à mon
280 sujet peut s'énoncer en ces termes.

« Trouver une forme d'association qui défende et protège de toute
la force commune la personne et les biens de chaque associé, et par
laquelle chacun s'unissant à tous n'obéisse pourtant qu'à lui-même et
reste aussi libre qu'auparavant ? » Tel est le problème fondamental
285 dont le contrat social donne la solution.

Les clauses de ce contrat sont tellement déterminées par la nature de
l'acte, que la moindre modification les rendrait vaines et de nul effet ;
en sorte que bien qu'elles n'aient peut-être jamais été formellement
énoncées, elles sont partout les mêmes, partout tacitement admises et
290 reconnues ; jusqu'à ce que, le pacte social étant violé, chacun rentre
alors dans ses premiers droits et reprenne sa liberté naturelle, en perdant
la liberté conventionnelle pour laquelle il y renonça.

Ces clauses bien entendues se réduisent toutes à une seule, savoir
l'aliénation totale de chaque associé avec tous ses droits à toute la
295 communauté. Car premièrement, chacun se donnant tout entier, la
condition étant égale pour tous, nul n'a intérêt de la rendre onéreuse
aux autres.

De plus, l'aliénation se faisant sans réserve, l'union est aussi parfaite
qu'elle peut l'être et nul associé n'a plus rien à réclamer. Car s'il restait
300 quelques droits aux particuliers, comme il n'y aurait aucun supérieur
commun qui pût prononcer entre eux et le public, chacun étant en
quelque point son propre juge prétendrait bientôt l'être en tous, l'état
de nature subsisterait et l'association deviendrait nécessairement tyrannique ou vaine.

305   Enfin chacun se donnant à tous ne se donne à personne, et comme il n'y a pas un associé sur lequel on n'acquière le même droit qu'on lui cède sur soi, on gagne l'équivalent de tout ce qu'on perd, et plus de force pour conserver ce qu'on a.

    Si donc on écarte du pacte social ce qui n'est pas de son essence, on
310 trouvera qu'il se réduit aux termes suivants. *Chacun de nous met en commun sa personne et toute sa puissance sous la suprême direction de la volonté générale ; et nous recevons en corps chaque membre comme partie indivisible du tout.*

    À l'instant, au lieu de la personne particulière de chaque contrac-
315 tant, cet acte d'association produit un corps moral et collectif composé d'autant de membres que l'assemblée a de voix, lequel reçoit de ce même acte son unité, son *moi* commun, sa vie et sa volonté. Cette personne publique qui se forme ainsi par l'union de toutes les autres prenait autrefois le nom de *Cité,* et prend maintenant celui de *République* ou de
320 *corps politique,* lequel est appelé par ses membres *État* quand il est passif, *Souverain* quand il est actif, *Puissance* en le comparant à ses semblables. À l'égard des associés ils prennent collectivement le nom de *peuple,* et s'appellent en particulier *Citoyens* comme participants à l'autorité souveraine, et *Sujets* comme soumis aux lois de l'État. Mais
325 ces termes se confondent souvent et se prennent l'un pour l'autre ; il suffit de les savoir distinguer quand ils sont employés dans toute leur précision.

CHAPITRE VII - Du Souverain

    On voit par cette formule que l'acte d'association renferme un enga-
330 gement réciproque du public avec les particuliers, et que chaque individu, contractant, pour ainsi dire, avec lui-même, se trouve engagé sous un double rapport ; savoir, comme membre du Souverain envers les particuliers, et comme membre de l'État envers le Souverain. Mais on ne peut appliquer ici la maxime du droit civil que nul n'est tenu
335 aux engagements pris avec lui-même ; car il y a bien de la différence entre s'obliger envers soi, ou envers un tout dont on fait partie.

    Il faut remarquer encore que la délibération publique, qui peut obliger tous les sujets envers le Souverain, à cause des deux différents rapports sous lesquels chacun d'eux est envisagé, ne peut, par la raison
340 contraire, obliger le Souverain envers lui-même, et que, par conséquent, il est contre la nature du corps politique que le Souverain s'impose une loi qu'il ne puisse enfreindre. Ne pouvant se considérer que sous un seul et même rapport il est alors dans le cas d'un particulier contractant avec soi-même : par où l'on voit qu'il n'y a ni ne peut y avoir nulle
345 espèce de loi fondamentale obligatoire pour le corps du peuple, pas même le contrat social. Ce qui ne signifie pas que ce corps ne puisse fort bien s'engager envers autrui en ce qui ne déroge point à ce contrat ; car à l'égard de l'étranger, il devient un être simple, un individu.

    Mais le corps politique ou le Souverain ne tirant son être que de la sain-
350 teté du contrat ne peut jamais s'obliger, même envers autrui, à rien qui

▶ Repère
OBLIGATION / contrainte,
p. 446

déroge à cet acte primitif, comme d'aliéner quelque portion de lui-même ou de se soumettre à un autre Souverain. Violer l'acte par lequel il existe serait s'anéantir, et ce qui n'est rien ne produit rien.

Sitôt que cette multitude est ainsi réunie en un corps, on ne peut
355 offenser un des membres sans attaquer le corps ; encore moins offenser le corps sans que les membres s'en ressentent. Ainsi le devoir et l'intérêt obligent également les deux parties contractantes à s'entraider mutuellement, et les mêmes hommes doivent chercher à réunir sous ce double rapport tous les avantages qui en dépendent.

360 Or le Souverain n'étant formé que des particuliers qui le composent n'a ni ne peut avoir d'intérêt contraire au leur ; par conséquent la puissance Souveraine n'a nul besoin de garant envers les sujets, parce qu'il est impossible que le corps veuille nuire à tous ses membres, et nous verrons ci-après qu'il ne peut nuire à aucun en particulier. Le Souverain,
365 par cela seul qu'il est, est toujours tout ce qu'il doit être.

Mais il n'en est pas ainsi des sujets envers le Souverain, auquel malgré l'intérêt commun, rien ne répondrait de leurs engagements s'il ne trouvait des moyens de s'assurer de leur fidélité.

En effet chaque individu peut comme homme avoir une volonté
370 particulière contraire ou dissemblable à la volonté générale qu'il a comme Citoyen. Son intérêt particulier peut lui parler tout autrement que l'intérêt commun ; son existence absolue et naturellement indépendante peut lui faire envisager ce qu'il doit à la cause commune comme une contribution gratuite, dont la perte sera moins nuisible
375 aux autres que le payement n'en est onéreux pour lui, et regardant la personne morale qui constitue l'État comme un être de raison parce que ce n'est pas un homme, il jouirait des droits du citoyen sans vouloir remplir les devoirs du sujet ; injustice dont le progrès causerait la ruine du corps politique.

380 Afin donc que le pacte social ne soit pas un vain formulaire, il renferme tacitement cet engagement qui seul peut donner de la force aux autres, que quiconque refusera d'obéir à la volonté générale y sera contraint par tout le corps : ce qui ne signifie autre chose sinon qu'on le forcera d'être libre ; car telle est la condition qui donnant chaque
385 Citoyen à la Patrie le garantit de toute dépendance personnelle ; condition qui fait l'artifice et le jeu de la machine politique, et qui seule rend légitimes les engagements civils, lesquels sans cela seraient absurdes, tyranniques, et sujets aux plus énormes abus.

CHAPITRE VIII - De l'état civil

390 Ce passage de l'état de nature à l'état civil produit dans l'homme un changement très remarquable, en substituant dans sa conduite la justice à l'instinct, et donnant à ses actions la moralité qui leur manquait auparavant. C'est alors seulement que la voix du devoir succédant à l'impulsion physique et le droit à l'appétit, l'homme, qui jusque-là n'avait regardé que lui-même, se voit forcé d'agir sur d'autres prin-
395 cipes, et de consulter sa raison avant d'écouter ses penchants.

⯈ Repère
**OBLIGATION
/ CONTRAINTE,**
p. 446

Quoiqu'il se prive dans cet état de plusieurs avantages qu'il tient de la nature, il en regagne de si grands, ses facultés s'exercent et se développent, ses idées s'étendent, ses sentiments s'ennoblissent, son âme tout entière s'élève à tel point, que si les abus de cette nouvelle condi-
400 tion ne le dégradaient souvent au-dessous de celle dont il est sorti, il devrait bénir sans cesse l'instant heureux qui l'en arracha pour jamais, et qui, d'un animal stupide et borné, fit un être intelligent et un homme.

Réduisons toute cette balance à des termes faciles à comparer. Ce
405 que l'homme perd par le contrat social, c'est sa liberté naturelle et un droit illimité à tout ce qui le tente et qu'il peut atteindre ; ce qu'il gagne, c'est la liberté civile et la propriété de tout ce qu'il possède. Pour ne pas se tromper dans ces compensations, il faut bien distinguer la liberté naturelle qui n'a pour bornes que les forces de l'individu, de
410 la liberté civile qui est limitée par la volonté générale, et la possession qui n'est que l'effet de la force ou le droit du premier occupant, de la propriété qui ne peut être fondée que sur un titre positif.

On pourrait sur ce qui précède ajouter à l'acquis de l'état civil la liberté morale, qui seule rend l'homme vraiment maître de lui ; car
415 l'impulsion du seul appétit est esclavage, et l'obéissance à la loi qu'on s'est prescrite est liberté. Mais je n'en ai déjà que trop dit sur cet article, et le sens philosophique du mot *liberté* n'est pas ici de mon sujet.

CHAPITRE IX - **Du domaine réel**

Chaque membre de la communauté se donne à elle au moment qu'elle
420 se forme, tel qu'il se trouve actuellement, lui et toutes ses forces, dont les biens qu'il possède font partie. Ce n'est pas que par cet acte la possession change de nature en changeant de mains, et devienne propriété dans celles du Souverain. Mais comme les forces de la Cité sont incomparablement plus grandes que celles d'un particulier, la possession
425 publique est aussi dans le fait plus forte et plus irrévocable, sans être plus légitime, au moins pour les étrangers. Car l'État à l'égard de ses membres est maître de tous leurs biens, par le contrat social, qui dans l'État sert de base à tous les droits ; mais il ne l'est à l'égard des autres Puissances que par le droit de premier occupant qu'il tient des particuliers.

▶ Repère
En fait / en droit,
p. 439

430 Le droit de premier occupant, quoique plus réel que celui du plus fort, ne devient un vrai droit qu'après l'établissement de celui de propriété. Tout homme a naturellement droit à tout ce qui lui est nécessaire ; mais l'acte positif qui le rend propriétaire de quelque bien l'exclut de tout le reste. Sa part étant faite, il doit s'y borner, et n'a
435 plus aucun droit à la communauté. Voilà pourquoi le droit de premier occupant, si faible dans l'état de nature, est respectable à tout homme civil. On respecte moins dans ce droit ce qui est à autrui que ce qui n'est pas à soi.

En général, pour autoriser sur un terrain quelconque le droit de
440 premier occupant, il faut les conditions suivantes. Premièrement que ce terrain ne soit encore habité par personne ; secondement qu'on n'en

occupe que la quantité dont on a besoin pour subsister. En troisième lieu qu'on en prenne possession, non par une vaine cérémonie, mais par le travail et la culture, seul signe de propriété qui au défaut de
445 titres juridiques doive être respecté d'autrui.

En effet, accorder au besoin et au travail le droit de premier occupant, n'est-ce pas l'étendre aussi loin qu'il peut aller ? Peut-on ne pas donner des bornes à ce droit ? Suffira-t-il de mettre le pied sur un terrain commun pour s'en prétendre aussitôt le maître ? Suffira-t-il
450 d'avoir la force d'en écarter un moment les autres hommes pour leur ôter le droit d'y jamais revenir ? Comment un homme ou un peuple peut-il s'emparer d'un territoire immense et en priver tout le genre humain autrement que par une usurpation punissable, puisqu'elle ôte au reste des hommes le séjour et les aliments que la nature leur donne
455 en commun ? Quand Nuñez Balbao prenait sur le rivage possession de la mer du sud et de toute l'Amérique méridionale au nom de la couronne de Castille, était-ce assez pour en déposséder tous les habitants et en exclure tous les Princes du monde ? Sur ce pied-là ces cérémonies se multipliaient assez vainement, et le Roi catholique n'avait tout d'un
460 coup qu'à prendre de son cabinet possession de tout l'univers ; sauf à retrancher ensuite de son empire ce qui était auparavant possédé par les autres Princes.

On conçoit comment les terres des particuliers réunies et contiguës deviennent le territoire public, et comment le droit de souveraineté
465 s'étendant des sujets au terrain qu'ils occupent devient à la fois réel et personnel ; ce qui met les possesseurs dans une plus grande dépendance, et fait de leurs forces mêmes les garants de leur fidélité. Avantage qui ne paraît pas avoir été bien senti des anciens monarques qui ne s'appelant que roi des Perses, des Scythes, des Macédoniens, semblaient se
470 regarder comme les chefs des hommes plutôt que comme les maîtres du pays. Ceux d'aujourd'hui s'appellent plus habilement rois de France, d'Espagne, d'Angleterre, etc. En tenant ainsi le terrain, ils sont bien sûrs d'en tenir les habitants.

Ce qu'il y a de singulier dans cette aliénation, c'est que, loin qu'en
475 acceptant les biens des particuliers la communauté les en dépouille, elle ne fait que leur en assurer la légitime possession, changer l'usurpation en un véritable droit, et la jouissance en propriété. Alors les possesseurs étant considérés comme dépositaires du bien public, leurs droits étant respectés de tous les membres de l'État et maintenus de toutes ses
480 forces contre l'étranger, par une cession avantageuse au public et plus encore à eux-mêmes, ils ont, pour ainsi dire, acquis tout ce qu'ils ont donné. Paradoxe qui s'explique aisément par la distinction des droits que le souverain et le propriétaire ont sur le même fond, comme on verra ci-après.

485 Il peut arriver aussi que les hommes commencent à s'unir avant que de rien posséder, et que, s'emparant ensuite d'un terrain suffisant pour tous, ils en jouissent en commun, ou qu'ils le partagent entre eux, soit également soit selon des proportions établies par le Souverain. De

quelque manière que se fasse cette acquisition, le droit que chaque
490 particulier a sur son propre fond est toujours subordonné au droit que
la communauté a sur tous, sans quoi il n'y aurait ni solidité dans le lien
social, ni force réelle dans l'exercice de la Souveraineté.

Je terminerai ce chapitre et ce livre par une remarque qui doit servir
de base à tout le système social ; c'est qu'au lieu de détruire l'égalité
495 naturelle, le pacte fondamental substitue au contraire une égalité
morale et légitime à ce que la nature avait pu mettre d'inégalité physique entre les hommes, et que, pouvant être inégaux en force ou en
génie, ils deviennent tous égaux par convention et de droit.

Jean-Jacques Rousseau,
Du contrat social (1762), Éd. Flammarion, coll. « GF », 2001, pp. 45-64.

⊠ Repère
**Identité / égalité
/ différence,**
p. 443

⬜ Fiche Rousseau p. 506

Que faire ?...
Un choix de vie

J'ai quitté Paris en 1999, après y avoir passé vingt-quatre années, qui correspondent à mon enfance et à la durée de mes études. À l'époque, je travaillais (depuis trois mois) dans une agence de publicité. Ma petite amie était en stage chez un éditeur. C'étaient donc des métiers du tertiaire, plutôt valorisés d'après les critères de jugement en cours dans la société spectaculaire. Un soir, nous nous sommes regardés, ma petite amie et moi, et nous nous sommes dits : Bon, nous venons d'entrer dans la vie active. Nous sommes sur un rail. Dans un tunnel. À la sortie du tunnel nous serons deux sinistres et opulents imposteurs. Que faire ? Une seule solution s'offrait à nous : fuir. Nous sommes partis vivre dans un petit village de Bourgogne. C'était au mois de novembre. Totalement inexpérimentés, n'ayant jamais habité à la campagne ni l'un ni l'autre, nous n'avions pas le permis de conduire, et aucun moyen de locomotion sur place, sauf une mobylette. Nous avions sous-estimé la nécessité du chauffage. Nous n'avions qu'un convecteur et un poêle à pétrole pour chauffer une maison de pierres humide, fermée depuis plusieurs années. Les hivers bourguignons peuvent être rigoureux. Le mercure est descendu à moins dix deux semaines durant. Nous dormions par sept degrés dans la chambre. Vivions par douze ou treize. Une fois, des amis sont venus nous voir. Il y avait un rayon de soleil ce matin-là. Enchantés, nous leur avons servi le petit-déjeuner sur le perron. Ils bleuissaient à vue d'œil. Nous nous étions endurcis.

Alexandre Lacroix,
« Écraser le cafard parisien »,
L'Imbécile de Paris, mars 2003.

Nicolas Henry et Hélène Gaudy,
Les Cabanes de nos grands-parents, 2011.

La morale

Commencer à réfléchir...

... à partir d'un texte

1. En quoi l'expérience de vie décrite par le narrateur
   vous semble-t-elle correspondre à une action faite avec liberté ?

2. D'après ce texte, peut-on parler d'un devoir de l'homme
   par rapport à soi-même ?

3. À votre avis, le narrateur a-t-il changé de vie
   dans le but d'être heureux ?

... en partant d'une image

4. L'habitation de cette photographie vous semble-t-elle confortable ?
   À votre avis, quelles valeurs, autres que celles du confort,
   sont symbolisées par cette image ?

La liberté

Définition élémentaire

▶ La liberté, c'est pouvoir faire ce que l'on veut : bouger son bras, partir en voyage, entrer en relation avec telle ou telle personne, mais aussi choisir son métier ou le gouvernement de son pays, etc.

Distinguer pour comprendre

▶ **La liberté et la contrainte** : la contrainte est une force pousse le sujet à agir contre son désir. Si l'origine de la contrainte est extérieure au sujet, alors la contrainte peut s'opposer à la liberté. Si c'est le sujet lui-même qui se contraint à agir, la contrainte correspond à une obligation morale : elle est un effet de la liberté.

▶ **La liberté et l'aliénation.** L'aliénation, c'est le fait de perdre sa liberté et de tomber sous la domination d'un autre. Par exemple l'esclavage ou l'embrigadement sectaire.

▶ **La liberté comme libre choix et la liberté comme responsabilité** : la première consiste à être le véritable auteur de ses actes, la seconde, à être capable de rendre compte de ses actes à autrui.

Repères associés à la notion

⊡ **Cause** / **FIN** (p. 437)
⊡ **CONTINGENT** / **nécessaire** / **POSSIBLE** (p. 437)

Platon

[427-347 avant J.-C.]

1 Er et le choix des destinées

Dans *La République*, Socrate rapporte que le guerrier Er, laissé pour mort sur un champ de bataille, est revenu de l'au-delà. À son retour, il a raconté ce dont il a été le témoin : entre deux vies, les âmes, après avoir été jugées et avoir expié leurs fautes, ont la possibilité de choisir leur existence future. Chacun détermine alors la vie qu'il préfère, et peut la retenir en fonction du rang qui lui est échu pour la distribution.

Quant à eux, lorsqu'ils furent arrivés, il leur fallut se rendre aussitôt auprès de Lachésis. En premier lieu, un proclamateur les plaça dans un certain ordre, puis, prenant sur les genoux de Lachésis des sorts et des modèles de vie, il gravit les gradins d'une tribune élevée et déclara : « Parole de la
5 vierge Lachésis, fille de Nécessité. Âmes éphémères[1], voici le commencement d'un nouveau cycle qui pour une race mortelle sera porteur de mort. Ce n'est pas un démon qui vous tirera au sort, mais c'est vous qui choisirez un démon. Que le premier à être tiré au sort choisisse le premier la vie à laquelle il sera lié par la nécessité. De la vertu, personne n'est le maître,
10 chacun, selon qu'il l'honorera ou la méprisera, en recevra une part plus ou moins grande. La responsabilité appartient à celui qui choisit. Le dieu, quant à lui, n'est pas responsable. »

Sur ces mots, il jeta les sorts sur eux tous, et chacun ramassa celui qui était tombé près de lui, sauf Er[2] lui-même, à qui on ne le permit pas. Et
15 quand chacun eut ramassé son sort, il sut clairement le rang qui lui était échu pour choisir. Après cela, il poursuivit en plaçant devant eux, étalés sur le sol, les modèles de vie, le nombre en était de beaucoup supérieur à celui des âmes présentes. Il y en avait de toutes sortes. On y trouvait en effet les vies de tous les animaux et la totalité des existences humaines. On
20 trouvait parmi les vies humaines des vies de tyran, certaines dans leur entièreté, d'autres interrompues au milieu et s'achevant dans la pauvreté, l'exil, la mendicité. Il y avait aussi des vies d'hommes renommés, soit pour leur aspect physique, leur beauté ou leur force et leur combativité, soit pour leurs origines et les vertus de leurs ancêtres. Il y avait également
25 des vies d'hommes obscurs à tous égards, et il en allait de même pour les vies de femmes. L'arrangement particulier de l'âme n'y figurait cependant pas, du fait que celle-ci allait nécessairement devenir différente selon le choix qu'elle ferait. Mais les autres caractéristiques de la vie étaient mélangées les unes aux autres, avec la richesse et la pauvreté, la maladie
30 et la santé, et il y avait aussi des conditions qui occupaient une position médiane entre ces extrêmes.

C'est là, semble-t-il, mon cher Glaucon[3], que réside tout l'enjeu pour l'être humain, et c'est au premier chef pour cette raison qu'il faut s'appliquer, chacun de nous, à cette étude, en laissant de côté les autres, c'est elle
35 qu'il faut rechercher et qu'il faut cultiver ; il s'agit en effet de savoir si on est en mesure de connaître et de découvrir celui qui nous donnera la capacité et le savoir requis pour discerner l'existence bénéfique et l'existence misérable, et de toujours et en tout lieu choisir l'existence la meilleure au

1. « Âmes éphémères » : celles qui sont destinées à renaître à la condition mortelle.

2. Er est le messager de l'au-delà pour les hommes. Les dieux lui ont demandé d'écouter et d'observer ce qui se passait. Pour sa part, il ne participe pas à la cérémonie.

3. *La République* est un long entretien rapporté d'un seul trait par Socrate. Son interlocuteur est ici Glaucon, l'un des jeunes frères de Platon.

La MORALE

sein de celles qui sont disponibles. Celui qui fait le compte de toutes les
40 caractéristiques de l'existence qu'on vient à l'instant de rappeler, en considérant comment elles se combinent les unes aux autres et comment elles
se distinguent dans leur rapport à l'excellence de la vie, celui-là sait ce
qu'il en est du mélange de la beauté avec la misère et la richesse, et quel
mal ou quel bien est accompli par telle disposition particulière de l'âme,
45 et quelles conséquences résulteront du mélange de l'origine illustre ou
roturière, de la vie privée et des responsabilités publiques, de la vigueur
ou de la faiblesse, des aptitudes intellectuelles ou des handicaps, et de
toutes les qualités de ce genre qui affectent l'âme, qu'il s'agisse de qualités
naturelles ou de qualités acquises. Il s'ensuivra, sur la base de la conclusion
50 qu'il en tirera, qu'il sera capable, le regard orienté vers la nature de l'âme,
de choisir entre une vie mauvaise et une vie excellente : il considérera
comme mauvaise celle qui conduirait l'âme à une condition dans laquelle
elle deviendrait plus injuste, et excellente celle qui la rendrait plus juste.
Tout le reste, il aura la liberté de s'en éloigner. Nous avons vu en effet
55 que pendant la vie et après la mort, c'est ce choix qui s'impose.

Platon,
La République (ive siècle av. J.-C.), Livre X, 617d-618e,
trad. G. Leroux, Éd. Flammarion, coll. « GF », 2002, pp. 517-519.

À L'ÉPOQUE
387 av. J.-C. : Platon tenta
de rallier à la philosophie
Denys, le tyran
de Syracuse. Chassé par
ce tyran, il fut capturé
et vendu comme esclave.
Un philosophe de Cyrène
le reconnut et le racheta
pour le libérer.

Fiche Platon p. 477

Épictète
[50-130]

ANTIQUITÉ

2 Liberté et volonté

**Les hommes ont tendance à considérer que leur liberté est entravée par tout
ce qui va à l'encontre de leurs désirs. Mais, pour le sage, les aléas de
l'existence ne doivent en aucun cas nous détourner de notre objectif, le
bonheur. Réussir sa vie, c'est-à-dire être vraiment libre, ne tient qu'à nous.**

VIII. Ne cherche pas à faire que les événements arrivent comme tu veux,
mais veuille les événements comme ils arrivent, et le cours de ta vie sera
heureux.

IX. La maladie est entrave pour le corps, non pour la volonté, si elle-même
5 ne le veut. La boiterie est entrave pour la jambe, non pour la volonté. Et
dis-toi cela pour tout ce qui tombe sur toi : car tu découvriras que c'est une
entrave pour un autre, non pour toi.

X. Pour tout ce qui tombe sur toi, rappelle-toi de chercher, faisant retour
vers toi-même, quelle puissance tu détiens pour en faire usage. Si tu vois
10 un bel homme ou une belle femme, tu découvriras, pour leur faire face,
la maîtrise de soi ; que la fatigue vienne, tu découvriras l'endurance ; le
reproche blessant, tu découvriras la patience. Et avec cette habitude les
représentations ne te captiveront pas.
[...]
15 **XIX.** Tu peux être invincible, si tu ne descends jamais dans l'arène d'une
lutte où il n'est pas à ta portée de vaincre. Voyant un homme chargé de
plus grands honneurs que toi, ou d'un grand pouvoir, ou d'une autre
façon estimé, vois à ne jamais l'envier, captivé par la représentation. Si

À L'ÉPOQUE
Emmené très jeune
à Rome comme esclave,
Épictète est surnommé
« le boiteux » du fait
d'une jambe brisée,
volontairement
semble-t-il, par son
propre maître.

en effet la substance du bien est dans ce qui est à notre portée, envie ni
20 jalousie ne sont de mise ; et toi-même tu ne voudras être ni stratège, ni
prytane[1] ou consul, mais libre. Une seule voie y conduit, le dédain pour ce
qui est hors de notre portée.

1. Prytane : haut magistrat
à Athènes.

Épictète,

Manuel (Iᵉʳ-IIᵉ siècle), trad. É. Cattin, Éd. Flammarion, coll. « GF », 1997, pp. 67-71.

Fiche Épictète p. 483

La Boétie

[1530-1563]

3 Une liberté à conquérir

La force des tyrans repose en partie sur la soumission, voire le consentement, au moins passif, de ses sujets. C'est ce que La Boétie établit dans son fameux *Discours sur la servitude volontaire*. Si les hommes ont, de fait, la capacité de reconquérir leur liberté, pourquoi ne saisissent-ils pas cette chance ?

Mais quoi ! Si pour avoir la liberté, il ne faut que la désirer ; s'il ne suffit pour cela que du vouloir, se trouvera-t-il une nation au monde qui croie la payer trop chère en l'acquérant par un simple souhait ? Et qui regrette sa volonté à recouvrer un bien qu'on devrait racheter au prix du sang,
5 et dont la seule perte rend à tout homme d'honneur la vie amère et la mort bienfaisante ? Certes, ainsi que le feu d'une étincelle devient grand et toujours se renforce, et plus il trouve de bois à brûler, plus il en dévore, mais se consume et finit par s'éteindre de lui-même quand on cesse de l'alimenter : pareillement plus les tyrans pillent, plus ils exigent ; plus ils
10 ruinent et détruisent, plus on leur fournit, plus on les gorge ; ils se fortifient d'autant et sont toujours mieux disposés à anéantir et à détruire tout ; mais si on ne leur donne rien, si on ne leur obéit point ; sans les combattre, sans les frapper, ils demeurent nus et défaits : semblables à cet arbre qui ne recevant plus de suc et d'aliment à sa racine, n'est bientôt
15 qu'une branche sèche et morte.

Pour acquérir le bien qu'il souhaite, l'homme entreprenant ne redoute aucun danger, le travailleur n'est rebuté par aucune peine. Les lâches seuls, et les engourdis, ne savent ni endurer le mal, ni recouvrer le bien qu'ils se bornent à convoiter. L'énergie d'y prétendre leur est ravie par
20 leur propre lâcheté ; il ne leur reste que le désir naturel de le posséder. Ce désir, cette volonté innée, commune aux sages et aux fous, aux courageux et aux couards, leur fait souhaiter toutes choses dont la possession les rendrait heureux et contents. Il en est une seule que les hommes, je ne sais pourquoi, n'ont pas même la force de désirer. C'est la liberté : bien si
25 grand et si doux que dès qu'elle est perdue, tous les maux s'ensuivent, et que, sans elle, tous les autres biens, corrompus par la servitude, perdent entièrement leur goût et leur saveur. La seule liberté, les hommes la dédaignent, uniquement, ce me semble, parce que s'ils la désiraient, ils l'auraient : comme s'ils se refusaient à faire cette précieuse conquête,
30 parce qu'elle est trop aisée.

Étienne de La Boétie,

De la servitude volontaire (1548), Éd. Payot, 1985, pp. 180-181.

La MORALE

Descartes
[1596-1650]

4 Liberté d'indifférence et liberté éclairée

Être libre signifie-t-il être indifférent à choisir tel parti plutôt que tel autre, ou au contraire, se déterminer en fonction de ce que nous savons être le meilleur ? C'est à cette question que Descartes apporte une réponse en distinguant deux formes d'indifférence.

L'indifférence me semble signifier proprement l'état dans lequel est la volonté lorsqu'elle n'est pas poussée d'un côté plutôt que de l'autre par la perception du vrai et du bien ; et c'est en ce sens que je l'ai prise lorsque j'ai écrit que le plus bas degré de la liberté est celui où nous nous déterminons
5 aux choses pour lesquelles nous sommes indifférents. Mais peut-être que d'autres entendent par indifférence une faculté positive de se déterminer pour l'un ou l'autre de deux contraires, c'est-à-dire pour poursuivre ou pour fuir, pour affirmer ou pour nier. Cette faculté positive, je n'ai pas nié qu'elle fût dans la volonté. Bien plus, j'estime qu'elle y est, non seulement dans ces
10 actes où elle n'est pas poussée par des raisons évidentes d'un côté plutôt que de l'autre, mais aussi dans tous les autres ; à ce point que, lorsqu'une raison très évidente nous porte d'un côté, bien que, moralement parlant, nous ne puissions guère aller à l'opposé, absolument parlant, néanmoins, nous le pourrions. En effet, il nous est toujours possible de nous retenir de pour-
15 suivre un bien clairement connu ou d'admettre une vérité évidente, pourvu que nous pensions que c'est un bien d'affirmer par là notre libre arbitre.

De plus, il faut remarquer que la liberté peut être considérée dans les actions de la volonté avant l'accomplissement ou pendant l'accomplissement.
20 [...] Une plus grande liberté consiste en effet ou bien dans une plus grande facilité de se déterminer, ou bien dans un plus grand usage de cette puissance positive que nous avons de suivre le pire, tout en voyant le meilleur. Si nous prenons le parti où nous voyons le plus de bien, nous nous déterminons plus facilement ; si nous suivons le parti contraire, nous usons
25 davantage de cette puissance positive ; ainsi nous pouvons toujours agir plus librement dans les choses où nous voyons plus de bien que de mal, que dans les choses appelées par nous indifférentes. En ce sens on peut même dire que les choses qui nous sont commandées par les autres et que sans cela nous ne ferions point de nous-mêmes, nous les faisons moins librement que
30 celles qui ne nous sont pas commandées ; parce que le jugement qu'elles sont difficiles à faire est opposé au jugement qu'il est bon de faire ce qui est commandé, et ces deux jugements, plus ils nous meuvent également, plus ils mettent en nous d'indifférence prise au premier sens.

Considérée maintenant dans les actions de la volonté, pendant qu'elles
35 s'accomplissent, la liberté n'implique aucune indifférence, qu'on la prenne au premier ou au deuxième sens ; parce que ce qui est fait ne peut pas demeurer non fait, étant donné qu'on le fait. Mais elle consiste dans la seule facilité d'exécution, et alors, libre, spontané et volontaire ne sont qu'une

À L'ÉPOQUE

En 1649, dans son *Traité des passions*, Descartes définit l'homme « généreux » comme celui qui sait n'être vraiment estimable que par sa liberté (infinie, contrairement à l'intelligence, la beauté, etc.) et par sa ferme résolution d'en bien user.

même chose. C'est en ce sens que j'ai écrit que je suis porté d'autant plus
40 librement vers quelque chose que je suis poussé par plus de raisons, car il est
certain que notre volonté se meut alors avec plus de facilité et plus d'élan.

René Descartes,
Lettre au Père Mesland, 9 février 1645, in *Œuvres et lettres*,
Éd. Gallimard, coll. « Bibliothèque de la Pléiade », 1966, pp. 1177-1178.

Fiche Descartes p. 496

Spinoza
[1632-1677]

5 Une forme illusoire de liberté

La conscience de la liberté peut être illusoire. Nous connaissons, ou nous croyons connaître nos désirs. Nous nous identifions à eux. De ce fait nous nous croyons libres, c'est-à-dire maîtres de nous-mêmes. Mais le fait d'épouser nos propres inclinations ne saurait être un gage de liberté.

Pour ma part, je dis que cette chose est libre qui existe et agit par la seule nécessité de sa nature, et contrainte cette chose qui est déterminée par une autre à exister et à agir selon une modalité précise et déterminée. Dieu, par exemple, existe librement (quoique nécessairement) parce qu'il existe par
5 la seule nécessité de sa nature. De même encore, Dieu connaît soi-même et toutes choses en toute liberté, parce qu'il découle de la seule nécessité de sa nature qu'il comprenne toutes choses. Vous voyez donc que je ne situe pas la liberté dans un libre décret, mais dans une libre nécessité.

Mais venons-en aux autres choses créées qui, toutes, sont déterminées à
10 exister et à agir selon une manière précise et déterminée. Pour le comprendre clairement, prenons un exemple très simple. Une pierre reçoit d'une cause extérieure qui la pousse une certaine quantité de mouvement, par laquelle elle continuera nécessairement de se mouvoir après l'arrêt de l'impulsion externe. […]
15 Concevez maintenant, si vous voulez bien, que la pierre, tandis qu'elle continue de se mouvoir, sache et pense qu'elle fait tout l'effort possible pour continuer de se mouvoir. Cette pierre, assurément, puisqu'elle n'est consciente que de son effort, et qu'elle n'est pas indifférente, croira être libre et ne persévérer dans son mouvement que par la seule raison qu'elle
20 le désire. Telle est cette liberté humaine que tous les hommes se vantent d'avoir et qui consiste en cela seul que les hommes sont conscients de leurs désirs et ignorants des causes qui les déterminent. C'est ainsi qu'un enfant croit désirer librement le lait, et un jeune garçon irrité vouloir se venger s'il est irrité, mais fuir s'il est craintif. Un ivrogne croit dire par
25 une décision libre ce qu'ensuite il aurait voulu taire. De même un dément, un bavard et de nombreux cas de ce genre croient agir par une libre décision de leur esprit, et non pas portés par une impulsion. Et comme ce préjugé est inné en tous les hommes, ils ne s'en libèrent pas facilement. L'expérience nous apprend assez qu'il n'est rien dont les
30 hommes soient moins capables que de modérer leurs passions, et que, souvent, aux prises avec des passions contraires, ils voient le meilleur et font le pire : ils se croient libres cependant, et cela parce qu'ils n'ont pour un

La morale

objet qu'une faible passion, à laquelle ils peuvent facilement s'opposer par le fréquent rappel du souvenir d'un autre objet.

Baruch de Spinoza,
Lettre LVIII « Au très savant G.H. Schuller » (1674),
in *Œuvres complètes*, Éd. Gallimard,
coll. « Bibliothèque de la Pléiade », 1954, pp. 1251-1252.

Fiche Spinoza p. 498

Spinoza
[1632-1677]

6 La liberté, raison d'être de la société

Quelle est la raison d'être de la vie en communauté ? Pour répondre à cette question, il ne faut pas se fonder sur l'observation qui nous montre des peuples ployant sous le joug de la tyrannie. Spinoza tente de déduire le meilleur système politique d'une réflexion sur la nature humaine et sur ses exigences[1].

Si donc personne ne peut renoncer à la liberté de juger et d'opiner comme il veut, et si chacun est maître de ses propres pensées par un droit supérieur de Nature, on ne pourra jamais tenter dans un État, sans que la tentative ait le plus malheureux succès, de faire que des hommes, d'opinions diverses
5 et opposées, ne disent cependant rien que d'après la prescription du souverain ; même les plus habiles, en effet, pour ne rien dire de la foule, ne savent se taire. C'est un défaut commun aux hommes que de confier aux autres leurs desseins, même quand le silence est requis ; ce gouvernement donc sera le plus violent qui dénie à l'individu la liberté de dire et d'enseigner ce
10 qu'il pense ; au contraire, un gouvernement est modéré quand cette liberté est accordée à l'individu. Et cependant, nous ne saurions le nier, la majesté du souverain peut être lésée par des paroles comme par des actions ; et, par suite, s'il est impossible d'enlever complètement cette liberté aux sujets, il sera très pernicieux de la leur accorder entièrement. […]
15 Non, je le répète, la fin de l'État n'est pas de faire passer les hommes de la condition d'êtres raisonnables à celle de bêtes brutes ou d'automates, mais au contraire il est institué pour que leur âme et leur corps s'acquittent en sûreté de toutes leurs fonctions, pour qu'eux-mêmes usent d'une Raison libre, pour qu'ils ne luttent point de haine, de colère ou de ruse, pour qu'ils
20 se supportent sans malveillance les uns les autres. La fin de l'État est donc en réalité la liberté.

1. Voir le chapitre 20 du *Traité théologico-politique* (texte intégral), pp. 360-367.

Baruch de Spinoza,
Traité théologico-politique (1670), chap. 20, trad. Ch. Appuhn,
Éd. Flammarion, coll. « GF », 1965, pp. 328-329.

Fiche Spinoza p. 498

Montesquieu
[1689-1755]

7 La liberté par le droit

Les hommes confondent le plus souvent la liberté et l'absence de contraintes. C'est pourquoi ils tendent à associer la liberté et la démocratie. La réalité est cependant beaucoup plus complexe. Car la liberté n'est en aucun cas le pouvoir, pour chacun, de faire tout ce qu'il veut.

CHAPITRE I - Diverses significations données au mot de liberté

Il n'y a point de mot qui ait reçu plus de différentes significations, et qui ait frappé les esprits de tant de manières, que celui de liberté. Les uns l'ont pris pour la facilité de déposer celui à qui ils avaient donné un pouvoir
5 tyrannique ; les autres, pour la faculté d'élire celui à qui ils devaient obéir ; d'autres, pour le droit d'être armés, et de pouvoir exercer la violence ; ceux-ci pour le privilège de n'être gouvernés que par un homme de leur nation, ou par leurs propres lois. Certain peuple a longtemps pris la liberté pour l'usage de porter une longue barbe. Ceux-ci ont attaché ce
10 nom à une forme de gouvernement, et en ont exclu les autres. Ceux qui avaient goûté du gouvernement républicain l'ont mise dans ce gouvernement ; ceux qui avaient joui du gouvernement monarchique l'ont placée dans la monarchie. Enfin chacun a appelé liberté le gouvernement qui était conforme à ses coutumes ou à ses inclinations ; et comme dans une
15 république on n'a pas toujours devant les yeux, et d'une manière si présente, les instruments des maux dont on se plaint ; et que même les lois paraissent y parler plus, et les exécuteurs de la loi y parler moins ; on la place ordinairement dans les républiques, et on l'a exclue des monarchies. Enfin, comme dans les démocraties le peuple paraît à peu près faire ce
20 qu'il veut, on a mis la liberté dans ces sortes de gouvernements ; et on a confondu le pouvoir du peuple avec la liberté du peuple.

CHAPITRE II - Ce que c'est que la liberté

Il est vrai que dans les démocraties le peuple paraît faire ce qu'il veut ; mais la liberté politique ne consiste point à faire ce que l'on veut. Dans un État,
25 c'est-à-dire dans une société où il y a des lois, la liberté ne peut consister qu'à vouloir faire ce que l'on doit vouloir, et à n'être pas contraint de faire ce que l'on ne doit pas vouloir.

Il faut se mettre dans l'esprit ce que c'est que l'indépendance, et ce que c'est que la liberté. La liberté est le droit de faire tout ce que les lois
30 permettent ; et si un citoyen pouvait faire ce qu'elles défendent, il n'aurait plus de liberté, parce que les autres auraient tout de même ce pouvoir.

Montesquieu,
De l'esprit des lois (1748), Livre XI, chap. 2 et 3, Éd. Gallimard,
coll. « Bibliothèque de la Pléiade », 1970, pp. 394-395.

À L'ÉPOQUE
Publié anonymement en 1748 avec l'aide de Mme de Tencin, *De l'esprit des lois* rend Montesquieu immédiatement célèbre en Europe, malgré sa mise à l'index par l'Église.

Fiche Montesquieu p. 504

Rousseau
[1712-1778]

8 La liberté et non pas l'indépendance

On oppose généralement la loi et la liberté. Rousseau montre au contraire que c'est la loi qui nous libère en nous affranchissant de la dépendance à l'égard de la volonté d'autrui.

On a beau vouloir confondre l'indépendance et la liberté, ces deux choses sont si différentes que même elles s'excluent mutuellement... Quand chacun fait ce qu'il lui plaît, on fait souvent ce qui déplaît à d'autres, et cela ne s'appelle pas un état libre. La liberté consiste moins à faire sa
5 volonté qu'à n'être pas soumis à celle d'autrui ; elle consiste encore à ne

La MORALE

pas soumettre la volonté d'autrui à la nôtre. Quiconque est maître ne peut être libre, et régner, c'est obéir. […]

Il n'y a donc point de liberté sans Lois, ni où quelqu'un est au-dessus des Lois : dans l'état même de nature, l'homme n'est libre qu'à la faveur de la
10 Loi naturelle qui commande à tous. Un peuple libre obéit, mais il ne sert pas ; il a des chefs et non pas des maîtres ; il obéit aux Lois, mais il n'obéit qu'aux Lois, et c'est pas par la force des Lois qu'il n'obéit pas aux hommes. Toutes les barrières qu'on donne dans les Républiques au pouvoir des Magistrats ne sont établies que pour garantir de leurs atteintes l'enceinte
15 sacrée des Lois : ils en sont les Ministres, non les arbitres ; ils doivent les garder, non les enfreindre. Un peuple est libre, quelque forme qu'ait son Gouvernement, quand dans celui qui le gouverne il ne voit point l'homme, mais l'organe de la Loi. En un mot, la liberté suit toujours le sort des Lois, elle règne ou périt avec elles ; je ne sache rien de plus certain.

Jean-Jacques Rousseau,
Lettres écrites de la montagne (1764), Huitième Lettre, in *Œuvres complètes*,
vol. III, Éd. Gallimard, coll. « Bibliothèque de la Pléiade », 1964, pp. 841-842.

Fiche Rousseau p. 506

Rousseau
[1712-1778]

9 La qualité d'homme

Dans *Droit de la guerre et de la paix* (1625), le juriste Grotius a tenté d'expliquer le despotisme et l'esclavage en se fondant sur l'hypothèse d'un contrat originel entre le peuple et des maîtres auxquels celui-ci se serait aliéné volontairement. Mais renoncer à sa liberté, c'est renoncer à tout, lui répond Rousseau[1]. Un tel arrangement ne serait-il pas un non-sens ?

On dira que le despote assure à ses sujets la tranquillité civile. Soit ; mais qu'y gagnent-ils, si les guerres que son ambition leur attire, si son insatiable avidité, si les vexations de son ministère les désolent plus que ne feraient leurs dissensions ? Qu'y gagnent-ils, si cette tranquillité même est une de
5 leurs misères ? On vit tranquille aussi dans les cachots ; en est-ce assez pour s'y trouver bien ? Les Grecs enfermés dans l'antre du Cyclope y vivaient tranquilles, en attendant que leur tour vînt d'être dévorés. […]

Renoncer à sa liberté c'est renoncer à sa qualité d'homme, aux droits de l'humanité, même à ses devoirs. Il n'y a nul dédommagement possible pour
10 quiconque renonce à tout. Une telle renonciation est incompatible avec la nature de l'homme, et c'est ôter toute moralité à ses actions que d'ôter toute liberté à sa volonté. Enfin c'est une convention vaine et contradictoire de stipuler d'une part une autorité absolue et de l'autre une obéissance sans bornes. N'est-il pas clair qu'on n'est engagé à rien envers celui dont on a le
15 droit de tout exiger, et cette seule condition, sans équivalent, sans échange n'entraîne-t-elle pas la nullité de l'acte ? Car quel droit mon esclave aurait-il contre moi, puisque tout ce qu'il a m'appartient, et que son droit étant le mien, ce droit de moi contre moi-même est un mot qui n'a aucun sens ?

Jean-Jacques Rousseau,
Du contrat social (1762), « De l'esclavage », Livre I, chap. 4,
Éd. Flammarion, coll. « GF », 1966, pp. 45-46.

1. Voir le Livre I du *Contrat social* (texte intégral), pp. 368-379.

Fiche Rousseau p. 506

Kant
[1724-1804]

🔟 L'autonomie

Se donner à soi-même la loi que l'on décide de suivre, telle est la définition de la liberté que Kant explicite ici, dans le droit fil de Rousseau.

L'autonomie de la volonté est le principe unique de toutes les lois morales et des devoirs qui y sont conformes ; au contraire toute *hétéronomie*[1] du libre choix, non seulement n'est la base d'aucune obligation, mais elle est plutôt opposée au principe de l'obligation et à la moralité de la volonté.

5 Le principe unique de la moralité consiste dans l'indépendance, à l'égard de toute matière de la loi (c'est-à-dire à l'égard d'un objet désiré) et en même temps aussi dans la détermination du libre choix par la simple forme législative universelle, dont une maxime doit être capable. Mais cette *indépendance* est la liberté au sens *négatif,* cette *législation propre* de la

10 raison pure et, comme telle, pratique, est la liberté au sens *positif.* La loi morale n'exprime donc pas autre chose que l'*autonomie* de la raison pure pratique, c'est-à-dire de la liberté, et cette autonomie est elle-même la condition formelle de toutes les maximes, la seule par laquelle elles puissent s'accorder avec la loi pratique suprême. Si donc la matière du

15 vouloir, qui ne peut être que l'objet d'un désir lié avec la loi, intervient dans la loi pratique *comme condition de la possibilité de cette loi,* il en résulte une hétéronomie du libre choix, c'est-à-dire la dépendance à l'égard de la loi naturelle, de quelque impulsion ou de quelque penchant, et la volonté ne se donne plus elle-même la loi, mais seulement le précepte

20 d'une obéissance raisonnable à une loi pathologique[2]. Mais la maxime qui, dans ce cas, ne peut jamais contenir en soi la forme universellement législative, non seulement ne fonde de cette manière aucune obligation, mais elle est elle-même opposée au principe d'une raison *pure* pratique, et par conséquent aussi à l'intention morale, quand même l'action qui en

25 résulte serait conforme à la loi.

Emmanuel Kant,
Critique de la raison pratique (1788), partie I, théorème IV,
trad. F. Picavet, Éd. des PUF, 1965, p. 33.

1. L'hétéronomie (du grec *heteros*, autre, et *nomos*, loi) est le contraire de l'autonomie. L'hétéronomie est le fait de suivre une loi étrangère, une loi que l'on ne s'est pas donnée à soi-même.

2. *Pathologique* signifie ici : reçue, subie.

📄 Fiche Kant p. 509

Kant
[1724-1804]

1️⃣1️⃣ Liberté et détermination

En tant qu'il appartient à la nature, les actes de l'homme sont entièrement explicables, « déterminés », par leurs conditions empiriques. Pourtant, on continue à le juger responsable de ses actes. Car, en tant qu'il est un être de raison, on considère que la cause véritable de ses actes réside dans une loi de la raison[1], indépendamment de toute explication empirique. L'action libre est alors attribuée au « caractère intelligible » de l'homme, et non à son « caractère empirique ».

Qu'on prenne un acte volontaire, par exemple un mensonge pernicieux, par lequel un homme a introduit un certain désordre dans la société, dont on

1. Loi de la raison : loi morale correspondant à l'impératif catégorique. Voir Le devoir, textes 8 et 9, pp. 404-405.

La morale

recherche d'abord les raisons déterminantes, qui lui ont donné naissance, pour juger ensuite comment il peut être imputé avec toutes ses consé-
5 quences. Sous le premier point de vue, on pénètre le caractère empirique de cet homme jusque dans ses sources que l'on recherche dans la mauvaise éducation, dans les mauvaises fréquentations, en partie aussi dans la méchanceté d'un naturel insensible à la honte, qu'on attribue en partie à la légèreté et à l'inconsidération, sans négliger les circonstances tout à fait
10 occasionnelles qui ont pu influer. Dans tout cela, on procède comme on le fait, en général, dans la recherche de la série des causes déterminantes d'un effet naturel donné.

Or, bien que l'on croie que l'action soit déterminée par là, on n'en blâme pas moins l'auteur et cela, non pas à cause de son mauvais naturel, non pas
15 à cause de circonstances qui ont influé sur lui, et non pas même à cause de sa conduite passée ; car on suppose qu'on peut laisser tout à fait de côté ce qu'a été cette conduite et regarder la série écoulée des conditions comme non avenue, et cette action comme entièrement inconditionnée par rapport à l'état antérieur, comme si l'auteur commençait absolument absolument
20 avec elle une série de conséquences. Ce blâme se fonde sur une loi de la raison où l'on regarde celle-ci comme une cause qui a pu et a dû déterminer autrement la conduite de l'homme indépendamment de toutes les condi- tions empiriques nommées. Et on n'envisage pas la causalité de la raison, pour ainsi dire, simplement comme concomitante, mais au contraire,
25 comme complète en soi, quand même les mobiles sensibles ne seraient pas du tout en sa faveur et qu'ils lui seraient tout à fait contraires ; l'action est attribuée au caractère intelligibles de l'auteur ; il est entièrement coupable à l'instant où il ment ; par conséquent, malgré toutes les conditions empi- riques de l'action la raison est pleinement libre, et cet acte doit être attribué
30 entièrement à sa négligence.

Emmanuel Kant,
Critique de la raison pure ((2ᵉ édition, 1787),
trad. A. Tremesaygues et B. Pacaud, Éd. des PUF, 1971, p. 405.

 Fiche Kant p. 509

Kant

[1724-1804]

12 Mûrir pour la liberté ?

Le despotisme n'est jamais à court de justification. Le plus souvent, les maîtres refusent de céder le pouvoir en expliquant que leurs sujets ne sont pas encore assez éclairés pour être en mesure de se gouverner eux- mêmes. Cette argumentation est irrecevable pour Kant.

J'avoue ne pas pouvoir me faire très bien à cette expression dont usent aussi des hommes sensés : un certain peuple (en train d'élaborer sa liberté légale) n'est pas mûr pour la liberté ; les serfs d'un propriétaire terrien ne sont pas encore mûrs pour la liberté ; et de même aussi, les hommes ne
5 sont pas encore mûrs pour la liberté de conscience. Dans une hypothèse de ce genre, la liberté ne se produira jamais ; car on ne peut *mûrir* pour la liberté, si l'on n'a pas été mis au préalable en liberté (il faut être libre pour

pouvoir se servir utilement de ses forces dans la liberté). Les premiers essais en seront sans doute grossiers, et liés d'ordinaire à une condition plus
10 pénible et plus dangereuse que lorsqu'on se trouvait encore sous les ordres, mais aussi confié aux soins d'autrui; cependant jamais on ne mûrit pour la raison autrement que grâce à ses tentatives *personnelles* (qu'il faut être libre de pouvoir effectuer). Je ne fais pas d'objection à ce que ceux qui détiennent le pouvoir renvoient encore loin, bien loin, obligés
15 par les circonstances, le moment d'affranchir les hommes de ces trois chaînes. Mais, ériger en principe que la liberté ne vaut rien d'une manière générale pour ceux qui leur sont assujettis et qu'on ait le droit de les en écarter toujours, c'est là une atteinte aux droits régaliens de la divinité elle-même qui a créé l'homme pour la liberté. Il est plus commode évi-
20 demment de régner dans l'État, la famille et l'Église quand on peut faire aboutir un pareil principe. Mais est-ce aussi plus juste?

Emmanuel Kant,
La Religion dans les limites de la simple raison (1793),
partie IV, section II, trad. J. Gibelin,
Librairie philosophique J. Vrin, 1972, note p. 243.

Fiche Kant p. 509

À L'ÉPOQUE
Kant, qui menait une vie d'une régularité inflexible, ne modifia le trajet de sa promenade journalière qu'en deux occasions: en 1762 pour se procurer le *Contrat social* de Rousseau; en 1789, pour acheter le journal annonçant la Révolution Française.

Hegel
[1770-1831]

XIXᵉ SIÈCLE

13 La liberté comme conquête

L'Esprit est libre par nature. Cependant il ne le sait pas nécessairement: nombreux sont les hommes (ou les femmes) qui se croient voués à l'esclavage. D'où le paradoxe énoncé ici par Hegel: il faut être libre pour le devenir.

Lorsque l'Esprit tend vers son propre centre, il tend à parfaire sa liberté. Si l'on dit que l'Esprit est, cela semble d'abord signifier qu'il est quelque chose de tout fait. Mais il est actif. L'activité est son essence. Il est son propre produit, il est son commencement et sa fin. Sa liberté n'est pas une existence
5 immobile, mais une négation constante de tout ce qui conteste sa liberté. Se produire, se faire l'objet de soi-même, se connaître soi-même: voilà l'activité de l'Esprit. C'est de cette manière qu'il est pour soi. Les choses naturelles ne sont pas pour elles-mêmes; c'est pourquoi elles ne sont pas libres. L'Esprit se produit et se réalise selon sa connaissance de lui-même; et il agit en sorte
10 que ce qu'il sait de lui-même devienne une réalité. Ainsi tout se ramène à la conscience de soi de l'Esprit. Quand il sait qu'il est libre, c'est tout autre chose que lorsqu'il ne le sait pas. Quand il ne le sait pas, il est esclave et satisfait de sa servitude; il ne sait pas que l'esclavage est contraire à sa nature. C'est seulement l'expérience de la liberté qui libère l'Esprit, bien qu'en soi et
15 pour soi il demeure toujours libre.

Georg Wilhelm Friedrich Hegel,
La Raison dans l'histoire (1830), chap. 2,
trad. K. Papaioannou, Éd. Plon, 1965, p. 76.

Fiche Hegel p. 510

Mill
[1806-1873]

14 Une liberté illimitée ?

Certaines opinions sont peut-être fausses, dangereuses, immorales ou impies. Le rejet de telles opinions par les autorités publiques, cependant, peut être plus dévastateur encore que leur tolérance. C'est ce que l'histoire, dans ses pages les plus sanglantes, nous a enseigné.

Mais permettez-moi d'observer que ce n'est pas le fait de se sentir certain d'une doctrine (quelle qu'elle soit) qui constitue à mes yeux une présomption d'infaillibilité. C'est le fait de vouloir décider cette question pour les autres, sans leur permettre d'entendre ce qu'on peut dire de l'autre côté[1].
5 Et je ne dénonce et ne réprouve pas moins cette prétention quand elle se manifeste en faveur de mes convictions les plus profondes. Aussi positive que puisse être la persuasion de quelqu'un, concernant non seulement la fausseté, mais également les conséquences pernicieuses – et non seulement les pernicieuses conséquences, mais (pour utiliser des expressions que je
10 condamne absolument) l'immoralité et l'impiété d'une opinion –, on prétend pourtant à l'infaillibilité si, par suite de ce jugement privé, même soutenu par le jugement public de son pays et de ses contemporains, on empêche cette opinion de plaider pour sa défense. Et loin que cette prétention soit moins répréhensible ou moins dangereuse parce que l'opinion
15 est appelée immorale et impie, c'est là, de tous les cas, celui où elle est le plus fatale. Voilà justement les occasions dans lesquelles les hommes d'une génération commettent ces terribles fautes qui figent de stupeur et d'horreur la postérité. C'est là qu'on trouve ces exemples historiques mémorables où le bras de la justice a été utilisé pour décimer les meilleurs
20 hommes et les meilleures doctrines ; et cela avec un succès déplorable quant aux hommes, même si certaines doctrines ont survécu, pour être invoquées (comme par dérision) en la défense d'une conduite semblable envers ceux qui divergeaient de ces doctrines ou de leur interprétation couramment admise.

1. John Stuart Mill distingue la conviction ferme, qui tolère la discussion contradictoire, et le préjugé, qui refuse toute remise en question et se croit infaillible pour cette raison.

John Stuart Mill,
De la liberté (1859), trad. G. Boss,
Éd. du Grand Midi, 1987, p. 39.

📄 Fiche `Mill` p. 515

Tocqueville
[1805-1849]

15 Une douce servitude

La notion de « despotisme bienveillant » apparaît, *a priori*, contradictoire. Pourtant Alexis de Tocqueville a imaginé une situation, improbable mais non pas inconcevable, dans laquelle les hommes consentiraient à leur servitude. Il rejoint sur ce point l'analyse de La Boétie (texte 3) mais il donne à sa propre fiction des traits totalement inédits.

Je veux imaginer sous quels traits nouveaux le despotisme pourrait se produire dans le monde : je vois une foule innombrable d'hommes semblables et égaux qui tournent sans repos sur eux-mêmes pour se

procurer de petits et vulgaires plaisirs, dont ils emplissent leur âme.
5 Chacun d'eux, retiré à l'écart, est comme étranger à la destinée de tous les autres : ses enfants et ses amis particuliers forment pour lui toute l'espèce humaine ; quant au demeurant de ses concitoyens, il est à côté d'eux, mais il ne les voit pas ; il les touche et ne les sent point ; il n'existe qu'en lui-même et pour lui seul, et, s'il lui reste encore une famille, on 10 peut dire du moins qu'il n'a plus de patrie.

Au-dessus de ceux-là s'élève un pouvoir immense et tutélaire, qui se charge seul d'assurer leur jouissance et de veiller sur leur sort. Il est absolu, détaillé, régulier, prévoyant et doux. Il ressemblerait à la puissance paternelle si, comme elle, il avait pour objet de préparer les hommes à 15 l'âge viril ; mais il ne cherche, au contraire, qu'à les fixer irrévocablement dans l'enfance ; il aime que les citoyens se réjouissent, pourvu qu'ils ne songent qu'à se réjouir. Il travaille volontiers à leur bonheur ; mais il veut en être l'unique agent et le seul arbitre ; il pourvoit à leur sécurité, prévoit et assure leurs besoins, facilite leurs plaisirs, conduit leurs prin- 20 cipales affaires, dirige leur industrie, règle leurs successions, divise leurs héritages ; que ne peut-il leur ôter entièrement le trouble de penser et la peine de vivre ?

Alexis de Tocqueville,
De la démocratie en Amérique (1840), tome II, partie IV,
chap. 4, Éd. Gallimard, coll. « Folio histoire », 1961, p. 434.

À L'ÉPOQUE
Envoyé aux États-Unis en 1831 pour étudier le système pénitencier américain, Tocqueville observe également des aspects essentiels du système politique. Cette étude sert de base à *De la démocratie en Amérique,* dont le premier tome paraît en 1835.

Fiche Tocqueville p. 514

Nietzsche
[1844-1900]

XIXᵉ SIÈCLE

16 Libres pour être coupables

Nietzsche dénonce l'idée de liberté, qui est la condition de possibilité du *péché originel*, comme une invention des théologiens n'ayant d'autre but que de rendre l'homme responsable de ses actes en sorte de pouvoir le punir. Sans liberté, la notion même de culpabilité disparaît.

Erreur du libre arbitre. Nous sommes désormais sans pitié pour l'idée de « libre arbitre » : nous ne savons que trop ce que c'est, le tour de force le plus louche des théologiens, destiné à rendre l'humanité « responsable » en leur sens à eux – entendez : à la rendre dépendante d'eux… Je me contente 5 ici de donner la psychologie de toute entreprise de responsabilisation. Partout où on cherche des responsabilités, c'est habituellement l'instinct qui *veut punir et juger* qui est à l'œuvre. Ramener une quelconque manière d'être à la volonté, à des intentions, à des actes de responsabilité revient à dépouiller le devenir de son innocence : la doctrine de la volonté a été 10 essentiellement inventée en vue du châtiment, c'est-à-dire avec une *volonté de trouver coupable.* Ce qui conditionne toute la psychologie ancienne, la psychologie de la volonté, c'est que ses fondateurs, les prêtres placés à la tête des anciennes communautés, voulaient se conférer un droit de prescrire des châtiments – ou conférer ce droit à Dieu… Les hommes 15 n'ont été présentés comme « libres » que pour pouvoir être jugés, punis, pour pouvoir être *coupables* : il était donc indispensable de concevoir

La MORaLe

La liberté **395**

toute action comme voulue et de concevoir toute action comme prenant son origine dans la conscience […].

Friedrich Nietzsche,
Le Crépuscule des idoles (1888), « Les quatre grandes erreurs », §7, trad. Éric Blondel, Éd. Hatier, coll. « Classiques & cie », 2011, pp. 44-45.

Fiche Nietzsche p. 518

Bergson
[1859-1941]

À L'ÉPOQUE
L'Essai sur les données immédiates de la conscience, paru en 1889, est l'un des premiers grands livres de Bergson. Il y défend déjà la liberté, contre une conception trop stricte du déterminisme.

Fiche Bergson p. 522

XXᵉ SIÈCLE

17 L'acte libre

Liberté et déterminisme paraissent s'exclure l'un l'autre. Il n'en est rien pourtant. Je suis toujours libre d'être ce que je suis. Mon « caractère » n'est pas une fatalité. Il ne me dispense pas de faire des choix, ni de devoir assumer l'ensemble de mes actes.

Bref, nous sommes libres quand nos actes émanent de notre personnalité entière, quand ils l'expriment, quand ils ont avec elle cette indéfinissable ressemblance qu'on trouve parfois entre l'œuvre et l'artiste. En vain on alléguera que nous cédons alors à l'influence toute-puissante de notre carac-
5 tère. Notre caractère, c'est encore nous ; et parce qu'on s'est plu à scinder la personne en deux parties pour considérer tour à tour, par un effort d'abstraction, le moi qui sent ou pense et le moi qui agit, il y aurait quelque puérilité à conclure que l'un des deux moi pèse sur l'autre. Le même reproche s'adressera à ceux qui demandent si nous sommes libres de
10 modifier notre caractère. Certes, notre caractère se modifie insensiblement tous les jours, et notre liberté en souffrirait, si ces acquisitions nouvelles venaient se greffer sur notre moi et non pas se fondre en lui. Mais, dès que cette fusion aura lieu, on devra dire que le changement survenu dans notre caractère est bien nôtre, que nous nous le sommes approprié. En un mot, si
15 l'on convient d'appeler libre tout acte qui émane du moi, et du moi seulement, l'acte qui porte la marque de notre personne est véritablement libre, car notre moi seul en revendiquera la paternité. La thèse de la liberté se trouverait ainsi vérifiée si l'on consentait à ne chercher cette liberté que dans un certain caractère de la décision prise, dans l'acte libre en un mot.
20 Mais le déterministe, sentant bien que cette position lui échappe, se réfugie dans le passé ou dans l'avenir. Tantôt il se transporte par la pensée à une période antérieure, et affirme la détermination nécessaire, à ce moment précis, de l'acte futur ; tantôt, supposant par avance l'action accomplie, il prétend qu'elle ne pouvait se produire autrement.

Henri Bergson,
Essai sur les données immédiates de la conscience (1889), chap. 3, in *Œuvres,* Éd. des PUF, 1991, pp. 113-114.

Sartre
[1905-1980]

18 Condamné à être libre

« **La liberté est un fardeau** », écrit Sartre dans *L'Être et le Néant*. **Elle est en effet synonyme de responsabilité. Et, d'une certaine manière, je suis responsable de tout ce qui m'arrive, même malgré moi.**

La conséquence essentielle de nos remarques antérieures[1], c'est que l'homme, étant condamné à être libre, porte le poids du monde tout entier sur les épaules : il est responsable du monde et de lui-même en tant que manière d'être. Nous prenons le mot de « responsabilité » en son sens banal
5 de « conscience (d') être l'auteur incontestable d'un événement ou d'un objet ». En ce sens, la responsabilité du pour-soi est accablante, puisqu'il est celui par qui il se fait qu'*il y ait* un monde ; et, puisqu'il est aussi celui qui *se fait être,* quelle que soit donc la situation avec son coefficient d'adversité propre, fût-il insoutenable, il doit l'assumer avec la conscience orgueil-
10 leuse d'en être l'auteur, car les pires inconvénients ou les pires menaces qui risquent d'atteindre ma personne n'ont de sens que par mon projet ; et c'est sur le fond d'engagement que je suis qu'ils paraissent. Il est donc insensé de songer à se plaindre, puisque rien d'étranger n'a décidé de ce que nous ressentons, de ce que nous vivons ou de ce que nous sommes. Cette respon-
15 sabilité absolue n'est pas acceptation d'ailleurs : elle est simple revendication logique des conséquences de notre liberté. Ce qui m'arrive m'arrive par moi et je ne saurais ni m'en affecter ni me révolter ni m'y résigner.

Jean-Paul Sartre,
L'Être et le Néant (1943), Éd. Gallimard, coll. « TEL », 1976, p. 612.

À L'ÉPOQUE

Après avoir été emprisonné dans un camp de détention en Allemagne en 1940, Sartre, jusque-là pacifiste et individualiste, prend conscience des devoirs qui incombent à l'homme du fait de son appartenance à une communauté.

Fiche Sartre p. 529

1. Ce texte constitue le début de la troisième sous-partie du dernier chapitre de *L'Être et le Néant* (« Avoir, faire et être ») qui porte sur la liberté.

Le devoir

Définition élémentaire

▶ **Le devoir, c'est ce qu'il faut faire.** Au sens courant, il peut être le produit d'une contrainte extérieure. C'est le cas du devoir tel qu'il est d'abord vécu par l'homme dans l'enfance : soumission à une autorité, sous peine de sanctions. C'est l'autorité qui dit les règles et les valeurs à respecter dans ses comportements.

▶ **Au sens philosophique, le sentiment du devoir est produit par le sujet lui-même :** sans sa réalisation, le sujet se considérerait comme en dessous de lui-même. Quoique le sentiment du devoir crée des conflits internes au sujet (entre son désir et son devoir), accomplir son devoir est toujours pour le sujet une manière de résoudre un conflit interne.

Distinguer pour comprendre

▶ **Le devoir et le droit.** Les devoirs ou obligations que j'ai envers autrui correspondent à ses droits, et inversement.

▶ **Le devoir et la contrainte extérieure.** Tout individu âgé de 18 ans ou plus a l'obligation d'aller voter afin d'exercer sa responsabilité civique, mais personne ne l'y force.

▶ **« Agir par devoir » et « agir conformément au devoir ».** Dans le premier cas, on agit de manière proprement vertueuse ; dans le second, on agit comme quelqu'un de vertueux, mais cela ne prouve pas qu'on l'est en effet. Au reste, être vertueux étant une qualité strictement subjective, on ne peut jamais prouver qu'on l'est véritablement.

▶ **Le devoir et le désir.** Ce sont tous deux des modalités du vouloir, qui ne sont pas nécessairement contradictoires, l'un étant d'ordre rationnel, l'autre d'abord d'ordre sensible.

Repères associés à la notion

→ **En fait / En droit** (p. 439)
→ **Obligation / Contrainte** (p. 446)

Platon

[427-347 av. J.-C.]

1 Chacun cherche son bien

À travers Socrate, Platon défend l'idée, paradoxale à première vue, que nul n'est méchant volontairement. Il ne veut pas dire pour autant que l'homme serait un agneau pour l'homme mais plutôt que, lorsque l'homme fait le mal, il le fait toujours en voulant pour lui-même le bien, et en se trompant sur la véritable nature de ce qu'il veut.

SOCRATE. – C'est donc le bien que les hommes recherchent : s'ils marchent, c'est qu'ils font de la marche à pied dans l'idée qu'ils s'en trouveront mieux ; au contraire, s'ils se reposent, c'est qu'ils pensent que le repos est bien pour eux : n'agissent-ils pas ainsi pour en retirer un bien ?

5 POLOS. – Oui.

SOCRATE. – Or, quand on fait mourir un homme – si vraiment cet homme doit mourir – quand on l'exile, quand on le dépouille de ses richesses

POLOS. – Oui, parfaitement.

SOCRATE. – Par conséquent, les hommes qui commettent pareilles actions
10 agissent toujours ainsi pour en retirer un bien ?

POLOS. – Oui, je l'affirme.

SOCRATE. – Par ailleurs, nous sommes d'accord pour dire que, si on fait une chose pour en avoir une autre, la chose que nous voulons, ce n'est pas l'action que nous devons accomplir, mais le bien pour lequel nous la faisons.

15 POLOS. – Oui, absolument.

SOCRATE. – Personne ne veut donc massacrer, bannir, confisquer des richesses, pour le simple plaisir d'agir ainsi ; au contraire, si de tels actes sont bénéfiques, nous voulons les accomplir, s'ils sont nuisibles, nous ne le voulons pas. Car nous voulons, comme tu dis, les bonnes choses, mais nous ne
20 voulons pas ce qui est neutre, et encore moins ce qui est mauvais, n'est-ce pas ? Est-ce que je te donne l'impression de dire la vérité, Polos ? oui ou non ? Pourquoi ne réponds-tu pas ?

POLOS. – Oui, c'est la vérité.

Platon,
Gorgias (IVᵉ siècle av. J.-C.), 468a-468c, trad. Monique Canto,
Éd. Flammarion, coll. « GF », 2007, pp. 170-171.

Fiche Platon p. 477

Aristote

[384-322 av. J.-C.]

2 Redoutable méchanceté

Socrate soutenait qu'aucun homme n'est méchant volontairement. Personne en effet ne peut vouloir – à proprement parler – le mal, parce que l'égoïsme, la méchanceté, sont incompatibles avec le bonheur. Aristote abonde ici dans le même sens : le méchant ne peut être heureux parce qu'il ne peut se supporter lui-même. C'est la raison pour laquelle chacun d'entre nous doit redouter la méchanceté.

De même encore, les méchants recherchent la société d'autres personnes avec lesquelles ils passeront leurs journées, mais ils se fuient eux-mêmes, car seuls avec eux-mêmes ils se ressouviennent d'une foule d'actions

qui les accablent et prévoient qu'ils en commettront à l'avenir d'autres
5 semblables, tandis qu'au contraire la présence de compagnons leur permet d'oublier. De plus, n'ayant en eux rien d'aimable, ils n'éprouvent
aucun sentiment d'affection pour eux-mêmes. Par suite, de tels hommes
demeurent étrangers à leurs propres joies et à leurs propres peines, car
leur âme est déchirée par les factions : l'une de ses parties, en raison de sa
10 dépravation, souffre quand l'individu s'abstient de certains actes, tandis
que l'autre partie s'en réjouit ; l'une tire dans un sens et l'autre dans un
autre, mettant ces malheureux pour ainsi dire en pièces. Et s'il n'est pas
strictement possible qu'ils ressentent dans un même moment du plaisir et
de la peine, du moins leur faut-il peu de temps pour s'affliger d'avoir cédé
15 au plaisir et pour souhaiter que ces jouissances ne leur eussent jamais été
agréables : car les hommes vicieux sont chargés de regrets.

Ainsi donc, il est manifeste que l'homme pervers[1] n'a même pas envers
lui-même de dispositions affectueuses, parce qu'il n'a en lui rien qui soit
aimable. Si dès lors un pareil état d'esprit est le comble de la misère
20 morale, nous devons fuir la perversité de toutes nos forces et essayer
d'être d'honnêtes gens : ainsi pourrons-nous à la fois nous comporter en
ami avec nous-mêmes et devenir un ami pour un autre.

Aristote,
Éthique à Nicomaque (IVe siècle av. J.-C.), Livre IX, chap. 4, 1166a-b,
trad. J. Tricot, Librairie philosophique J. Vrin, 1983, pp. 446-447.

1. Pour Aristote, il y a trois sortes de « méchants » : l'intempérant, l'indolent et le pervers. Contrairement à l'intempérant et à l'indolent, le pervers ignore les vraies valeurs ; il est attiré par le mal en tant que tel.

Fiche Aristote p. 478

Marc Aurèle
[121-180]

3 Faire œuvre d'homme

**Devenu empereur à quarante ans, Marc Aurèle n'a pas pu consacrer son exis-
tence, comme il l'aurait désiré, à la philosophie et aux arts. Selon lui, une
vie accomplie ne consiste pas à s'abandonner au plaisir ni à la paresse, mais
à vivre et à agir en conformité avec notre véritable nature, c'est-à-dire à
réaliser notre vocation d'homme.**

I. – Au petit jour, lorsqu'il t'en coûte de t'éveiller, aie cette pensée à ta
disposition : c'est pour faire œuvre d'homme que je m'éveille. Serai-je
donc encore de méchante humeur, si je vais faire ce pour quoi je suis né,
et ce en vue de quoi j'ai été mis dans le monde ? Ou bien, ai-je été formé
5 pour rester couché et me tenir au chaud sous mes couvertures ?

– Mais c'est plus agréable !

– Es-tu donc né pour te donner de l'agrément ? Et, somme toute, es-tu
fait pour la passivité ou pour l'activité ? Ne vois-tu pas que les arbustes,
les moineaux, les fourmis, les araignées, les abeilles remplissent leur tâche
10 respective et contribuent pour leur part à l'ordre du monde ? Et toi, après
cela, tu ne veux pas faire ce qui convient à l'homme ? Tu ne cours point à
la tâche qui est conforme à la nature ?

– Mais il faut aussi se reposer.

– Il le faut, j'en conviens. La nature cependant a mis des bornes à ce
15 besoin, comme elle en a mis au manger et au boire. Mais toi pourtant,

ne dépasses-tu pas ces bornes, et ne vas-tu pas au-delà du nécessaire? Dans tes actions, il n'en est plus ainsi, mais tu restes en deçà du possible. C'est qu'en effet, tu ne t'aimes point toi-même, puisque tu aimerais alors, et ta nature et sa volonté. Les autres, qui aiment leur métier, s'épuisent
20 aux travaux qu'il exige, oubliant bains et repas. Toi, estimes-tu moins ta nature que le ciseleur la ciselure, le danseur la danse, l'avare l'argent, et le vaniteux la gloriole? Ceux-ci, lorsqu'ils sont en goût pour ce qui les intéresse, ne veulent ni manger ni dormir avant d'avoir avancé l'ouvrage auquel ils s'adonnent. Pour toi, les actions utiles au bien commun te
25 paraissent-elles d'un moindre prix, et dignes d'un moindre zèle?

Marc Aurèle,
Pensées pour moi-même (IIᵉ siècle), trad. M. Meunier,
Éd. Flammarion, coll. «GF», 1964, pp. 81-82.

Fiche Marc Aurèle p. 484

Paul
[vers 8-67]

4 La séduction de l'interdit

Si nous faisons ce que nous voulons, et si le mal est haïssable, et que nous le savons, pourquoi persistons-nous? Nous connaissons la Loi, nous dit ici saint Paul, et nous n'ignorons pas l'interdit. Cependant nous péchons. C'est que l'interdit n'exclut pas la faute. Tout se passe au contraire comme si la loi elle-même suscitait le désir de transgression.

Le rôle passé de la Loi

Qu'est-ce à dire? Que la Loi est péché? Certes non! Seulement je n'ai connu le péché que par la loi. Et, de fait, j'aurais ignoré la convoitise si la Loi n'avait dit: *Tu ne convoiteras pas!* Mais, saisissant l'occasion, le péché par le
5 moyen du précepte produisit en moi toute espèce de convoitise: car sans la Loi le péché n'est qu'un mort.

Ah! Je vivais jadis sans la Loi; mais quand le précepte est survenu, le péché a pris vie tandis que moi je suis mort, et il s'est trouvé que le précepte fait pour la vie me conduisit à la mort. Car le péché saisit l'occasion
10 et, utilisant le précepte, me *séduisit* et par son moyen me tua.

La Loi, elle, est donc sainte, et saint le précepte, et juste et bon. Une chose bonne serait-elle donc devenue mort pour moi? Certes non! Mais c'est le péché qui, afin de paraître péché, se servit d'une chose bonne pour me procurer la mort, afin que le péché exerçât toute sa puissance de péché
15 par le moyen du précepte.

L'homme livré au péché

En effet, nous savons que la Loi est spirituelle; mais moi je suis un être de chair, vendu au pouvoir du péché. Vraiment ce que je fais je ne le comprends pas: car je ne fais pas ce que je veux, mais je fais ce que je hais. Or
20 si je fais ce que je ne veux pas, je reconnais, d'accord avec la Loi, qu'elle est bonne; en réalité ce n'est plus moi qui accomplis l'action, mais le péché qui habite en moi. Car je sais que nul bien n'habite en moi, je veux dire dans ma chair; en effet, vouloir le bien est à ma portée, mais non pas

La morale

l'accomplir : puisque je ne fais pas le bien que je veux et commets le mal que
25 je ne veux pas. Or si je fais ce que je ne veux pas, ce n'est plus moi qui
accomplis l'action, mais le péché qui habite en moi.

Paul,
Épître aux Romains (Ier siècle), 7, 7-21,
in *La Bible de Jérusalem*, Éd. du Cerf, 1998, p. 1979-1980.

Augustin

[354-430]

5 La saveur du péché

Avant de se convertir définitivement à la foi chrétienne à l'âge de 32 ans, Augustin a connu des années d'insouciance. Il relate ici un épisode de son adolescence dont il mesura ultérieurement la gravité. Voler des poires est en soi bien anodin. Mais les motifs de ce petit forfait, si l'on en croit le « coupable », ne l'étaient pas.

Il y avait, proche de nos vignes, un poirier, chargé de fruits qui n'étaient alléchants ni par leur apparence, ni par leur saveur. Entre jeunes vauriens, nous allâmes secouer et dépouiller cet arbre, par une nuit profonde – après avoir, selon une mauvaise habitude, prolongé nos jeux sur les places –, et
5 nous en retirâmes d'énormes charges de fruits. Ce n'était pas pour nous en régaler, mais plutôt pour les jeter aux porcs : même si nous y avons goûté, l'important pour nous, c'était le plaisir que pouvait procurer un acte interdit.

Voilà mon cœur, ô Dieu, voilà mon cœur que tu as pris en pitié au fond de l'abîme. Qu'il te dise maintenant, mon cœur que voilà, ce qu'il y
10 cherchait : pratiquer une malice gratuite, sans autre mobile à ma malice que la malice même ! Elle était honteuse, et pourtant je l'ai aimée. J'ai aimé ma dégradation, non ce pour quoi je me dégradais, mais ma dégradation elle-même : turpitude d'une âme désertant ta forteresse pour s'écrouler en ruine, en quête non d'un objet au prix de l'infamie, mais de
15 l'infamie elle-même !

[…]

Mais, moi, dans ma misère, qu'ai-je donc aimé en toi, ô larcin qui fus le mien, ô crime nocturne de ma seizième année ? C'est que tu n'étais même pas beau, puisque tu étais un vol (au fait, es-tu même quelque chose, pour que je puisse te parler ?). Ils étaient beaux les fruits, objets de notre vol,
20 beaux parce que c'était là ta création, ô toi, de tous les êtres le plus beau, de tous les êtres le Créateur, ô Dieu bon, Souverain Bien, et mon Bien véritable. Oui, ils étaient beaux ces fruits-là, mais ce n'était pas pour eux-mêmes que les convoita mon âme misérable : j'en avais de meilleurs, et en abondance. Si je les ai cueillis, c'était uniquement pour voler, puisque à
25 peine cueillis je les ai jetés, n'en ayant tiré que le seul régal de l'iniquité dont je jouissais gaiement : même si j'en ai goûté une bouchée, c'est mon crime qui leur donnait de la saveur.

Augustin,
Les Confessions (400), Livre II, chap. 4 et 6,
in *Œuvres I*, trad. P. Cambronne, Éd. Gallimard,
coll. « Bibliothèque de la Pléiade », 1998, pp. 809-811.

À L'ÉPOQUE

La conversion d'Augustin, en août 386, est en fait une conversion au paulinisme : c'est en lisant les épîtres de Paul qu'il voit le christianisme sous un nouveau jour et trouve enfin une réponse au problème du mal qui le taraude.

Fiche Augustin p. 487

Spinoza

[1632-1677]

1. *Entia rationis* : êtres de raison.

2. *Entia realia* : êtres réels.

À L'ÉPOQUE

Contrairement à Augustin, Spinoza considère que le mal n'est pas le fruit de la faiblesse de l'homme, diminué par le péché originel. Pour lui, le mal est un être de raison et n'existe pas dans la nature.

Fiche Spinoza p. 498

6 Bien et mal ne sont pas dans la nature

Pour le croyant, en règle générale, le bien et le mal sont des absolus. Ils ne dépendent guère de notre volonté, ils existent objectivement, réellement, comme des choses, car ils découlent de la volonté divine. C'est cette illusion que Spinoza s'efforce de dissiper dans le texte qui suit.

1. – Pour dire d'un mot ce que sont en eux-mêmes le bien et le mal, nous dirons d'abord que certaines choses sont dans notre entendement et non dans la nature : elles ne sont donc que notre œuvre propre et ne sont utiles que pour comprendre distinctement les choses ; parmi elles, nous comptons
5 toutes les relations qui se rapportent à des choses différentes et nous les appelons *entia rationis*[1].

2. – Voici la question qui se pose : le bien et le mal appartiennent-ils aux *entia rationis*, ou bien aux *entia realia*[2] ? Le bien et le mal n'étant autre chose que des relations, il n'est pas douteux qu'il faut les ranger dans les *entia rationis* ;
10 car jamais on ne dit qu'une chose est bonne, sinon par rapport à une autre qui n'est pas aussi bonne, ou qui ne nous est pas aussi utile ; ainsi on ne dit qu'un homme est mauvais que par rapport à un autre qui est meilleur ; ou encore qu'une pomme est mauvaise que par rapport à une autre qui est bonne, ou meilleure.

15 3. – On ne pourrait le dire s'il n'y avait pas de bon ou de meilleur qui, par comparaison, nous permette d'appeler une chose mauvaise.

Par conséquent, si on dit qu'une chose est bonne, cela signifie simplement qu'elle s'accorde avec l'idée générale que nous avons des choses de cette espèce. Or, nous l'avons déjà dit auparavant, les choses doivent s'accorder
20 avec leur idée particulière, dont l'essence doit être une essence parfaite, et non avec l'idée générale, car alors elles n'existeraient pas du tout.

4. – [...] D'où résulte encore une fois que le bien et le mal ne sont ni des choses ni des effets qui soient dans la nature.

Baruch de Spinoza,
Court Traité (1663), partie I, chap. 10, in *Œuvres complètes*,
trad. R. Caillois, Éd. Gallimard, coll. « Bibliothèque de la Pléiade », 1954, pp. 41-42.

Kant

[1724-1804]

7 La bonne volonté

Que dois-je faire ? Avant de répondre à cette question, Kant pose ici un préalable. Il se fonde pour cela sur l'intuition commune. Y a-t-il quelque chose que l'on puisse tenir indéniablement, indiscutablement, absolument, pour bon, dans le comportement ou l'attitude d'un homme ? Quelque chose qui soit toujours bon, qui ne puisse jamais s'inverser en son contraire ?

De tout ce qu'il est possible de concevoir dans le monde, et même en général hors du monde, il n'est rien qui puisse sans restriction être tenu pour bon, si ce n'est seulement une BONNE VOLONTÉ. L'intelligence, le don de saisir les ressemblances des choses, la faculté de discerner le particulier pour en juger,

La morale

et les autres *talents* de l'esprit, de quelque nom qu'on les désigne, ou bien le courage, la décision, la persévérance dans les desseins, comme qualités du *tempérament,* sont sans doute à bien des égards choses bonnes et désirables ; mais ces dons de la nature peuvent devenir aussi extrêmement mauvais et funestes si la volonté qui doit en faire usage, et dont les dispositions propres

10 s'appellent pour cela *caractère,* n'est point bonne. Il en est de même des *dons de la fortune.* Le pouvoir, la richesse, la considération, même la santé ainsi que le bien-être complet et le contentement de son état, ce qu'on nomme le *bonheur,* engendrent une confiance en soi qui souvent aussi se convertit en présomption, dès qu'il n'y a pas une bonne volonté pour redresser et tour-

15 ner vers des fins universelles l'influence que ces avantages ont sur l'âme, et du même coup tout le principe de l'action ; sans compter qu'un spectateur raisonnable et impartial ne saurait jamais éprouver de satisfaction à voir que tout réussisse perpétuellement à un être que ne relève aucun trait de pure et bonne volonté […].

Emmanuel Kant,
Fondements de la métaphysique des mœurs (1785),
section I, trad. V. Delbos, Éd. Delagrave, 1977, pp. 87-88.

 Fiche Kant p. 509

Kant
[1724-1804]

À L'ÉPOQUE
À l'âge de 8 ans, en 1732, Kant est envoyé au Collège Frédéric à Königsberg. L'esprit religieux de ce collège, qui vient renforcer celui de ses parents, est perceptible dans la morale kantienne, que l'on qualifie souvent de rigoriste.

XVIIIᵉ SIÈCLE

8 Impératif hypothétique et impératif catégorique

Les impératifs sont les règles, ou commandements, en fonction desquels nous choisissons d'agir. Certains sont « hypothétiques » : c'est-à-dire qu'ils sont suspendus à un objectif déterminé (« si tu veux obtenir ceci, alors fait cela »). Mais l'impératif moral ne saurait être ordonné à aucun objectif, quel qu'il puisse être – pas même le bonheur ou le bien.

Or tous les impératifs commandent ou *hypothétiquement* ou *catégoriquement.* Les impératifs hypothétiques représentent la nécessité pratique d'une action possible, considérée comme moyen d'arriver à quelque autre chose que l'on veut (ou du moins qu'il est possible qu'on veuille). L'impératif catégorique

5 serait celui qui représenterait une action comme nécessaire pour elle-même, et sans rapport à un autre but, comme nécessaire objectivement.

Puisque toute loi pratique représente une action possible comme bonne, et par conséquent comme nécessaire pour un sujet capable d'être déterminé pratiquement par la raison, tous les impératifs sont des formules par les-

10 quelles est déterminée l'action qui, selon le principe d'une volonté bonne en quelque façon, est nécessaire. Or, si l'action n'est bonne que comme moyen pour *quelque autre chose,* l'impératif est *hypothétique* ; si elle est représentée comme bonne *en soi,* par suite comme étant nécessairement dans une volonté qui est en soi conforme à la raison [en tant qu'il est] le principe qui

15 la détermine, alors l'impératif est *catégorique.*

Emmanuel Kant,
Fondements de la métaphysique des mœurs (1785),
section I, trad. V. Delbos, Éd. Delagrave, 1977, pp. 124-125.

Fiche Kant p. 509

Kant
[1724-1804]

9 La loi morale

Tous les êtres raisonnables, et seuls les êtres raisonnables, peuvent se déterminer *a priori*. Non pas en fonction d'un objectif déterminé (la réussite, le confort, la tranquillité ou même la bonne conscience) mais en fonction d'un principe. Ce principe, dans le registre de la pratique, est la loi morale. Il nous contraint, mais seulement dans l'exacte mesure où nous acceptons cette contrainte.

La raison pure est pratique par elle seule et donne à l'homme une loi universelle, que nous nommons la *loi morale.*

[…] S'appliquant aux hommes, la loi a la forme d'un impératif, parce qu'on peut, à la vérité, supposer en eux, en tant qu'êtres raisonnables, une
5 volonté *pure,* mais non leur attribuer, en tant qu'êtres soumis à des besoins et à des causes sensibles de mouvement, une volonté *sainte,* c'est-à-dire une volonté qui ne soit capable d'aucune maxime contradictoire avec la loi morale. Pour eux la loi morale est donc un *impératif,* qui commande catégoriquement, puisque la loi est inconditionnée ; le rapport d'une
10 volonté telle que la leur à cette loi est la *dépendance* qui sous le nom d'*obligation* désigne une *contrainte,* imposée toutefois par la simple raison et sa loi objective, pour l'accomplissement d'une action qui s'appelle *devoir.*

Emmanuel Kant,
Critique de la raison pratique (1788), trad. F. Picavet, Éd. des PUF, 1965, pp. 30-32.

Fiche Kant p. 509

Kant
[1724-1804]

10 Le respect

La moralité, selon Kant, ne peut être fondée ni sur l'intérêt ni sur le sentiment. Cependant, l'homme n'est pas constitué exclusivement de raison. Il lui faut aussi des mobiles pour agir, des mobiles qui concernent et engagent sa sensibilité. Le respect est, si l'on en croit Kant, le seul sentiment qui puisse être tenu pour moral.

Cette idée de la personnalité qui éveille le respect, qui nous met devant les yeux la sublimité de notre nature (d'après sa détermination), en nous faisant remarquer en même temps le défaut d'accord de notre conduite avec elle, et en abaissant par cela même la présomption, est naturelle, même à la rai-
5 son humaine la plus commune, et aisément remarquée. Tout homme, même médiocrement honorable, n'a-t-il pas trouvé quelquefois qu'il s'est abstenu d'un mensonge, d'ailleurs inoffensif, par lequel il pouvait ou se tirer lui-même d'une affaire désagréable ou procurer quelque avantage à un ami cher et plein de mérite, pour avoir le droit de ne pas se mépriser en
10 secret à ses propres yeux ? Est-ce qu'un honnête homme n'est pas soutenu, dans les plus grands malheurs de la vie, qu'il pouvait éviter si seulement il avait pu se mettre au-dessus du devoir, par la conscience d'avoir en sa personne maintenu l'humanité dans sa dignité, de l'avoir honorée, de n'avoir pas de raison de rougir de lui-même à ses propres yeux et pour craindre le

15 spectacle intérieur de l'examen de conscience ? Cette consolation n'est pas le bonheur, elle n'en est pas même la plus petite partie. Car aucun homme ne souhaitera d'avoir l'occasion de l'éprouver, ne souhaitera peut-être pas même une vie dans de telles circonstances. Mais il vit et ne peut supporter d'être à ses propres yeux indigne de vivre. Cette tranquillité intérieure est

20 donc simplement négative par rapport à tout ce qui peut rendre la vie agréable, c'est-à-dire qu'elle écarte le danger de décroître en valeur personnelle, quand on a complètement déjà renoncé à la valeur de sa situation. Elle est l'effet d'un respect pour quelque chose qui est tout à fait autre que la vie et auprès duquel au contraire, en comparaison et en opposition, la vie

25 avec tout son charme n'a aucune valeur. Il ne vit plus que par devoir, non parce qu'il trouve le moindre agrément à vivre.

Emmanuel Kant,
Critique de la raison pratique (1788), trad. F. Picavet, Éd. des PUF, 1965, pp. 92-93.

Fiche Kant p. 509

Nietzsche
[1844-1900]

1. Voir le texte 8, p. 404.

11 La cruauté du devoir

Dans la *Généalogie de la morale*, Nietzsche tente de remonter à la source des idéaux judéo-chrétiens qui ont gouverné pendant des siècles la civilisation occidentale. En creusant la parenté entre le devoir et la dette, attestée par l'étymologie, il dévoile le fond de cruauté à l'origine de toute morale.

C'est dans *cette* sphère, celle du droit d'obligation, que le monde des notions morales comme « faute », « conscience », « devoir », « sainteté du devoir » trouve son foyer de naissance ; son commencement, comme celui de tout ce qui est grand sur terre, a longtemps et abondamment été arrosé

5 de sang. Et ne pourrait-on ajouter qu'au fond ce monde ne s'est jamais entièrement défait d'un certain relent de sang et de torture (pas même chez le vieux Kant : l'impératif catégorique[1] sent sa cruauté…) ? C'est encore ici que cette intrication des idées de « faute et de peine », devenue peut-être inextricable, a été produite. Encore une fois : comment la

10 souffrance peut-elle être la compensation de la « dette » ? Pour autant que *faire* souffrir faisait un bien extrême, pour autant que la victime du dommage obtenait de son côté un plaisir extraordinaire en contrepartie du préjudice, augmenté du déplaisir qu'il a causé : *faire* souffrir, véritable *fête*, chose qui, comme on l'a dit, avait d'autant plus de prix qu'elle était

15 contraire au rang et à la position sociale du créancier […].

Voir souffrir fait du bien, faire souffrir, plus encore – voilà un rude principe, mais c'est un principe ancien, puissant, humain, trop humain, auquel peut-être souscriraient au demeurant même les singes : car on rapporte que, dans l'invention de cruautés bizarres, ils annoncent déjà largement

20 l'homme et en sont pour ainsi dire le « prélude ». Point de fête sans cruauté, tel est l'enseignement de la plus ancienne et de la plus longue histoire de l'homme ; et même le châtiment contient tant de *festivité* !

Friedrich Nietzsche,
Généalogie de la morale (1887), deuxième traité, § 6, trad. É. Blondel, O. Hansen-Løve, T. Leydenbach et P. Penisson, Éd. Flammarion, coll. « GF », 1996, p. 76.

À L'ÉPOQUE
En 1887, dans la *Généalogie de la morale*, Nietzsche s'en prend violemment à la morale chrétienne, qui a valorisé la pitié et l'humilité. Seuls des « hommes faibles » peuvent revendiquer, selon lui, de telles valeurs, ce qui fait de la morale chrétienne une morale d'« esclaves ».

Fiche Nietzsche p. 518

Mill
[1806-1873]

1. Transcendantaliste : ce terme est surtout utilisé chez les philosophes anglais. Ils désignent par ce mot toute doctrine qui admet des formes et des concepts *a priori*, dominant l'expérience. Vraisemblablement Mill a pensé surtout à Kant dont il a critiqué la doctrine aux chapitres 1 et 5 [note du traducteur].

2. Règle d'or : expression consacrée désignant le commandement évangélique.

À L'ÉPOQUE
En 1826, à l'âge de 20 ans, Mill est victime d'une dépression. À cette occasion, il se rend compte que l'utilitarisme de Bentham, auquel il adhérait, doit être enrichi d'une dimension altruiste.

Fiche Mill p. 515

12 La morale utilitariste

Pour toute la tradition idéaliste et chrétienne occidentale, la vertu se traduit le plus souvent par la préférence accordée à l'intérêt d'autrui par rapport au sien propre. Par amour ou par devoir, par générosité, l'homme de bonne volonté peut aller jusqu'à se sacrifier lui-même pour l'autre. John Stuart Mill, sans récuser un tel altruisme, observe toutefois qu'un sacrifice n'a pas de valeur en lui-même. Pour un utilitariste, seule la fin – le bonheur de tous ou du plus grand nombre – peut justifier les choix moraux, quels qu'ils soient.

En attendant, les utilitaristes ne doivent cesser de revendiquer la morale du dévouement personnel comme une propriété qui leur appartient à aussi bon droit qu'au stoïcien ou au transcendantaliste[1]. Oui, la morale utilitariste reconnaît à l'être humain le pouvoir de faire, pour le bien des autres, le plus 5 large sacrifice de son bien propre. Elle refuse seulement d'admettre que le sacrifice soit en lui-même un bien. Un sacrifice qui n'accroît pas ou ne tend pas à accroître la somme totale de bonheur, elle le considère comme un sacrifice perdu. La seule renonciation qu'elle approuve, c'est le dévouement au bonheur d'autrui ou à ce qui peut en être la condition, qu'il s'agisse de 10 l'humanité prise collectivement, ou d'individus dans les limites imposées par les intérêts collectifs de l'humanité.

Il me faut encore répéter ce que les adversaires de l'utilitarisme ont rarement la justice de reconnaître : le bonheur que les utilitaristes ont adopté comme critérium de la moralité de la conduite n'est pas le bonheur 15 personnel de l'agent, mais celui de tous les intéressés. Ainsi, entre son propre bonheur et celui des autres, l'utilitarisme exige de l'individu qu'il soit aussi rigoureusement impartial qu'un spectateur désintéressé et bienveillant. Dans la règle d'or[2] de Jésus de Nazareth, nous retrouvons tout l'esprit de la morale de l'utilité. Faire ce que nous voudrions que l'on 20 nous fît, aimer notre prochain comme nous-mêmes : voilà qui constitue la perfection idéale de la moralité utilitariste.

John Stuart Mill,
L'Utilitarisme (1861), trad. G. Tanesse, Éd. Flammarion, coll. « Champs », 1988, pp. 64-66.

Jankélévitch
[1903-1985]

1. Brouet : mets simple et grossier des Spartiates.

13 L'amour, non l'austérité

Le sens commun tend à associer exigence morale et ascétisme, voire mortification. Jankélévitch affirme au contraire que l'austérité n'est pas la « pureté ». C'est l'amour, souligne-t-il, qui importe.

Décrocher tous les ornements, s'habiller en noir pour plaire à Dieu, jeûner en son honneur, voilà certes des austérités ; mais si elles ne sont pas accompagnées d'une chose essentielle dont nous n'avons pas dit encore le nom, mais que peut-être vous vous chuchotez à vous-mêmes, Dieu ne 5 nous en sait aucun gré. D'abord, c'est peut-être que vous aimez le noir, comme d'autres aiment la vie des camps, le brouet[1] lacédémonien, la vie

LA MORALE

inconfortable et le coucher sur la dure. Pourquoi Dieu vous serait-il reconnaissant de faire ce qui vous plaît, si c'est la fatigue qui vous plaît ? Non, Dieu ne vous regarde ni ne vous écoute. À ce compte il vous serait
10 plus reconnaissant de vous donner moins de mal, et d'aimer votre prochain. Dieu ne vous demande pas de manger des harengs saurs à sa gloire et de boire de l'eau bénite à sa santé, mais il nous demande de nous dévouer à nos frères et sœurs créatures, de vivre pour les autres, de chérir humblement notre compagne : le Créateur veut être aimé dans ses créatures, et il n'a cure
15 des privations que vous vous imposez, si l'amour n'y est pas. Et pour paraphraser la pensée magnifique de Pascal, nous dirons : il vaut mieux ne pas jeûner et aimer son prochain que de manger des harengs pour l'amour de Dieu, – en se souciant surtout de sa précieuse âme immortelle et de sa propre destinée. Dieu ne veut pas être aimé de cette manière-là ! À cet ascé-
20 tisme qui n'est qu'une gourmandise spirituelle il préférera, le jour venu, l'égoïsme sans exposant et sans surconscience.

Vladimir Jankélévitch,
L'Austérité et la Vie morale (1956), in *Philosophie morale*,
Éd. Flammarion, 1998, pp. 578-579.

Jonas
[1903-1993]

14 Préserver l'humanité à venir

Hume faisait observer qu'un homme peut préférer la destruction du monde à l'égratignure de son petit doigt. Dans le même ordre d'idées, Hans Jonas remarque qu'il n'est pas absurde de choisir d'exploiter aujourd'hui au maximum les ressources de la planète, au mépris de toute considération concernant la survie éventuelle de l'humanité. Morale, la question posée ici est également métaphysique : l'humanité à venir a-t-elle des droits ? Avons-nous des devoirs à l'égard de ce qui n'existe pas ?

2. Un impératif adapté au nouveau type de l'agir humain et qui s'adresse au nouveau type de sujets de l'agir s'énoncerait à peu près ainsi : « Agis de façon que les effets de ton action soient compatibles avec la permanence d'une vie authentiquement humaine sur terre » ; ou pour l'exprimer négativement :
5 « Agis de façon que les effets de ton action ne soient pas destructeurs pour la possibilité future d'une telle vie » ; ou simplement : « Ne compromets pas les conditions pour la survie indéfinie de l'humanité sur terre » ; ou encore, formulé de nouveau positivement : « Inclus dans ton choix actuel l'intégrité future de l'homme comme objet secondaire de ton vouloir ».

10 3. On voit sans peine que l'atteinte portée à ce type d'impératif n'inclut aucune contradiction d'ordre rationnel. Je *peux* vouloir le bien actuel en sacrifiant le bien futur. De même que je peux vouloir ma propre disparition, je peux aussi vouloir la disparition de l'humanité. Sans me contredire moi-même je peux, dans mon cas personnel comme dans celui de l'humanité,
15 préférer un bref feu d'artifice d'extrême accomplissement de soi-même à l'ennui d'une continuation indéfinie dans la médiocrité.

Or le nouvel impératif affirme précisément que nous avons bien le *droit* de risquer notre propre vie, mais non celle de l'humanité ; et qu'Achille avait certes le droit de choisir pour lui-même une vie brève,

20 faite d'exploits glorieux, plutôt qu'une longue vie de sécurité sans gloire (sous la présupposition tacite qu'il y aurait une postérité qui saura raconter ses exploits), mais que nous n'avons pas le droit de choisir le non-être des générations futures à cause de l'être de la génération actuelle et que nous n'avons même pas le droit de le risquer. Ce n'est pas du tout facile, et

25 peut-être impossible sans recours à la religion, de légitimer en théorie pourquoi nous n'avons pas ce droit, pourquoi au contraire nous avons une obligation à l'égard de ce qui n'existe même pas encore et ce qui « de soi » ne doit pas non plus être, ce qui du moins n'a pas *droit* à l'existence, puisque cela n'existe pas. Notre impératif le prend d'abord comme un

30 axiome sans justification.

Hans Jonas,
Le Principe responsabilité. Une Éthique pour la civilisation technologique (1979), chap. 1, § 5, trad. J. Greisch, Éd. du Cerf, 1991, pp. 31-32.

Dupuy
[1941-]

15 Le choix de Caïphe

Le choix du grand prêtre Caïphe, dans le *Nouveau Testament*, est l'illustration d'une certaine forme de rationalité morale. Mais est-il légitime de sacrifier un homme pour sauver un peuple tout entier ? Du point de vue utilitariste, la réponse est évidemment positive. N'est-ce pas cependant, se demande Jean-Pierre Dupuy, bafouer les principes les plus sacrés de la morale ?

Au départ, des convictions morales très fortes : le meurtre est un mal, ainsi que le mensonge, ou encore le fait de ne pas tenir ses promesses. La morale ordinaire édifie sur ces convictions un système d'interdits et d'obligations qui s'impose absolument à chaque agent : tu ne tueras point ; tu respecteras

5 tes engagements, etc. Mais, affirme le conséquentialisme[1], s'il est mal pour un agent de commettre un meurtre, et s'il est bien d'honorer ses promesses, le monde sera d'autant meilleur que le nombre d'agents commettant des meurtres sera moins élevé, et celui des agents qui tiennent leurs engagements, plus fort. C'est là une exigence de rationalité maximisatrice qui,

10 en soi, n'est pas morale, est même antérieure à et indépendante de toute moralité, mais qui, greffée sur nos convictions concernant le bien et le mal, engendre le principe conséquentialiste : il faut viser à accroître le bien, et à diminuer le mal, *globalement* dans le monde. Or il se trouve que dans des cas exceptionnels, qui constituent autant de dilemmes pour la

15 réflexion éthique, la visée maximisatrice globale prescrit de transgresser les interdits et de se soustraire aux obligations de la morale de sens commun. Celle-ci, du point de vue du conséquentialisme, se trouve donc dans la position paradoxale d'avoir à refuser absolument ce qui, globalement, minimiserait le mal et maximiserait le bien, et ce au nom d'interdits et

20 d'obligations qui n'ont pas d'autre justification que d'empêcher ce mal et de

---

1. Le conséquentialisme, dont l'utilitarisme est une variante, recommande de « maximiser » une grandeur globale formée par l'intérêt de tous les individus concernés.
Pour le *conséquentialisme*, les moyens trouvent leur raison dans leur fin (ou « conséquence », soit l'intérêt de tous ou du plus grand nombre). Cette doctrine s'oppose aux morales dites *déontologiques*, qui posent des interdits et des obligations absolus.

LA MORALE

favoriser ce bien. « Tu ne tueras point », soit. Mais si, en tuant un innocent, j'évite que vingt-deux autres innocents soient tués ? Si vraiment je considère que le meurtre d'un innocent est une chose abominable, alors l'interdit qui frappe le meurtre, dans ce cas, apparaît contraire à la raison. La morale
25 traditionnelle (chrétienne, kantienne, déontologique) semble donc coupable d'irrationalisme. Elle refuse de « reculer pour mieux sauter » ; elle n'accepte pas la logique du sacrifice : elle rejette le principe du détour.

2. In *Anarchy, State and utopia*, 1974.

Lorsque des auteurs critiques de l'utilitarisme, tel Robert Nozick[2], cherchent à mettre celui-ci dans l'embarras, ils recourent fréquemment à
30 des cas du type suivant : « Une populace en furie, saccageant, brûlant, et tuant tout sur son passage, violera évidemment les droits de ses victimes. En conséquence, quelqu'un pourrait être tenté de justifier le châtiment d'une personne qu'il sait être étrangère au crime qui a déchaîné la foule, en arguant que cette punition d'un innocent permettrait d'éviter d'encore
35 plus grandes violations des droits de l'homme, et rapprocherait la communauté de l'optimum global défini par la minimisation de ces violations ». L'argument semble être que, puisqu'il n'y a rien qui nous fasse plus horreur que le fait de livrer un innocent en pâture à une populace, l'utilitarisme, qui justifie cela, doit être condamné. Mais faut-il aussi condamner les
40 principes les plus basiques de ce que nous appelons Raison ? La situation mise en scène par Nozick n'est autre que le choix de Caïphe, et c'est bien à la pure raison de ses interlocuteurs que celui-ci s'adresse lorsqu'il lance aux grands prêtres et aux pharisiens : « *Vous n'y entendez rien*. Vous ne voyez pas qu'il vaut mieux qu'un seul homme meure pour le peuple et
45 que la nation ne périsse pas tout entière » (Jean 11, 49-50).

Jean-Pierre Dupuy,
Pour un catastrophisme éclairé. Quand l'impossible est certain,
Éd. du Seuil, coll. « La couleur des idées », 2002, pp. 41-43.

Le bonheur

Définition élémentaire

▶ **Le bonheur semble indépendant de la volonté,** si l'on en croit son étymologie : heur désigne la « fortune », la « chance ».

▶ **Le bonheur peut être défini comme un état de plénitude continue,** lié à la satisfaction de tous mes désirs. Il est alors considéré comme le sommet de l'existence humaine, son but ultime.

▶ On peut également définir **le bonheur comme le fait, pour le sujet, d'avoir accompli l'ensemble de ses potentialités.**

Distinguer pour comprendre

▶ **Le bonheur et le plaisir :** le premier est un état stable (puisque c'est un état de complétude, de plénitude) ; le second correspond au mouvement de combler de manière temporaire le vide creusé par le désir ou le besoin. Cette opposition est problématique : le bonheur de quelqu'un qui n'a plus rien à désirer est-il vraiment le bonheur ?

▶ **Le bonheur et la (bonne) fortune :** le premier est une manière de construire par soi-même la forme de plénitude permise à l'homme, sans tenir compte des circonstances extérieures ; la seconde est produite de manière aléatoire, contingente, par les circonstances extérieures (par exemple, le fait de gagner au loto).

Repères associés à la notion

▶ **ABSOLU / RELATIF** (p. 436)
▶ **IDÉAL / RÉEL** (p. 442)

Platon

[427-347 avant J.-C.]

1 Tonneaux pleins et tonneaux percés

Faut-il, pour être heureux, multiplier les sources de plaisir et d'excitation ? Dans le texte qui suit, Socrate essaie, mais en vain, de convaincre son interlocuteur, le jeune et fougueux Calliclès, qu'une vie tempérante (« l'homme aux tonneaux pleins ») vaut mieux qu'une vie déréglée (« l'homme aux tonneaux percés »).

SOCRATE. – Suppose qu'il y ait deux hommes qui possèdent, chacun, un grand nombre de tonneaux. Les tonneaux de l'un sont sains, remplis de vin, de miel, de lait, et cet homme a encore bien d'autres tonneaux, remplis de toutes sortes de choses. Chaque tonneau est donc plein de ces denrées
5 liquides qui sont rares, difficiles à recueillir et qu'on n'obtient qu'au terme de maints travaux pénibles. Mais, au moins, une fois que cet homme a rempli ses tonneaux, il n'a plus à y reverser quoi que ce soit ni à s'occuper d'eux ; au contraire, quand il pense à ses tonneaux, il est tranquille. L'autre homme, quant à lui, serait aussi capable de se procurer ce
10 genre de denrées, même si elles sont difficiles à recueillir, mais comme ses récipients sont percés et fêlés, il serait forcé de les remplir sans cesse, jour et nuit, en s'infligeant les plus pénibles peines. Alors, regarde bien, si ces deux hommes représentent chacun une manière de vivre, de laquelle des deux dis-tu qu'elle est la plus heureuse ? Est-ce la vie de l'homme déréglé ou
15 celle de l'homme tempérant ? En te racontant cela, est-ce que je te convaincs d'admettre que la vie tempérante vaut mieux que la vie déréglée ? Est-ce que je ne te convaincs pas ?

CALLICLÈS. – Tu ne me convaincs pas, Socrate. Car l'homme dont tu parles, celui qui a fait le plein en lui-même et en ses tonneaux, n'a plus aucun
20 plaisir, il a exactement le type d'existence dont je parlais tout à l'heure : il vit comme une pierre. S'il a fait le plein, il n'éprouve plus ni joie ni peine. Au contraire, la vie de plaisirs est celle où on verse et on reverse autant qu'on peut dans son tonneau !

SOCRATE. – Mais alors, si on en verse beaucoup, il faut aussi qu'il y en ait
25 beaucoup qui s'en aille, on doit donc avoir de bons gros trous, pour que tout puisse bien s'échapper !

CALLICLÈS. – Oui, parfaitement.

SOCRATE. – Tu parles de la vie d'un pluvier, qui mange et fiente en même temps ! – non ce n'est pas la vie d'un cadavre[1], même pas celle d'une pierre !
30 Mais dis-moi encore une chose : ce dont tu parles, c'est d'avoir faim et de manger quand on a faim, n'est-ce pas ?

CALLICLÈS. – Oui

SOCRATE. – Et aussi d'avoir soif, et de boire quand on a soif.

CALLICLÈS. – Oui, mais surtout ce dont je parle, c'est de vivre dans la
35 jouissance, d'éprouver toutes les formes de désirs et de les assouvir – voilà, c'est cela, la vie heureuse !

1. Calliclès a fait observer préalablement que le type de « vie » que recommandait Socrate s'apparentait à celle d'un cadavre, ou d'un mort vivant (492e).

À L'ÉPOQUE

Platon s'inspire du mythe grec des Danaïdes, qui sont les 50 filles du roi Danaos. Épousant leurs 50 cousins, elles les assassinent le soir de leur noce, à la demande de leur père. Jugées aux Enfers, elles sont condamnées à remplir éternellement un tonneau percé.

Platon, *Gorgias* (IVᵉ siècle av. J.-C.), 493d-494b, trad. M. Canto, Éd. Flammarion, coll. « GF », 2007, pp. 232-234.

Fiche Platon p. 477

Aristote
[384-322 av. J.-C.]

2 Le bonheur comme Souverain Bien

Dans toutes nos activités, nous poursuivons un objectif particulier. Cependant, selon Aristote, ces objectifs sont toujours, pour l'homme, une façon de tendre vers autre chose, un bien qui réunit toutes les fins. Le bonheur pourrait bien être, selon Aristote, un tel bien, le Souverain Bien.

Revenons encore une fois sur le bien qui fait l'objet de nos recherches, et demandons-nous ce qu'enfin il peut être. Le bien, en effet, nous apparaît comme une chose dans telle action ou tel art, et comme une autre chose dans telle autre action ou tel autre art : il est autre en médecine qu'il n'est
5 en stratégie, et ainsi de suite pour le reste des arts. Quel est donc le bien dans chacun de ces cas ? N'est-ce pas la fin en vue de quoi tout le reste est effectué ? C'est en médecine la santé, en stratégie la victoire, dans l'art de bâtir, une maison, dans un autre art c'est une autre chose, mais dans toute action, dans tout choix, le bien c'est la fin, car c'est en vue de cette fin
10 qu'on accomplit toujours le reste. Par conséquent, s'il y a quelque chose qui soit fin de tous nos actes, c'est cette chose-là qui sera le bien réalisable, et s'il y a plusieurs choses, ce seront ces choses-là. […]

Or, ce qui est digne d'être poursuivi par soi, nous le nommons plus parfait que ce qui est poursuivi pour une autre chose, et ce qui n'est
15 jamais désirable en vue d'une autre chose, nous le déclarons plus parfait que les choses qui sont désirables à la fois par elles-mêmes et pour cette autre chose, et nous appelons parfait au sens absolu ce qui est toujours désirable en soi-même et ne l'est jamais en vue d'une autre chose. Or le bonheur semble être au suprême degré une fin de ce genre, car nous le
20 choisissons toujours pour lui-même et jamais en vue d'une autre chose : au contraire l'honneur, le plaisir, l'intelligence ou toute vertu quelconque, sont des biens que nous choisissons assurément pour eux-mêmes (puisque, même si aucun avantage n'en découlait pour nous, nous les choisirions encore), mais nous les choisissons aussi en vue du bonheur, car
25 c'est par leur intermédiaire que nous pensons devenir heureux. Par contre, le bonheur n'est jamais choisi en vue de ces biens, ni d'une manière générale en vue d'autre chose que lui-même.

Aristote,
Éthique à Nicomaque (ive siècle av. J.-C.), Livre I, chap. 5, 1097a-b,
trad. J. Tricot, Librairie philosophique J. Vrin, 1983, pp. 54-57.

À L'ÉPOQUE

L'*Éthique à Nicomaque* est un traité de philosophie pratique, qui a pour but de mener l'homme au bonheur. On pense qu'Aristote l'a dédié à son fils Nicomaque, qui mourut jeune.

Fiche Aristote p. 478

Aristote
[384-322 av. J.-C.]

3 Une vie humaine accomplie

Qu'est-ce qu'une vie réussie ? Qu'est-ce qu'une vie heureuse ? On ne peut répondre à ces questions sans s'être demandé au préalable en quoi consiste, de façon générale, la « réussite » pour l'homme.

Mais sans doute l'identification du bonheur et du Souverain Bien apparaît-elle comme une chose sur laquelle tout le monde est d'accord ; ce qu'on

La MORALE

1. L'homme : l'homme en tant que tel, et non l'homme en tant que ceci ou cela (charpentier, etc.).

désire encore, c'est que nous disions plus clairement quelle est la nature du bonheur. Peut-être pourrait-on y arriver si on déterminait la *fonction* de l'homme. De même, en effet, que dans le cas d'un joueur de flûte, d'un statuaire, ou d'un artiste quelconque, et en général pour tous ceux qui ont une fonction et une activité déterminée, c'est dans la fonction que réside, selon l'opinion courante, le bien, le « réussi », on peut penser qu'il en est ainsi pour l'homme[1], s'il est vrai qu'il y ait une certaine fonction spéciale à l'homme. Serait-il possible qu'un charpentier ou un cordonnier aient une fonction et une activité à exercer, mais que l'homme[1] n'en ait aucune et que la nature l'ait dispensé de toute œuvre à accomplir ? […]

Si nous posons que la fonction de l'homme consiste dans un certain genre de vie, c'est-à-dire dans une activité de l'âme et dans des actions accompagnées de raison ; si la fonction d'un homme vertueux est d'accomplir cette tâche, et de l'accomplir bien et avec succès, chaque chose au surplus étant bien accomplie quand elle l'est selon l'excellence qui lui est propre : – dans ces conditions, c'est donc que le bien pour l'homme consiste dans une activité de l'âme en accord avec la vertu, et, au cas de pluralité de vertus, en accord avec la plus excellente et la plus parfaite d'entre elles. Mais il faut ajouter : « et cela dans une vie accomplie jusqu'à son terme », car une hirondelle ne fait pas le printemps, ni non plus un seul jour : et ainsi la félicité et le bonheur ne sont pas davantage l'œuvre d'une seule journée, ni d'un bref espace de temps.

Aristote,
Éthique à Nicomaque (IVe siècle av. J.-C.), Livre I, chap. 6, 1097b, 1098a, trad. J. Tricot, Librairie philosophique J. Vrin, 1983, pp. 57-60.

Fiche Aristote p. 478

Épictète
[50-130]

4 Renoncer à ce qui n'est pas à notre portée

Épictète énonce ici la règle qui constituera le bréviaire des stoïciens et d'une partie de la philosophie occidentale pendant des siècles. On en trouvera des échos dans les textes qui suivent (Sénèque, texte 5, Augustin, texte 6, Descartes, texte 8, Schopenhauer, texte 10). Pour être heureux, il faut séparer ce qui dépend de nous et ce qui n'en dépend pas, et cesser de désirer ce qui n'est pas à notre portée.

Partage des choses : ce qui est à notre portée, ce qui est hors de notre portée. À notre portée le jugement, l'impulsion, le désir, l'aversion : en un mot, tout ce qui est notre œuvre propre ; hors de notre portée le corps, l'avoir, la réputation, le pouvoir : en un mot, tout ce qui n'est pas notre œuvre propre. Et si ce qui est à notre portée est par nature libre, sans empêchement, sans entrave, ce qui est hors de notre portée est inversement faible, esclave, empêché, étranger. Donc, rappelle-toi : si tu estimes libre ce qui par nature est esclave, et propre ce qui est étranger, tu seras entravé, tu prendras le deuil, le trouble t'envahira, tu feras des reproches aux dieux comme aux hommes, mais si tu estimes tien cela seul qui est tien, étranger, comme il l'est en effet, ce qui est étranger, personne, jamais, ne te contraindra, personne ne t'empêchera, à personne tu ne feras de reproche, tu n'accuseras personne, jamais, non, jamais tu n'agiras contre ton gré, d'ennemi, tu n'en auras pas, personne ne te nuira, car rien de nuisible non plus ne t'affectera.

Épictète,

Manuel (Iᵉʳ-IIᵉ siècle), I, 1-3, trad. É. Cattin, Éd. Flammarion, coll. « GF », 1997, p. 63.

Fiche Épictète p. 483

Sénèque

[2 ou 4 av. J.-C. -65 ap. J.-C.)]

1. Voir le texte intégral de la *Lettre à Ménécée*, pp. 424-427.

Fiche Sénèque p. 482

ANTIQUITÉ

5 Le bonheur, la santé et la philosophie

Dans les *Lettres* qu'il adresse à son élève et ami Lucilius Junior, le stoïcien Sénèque fournit des recommandations d'ordre très pratique, qui, rassemblées, dessinent une ligne de vie. Comme l'ensemble des Anciens, notamment Épicure[1], Sénèque admet que le « Souverain Bien », association du bonheur et de la vertu, est la fin suprême de toute existence. Il nous rappelle ici que la clef du bonheur est la santé, non du corps, mais de l'âme.

C'était une coutume d'autrefois, conservée jusqu'à mon époque, d'ajouter à l'en-tête d'une lettre : « si tu es en bonne santé, c'est bien, quant à moi, je le suis ». Nous, à bon droit, nous disons : « si tu philosophes, c'est bien ». Cela est, en effet, proprement être en bonne santé. Sans cela, l'âme est malade ; le
5 corps aussi, même s'il possède de grandes forces, n'a que la robuste santé d'un fou furieux ou frénétique.

Prends donc soin principalement de cette santé-là, puis de l'autre aussi, qui est seconde et ne te coûtera pas grand-chose si tu veux être en bonne santé. Il est sot, en effet, mon cher Lucilius, et très peu convenable pour un
10 homme cultivé de s'occuper à faire de la musculation, à s'élargir la nuque et à se fortifier les pectoraux. Quand tu auras eu la chance de grossir et que tes muscles auront gonflé, jamais tu n'égaleras les forces ni le poids d'un bœuf gras ! Ajoute maintenant que sous le bagage trop important du corps, l'âme est étouffée et rendue moins agile. C'est pourquoi autant que tu le peux,
15 assigne une limite à ton corps et mets ton âme au large. […]

Quoi que tu feras, reviens vite du corps à l'âme ; elle, exerce-la jour et nuit. Un effort modéré suffit à l'alimenter ; ni le froid ni la chaleur n'empêcheront de l'exercer, pas même la vieillesse. Prends soin de ce bien qui s'améliore avec l'âge.

Sénèque,

Lettres à Lucilius : 1-29 (62), 15, trad. M.-A. Jourdan-Gueyer, Éd. Flammarion, coll. « GF », 1992, pp. 94-95.

Augustin

[354-430]

ANTIQUITÉ

6 Vraie et fausse patience

Où trouver le courage et la force d'endurer avec calme toutes les souffrances, les déceptions, les peines qui jalonnent notre existence ? Augustin fait observer ici que nous possédons des ressources d'endurance insoupçonnées, mais bien mal exploitées.

La morale

Le bonheur **415**

II. 2. La patience de l'homme, celle qui est franche, louable et digne du nom de vertu, consiste à supporter les maux, le cœur tranquille, pour n'avoir pas à perdre, par défaut de sérénité, des biens qui nous conduisent à de plus grands. Les impatients, en effet, qui se refusent à supporter les
5 maux, n'arrivent pas à leur échapper et s'exposent à en souffrir de plus graves encore. Les patients, au contraire, aiment mieux supporter les maux sans en commettre, que d'en commettre en ne les supportant pas. Ils allègent par leur patience le poids de ceux qu'ils souffrent, et en évitent de plus lourds, sous lesquels l'impatience les ferait ployer. Car ne faiblis-
10 sant pas sous les maux temporels et passagers, ils ne risquent pas de perdre les biens immenses de l'éternité. Comme le dit l'Apôtre : « Que sont les souffrances de cette vie, comparées à la gloire future qui sera révélée en nous ? » (*Rom.* VIII, 18) et comme il dit ailleurs : « Ce qu'il y a de léger et de transitoire dans notre tribulation produira le poids sans
15 mesure et sans fin de la gloire éternelle » (*II Cor.* IV, 17).

III. 3. Considérons donc, frères bien-aimés, combien de peines et de douleurs les hommes supportent pour des objets qui flattent leurs vices et qu'ils sont d'autant plus malheureux de les désirer qu'ils croient être plus heureux en les possédant. À quels dangers, à quels tourments ne s'exposent-ils
20 pas avec une patience inlassable pour de fausses richesses, de vains honneurs, de frivoles plaisirs ! Nous avons sous les yeux les passionnés de l'argent, de la gloire, de la volupté. Pour atteindre l'objet de leur convoitise et ne pas le perdre quand ils l'ont obtenu, ils supportent la chaleur, la pluie, le froid, les flots, l'ouragan, la tempête, les dures fatigues et les chances
25 incertaines de la guerre, les blessures les plus horribles. Et ils le font non pas sous le coup d'une nécessité inévitable, mais par un acte répréhensible de leur volonté.

Augustin,
Problèmes moraux (417), tome II, « La patience », trad. G. Combès,
Éd. Desclée de Brouwer et Cie, 1948, pp. 533-535.

📄 Fiche Augustin p. 487

Pascal
[1623-1662]

7 Insaisissable bonheur, dérisoire divertissement

La plupart des hommes redoutent la solitude et l'ennui. Pour y échapper, ils se passionnent parfois pour des activités qui ne leur apportent pas le bonheur mais parviennent à les distraire ou à les égayer momentanément.

133-168. Divertissement.
　Les hommes n'ayant pu guérir la mort, la misère, l'ignorance, ils se sont avisés, pour se rendre heureux, de n'y point penser.

136-139. [...] *(L'unique bien des hommes consiste donc à être divertis de penser à*
5 *leur condition ou par une occupation qui les en détourne, ou par quelque passion agréable et nouvelle qui les occupe, ou par le jeu, la chasse, quelque spectacle attachant, et enfin par ce qu'on appelle divertissement.)*

De là vient que le jeu et la conversation des femmes, la guerre, les grands emplois sont si recherchés. Ce n'est pas qu'il y ait en effet du bonheur, ni qu'on s'imagine que la vraie béatitude soit d'avoir l'argent qu'on peut gagner au jeu, ou dans le lièvre qu'on court ; on n'en voudrait pas s'il était offert. Ce n'est pas cet usage mol et paisible et qui nous laisse penser à notre malheureuse condition qu'on recherche, ni les dangers de la guerre, ni la peine des emplois, mais c'est le tracas qui nous détourne d'y penser et nous divertit. Raison pourquoi on aime mieux la chasse que la prise.

De là vient que les hommes aiment tant le bruit et le remuement. De là vient que la prison est un supplice si horrible, de là vient que le plaisir de la solitude est une chose incompréhensible. Et c'est enfin le plus grand sujet de félicité de la condition des rois, de ce qu'on essaie sans cesse à les divertir et à leur procurer toutes sortes de plaisirs. Le roi est environné de gens qui ne pensent qu'à divertir le roi et à l'empêcher de penser à lui. Car il est malheureux tout roi qu'il est s'il y pense.

Blaise Pascal,
Les Pensées (1670), in *Œuvres complètes,* Éd. du Seuil, 1963, pp. 516-517.

📄 Fiche Pascal p. 497

À L'ÉPOQUE

En 1654, un ami de Pascal, le chevalier de Méré, lui soumet un problème lié au partage des gains dans une partie interrompue. Pour y répondre, Pascal élabore les fondements du calcul des probabilités, dont il reprend les idées, à des fins théologiques, dans son pari sur l'existence de Dieu.

Descartes
[1596-1650]

XVIIᵉ SIÈCLE

8 Vivre le plus heureusement possible

La morale que Descartes élabore ici pour « vivre le plus heureusement » possible est non une morale définitive et certaine, mais une morale « par provision », à laquelle il faut se tenir tant qu'on n'a pas obtenu une vision certaine de ce qu'il faut faire. Contrairement à la connaissance, cette morale de l'action n'écarte ni le probable, ni la coutume, ni le douteux.

Et enfin, comme ce n'est pas assez, avant de commencer à rebâtir le logis où on demeure, que de l'abattre, et de faire provision de matériaux et d'architectes, ou s'exercer soi-même à l'architecture, et outre cela d'en avoir soigneusement tracé de dessin, mais qu'il faut aussi s'être pourvu de quelque autre où on puisse être logé commodément pendant le temps qu'on y travaillera ; ainsi, afin que je ne demeurasse point irrésolu en mes actions, pendant que la raison m'obligerait de l'être en mes jugements, et que je ne laissasse pas de vivre dès lors le plus heureusement que je pourrais, je me formai une morale par provision, qui ne consistait qu'en trois ou quatre maximes dont je veux bien vous faire part. La première était d'obéir aux lois et aux coutumes de mon pays, retenant constamment la religion en laquelle Dieu m'a fait la grâce d'être instruit dès mon enfance, et me gouvernant en toute autre chose suivant les opinions les plus modérées et les plus éloignées de l'excès qui fussent communément reçues en pratique par les mieux sensés de ceux avec lesquels j'aurais à vivre. Car, commençant dès lors à ne compter pour rien les miennes propres, à cause que je les voulais remettre toutes à l'examen, j'étais assuré de ne pouvoir mieux que de suivre celles des mieux sensés […] Ma seconde maxime était d'être le plus ferme et le plus résolu en mes actions que je pourrais, et de ne suivre pas moins constamment les opinions les plus douteuses

lorsque je m'y serais une fois déterminé, que si elles eussent été très assurées : imitant en ceci les voyageurs, qui, se trouvant égarés en quelque forêt, ne doivent pas errer en tournoyant tantôt d'un côté tantôt d'un autre, ni encore moins s'arrêter en une place, mais marcher toujours le
25 plus droit qu'ils peuvent vers un même côté, et ne le changer point pour de faibles raisons, encore que ce n'ait peut-être été au commencement que le hasard seul qui les ait déterminés à le choisir ; car, par ce moyen, s'ils ne vont justement où ils désirent, ils arriveront au moins à la fin quelque part où vraisemblablement ils seront mieux que dans le milieu
30 d'une forêt. [...] Ma troisième maxime[1] était de tâcher toujours plutôt à me vaincre que la fortune, et à changer mes désirs que l'ordre du monde, et généralement de m'accoutumer à croire qu'il n'y a rien qui soit entièrement en notre pouvoir que nos pensées, en sorte qu'après que nous avons fait notre mieux touchant les choses qui nous sont extérieures, tout ce qui
35 manque de nous réussir est au regard de nous absolument impossible.

René Descartes,
Discours de la méthode (1637), Troisième Partie,
Éd. Gallimard, coll. « Bibliothèque de la Pléiade », 1966, pp. 141-142.

1. Voir aussi Le désir, texte 4, p. 75.

📄 Fiche Descartes p. 496

Kant
[1724-1804]

9 Le bonheur idéal de l'imagination

Peut-on fonder une ligne de conduite, une morale, sur la recherche du bonheur ? La position de Kant constitue une rupture dans l'histoire des idées morales. Contrairement aux Anciens en effet, Kant ne tient pas pour plausible l'association du bonheur et de la vertu, du moins dans ce monde-ci[1]. En outre, il observe que le bonheur n'est pas aisé à définir. Dans ces conditions, on ne voit pas bien comment il pourrait être à la source d'une règle de vie claire et valable pour chacun d'entre nous.

Mais, par malheur, le concept du bonheur est un concept si indéterminé, que, malgré le désir qu'a tout homme d'arriver à être heureux, personne ne peut jamais dire en termes précis et cohérents ce que véritablement il désire et il veut. La raison en est que tous les éléments qui font partie du concept
5 du bonheur sont dans leur ensemble empiriques, c'est-à-dire qu'ils doivent être empruntés à l'expérience, et que cependant pour l'idée du bonheur un tout absolu, un maximum de bien-être dans mon état présent et dans toute ma condition future, est nécessaire. Or il est impossible qu'un être fini, si perspicace et en même temps si puissant qu'on le suppose, se fasse un
10 concept déterminé de ce qu'il veut ici véritablement. Veut-il la richesse ? Que de soucis, que d'envie, que de pièges ne peut-il pas par là attirer sur sa tête ! Veut-il beaucoup de connaissance et de lumières ? Peut-être cela ne fera-t-il que lui donner un regard plus pénétrant pour lui représenter d'une manière d'autant plus terrible les maux qui jusqu'à présent se dérobent
15 encore à sa vue et qui sont pourtant inévitables, ou bien que charger de plus de besoins encore ses désirs qu'il a déjà bien assez de peine à satisfaire. Veut-il une longue vie ? Qui lui répond que ce ne serait pas une longue

1. Mais peut-être le bonheur sera-t-il proportionné à la vertu dans un autre monde. Kant ne l'exclut pas. Mais il n'existe aucun savoir concernant l'existence de Dieu, et d'un tel monde, selon Kant.

souffrance ? Veut-il du moins la santé ? Que de fois l'indisposition du corps
a détourné d'excès où aurait fait tomber une santé parfaite, etc. ! Bref, il est
20 incapable de déterminer avec une entière certitude d'après quelque principe ce qui le rendrait véritablement heureux : pour cela il lui faudrait
l'omniscience. On ne peut donc pas agir, pour être heureux, d'après des
principes déterminés, mais seulement d'après des conseils empiriques,
qui recommandent, par exemple, un régime sévère, l'économie, la politesse,
25 la réserve, etc., toutes choses qui, selon les enseignements de l'expérience,
contribuent en thèse générale[2] pour la plus grande part au bien-être. Il suit
de là que les impératifs de la prudence, à parler exactement, ne peuvent
commander en rien, c'est-à-dire représenter des actions de manière objective comme pratiquement *nécessaires*, qu'il faut les tenir plutôt pour des
30 conseils (*consilia*) que pour des commandements (*praecepta*) de la raison :
le problème qui consiste à déterminer d'une façon sûre et générale quelle
action peut favoriser le bonheur d'un être raisonnable est un problème
tout à fait insoluble […].

Emmanuel Kant,
Fondements de la métaphysique des mœurs (1785),
section II, trad. V. Delbos, Éd. Delagrave, 1997, pp. 131-132.

2. En thèse générale :
en règle générale.

Fiche Kant p. 509

Schopenhauer
[1788-1860]

🔟 Une question de personnalité

Nous devons tous composer avec une certaine quantité de souffrances. Mais certains hommes les supportent beaucoup plus difficilement que d'autres. Schopenhauer se demande si la nature de chacun n'est pas déterminante pour expliquer les différentes qualités de vie, ou bien, en d'autres termes, l'aptitude au bonheur que chacun porterait en lui-même, mais avec des degrés variables.

Les efforts incessants de l'homme, pour chasser la douleur, n'aboutissent
qu'à la faire changer de face. À l'origine, elle est privation, besoin, souci
pour la conservation de la vie. Réussissez-vous (rude tâche !) à chasser la
douleur sous cette forme, elle revient sous mille autres figures, changeant
5 avec l'âge et les circonstances ; elle se fait désir charnel, amour passionné,
jalousie, envie, haine, inquiétude, ambition, avarice, maladie et tant
d'autres maux, tant d'autres ! Enfin, si, pour s'introduire, nul autre
déguisement ne lui réussit plus, elle prend l'aspect triste, lugubre, du
dégoût, de l'ennui ; que de défenses n'a-t-on pas imaginées contre eux !
10 Enfin, si vous parvenez à la conjurer encore sous cette forme, ce ne sera
pas sans peine, ni sans laisser rentrer la souffrance sous quelque autre des
aspects précédents ; et alors, la ronde recommence ; entre la douleur et
l'ennui, la vie oscille sans cesse. Pensée désespérante ! Pourtant regardez-y
bien, elle a un autre aspect, celui-là consolant[1], propre même peut-être à
15 nous inspirer contre nos maux présents une indifférence stoïque. Ce qui
nous les fait supporter avec impatience, c'est surtout la pensée qu'ils sont
fortuits, ayant été amenés par une série de causes qui bien facilement

1. Il est consolant en effet de
reconnaître que le bonheur
est en nous-mêmes, qu'il
dépend de nous, en tout cas
dans une certaine mesure.

Le bonheur **419**

auraient pu s'arranger d'une autre façon. Car, lorsqu'il s'agit de maux nécessaires par eux-mêmes, généraux, comme la vieillesse et la mort, et ces
20 petites misères qui sont de tous les jours, nous n'allons pas nous en mettre en peine. C'est bien l'idée que nos maux sont accidentels, qui leur donne leur aiguillon. Mais si nous comprenions clairement que la douleur, en elle-même, est naturelle à ce qui vit et inévitable ; que seule son apparence, la forme sous laquelle elle se manifeste, dépend du hasard ; qu'ainsi
25 la douleur présente remplit simplement une place où, à défaut d'elle, quelque autre viendrait se mettre, qu'elle nous sauve par là de cette autre ; qu'enfin la destinée, au fond, a bien peu de prise sur nous ; toutes ces réflexions, si elles devenaient une pensée vraiment vivante en nous, nous mèneraient assez loin dans la sérénité stoïque[2] et allégeraient grandement
30 le soin que nous prenons de notre bonheur personnel [...].

Mais qu'on y songe un peu ; la douleur est donc inévitable ; les souffrances se chassent l'une l'autre ; celle-ci ne vient que pour prendre la place de la précédente. De là une hypothèse paradoxale, non pas absurde pourtant ; chaque individu aurait une part déterminée de souffrance, cela
35 par essence ; c'est sa nature qui une fois pour toutes lui fixerait sa mesure ; cette mesure ne saurait rester vide, ni déborder, quelque forme d'ailleurs que la douleur pût prendre. Ce qui déterminerait la quantité de maux et de biens à lui réservée, ce ne serait donc pas une puissance extérieure, mais cette mesure même, cette disposition innée.

Arthur Schopenhauer,
Le Monde comme volonté et comme représentation (1818),
Livre IV, second point de vue, trad. A. Burdeau, Éd. des PUF, 1966, pp. 398-399.

2. Le stoïcisme a un aspect surhumain. Schopenhauer donne au contraire ici des conseils pragmatiques, et qui relèvent du bon sens.

Fiche Schopenhauer p. 511

Nietzsche
[1844-1900]

11 Bienheureuse insouciance animale

C'est à juste titre, selon Nietzsche, que nous envions l'insouciance des animaux. Car la capacité d'oublier, l'indifférence au passé, ainsi sans doute qu'à l'avenir, semblent être les conditions *sine qua non* du bonheur. Mais pourrions-nous vivre sans passé ? Comme les bêtes ?

L'homme demanda peut-être un jour à l'animal : « Pourquoi ne me parles-tu pas de ton bonheur, pourquoi restes-tu là à me regarder ? » L'animal voulut répondre, et lui dire : « Cela vient de ce que j'oublie immédiatement ce que je voulais dire » – mais il oublia aussi cette réponse, et resta muet – et
5 l'homme de s'étonner.

Mais il s'étonne aussi de lui-même, de ne pouvoir apprendre l'oubli et de toujours rester prisonnier du passé : aussi loin, aussi vite qu'il coure, sa chaîne court avec lui. C'est un véritable prodige : l'instant, aussi vite arrivé qu'évanoui, aussitôt échappé du néant que rattrapé par lui, revient
10 cependant comme un fantôme troubler la paix d'un instant ultérieur. L'une après l'autre, les feuilles se détachent du registre du temps, tombent en virevoltant, puis reviennent soudain se poser sur les genoux de l'homme. Celui-ci dit alors : « Je me souviens », et il envie l'animal qui

oublie immédiatement et voit réellement mourir chaque instant, retombé
15 dans la nuit et le brouillard, à jamais évanoui. L'animal, en effet, vit de
manière *non historique* : il se résout entièrement dans le présent comme
un chiffre qui se divise sans laisser de reste singulier, il ne sait simuler, ne
cache rien et, apparaissant à chaque seconde tel qu'il est, ne peut donc être
que sincère. L'homme, en revanche, s'arc-boute contre la charge toujours
20 plus écrasante du passé, qui le jette à terre ou le couche sur le flanc, qui
entrave sa marche comme un obscur et invisible fardeau. Ce fardeau, il
peut à l'occasion affecter de le nier et, dans le commerce de ses semblables,
ne le nie que trop volontiers afin d'éveiller leur envie. Mais il s'émeut,
comme au souvenir d'un paradis perdu, en voyant le troupeau à la pâture
25 ou bien, plus proche et plus familier, l'enfant qui n'a pas encore un passé
à nier et qui joue, aveugle et comblé, entre les barrières du passé et de
l'avenir. Il faudra pourtant que son jeu soit troublé, et on ne viendra que
trop tôt l'arracher à son inconscience. Il apprendra alors à comprendre le
mot « c'était », formule qui livre l'homme aux combats, à la souffrance et
30 au dégoût, et lui rappelle que son existence n'est au fond rien d'autre
qu'un éternel imparfait.

Friedrich Nietzsche,
Considérations inactuelles II (1873),
trad. P. Rusch, Éd. Gallimard, coll. « Folio Essais », 1990, pp. 95-96.

Fiche Nietzsche p. 518

À L'ÉPOQUE
Le 3 janvier 1889, alors
qu'il séjourne à Turin,
Nietzsche sombre dans
la folie, en voyant un
cocher battre violemment
son cheval. De 1892
à sa mort en 1900,
il survit dans un état
mental très dégradé.

Freud

[1856-1939]

1. Désirance : aspiration.

XXᵉ SIÈCLE

12 Progrès et bonheur

**Sans doute les progrès techniques améliorent-ils nos conditions de vie, à
bien des égards – c'est vrai en tout cas pour ceux qui ont la chance de
pouvoir en bénéficier. Il n'est pas sûr pour autant qu'ils nous garantissent
plus de joies, plus de satisfaction globale, en un mot plus de bonheur.**

Au cours des dernières générations, les hommes ont fait des progrès
extraordinaires dans les sciences de la nature et dans leur application
technique, consolidant leur domination sur la nature d'une façon que l'on
ne pouvait se représenter auparavant. Les détails de ces progrès sont géné-
5 ralement connus, il est superflu de les énumérer. Les hommes sont fiers de
ces conquêtes et ont le droit de l'être. Mais ils croient avoir remarqué que
cette possibilité nouvellement acquise de disposer de l'espace et du temps,
cette soumission des forces de la nature, accomplissement d'une désirance[1]
millénaire, n'ont pas augmenté le degré de satisfaction, de plaisir qu'ils
10 attendent de la vie, ne les ont pas, d'après ce qu'ils ressentent, rendus plus
heureux. On devrait se contenter de tirer de cette constatation la conclusion que le pouvoir sur la nature n'est pas l'unique condition du bonheur
humain, de même, bien sûr, qu'il n'est pas l'unique but des tendances de
la culture, et non pas en déduire la non-valeur des progrès techniques
15 pour notre économie du bonheur. On serait tenté de faire cette objection :
n'est-ce donc pas un gain de plaisir positif, un surcroît sans équivoque de
sentiment de bonheur, que de pouvoir entendre aussi souvent qu'il me

LA MORALE

Le bonheur **421**

plaît la voix de l'enfant qui vit loin de moi, à des centaines de kilomètres de distance, que de pouvoir apprendre dans les temps les plus brefs, après
20 le débarquement de l'ami, qu'il s'est bien tiré de son long et pénible voyage ? Cela ne signifie-t-il rien que la médecine ait réussi à abaisser de manière aussi extraordinaire la mortalité des petits enfants, le danger d'infection pour les femmes qui enfantent, et même à prolonger d'un nombre considérable d'années la durée de vie moyenne de l'homme de la
25 culture ? Et à ces bienfaits, que nous devons à cette ère si décriée des progrès scientifiques et techniques, nous pouvons encore en ajouter toute une longue série ; mais voici que la voix de la critique pessimiste se fait entendre et rappelle que la plupart de ces satisfactions suivent le modèle de ce « contentement à bon marché » qui est préconisé dans une certaine
30 anecdote. On se procure cette jouissance en sortant une jambe nue de la couverture par une froide nuit d'hiver pour ensuite la rentrer. S'il n'y avait pas de chemin de fer pour surmonter les distances, l'enfant n'aurait jamais quitté sa ville natale, on n'aurait pas besoin de téléphone pour entendre sa voix. Si la navigation par delà l'océan n'était pas là, l'ami
35 n'aurait pas entrepris le voyage par mer. Je n'aurais pas besoin de télé-graphe pour apaiser le souci que je me fais pour lui. À quoi nous sert la réduction de la mortalité infantile, si précisément elle nous impose la plus extrême retenue dans la procréation, de sorte que dans l'ensemble nous n'élevons, malgré tout, pas plus d'enfants que dans les temps antérieurs
40 au règne de l'hygiène […] ? Et enfin, à quoi bon une longue vie, si elle est pénible, pauvre en joies et si chargée de souffrances que nous ne pouvons accueillir la mort qu'en rédempteur ?

Sigmund Freud,
Le Malaise dans la culture (1930), trad. P. Cotet, R. Lainé et J. Stute-Cadiot,
Éd. des PUF, coll. « Quadrige », 1995, pp. 91-92.

À L'ÉPOQUE

Dans *Le Malaise dans la culture,* Freud montre que l'homme civilisé ne peut par définition être heureux, car il est sans cesse tiraillé entre la recherche du plaisir et les contraintes de la réalité.

Fiche Freud p. 519

Jankélévitch
[1903-1985]

13 La « mélancolie du bonheur »

« Tout dans le monde se laisse supporter/Sauf une série de beaux jours » écrivait Goethe[1]. C'est également ce qu'observe ici Jankélévitch. Le bonheur, constant, voire définitif, serait aussi monotone qu'un disque rayé. Mais un tel « bonheur » est-il autre chose qu'un pur fantasme ?

Comme une raison trop raisonnable tourne en déraison, ainsi un bonheur trop heureux se renverse : car la décadence commence avec l'apogée, et le mieux est l'ennemi du bien. Faire l'ange, ici, ce n'est pas seulement exa-gérer, mais encore prolonger et pérenniser : car l'ennui, s'il commence
5 au-delà d'un certain degré, commence aussi au-delà de l'instant. La confusion de l'instant et de l'intervalle, l'imprudente continuation d'un superlatif qui ne peut être que ponctuel, la méconnaissance enfin de l'apparition disparaissante, – toutes ces causes conspirent à notre décep-tion. La faillite du bonheur, autrement dit l'ennui, tient avant tout au
10 pourrissement, à l'avachissement de l'instant dans l'intervalle. Notre

1. In *Sentences*, vers 84-85.

déconvenue commence au premier effort que nous faisons pour stabiliser le plaisir et lui donner la dimension de l'eudémonie[2], pour prolonger en contact permanent la tangence fugitive d'une seconde. Comme le solstice ne dure qu'un jour, ainsi la conscience bienheureuse, parvenue au faîte de
15 la béatitude, ne s'y maintient que l'espace d'un instant : ce n'est pas tant la perfection qui est inaccessible, c'est plutôt le maximum qui est instable ; on peut y atteindre, mais on ne peut pas s'y tenir ! [...] La « mélancolie du bonheur » ne tient pas uniquement à la conscience de sa fragilité, c'est-à-dire des circonstances instables dont il exige la réunion et des
20 accidents auxquels il se sait exposé ; cette mélancolie, qui passe sur son front comme une ombre imperceptible et qui ternit toute gaieté, elle s'exhale du centre même de notre plaisir ; elle ne va pas du dehors au dedans, mais du dedans au dehors. Appelons béatitude un bonheur absolument positif et sans mélange, un bonheur dont nul soupçon ne troublerait
25 la pureté : la béatitude, si tant est qu'un homme puisse la concevoir, serait l'« extrême » qui ne vire pas, qui reste stable, malgré sa tension, et intact, et translucide, et garde son bel orient. Mais notre finitude est si irrémédiable qu'une pareille situation, bienheureux bonheur ou génialité créatrice, ne saurait se prolonger au-delà de l'instant sans tourner au radotage : la joie,
30 présent instantané, est tout ce que nous connaîtrons d'un bonheur-éternel, comme l'intuition, entrevision instantanée, est tout ce qui nous est concédé aux lieu et place d'une gnose[3] permanente, comme le courage instantané, fulguration et clignotement d'un millième de seconde, remplacera pour nous un héroïsme habituel décidément inaccessible et surhumain. La joie,
35 qui est une émotion, une sorte de raptus[4], n'aura pas le temps de s'ennuyer.

Vladimir Jankélévitch,
L'Aventure, l'Ennui, le Sérieux (1953), in *Philosophie morale*,
Éd. Flammarion, 1998, pp. 884-885.

Épicure

[341-270 av. J.-C.]

Lettre à Ménécée

***Lettre à Ménécée* est un résumé de la morale d'Épicure. Il s'y oppose à la fondation traditionnelle de la morale sur la condamnation des plaisirs et sur la peur des châtiments divins qui attendent le coupable après la mort. La vraie morale – qui a pour but le bonheur du sage, semblable à un dieu parmi les hommes – prend au contraire le plaisir comme commencement et fin, mais uniquement en tant que satisfaction des désirs naturels. Cette morale rejette l'idée superstitieuse d'un châtiment divin et s'oppose à la peur de la mort, en rappelant que la mort n'est rien pour nous, puisque nous ne pouvons pas la vivre. Cette morale suppose une compréhension corporelle et mortelle de l'âme, développée dans la *Lettre à Hérodote*: la morale épicurienne est fondée sur sa physique.**

1] Quand on est jeune, il ne faut pas attendre pour philosopher et quand on est vieux, on ne doit pas se lasser de la philosophie, car personne n'est trop jeune ni trop vieux pour prendre soin de son âme. Dire qu'il est trop tôt ou trop tard pour faire de la philosophie, cela revient à dire que l'heure d'être
5 heureux n'est pas venue encore ou qu'elle a déjà passé. Ainsi le jeune homme comme l'homme âgé doivent philosopher. L'homme âgé afin de rajeunir au souvenir des bonnes choses qu'il a vécues dans le passé, le jeune homme afin d'être, malgré sa jeunesse, aussi serein et exempt de craintes devant l'avenir qu'un homme plus âgé.

10 **2]** Dès lors, il faut rechercher ce qui nous rend heureux, puisque avec le bonheur nous avons tout ce qu'il nous faut, alors que si nous ne sommes pas heureux, nous faisons tout pour avoir ce bonheur.

3] Suis et pratique l'enseignement que je ne cesse de te prodiguer et comprends qu'il y va des principes de la vie heureuse.

15 **4]** Et d'abord songe qu'un dieu est un être immortel et bienheureux, conformément à l'idée que nous en avons. Ne lui attribue rien qui contredise cette immortalité et cette béatitude, par contre accorde-lui tout ce qui convient à l'immortalité et à la béatitude, car l'évidente connaissance que nous avons des dieux montre bien qu'ils existent.

⊠ Repère
CROIRE / SAVOIR,
p. 438

20 **5]** Seulement ils ne sont pas comme le croit la multitude. Et nier les dieux de la multitude, ce n'est pas être impie. L'impie n'est pas celui qui nie les dieux de la multitude, mais celui qui attache aux dieux ce que la multitude leur prête dans ses opinions. Car ces dernières, loin d'être des intuitions justes, sont des suppositions fallacieuses; c'est de là que vient l'idée que les
25 dieux sont responsables du mal qui advient aux méchants et du bien

répandu sur les bons. C'est que la multitude est prisonnière des idées qu'elle se fait de la vertu, elle veut des dieux qui s'y conforment et rejette tout ce qui est différent.

6] Maintenant habitue-toi à la pensée que la mort n'est rien pour nous, puisqu'il n'y a de bien et de mal que dans la sensation et que la mort est absence de sensation. Par conséquent, si l'on considère avec justesse que la mort n'est rien pour nous, l'on pourra jouir de sa vie mortelle. On cessera de l'augmenter d'un temps infini et l'on supprimera le regret de n'être pas éternel. Car il ne reste plus rien d'affreux dans la vie quand on a parfaitement compris que la mort n'a rien d'effrayant. Il faut donc être sot pour dire avoir peur de la mort, non pas parce qu'on souffrira lorsqu'elle arrivera, mais parce qu'on souffre de ce qu'elle doit arriver. Car si une chose ne nous cause aucune douleur par sa présence, l'inquiétude qui est attachée à son attente est sans fondement.

7] Ainsi le mal qui nous effraie le plus, la mort, n'est rien pour nous, puisque lorsque nous existons la mort n'est pas là et lorsque la mort est là, nous n'existons pas. Donc la mort n'est rien pour ceux qui sont en vie, puisqu'elle n'a pas d'existence pour eux, et elle n'est rien pour les morts, puisqu'ils n'existent plus.

8] Mais la plupart des gens tantôt fuient la mort comme le pire des maux, tantôt la désirent comme le terme des souffrances de la vie. Le sage, lui, ne craint pas de vivre: car la vie n'est pas un poids pour lui; mais il ne considère pas non plus le fait de ne pas vivre comme un mal. De même qu'il ne préfère pas une nourriture très abondante à une nourriture très savoureuse, de même, pour le temps, il ne cherche pas à jouir du plus long, mais du plus agréable. Et ceux qui enjoignent au jeune homme de vivre bien et au vieillard de bien mourir disent une niaiserie: d'abord parce que le vieillard aussi goûte la douceur de vivre, et surtout parce que méditer sur la façon de bien vivre et sur la façon de bien mourir, c'est la même chose. Plus niais encore est celui qui tient qu'il vaut mieux ne pas naître et «une fois né, franchir au plus tôt les portes de l'Hadès». S'il croit cela, que ne quitte-t-il la vie? Il en a les moyens s'il le voulait vraiment! Si ce n'est là que raillerie, il se montre léger sur un sujet qui n'est pas frivole.

9] Ainsi, songe que l'avenir n'est ni tout à fait à nous, ni tout à fait hors de nos prises, afin de ne pas l'attendre, comme s'il devait se réaliser à coup sûr et cependant de ne pas désespérer, comme s'il était assuré qu'il dût ne pas arriver.

10] Maintenant, il faut parvenir à penser que, parmi les désirs, certains sont naturels, d'autres sont vains. Parmi les désirs naturels, certains sont nécessaires, d'autres sont simplement naturels. Parmi les désirs nécessaires, les uns le sont pour le bonheur, d'autres pour le calme du corps, d'autres enfin simplement pour le fait de vivre. En effet, une vision claire de ces différents désirs permet à chaque fois de choisir ou de refuser quelque chose, en fonction de ce qu'il contribue ou non à la santé du

◢ Repère
**Contingent
/ nécessaire
/ possible,**
p. 437

La morale

70 corps et à la sérénité de l'âme, puisque ce sont ces deux éléments qui constituent la vie heureuse dans sa perfection. Car nous n'agissons qu'en vue d'un seul but : écarter de nous la douleur et l'angoisse. Lorsque nous y sommes parvenus, les orages de l'âme se dispersent, puisque l'être vivant ne s'achemine plus vers quelque chose qui lui manque, et ne peut
75 rien rechercher de plus pour le bien de l'âme et du corps. En effet, nous ne sommes en quête du plaisir que lorsque nous souffrons de son absence. Mais quand nous n'en souffrons pas, nous ne ressentons pas le manque de plaisir.

➜ Repère
Cause / FIN,
p. 437

11] Et c'est pourquoi nous disons que le plaisir est le commencement et la
80 fin de la vie heureuse. Car il est le premier des biens naturels. Il est au principe de nos choix et refus, il est le terme auquel nous atteignons chaque fois que nous décidons quelque chose, avec, comme critère du bien, notre sensibilité. Précisément parce qu'il est le bien premier, épousant notre nature, pour cela précisément nous ne recherchons pas tout plaisir. Il est
85 des cas où nous méprisons bien des plaisirs : lorsqu'ils doivent avoir pour suite des désagréments qui les surpassent ; et nous estimons bien des douleurs meilleures que les plaisirs : lorsque, après les avoir supportées longtemps, le plaisir qui les suit est plus grand pour nous. Tout plaisir est en tant que tel un bien et cependant il ne faut pas rechercher tout plaisir ; de
90 même la douleur est toujours un mal, pourtant elle n'est pas toujours à rejeter. Il faut en juger à chaque fois, en examinant et comparant avantages et désavantages, car parfois nous traitons le bien comme un mal, parfois au contraire nous traitons le mal comme un bien.

12] C'est un grand bien, croyons-nous, que de savoir se suffire à soi-même,
95 non pas qu'il faille toujours vivre de peu en général, mais parce que si nous n'avons pas l'abondance, nous saurons être contents de peu, bien convaincus que ceux-là jouissent le mieux de l'opulence, qui en ont le moins besoin. Tout ce qui est naturel s'acquiert aisément, malaisément ce qui ne l'est pas. Les saveurs ordinaires réjouissent à l'égal de la magnifi-
100 cence dès lors que la douleur venue du manque est supprimée. Le pain et l'eau rendent fort vif le plaisir, quand on en fut privé. Ainsi, l'habitude d'une nourriture simple et non somptueuse porte à la plénitude de la santé, elle rend l'homme capable d'accomplir aisément ses occupations, elle nous permet de mieux jouir des nourritures coûteuses quand, par
105 intermittence, nous nous en approchons, elle nous enlève toute crainte des coups de la fortune. Partant, quand nous disons que le plaisir est le but de la vie, il ne s'agit pas des plaisirs déréglés ni des jouissances luxurieuses ainsi que le prétendent ceux qui ne nous connaissent pas, nous com-prennent mal ou s'opposent à nous. Par plaisir, c'est bien l'absence de
110 douleur dans le corps et de trouble dans l'âme qu'il faut entendre. Car la vie de plaisir ne se trouve pas dans d'incessants banquets et fêtes, ni dans la fréquentation de jeunes garçons et de femmes, ni dans la saveur des poissons et des autres plats qui ornent les tables magnifiques, elle est dans un raisonnement vigilant qui s'interroge sur les raisons d'un choix ou
115 d'un refus, délaissant l'opinion qui avant tout fait le désordre de l'âme.

13] Au principe de tout cela se trouve le plus grand des biens : la prudence. Elle est plus précieuse encore que la philosophie, puisque les autres vertus procèdent d'elle naturellement car elle enseigne qu'une vie sans prudence ni bonté ni justice ne saurait être heureuse et qu'on ne peut pratiquer ces vertus
120 sans être heureux. De fait, les vertus se trouvent naturellement liées à la vie heureuse, de même que la vie heureuse ne se sépare point de ces vertus.

14] Maintenant songe si l'on peut surpasser un homme qui a une pensée juste relativement aux dieux, qui toujours reste sans crainte devant la mort, qui a mené à terme son raisonnement sur le but de la nature. Il voit
125 distinctement à quel point on peut aisément atteindre et posséder le comble du bien, à quel point les limites du mal sont réduites, quant à la durée ou à l'intensité.

15] Il perce à jour cette fatalité dont certains font la maîtresse du monde. [Si certaines choses dépendent de la fortune, d'autres proviennent de nous.
130 À la nécessité on ne saurait imputer une responsabilité. Le hasard, lui, est chose instable ; seul notre pouvoir propre, sans autre maître que nous-mêmes, est naturellement susceptible de blâme ou d'éloge.]

[16] D'ailleurs mieux vaudrait encore adopter les fables relatives aux dieux que de s'inféoder au destin des « physiciens », car du moins les fables
135 donnent à espérer que les dieux fléchiront devant nos prières, alors que ce destin impose un cours inexorable.

17] Il ne faut pas avoir le préjugé que la fortune est un dieu comme le croient la plupart des gens. Car un dieu n'agit pas de façon désordonnée. Et il ne faut pas tomber dans le préjugé suivant lequel la fortune serait une
140 sorte de cause incertaine ; car certains croient qu'elle préside à la distribution du bien et du mal parmi les hommes, faisant ainsi, et défaisant cependant, leur bonheur ou leur malheur.

18] Pense qu'il vaut mieux que la raison prévale devant la fortune plutôt que la fortune devant le raisonnement. Car il y a plus de beauté lorsque nos
145 actions remportent un succès grâce à la fortune après qu'elles ont été déterminées par un juste jugement.

19] Médite ces enseignements et tout ce qui s'y rattache. Pratique-les à part toi et avec ton semblable. Pratique-les le jour et la nuit, et jamais, ni dans la veille ni dans le rêve, tu ne seras la proie du trouble. Tu vivras comme un dieu
150 parmi les hommes. Car celui qui vit parmi les biens immortels ne se compare plus en rien à un autre animal mortel.

    Le « quadruple remède » :

    «Les dieux ne sont pas à craindre

    La mort n'est pas à craindre

155   On peut atteindre le bonheur

    On peut supprimer la douleur. »

Épicure,
Lettre à Ménécée (IVᵉ-IIIᵉ siècle av. J.-C.), trad. P. Pénisson,
Éd. Hatier, coll. « Les classiques de la philosophie », 1999, pp. 8-14.

➔ Repère
Absolu / relatif,
p. 436

Fiche Épicure p. 479

La morale

Humanisme de l'autre homme (chap. 7)

Dans un retour aux sources de la philosophie, Heidegger a été amené à privilégier la figure de l'Être comme seule apte, selon lui, à redonner un sens à la pensée. À l'Être, Levinas substitue l'Autre, déplaçant le sens de la philosophie première de l'ontologie à l'éthique. Pour lui, l'expérience phénoménologique de l'Autre manifestée dans le visage et par rapport auquel le Moi se découvre une responsabilité infinie, coïncide avec deux moments cruciaux de l'histoire de la philosophie. Tout d'abord, la pensée du Bien «au-delà de l'essence» du livre VI de *La République* de Platon, qui nourrira toute la théologie négative (selon laquelle Dieu est indéfinissable, car il excède toute détermination positive possible, y compris l'affirmation de son être). Puis, l'idée du Dieu *infini* chez Descartes (Méditation III) qui, dans son caractère absolu (par opposition à ce qui est simplement *indéfini*), excède toute connaissance possible.

Le sens comme orientation liturgique de l'Œuvre ne procède pas du besoin. Le besoin s'ouvre sur un monde, qui est *pour moi* – il retourne à soi. Même sublime, comme besoin du salut, il est encore nostalgie, mal du retour. Le besoin est le retour même, l'anxiété du Moi pour soi, égoïsme,
5 forme originelle de l'identification, assimilation du monde, en vue de la coïncidence avec soi, en vue du bonheur.

Dans le *Cantique des Colonnes,* Valéry parle du «désir sans défaut». Il se réfère, sans doute, à Platon qui, dans son analyse des plaisirs purs, découvrait une aspiration qu'aucun manque préalable ne conditionne.
10 Nous reprenons ce terme de désir. À un sujet tourné vers lui-même qui selon la formule stoïcienne est caractérisé par la ορμη [impulsion, désir] ou la tendance de persister dans son être ou pour qui, selon la formule heideggerienne «il y va dans son existence de cette existence même», à un sujet qui se définit ainsi par le souci de soi et qui, dans le bonheur, accom-
15 plit son *pour soi-même,* nous opposons le Désir de l'Autre qui procède d'un être déjà comblé et, dans ce sens, indépendant et qui ne désire pas pour soi. Besoin de celui qui n'a plus de besoins, il se reconnaît dans le besoin d'un Autre qu'est Autrui, qui n'est ni mon ennemi (comme il l'est chez Hobbes et Hegel), ni mon «complément», comme il l'est encore dans la
20 République de Platon, laquelle se constitue parce que quelque chose manquerait à la subsistance de chaque individu. Le Désir d'Autrui – la socialité – naît dans un être à qui rien ne manque ou, plus exactement, il naît, par-delà tout ce qui peut lui manquer ou le satisfaire. Dans le Désir, le Moi se porte vers Autrui, de manière à compromettre la souveraine iden-
25 tification du Moi avec soi-même dont le besoin n'est que la nostalgie et que la conscience du besoin anticipe. Le mouvement vers Autrui, au lieu de me compléter ou de me contenter, m'implique dans une conjoncture qui, par un côté, ne me concernait pas et devrait me laisser indifférent : que suis-je donc allé chercher dans cette galère ? D'où me vient ce choc quand je
30 passe indifférent sous le regard d'Autrui ? La relation avec Autrui, me met en question, me vide de moi-même et ne cesse de me vider en me

▶ Repère
IDENTITÉ / ÉGALITÉ / DIFFÉRENCE,
p. 443

découvrant des ressources toujours nouvelles. Je ne me savais pas si riche, mais je n'ai plus le droit de rien garder. Le Désir d'Autrui est-il un appétit ou une générosité ? Le Désirable ne comble pas mon Désir,
35 mais le creuse, me nourrissant, en quelque manière, de nouvelles faims. Le Désir se révèle bonté. Il y a dans *Crime et Châtiment,* de Dostoïevsky, une scène où, à propos de Sonia Marmeladova qui regarde Raskolnikov dans son désespoir, Dostoïevsky parle d'« insatiable compassion ». Il ne dit pas « inépuisable compassion ». Comme si la compassion qui va de
40 Sonia à Raskolnikov était une faim que la présence de Raskolnikov nourrissait au-delà de toute saturation en accroissant, à l'infini, cette faim.

Le Désir d'Autrui que nous vivons dans la plus banale expérience sociale, est le mouvement fondamental, le transport pur, l'orientation absolue, le sens. Dans toute son analyse du langage, la philosophie
45 contemporaine, insiste, certes avec raison, sur sa structure herméneutique et sur l'effort culturel de l'être incarné qui s'exprime. N'a-t-on pas oublié une troisième dimension : la direction vers Autrui qui n'est pas seulement le collaborateur et le voisin de notre œuvre culturelle d'expression ou le client de notre production artistique, mais l'interlocuteur : celui à qui
50 l'expression exprime, pour qui la célébration célèbre, lui, à la fois, terme d'une orientation et signification première ? Autrement dit, l'expression, avant d'être célébration de l'être, est une relation avec celui à qui j'exprime l'expression et dont la présence est déjà requise pour que mon geste culturel d'expression se produise. Autrui qui me fait face n'est pas inclus dans la
55 totalité de l'être exprimé. Il resurgit derrière tout rassemblement de l'être, comme celui à qui j'exprime ce que j'exprime. Je me retrouve en face d'Autrui. Il n'est ni une signification culturelle, ni un simple donné. Il est *sens* primordialement car il le prête à l'expression elle-même, car par lui seulement un phénomène tel qu'une signification s'introduit, de soi,
60 dans l'être.

L'analyse du Désir qu'il nous importait d'abord de distinguer du besoin et qui dessine un sens dans l'être, se précisera par l'analyse de l'altérité vers laquelle le Désir se porte.

La manifestation d'Autrui se produit, certes, de prime abord, confor-
65 mément à la façon dont toute signification se produit. Autrui est présent dans un ensemble culturel et s'éclaire par cet ensemble, comme un texte par son contexte. La manifestation de l'ensemble assure sa présence. Elle s'éclaire par la lumière du monde. La compréhension d'Autrui est, ainsi, une herméneutique, une exégèse. Autrui se donne dans le concret de la
70 totalité à laquelle il est immanent et que, conformément aux analyses remarquables de Merleau-Ponty, que nous avons largement utilisées dans les premières sections de ce travail, notre initiative culturelle – le geste corporel, linguistique ou artistique – exprime et dévoile.

Mais l'épiphanie d'Autrui comporte une signifiance propre, indépen-
75 dante de cette signification reçue du monde. Autrui ne nous vient pas seulement à partir du contexte, mais, sans cette médiation, signifie par lui-même. La signification culturelle qui se révèle – et qui révèle – *horizontalement,* en quelque façon, qui se révèle à partir du monde historique

▶ Repère
**Transcendant
/ immanent,**
p. 449

auquel elle appartient – qui révèle, selon l'expression phénoménologique,
80 les horizons de ce monde – cette signification mondaine se trouve dérangée
et bousculée par une autre présence, abstraite (ou, plus exactement, absolue),
non intégrée au monde. Cette présence consiste à venir à nous, à *faire une
entrée*. Ce qui peut s'énoncer ainsi : le *phénomène* qu'est l'apparition
d'Autrui, est aussi *visage* ; ou encore ainsi (pour montrer cette entrée, à
85 tout instant, nouvelle dans l'immanence et l'historicité essentielle du
phénomène) : l'épiphanie du visage est *visitation*. Alors que le phénomène
est déjà, à quelque titre que ce soit, image, manifestation captive de sa
forme plastique et muette, l'épiphanie du visage est vivante. Sa vie
consiste à défaire la forme où tout *étant* quand il entre dans l'immanence
90 – c'est-à-dire quand il s'expose comme thème – se dissimule déjà.

Autrui qui se manifeste dans le visage, perce, en quelque façon, sa
propre essence plastique, comme un être qui ouvrirait la fenêtre où sa
figure pourtant se dessinait déjà. Sa présence consiste à se dévêtir de la
forme qui cependant déjà le manifestait. Sa manifestation est un surplus
95 sur la paralysie inévitable de la manifestation. C'est cela que nous décrivons
par la formule : le visage parle. La manifestation du visage est le premier
discours. Parler, c'est, avant toutes choses, cette façon de venir de derrière
son apparence, de derrière sa forme, une ouverture dans l'ouverture.

La visitation du visage n'est donc pas le dévoilement d'un monde.
100 Dans le concret du monde, le visage est abstrait ou nu. Il est dénudé de
sa propre image. Par la nudité du visage, la nudité en soi est seulement
possible dans le monde.

La nudité du visage est un dépouillement sans aucun ornement culturel
– une absolution – un détachement de sa forme au sein de la production
105 de la forme. Le visage *entre* dans notre monde à partir d'une sphère
absolument étrangère, c'est-à-dire précisément à partir d'un absolu qui
est, d'ailleurs, le nom même de l'étrangeté foncière. La signifiance du
visage, dans son abstraction, est, au sens littéral du terme, extraordinaire,
extérieure à tout ordre, à tout monde. Comment une telle production
110 est-elle possible ? Comment la venue d'Autrui, la visitation du visage,
l'absolu – peuvent ne pas se convertir – et à aucun titre – en révélation,
fût-elle symbolisme ou suggestion ? Comment le visage peut-il ne pas
être simplement *représentation vraie* où l'Autre renonce à son altérité ?
Pour y répondre nous aurons, en terminant, à étudier la signifiance
115 exceptionnelle de la trace et l'« ordre » personnel où une telle signifiance
est possible.

Insistons, pour le moment, sur le sens que comporte l'abstraction ou
la nudité du visage qui perce l'ordre du monde et le bouleversement de
la conscience qui répond à cette « abstraction ». Dépouillé de sa forme
120 même, le visage est transi dans sa nudité. Il est une misère. La nudité du
visage est dénuement et déjà supplication dans la droiture qui me vise.
Mais cette supplication est une exigence. L'humilité s'unit à la hauteur.
Et, par là, s'annonce la dimension éthique de la visitation. Alors que la
représentation vraie, demeure possibilité d'apparence, alors que le monde
125 qui heurte la pensée ne peut rien contre la libre pensée capable de se

→ Repère
**Identité / égalité
/ différence,**
p. 443

refuser intérieurement, de se réfugier en soi, de rester, précisément, *libre pensée* en face du vrai, de revenir à soi, de réfléchir sur soi et de se prétendre origine de ce qu'elle reçoit, de maîtriser par la mémoire ce qui la précède, alors que la pensée libre *reste le Même* – le visage s'impose à moi
130 sans que je puisse rester sourd à son appel, ni l'oublier, je veux dire, sans que je puisse cesser d'être responsable de sa misère. La conscience perd sa première place.

La présence du visage signifie ainsi un ordre irrécusable – un commandement – qui arrête la disponibilité de la conscience. La conscience
135 est mise en question par le visage. La mise en question ne revient pas à une prise de conscience de cette mise en question. L'« absolument autre » ne se reflète pas dans la conscience. Il y résiste au point que même sa résistance ne se convertit pas en contenu de conscience. La visitation consiste à bouleverser l'égoïsme même du Moi qui soutient cette conversion. Le visage
140 désarçonne l'intentionnalité qui le vise.

Il s'agit de la mise en question de la conscience et non pas d'une conscience de la mise en question. Le Moi perd sa souveraine coïncidence avec soi, son identification où la conscience revient triomphalement à elle-même pour reposer sur elle-même. Devant l'exigence d'Autrui, le
145 Moi s'expulse de ce repos, n'est pas la conscience, déjà glorieuse, de cet exil. Toute complaisance détruit la droiture du mouvement éthique.

Mais la mise en question de cette sauvage et naïve liberté pour soi, sûre de son refuge en soi, ne se réduit pas à un mouvement négatif. La mise en

→ Repère
**Transcendant
/ immanent,**
p. 449

→ Repère
**Obligation
/ contrainte,**
p. 446

question de soi est précisément l'accueil de l'absolument autre. L'épiphanie
150 de l'absolument autre est visage où Autrui m'interpelle et me signifie un ordre, de par sa nudité, de par son dénuement. C'est sa présence qui est une sommation de répondre. Le Moi ne prend pas seulement conscience de cette nécessité de répondre, comme s'il s'agissait d'une obligation ou d'un devoir particulier dont il aurait à décider. Il est dans sa position même de
155 part en part responsabilité ou diaconie, comme dans le chapitre 53 d'Isaïe.

Être Moi, signifie, dès lors, ne pas pouvoir se dérober à la responsabilité, comme si tout l'édifice de la création reposait sur mes épaules. Mais la responsabilité qui vide le Moi de son impérialisme et de son égoïsme – fût-il égoïsme du salut – ne le transforme pas en moment de l'ordre universel,
160 elle confirme l'unicité du Moi. L'unicité du Moi, c'est le fait que personne ne peut répondre à ma place.

→ Repère
**Universel
/ particulier
/ singulier,**
p. 449

Découvrir au Moi une telle orientation, c'est identifier Moi et moralité. Le Moi devant Autrui, est infiniment responsable. L'Autre qui provoque ce mouvement éthique dans la conscience, qui dérègle la bonne conscience
165 de la coïncidence du Même avec lui-même, comporte un surcroît inadéquat à l'intentionnalité. C'est cela le Désir : brûler d'un feu autre que le besoin que la saturation éteint, penser au-delà de ce qu'on pense. À cause de ce surcroît inassimilable, à cause de cet *au-delà,* nous avons appelé la relation qui rattache le Moi à Autrui – idée de l'Infini.
170 L'idée de l'Infini, est Désir. Elle consiste, paradoxalement, à penser plus que ce qui est pensé en le conservant, ainsi, dans sa démesure, par rapport à la pensée, à entrer en relation avec l'insaisissable, tout en lui

garantissant son statut d'insaisissable. De l'idée de l'Infini, l'Infini n'est donc pas un corrélatif, comme si cette idée était une intentionnalité *s'accom-*
175 *plissant* dans son « objet ». La merveille de l'infini dans le fini d'une pensée, est un bouleversement de l'intentionnalité, un bouleversement de cet appétit de lumière qu'est l'intentionnalité : contrairement à la saturation où s'apaise l'intentionnalité, l'Infini désarçonne son Idée. Le Moi, en relation avec l'Infini, est une impossibilité d'arrêter sa marche en avant,
180 impossibilité de déserter son poste selon l'expression de Platon dans le *Phédon* : c'est, littéralement, ne pas avoir le temps pour se retourner, ne pas pouvoir se dérober à la responsabilité, ne pas avoir de cachette d'intériorité où l'on rentre en soi, marcher en avant sans égard pour soi. Accroissement d'exigences à l'égard de soi : plus je fais face à mes responsabilités et
185 plus je suis responsable. Pouvoir fait d'« impuissances » – voilà la mise en question de la conscience et son entrée dans une conjoncture de relations qui tranchent sur le dévoilement.

Ainsi, dans la relation avec le visage – dans la relation éthique – se dessine la droiture d'une orientation ou le sens. La *conscience* des philosophes est
190 essentiellement réfléchissante. Ou, du moins, la conscience est saisie par les philosophes à son instant de retour, qui est pris pour sa naissance même. Déjà, dans ses mouvements spontanés et pré-réflexifs elle louche, pour eux, vers son origine et mesure le chemin parcouru. C'est là que résiderait son essence initiale : critique, maîtrise de soi, analyse et décom-
195 position de toute signification qui déborde le soi. Or, la responsabilité n'est certes, ni aveugle, ni amnésique ; mais à travers tous les mouvements de la pensée où elle se déploie, elle est portée par une urgence extrême ou, plus exactement, coïncide avec elle. Ce qui vient d'être décrit comme un « manque de temps pour se retourner », n'est pas le hasard d'une
200 conscience maladroite ou malheureuse, « débordée par les événements » ou qui « se débrouille mal », mais la rigueur absolue d'une attitude sans réflexion, une primordiale droiture, un *sens* dans l'être. « D'où vient cette résistance de l'irréfléchi à la réflexion ? » – demandait Merleau-Ponty à Royaumont en avril 1957, à propos des problèmes que pose la théorie
205 husserlienne de la Réduction phénoménologique. Notre analyse du *sens* répond peut-être à cette question fondamentale que Merleau-Ponty se refusait à résoudre par simple recours à la finitude du sujet, incapable de réflexion totale. « Se tourner vers la vérité de toute son âme » – la recommandation platonicienne ne se limite pas à une pédagogie de bon sens,
210 prônant l'effort et la sincérité. Ne vise-t-elle pas la réticence ultime, la plus sournoise de toutes, d'une âme qui, devant le Bien, s'obstinerait à réfléchir sur Soi, en arrêtant, par là même, le mouvement vers Autrui ? La force de cette « résistance de l'irréfléchi à la réflexion », n'est-elle pas la Volonté elle-même, antérieure et postérieure, alpha et oméga, à toute
215 Représentation ? Et la volonté n'est-elle pas ainsi foncièrement humilité plutôt que volonté de puissance ? Humilité qui ne se confond pas avec une équivoque négation de Soi, déjà orgueilleuse de sa vertu que, dans la réflexion, elle se reconnaît aussitôt. Mais humilité de celui qui « n'a pas le temps » de faire un retour sur soi et qui n'entreprend rien pour « nier » le

⊡ Repère
Analyse / synthèse,
p. 436

220 soi-même, sinon l'abnégation même du mouvement rectiligne de l'Œuvre qui va à l'infini de l'Autre.

Affirmer une telle orientation et un tel sens, poser une conscience sans réflexion au-dessous et au-dessus de toutes les réflexions, surprendre, en somme, au fond du Moi une sincérité sans équivoque et une humilité de
225 serviteur qu'aucune méthode transcendantale ne saurait ni corrompre, ni absorber – c'est assurer les conditions nécessaires à « l'au-delà du donné » qui pointe dans toute signification – à la *méta*-phore qui l'anime – merveille du langage, dont l'analyse philosophique dénoncera, sans cesse, l'« origine verbale », sans détruire l'intention évidente qui la pénètre. Quelle que soit
230 son histoire psychologique, sociale ou philologique, *l'au-delà* que produit la métaphore a un sens qui transcende cette histoire ; la puissance d'illusionnisme dont le langage est doué, doit être reconnue, la lucidité n'abolit pas l'au-delà de ces illusions. C'est, certes, le rôle de la réflexion que de ramener les significations à leurs sources subjectives, subconscientes ou
235 sociales ou verbales, de dresser leur inventaire transcendantal. Mais la méthode, légitime pour détruire bien des prestiges, préjuge déjà d'un résultat essentiel : elle s'interdit à l'avance, dans la signification, toute visée transcendante. Avant la recherche, tout *Autre* est déjà par elle converti en *Même,* alors que, dans son œuvre d'assainissement, la Réflexion usera,
240 néanmoins, elle-même, de ces notions – ne fût-ce que de celle *d'au-delà* par rapport à laquelle l'immanence se situe – qui sans la sincérité et la droiture de la « conscience sans retour », n'aurait aucune signification. Rien de ce qui est sublime ne se passe de sources psychologiques, sociales ou verbales – sauf la sublimation elle-même.

245 Mais cette conscience « sans réflexion », n'est pas la conscience spontanée, simplement pré-réflexive et naïve – elle n'est pas pré-critique. Découvrir l'orientation et le sens unique, dans la relation morale – c'est précisément poser le Moi, comme déjà mis en question par Autrui qu'il désire et, par conséquent, comme critiqué dans la droiture même de son
250 mouvement. C'est pourquoi la mise en question de la conscience n'est pas, initialement, une conscience de la mise en question. Celle-là conditionne celle-ci. Comment la pensée spontanée se retournerait-elle, si l'Autre, l'Extérieur, ne la mettait pas en question ? Et comment, dans un souci de Critique totale confiée à la réflexion, se lèverait la nouvelle naïveté de la
255 réflexion levant la naïveté première ? Or, le Moi érode sa naïveté dogmatique, devant l'Autre qui lui demande plus qu'il ne peut spontanément.

Mais le « terme » d'un tel mouvement à la fois critique et spontané – et qui n'est pas, à proprement parler, un terme, car il n'est pas une fin, mais le principe sollicitant une Œuvre sans récompense, une liturgie – ne
260 s'appelle plus être. Et c'est là, peut-être, que l'on peut s'apercevoir de la nécessité où une méditation philosophique se trouve de recourir à des notions comme Infini ou comme Dieu.

Emmanuel Levinas,
Humanisme de l'autre homme,
chap. 7, Éd. Fata Morgana, 1972, pp. 45-53.

> Repère
Transcendant / immanent,
p. 449

> Repère
Identité / égalité / différence,
p. 443

> Repère
Cause / fin,
p. 437

Fiche Levinas p. 530

La morale

Les repères au programme sont des couples ou des séries de notions transversales par rapport aux notions proprement dites du programme.

Les notions, thèmes d'étude généraux, sont ce sur quoi réfléchit la philosophie ; les repères, concepts plus précis, sont ce avec quoi elle réfléchit. Jamais présentés de manière isolée, mais sous forme de couples (et même parfois à trois ou quatre), ce sont des outils plutôt que des objets de réflexion.

C'est pourquoi, on les rencontre dans des notions très diverses. Comme le dit le programme officiel : « la distinction cause-fin peut être impliquée dans l'examen des notions de vérité, d'histoire, de liberté, d'interprétation, de vivant, etc. »

Les pages qui suivent invitent à se familiariser avec leur sens, puis à explorer quelques applications possibles en suivant les renvois aux textes de l'anthologie. Ces renvois ne sont que des exemples. Chacun peut, au fur et à mesure de sa réflexion et de sa découverte des œuvres, essayer d'appliquer chacun des repères à chacune des notions.

Repères

➔ Absolu/relatif

L'Absolu, c'est ce qui ne dépend de rien d'extérieur à soi (du latin *ab-solutus* = séparé). Le relatif, au contraire, c'est ce qui est «en relation avec» quelque chose d'autre, donc qui dépend de quelque chose d'autre.

Dans la pensée religieuse, l'Absolu, c'est Dieu: parce que tout dépend de Dieu, mais Dieu, lui, ne dépend de rien. L'homme, lui, est un être relatif: il dépend du monde qui l'entoure, il dépend de ses parents (pour naître), etc. Mais pour certains mystiques, l'homme peut faire une expérience de l'Absolu, dans la contemplation pure de Dieu. On pourrait aussi trouver un exemple philosophique d'expérience de l'Absolu dans le «je pense donc je suis» de Descartes, qui est l'exemple d'une vérité absolue qui ne dépend de rien d'extérieur à elle (Descartes, *Discours de la méthode*, IVe partie).

Le «relativisme», c'est l'idée qu'il n'y a pas de vérité absolue, que la vérité est relative à chacun (en général, la philosophie combat le relativisme, parce qu'elle cherche, au contraire, des vérités universelles).

Principales notions concernées

▶ **L'existence et le temps,** 2 et 4, p. 86, 87

La question de savoir si l'Absolu est de l'ordre du connaissable est objet de discussion entre les philosophes: **Descartes** prétend démontrer l'existence de Dieu, mais **Kant** réfute sa preuve.

▶ **La raison et le réel,** p. 311

Kant montre que, chez l'homme, la connaissance est toujours relative à l'expérience. L'Absolu est du ressort non de la philosophie, mais de la foi.

▶ **Le bonheur,** 2, 3, 5, 410-412, **La morale,** p. 422

Chez **les philosophes antiques**, le bonheur est l'absolu en tant que but suprême dont dépendent les objectifs partiels, relatifs, de nos activités. Aristote, Épicure et Sénèque affirment que ce Souverain Bien est indissociable d'une vie réussie, vertueuse, accomplie.

▶ **Le devoir,** 8 et 9, p. 402-403

Kant doute que le bonheur puisse découler de la vertu, ni qu'il puisse inspirer une règle de vie: l'impératif qui commande l'action bonne n'est relatif à aucun but autre que lui-même – il est catégorique, c'est-à-dire absolu.

▶ **La religion,** 12, p. 182

Pour **Hegel,** l'homme peut être heureux ici et maintenant, dans le sentiment religieux. La recherche de l'Absolu relativise tous ses soucis.

➔ Abstrait/concret

Ce qui est abstrait, c'est ce qui est «en dehors», «loin»: loin du concret qui, lui, est proche, à portée de main, solide. Les idées sont abstraites, mais voir, toucher, c'est concret.

Chez Platon, l'opposition entre la nature sensible des choses et la nature intelligible des idées recoupe l'opposition entre concret et abstrait. Pour Platon, les idées, abstraites, sont plus «élevées», et sont «mieux» que les réalités sensibles concrètes. Mais, en même temps, il n'est intéressant de connaître les idées abstraites que si c'est pour «redescendre» ensuite pour comprendre les réalités concrètes (voir l'allégorie de la caverne de Platon, p. 300-303 et repère Idéal/réel). L'abstrait n'a donc pas de valeur en soi: il ne vaut que s'il trouve ensuite une application concrète. Mais si on ne commençait pas par sortir du concret, par s'élever au-dessus de lui pour prendre de la distance, on en resterait prisonnier.

Principales notions concernées

▶ **Les échanges,** 1, p. 331

Unité de mesure conventionnelle, «unique étalon» (**Aristote**) pour attribuer une valeur aux marchandises, la monnaie permet à des individus concrets d'échanger des biens concrets, mais elle-même est une réalité abstraite (à ne pas confondre avec les pièces de monnaies, qui en sont une incarnation particulière mais non indispensable).

▶ **L'existence et le temps,** 8, 11, p. 91, 94

Comment la pensée peut-elle rendre compte de l'existence concrète de l'homme, si elle adopte le «langage de l'abstraction» (**Kierkegaard**)? Peut-être en cherchant à cerner la durée concrète de notre «vie profonde» (**Bergson**), bien différente de la mesure du temps des horloges.

➔ Analyse/synthèse

Analyser c'est décomposer, mettre en morceaux plus petits; faire la synthèse, au contraire, c'est composer ou recomposer, c'est-à-dire mettre ensemble, rassembler.

Ces termes peuvent être liés à la chimie (on fait par exemple l'analyse d'une substance, c'est-à-dire qu'on la décompose en ses éléments pour voir de quoi elle est faite). Analyse et synthèse ont aussi un sens intellectuel: Descartes explique ainsi comment, en mathématiques, pour résoudre un problème, il faut d'abord l'analyser, c'est-à-dire, le décomposer en un ensemble de petits problèmes simples, puis faire la synthèse des résultats obtenus, c'est-à-dire les mettre ensemble pour résoudre le problème complexe dont on était parti.

Principales notions concernées

L'analyse et la synthèse sont deux opérations clés de l'activité intellectuelle en science, en philosophie et aussi dans la vie courante.

▶ **L'inconscient, 9** et **13, p. 52 et 54**

Chez **Freud**, l'analyse désigne la cure psychanalytique, qui dénoue le psychisme malade en vue d'une nouvelle synthèse, la «réconciliation du moi avec son propre corps» (**Ricœur**).

▶ **Théorie et expérience, 2 et 5, p. 228 et 230**

Tout en prônant, comme les empiristes (**Locke**), le recours à l'expérience pour connaître la nature, **Bacon** souligne que, pour autant, l'esprit ne peut se dispenser d'une discipline : par l'analyse, il sélectionne les expériences pertinentes afin d'établir des axiomes vrais ; il peut alors, dans le moment de la synthèse, établir «des foules d'œuvres».

▶ **La démonstration, 4, p. 246**

Descartes a détaillé les différentes règles de la recherche de la vérité dans le *Discours de la méthode*. Le second «précepte de la méthode» correspond à l'analyse, le troisième à la synthèse.

▶ **La raison et le réel, pp. 304-305**

Dans sa *Critique de la raison pure*, **Kant** suit également le double mouvement d'analyse et de synthèse : il fait «un dénombrement complet de toutes les façons différentes de se poser les problèmes» pour ensuite «embrasser pleinement tout le champ des connaissances».

➔ Cause/fin

La cause, c'est ce qui produit un phénomène, ce «à cause» de quoi quelque chose se produit. La «fin», dans ce contexte, c'est ce en vue de quoi la chose se produit, son but, ce qu'elle vise.

La distinction cause/fin vient d'Aristote. La cause est à l'origine du phénomène ; la fin, elle, est à… sa fin. Par exemple, la cause d'une statue, c'est le sculpteur : c'est lui qui a «fait» la statue. Mais la fin de la statue, son but, sa finalité, c'est de décorer un palais (par exemple) : elle a été sculptée pour, en vue de, dans le but de décorer le palais.

L'opposition cause/fin marque toute la différence entre la science des Anciens et la science moderne, telle qu'elle commence à se développer au XVIIe siècle avec Galilée et Descartes. Pour les Anciens (Aristote en particulier), connaître une chose, c'est connaître son but, sa cause finale, sa destination. Connaître la chenille, c'est savoir qu'elle va devenir papillon, par exemple. Tandis que pour la science moderne, on ne peut pas vraiment connaître la fin (le but) des choses : «pourquoi l'univers?», par exemple, est une question que l'on est obligé de laisser en suspens ; mais on

peut connaître les causes : le mécanisme qui produit les choses : qu'est-ce qui se passe, dans la chenille, qui fait qu'elle devient papillon?

Principales notions concernées

▶ **Le travail et la technique, 11, p. 163**

Marx montre pourquoi le travail est une spécificité de l'homme. L'homme en effet n'y joue pas seulement le rôle de «puissance naturelle», c'est-à-dire de cause produisant certains effets : il subordonne sa puissance et les effets qu'il en obtient à la poursuite d'une fin.

▶ **Le vivant, 3 à 7, 10, 11, pp. 263-266, 268, 269**

Même si, depuis **Descartes**, on admet que la nature est dépourvue d'«âme» et donc d'intention, **Kant** remarque que le vivant ne peut être réduit à une machine : contrairement à celle-ci, qui est mue par un ensemble de causes, ou «force motrice», le vivant, lui, est pourvu d'«une force formatrice» qui poursuit certains buts : réparer une partie malade, se reproduire, etc. Cette finalité interne à chaque organisme n'est cependant pas assimilable au «vitalisme», définition de la vie comme «élan vital» (**Bergson**) qui orienterait l'évolution des vivants, mais que les biologistes eux-mêmes jugent «métaphysique» (**Bernard**), c'est-à-dire non scientifique. Pour la biologie moderne, la «sélection naturelle» (**Darwin**) qui régit l'évolution est un processus d'adaptation génétique (**Ridley**) sans finalité (**Monod**).

▶ **L'histoire, 5, 7 et 11, p. 195, 197 et 200-201**

La notion d'histoire conduit également certains philosophes à supposer, à titre d'hypothèse pour la conscience morale, que les chaînes de causes à effets qui font le devenir de l'humanité sont orientées par une fin : «la parfaite union civile dans l'espèce humaine», pour **Kant**, l'œuvre de «la Raison», pour **Hegel**. Toutefois, on peut se demander si cette foi dans la toute-puissance de la Raison sur le monde n'est pas encore une idée religieuse, à écarter comme source d'un possible «fanatisme» (**Cournot**).

➔ Contingent/nécessaire/possible

Le contingent, c'est *ce qui peut ne pas être* ; le nécessaire, c'est *ce qui ne peut pas ne pas être* ; le possible, c'est *ce qui peut être*.

Dans une conception déterministe du monde, comme celle de Laplace par exemple, tout ce qui arrive se produit de manière *nécessaire* : tout a une cause, et il n'y a pas de hasard dans le monde, c'est-à-dire *pas de contingence* : si je jette trois dés, il y a un ensemble de causes qui se réunissent (angle de jetée, petits reliefs sur la table, élasticité des dés, etc.) pour que j'obtienne ces trois numéros-là, et pas autre chose. Cette connaissance de la nécessité du monde n'est toutefois que pour Dieu, car elle suppose de connaître la totalité infinie des données physiques initiales, ce qui est impossible à l'homme. Paradoxalement, le déterminisme absolu de Laplace conduit donc pour l'homme à un probabilisme : pour prévoir ce qui arrive, on n'a que des *probabilités*, c'est-à-dire un certain calcul à partir du *possible* (la probabilité de faire « 6 » avec un dé est égale au nombre de cas favorables – il y a un cas favorable, car « 6 » correspond à une seule face –, divisé par le nombre de cas possibles– il y a six cas possibles, car le dé a six faces).

Principales notions concernées

▶ **L'existence et le temps**, 4, p. 87

Pour **Leibniz**, l'univers répond à une nécessité globale : « Rien ne se fait sans raison suffisante ». Selon ce principe, appelé le « Principe de raison suffisante », il doit toujours être possible d'expliquer « pourquoi quelque chose existe plutôt que rien et pourquoi ainsi et non autrement ». Or il n'est pas possible de trouver la raison des choses contingentes au sein des choses contingentes. La raison nécessaire de toutes les choses contingentes doit se trouver à l'origine de celle-ci, dans un être nécessaire. Elle s'appelle « Dieu ».

▶ **L'histoire**, 9, p. 199

Les philosophes admettent en général que la nécessité des lois de la nature, autrement dit le « déterminisme naturel », est compatible avec une part de « contingence » en ce qui concerne les actions humaines. Même si l'histoire est régie elle aussi par des lois stables et connaissables, donc – au moins partiellement – nécessaires, l'avenir reste pourtant en grande partie « contingent » : le futur n'est écrit nulle part, ce qu'explique **Tocqueville**. Pour lui, l'histoire comporte différentes dimensions, articulant ainsi des phénomènes contingents et des processus sous-jacents, nécessaires, mais en partie cachés.

▶ **La vérité**, 7, p. 291

Hume se demande dans un texte fameux si le soleil se lèvera demain. Un événement comme la disparition du soleil, qu'il appelle « une chose de fait » pour l'opposer aux « relations d'idées », paraît impossible aux hommes, mais en fait il est parfaitement possible. Car nous croyons à la nécessité des lois de la nature alors que la causalité, pour Hume, ne correspond qu'à une simple habitude.

▶ **La liberté**, 1, 5, 10, 18, pp. 383, 387, 391, 396.

Pour certains philosophes, l'homme est absolument libre, ce qui implique que ses choix se situent hors du temps, et ne sont donc pas vraiment entravés par le déterminisme naturel. Cette idée, présente dans le mythe d'Er de **Platon,** est développée par **Kant** et par **Sartre**, lequel considère que l'homme est « condamné à être libre ». Au contraire, **Spinoza** estime que l'homme n'échappe pas au déterminisme naturel, mais qu'il peut le surmonter par la connaissance. Être libre, c'est, pour commencer, « prendre conscience des causes qui nous font agir ».

▶ Croire/savoir

Croire, c'est avoir une représentation hypothétique du monde, sans forcément admettre qu'elle est seulement hypothétique ; savoir, c'est avoir une représentation vraie du monde, en sachant pourquoi elle est vraie.

Il y a un sens faible et un sens fort de « croire » : le sens faible, c'est « avoir une opinion », comme lorsque je dis que « je crois qu'il fera beau demain ». Au sens faible, la croyance est donc plus faible que le savoir. Mais il y a aussi un sens fort, comme lorsque l'on dit « je crois en Dieu », où la croyance se pose comme équivalente ou même plus forte que le « savoir ».

Il faut bien noter que « croire » et « savoir » ne s'opposent pas comme « faux » et « vrai » : je peux croire quelque chose (« il va faire beau ») et que cela se vérifie, sans pour autant que cela ait été un savoir. Le savoir n'est donc pas seulement l'opinion juste : il doit être accompagné de preuves. Par exemple, je « sais » que 12 + 15 = 27. Le savoir est une représentation qui est accompagnée de la conscience de la nécessité de cette représentation. C'est pourquoi un « savoir » ne peut pas être faux : lorsque je me rends compte que je me suis trompé, je me rends compte que ce que je prenais pour un savoir n'était qu'une croyance : c'est le propre de la croyance qu'elle peut se faire passer pour un savoir ; mais la réciproque n'est pas vraie. Évidemment, la question qui se pose est : le savoir est-il possible ? Tout n'est-il pas seulement croyance ? C'est le problème central de la philosophie que d'essayer de différencier les deux [voir Descartes et le « je pense donc je suis »].

Principales notions concernées

▶ **La religion,** 6, 7, pp. 177, 178

En rappelant que « le cœur a ses raisons que la raison ne connaît point », **Pascal** oppose deux types de savoirs : un savoir supérieur, qui est saisie intuitive des vérités de la foi (croyance au sens fort), et une connaissance simplement discursive procédant par déduction. Il entend montrer les limites de ce second savoir pour affirmer la supériorité de la foi. Inversement, si **Descartes** reconnaît que Dieu dans son infinité n'est pas compréhensible, il affirme qu'il est connaissable par la raison et que l'on peut démontrer rationnellement son existence. Il prétend ainsi fonder la foi dans la raison.

▶ **La vérité,** 9, p. 293

Pour **Kant**, la croyance en tant qu'elle est simplement subjective (opinion) s'oppose au savoir. Toutefois si elle est complétée par des preuves, elle peut devenir un savoir. La croyance en Dieu, qui correspond selon Kant, à un besoin de la raison, ne peut en revanche devenir un savoir car Kant estime avoir montré que les preuves traditionnelles de l'existence de Dieu ne sont pas valides. Cette « pure croyance » reste donc une « hypothèse de la raison ».

⇨ En acte/en puissance

L'opposition acte/puissance vient de la pensée d'Aristote. Il distingue ce qui est « actuellement », réellement, effectivement, maintenant (= en acte); et ce qui est potentiellement, virtuellement, c'est-à-dire ce qui peut être, qui tend à être mais qui n'est pas encore (=en puissance).

Un exemple simple permet de très bien comprendre cette distinction: un poulain est (en acte) un poulain; mais c'est (en puissance) un cheval, c'est-à-dire qu'il y a quelque chose dans le poulain (on dirait aujourd'hui son programme génétique) qui le fait progressivement devenir cheval adulte.

La différence en puissance/en acte permet ainsi de penser le devenir des êtres: elle permet d'expliquer pourquoi le poulain (ou moi, ou n'importe quel être) change mais reste pourtant le même animal. Elle permet ainsi de penser la permanence des êtres malgré le passage du temps.

Principales notions concernées

Chez Aristote, l'acte désigne à la fois la forme de la réalité achevée et l'exercice de l'activité, par opposition à ce qui n'est qu'en puissance, c'est-à-dire seulement à titre virtuel. De façon plus générale et plus commune, « en puissance » et « en acte » désignent deux manières d'exister.

▶ **La conscience,** 7, 8, pp. 23 et 24

Notre conscience n'existe que virtuellement, lorsque nous dormons bien sûr, mais aussi lorsque nous sommes évanouis ou dans le coma. **Rousseau** évoque ce passage de la puissance à l'acte, à propos de ce qu'il nomme la « conscience à l'état naissant » (texte 8). De même, la morale n'existe que virtuellement, aussi longtemps qu'elle n'est pas sollicitée et actualisée par le moyen de l'éducation (texte 7).

▶ **Autrui,** 13, p. 67

Abandonné sur une île déserte, Robinson voit le monde se réduire à un acte pur et brut, en dehors de toute potentialité ni virtualité. Ce n'est qu'avec l'expérience d'autrui qu'intervient le possible, le potentiel et le virtuel, qui ouvrent sur une nouvelle dimension du monde, proprement humaine. En expliquant pourquoi une dimension essentielle de notre existence dépend d'autrui, **Deleuze** inverse, à la suite de Bergson, l'antériorité traditionnelle du possible sur le réel, et le lien ontologique de l'acte à la puissance.

⇨ En fait/en droit

La différence entre le fait et le droit est la différence entre l'être et le devoir-être. Ce qui est « en fait », c'est ce qui est effectivement, « actuellement ». Ce qui est « en droit », c'est ce qui doit être, mais qui n'est pas nécessairement, et ne sera peut-être jamais.

L'exemple le plus simple est celui du rapport entre la loi et les faits: en droit, il ne faut pas voler, mais en fait, il y a des gens qui volent. Dans l'expression « en droit », le mot droit a un sens plus large que son sens strictement juridique. Il peut renvoyer à une règle morale par exemple, ou même à une règle logique. Ce qui compte, c'est la distinction entre deux ordres de réalité, les normes et les faits, ce qui permet d'évaluer les faits à l'aune de quelque chose d'autre qu'eux, pour porter un jugement sur eux (que tel acte est légal, ou qu'il est juste). Ce qui est « en droit » fournit un critère d'évaluation de ce qui est « en fait ». Le problème, évidemment, c'est de savoir comment l'on applique le droit au fait: car s'il s'agit de deux ordres de réalité distincts, comment mesurer l'un par rapport à l'autre ? Il y a des cas où cela ne semble pas poser problème, mais dans le domaine juridique, on rencontre souvent cette question: comment appliquer la loi, générale, à un cas très particulier ? Autrement dit, sur quel critère décider que tel critère est juste pour s'appliquer à tel fait ?

Principales notions concernées

▶ **La justice et le droit,** 3 et 6, pp. 341 et 344

L'opposition du fait (*être*) au droit (*devoir être*) permet de distinguer une justice « de fait », dite aussi « positive » (celle qui est en vigueur dans telle ou telle société) et la justice « en droit », que certains philosophes identifient à une justice « naturelle » c'est-à-dire dont les normes sont universalisables. **Aristote** oppose ainsi la justice « naturelle » (qui peut seule fonder une véritable légitimité) et la justice « positive » (justice de fait). Pour **Rousseau**, le droit du plus fort n'existe pas, car le fait ne peut fonder le droit.

▶ **La liberté,** 12, 13, 15, pp. 392 et 394

La philosophie contemporaine en général, mais également le droit international aujourd'hui, postulent que tous les hommes sont libres *en droit*, c'est-à-dire par nature, même si *en fait,* et pour des raisons diverses, la plupart des hommes ont connu, et subissent encore aujourd'hui des systèmes d'oppression, voire des formes variées de servitude. **Kant** affirme qu'aucun peuple, en droit, n'est voué à l'esclavage. **Hegel** postule que l'Esprit est libre par nature (en droit) et que donc la liberté est la fin (le but) de l'humanité. **Tocqueville** nous rappelle que si la liberté est en droit la destination de tout homme, en fait nous renonçons parfois à la liberté parce que nous lui préférons la sécurité ou l'égalité.

En théorie/en pratique

Une théorie est un discours sur le monde : elle décrit ou explique le fonctionnement de l'un de ses aspects. Elle établit en particulier des relations de cause à effet entre divers phénomènes. La pratique est l'application de la théorie au réel.

On dit que ce qui est vrai en théorie ne l'est pas forcément en pratique [voir repère Abstrait/concret] : entre le discours et la réalité il y a parfois des écarts. Entre la prévision théorique (sur le mouvement d'un missile par exemple, exprimé sous forme d'une équation mathématique) et la réalité de son mouvement, il peut y avoir un décalage (à cause des frottements de l'air par exemple). Toutefois, en morale, Kant estime qu'un tel décalage ne peut être acceptable : ce qui est bien en théorie, c'est-à-dire du point de vue de la loi morale (qui correspond à l'impératif catégorique), ne doit souffrir aucune exception dans sa mise en œuvre pratique. Notamment, pour Kant l'interdiction de mentir doit valoir absolument, *quelles que soient les circonstances.*

Principales notions concernées

▶ **La justice et le droit,** 5, p. 343

Pascal remarque que, en politique, théoriquement, la force devrait être subordonnée à la justice et que, néanmoins, en pratique, le pouvoir s'impose d'abord par la force, puis, dans le meilleur des cas, tente de mettre en œuvre, par la suite, des institutions élaborées dans un esprit de justice. Il y a donc un sérieux hiatus entre la théorie (l'État a pour fondement et raison d'être la justice) et la pratique. C'est par la force que les États ont toujours été instaurés, à l'origine. La justice ne peut être établie, dans le meilleur des cas, que progressivement, tout au long de l'histoire de chaque nation.

▶ **L'État,** 4, p. 353

Machiavel dans *Le Prince* explique que les hommes d'État, qui devraient peut-être, en théorie, se conduire en toutes choses selon la morale commune, en pratique, doivent adopter des règles de conduite adaptées aux circonstances et parfois inévitablement amorales. La théorie (le meilleur Prince est le bon Prince chrétien) ici ne concorde pas avec les faits (la pratique).

Essentiel/accidentel

L'essentiel est ce qui appartient à l'essence d'une chose, c'est-à-dire ce qui lui est nécessairement lié, ce qui appartient à sa définition, ce sans quoi la chose ne serait pas ce qu'elle est. L'accidentel, c'est ce qui appartient à une chose de manière contingente, qu'elle peut ne pas avoir tout en restant elle-même.

Par exemple, en chimie, l'oxygène et l'hydrogène sont essentiels pour former ce que l'on appelle l'eau : si l'on enlève l'un de ces deux éléments, ou même si l'on modifie trop leur proportion, ce n'est plus de l'eau ; par contre il peut y avoir un peu de carbone en plus (de la poussière) : c'est accidentel, cela ne change pas le fait que c'est de l'eau. Selon une définition classique de l'homme, on dira qu'il est essentiel à l'homme d'être rationnel (ou au moins potentiellement rationnel) ; sans cette potentialité de rationalité, on n'a pas affaire à un homme, mais à un animal. De même, il est essentiel à l'animal d'être doué de sensibilité, sinon c'est un végétal. Par contre, il est accidentel – c'est-à-dire simplement non-essentiel – que l'homme soit blanc ou noir, blond ou brun, et même génial ou fou.

Principales notions concernées

▶ **L'existence,** 13, p. 96

Depuis Platon, nombreux sont les philosophes qui se sont interrogés sur ce qui pourrait constituer la définition essentielle de l'homme (par exemple l'aptitude au rire est-elle essentielle ou bien accidentelle ?). Cette problématique a été remise en cause par l'existentialisme de **Jean-Paul Sartre** qui, sous l'influence de Heidegger, estime qu'il n'y a pas de nature humaine et qu'il n'y a donc pas de définition essentielle de l'homme. C'est dans la contingence accidentelle de son existence que l'homme doit forger sa propre définition et devenir lui-même. L'essence n'est pas un fondement sous-jacent à l'existence et aux accidents, mais le résultat d'une construction.

▶ **L'histoire,** 7, 8, 9, p. 197, 198, 199

La question de savoir ce qui relève de l'essentiel et ce qui relève de l'accidentel se pose au plus haut point à propos de l'histoire. Hegel, Marx et Tocqueville présentent à ce sujet des analyses divergentes, mais également structurées par cette opposition entre l'essentiel, c'est-à-dire ce qui est décisif, et l'accidentel – ce qui est secondaire, contingent et non pas déterminant. Pour **Hegel**, c'est la raison qui constitue la trame (la structure déterminante) de l'histoire, pour **Marx**, c'est l'infrastructure (les réalités d'ordre économique). **Tocqueville** renvoie dos à dos ces deux visions systématiques de l'histoire. Il affirme que celle-ci articule un dispositif profond (essentiel) et d'innombrables causes secondes, qui, pour être «accidentelles» n'en sont pas moins décisives elles aussi.

⇒ Expliquer/comprendre

Dans une première approche, expliquer et comprendre sont symétriques: expliquer un phénomène, c'est rendre possible sa compréhension en en fournissant une représentation dans le langage; comprendre c'est avoir une représentation claire du phénomène, grâce à l'explication.

Par exemple, je me réveille après un accident et je demande ce qui s'est passé. Le médecin m'explique ce qui s'est passé, et je le comprends. Mais il faut noter, par-delà cette symétrie, la différence fondamentale entre expliquer et comprendre: c'est que «expliquer» suppose une extériorisation de raisons exprimées dans le langage, tandis que «comprendre» est un phénomène subjectif [voir repère Subjectif/objectif], intérieur. C'est cette différence qui fait que l'on peut m'expliquer quelque chose, et que pourtant, je ne le comprends pas. Réciproquement, je peux comprendre sans que l'on m'explique, par intuition directe; et je peux aussi comprendre sans pour autant être capable d'expliquer clairement ce que je comprends (dans ce cas, je ne peux pas prouver que je comprends vraiment, mais personne ne peut non plus prouver le contraire, puisque la compréhension est un phénomène purement intérieur).

C'est, selon certaines théories, ce qui fait la différence entre les sciences exactes et les sciences humaines. Les premières expliquent, sans nécessairement que cela débouche sur une compréhension intuitive profonde (dans une opération mathématique complexe par exemple, je me passe d'une représentation intuitive des quantités que je manipule); les secondes créent une compréhension de phénomènes humains (des coutumes étrangères par exemple) sans que celles-ci soient expliquées.

Principales notions concernées

▶ **L'inconscient**, 8, 9, 10, pp. 51, 52

De façon générale, l'*explication*, peut être comparée au fait de démêler un écheveau ou bien de déplier un tissu chiffonné. Elle repose principalement sur l'analyse de données qu'il faut tirer au clair et coordonner pour en rendre l'articulation explicite. Au contraire, la *compréhension* correspond à une saisie intuitive de l'objet pris comme un tout. On *expliquera*, par exemple, un comportement pathologique en analysant son origine et ses symptômes, afin d'être en mesure de *comprendre* la personne qui en est le sujet. Une excellente illustration du caractère complémentaire de ces deux démarches est fournie par **Freud**. En psychanalyse, les deux approches sont à la fois distinctes et liées. Freud analyse les rêves afin de les comprendre, autrement dit d'en élucider le sens, devenu progressivement accessible et intelligible.

▶ **L'histoire**, 5, 7, pp. 195, 197

Les philosophes et les historiens examinent les enchevêtrements d'événements aléatoires et de processus plus ou moins cohérents (ce qui relève de l'«explication»), afin de déterminer quelles sont les causes, et quelles sont leurs conséquences. Ce travail doit leur permettre de dégager, parallèlement ou dans un second temps, le sens des épisodes historiques, ou de l'histoire dans son ensemble. Pour **Kant**, comme pour **Hegel**, l'observation et l'analyse des faits (démarche explicative) est nécessaire mais insuffisante si l'on cherche à dégager le sens général de l'histoire afin de la mieux «comprendre», c'est-à-dire d'en saisir l'orientation globale.

▶ **L'interprétation**, 6 et 7, pp. 254, 255

Les philosophes et les spécialistes de l'herméneutique («science de l'interprétation») nous apprennent que l'accès au sens global – la compréhension – n'est ni simple, ni immédiat et suppose un processus spécifique d'interprétation (textes 6 de **Gadamer** et 7 de **Ricœur**).

⇒ Formel/matériel

Encore une distinction héritée d'Aristote. De manière générale, la distinction forme/matière correspond à la distinction familière entre la forme et le fond, ou entre la forme et le contenu. La forme, c'est le cadre, la matière, c'est ce que l'on met dans ce cadre.

Le domaine juridique nous offre un bon exemple de distinction entre critère formel et critère matériel. Ainsi, lorsqu'un premier jugement rendu par un tribunal est examiné une seconde fois par une Cour d'appel (qui juge le jugement), celle-ci peut rejeter le premier jugement pour des raisons formelles: parce que les délais légaux n'ont pas été respectés, par exemple. Ou bien, elle peut rejeter le jugement pour des raisons matérielles, qui portent sur le contenu (telle personne a été accusée d'un vol, mais elle réussit à prouver, devant la Cour d'appel, qu'elle était innocente, par exemple).

Chez Aristote, on trouve l'opposition entre «cause formelle» et «cause matérielle»: la «cause formelle» d'une chose, c'est sa définition, ses traits essentiels; la «cause matérielle», c'est la matière dont une chose est faite: par exemple la cause matérielle d'une statue, c'est le marbre dont elle est faite. Sa cause formelle, c'est la figure du personnage représenté.

Principales notions concernées

▶ **La perception, 5, 10, pp. 36, 40**

On a tendance à croire, spontanément, que dans la perception la matière serait première par rapport à la forme. **Kant** montre que c'est l'inverse : la *matière* ne peut être perçue que si elle est déjà *mise en forme*. Avant toute expérience, nos perceptions s'inscrivent dans deux formes pures : l'espace et le temps. Dans la continuité de Kant, un courant important de la psychologie soutient que la perception, en général, découvre des formes avant d'identifier les éléments matériels (**Paul Guillaume**).

▶ **L'art, 4, p. 143**

Kant soutient que lorsque le plaisir est simplement matériel, il n'est pas question de beauté mais seulement d'agrément. Or, la *matière* est ce qui individualise, tandis que la *forme* est universelle. Un jugement d'agrément, étant matériel, ne peut prétendre à aucune universalité. Inversement, un jugement de beauté exige l'accord de tous. Il doit donc reposer non sur la matière mais sur la forme de la sensation.

▶ **La démonstration, 2, 7, 10, 11, pp. 244, 249, 251, 252**

La logique repose sur une analyse des *formes* des raisonnements (texte 10 de **Virieux-Reymond**), dont l'origine se trouve dans la théorie des syllogismes d'Aristote (texte 2 d'**Aristote** et 7 de **Leibniz**). Le discours philosophique, parce qu'il ne peut être entièrement formalisé et reste indissociable de sa *matière*, c'est-à-dire de son sens, n'est pas réductible à la logique (texte 11 de **Granger**).

⊡ Genre/espèce/individu

Genre et *espèce* sont deux concepts permettant la classification des *individus*. Ils sont notamment utilisés par Aristote, dans ses travaux d'histoire naturelle, pour classifier les êtres vivants les uns par rapport aux autres. Le *genre*, c'est le groupe auquel appartient un individu ; l'*espèce*, c'est le sous-groupe, plus précis, qui permet de resserrer la définition de cet individu ; enfin, l'*individu*, c'est l'être (qui peut encore être un groupe d'êtres) qui est défini par les deux termes précédents.

Par exemple, lorsqu'Aristote dit que l'homme est un « animal rationnel », « animal » est le genre, et « rationnel » est l'espèce : on parle, plus précisément, du « genre proche » et de la « différence spécifique » : le « genre proche » de l'homme, c'est l'animal, c'est le groupe plus vaste auquel il appartient ; mais la rationalité, c'est sa « différence spécifique » (c'est-à-dire sa différence d'espèce) qui le distingue des autres membres du genre animal.

Remarquez que l'« homme » est ici le concept dont est cernée la spécificité ; mais ce n'est pas, à proprement parler, un « individu » : Socrate, par contre, est un exemple d'individu. Pour définir Socrate, on peut dire que son genre proche, c'est l'humanité ; et que sa différence spécifique, c'est l'ensemble des traits qui le distinguent des autres êtres humains (philosophe grec du Ve siècle avant J.-C., etc.).

Principales notions concernées

▶ **La politique, pp. 368-369, Le vivant, 5, p. 264**

Les animaux peuvent se diviser en *genres*, en *espèces* (l'appartenance à une même espèce biologique a pour condition l'interfécondité) et en *variétés ou races* (regroupant des individus reliés par une proximité génétique remarquable au sein d'une même espèce, comme les différentes races de chien). En revanche, il n'y a qu'une espèce humaine (toutes les autres espèces humaines ayant existé, comme les Néandertaliens, ayant disparu). Et, dans la mesure où l'humanité se définit d'abord par la culture, elle se divise non pas en races, mais en ethnies. Les hommes, dans l'histoire, n'ont toutefois pas cessé de nier l'appartenance à l'humanité des autres hommes (Lévi-Strauss, *Race et histoire*). **Rousseau**, en faisant résider la nature humaine dans la liberté, peut dénoncer l'esclavage comme reposant sur une fausse conception de l'humanité. Cette reconnaissance de l'unité de l'espèce humaine n'a toutefois pas empêché certains théoriciens du xixe siècle de diviser l'espèce humaine en races et de les hiérarchiser dans une conception erronée (car « progressive ») de l'évolution (Lévi-Strauss, *ibid.*). **Darwin** explique au contraire qu'il n'y a ni progrès, ni direction déterminée dans l'évolution.

⊡ Idéal/réel

C'est dans le langage courant plus qu'en philosophie que « idéal » et « réel » s'opposent. Ainsi l'idéal, c'est l'idée la plus parfaite que l'on se fait de quelque chose ou de quelqu'un (la société idéale, l'homme idéal...) ; le réel, c'est ce qui existe dans les faits. On associe ainsi l'idéal tantôt à une perfection que l'on oppose à l'imperfection du réel, tantôt à une rêverie de l'imagination que l'on oppose à la confrontation nécessaire au réel.

Cette distinction courante a son origine lointaine dans l'opposition philosophique posée par Platon entre la « nature intelligible », regroupant les *idées*, et la « nature sensible » : les idées peuvent être connues par l'intellect seulement, alors que les êtres sensibles sont connus par les sens. Pour Platon, la nature sensible est « imparfaite », c'est-à-dire inachevée, toujours en mouvement, toujours en train de changer et de se dégrader (comme le corps qui vieillit) ; la nature intelligible des idées, en revanche, est « parfaite » c'est-à-dire achevée, immobile, toujours identique et éternelle. Elle seule peut être véritablement connue, car comment connaître ce qui change sans cesse ?

Or l'idée, chez Platon, n'est pas un idéal inaccessible rêvé par l'imagination et s'opposant à la véritable réalité sensible. C'est tout le contraire : la *réalité* la plus fondamentale réside dans les idées, tandis que les êtres sensibles n'en sont que des images.

Avant d'opposer le réel et l'idéal, il faut donc savoir comment on définit le « réel » et quelle « réalité » on donne aux « idées », car toutes les idées ne sont pas nécessairement coupées du monde...

Principales notions concernées

▶ **La raison et le réel,** p. 300

Platon évoque, dans sa fameuse allégorie de la caverne (*La République*, livre VII), la nature intelligible des *idées* (le monde extérieur à la caverne) qu'il oppose à la nature sensible (l'intérieur de la caverne), « habitation souterraine » que la plupart des hommes identifient à la réalité véritable. Or, dit Platon, le sensible (la caverne) n'est qu'une image dégradée de ce qui est vraiment *réel* : la *réalité idéale* de l'intelligible (le monde extérieur). Le sensible est un univers où règnent l'illusion et l'imagination, et dont la réalité n'est donc qu'apparente.

▶ **La culture,** p. 215, **L'art,** 10, p. 148

Dans la continuité de Platon, **Hegel** pense que les œuvres d'art sont porteuses d'une « Idée » (une *réalité idéale*), plus profonde, plus pérenne et donc plus vraie que la simple « réalité » des choses immédiatement accessibles à tout un chacun dans la vie ordinaire. **Freud** en revanche montre comment l'artiste de génie est un homme insatisfait qui se détourne de la *réalité* pour s'élever, dans la sublimation, vers un *idéal* simplement onirique qui, cependant, dans la mesure où il est source de jouissance pour les spectateurs, procure en retour à l'artiste, dans la réalité, l'admiration et les plaisirs qu'il désirait en vain. L'irréalité de l'*idéal* est ainsi pour lui le moyen paradoxal de *réaliser* son désir.

▶ **Autrui,** 5, p. 60

Kant modifie le sens de l'idée platonicienne qui n'est, pour lui, qu'un concept de la raison : celui-ci présente une perfection trop grande pour qu'on puisse lui faire correspondre une réalité sensible, mais le sensible peut tendre toujours plus vers lui sans jamais l'atteindre. L'amitié parfaite est ainsi une simple idée qu'il est impossible de réaliser, mais l'établir entre les hommes constitue un devoir vers lequel il faut tendre. Bien que non réel, l'*idéal* représente donc non une illusion mais une *norme pour le réel*.

⊡ Identité/égalité/différence

Être identique, c'est le fait d'être le même d'un point de vue qualitatif ; être égal, c'est le fait d'être le même d'un point de vue quantitatif ; la différence peut signifier à la fois la différence qualitative (être autre), ou la différence quantitative (être plus grand, plus petit...).

Ainsi par exemple, lorsque l'on dit que « tous les hommes sont égaux en droit », on ne dit pas que tous les hommes sont identiques : on dit qu'ils sont « égaux », c'est-à-dire qu'ils sont différents individuellement, mais que, en ce qui concerne leurs droits, nul n'en a plus ou moins qu'un autre. La force de la notion d'« égalité », c'est qu'elle permet de penser le même dans la différence.

Principales notions concernées

▶ **La conscience,** 4, 5, pp. 21, 22, Autrui, 2, 14, pp. 58, 68

La question de l'*identité* personnelle est au cœur de la réflexion philosophique concernant la connaissance de soi mais aussi notre relation à autrui : l'autre, parce qu'il est *différent* de moi, est-il forcément une énigme, voire un être déconcertant ? Il faut ici remarquer que ma propre *identité* elle-même n'est pas facile à cerner, même au regard de ma propre conscience, comme le montre **Pascal** dans un texte fameux « Qu'est-ce que le moi ? » La philosophie contemporaine ira jusqu'à affirmer que nous sommes même, à bien des égards, « étrangers à nous-mêmes » (La conscience, textes 4 de **Locke** et 5 de **Leibniz** ; Autrui, textes 2 de **Pascal** et 14 de **Julia Kristeva**).

▶ **La justice et le droit,** 8, 12, pp. 345 et 349

La question de l'égalité de personnes ou de comportements, pourtant différents par ailleurs, pose des problèmes ardus dans le domaine du droit et de la justice. **Hegel** se demande par exemple comment des délits ou des crimes différents peuvent être sanctionnés par des peines équivalentes.

La question de la justice pose également le problème de la répartition équitable des avantages sociaux selon la contribution et le mérite de chacun au bien commun : la justice selon **Rawls** considère que les citoyens sont *égaux* – en droit – tout en reconnaissant que certaines différences doivent être tolérées.

⊡ Intuitif/discursif

L'intuitif est un mode d'appréhension directe du réel qui ne passe pas par le langage ; le discursif est un mode d'appréhension du réel qui passe par le « discours », donc par le langage et la raison.

L'intuition est une manière de « voir » directement le réel par l'esprit. On peut y voir une faculté infra-rationnelle, qui ressemble à l'instinct animal ; ou une faculté supra-rationnelle, d'ordre mystique. Le cliché de « l'intuition féminine » joue sur ces deux registres. Avoir l'intuition de quelque chose, c'est donc en quelque sorte le deviner, le pressentir. Lorsqu'il s'agit de la réalité extérieure, croire à l'intuition, c'est croire qu'il existe une sorte de 6ᵉ sens.

En philosophie, l'intuition désigne plutôt la faculté qu'a la pensée de saisir immédiatement son objet dans une parfaite évidence. Le *cogito* de Descartes (l'évidence, au moment où le sujet doute de tout, que pour pouvoir douter, il pense et il existe et que de cela il ne peut pas douter) est ainsi une intuition première de soi par soi. La connaissance discursive peut reposer sur des intuitions premières, mais elle les dépasse ensuite en les élaborant dans la pensée articulée et dans le langage. Par exemple, « 1 + 1 = 2 » est une intuition immédiate que l'on peut avoir sans raisonnement discursif, alors que « la somme des angles d'un triangle est égale à 180° » suppose une déduction. Dans ce raisonnement, j'arrive à la conclusion par des étapes : je ne « vois » pas immédiatement le résultat, je le déduis, ou je le construis à partir de ce qui précède. [Voir repère Médiat/immédiat.]

Principales notions concernées

▶ **La vérité**, 4, 6, p. 289, 290, **La démonstration**, 5, p. 247

Les théoriciens classiques, **Descartes, Pascal, Arnaud** et **Nicole**, s'accordent pour considérer que les vérités premières ne sont pas obtenues par déduction mais ne peuvent être saisies que par intuition. En cela, ils retrouvent la distinction platonicienne entre la raison *intuitive*, qui seule donne accès aux premiers principes, et la raison *discursive*, à l'œuvre notamment dans les déductions mathématiques.

▶ **La démonstration**, 10, p. 251

Dans la continuité de la critique kantienne, qui estime qu'il n'y a pas d'intuition intellectuelle possible (la raison n'a pas d'accès immédiat à la vérité absolue) et que les seules *intuitions* (saisies immédiates) sont sensibles, la méthode axiomatique contemporaine décrite par **Virieux-Reymond** montre que les systèmes hypothético-déductifs doivent obéir à des contraintes (consistance, complétude, décidabilité) mais ne supposent pas que leurs axiomes sont absolument vrais : ils peuvent donc être changés. Notamment, on peut construire des géométries reposant sur des axiomes différents des axiomes d'Euclide qui furent longtemps tenus pour absolument vrais. Par exemple, supposer que « par deux points, il passe une infinité de droites » au lieu de l'axiome *intuitif* euclidien : « par deux points, il passe une droite et une seule. »

▶ Légal/légitime

Ce qui est légal, c'est ce qui est conforme à la loi ; ce qui est légitime, c'est ce qui est conforme à la justice, et qui est donc reconnu comme devant être suivi.

La légalité est une contrainte extérieure à l'individu ; mais si je reconnais quelque chose comme légitime, cela signifie que je m'y plie de mon plein gré. La légalité détermine donc l'obéissance de manière extérieure, tandis que la légitimité détermine l'obéissance de manière subjective [voir repère Subjectif/objectif]. L'exemple classique est celui d'Antigone, le personnage de la tragédie de Sophocle : sœur d'Étéocle et de Polynice, elle veut enterrer son frère Polynice, malgré l'interdiction légale. Elle va contre la loi de la cité, au nom de la légitimité de ce qu'elle appelle les « lois non écrites », qui relient le frère et la sœur. Elle y perdra la vie.

Légalité et légitimité sont donc deux ordres normatifs concurrents, deux types de devoirs qui ne coïncident pas toujours. Lorsque l'on fait la révolution, par exemple, c'est parce que l'on considère que les lois sont illégitimes. Mais on peut aussi considérer certaines lois comme légitimes : en démocratie (en principe du moins) les lois sont rendues légitimes par le fait que c'est le peuple qui se les donne à lui-même : la contrainte extérieure est donc fondée dans la subjectivité des citoyens. Pour certains, la loi est, en tant que telle, légitime : mieux vaut une loi, disent-ils, n'importe laquelle, plutôt que l'anarchie. Cela n'est pas toujours faux, mais cela dépend quand même de la nature de la loi : les hauts fonctionnaires nazis, par exemple, ont essayé de se justifier après coup en disant qu'ils ne faisaient qu'exécuter les ordres et que l'on ne pouvait pas leur reprocher d'avoir suivi les lois de leur pays. Justement si : du fait que légalité et légitimité ne sont pas le même concept, on peut le leur reprocher.

Principales notions concernées

▶ **La justice et le droit**, 6, p. 344, **La politique**, p. 368

Lorsque les exigences légitimes contredisent les lois écrites ou coutumières, toute la question est alors de savoir quelle est la *loi* qui permet de récuser les *lois* de la cité. Pour certains philosophes, il s'agit d'une loi inscrite au fond du cœur de tout homme, pourvu qu'il y prête attention. C'est au nom d'une telle « loi naturelle » que **Rousseau** conteste la validité de l'esclavage (pourtant légal au XVIIIᵉ siècle dans de nombreuses contrées, y compris dans les territoires français) ainsi que la notion de « droit du plus fort ». Il explique, au début du *Contrat social* (livre I, chap. IV) pourquoi la force ne peut fonder le droit, ni la simple tradition justifier n'importe quelle loi.

▶ L'État, 3, 11, pp. 352, 359

Augustin considère que les États de la cité terrestre, qui n'obéissent pas à la justice de Dieu, sont comparables à des troupes de brigands: les lois conventionnelles fondées sur le pacte social n'ont, pour lui, aucune légitimité. Il faut toutefois noter que la notion de légitimité elle-même peut être dévoyée. Ainsi, selon **Arendt**, il peut arriver que certaines personnes contestent la *légalité* démocratique (les lois en vigueur dans une démocratie) au nom d'une loi prétendue supérieure, par exemple religieuse, ou totalitaire, et par là même brutale et porteuse des pires extrémités.

⊡ Médiat/immédiat

Est médiat ce qui passe par quelque chose d'autre (un inter-médiaire) pour atteindre son but; est immédiat, ce qui l'atteint directement.

Par exemple (voir repère Intuitif/discursif), l'intuition est une connaissance immédiate, tandis que la connaissance par raisonnement est médiate (on dit qu'elle est «médiée» par le raisonnement: elle passe par le raisonnement). On oppose ainsi l'immédiateté des sens, la vue, le toucher en particulier, au caractère médiat de la pensée réfléchie. Mais c'est discutable: le paradoxe de la notion d'immédiat, c'est qu'elle nous force à penser une relation entre deux termes extérieurs l'un à l'autre, et qu'en même temps cette relation doit être sans intermédiaire. Peut-être que l'immédiateté absolue n'existe jamais. Mais s'il n'y a rien d'immédiat, comment une médiation entre des termes peut-elle se faire? Il faut bien qu'il y ait, à un moment, un point de contact sans intermédiaires... C'est un cercle. Le *cogito* de Descartes donne un bon exemple de ce que la tradition philosophique considère comme une intuition immédiate: la conscience de soi est à la fois une relation et à la fois immédiate, puisque c'est une relation de soi à soi.

Principales notions concernées

▶ La conscience, 3, p. 20, Le désir, 9, p. 78, L'inconscient, 5 et 7, p. 48 et 50

La question de savoir ce qui est immédiat et ce qui ne l'est pas dans notre rapport à nous-mêmes, divise les philosophes. **Descartes** estime que la relation consciente de soi à soi est immédiate tandis que **Hegel** et **Freud**, entre autres, considèrent que la connaissance et la conscience de soi impliquent la médiation d'autrui ainsi qu'une forme de travail sur soi-même.

▶ La vérité, 1, 9-10, 12, 13, p. 286, 293-294, 296, Théorie et expérience, 3, p. 229

De même, la découverte de la vérité peut être tenue, au moins dans ses préalables, pour immédiate pour certains philosophes qui, comme **Platon** ou **Descartes**, estiment que l'âme possède certaines «notions primitives» (Descartes). La plupart des philosophes, toutefois, insistent sur la complexité de la recherche de la vérité; celle-ci, par sa nature même, implique de nombreuses médiations. Ce sont les opinions qui se présentent à nous dans l'immédiateté (**Schopenhauer**). La vérité, elle, demande à être justifiée par des preuves, afin que la croyance devienne un savoir (**Kant**): elle «se fait» (**James**) et n'est en rien «éternelle» et définitive (**Russell**).

⊡ Objectif/subjectif

Ces deux termes qualifient des modes de représentation du réel: on parle d'une «connaissance objective», que l'on oppose à un «point de vue subjectif». Une connaissance objective, est une connaissance qui correspond à l'objet tel qu'il est, sans que j'y ajoute rien de moi; à l'inverse, un point de vue subjectif, ou une opinion subjective, est l'idée que je me fais d'une chose, sans vraiment savoir si cette idée correspond ou non à l'objet. «Objectif» veut donc dire impartial, extérieur, indépendant des préférences du sujet; «subjectif» au contraire veut dire partial, intérieur à soi, exprimant des préférences sans nécessairement de souci de les partager.

Par exemple, si quelque chose me fait plaisir, c'est un sentiment subjectif, intérieur, je suis seul à le ressentir. Par contre, que 2 + 2 = 4, c'est une vérité objective, que nul ne peut contester. On peut opposer aussi l'existence objective d'un objet (un verre posé sur une table par exemple) avec les points de vue subjectifs des individus qui regardent l'objet (trois personnes autour de la table, qui voient le verre chacune de son point de vue, et qui ne voient donc pas forcément la même chose).

La grande question philosophique est la suivante: puisque toute connaissance passe nécessairement par un sujet connaissant, donc par la subjectivité, comment une connaissance objective est-elle possible? Il y a un paradoxe, puisqu'il ne peut y avoir d'objectivité que pour un sujet, donc il ne peut y avoir d'objectivité que subjective, ce qui paraît contradictoire...

La solution classique, chez Platon, chez Descartes, consiste à distinguer deux types de facultés chez l'homme: celles qui sont seulement subjectives: la sensibilité, propre à chacun; et celles qui permettent l'objectivité: la raison, qui permettrait un rapport direct avec le réel [voir repère Idéal/réel] et serait la même chez tous les hommes. La sensibilité fait que nous avons des opinions subjectives, mais la raison nous permet de connaître des vérités objectives.

Principales notions concernées

▶ **La conscience** 3, p. 20

Dans la vie courante, ce qui est objectif tend à se confondre soit avec le réel, soit avec le vrai, et est à ce titre fortement valorisé, tandis que le subjectif suscite méfiance et rejet. Pourtant, pour **Descartes**, la première vérité et la plus incontestable de toutes est le fameux *cogito*, intuition pourtant subjective formulée par un penseur solitaire.

▶ **Autrui**, 7, p. 62

Nos représentations de la réalité sont, en règle générale, à la fois *subjectives* (elles sont par nature l'expression d'un *sujet*) et *objectives* puisque, pour être partagées, elles intègrent nécessairement le regard de l'autre (texte 7 de **Husserl**). La science, quand à elle, tente d'élaborer des représentations du monde qui vont susciter l'adhésion finale de tous les savants (Peirce, *Comment rendre les idées claires*).

▶ **L'existence et le temps**, 7, p. 90

Kant, dans *La Critique de la raison pure*, montre les conditions *a priori* subjectives de constitution de l'objectivité. Le temps, notamment, loin d'être une réalité objective, n'est qu'une forme *a priori* de la sensibilité du sujet. À ce titre, tout objet de l'expérience ne peut qu'apparaître dans le temps.

▶ **L'art**, 4, p. 143

Dans *La Critique de la faculté de juger*, Kant montre que le jugement esthétique, même s'il n'est que *subjectif*, tout comme le jugement d'agrément, et non objectif comme un jugement de connaissance, prétend à une universalité, *comme s'il était un jugement objectif*.

➡ Obligation/contrainte

Une obligation nous pousse à agir en vertu d'une nécessité intérieure, subjective, qui nous fait reconnaître un devoir d'agir de cette manière-là. Une contrainte est une force extérieure qui nous pousse à agir contre notre volonté [voir repère Objectif/subjectif].

Par exemple, Antigone [voir repère Légal/légitime] est « obligée » d'aller enterrer son frère Polynice, du fait de ce qu'elle considère comme une loi divine, mais elle est « contrainte » par son oncle Créon à ne pas le faire. La contrainte est physique, l'obligation est morale.

Problème : la loi nous contraint-elle ou nous oblige-t-elle ? Il y a là une ambiguïté. Les lois de la physique nous contraignent (la loi de la gravité par exemple). Mais les lois de la cité ? Elles nous contraignent

si nous les considérons simplement comme des menaces policières. Elles nous obligent si nous les considérons comme légitimes.

Dans la tradition philosophique, la notion d'obligation est notamment liée à la philosophie de Kant, pour qui l'« impératif catégorique » s'impose de lui-même à la conscience.

Principales notions concernées

▶ **La liberté** 6, 7, 8, 9, 10, pp. 388, 389, 390, 391

Si j'ai la chance de vivre en démocratie, lorsque je me soumets aux lois, je m'oblige car je sais que « la loi » (la loi « organique », celle qui est au cœur du contrat social) est l'expression de la volonté générale dont je suis théoriquement partie prenante (textes 6, 7, 8 et 9 de **Spinoza, Montesquieu** et **Rousseau**). Néanmoins, la différence entre la loi qui me *contraint*, voire qui m'opprime, et celle qui m'*oblige*, est parfois ténue.

Dès que la loi cesse de me paraître légitime (voire la rubrique légal/légitime) elle me semble inutilement contraignante. Tandis qu'à l'inverse, lorsqu'une contrainte est comprise et acceptée (se brosser les dents ou aller à l'école, par exemple, pour l'enfant) elle cesse d'être pénible car elle devient une « obligation » (je me l'impose à moi-même). La vraie liberté, la seule liberté qui soit accessible, concrète, c'est l'autonomie (suivre la loi que l'on se donne à soi-même : texte 10 de **Kant**) qui va de pair avec l'acceptation de certaines obligations.

▶ **Le devoir**, 8 et 9, pp. 404, 405

Toutes les contraintes ne sont pas équivalentes. Certaines sont ressenties, à tort ou à raison, comme étant oppressives. Il est pourtant bien évident que toutes les contraintes ne sont pas contraires à la liberté. La discipline est une *contrainte* pour l'enfant, mais elle constitue un élément décisif de l'éducation, et donc de son émancipation.

Les obligations morales sont des *contraintes* que la conscience s'impose à elle-même ; or, lorsque je m'oblige moi-même, je reste libre, puisque j'obéis à la loi que j'ai choisi de suivre (textes 8 et 9 de **Kant**).

➡ Origine/fondement

L'origine, c'est le point de départ chronologique d'un processus ; le fondement, c'est le point de départ logique.

L'origine du monde, par exemple, est racontée dans la Bible, dans la Genèse, ou bien elle est décrite en termes scientifiques dans la théorie du Big Bang ; mais ces deux descriptions, pour différentes qu'elles soient, n'expliquent pas le « fondement » du monde. Expliquer le fondement du monde supposerait de pouvoir dire « pourquoi » le monde existe. La Genèse et la théorie du Big Bang décrivent « comment » il a commencé. On parle donc de l'origine d'un processus, tandis que l'on parlera plutôt du fondement d'une théorie. Ainsi, le fondement d'un raisonnement, ce sont les principes ou les hypothèses sur lesquels il repose et d'où sont déduites les conclusions.

Les deux notions peuvent sembler n'avoir rien à voir puisqu'elles concernent deux ordres différents (logique et chronologique). Mais elles se recoupent parfois, lorsqu'un processus est à la fois chronologique et a un déroulement logique. Par exemple, Rousseau, dans le *Discours sur l'origine et les fondements de l'inégalité parmi les hommes*, fait à la fois le récit de la naissance de la société (origine), et montre, par ailleurs, quelles sont les raisons (fondement) qui ont fait se développer les inégalités.

Principales notions concernées

▶ **Le langage**, 5, p. 126, **La culture**, p. 206

L'origine et le fondement d'un phénomène peuvent en principe être dissociés. Toutefois, il arrive que les deux types d'investigation (concernant l'*origine*, et concernant le *fondement*) se recoupent. Ainsi par exemple, lorsque **Aristote** évoque l'origine du langage (la nécessité sociale qui a conduit les hommes à l'inventer), il en explicite en même temps le fondement (la rationalité et la sociabilité des hommes). De même, lorsque **Rousseau** pense l'origine de la société et du langage, il décrit sous forme d'un récit d'origine une hypothèse pour élucider leurs fondements.

▶ **Théorie et expérience**, 5, 8, 10, pp. 230, 234, 235

La question de savoir quel est le *fondement* de nos connaissances divise les philosophes : pour **Locke** et **Hume,** philosophes empiristes, c'est l'expérience (textes 5 et 8) tandis que pour **Kant**, elle en est l'*origine* (« toute connaissance commence par l'expérience ») mais elle n'en est pas le fondement car la nécessité et l'universalité des lois de la nature ne dérivent pas de l'expérience (texte 10). Elles réclament par conséquent un autre fondement (une autre explication, d'ordre rationnel).

▶ **L'État, 5, 7,** pp. 353, 355

Dans le domaine de l'histoire, l'origine est le début d'un processus (par exemple, la prise de la Bastille est le début, au sens d'origine, de la Révolution française) tandis que le fondement en est le point de départ logique : le « Contrat social » est le fondement de la République selon **Hobbes** et **Rousseau**.

→ **Persuader/convaincre**

Persuader, c'est emporter l'adhésion de l'auditeur en faisant appel à ses émotions et à son imagination.

Convaincre, c'est emporter l'adhésion grâce à des arguments rationnels. Persuader, c'est donc faire croire quelque chose à quelqu'un, sans que ce soit nécessairement vrai. Convaincre, c'est faire reconnaître la vérité de quelque chose par quelqu'un.

L'opposition entre persuader et convaincre, c'est l'opposition entre Socrate et les sophistes [voir Platon]. Les sophistes avaient pour but de persuader leur auditoire de la cause qu'ils défendaient, sans se poser la question de sa justice. Socrate, lui, cherchait à convaincre de la vérité de ses raisonnements. On pourrait croire que la meilleure manière de persuader quelqu'un, c'est de lui dire la vérité. Mais la vérité est parfois plus difficile à admettre que ce que l'on a envie d'entendre.

Principales notions concernées

▶ **Autrui,** 4, p. 60

Subjectivement, la *persuasion* peut difficilement être distinguée de la *conviction*. Cependant **Kant** propose un moyen de les distinguer objectivement (voir le repère Subjectif/objectif). Celui qui est véritablement convaincu – et pas seulement persuadé – acceptera de confronter ses convictions à la raison d'autrui. C'est dans l'accord de tous les sujets rationnels que se prouve la vérité du jugement.

▶ **Le langage,** 2, p. 123

Le sophiste **Gorgias** fait mine de nous mettre en garde contre les effets dangereux de l'éloquence et de son pouvoir de *persuasion* pour mieux faire ressortir sa puissance manipulatrice, analogue à l'action d'une drogue sur l'âme.

→ **Principe/conséquence**

Un principe est le point de départ (ce qui vient en « premier ») d'une action, d'un raisonnement ou d'un processus. Une conséquence est ce qui découle (ce qui « suit ») de ce point de départ. On peut distinguer trois domaines où ces concepts sont utiles : la logique, la physique et la morale.

En logique, un principe est l'hypothèse qui sert de base à mon raisonnement : les anciens mathématiciens distinguaient ainsi les axiomes (vérités auto-suffisantes), les postulats (que l'on demande d'admettre pour permettre la démonstration) et les définitions (que l'on pose). Ce sont là trois types de principes, à partir desquels on va démontrer les propositions mathématiques plus complexes, notamment les théorèmes. Ceux-ci, à leur tour, pourront servir de principes pour des démonstrations ultérieures.

En physique, on peut parler aussi de principes, comme lorsque l'on parle du principe d'un mouvement pour désigner ce qui cause le mouvement (la gravité terrestre par exemple, ou simplement la main qui lance une pierre).

En morale, lorsque je dis que «j'ai des principes», j'affirme fonder ma conduite sur des règles que je mets ensuite en application dans ma vie : la tolérance vis-à-vis des croyances des autres, par exemple. Un principe moral subjectif s'appelle un mobile.

L'hypothèse rationnelle, la cause physique, le mobile moral sont des principes de types très différents, mais qui ont en commun d'être à l'origine (ou au fondement) de conséquences, elles-mêmes d'ordre logique, physique ou moral.

Principales notions concernées

▶ **La conscience,** 3, p. 20

Descartes recherche un principe absolument indubitable sur lequel fonder la connaissance après que tout a été mis en doute. Le premier principe ne peut être que l'existence du sujet qui pense, présupposée par le doute.

▶ **L'histoire,** 7, 8, 9, pp. 197, 198, 199

Toutes les sciences établissent des liens entre principes et conséquences, mais dans le domaine des sciences humaines, l'identification de ce qui relève des *principes* et ce qui appartient à l'ordre des *conséquences* relève largement de l'interprétation. C'est le cas notamment en histoire : chaque historien (ou philosophe) impose à l'histoire une grille de lecture en fonction de laquelle seulement il sera en mesure de déterminer ce qui est sous-jacent et déterminant (les *principes*) d'une part, et ce qui est déterminé (les *conséquences*) (textes 8, 9, 10 de **Hegel, Marx et Tocqueville**) d'autre part. Pour Hegel, c'est l'Esprit qui est le moteur de l'histoire, pour Marx, au contraire, ce sont les infrastructures économiques. Pour Tocqueville, les causes premières (*principes*) appartiennent à plusieurs ordres, et elles peuvent interférer avec des causes secondes accidentelles (ne dépendant pas des principes) pour produire les événements (*conséquences*).

▶ **La démonstration,** 1, p. 241

En logique et en mathématiques, toutes les propositions sont déduites de principes appelés postulats (non encore démontrés) ou axiomes (indémontrables). Ces sciences sont dites «hypothético-déductives» car toutes leurs affirmations sont suspendues à des hypothèses, ce qui, comme leur remarque **Platon,** en limite la portée car la vérité fondamentale ne doit pas reposer sur des hypothèses.

→ Ressemblance/analogie

Il existe une ressemblance entre deux ou plusieurs choses lorsqu'elles ont une ou des propriétés communes qui leur donnent des aspects semblables. Il y a analogie lorsqu'il y a une structure commune à ces choses.

Ainsi, deux choses qui se ressemblent ont forcément une certaine analogie l'une avec l'autre. La réciproque n'est pas vraie : il peut y avoir une analogie entre des choses qui ne se ressemblent pas. Par exemple, deux personnes se ressemblent parce qu'elles ont certains traits communs, ce qui suppose qu'elles aient une structure générale comparable. En revanche, il peut y avoir analogie entre des choses qui n'ont pas de trait commun. Par exemple, la chiromancie (lire les lignes des mains) repose sur l'idée qu'il existe une analogie entre les lignes des mains et les événements de la vie : la forme de la main et de ses lignes est donc censée représenter le cours de la vie.

La ressemblance est plutôt d'ordre sensible : on la perçoit par les sens ; l'analogie est plutôt d'ordre intelligible : on l'établit de manière intellectuelle, et c'est pourquoi elle ne passe pas nécessairement par une ressemblance.

On parle de «raisonnement par analogie» : cela consiste à appliquer une relation de cause à effet, dans une situation connue, à une autre situation, ce qui permet de prévoir l'effet auquel on doit s'attendre. Dans les deux cas, ressemblance et analogie, il y a une part de subjectivité. C'est pourquoi la ressemblance entre deux choses peut être perçue par certains et pas par d'autres. Quant à l'analogie, elle peut être construite de manière arbitraire, entre des termes parfaitement étrangers, pourvu que l'on parvienne à créer un système de correspondance entre eux : entre la position des planètes et le caractère des gens, entre des taches de café et une histoire d'amour, entre une succession de cartes de tarot et une succession d'événements, pour prendre les exemples les plus célèbres.

Principales notions concernées

▶ **L'art,** 1, 8, pp. 140, 146

Pour **Platon**, la peinture en tant qu'elle est imitation de la nature sensible, et ne vise donc que la ressemblance, n'est qu'une activité de peu de valeur. **Hegel**, qui condamne aussi la compréhension de l'art comme imitation de la nature, définit celui-ci comme une révélation de l'idée dans l'apparence, qui n'a pas le sens d'une ressemblance.

▶ **La perception,** 1, p. 32

Descartes montre que le rapport entre les choses perçues et leur représentation dans notre esprit relève plus de l'analogie que de la ressemblance. Parfois même la représentation de l'objet est meilleure si elle ne lui ressemble pas.

⟐ Transcendant/immanent

Transcendant signifie extérieur, «au-delà»; immanent signifie intérieur, «dedans». Cette intériorité et cette extériorité sont définies plus particulièrement par rapport à la nature ou au monde sensible. Chez Platon, la nature intelligible des Idées est transcendante à la nature sensible: c'est pour cela que les idées peuvent posséder des propriétés que ne possèdent pas les êtres sensibles (éternité, perfection, immutabilité, etc.). Cette transcendance des idées correspond à leur «divinité».

Le christianisme pense également une transcendance du divin mais dans un cadre créationniste (théorie selon laquelle le monde est créé par Dieu). Dire que Dieu est «transcendant», c'est dire qu'il est extérieur au monde, dans la mesure où il le crée. Dieu est comme le principe et le monde est comme la conséquence [voir repère Principe/conséquence].

Spinoza s'oppose à une théologie créationniste et transcendante, en affirmant que Dieu et la Nature (c'est-à-dire l'univers) sont la même chose (*Deus sive Natura*, «Dieu, c'est-à-dire la nature»).

Principales notions concernées

▶ **La religion,** 11, 21, pp. 181, 190

Pour certaines religions, l'hypothèse d'un Dieu créateur («transcendant») est exclue: c'est le cas du bouddhisme qui présente une parenté remarquable avec la pensée de Spinoza (texte 21 de **F. Midal**).

Kant conserve l'idée d'une transcendance de Dieu, cependant l'hypothèse d'un Dieu créateur fournit à la morale universelle non pas un fondement, mais seulement un *appui transcendant*. Un appui est un accompagnement, un soutien; il ne peut s'agir d'un fondement car nul ne peut démontrer l'existence de Dieu selon Kant (texte 11) et le devoir n'a donc d'autre fondement que lui-même.

▶ **Autrui,** 12, p. 66

Lévinas, en nous invitant à penser la relation éthique comme une ouverture à l'Autre dans son caractère absolu, l'inscrit dans une forme de transcendance.

⟐ Universel/général/particulier/singulier

Un jugement est *universel* s'il s'applique à tous les éléments d'un ensemble: «Tous les hommes sont mortels.» Il est *particulier* s'il ne s'applique qu'à une partie de cet ensemble: «Certains hommes sont chauves.» Il est *singulier* s'il ne s'applique qu'à un individu: «Socrate est un philosophe grec.»

Un jugement *général* se rapproche d'un jugement *universel*. La différence avec lui est qu'il ne peut se justifier par une loi ou un concept déterminé. Il est obtenu par généralisation ou induction à partir de cas particuliers: «Les hommes sont superstitieux.»

En logique, la négation d'un jugement universel, c'est un contre-exemple, qui peut être soit singulier, soit particulier. Par exemple, la négation du jugement «Tous les hommes sont chauves» est «Il y a au moins un homme qui n'est pas chauve».

Toutefois, dans la réalité, des jugements universels reposant sur des lois ou des règles déterminées ne sont pas niés par des contre-exemples. C'est le cas notamment en grammaire, ou dans un système juridique: des exceptions sont toujours admises sans remettre en cause la validité de la loi ou de la règle universelle, et sans réduire son universalité à une simple généralité.

Principales notions concernées

▶ **L'existence et le temps,** 8, p. 91

Kierkegaard dénonce la pensée abstraite, qui ne considère les choses que du point de vue de l'éternité, comme une facilité car elle ne permet pas de penser l'existence des individus dans leurs dimensions particulières et singulières.

▶ **L'art,** 4, p. 143

Kant distingue les jugements objectifs, qui engagent une adhésion universelle (ceux qui relèvent par exemple de la science), et les jugements d'agrément, lesquels, parce qu'ils sont subjectifs, n'engagent qu'une adhésion singulière («À chacun son goût»). Les jugements esthétiques sont remarquables en ce qu'ils sont subjectifs et prétendent pourtant à une adhésion universelle.

▶ **L'État,** 9, p. 357

En politique, les intérêts singuliers ou particuliers des individus semblent s'opposer au point de vue universel de l'État qui s'exprime notamment dans la loi. **Hegel** montre que la liberté, pour l'individu, consiste dans le fait qu'il ne vit pas seulement pour son propre intérêt, mais vit aussi pour l'intérêt universel, ce qui l'amène à intérioriser le point de vue de la loi.

MÉTHODES
POUR LA DISSERTATION

MéTHODES
POUR L'EXPLICATION DE TEXTE

■ Problématiser un sujet de dissertation

Comprendre un sujet de dissertation, c'est percevoir son caractère paradoxal (*para* = contre, *doxa* = l'opinion commune), c'est identifier le ou les problèmes qu'il pose, ou encore, c'est le problématiser. Pour l'aborder correctement, il faut retenir cette règle:

Tout sujet est paradoxal. Il invite à critiquer un préjugé.

Trouver le paradoxe du sujet

Face à un sujet de philosophie, on doit identifier la **tension interne** dont il est porteur, et qui est tout simplement ce qui le rend intéressant. Si on ne le trouve pas intéressant, c'est peut-être qu'on n'y a pas assez réfléchi.

Cette tension interne, ce **caractère paradoxal qui rend le sujet intéressant**, peut prendre des formes très diverses:

– Le sujet peut être franchement provocant *(Ex. Faut-il en finir avec la tolérance?)*.
– Il peut avoir l'air d'une contradiction dans les termes, à la limite de l'absurdité *(Ex. Peut-on librement renoncer à sa liberté?)*.
– Il peut mettre en rapport des concepts apparemment opposés *(Ex. Peut-il y avoir un art du laid?)*.
– Il peut, inversement, proposer d'opérer une distinction entre des concepts qu'on aurait tendance à relier *(Ex. Le droit est-il nécessairement juste?)*.
– Il peut être tout simplement bizarre *(Ex. Pourquoi suis-je moi plutôt qu'un autre?)*.
– Parfois, le paradoxe est double: lorsque le sujet oppose clairement deux thèses possibles, qui vous paraissent également légitimes l'une et l'autre, sans que l'une soit plus de l'ordre de l'opinion commune et l'autre de l'ordre du paradoxe philosophique *(Ex. Le langage sert-il d'abord à s'exprimer ou à communiquer?)*. Il ne faut pas hésiter alors à montrer que l'une des deux thèses entraîne des paradoxes et que la thèse adverse en entraîne d'autres.

attention

Ne pas confondre **question posée** par le sujet, et **problème sous-jacent.** Ce serait comme confondre la question «Comment aller à Paris?» et l'énoncé des obstacles que l'on rencontre sur la route.

EX. *Derrière la question posée, «Ce que l'homme accomplit par son travail peut-il se retourner contre lui?», il y a le problème d'un préjugé sur le travail, qui apparaît si on explicite une définition du travail adéquate: ici, le caractère utile du travail.*

astuce

Pour problématiser un sujet, on ne dit pas tout en même temps: on choisit ce qui, dans la notion, lui donne le relief voulu.

EX. *Pour traiter le sujet sur le travail, on ne dit pas au départ que la notion de travail implique la notion de souffrance: on garde cette idée pour illustrer le fait que le travail peut devenir nuisible.*

Problématiser le sujet

Problématiser, c'est faire apparaître, dans le caractère paradoxal du sujet, la mise en question d'une **opinion commune** qu'on avait jusque-là admise sans examen.
On appelle **problématique** la manière dont va être traité le paradoxe, les étapes dans la recherche d'une solution. Ces étapes consistent à répondre aux questions:

1. Quelle est l'opinion commune visée par le sujet? (*en quoi le sujet est-il paradoxal?*)
2. En quoi cette opinion commune est-elle critiquable? (*comment développer la critique du préjugé suggérée dans le paradoxe?*)
3. Y a-t-il moyen d'aller plus loin que cette simple critique? (*quelles ont les limites de cette critique et comment peut-on la critiquer à son tour?*)

EX. *Le sujet «Ce que l'homme accomplit par son travail peut-il se retourner contre lui?» vise l'opinion commune selon laquelle le travail est utile à l'homme (identification du paradoxe). La problématique qui s'ensuit traite le problème que pose cette affirmation paradoxale du travail nuisible:*

1. Définition commune du travail comme «détournement de processus naturels afin de les rendre utiles à l'homme».
2. Critique de cette définition: le travail peut se retourner contre l'homme, lui devenir nuisible.
3. Dépassement de l'opposition travail utile/ travail nuisible, par exemple à partir de la question de l'art comme activité utile.

Appliquer la méthode pas à pas

Sujet 1 Comment comprendre la notion de vie intérieure ?

Lire le sujet. Dans la question posée, pas de contradiction interne ou de tension immédiatement visible.

Examiner les termes du sujet. L'intitulé « Comment comprendre... » suggère qu'il y a peut-être un problème dans cette compréhension. Comme la notion à interroger est composée de deux termes « vie » et « intérieure », on peut chercher s'il n'y a pas quelque chose qui pose problème dans cette association : « vie intérieure ».

Rechercher l'opinion commune. Est-ce que la « vie » ne doit pas être extérieure ? Naître, c'est sortir, c'est arriver dans le « monde extérieur ». Choisir la « vie intérieure », c'est choisir un retour en soi, un repli qui est une sorte de retrait de la « vie active ». Voilà, on tient une piste : la vie, selon une définition élémentaire, suppose l'action, alors que la « vie intérieure » est retrait de l'action.

Problématiser. Derrière la question, il y a donc l'opposition entre la notion d'une vie active facile à comprendre, évidente, car normale, et la notion d'une vie intérieure compliquée, obscure, voire anormale.

1. On peut donc commencer par développer **l'opinion commune** selon laquelle la vie normale, c'est la vie active. Puis, à partir de là, on peut commencer à s'interroger :
2. La vie suppose-t-elle toujours l'action ?
3. La vie intérieure est-elle si passive que cela ?

Sujet 2 L'État a-t-il besoin de la mémoire des citoyens ?

Lire le sujet. Là encore, la tension n'est pas immédiatement perceptible dans la question posée (par contraste, un intitulé du type : « L'État peut-il limiter ses pouvoirs par lui-même ? » formule directement le problème de la contradiction de l'État par soi-même).

Examiner les termes du sujet. Dans les définitions de « État » et « mémoire », on cherche quels éléments retenir qui permettront de créer une forme d'opposition entre eux. On peut remarquer que l'État est une institution impersonnelle, qui a une existence par-delà celle des individus qui lui sont soumis, y compris les gouvernants ; alors que la « mémoire » des citoyens renvoie au contraire à ce qui est intérieur aux individus, à leur subjectivité.

Rechercher l'opinion commune. À partir de ces définitions, on peut affirmer que l'État et la mémoire des citoyens sont séparés par une grande distance, l'un étant extérieur aux citoyens, l'autre étant leur intériorité même. Cette distance implique une forme d'indépendance : l'État est par nature indépendant de la mémoire des citoyens. Telle est l'opinion commune dont on va partir, et par rapport à laquelle l'idée que l'État ait besoin de la mémoire des citoyens est une affirmation paradoxale.

Problématiser. Derrière la question, il y a donc l'opposition entre un besoin qui relierait l'État et la mémoire des citoyens, et cette indépendance de nature entre institution et subjectivité.

1. L'État a besoin d'une armée, d'une police, il a besoin de travailleurs, etc., et la mémoire est quelque chose de bien secondaire à son fonctionnement.
2. L'État en tant qu'il repose sur un contrat social, n'a-t-il pas besoin de l'adhésion des citoyens, comme cela se manifeste régulièrement, par exemple à travers la pratique du vote ? Cette adhésion n'est-elle pas fondée sur une mémoire collective qui permet aux citoyens, à travers l'histoire et le rappel des événements fondateurs, de comprendre la raison d'être du fonctionnement de l'État et de ses lois ?
3. Mais est-ce vraiment la mémoire qui nourrit l'adhésion des citoyens à un État ? L'insistance sur la mémoire, avec tout ce qu'elle comporte d'émotionnel à travers les commémorations par exemple, ne se fait-elle pas au détriment d'une véritable éducation, qui impose la distance de l'esprit critique ?

2 Définir les notions d'un sujet

> Un sujet se présente la plupart du temps sous la forme d'une question. La tentation est grande de chercher à y répondre directement. On fait une liste d'arguments dans un sens, puis une liste d'arguments dans l'autre sens, sans voir que ces arguments s'appuient sur une certaine façon de comprendre les notions et que, si différentes argumentations sont possibles, c'est parce qu'une même notion peut avoir plusieurs définitions. D'où la règle :
>
> **Toute dissertation cherche à transformer les notions du sujet, dont le sens est multiple, en des concepts, dont la définition est unifiée.**

Définir pour assurer ses bases

Répondre sans réfléchir aux définitions conduit à mélanger les arguments et à ne pas véritablement les justifier.

EX. *À la question « Pourquoi faut-il respecter autrui ? », on peut vouloir répondre qu'il faut respecter autrui parce que ne pas le respecter, c'est mal moralement et que, s'il n'y a pas de respect, l'ordre social va être mis en danger. Cela laisse beaucoup de questions en suspens : que veut dire « mal moralement » ? Comment définir la morale ? Est-ce un argument du même ordre que celui de l'ordre social qui, lui, n'est pas moral ?*

En revanche, si l'on part de définitions explicites, on sait au moins sur quoi s'appuient les réponses et on peut bâtir une argumentation cohérente.

EX. *On peut définir autrui comme « un autre moi-même », et le respect comme « la reconnaissance de la dignité d'un être ». À partir de là, on peut répondre que ne pas respecter autrui, ce serait ne pas se respecter soi-même, ce qui est une forme de contradiction à la fois logique et morale vis-à-vis de soi-même. Cela ne veut pas dire que l'on respecte autrui automatiquement mais qu'il y a quelque chose en nous (la conscience morale) nous indiquant qu'il faut respecter autrui (d'où la mauvaise conscience si on ne le fait pas, par exemple). Au passage, on définit aussi les termes du sujet : « il faut » n'indique pas une nécessité qui serait comme une loi de la nature (puisque nous pouvons ne pas respecter autrui), mais un « devoir moral », qui s'impose à notre conscience mais pas à nos actes.*

À partir de ces définitions, on a ainsi une armature pour bâtir une argumentation cohérente. Cela peut constituer la première partie de la dissertation. Et parce que ces définitions ne sont qu'hypothétiques et provisoires, on pourra les questionner... et ainsi passer à une deuxième partie.

Définir pour faire avancer la réflexion

Poser des définitions, c'est d'une part les utiliser, d'autre part les questionner et voir s'il n'y en a pas d'autres possibles, qui mènent à d'autres réponses possibles.

Une dissertation procède par définitions successives permettant de formuler des hypothèses, c'est-à-dire des essais de réponse au sujet :
Partie I = hypothèse à partir d'une **première définition des notions**.
Partie II = hypothèse à partir d'une **deuxième définition**, obtenue par remise en question de la première.
Partie III = tentative de réponse à partir d'une **définition qui se veut plus complète** des notions du sujet.

EX. *Dans le sujet « Pourquoi faut-il respecter autrui ? », on peut questionner la première définition d'autrui comme « un autre moi-même ». Qu'est-ce que veut dire « un autre moi-même » ? Cela a-t-il un sens ?*

Critiquer la première définition d'autrui. On peut affirmer que non, elle n'a pas de sens : il y a une distance infranchissable entre moi et autrui, autrui m'apparaît toujours comme « quelque chose d'extérieur à moi », sans dignité particulière par rapport aux autres objets qui m'entourent. Ici, on conserve donc la même définition que précédemment pour le « respect ».

Proposer une nouvelle définition. On définit autrui comme « objet », ce qui permet de formuler l'hypothèse suivante : Il ne faut pas respecter autrui, rien n'y oblige ; et d'ailleurs c'est impossible, puisque on ne sait pas vraiment qui est ou ce qu'est autrui.

On sait que si on essaie de nuire à autrui, on s'expose à un certain nombre de problèmes, et c'est pourquoi on s'abstient en général de le voler, de le tuer, etc. Mais ce n'est pas par respect : c'est par intérêt personnel. D'ailleurs, c'est bien parce que la seule force du respect mutuel ne suffit pas qu'il faut des lois et une police pour réguler les rapports des hommes entre eux.

Définir pour échapper à l'arbitraire

Le but est de parvenir à une définition plus unitaire, moins parcellaire, moins caricaturale que les définitions essayées jusqu'ici. Non pour accomplir une prouesse logique, mais pour parvenir à une réponse qui n'ait pas l'air d'un choix arbitraire : une réponse qui puisse satisfaire n'importe quel lecteur ou lui permettre de se situer par rapport à elle.

Il s'agit, non pas de prétendre apporter la réponse ultime au sujet ou la définition ultime des concepts concernés, mais d'avoir accompli un certain parcours argumentatif qui rend les objections sinon impossibles, du moins un peu plus difficiles.

EX. *Pour répondre à la question « Pourquoi faut-il respecter autrui ? », on voudrait bien justifier le devoir de respect d'autrui en tenant compte de l'objection constituée par la deuxième définition. On voudrait bien, donc, trouver une définition d'autrui dans laquelle on aurait à la fois l'idée d'une distance, et celle d'une communauté avec soi.*

Le concept de « moi » est absent des termes du sujet mais on se réfère à lui depuis le début pour réfléchir. Or, dans les deux premières définitions, on a supposé un moi autonome par rapport à autrui. C'est une conception du moi comme « sujet », comme conscience et agent autonome, clos sur soi-même.

Critiquer la définition du moi. On peut remettre en question cette idée que le moi est autonome par rapport à autrui. De multiples références pourront soutenir l'hypothèse que « je » prend conscience de « ce que je suis moi-même » uniquement dans un rapport à autrui.

Proposer une nouvelle définition. On définit le moi comme toujours déjà en relation avec autrui. Cela rejaillit sur la définition du respect : le respect n'est pas un sentiment qui existe en soi, et que le « je » décide ou non d'accorder à autrui selon son bon vouloir de sujet autonome. Ma rencontre avec autrui précède et rend possible mon expérience du respect. Ce n'est pas moi qui « donne » mon respect à autrui, c'est autrui qui, comme dit l'expression, « m'impose le respect », cette fois non par une contrainte quelconque, mais par sa présence même. Lorsqu'il ne me l'impose pas, c'est, justement, que je ne vois pas « autrui » en lui, mais simplement un objet : c'est ce qui justifie la possibilité de l'argumentation de la deuxième définition. D'où l'idée toute simple qu'il y a des personnes que nous respectons plus que d'autres, et aussi que certaines personnes ont plus de respect pour autrui que d'autres (par exemple parce que leur idée de l'humanité englobe plus de monde que les autres).

Bilan. Dans cet exemple, les définitions finalement obtenues sont donc les suivantes : *Autrui* est « celui par qui j'accède à ma propre dignité en tant que personne morale ». *Le respect* est « la dignité que la présence d'autrui me fait reconnaître en lui ». *Je* est « un sujet qui ne se constitue comme personne que dans la rencontre avec autrui ». *Il faut* ne renvoie ni à une nécessité naturelle, ni à une contrainte sociale, ni à un calcul d'intérêt, mais à une obligation liée à la constitution de ma propre dignité.

3 Utiliser des références

La dissertation de philosophie est l'occasion de montrer que l'on s'est familiarisé avec les thèses et les textes d'un certain nombre d'auteurs, et que l'on est capable de les réutiliser dans le cadre de sa réflexion.

Quand on fait référence à un auteur, on réutilise un exemple ou on reprend une argumentation. On examine toujours une hypothèse qu'on a soi-même choisie.

Connaître les exemples célèbres

On réfléchit, on essaie de faire comprendre quelque chose à son lecteur, et comme on sait que tel auteur, qui défend une thèse similaire à celle qu'on voudrait adopter, l'a illustrée avec tel ou tel exemple, on a le droit de la reprendre à son compte.

Les textes de philosophie fourmillent d'exemples qui sont presque des références obligées lorsque l'on aborde un sujet. Pour les citer, il faut les connaître... et c'est aussi à cela que sert une année d'enseignement de la philosophie. Voici trois références. Les fiches auteurs en présentent un certain nombre d'autres (p.477 à 533).

EX. **Le bâton, la main et la tour de Descartes.** Pour examiner la thèse selon laquelle les sens sont trompeurs, dans le sujet «Toute idée nous vient-elle des sens?», on peut évoquer les situations que propose Descartes pour illustrer cette thèse: un bâton droit trempé dans l'eau paraît brisé; la main préalablement refroidie ressent une eau tiède comme brûlante; une tour carrée paraît ronde vue de loin, etc. (Descartes, *Méditations métaphysiques*).

EX. **La colombe de Kant.** Pour faire apparaître comment certaines contraintes peuvent constituer les conditions de possibilité d'une action, dans le sujet «La liberté, est-ce l'absence de toute contrainte?», on peut évoquer «la colombe légère», qui imagine qu'elle volerait mieux dans le vide sans les frottements de l'air, mais qui en fait ne pourrait pas y voler du tout (Kant, *Critique de la raison pure*).

EX. **Le politique et son homme de main, par Machiavel.** Pour illustrer l'hypothèse de l'action politique injuste, dans le sujet «L'homme politique doit-il rechercher la justice?», on peut évoquer Borgia qui fait décapiter son homme de main Messire Rémy d'Orque, après lui avoir fait accomplir les basses besognes (Machiavel, *Le Prince*).

Interpréter ses exemples

Un exemple décrit une situation concrète. Il peut servir d'illustration à des thèses opposées selon l'interprétation qu'on lui donne.

EX. Pour traiter le sujet «Toute idée nous vient-elle des sens?», on peut utiliser l'exemple de la tour carrée qui de loin paraît ronde dans une perspective empiriste (selon laquelle toute connaissance vient de l'expérience) en se référant à Locke, et dire que je n'aurais même pas les idées de «rond» et de «carré» si je ne les avais pas connues par les sens. Ou encore, dire que la signification de cet exemple, c'est que les sens nous donnent bien des «idées» des choses, mais que ce ne sont pas des idées vraies: il y a une «vérité» des sensations (je sens du chaud, je vois du rouge, je vois la tour ronde, etc.) qui correspond, non à la réalité des choses, mais à la réalité de ma perception.

Se référer à une argumentation

Pour représenter une thèse philosophique que l'on analyse à un certain moment de son développement, on peut choisir de reprendre la pensée d'un auteur. Chaque partie de la dissertation ayant le statut d'une hypothèse développée à partir de certaines définitions, et non d'une affirmation vraie et définitive, on ne fait pas parler l'auteur

La pratique répétée de l'explication de texte fait voir qu'un auteur est irréductible à des affirmations simplistes.

EX. Le *cogito* de Descartes. *On ne peut pas réduire la pensée de Descartes au doute radical et au cogito: ce n'est qu'une étape de sa pensée, dans un processus qui consiste à démontrer l'existence du monde et la possibilité de la science.*

à sa place: on examine une possibilité philosophique, à travers l'exposé de ses arguments pour la défendre et des conséquences qu'il en tire.

Lorsqu'on utilise un auteur pour représenter une certaine thèse philosophique, le risque est de tirer celle-ci hors de son contexte et d'obtenir une version caricaturale de la pensée de l'auteur, celle-ci étant en général bien plus riche et nuancée que l'affirmation brute à laquelle on la ramène. La dissertation, en demandant d'articuler les unes aux autres les pensées de divers auteurs, comporte le risque d'induire de telles réductions.

Se référer à un auteur consiste à reprendre le détail de son analyse et à préciser au lecteur ce que l'analyse apporte au raisonnement. Loin de s'adonner à un simple «copier-coller», on se donne par là l'occasion de réfléchir.

Appliquer la méthode pas à pas

Sujet Comment peut-on juger une œuvre d'art?

Pour développer une troisième partie de dissertation sur ce sujet, on peut vouloir se référer à l'analyse du jugement de goût par Kant (*Critique de la faculté de juger*, section II, §56).

Rappeler les hypothèses précédentes. On a examiné, dans les deux premières parties, deux réponses possibles à la question posée: d'une part, que l'œuvre d'art s'adresse aux sens et donc qu'elle ne permet pas un jugement objectif mais seulement des sensations subjectives de plaisir ou de déplaisir («à chacun ses goûts»). D'autre part, l'hypothèse inverse, qui consiste à dire que l'on peut faire des évaluations rationnelles de la beauté d'une œuvre à partir de critères objectifs – et même mathématiques – d'harmonie, aussi bien en musique, en sculpture, en architecture. Ces deux conceptions de l'œuvre d'art nous paraissent avoir chacune leur légitimité, alors qu'elles sont contradictoires. Y a-t-il moyen de les rendre compatibles?

Introduire la citation et citer le texte. Kant a résumé le problème devant lequel nous nous trouvons dans ce qu'il appelle l'«antinomie du jugement de goût»:
«Thèse: le jugement de goût ne se fonde pas sur des concepts, car autrement, on pourrait disputer à ce sujet (décider par des preuves).
Antithèse: le jugement de goût se fonde sur des concepts, car autrement, on ne pourrait pas, en dépit des différences qu'il présente, discuter à ce sujet (prétendre à l'assentiment nécessaire d'autrui à ce jugement)».

Analyser la citation:

– **la distinction «disputer/discuter».** Pour Kant, on ne peut pas «disputer» de la valeur d'une œuvre, c'est-à-dire trancher cette discussion de manière définitive comme on le ferait pour un problème de mathématiques, mais on peut en «discuter». Kant reconnaît qu'il doit y avoir un aspect conceptuel, rationnel – donc objectif – dans l'évaluation de l'œuvre d'art, mais que cet aspect ne suffit pas, et qu'il est contrebalancé par des éléments subjectifs.

– **la spécificité du jugement «de goût».** Il y a bien jugement en art, mais c'est un jugement de goût qui consiste en un «libre jeu de l'imagination et de l'entendement». Mixte, il met en jeu à la fois nos facultés sensibles (imagination) et nos facultés rationnelles (entendement).

– **«l'assentiment d'autrui à ce jugement».** Selon Kant, si nous portons des jugements différents sur les œuvres d'art, nous avons tous, en tant qu'êtres humains, les mêmes facultés et certains accords sont donc possibles entre les individus. «Discuter» d'une œuvre d'art, ce n'est pas imposer ses goûts à autrui mais entrer dans un «jeu», dans lequel on partage le plaisir de découvrir ou de faire découvrir ce qu'on ne percevait pas du premier coup, en faisant jouer entre elles ses facultés et celles d'autrui, et en éprouvant le plaisir de ce jeu, même si l'on reste en désaccord. Face à une œuvre d'art, on peut ainsi faire simultanément l'expérience d'un accord et d'un désaccord avec autrui.

4 Construire un plan

La structure d'une dissertation est souvent caractérisée par la formule « thèse-antithèse-synthèse ». Elle signifie que, dans une dissertation, il s'agit non pas de démontrer une chose et son contraire, mais d'examiner la valeur respective d'argumentations contradictoires, et de les critiquer jusqu'à parvenir à celle qui résiste le mieux à la critique.

La dissertation dans son ensemble est une démonstration. Chaque partie est une supposition de réponse possible : en fait, une hypo-thèse.

La 3ᵉ partie n'est pas un compromis. Elle propose une solution au problème posé en introduction et insuffisamment résolu par les deux premières hypothèses.

Démontrer en trois étapes

astuce

On peut commencer par l'hypothèse que l'on veut pourvu que l'on justifie pourquoi cette réponse-là paraît être l'opinion commune.

Étape 1 Examiner l'opinion commune sur le sujet. La première partie propose une première hypothèse de réponse. Il ne s'agit pas qu'elle soit « vraie », mais seulement plausible. On part de ce qui est le moins satisfaisant pour aller vers ce qui l'est le plus. On commence donc par examiner un point de vue « naïf », une vue traditionnelle, ce qu'« on dit » en général. On peut regrouper toutes ces catégories sous la notion de *doxa*, l'« opinion commune ».

EX. Dans le sujet « Est-il déraisonnable de croire en Dieu ? », la première réponse peut être « non » en s'appuyant sur une certaine définition de la religion : un phénomène très répandu dans le monde, qui fournit une certaine morale, qui enseigne à vivre en paix avec autrui en se gardant des extrêmes. Si on considère que « raisonnable » signifie « ce qui se trouve au juste milieu » et permet la régulation des rapports avec autrui, alors il y a une proximité, un accord possible entre les notions de « religion » et de « raisonnable ».

EX. On peut aussi commencer par répondre « oui il est déraisonnable de croire en Dieu » parce que, selon une autre logique, la « raison » et la « croyance » sont des concepts qui s'opposent.

astuce

On choisit en Iʳᵉ partie une position que l'on sait pouvoir critiquer en IIᵉ partie.

Étape 2 Critiquer cette réponse, en faire valoir une autre qui la contredit. La deuxième partie doit être construite comme une critique de la première, un examen de ses limites, en faisant apparaître des contre-exemples, qui montrent que sa logique apparente n'est pas universelle.

EX. Si on a commencé par expliquer pour quelles raisons « il n'est pas déraisonnable de croire en Dieu », on examinera ensuite les arguments de l'athéisme. Et si on a commencé, au contraire, par l'idée qu'« il est déraisonnable de croire en Dieu », la seconde partie examinera les justifications « raisonnables » et éventuellement « rationnelles » de la croyance en Dieu [voir la fiche Anselme pour une preuve classique de l'existence de Dieu].

astuce

On choisit l'ordre des parties en fonction de ce que l'on veut démontrer (IIIᵉ partie), et ce moment final dépend des convictions de chacun.

Étape 3 Proposer une solution au problème. À la fin de la deuxième partie, la tension du sujet est à son comble, puisqu'on est face à deux argumentations contradictoires qui ont pourtant chacune leur légitimité. La troisième partie est la plus importante : c'est là que l'on propose une solution au problème posé dans l'introduction. Le mouvement de la dissertation, qui consiste à « renvoyer dos à dos » les deux premières parties grâce à une troisième hypothèse, s'appelle la « dialectique » : cela signifie que la dissertation fonctionne comme un dialogue, où A et B s'opposent sans pouvoir se mettre d'accord, et où il faut faire venir C pour trancher le débat.

Face à un sujet de philosophie, on peut dire que les deux premières parties « jouent le jeu » : elles acceptent le cadre conceptuel imposé par la formulation du sujet. La troisième partie consiste souvent à déplacer l'interrogation, en se demandant : « Ce sujet, tel qu'il est formulé, a-t-il vraiment un sens ? ».

attention

Ce n'est pas sur le contenu des thèses défendues que la dissertation sera jugée, mais sur la capacité à les **argumenter** et à construire progressivement sa position.

Appliquer la méthode pas à pas

Sujet Est-il déraisonnable de croire en Dieu ? [Si on veut répondre : Oui]

Étape 1 Examiner l'opinion commune sur le sujet. On peut d'abord expliquer l'opposition qu'il y a entre la « raison », démonstrative, et la « croyance », incapable de se justifier. On qualifie la croyance de « déraisonnable » car elle commande de croire en des choses que l'on ne peut montrer, et comme on ne peut les montrer, elle est capable d'amener les conduites les plus extrêmes.

Étape 2 Critiquer cette réponse, en faire valoir une autre qui la contredit. Cette idée d'une croyance déraisonnable présuppose que la position rationnelle permet au contraire les conduites modérées, raisonnables. On peut opposer à cela le rationalisme, qui, au nom de la science et du progrès, détruit la nature et produit des bombes. Par rapport à ce dernier, les croyants peuvent estimer leur position raisonnable : il y a dans les religions un message moral de mesure. L'idée de Dieu sert à donner la mesure des autres êtres et à justifier leur place dans l'univers, et ainsi à faire prendre conscience à l'homme de sa petitesse.

Étape 3 Proposer une solution au problème. Ayant accordé ce rôle régulateur à la croyance en Dieu, on peut objecter : ce qui compte, ce n'est pas la croyance en Dieu, mais les effets qu'elle produit, en rappelant à l'homme une certaine idée de mesure. Ce qui est « raisonnable » dans la croyance en Dieu, c'est la raison qui vient s'y ajouter, ce n'est pas la croyance elle-même, dont on peut et dont il faut même se passer pour être véritablement raisonnable. Si quelque chose d'aussi irrationnel et infondé peut produire cet effet, ne le produirait-on pas encore plus efficacement à partir d'une fondation rationnelle de la morale, par exemple sur la notion d'intérêt collectif ? Réciproquement, les excès de la science ne sont-ils pas l'effet d'un usage irrationnel de la raison, et d'une croyance elle aussi « aveugle » dans le progrès ? Ainsi, on montre que la position raisonnable se distingue aussi bien de l'usage irrationnel de la raison scientifique, que de l'usage rationnel de la déraison religieuse. On fait valoir une définition du « raisonnable », comme raison pratique, qui se distingue des croyances aussi bien rationnelles qu'irrationnelles.

astuce

Avec la distinction raisonnable/rationnel, on peut construire des dissertations très différentes sur le sujet « Est-il déraisonnable de croire en Dieu ? ».

Sujet Est-il déraisonnable de croire en Dieu ? [Si on veut répondre : Non]

Étape 1 Examiner l'opinion commune sur le sujet. L'opinion, ici, c'est dire que croire en Dieu n'est pas déraisonnable, en rappelant que les théologiens ont proposé des preuves rationnelles de l'existence de Dieu. La preuve par les effets, par exemple, consiste à dire que puisque le monde existe et que tout a une cause, il faut que le monde ait une cause, et que cette cause, c'est ce que l'on appelle Dieu.

Étape 2 Critiquer cette réponse, en faire valoir une autre qui la contredit. La critique fait valoir la vanité d'une telle prétention à la rationalité en expliquant que, justement, la religion fait fausse route lorsqu'elle essaie de suivre la voie de la raison. Il faut qu'elle s'en dégage, pour que la « croyance » ne soit pas juste une supposition comme une autre, mais une foi véritable, portant sur ce qui est par définition invérifiable. On peut alors dire que, en effet, la croyance en Dieu n'est pas « raisonnable », mais que c'est pour cela qu'elle est forte et que, pas plus qu'elle ne peut être argumentée, elle ne peut être atteinte par un quelconque contre-argument.

Étape 3 Proposer une solution au problème. L'inconvénient de cette hypothèse sur le caractère mystique de la croyance en Dieu est qu'elle laisse chacun sur son quant-à-soi, les croyants d'un côté, les non-croyants de l'autre. Pour aller plus loin, on peut alors distinguer le « rationnel » du « raisonnable : si la croyance doit s'abstenir de prétendre au statut de vérité rationnelle, elle peut en revanche être considérée comme l'option morale la plus raisonnable, en rappelant l'analyse du « pari » de Pascal : l'existence de Dieu ne peut ni ne doit être démontrée comme une vérité mathématique, mais la croyance en Dieu est un calcul raisonnable, puisque, pour Pascal, la perte est nulle en cas d'erreur, mais le gain infini si Dieu existe. On montre ainsi que ce sont les non-croyants qui, en se croyant rationnels, se montrent en fait déraisonnables.

5 Rédiger une introduction

> Introduire un sujet, c'est d'abord introduire le lecteur au sujet, l'amener à comprendre quel est l'intérêt de celui-ci (c'est-à-dire comprendre pourquoi il pose problème) et lui indiquer quel va être le cheminement pour traiter ce problème.
>
> Une bonne introduction doit donc comporter les éléments suivants :
> La *doxa* • Le paradoxe du sujet, avec l'intitulé exact du sujet, cité entre guillemets
> La justification du sujet • L'annonce du plan et de la problématique

Les étapes de l'introduction

Le mouvement d'ensemble de l'introduction correspond à l'enchaînement : DOXA-PARADOXE-JUSTIFICATION-PLAN. Il s'agit de commencer par une phrase qui permet de faire ressortir le caractère surprenant de la question posée, puis de justifier le bien-fondé de la question malgré ce caractère surprenant.

La *doxa*. *Doxa* est un terme grec qui signifie « opinion » : on commence donc par énoncer la *doxa* du sujet, c'est-à-dire l'opinion commune en ce qui concerne ce sujet, une opinion courante, facile à admettre.

attention

La *doxa* n'est pas quelque chose de fixe : ce qui apparaît comme plus évident à certains paraîtra moins évident à d'autres !

Le paradoxe. On enchaîne sur l'intitulé exact du sujet, cité entre guillemets, en mettant en valeur son caractère paradoxal. Le mot « para-doxal » signifie « ce qui va contre la *doxa* », c'est-à-dire ce qui va contre l'opinion commune : c'est ce qui rend le sujet surprenant, bizarre, voire choquant. Il peut même paraître illogique, contradictoire. En d'autres termes, c'est ce qui rend le sujet problématique : ce qui fait qu'il pose problème, c'est-à-dire ce qui fait qu'il est intéressant. Introduire un sujet, c'est montrer au lecteur que ce sujet sort de l'ordinaire.

La justification du sujet. On arrive alors au troisième temps de l'introduction, tout aussi important que les deux précédents : il faut justifier le sujet. En effet, on vient de montrer le caractère quasi illogique du sujet posé. Mais si la question était vraiment aussi absurde qu'on l'a suggéré, cela ne vaudrait même pas la peine de la poser. Il faut donc maintenant expliquer pourquoi il est quand même légitime de la poser. Après la « doxa », après le « paradoxe », on doit exposer un « contre-paradoxe », c'est-à-dire une justification.

L'annonce du plan. On peut maintenant annoncer quel va être le cheminement pour résoudre le problème posé. Pour la forme, il vaut mieux être clair et dire explicitement : « Nous verrons dans un premier temps... Puis, dans un second temps... Enfin, dans une dernière partie... » Pour le contenu, le plan reprend de manière plus élaborée les éléments que l'on vient de mettre en évidence. La « problématique », c'est la manière dont on va résoudre le problème (ou le paradoxe) du sujet.

Pour bien formuler : une structure type

Pour composer une introduction, on peut suivre le schéma général ci-dessous, afin de n'oublier aucun aspect et ne pas se bloquer sur des problèmes de formulation : selon les sujets, il s'agit de remplacer de manière adéquate les mots en italiques entre crochets, ci-dessous. Ce schéma ne permet pas de faire l'économie d'une réflexion personnelle, car chacun le remplit en fonction de ses propres choix, mais elle peut aider à la formuler.

La *doxa*. Par définition... *ou* D'après l'opinion commune... *ou* On a coutume de dire que... [*énoncé de la DOXA*]

Le paradoxe. La question : [*intitulé complet du sujet*] peut donc paraître paradoxale puisqu'elle laisse entendre que... [*quelque chose de contraire à la DOXA*]

La **justification du sujet**. Toutefois, cette question est justifiée puisque… [*contre-para-doxe = justification du sujet*].

L'**annonce du plan**. On verra donc dans un premier temps que… [*élaboration de la doxa*]. Mais dans un second temps, on verra que… [*élaboration du paradoxe*]. Enfin, dans un troisième temps, on verra que… [*énoncé de la manière dont vous comptez résoudre le problème*]

Appliquer la méthode pas à pas

Sujet Peut-il y avoir une science de l'inconscient ?

[Si on veut répondre : Oui]

La *doxa*. Par définition, d'après l'étymologie même des termes, la science suppose que l'on ait conscience de l'objet que l'on étudie.

Le **paradoxe**. La question «Peut-il y avoir une science de l'inconscient ?» est para-doxale, car elle semble indiquer que, malgré l'opposition entre les termes «science» et «inconscient», une telle science est possible. Comment cela se pour-rait-il ?

La **justification du sujet**. Pourtant, on sait qu'il existe une science, qui s'appelle la psychanalyse, qui étudie le fonctionnement de l'inconscient et ses rapports avec la conscience.

attention

Le correcteur ne juge pas le contenu de ce qui est dit, mais la rigueur de l'ar-gumentation, et la richesse et la pertinence des réfé-rences.

L'**annonce du plan**. Dans un premier temps, on approfondira les définitions des notions de science et d'inconscient, pour bien mettre en évidence que la notion d'inconscient semble impliquer une résistance à toute approche scientifique. Cependant dans un second temps, on montrera que, si la notion de «science incons-ciente» est absurde, cela ne veut pas nécessairement dire qu'il ne peut pas y avoir de science de l'inconscient : on reprendra à ce sujet l'argumentation de Freud pour justifier la possibilité de la psychanalyse. Dans un troisième temps cependant, on pourra s'interroger sur le statut de cette science : on défendra l'idée que, si une certaine connaissance de l'inconscient est possible, cette connaissance pose des problèmes propres aux sciences humaines, qui ne peuvent pas avoir la même scien-tificité que les sciences exactes.

Sujet Peut-il y avoir une science de l'inconscient ?

[Si on veut répondre : Non]

La *doxa*. La psychanalyse, inventée par Freud, est une science de l'inconscient.

Le **paradoxe**. La question «Peut-il y avoir une science de l'inconscient ?» est donc paradoxale puisque cette science existe déjà !

La **justification du sujet**. Il est vrai toutefois que le fait qu'elle existe et qu'elle se pré-sente comme une science ne suffit pas à prouver qu'elle en soit une effectivement ; d'autant plus que l'inconscient, puisqu'il échappe à la conscience, semble devoir être un objet difficile à décrire scientifiquement.

L'**annonce du plan**. On examinera donc d'abord les justifications que donne Freud pour fonder la possibilité d'une connaissance de l'inconscient : c'est que l'incons-cient, tout inconscient qu'il est, se manifeste par des signes dans la conscience (lapsus, actes manqués, rêves, pathologies…) : la science de l'inconscient consiste à savoir décrypter ces signes. Mais l'on pourra se demander, dans un second temps, de quelle sorte de science il s'agit : si l'inconscient est quelque chose de parfaite-ment individuel, est-il vraiment possible d'en produire une théorie générale sans trahir la spécificité de chaque patient ? Enfin, on pourrait aller encore plus loin dans la critique de l'idée d'une science de l'inconscient, en allant jusqu'à se demander (comme le fait Sartre) si l'inconscient existe vraiment.

6 Rédiger une conclusion

Conclure une dissertation, c'est faire le bilan, puis rappeler que la solution apportée en troisième partie n'est pas « la » vérité finale, mais une thèse qui peut donner lieu à de nouvelles problématisations, qu'il appartiendrait à une autre dissertation de traiter.

Une bonne conclusion comprend donc deux moments :
Le bilan de la réflexion
Les limites du résultat et l'ouverture sur un nouveau problème

Dresser le bilan de la réflexion

La troisième partie a apporté une solution à la contradiction qui opposait les deux premières parties : la conclusion en fait le bilan. Ce moment peut conduire à résumer les étapes successives de la réflexion, mais cela ne doit pas prendre plus de quelques lignes.

EX. Pour conclure sur le sujet « Pour être libre, faut-il savoir ce qu'on fait ? », le bilan rappelle les deux premières hypothèses, puis leur dépassement.
Notre liberté, pas plus que notre savoir, ne sera jamais absolue (rappel 1re partie). Il existe des degrés de liberté : celui qui se libère d'une contrainte qu'il a jadis éprouvée sait qu'il est plus libre qu'il ne l'était et que d'autres ne le sont, et le savoir est assurément une des clés de cette liberté. C'est parce que l'on connaît les lois de la nature qu'on peut les mettre en œuvre à son propre profit ; c'est parce que l'on connaît les lois de la société dans laquelle on vit que l'on peut y évoluer et y progresser ; c'est parce que l'on se connaît soi-même que, conformément à la devise de Socrate, « connais-toi toi-même », on peut se conduire de manière maîtrisée et mesurée (rappel 2e partie). Mais il est vrai que, dans certains cas, la volonté de trop en savoir peut se retourner contre la liberté d'agir. La puissance créatrice suppose la suspension du savoir — suspension qui n'est accessible qu'à ceux qui en savent déjà beaucoup. C'est ainsi que les génies, maîtrisant le savoir de leur temps pour en faire quelque chose de nouveau, produisent de l'inconnu qui devient le savoir d'une nouvelle période historique (rappel 3e partie).

Montrer les limites du résultat et ouvrir sur un nouveau problème

La deuxième fonction de la conclusion est de montrer le caractère partiel, provisoire, éventuellement discutable de cette solution. Éviter le dogmatisme doit, en effet, non seulement conduire à prendre en compte les positions en conflit sur une question avant d'élaborer sa propre réponse, mais également à tester les limites de cette réponse, en envisageant par exemple des objections qui pourraient lui être faites.

EX. Au problème posé par le sujet « Pour être libre, faut-il savoir ce qu'on fait ? », une solution a été apportée : elle a consisté à évoquer le génie comme dépassement possible des rapports contradictoire entre savoir et liberté. On peut remarquer ici que cette solution a un présupposé de taille : elle implique que seule l'individualité exceptionnelle est vraiment libre. Cela veut-il dire que la liberté serait réservée à une élite, et ne pourrait donc pas être considérée comme une caractéristique essentielle de l'humain ? On peut opposer à cette idée une hypothèse sur l'origine du génie : le génie ne résulte-t-il d'une série de circonstances historiques et sociologiques qui rendent possible son avènement ? Poursuivre l'interrogation sur les rapports entre savoir et liberté nous amènerait ainsi à nous demander si, de même qu'il y a une histoire du savoir, il n'y a pas une « histoire de la liberté », à travers les modalités qui sont faites à l'accès à la culture et à la création, avec la part de stérilisation, ou au contraire de stimulation, que celles-ci comportent.

Appliquer la méthode pas à pas

Sujet 1 Ce que l'homme accomplit par son travail peut-il se retourner contre lui ?

Dresser le bilan. Nous avons vu que le travail, en permettant le passage en l'homme, de la nature à la culture, l'inscription de l'homme dans la société, et la constitution de son identité individuelle, joue un rôle positif voire indispensable dans la constitution de l'humain. Mais, dans le cadre du travail industriel et à la chaîne, un renversement du sens du travail s'opère, dans la mesure où il conduit à une aliénation de l'humain transformé en machine. Si bien que l'on a retrouvé le sens biblique du travail comme malédiction, auquel les théories modernes de la libération par le travail avaient cru pouvoir échapper. La question s'est donc posée de savoir comment surmonter cette aliénation par le travail dans des solutions autres qu'individuelles (mendiant philosophe, artiste…).

Montrer les limites du résultat et ouvrir sur de nouveaux problèmes. On peut se demander dans quelle mesure ce résultat ne peut pas être élargi à toutes les productions culturelles ou scientifiques de l'humain puisque l'art est utilisé à des fins de propagande politique ou commerciale (films publicitaires), la domination sur la nature conduit à des désastres écologiques, et les progrès de la science conduisent à un accroissement des dangers courus par l'homme. Si bien que tout ce qu'accomplit l'humain tendrait, par un étrange destin, à se retourner contre lui. Peut-être faut-il y voir la conséquence du sens non naturel de l'humain ? Ou encore, l'idée d'une libération possible par le travail ou la culture, n'est-elle pas qu'une illusion radicale, reflet de l'absence de liberté de l'homme ?

Sujet 2 Peut-on dire : « À chacun sa vérité » ?

Dresser le bilan. Il y a un caractère relatif de toute proposition, mais il y a des degrés dans la relativité :
1° Certaines propositions dépendent de la subjectivité (les goût dits « personnels »).
2° D'autres propositions dépendent d'un contexte historique et culturel (les croyances et les pratiques religieuses par exemple) ; ces propositions sont généralement considérées comme des vérités indiscutables, car les discuter supposerait de remettre en cause tout un système de croyances et de pratiques collectives, et pas seulement la fantaisie individuelle.
3° Enfin, les propositions de la science moderne : celles-ci sont relatives à un certain état de la technique et des instruments de mesure dont dépendent les théories ; elles sont relatives aussi, pour chaque science, à des procédures établies de preuves, de vérification, et de mise à l'épreuve. Leur caractère scientifique repose sur la complexité de ces procédures, la multiplicité des acteurs capables de se contrôler mutuellement, mais aussi, sur la conscience de leur caractère relatif, qui suppose la connaissance de l'ensemble des présupposés dont elles dépendent.

Montrer les limites du résultat et ouvrir sur de nouveaux problèmes. Si l'on admet une telle relativité, complexe mais indépassable, de la notion de vérité, la question se pose du rapport de la vérité à l'histoire. Est-ce que toute vérité n'est pas irréductiblement historique ? Se pose aussi la question du faux. Est-ce que le faux est toujours négatif ? Ne peut-on penser, notamment, une fécondité de l'erreur ? Inversement, on peut s'interroger sur l'extension à tous les domaines d'une telle relativité de la vérité. Car insister sur la relativité irréductible de toute vérité est un des arguments classiques du *négationnisme* (ou négation de l'existence de l'extermination des Juifs par les nazis durant la Seconde Guerre mondiale). N'y a-t-il pas une nécessité, dans les domaines éthiques et juridiques, d'admettre une vérité non relative ?

Texte de référence

Les étapes de l'explication, qui vont être détaillées dans les pages qui suivent, vont prendre pour base le texte ci-dessous.

De façon générale, nul ne peut se nommer philosophe s'il ne peut philosopher. Mais on n'apprend à philosopher que par l'exercice et par l'usage qu'on fait soi-même de sa propre raison.

Comment la philosophie se pourrait-elle, à proprement parler, apprendre? En philosophie, chaque penseur bâtit son œuvre pour ainsi dire sur les ruines d'une autre; mais jamais aucune n'est parvenue à devenir inébranlable en toutes ses parties. De là vient qu'on ne peut apprendre à fond la philosophie, puisqu'elle *n'existe pas encore*. Mais à supposer même qu'il en existât une effectivement, nul de ceux qui l'apprendraient ne pourrait se dire philosophe, car la connaissance qu'il en aurait demeurerait *subjectivement historique*.

Il en va autrement en mathématiques. Cette science peut, dans une certaine mesure, être apprise; car ici les preuves sont tellement évidentes que chacun peut en être convaincu; et en outre, en raison de son évidence, elle peut être retenue comme une *doctrine certaine et stable*.

Emmanuel Kant, *Logique*, 1800.

La connaissance de la doctrine de l'auteur n'est pas requise. Il faut et il suffit que l'explication rende compte, par la compréhension précise du texte, du problème dont il est question.

1 Lire le texte à expliquer

Il est très important de lire attentivement le texte, et de ne pas se décourager si l'on ne le comprend pas à première (ni même à deuxième) lecture.

D'où l'importance d'avoir, dès le début, une LECTURE ACTIVE, en soulignant:
– les termes indiquant les articulations logiques;
– les concepts clés;
– les noms des adversaires philosophiques cités;
et en découpant le texte en ses différentes parties par un trait vertical, afin de bien visualiser sa progression argumentative.

astuce

Ne pas hésiter à utiliser des couleurs différentes pour chaque marquage.

Identifier la structure argumentative du texte

Le mouvement d'ensemble du texte

– **Les connecteurs logiques** («mais, or, donc, en effet...») ne délimitent pas nécessairement les grandes parties du texte. C'est avant tout le sens qui détermine les articulations.

– **Pour un même texte, plusieurs découpages sont possibles**. Ce qui compte, c'est la manière dont on justifie son découpage pour son explication.

– **Parmi les structures argumentatives, il existe des structures plus fréquentes que d'autres**. Un texte peut affirmer une thèse, ou en réfuter une autre, ou encore combiner les deux démarches, positive et négative.

Les textes qui affirment une thèse

Certains textes partent de cas particuliers pour en tirer une proposition générale. Ainsi, ce texte de Pascal sur la définition du moi: «Qu'est-ce que le moi? Un homme qui se met à la fenêtre pour voir les passants; si je passe par là, puis-je dire qu'il s'est mis là pour me voir? Non: car il ne pense pas à moi en particulier; mais celui qui aime quelqu'un à cause de sa beauté, l'aime-t-il? Non: car la petite vérole, qui tuera la beauté sans tuer la personne, fera qu'il ne l'aimera plus. Et si on m'aime pour mon jugement, pour ma mémoire, m'aime-t-on? *moi*? Non, car je puis perdre ces qualités sans me perdre moi-même. Où est donc ce *moi*, s'il n'est ni dans le corps, ni dans l'âme? et comment aimer le corps ou l'âme, sinon pour ces qualités, qui ne sont point ce qui fait le moi, puisqu'elles sont périssables? car aimerait-on la substance de l'âme d'une personne, abstraitement, et quelques qualités qui y fussent? Cela ne se peut, et serait injuste. On n'aime donc jamais personne, mais seulement des qualités.» (Autrui, texte 2, p. 58)

D'autres partent d'une proposition générale et la vérifient dans des cas concrets. Ainsi, ce texte de Kant sur le jugement d'agrément: «Lorsqu'il s'agit de ce qui est agréable, chacun consent à ce que son jugement, qu'il fonde sur un sentiment personnel et en fonction duquel il affirme d'un objet qu'il lui plaît, soit restreint à sa seule personne. Aussi bien disant: "Le vin des Canaries est agréable", il admettra volontiers qu'un autre corrige l'expression et lui rappelle qu'il doit dire: cela *m'est* agréable.» (L'Art, texte 4, p. 143)

Les textes qui réfutent une thèse

Certains textes réfutent une thèse adverse en ayant recours à un contre-exemple. Ainsi, ce texte de Goodman, pour réfuter la conception de l'art par l'artiste suédois Oldenburg: «La littérature esthétique est encombrée de tentatives désespérées pour répondre à la question «Qu'est-ce que l'art?» [...] Que dire de quelque chose qui ne serait pas même un objet, et ne serait pas montré dans une galerie ou un musée – par exemple, le creusement et le remplissage d'un trou dans Central Park, comme le prescrit Oldenburg? Si ce sont des œuvres d'art, alors toutes les pierres des routes, tous les objets et événements, sont-ils des œuvres d'art?» (L'Art, texte 12, p. 150)

D'autres montrent que la thèse contraire conduit à une contradiction (raisonnement par l'absurde). Ainsi, ce texte de Rousseau, pour réfuter le du droit du plus fort: «Supposons un moment ce prétendu droit. Je dis qu'il n'en résulte qu'un galimatias inexplicable. Car sitôt que c'est la force qui fait le droit, l'effet change avec la cause; toute force qui surmonte la première succède à son droit. Sitôt qu'on peut désobéir impunément, on le peut légitimement, et puisque le plus fort a toujours raison, il ne s'agit que de faire en sorte qu'on soit le plus fort. Or, qu'est-ce qu'un droit qui périt quand la force cesse? S'il faut obéir par force, on n'a pas besoin d'obéir par devoir, et si l'on n'est plus forcé d'obéir on n'y est plus obligé. On voit donc que ce mot de droit n'ajoute rien à la force; il ne signifie ici rien du tout.» (La justice et le droit, texte 6, p. 344)

Appliquer la méthode pas à pas

On souligne, dans le texte, les connecteurs logiques. En marge, on spécifie le rôle argumentatif de chaque partie (énoncé, justification...), et on résume son contenu.
C'est ce travail qu'il faut faire au brouillon, et qu'il faut exposer dans l'introduction. C'est la colonne vertébrale de tout le développement de l'explication.

1. Position d'une thèse paradoxale: on ne peut apprendre la philosophie.

a. élément de définition: la philosophie n'existe que comme pratique de la raison.

b. 1ʳᵉ justification du paradoxe: on ne peut apprendre la philosophie, car la philosophie n'existe pas.

2. 2ᵉ justification du paradoxe: même si la philosophie existait, on ne pourrait pas l'apprendre.

3. Différence avec les mathématiques.

(1.) De façon générale, nul ne peut se nommer philosophe s'il ne peut philosopher. **(a.)** Mais on n'apprend à philosopher que par l'exercice et par l'usage qu'on fait soi-même de sa propre raison. **(b.)** Comment la philosophie se pourrait-elle, à proprement parler, apprendre? En philosophie, chaque penseur bâtit son œuvre pour ainsi dire sur les ruines d'une autre; mais jamais aucune n'est parvenue à devenir inébranlable en toutes ses parties. De là vient qu'on ne peut apprendre à fond la philosophie, puisqu'elle n'existe pas encore.
(2.) Mais à supposer même qu'il en existât une effectivement, nul de ceux qui l'apprendraient ne pourrait se dire philosophe, car la connaissance qu'il en aurait demeurerait subjectivement historique.
(3.) Il en va autrement en mathématiques. Cette science peut, dans une certaine mesure, être apprise; car ici les preuves sont tellement évidentes que chacun peut en être convaincu; et en outre, en raison de son évidence, elle peut être retenue comme une doctrine certaine et stable.

2 Trouver ce à quoi le texte s'oppose

«Expliquer» un texte signifie notamment rendre explicite ce qui n'est qu'implicite. Ainsi, pour comprendre et faire comprendre l'intérêt du texte étudié, il faut expliquer en quoi celui-ci invite à dépasser un préjugé. D'où les deux formulations équivalentes de la même idée:

Tout texte est écrit CONTRE un préjugé.
La thèse d'un texte est toujours l'antithèse d'une thèse implicite ou explicite.

Trouver ce à quoi le texte s'oppose

Le préjugé que le texte dénonce peut être de formes très diverses. Ce peut être: une opinion commune (introduite par des formules du type: «les hommes croient que...», «on pense en général que...»); la thèse d'un autre philosophe («Descartes dit que...»); une supposition logique, de bon sens. Etc.

Il faut donc être à l'affût des phrases du texte qui indiquent à quoi il s'oppose, ou qui indiquent la nature paradoxale de ce qu'il affirme. Certains textes disent d'ailleurs explicitement: «Le paradoxe, c'est que...», ou: «Le problème est que...»; certains textes utilisent des formules volontairement provocantes, qui ont l'air de contradictions dans les termes, ou de contre-évidences. C'est cela qu'il faut chercher. C'est parfois très clair, parfois très ténu, mais si ténu que ce soit, l'explication ne prendra sens que si elle parvient à donner son relief au texte en l'opposant à quelque chose. Sinon, elle se bornera à répéter ce que le texte dit déjà, c'est-à-dire à faire de la paraphrase.

Appliquer la méthode pas à pas

Dans le texte de Kant proposé page 364, la phrase clé est: «De là vient qu'on ne peut apprendre à fond la philosophie puisqu'elle n'existe pas encore».

Comment repère-t-on la phrase clé du texte? On la repère par le côté surprenant de ce qu'elle dit, mais aussi pour des raisons formelles: c'est à cette phrase que mènent les considérations qui précèdent. Elle est introduite comme leur conséquence, par la formule «de là». Et le reste du texte en est un commentaire.

En quoi cette phrase est-elle paradoxale? Elle présente deux paradoxes conjoints: d'une part que l'on ne peut pas apprendre la philosophie, ce qui, de la part d'un philosophe, peut paraître surprenant. Cela appelle des questions: pourquoi ne peut-on pas l'apprendre? Quelle est donc la différence entre la philosophie et les autres disciplines? À quoi bon écrire de la philosophie si personne ne peut l'apprendre? Kant n'est-il pas en contradiction avec lui-même: si son texte est un texte «de philosophie», que peut-il nous «apprendre» dans ces conditions?

Et la réponse de Kant au premier paradoxe en est un second encore plus étonnant: «la philosophie n'existe pas encore». D'où, là encore, d'autres questions: en quoi n'existe-t-elle pas? Et cela signifie-t-il qu'elle ne peut pas exister, ou bien qu'elle existera un jour?

À quoi s'oppose cette thèse? Elle s'oppose à la fois au bon sens du lecteur: on est surpris en lisant cela, puisqu'on croyait être en train de lire de la philosophie et de chercher à apprendre quelque chose, et Kant dit que ce n'est pas le cas. Elle s'oppose aussi à toutes les pensées métaphysiques qui ont cru pouvoir s'identifier à l'expression de LA vérité, par rapport à laquelle le lecteur ne devrait avoir qu'une attitude passive d'apprentissage par cœur.

D'où une autre question: le texte de Kant est-il un texte sceptique? Parce qu'il critique une certaine position dogmatique, le texte donne en effet, pendant un temps, l'impression d'être sceptique. En fait il ne l'est pas, mais propose une définition nouvelle de concepts anciens. Le travail d'analyse du texte va permettre de comprendre comment est définie la philosophie pour n'être ni dogmatique ni sceptique.

❸ Analyser le texte

Après avoir expliqué le propos général du texte et indiqué la forme de son développement, il faut rentrer dans l'analyse de détail, l'« explication linéaire ».

C'est un travail de commentateur. À la limite, ce travail consisterait à recopier chaque phrase, chaque proposition du texte, et à la faire suivre de son explication. Sans aller jusqu'à dire qu'il faut recopier tout le texte petit bout par petit bout, il faut du moins recopier les mots, passages, phrases, qui vous paraissent les plus importants, et en proposer à chaque fois une analyse.

Le développement est donc construit comme une alternance citation/explication, et enchaîne les analyses les unes aux autres. Ne pas oublier que, à ce stade :

Le commentateur est l'avocat du texte. Son but est de montrer l'intérêt du texte et de justifier ses arguments, pour bien les faire comprendre au lecteur.

Faire une analyse du sens

Le travail d'analyse du sens des expressions et des termes utilisés par le texte, est un préalable. Il est en effet impossible d'expliquer un texte sans avoir bien compris la langue employée par l'auteur, qui a souvent sa technicité propre. Cela comprend les tâches suivantes.

– Expliquer le sens d'une expression en la distinguant d'autres expressions qui auraient été possibles dans ce contexte et que l'auteur a choisi de ne pas utiliser.
– Définir les concepts clés du texte au moment où on les rencontre dans le fil du commentaire.
– Réciproquement, nommer explicitement un concept dont l'auteur utilise la définition sans le nommer.
– Expliquer une connotation...

astuce

On peut faire part de ses difficultés à comprendre une expression, en essayant d'approfondir les raisons de cette difficulté.

Faire une analyse des arguments

Le travail d'analyse argumentative comprend plusieurs aspects.
– Dégager la progression logique de l'argumentation.
– Dégager les procédés rhétoriques utilisés par l'auteur (raisonnement par analogie, emploi d'un registre ironique ou indigné, utilisation de figures de styles comme la métaphore, etc.).
– Illustrer d'un exemple concret une thèse générale.
– Réciproquement, déduire la thèse visée par l'auteur à partir de la situation concrète qu'il décrit.
– Expliciter un sous-entendu de l'auteur.

astuce

Il est tout à fait possible de montrer les limites d'une argumentation, ce qui pourra ensuite nourrir la discussion, qui interviendra après l'analyse du texte.

Faire une analyse qui problématise le texte

En mettant le texte en perspective, par un va-et-vient entre le texte et ce qu'il présuppose, prend en compte, ou vise à dépasser, on en montre l'intérêt. Cette analyse dialectique a plusieurs fonctions.
– Expliquer le caractère paradoxal de la thèse du texte.
– Identifier le ou les adversaires auxquels s'oppose l'auteur et la thèse opposée qu'ils défendent.
– Repérer le ou les alliés sur lesquels l'auteur s'appuie implicitement ou explicitement, et les thèses qu'ils défendent.

attention

Pour identifier les thèses adverses ou celles alliées à l'auteur, on peut s'appuyer sur ses connaissances philosophiques, mais uniquement pour éclairer le texte, surtout pas pour placer des fiches toutes faites.

Appliquer la méthode pas à pas

« **De façon générale, nul ne peut se nommer philosophe s'il ne peut philosopher.** » Dans sa première phrase, Kant a l'air d'énoncer une évidence, mais il nous donne un élément important de la définition de ce qu'est « être philosophe » : cela ne consiste pas à « savoir la philosophie » mais à « philosopher » : la philosophie n'est donc pas un savoir, c'est d'abord une activité.

« **Mais on n'apprend à philosopher que par l'exercice et par l'usage qu'on fait soi-même de sa propre raison.** » La seconde phrase précise le sens de cette activité : philosopher, c'est faire usage de sa raison. Cela s'oppose donc au fait de suivre une théorie imposée par autrui (le dogme religieux par exemple) ou les raisonnements d'un autre : toute « raison » n'est pas philosophique ; seule l'est celle que l'on pratique soi-même. Cette pratique est double. Kant distingue « l'exercice » et « l'usage » : par le premier, on forme sa raison ; par le second, on l'applique, une fois formée, à des objets de réflexion. La raison n'est pas là, en nous, toute faite : elle doit être exercée, comme on exerce le corps. L'expression « sa propre raison » ne signifie pas « sa propre opinion » : philosopher, c'est chercher des vérités valables universellement, pour tout homme.

« **Comment la philosophie se pourrait-elle, à proprement parler, apprendre ?** » Cette question est en fait une question dont le seul but est d'annoncer la thèse (question rhétorique).

« **En philosophie, chaque penseur bâtit son œuvre pour ainsi dire sur les ruines d'une autre ; mais jamais aucune n'est parvenue à devenir inébranlable en toutes ses parties.** » C'est bien l'idée commune que nous avons de l'histoire de la philosophie : Platon critiquant Parménide ; Aristote critiquant Platon, etc. Kant appelle les philosophes des « penseurs » : le terme dit bien que chacun d'eux a fait des tentatives pour accéder à des vérités universelles et que cet effort de « penser » est l'essentiel de la philosophie. Kant présente moins ici la philosophie comme un système unique que comme une histoire : chaque philosophe croit que l'édifice qu'il a « bâti » est unique, mais la philosophie est en fait l'ensemble de ces édifices juxtaposés. Pour poursuivre la métaphore de Kant (reprise notamment de Descartes, qui parlait d'une « fondation » de la vérité), chaque philosophe construit une maison, mais la philosophie est la ville entière.

« **De là vient qu'on ne peut apprendre à fond la philosophie, puisqu'elle n'existe pas encore.** » Énoncé de la thèse paradoxale : on ne peut pas apprendre la philosophie, elle n'existe pas. On peut souligner « LA » : il existe DES philosophies ; mais pas un système unique. On comprend qu'à l'horizon de la pensée de Kant, il y aurait UNE philosophie, qu'il faudrait construire. (Si l'on en sait assez sur Kant, on peut dire que sa philosophie a effectivement pour but, comme il l'énonce dans la *Critique de la raison pure*, de « soumettre la philosophie au tribunal de la raison », et de clarifier les débats en examinant à quel type de connaissances la raison peut légitimement prétendre).

« **Mais à supposer même qu'il en existât une effectivement, nul de ceux qui l'apprendraient ne pourrait se dire philosophe, car la connaissance qu'il en aurait demeurerait subjectivement historique.** » Deuxième argument pour justifier que l'on ne puisse pas apprendre la philosophie. Même s'il existait un ultime système, si l'on se contentait de l'apprendre par cœur, on ne philosopherait pas. On ne pourrait philosopher qu'en le réinventant : « apprendre » « de la » philosophie n'est pas un acte philosophique. L'expression « subjectivement historique » est ici assez difficile à comprendre. On peut proposer deux hypothèses de lecture : cela peut signifier que tout système philosophique est situé historiquement, donc que celui qui se prétendrait le système ultime ne serait pas moins relatif que tous ceux qui l'ont précédé. Cela semble un peu en contradiction avec ce qui précède puisque Kant vient d'admettre l'hypothèse d'un système ultime. Une autre hypothèse consiste à prendre le mot « historique » au sens étymologique de « descriptif » : « subjectivement historique » voudrait donc dire « reçu de l'extérieur » : la subjectivité ne produirait pas ce système mais c'est l'histoire qui le lui fournirait. Ce qui est conforme au propos antérieur du texte.

«Il en va autrement en mathématiques.» Ouverture d'un troisième temps de la réflexion: distinction de la philosophie et d'une autre discipline.

«Cette science peut, dans une certaine mesure être apprise» Les mathématiques sont une science, ce que n'est pas la philosophie. Elles peuvent être apprises, parce qu'elles restent identiques de génération en génération: elles ne changent (dit Kant) qu'en extension, par production de nouveaux résultats, mais en gardant les mêmes bases, par opposition à la philosophie où chaque penseur repart chaque fois sur de nouvelles bases. Kant précise: «dans une certaine mesure». Pourquoi cette nuance? Parce que les mathématiques, dans la mesure où elles sont rationnelles, ne peuvent jamais être seulement «apprises»: elles doivent être «comprises». Le mathématicien ne réinvente pas tout: il apprend à l'école les résultats obtenus par ses prédécesseurs (la démonstration du théorème de Pythagore, par exemple). Mais son «apprentissage» ne se limite jamais à «apprendre par cœur» comme on apprend un catéchisme. Les propositions mathématiques, en tant que vérités rationnelles, ne prennent sens que comprises «de l'intérieur», non pas comme des choses mémorisées mais comme des vérités de raison. C'était le sens de l'expérience menée par Socrate avec un jeune esclave, dans le *Ménon* de Platon: il est possible de faire résoudre un problème de géométrie à un esclave ignorant tout des mathématiques. C'est bien que les mathématiques n'ont que «dans une certaine mesure» besoin d'être apprises.

«car ici les preuves sont tellement évidentes que chacun peut en être convaincu; et en outre, en raison de son évidence, elle peut être retenue comme une doctrine certaine et stable.» Kant justifie ici son propos au sujet des mathématiques. Si celles-ci peuvent être apprises, c'est parce qu'elles sont «évidentes». L'évidence dont parle Kant, ce n'est pas l'évidence de ce qui apparaît dès le premier coup d'œil: nous savons bien que les mathématiques ne sont pas toujours faciles à comprendre. Mais les propositions mathématiques reposent, comme l'expliquait déjà Descartes, sur des propositions simples, que les mathématiciens appellent des «axiomes» et que l'on considérait – du moins jusqu'au XIXᵉ SIÈCLE– comme des propositions évidentes par elles-mêmes. Ce sont des propositions qui servent à démontrer les autres, qui n'ont pas, elles, besoin d'être démontrées. Les *Éléments* d'Euclide y adjoignaient les définitions et les postulats qui servaient de propositions premières. Les théorèmes en revanche sont les propositions qui découlent de celles-ci. Du coup, on peut considérer que les mathématiques tout entières reposent sur des évidences, ce qui explique que Kant les qualifie de «doctrine certaine et stable». Et c'est cette stabilité qui justifie, avec la réserve que nous avons vue, que les mathématiques puissent être apprises, par opposition à la philosophie, qui reste instable.

Par delà l'analyse phrase à phrase, il faut encore répondre à la question: qu'apprend-on, alors, lorsqu'on apprend de la philosophie? On peut dire que, si philosopher c'est exercer sa raison, le meilleur exercice consiste précisément à étudier les systèmes des philosophes qui nous ont précédés. Mais pas pour les apprendre par cœur, au contraire: pour exercer sur eux notre esprit critique. En essayant de distinguer ce qui nous paraît solide en eux, et ce qui nous paraît contestable. Ainsi la philosophie ne sera pas un stérile ressassement de doctrines établies, mais une vraie réflexion sur le monde lui-même, en profitant des théories passées pour apprendre d'elles, tout en les soumettant à l'épreuve des faits et de la cohérence logique. C'est dans ce va-et-vient entre les réflexions des autres et notre propre réflexion que notre faculté de raisonner se construit, en même temps qu'elle enrichit la connaissance du monde qui nous entoure – même si l'idée d'une philosophie ultime reste un horizon, irréalisable mais qui nous indique ce vers quoi nous devons tendre.

Les analyses qui précèdent constituent donc la matière brute de l'explication. Elles doivent être précédées d'une introduction et être articulées entre elles, par des paragraphes de transition. Elles seront ensuite suivies d'une discussion.

4 Discuter la thèse du texte

Discuter le texte est une manière de montrer que l'on en a bien compris les enjeux, et que l'on est capable de voir ses limites. La discussion est donc le prolongement naturel de l'explication.

Le principe général de la discussion est le suivant :

La discussion s'appuie sur les difficultés rencontrées dans l'analyse du sens et des arguments du texte.

En quoi consiste la discussion sur le texte ?

Une fois que l'on a compris, grâce à la mise au jour de son aspect paradoxal, que le texte défend une thèse dans le cadre d'un débat où il y a des adversaires, il est naturel de se demander dans quelle mesure il peut convaincre le lecteur. Tel est l'objet de la discussion, et celle-ci est possible à plusieurs niveaux. On peut en effet se poser trois grands types de questions sur la thèse du texte.

1. Est-ce que l'auteur a bien compris la thèse adverse et en rend compte de façon juste ? Cette question peut sembler étonnante, car on pourrait penser qu'un philosophe est le meilleur lecteur qui soit pour ses pairs. Or il n'en est rien : l'histoire de la philosophie est tissée de malentendus et d'erreurs de lectures, au point que cela donne lieu parfois à des sujets de dissertation tels que : « Les philosophes se comprennent-ils ? ». Dans chaque texte, une part irréductible demeure ambiguë et donne lieu à des interprétations plus ou moins fortes, plus ou moins fécondes, mais pas toujours fidèles.

2. Est-ce que l'argumentation de l'auteur est satisfaisante ? L'explication du texte peut avoir fait apparaître :
– des lacunes ou des oublis ;
– des préjugés discutables de l'auteur ;
– une argumentation simplement probable (induction trop rapide, argumentation trop rhétorique) ;
– des failles dans l'argumentation logique, voire des contradictions.

3. Est-ce que le débat est bien posé ? L'auteur ne partage-t-il pas des présupposés avec ceux qu'il est censé critiquer ? Ne peut-on pas renvoyer dos à dos l'auteur et son, ou ses, adversaire(s), en dégageant une voie d'analyse plus féconde ?

Quand discuter sur le texte ?

On discute le texte après l'avoir bien compris. Le plan de l'explication de texte doit donc suivre les parties argumentatives du texte. Tout autre plan risquerait de faire perdre le fil de l'argumentation au candidat et de le conduire au hors-sujet. La discussion ne doit intervenir qu'à la fin de l'analyse, soit dans une dernière partie, soit dans une conclusion plus nourrie, selon qu'on aura plus ou moins matière à critiquer le texte.

Discuter, ce n'est pas revenir à la *doxa*. La discussion ne doit pas consister à revenir en arrière, vers la *doxa* qui était critiquée par l'auteur. En répétant la thèse que l'auteur critiquait, on révèle que l'on n'a pas du tout compris l'enjeu du texte.
EX. Si, voulant « discuter » le texte de Kant, on écrit : « Je ne comprends pas pourquoi Kant dit que l'on ne peut pas apprendre la philosophie, puisqu'on l'apprend au lycée et que Kant lui-même se prétend philosophe ; il se contredit donc lui-même ». En prétendant faire cette objection, on montre que l'on a pas compris l'essentiel : le fait que cette contradiction est voulue par Kant lui-même et qu'elle constitue le paradoxe du

texte : c'est par elle que Kant veut faire comprendre que « la philosophie » n'est pas une discipline scolaire comme une autre.

Appliquer la méthode pas à pas

Pour engager une discussion sur le texte de Kant, après en avoir fait l'explication ligne à ligne, plusieurs axes sont possibles. On peut choisir celui pour lequel on est le mieux armé, afin de pouvoir être précis et informé.

Kant ne rend pas compte de la pensée de ses précesseurs. Ainsi Platon, qui prétend que la raison peut accéder à une vérité absolue, ne suppose pas pour autant une attitude de réception passive de la part du lecteur. Ses dialogues sont généralement aporétiques (c'est-à-dire qu'ils se terminent par des contradictions non résolues), non parce qu'ils correspondent à des échecs, mais parce qu'ils ne font que donner des indices au lecteur pour que lui-même, par une lecture active, reconstruise la vérité.

L'argumentation de Kant pose problème. On peut remarquer une tension interne dans le texte de Kant. En effet, celui-ci semble à la fois dire que c'est la situation essentielle de la philosophie, par opposition aux sciences, d'être inachevée et instable, mais de l'autre, il semble conserver l'horizon d'une philosophie qui serait une philosophie dernière, proprement scientifique. Il ne tranche donc pas clairement la question de savoir si l'instabilité de la philosophie est nécessaire ou seulement accidentelle. Les deux arguments, qui semblent se compléter, ont en fait quelque chose de contradictoire : Kant dit qu'on ne peut apprendre la philosophie parce qu'elle n'existe pas encore ; et que même si elle existait, on ne serait pas philosophe en l'apprenant. Dans un cas, la philosophie semble pouvoir devenir une science, et dans l'autre non.

Le débat ne peut plus se poser dans les mêmes termes aujourd'hui. Kant souscrit à la vision classique selon laquelle les propositions premières (axiomes) sont des évidences (comme « le tout est plus grand que la partie »), et que les mathématiques sont donc une connaissance certaine.

Or l'histoire des mathématiques n'est pas seulement l'accumulation de nouveaux résultats : elle passe aussi par des remises en cause de leurs fondements même, ce qui n'est donc pas quelque chose de propre à la philosophie. La plus célèbre de ces révolutions réside dans l'invention de géométries non-euclidiennes. Riemann et Lobatchevski ont, chacun à leur manière, tenté de proposer une démonstration par l'absurde du 5e postulat d'Euclide (« Par un point extérieur à une droite passe une seule parallèle à cette droite »), et ne sont parvenus à aucune contradiction. Les deux géomètres découvraient ainsi que d'autres géométries étaient possibles, une infinité d'autres, selon les courbures de l'espace.

À partir de là, il n'est plus possible de considérer les mathématiques comme un savoir constitué et inébranlable. On peut donc mettre en question la différence que Kant introduit entre mathématiques et philosophie : dans une certaine mesure, les mathématiques non plus n'existent pas encore.

Ces suggestions de pistes montrent qu'il y a de multiples manières de lancer une discussion avec le texte. Attention, le but n'est pas de trouver le plus d'axes de discussion possibles : ce doit être d'en trouver UN, en fonction de sa réflexion et de ses préférences philosophiques, et de le développer de la manière la plus complète possible.

5 Rédiger une introduction

Ce qu'il faut exposer dès le début de l'explication, pour permettre au lecteur de savoir de quoi l'on parle et quel est le problème philosophique traité, ce sont les questions suivantes :

Quel est le préjugé auquel s'oppose le texte, et pourquoi l'auteur le dénonce-t-il ? (quel problème y voit-il ?)

Respecter le mouvement global d'une introduction

La *doxa*. Une phrase générale doit exprimer la *doxa*, c'est-à-dire l'opinion commune qui est dénoncée par l'auteur dans son texte. C'est en l'énonçant que l'introduction pose le décor sur le fond duquel le texte étudié va prendre son relief et son sens.

Le paradoxe. Une phrase doit dire clairement la position du texte par rapport à cette *doxa* : par exemple, quelque chose comme : « Le texte de [...] est donc paradoxal puisqu'il nous invite à dépasser ce préjugé... ». Ce qui compte, c'est de faire ressortir l'opposition du texte au préjugé énoncé d'abord.

La justification du texte. Une phase doit justifier la thèse du texte. Elle permet de préciser l'objectif poursuivi dans ce texte et de monter que, tout en étant opposé à la *doxa*, il est loin d'être absurde.

L'annonce du plan de l'explication. Chaque partie du texte doit être présentée par une phrase, de même que la dernière partie consacrée à la discussion.

EX. « Nous analyserons d'abord le premier temps du texte... » : identification de ce premier temps, son statut formel (thèse, exemple, question...) et son contenu. « Dans un second temps... » : identification de ce second temps, statut formel et contenu. Etc. (selon le nombre de parties selon lequel vous décomposez le mouvement du texte). « Enfin, nous nous demanderons... » : annonce du problème que vous allez traiter en discussion.

Appliquer la méthode pas à pas

Voici une introduction possible pour l'explication du texte de Kant p. 364.

La *doxa*. La philosophie est une discipline scolaire et universitaire qui s'enseigne et qui s'apprend.

Le paradoxe. Aussi ce texte de Kant a-t-il quelque chose de très paradoxal lorsqu'il annonce que « la philosophie ne peut pas s'apprendre » ; d'autant plus qu'il justifie cette thèse en disant que « la philosophie n'existe pas encore ». Comment comprendre cette affirmation, sous la plume de quelqu'un qui est pourtant lui-même considéré comme un grand philosophe ?

La justification du texte. C'est qu'il ne s'agit pas là d'une critique de la philosophie, mais plutôt d'une réflexion sur la spécificité du discours philosophique, dont Kant explique qu'il est d'abord une pratique et non un savoir constitué.

L'annonce du plan de l'explication. On verra dans un premier temps comment Kant pose le problème de ce que signifie « être philosophe », et comment il justifie que l'on ne puisse pas apprendre la philosophie. Cette justification se fait elle-même en deux temps : par l'affirmation que la philosophie n'a pas encore réussi à se constituer comme un système définitif d'une part ; par l'idée que même si elle y parvenait, « apprendre » ce système ne suffirait pas à rendre philosophe, d'autre part. Dans un second temps, on examinera la distinction que fait Kant entre la philosophie et les mathématiques, et comment il justifie que ces dernières puissent, elles, faire l'objet d'un apprentissage. On se demandera toutefois, dans un troisième temps, si cette distinction proposée par Kant ne repose pas sur une conception périmée des mathématiques, ce qui modifie la manière dont on peut concevoir la différence entre philosophie et mathématiques.

6 Rédiger une conclusion

Rédiger une conclusion doit moins être une exigence formelle qu'une suite naturelle de la réflexion visant à faire comprendre au lecteur que l'on considère qu'elle a atteint son but.

La conclusion a pour fonction de formuler le résultat de la réflexion, et de l'ouvrir sur un nouveau problème possible.

Conclure, après la discussion

ATTENTION

L'explication, comme tout texte philosophique, comporte en elle une discussion qu'elle fait progresser. La conclusion rappelle que cet exercice est *dialectique*, et non pas *dogmatique*.

La conclusion vient à la suite de la discussion sur le texte. C'est le moment où, après avoir éventuellement montré certaines limites du texte, on fait la part des choses.

Rappeler l'objet de la discussion sur le texte. En reformulant brièvement ce qui a fait l'objet d'une discussion, on peut aller plus loin : montrer que l'on est capable d'esprit critique par rapport à soi-même.

Montrer que la critique énoncée sur le texte a ses limites elle aussi. Cet aspect de la conclusion fait partie de la logique même de la pensée philosophique, qui procède par objections et réponses aux objections.

Souligner l'apport et la fécondité du texte. Cette troisième étape de la conclusion est une sorte de recentrage. Le texte peut avoir des limites liées à son inscription dans une époque, aux préjugés de son auteur, ou à la lecture biaisée qui y est faite des thèses adverses, il reste un modèle en acte de l'activité philosophique.

Appliquer la méthode pas à pas

À la suite de la discussion sur la conception moderne des mathématiques :

Rappeler le sujet de la discussion sur le texte. Kant écrivant au XVIIIe siècle, sa conception des mathématiques restait tributaire de l'état des mathématiques à cette époque, et l'on pourrait difficilement lui reprocher de ne pas avoir anticipé la possibilité de géométries non-euclidiennes.

Montrer que la critique du texte a ses limites elle aussi. Au reste, dans quelle mesure cela modifierait-il son propos ? La notion d'évidence ne peut plus être prise comme fondement des mathématiques, et l'édifice mathématique doit moins être conçu comme un savoir que comme une construction rationnelle. La différence entre philosophie et mathématiques proposée par Kant s'en trouve atténuée, mais pas complètement effacée : il peut y avoir un débat philosophique sur les fondements des mathématiques, cela n'empêche pas que, dans le cadre d'axiomatiques définies, l'apprenti mathématicien ait bien des résultats à « apprendre ». L'apprenti philosophe, de son côté, doit aussi « apprendre » les doctrines du passé, non pour s'y soumettre passivement mais pour y confronter sa raison.

Souligner l'apport et la fécondité du texte. Kant a le mérite de souligner qu'une différence majeure existe entre les deux disciplines. En effet, les mathématiques tirent leur précision et leur cohérence du caractère restreint des objets qu'elles étudient ; tandis que la rationalité philosophique s'attache à tous les aspects possibles de l'existence humaine. Pour que ses argumentations puissent prétendre à une mise en forme aussi stricte que celle des mathématiques, il faudrait que l'existence humaine elle-même soit rendue aussi simple que des figures de géométrie. Est-ce vraiment souhaitable ?

Fiches auteurs

Chaque fiche auteur présente un auteur du programme de philosophie. Une « idée » particulière du philosophe y est exposée.

Des précisions pour ne pas confondre l'idée avec d'autres qui semblent proches, et pour ne pas en tirer des conclusions fausses.

Présentation de l'auteur avec ses dates, le courant de pensée auquel il appartient, les philosophes dont il s'inspire ou auxquels il s'oppose.

Une courte citation : comment l'auteur exprime l'idée présentée.

Un commentaire pour éclairer la citation et situer l'idée dans l'ensemble de la pensée de l'auteur.

Un exemple de problématisation de cette idée et un sujet type dans lequel il peut être intéressant de la faire intervenir.

Pour mieux circuler dans le manuel et dans le programme, les notions du programme auxquelles l'idée se rattache, et les repères utiles pour y réfléchir.

Fiches auteurs

Un auteur, une idée

Aristote

« L'HOMME EST UN ANIMAL POLITIQUE »

⊙ Indications générales

Aristote (384-322 avant J.-C.) fut l'élève de Platon. Il enseigna et écrivit sur tous les sujets, depuis les premiers principes de la connaissance (*La Métaphysique*) et la connaissance du monde physique et des êtres vivants (*La Physique*), jusqu'à la morale (*Éthique à Nicomaque*) et les meilleurs systèmes politiques (*La Politique*). Un aspect de sa réflexion est de montrer que l'homme tend naturellement à un certain type d'organisation sociale (la «cité»), la seule qui lui permette d'accomplir réellement son humanité.

⊙ Extrait

La première communauté formée de plusieurs familles en vue de la satisfaction de besoins qui ne sont plus purement quotidiens, c'est le village [...].
Enfin la communauté formée de plusieurs villages est la cité [...] Ces considérations montrent donc que la cité est au nombre des réalités qui existent naturellement, et que l'homme est par nature un animal politique. Et celui qui est sans cité, naturellement ou par suite des circonstances, est ou un être dégradé ou au-dessus de l'humanité. (La Politique, I, 2.)

⊙ Explication

Aristote décrit le processus naturel qui mène à la constitution de la cité. Elle est la forme d'organisation par laquelle les hommes réussissent à réaliser l'autarcie, c'est-à-dire l'indépendance par rapport aux autres communautés. C'est pourquoi (selon Aristote), l'évolution s'arrête là. Dire que l'homme est un animal politique, c'est donc dire que les besoins humains exigent une certaine forme d'organisation collective, relativement complexe (la cité). Et réciproquement, cela veut dire aussi que l'homme n'est véritablement homme que lorsqu'il participe à la vie de la cité autarcique.

⊙ Contresens à ne pas commettre

Ne pas ramener l'affirmation d'Aristote à l'idée beaucoup plus plate que «l'homme est un animal sociable», qui dit juste que l'homme tend à se réunir avec ses congénères. Chaque cellule qui se forme (couple/famille/village/cité) correspond à un certain degré d'efficacité dans l'organisation de la production. Le paradoxe que développe Aristote, c'est que l'homme n'existe pas de manière achevée dans la nature : il y a en lui une tendance qui le fait devenir homme. La cité n'est pas juste un regroupement d'hommes : elle est une organisation spécifique qui fait que l'homme devient l'homme.

⊙ Exemple d'utilisation

L'organisation en cité est ce qui différencie l'homme de tous les autres animaux, y compris ceux qui vivent en groupes : la cité est une société plus complexe que n'importe quelle société animale. Il faut relier cette phrase avec la non moins célèbre affirmation d'Aristote selon laquelle «*l'homme est un animal rationnel*»: dans la suite du texte en effet, Aristote montre le lien entre l'organisation en cité et *le langage*, qu'il considère comme le propre de l'homme : il y a ainsi un lien entre raison, langage, exigence de justice et formation de la cité. Parce qu'elle atteint l'autonomie économique, la cité permet aux hommes de faire autre chose que subvenir à leurs besoins : non pas seulement survivre mais *bien vivre* (par exemple, en faisant de la philosophie).

Par rapport à la question de la formation de la société, la conception aristotélicienne est aux antipodes de celle que développera plus tard Rousseau, lorsqu'il expliquera que la société est née d'un «funeste hasard».

Sujet type

Peut-on être homme sans être citoyen ?

Principales notions concernées

Le sujet • La culture • La société • L'État

Voir aussi les repères : En acte/en puissance ; Cause/fin ; Essentiel/accidentel ; Origine/fondement.

Platon

LE MYTHE DE LA CAVERNE

⊚ Indications générales

Platon (427-347 avant J.-C.), élève de Socrate, a retranscrit les dialogues de celui-ci avec différents interlocuteurs. Dans *La République*, il décrit une scène fictive (la plus célèbre de la philosophie): des hommes enchaînés depuis leur enfance dans une caverne, qui prennent les ombres pour la réalité.

⊚ Extrait

– Figure-toi des hommes dans une demeure souterraine en forme de caverne, dont l'entrée, ouverte à la lumière, s'étend sur toute la longueur de la façade; ils sont là depuis leur enfance, les jambes et le cou pris dans des chaînes, en sorte qu'ils ne peuvent bouger de place, ni voir ailleurs que devant eux; car les liens les empêchent de tourner la tête [...]
– Voilà un étrange tableau et d'étranges prisonniers.
– Ils nous ressemblent. (*La République*, livre VII, 514a.)

⊚ Explication

On parle aussi de l'«allégorie» de la caverne. À travers une scène de fiction, Platon décrit par métaphore la réalité. Il s'agit de dire que les hommes ordinaires vivent dans un monde d'illusions (comme les personnages du film *Matrix*): cette illusion, c'est celle des sens qui nous donnent une fausse image du réel, laquelle débouche sur des opinions qui sont à la fois mal fondées et changeantes. De là des croyances qui engendrent en nous des sentiments de peur ou de désir qui nous empêchent d'atteindre la sérénité. À ce monde sensible fait d'illusions et de passions, Platon oppose la nature intelligible des Idées, qui est éternelle et immuable, et qui constitue la vérité. Les Idées sont au monde sensible comme le monde extérieur est au monde intérieur à la caverne. La philosophie, c'est-à-dire l'effort de réflexion rationnelle pour percevoir la réalité à travers les apparences changeantes, est le chemin qui permet de sortir de la caverne et de découvrir le vrai.

⊚ Contresens à ne pas commettre

Cette sortie de l'illusion, même si elle est possible pour tous, n'est pas chose facile. En effet, par définition, tant que nous sommes dans l'illusion, nous ne pouvons pas avoir par nous-mêmes l'idée d'en sortir, puisque nous n'avons pas l'idée qu'il existe un monde en dehors de la caverne. Platon explique que l'homme qui sortirait de la caverne devrait être extirpé de force par quelqu'un d'autre. Et qu'une fois dehors, il lui faudrait beaucoup de temps pour s'adapter à la lumière du soleil. Et que, s'il revenait à l'intérieur pour libérer ses anciens amis, ceux-ci ne se laisseraient pas libérer et lui-même risquerait d'être tué. Platon nous rappelle donc ceci: tout le monde peut être éduqué; mais l'éducation est un parcours difficile; et la plupart des gens ne veulent pas être éduqués.

⊚ Exemple d'utilisation

Connaître la vérité rend libre. D'abord parce qu'il s'agit de connaître la vérité sur soi-même. C'est ce que dit la devise de Socrate: «*Connais-toi toi-même*». En me connaissant moi-même, je connais mes moyens et mes limites, et je me libère donc des illusions sur moi-même qui étaient sources de fausses peurs ou de faux désirs. Mais l'enjeu est aussi politique: car en me libérant des illusions, je me libère aussi par rapport à tous ceux qui ont intérêt à me faire vivre dans l'illusion pour me soumettre à leur pouvoir. À l'époque de Platon, il s'agissait des *sophistes*, qui étaient des orateurs brillants vendant leur art de l'éloquence pour défendre n'importe quelle cause, sans se soucier de vérité ni de justice.

Sujet type

La philosophie nous détache-t-elle du monde ?

Principales notions concernées

La perception • La raison et le réel • La vérité • La liberté.

Voir aussi les repères: Croire/savoir • Idéal/réel • Objectif/subjectif.

Aristote

« L'HOMME EST UN ANIMAL POLITIQUE »

◉ INDICATIONS GÉNÉRALES

Aristote (384-322 avant J.-C.) fut l'élève de Platon. Il enseigna et écrivit sur tous les sujets, depuis les premiers principes de la connaissance (*La Métaphysique*) et la connaissance du monde physique et des êtres vivants (*La Physique*), jusqu'à la morale (*Éthique à Nicomaque*) et les meilleurs systèmes politiques (*La Politique*). Un aspect de sa réflexion est de montrer que l'homme tend naturellement à un certain type d'organisation sociale (la « cité »), la seule qui lui permette d'accomplir réellement son humanité.

◉ EXTRAIT

La première communauté formée de plusieurs familles en vue de la satisfaction de besoins qui ne sont plus purement quotidiens, c'est le village [...].

Enfin la communauté formée de plusieurs villages est la cité [...] Ces considérations montrent donc que la cité est au nombre des réalités qui existent naturellement, et que l'homme est par nature un animal politique. Et celui qui est sans cité, naturellement ou par suite des circonstances, est ou un être dégradé ou au-dessus de l'humanité. (*La Politique*, I, 2.)

◉ EXPLICATION

Aristote décrit le processus naturel qui mène à la constitution de la cité. Elle est la forme d'organisation par laquelle les hommes réussissent à réaliser l'autarcie, c'est-à-dire l'indépendance par rapport aux autres communautés. C'est pourquoi (selon Aristote), l'évolution s'arrête là. Dire que l'homme est un animal politique, c'est donc dire que les besoins humains exigent une certaine forme d'organisation collective, relativement complexe (la cité). Et réciproquement, cela veut dire aussi que l'homme n'est véritablement homme que lorsqu'il participe à la vie de la cité autarcique.

◉ CONTRESENS À NE PAS COMMETTRE

Ne pas ramener l'affirmation d'Aristote à l'idée beaucoup plus plate que « l'homme est un animal sociable », qui dit juste que l'homme tend à se réunir avec ses congénères. Chaque cellule qui se forme (couple/famille/village/cité) correspond à un certain degré d'efficacité dans l'organisation de la production. Le paradoxe que développe Aristote, c'est que l'homme n'existe pas de manière achevée dans la nature : il y a en lui une tendance qui le fait devenir homme. La cité n'est pas juste un regroupement d'hommes : elle est une organisation spécifique qui fait que l'homme devient l'homme.

◉ EXEMPLE D'UTILISATION

L'organisation en cité est ce qui différencie l'homme de tous les autres animaux, y compris ceux qui vivent en groupes : la cité est une société plus complexe que n'importe quelle société animale. Il faut relier cette phrase avec la non moins célèbre affirmation d'Aristote selon laquelle « *l'homme est un animal rationnel* » : dans la suite du texte en effet, Aristote montre le lien entre l'organisation en cité et *le langage*, qu'il considère comme le propre de l'homme : il y a ainsi un lien entre raison, langage, exigence de justice et formation de la cité. Parce qu'elle atteint l'autonomie économique, la cité permet aux hommes de faire autre chose que subvenir à leurs besoins : non pas seulement survivre mais *bien vivre* (par exemple, en faisant de la philosophie).

Par rapport à la question de la formation de la société, la conception aristotélicienne est aux antipodes de celle que développera plus tard Rousseau, lorsqu'il expliquera que la société est née d'un « funeste hasard ».

SUJET TYPE

Peut-on être homme sans être citoyen ?

PRINCIPALES NOTIONS CONCERNÉES

Le sujet • La culture • La société • L'État

Voir aussi les repères : EN ACTE/EN PUISSANCE ; CAUSE/ FIN ; ESSENTIEL/ACCIDENTEL ; ORIGINE/FONDEMENT.

Épicure

LA MORT N'EST RIEN « POUR NOUS »

◎ Indications générales

Épicure (341-270 avant J.-C.) fut l'un des grands maîtres à penser de l'Antiquité, l'épicurisme étant en rivalité avec l'autre grande philosophie de l'époque : le stoïcisme. Épicure, reprenant Démocrite, est matérialiste : tout est atomes, même l'âme. Dans cette conception physique s'enracine la conception morale d'Épicure, qui vise à libérer l'âme des troubles dont elle est l'objet, pour lui faire atteindre le bonheur suprême : l'« ataraxie » ou « absence de troubles ». C'est dans cette perspective qu'Épicure démontre que nous ne devons pas avoir peur de la mort.

◎ Extrait

Familiarise-toi avec l'idée que la mort n'est rien pour nous, car tout bien et tout mal résident dans la sensation ; or la mort est la privation complète de cette dernière. Cette connaissance certaine que la mort n'est rien pour nous a pour conséquence que nous appréciions mieux les joies que nous offre la vie éphémère, parce qu'elle n'y ajoute pas une durée illimitée, mais nous ôte au contraire le désir d'immortalité. En effet, il n'y a plus d'effroi dans la vie pour celui qui a réellement compris que la mort n'a rien d'effrayant [...]. Ainsi celui des maux qui fait le plus frémir n'est rien pour nous puisque, tant que nous existons, la mort n'est pas, et que quand la mort est là, nous ne sommes plus. (Lettre à Ménécée, §124 et 125.)

◎ Explication

Dire que la mort n'est rien pour nous est à la fois une provocation et une évidence : tant que l'on n'est pas mort, on est en vie, et quand on est mort, il n'y a plus rien. Une telle conception présuppose une approche matérialiste du monde : pour Épicure, la mort n'est qu'une dispersion de nos atomes, y compris les atomes très subtils qui forment notre âme. Vaincre la peur de la mort est l'un des aspects de ce que les épicuriens appellent le « quadruple remède », qui soigne l'âme de quatre maux : la peur des dieux, la peur de la mort, les désirs qui ne sont ni naturels ni nécessaires et la douleur (voir la *Lettre à Ménécée*, texte intégral, pp. 424-427).

◎ Contresens à ne pas commettre

Il ne faut pas confondre l'épicurisme avec l'hédonisme (philosophie du plaisir). En effet, le « plaisir » dont parle Épicure n'est pas la satisfaction effrénée de tous les désirs, la débauche sans retenue. Au contraire, le 3e remède consiste à établir une véritable discipline des désirs, en apprenant à distinguer les désirs naturels et nécessaires, naturels et non nécessaires, et ceux qui ne sont ni naturels ni nécessaires, dont il faut se débarrasser. L'idéal épicurien n'est donc pas (contrairement à l'expression courante d'« épicurisme ») l'idéal du bon vivant : c'est un idéal ascétique, prônant une vie mesurée de manière très stricte, et procurant un bonheur/ plaisir qui, en fait, est défini de manière négative, comme « absence » de trouble.

◎ Exemple d'utilisation

Un aspect intéressant, c'est le lien établi par Épicure entre sa conception du monde physique et sa morale : c'est parce qu'il est matérialiste et atomiste qu'Épicure peut formuler un remède à la peur des dieux et de la mort. La morale s'enracine ainsi dans la science, et, réciproquement, l'attitude scientifique, celle qui consiste à connaître rationnellement l'univers, est par excellence l'attitude morale : connaître, c'est connaître le plus grand plaisir, à la fois au sens de savoir en quoi il consiste et au sens de l'éprouver. L'originalité d'Épicure, c'est le fait qu'il assimile bonheur et plaisir : cela contraste avec le stoïcisme, et, plus tard, avec le christianisme. Mais il faut bien comprendre ce que cela signifie (voir paragraphe ci-dessus).

Sujet type

La pensée de la mort a-t-elle un objet ?

Principales notions concernées

La matière et L'esprit • La morale • La liberté • Le bonheur.

Voir aussi les repères : Contingent/nécessaire/possible • Croire/savoir.

Cicéron

LE ROI ET LE TYRAN

◎ Indications générales

Cicéron (106-43 avant J.-C.) est d'abord connu comme orateur, mais c'est aussi un philosophe à part entière, qui a transposé dans la langue latine l'enseignement des Grecs. Il se rattache au courant philosophique du stoïcisme qui, avec l'épicurisme, domina le monde antique du IIIe siècle avant J.-C. jusqu'au IIe siècle de notre ère. [Voir les autres auteurs stoïciens : Sénèque, Épictète, Marc Aurèle.]

◎ Extrait

En lui-même en effet, le gouvernement royal non seulement n'a rien qui appelle la réprobation, mais ce pourrait, si je pouvais me satisfaire d'une forme simple, être celui que de beaucoup je préférerais aux autres formes simples, à condition qu'il observât son caractère véritable, c'est-à-dire que par le pouvoir perpétuel d'un seul, par son esprit de justice et sa sagesse, le salut, l'égalité et le repos des citoyens fussent assurés. [...] Voyez-vous maintenant comment un roi est devenu un despote et comment, par la faute d'un seul, la meilleure forme de gouvernement est devenue la pire. [...] Sitôt en effet que ce roi s'est écarté de la justice dans la domination qu'il exerce, il devient un tyran, et l'on ne peut concevoir d'animal plus affreux, plus hideux, plus odieux aux hommes et aux dieux. (De la République, 51 avant J.-C., livre II, § 23-26.)

◎ Explication

L'intérêt de ce texte, c'est qu'il donne un aperçu de ce que peut être une pensée politique chez un philosophe stoïcien. Cicéron, à la suite de Platon, pense la cité humaine par analogie avec l'âme : de même que dans celle-ci, la raison doit dominer les autres facultés pour que l'homme atteigne l'ataraxie (ou absence de trouble), de même, la cité doit être dominée par un homme rationnel et aimant la liberté, seul capable d'organiser la cité de telle sorte que la liberté de chacun soit compatible avec la vie collective. Cicéron adapte ainsi la théorie platonicienne des « philosophes-rois ». C'est dans ces conditions que la monarchie est le meilleur gouvernement, le plus pur, qui ressemble à la théorie stoïcienne de l'organisation du cosmos par le *logos* (la raison). Mais Cicéron n'ignore pas non plus le risque que fait peser sur la liberté de tous le gouvernement d'un seul.

◎ Contresens à ne pas commettre

Ne pas faire de Cicéron un « royaliste » (ce serait anachronique), ni même, en fait un monarchiste : Cicéron dit bien que la monarchie court le risque, à chaque instant, de verser dans le despotisme arbitraire. C'est pourquoi il dit aussi : « la meilleure constitution est celle qui réunit en de justes proportions les trois modes de gouvernement, le monarchique, le gouvernement de l'élite et le populaire » (II, § 25). La meilleure république est donc celle dont les institutions permettent un partage du pouvoir entre les différentes classes, ce que Cicéron appelle la « concordance des ordres ». Mais qui assurera cette concordance ?

◎ Exemple d'utilisation

L'extrait de Cicéron peut être utilisé dans une discussion sur le meilleur gouvernement. Il prône la royauté et non la démocratie, ce qui le rend, pour nous, assez déroutant. Ce que Cicéron analyse, c'est moins la monarchie en elle-même que la manière dont *tout* régime (monarchie, aristocratie, démocratie) peut être excellent, mais peut dégénérer en son inverse (tyrannie, domination des plus riches, anarchie démagogique).

Sujet type

Pour limiter les pouvoirs de l'État, peut-on s'en remettre à l'État ?

Principales notions concernées

La politique • L'État • La liberté.

Lucrèce

LE « *CLINAMEN* »

⊚ Indications générales

Lucrèce (99-55 avant J.-C.) est un disciple romain d'Épicure (il naît deux siècles et demi après son maître). Il laisse un grand poème, *De la Nature*, qui est en même temps un exposé de physique et de morale. Comme Épicure, Lucrèce est matérialiste et atomiste. Il est donc aussi déterministe : tout ce qui arrive a une cause : tous les phénomènes sont dus aux mouvements, aux chocs et aux agglomérations des atomes. Mais ce mouvement lui-même, d'où vient-il ?

⊚ Extrait

Les atomes descendent bien en droite ligne dans le vide, entraînés par leur pesanteur ; mais il leur arrive, on ne saurait dire où ni quand, de s'écarter un peu de la verticale, si peu qu'à peine peut-on parler de déclinaison [clinamen]. [...] Enfin si tous les mouvements sont enchaînés dans la nature, si toujours d'un premier naît un second suivant un ordre rigoureux, si par leur déclinaison les atomes ne provoquent pas un mouvement qui rompe les lois de la fatalité et qui empêche que les causes ne se succèdent à l'infini, d'où vient donc cette liberté accordée sur terre aux êtres vivants, d'où vient, dis-je, cette libre faculté arrachée au destin, qui nous fait aller partout où la volonté nous mène ? (De la Nature, livre II.)

⊚ Explication

« *Clinamen* » est le mot latin qui a été traduit par « déclinaison » : il s'agit d'une légère déviation de parcours, par rapport à la chute des atomes dans le vide. Cette déviation, rien ne permet de l'expliquer, mais il est nécessaire de la supposer pour expliquer tous les autres phénomènes. Originellement pour Lucrèce, les atomes sont soumis à la gravité et tombent dans le vide, parallèlement, en ligne droite. Pour que se forment des corps composés, il faut supposer qu'au moins un atome, par lui-même, a dévié de la droite ligne pour en heurter un autre. De là une succession de chocs en tous sens, d'où sont apparus tous les corps composés, en fonction des affinités entre atomes : ceux-ci, plus ou moins lisses ou plus ou moins « crochus » (d'où l'expression « atomes crochus »), se sont emmêlés les uns aux autres jusqu'à former des corps (et les âmes aussi, faites d'atomes très subtils).

⊚ Contresens à ne pas commettre

Ne pas faire de la théorie de Lucrèce un spiritualisme, un dualisme (comme chez Descartes), qui attribuerait la liberté à l'âme et le déterminisme au corps : chez Lucrèce, tout est corps, y compris l'âme.

Ne pas faire de la théorie de Lucrèce un indéterminisme : ce n'est pas parce que Lucrèce constate l'existence de la liberté que tout, dans le monde, arrive sans suivre aucune règle : une partie des atomes n'est pas libre et se déplace en fonction des chocs subis et s'accroche aux autres en fonction de leurs formes ; d'autre part, la liberté, pour Lucrèce, est justement un facteur nécessaire pour l'explication du monde tel qu'il est : c'est donc pour expliquer le monde que Lucrèce postule l'existence de la liberté.

⊚ Exemple d'utilisation

La théorie du « *clinamen* » est une affirmation forte de l'existence du libre arbitre : c'est l'idée que, dans un monde matériel où tout est déterminé par des chocs et des accrochages, il y a de manière irréductible de la volonté libre, qui échappe au déterminisme, qui échappe à l'enchaînement des causes et des effets. La grande originalité de la pensée de Lucrèce (fidèle à Épicure), c'est de penser la liberté tout en restant dans le cadre du matérialisme.

Sujet type

L'acte libre est-il un acte imprévisible ?

Principales notions concernées

La matière et l'esprit • La liberté.

Voir aussi les repères : Cause/fin • Contingent/nécessaire/possible.

Sénèque

LE MALHEUR N'EST QU'UNE REPRÉSENTATION

⊚ Indications générales

Sénèque (4 avant J.-C. - 65 après J.-C.) est un des plus célèbres représentants romains du stoïcisme [voir aussi Cicéron, Épictète et Marc Aurèle]. Il enseignait un idéal de sagesse qui devait rendre l'homme inébranlable devant les vicissitudes de l'existence. Les titres de ses œuvres parlent d'eux-mêmes: *De la Brièveté de la vie*, *De la Tranquillité de l'âme*, *De la Constance du sage*... Dans ses *Lettres à Lucilius*, il développe ses principes à l'intention d'un disciple.

⊚ Extrait

Qu'est-ce qui, dans les tourments, dans tout ce que nous nommons adversité, constitue proprement un mal? Je réponds: l'état de l'esprit qui chancelle, plie, succombe. Or rien de tout cela ne peut arriver au sage. Il demeure droit quelle que soit la charge. Aucun accident ne le diminue, rien de ce qu'il est appelé à subir ne le rebute. Que tous les malheurs qui peuvent tomber sur l'homme soient sur lui tombés, il ne se plaint pas. Il connaît ses forces. Il sait qu'il est capable de porter son fardeau. (*Lettres à Lucilius*, livre VIII, lettre 71.)

⊚ Explication

Ce que l'on peut particulièrement retenir de ce passage, c'est l'idée que le malheur, la douleur, sont avant tout des représentations: Sénèque dit un «état de l'esprit»: les maux ne sont donc pas des réalités objectives, mais des sentiments subjectifs, en nous. De ce fait, nous pouvons les maîtriser car il nous suffit d'agir sur nous-mêmes. Le sage est celui qui, parce qu'il se contrôle parfaitement, contrôle aussi toute action du monde sur lui: c'est ce que l'on appelle communément «rester stoïque» (du nom de l'école stoïcienne). La folie des hommes, cause de tous leurs troubles consiste en ce qu'ils donnent leur assentiment à des représentations fausses. Réciproquement,

il suffit donc de refuser son assentiment pour pouvoir atteindre l'absence de trouble parfaite ou «ataraxie». Notez que les stoïciens appellent aussi l'ataraxie «apathie» *(apatheia)*, l'absence d'affect: c'est là une de leur différence avec les épicuriens [voir Épicure et Lucrèce].

⊚ Contresens à ne pas commettre

Contrairement à ce que suggère le mot d'«apathie» (insensibilité), le sage stoïcien n'est pas celui qui ne ressent rien. Il ne s'agit pas d'être inerte, coupé du monde, inconscient de ce qui se passe: au contraire, la sagesse est une forme supérieure de conscience: c'est parce que ma conscience s'élève au niveau de l'univers tout entier que les événements qui m'entourent ponctuellement m'apparaissent comme d'une importance mineure.

⊚ Exemple d'utilisation

Le texte de Sénèque est intéressant d'abord en ce qu'il donne une définition du bonheur comme liberté: c'est en se libérant des fausses représentations que le sage atteint l'apathie. C'est un bonheur froid, austère, toujours près de la pensée de la mort, ce qui peut être intéressant à discuter.
Plus précisément, le texte est intéressant parce qu'il présente une certaine conception du rapport entre la subjectivité et le monde objectif: l'homme est assailli de représentations dont il connaît mal le statut par rapport au réel. Pour se constituer comme sujet véritable, il doit rentrer dans sa subjectivité et y faire le tri entre l'imaginaire et ce qui correspond véritablement au monde objectif.

Sujet type
Le bonheur n'est-il qu'illusion ?

Principales notions concernées

Le sujet • Le désir • La raison et le réel • La morale.

Voir aussi les repères: Contingent/nécessaire/possible • Objectif/subjectif.

Épictète

CE QUI DÉPEND DE NOUS ET CE QUI N'EN DÉPEND PAS

◎ Indications générales

Quoique représentant tardif de l'école stoïcienne, fondée au IIIᵉ siècle avant J.-C. [voir Sénèque, Cicéron et Marc Aurèle], Épictète (50-130) en a laissé un des exposés les plus complets et les plus célèbres dans son *Manuel*, un livre que l'apprenti philosophe devait garder sur lui comme un poignard pour se protéger de l'adversité.

◎ Extrait

Il y a des choses qui dépendent de nous ; il y en a d'autres qui n'en dépendent pas. Ce qui dépend de nous, ce sont nos jugements, nos tendances, nos désirs, nos aversions ; en un mot, toutes les œuvres qui nous appartiennent. Ce qui ne dépend pas de nous, c'est notre corps, c'est la richesse, la célébrité, le pouvoir ; en un mot, toutes les œuvres qui ne nous appartiennent pas. (Manuel, I, 1.)

◎ Explication

Cette phrase, qui est la phrase d'ouverture du *Manuel* d'Épictète, est sans doute la plus célèbre du stoïcisme, dont elle résume de manière extrêmement synthétique la doctrine. La distinction entre ce qui dépend de nous et ce qui ne dépend pas de nous est la première distinction que doit apprendre à faire celui qui veut devenir sage et atteindre l'ataraxie (absence de trouble de l'âme). Ce qui dépend de nous, ce sont nos propres représentations [voir Sénèque]. Il nous faut apprendre à les trier pour voir celles qui correspondent à des réalités, et celles qui ne sont que des fantasmes. Ce qui ne dépend pas de nous, ce sont les choses du monde extérieur, contingentes, changeantes, sur lesquelles nous n'avons pas de prise. Comme nous n'avons pas de prise sur elles, nous devons réciproquement nous défaire de l'idée qu'elles peuvent avoir une importance pour nous. La morale stoïcienne est une morale du réalisme. Le sage doit reconnaître ce qui est réel, et s'en tenir là. Les illusions véhiculées par nos peurs et nos espoirs fous doivent être abandonnées, car ce sont elles qui nous plongent dans un trouble permanent.

◎ Contresens à ne pas commettre

Il ne faut pas assimiler le stoïcisme avec un simple fatalisme : pour le fataliste, *rien* ne compte, parce que rien ne dépend de nous. Les stoïciens font bien le partage entre ce qui ne dépend pas de nous *et* ce qui dépend de nous : dire que la vie est brève et que la mort ne doit pas nous affecter ne veut pas dire que la vie ne vaut rien. L'homme, en tant qu'être rationnel, (et le sage en particulier, qui accède pleinement à sa propre rationalité) a une dignité plus grande que n'importe quel être. Les stoïciens ne disent pas que la vie ne vaut rien, ils essayent au contraire de montrer à quelles conditions la vie prend toute sa valeur.

◎ Exemple d'utilisation

La phrase d'Épictète nous donne un exemple de morale rationnelle classique [voir aussi Épicure], sans recours à une tradition religieuse. C'est la reconnaissance de la nécessité des événements, c'est-à-dire de leur caractère rationnel, qui doit permettre de surmonter la peine ou les faux espoirs qu'il crée. La mort de quelqu'un que l'on aime, par exemple, devient surmontable (pour les stoïciens) à partir du moment où l'on reconnaît le caractère nécessaire de la mort pour tout être vivant, et la brièveté de la vie humaine en général au regard de l'éternité.

Sujet type

Être libre consiste-t-il à se suffire à soi-même ?

Principales notions concernées

Le sujet • Le désir • La raison et le réel • La morale.

Voir aussi les repères : Contingent/nécessaire/possible • Essentiel/accidentel • Objectif/subjectif.

Marc Aurèle

TOUT EST BEAU POUR QUI SAIT VOIR

⊚ Indications générales

Marc Aurèle (121-180) fut un des derniers empereurs de Rome. Il a également mis par écrit ses réflexions, d'inspiration stoïcienne [voir aussi: Sénèque, Cicéron et Épictète] dans un recueil de textes courts intitulé *Pensées pour moi-même*. La citation choisie permet d'illustrer la conception stoïcienne de l'art et du rapport au beau.

⊚ Extrait

Les accidents mêmes qui s'ajoutent aux productions naturelles ont quelque chose de gracieux et de séduisant. Le pain, par exemple, en cuisant, se fendille et ces fentes ainsi formées, qui se produisent en quelque façon à l'encontre de l'art du boulanger, ont un certain agrément et excitent particulièrement l'appétit. [...] Beaucoup d'autres choses, si on les envisage isolément, sont loin d'être belles, et pourtant, par le fait qu'elles accompagnent les œuvres de la nature, elles contribuent à les embellir et deviennent attrayantes. Aussi un homme qui aurait le sentiment et l'intelligence profonde de tout ne trouverait pour ainsi dire presque rien [...] qui ne comporte un certain charme particulier. Cet homme ne prendra pas moins de plaisir à voir dans leur réalité les gueules béantes des fauves qu'à considérer toutes les imitations qu'en présentent les peintres et les sculpteurs. (Pensées pour moi-même, livre III, 2.)

⊚ Explication

Celui qui sait voir le réel tel qu'il est le voit dans sa totalité. «Voir», ici, n'est pas juste une sensation, mais une sensation accompagnée d'une vue de l'esprit, de la raison, qui permet de replacer ce qui est vu dans la totalité de l'univers. Aussi chaque chose lui apparaît-elle à sa place, nécessaire dans l'organisation harmonieuse du Tout. C'est pourquoi il n'y a rien de laid pour lui, même la gueule d'un fauve, puisque tout manifeste la beauté de la Nature prise comme un tout. Le sage, qui sait voir le réel, connaît donc des joies fréquentes, là où d'autres éprouvent de la crainte ou du dégoût. À noter que, pour lui, la réalité est plus belle que n'importe quelle œuvre d'art.

⊚ Contresens à ne pas commettre

D'abord, ne pas croire que, pour le philosophe, ce n'est que dans la contemplation du Tout, dans l'élévation au-dessus des choses, que se trouve la beauté: au contraire, Marc Aurèle dit bien que celui qui est capable de voir le Tout est aussi celui qui est capable de voir la *singularité* de chaque chose.
Dans ce passage, Marc Aurèle se réfère à la joie procurée par la perception des petites particularités de chaque chose, dans la mesure où chaque chose participe de l'harmonie de la nature. Une telle joie ne doit pas être confondue avec l'ataraxie stoïcienne (paix intérieure de l'âme qui n'est plus troublée par les passions).

⊚ Exemple d'utilisation

Ce passage donne un bon exemple pour faire comprendre que le beau n'est pas juste une question de sensibilité, mais aussi d'intelligence, de compréhension, de raison: celui qui comprend ce qu'il voit en ressent mieux la beauté que celui qui se contente de ses sensations.
Le texte illustre bien aussi la thèse, contestée par de nombreux penseurs, selon laquelle la beauté naturelle est supérieure à la beauté des œuvres humaines.

SUJET TYPE
Le beau n'est-il que l'objet d'une perception ?

Principales notions concernées

Le sujet • La conscience • La perception • L'art • La raison et le réel • Le bonheur.

Voir aussi les repères: ESSENTIEL/ACCIDENTEL • OBJECTIF/SUBJECTIF • UNIVERSEL/GÉNÉRAL/PARTICULIER/SINGULIER.

Sextus Empiricus

« À TOUTE RAISON S'OPPOSE UNE RAISON DE FORCE ÉGALE »

⑥ Indications générales

Philosophe, médecin et astronome grec, Sextus (IIᵉ, IIIᵉ siècle) fut surnommé « l'empirique » (*empiricus*) pour avoir introduit le recours à l'expérience en médecine. Son œuvre est surtout une présentation des philosophies stoïcienne et sceptique. C'est notamment à travers ses *Hypotyposes pyrrhoniennes* que nous connaissons la pensée du grand philosophe sceptique Pyrrhon d'Elis. La citation qui suit est donc tirée d'un texte de Sextus, mais c'est la doctrine de Pyrrhon qui est exprimée.

⑥ Extrait

Quand je dis «à toute raison s'oppose une raison de force égale», je veux dire: «à toute raison que j'ai examinée, qui sert de fondement à une thèse se donnant pour vraie, m'apparaît s'opposer une autre raison tout aussi convaincante, qui sert de fondement à une autre thèse se donnant pour vraie». (Hypotyposes pyrrhoniennes, livre I, chap. 27.)

⑥ Explication

Ce que dit Pyrrhon, c'est que toute argumentation rationnelle admet une contre-argumentation, qui est tout aussi rationnelle et tout aussi convaincante. Dans ces conditions, il nous faut reconnaître que la raison n'est pas capable de dire quoi que ce soit de sûr sur le réel. La sagesse consiste alors dans la suspension du jugement. Cette suspension doit déboucher sur ce que les sceptiques appellent l'«aphasie» ou absence de parole. Pour ces philosophes, c'est la forme que prend l'ataraxie (ou absence de trouble, idéal commun aux stoïciens, aux épicuriens et aux sceptiques, mais que chaque école définit différemment).

⑥ Contresens à ne pas commettre

Il ne faut pas confondre le scepticisme philosophique de Pyrrhon, qui est une véritable doctrine, logique et morale, avec le scepticisme banal qui dit « tout est relatif », « à chacun sa vérité », « chacun peut réponde comme il veut aux questions qu'on lui pose » et en profite pour arrêter de réfléchir. La liberté d'opinion et d'expression ne signifie pas qu'il existe autant de vérités qu'il y a d'individus : en démocratie, chacun doit pouvoir dire ce qu'il pense, cela ne signifie pas que tout le monde a également raison! Le scepticisme banal est en amont de toute réflexion; le scepticisme philosophique vient en aval, après avoir parcouru tout le champ de la philosophie. Le scepticisme de Pyrrhon, au risque d'être contradictoire avec lui-même, prétend bien énoncer une vérité absolue en disant que le bonheur se trouve dans l'aphasie (l'absence de parole puisqu'on ne peut rien dire sur la nature des choses). Cet idéal de suspension du jugement se conquiert au prix de grands efforts intellectuels pour reconnaître sa valeur. En bref, le scepticisme banal est la paresse de la pensée; le scepticisme philosophique est au contraire son plus grand effort.

⑥ Exemple d'utilisation

Le scepticisme est un cas limite de la philosophie: c'est à la fois un véritable système philosophique, mais avec lui, le discours philosophique prend fin. Il doit être utilisé avec précaution. C'est une bonne référence lorsque l'on veut montrer que le langage ne peut pas vraiment dire la réalité, ou que celle-ci a quelque chose de radicalement incommensurable avec la pensée humaine: il n'y a pas de mesure commune entre la pensée et le réel, et donc mieux vaut se taire.

SUJET TYPE
L'amour de la vérité peut-il être trompeur ?

PRINCIPALES NOTIONS CONCERNÉES
La démonstration • La morale.

Voir aussi les repères: ABSOLU/RELATIF • INTUITIF/DISCURSIF • OBJECTIF/SUBJECTIF.

Plotin

« L'UN EST ANTÉRIEUR À TOUS LES ÊTRES »

◎ Indications générales

Plotin (205-270) est un philosophe mystique qui, au IIIᵉ siècle après J.-C., a élaboré une philosophie influencée par le platonisme, l'aristotélisme et le stoïcisme. Son enseignement, qui retrace les six grandes étapes de l'accomplissement de la perfection spirituelle, a été réuni par son disciple Porphyre dans un recueil appelé les *Ennéades*. Pour Plotin, la réalité la plus haute, c'est l'Un.

◎ Extrait

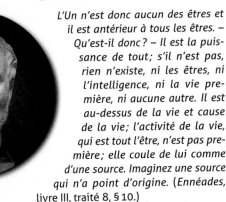

L'Un n'est donc aucun des êtres et il est antérieur à tous les êtres. – Qu'est-il donc ? – Il est la puissance de tout; s'il n'est pas, rien n'existe, ni les êtres, ni l'intelligence, ni la vie première, ni aucune autre. Il est au-dessus de la vie et cause de la vie; l'activité de la vie, qui est tout l'être, n'est pas première; elle coule de lui comme d'une source. Imaginez une source qui n'a point d'origine. (Ennéades, livre III, traité 8, § 10.)

◎ Explication

L'Un est le Dieu de Plotin: ce dont découle toutes choses. C'est la première des réalités éternelles, qui restent identiques sous les changements du monde. Les deux autres sont l'« Esprit » (qui donne une forme cohérente et harmonieuse au réel), et l'« Âme » (qui est répandue, dans l'univers, et constitue ainsi son unité: les âmes individuelles en sont des émanations, ce qui signifie que, pour Plotin, l'âme divine est présente en chacun de nous).

◎ Contresens à ne pas commettre

Bien que le plotinisme soit contemporain des débuts du christianisme et l'ait largement influencé (notamment à travers Augustin), il ne faut pas confondre la philosophie de Plotin avec la religion chrétienne. La différence fondamentale entre les deux, c'est que pour Plotin, l'âme humaine peut remonter jusqu'à la contemplation de l'Un. Tandis que dans le christianisme, la transcendance est plus radicale: jamais l'homme ne peut remonter jusqu'à Dieu, à moins que celui-ci ne se révèle à lui.

◎ Exemple d'utilisation

L'extrait proposé est bien représentatif de ce que l'on appelle la métaphysique: la partie de la philosophie qui s'occupe des principes les plus généraux: la question de la définition de l'être, la question de l'origine du monde. Plotin est un penseur de la transcendance, c'est-à-dire de la séparation entre ce qui crée et structure le monde et le monde lui-même. Sa philosophie a aussi un aspect moral et esthétique: le bonheur consiste en une remontée à l'unité dont nous découlons, dans la contemplation de l'Un, qui est aussi la plus grande beauté.

SUJET TYPE

Le développement des sciences rend-il caduque la métaphysique ?

Principales notions concernées

Le sujet • L'existence et le temps • La religion • La raison et le réel • La matière et l'esprit.

Voir aussi les repères: ABSOLU/RELATIF • EN ACTE/EN PUISSANCE • CROIRE/SAVOIR • MÉDIAT/IMMÉDIAT • ORIGINE/FONDEMENT • PRINCIPE/CONSÉQUENCE • TRANSCENDANT/IMMANENT • UNIVERSEL/GÉNÉRAL/PARTICULIER/SINGULIER.

Augustin

« QU'EST-CE DONC QUE LE TEMPS ? »

⑥ Indications générales

Avec la fin de l'Antiquité et la diffusion du christianisme en Europe, la philosophie perd son autonomie par rapport à la religion : elle devient « servante de la théologie » (et réciproquement, la religion prend la forme d'une « théologie », c'est-à-dire d'un discours en partie rationnel). C'est pourquoi Augustin (354-430), qui fut évêque et Père de l'Église, est aussi considéré comme un grand philosophe, réalisant le rencontre entre le platonisme et le christianisme. Dans *La Cité de Dieu* (426), il traite du rapport entre l'Église et la politique. Dans *Les Confessions* (397), il raconte sa conversion et analyse ce que sont la mémoire et le temps.

⑥ Extrait

Qu'est-ce donc que le temps ? Si personne ne me le demande, je le sais, mais si on me le demande et que je veuille l'expliquer, je ne le sais plus. [...] Comment donc ces deux temps, le passé et l'avenir, sont-ils, puisque le passé n'est plus et l'avenir n'est pas encore ? [...] Où donc qu'ils soient, quels qu'ils soient, ils ne sont qu'en tant que présents. (Les Confessions, XI, 14.)

⑥ Explication

Augustin nous confronte au mystère du temps : tout le monde sait ce que c'est, mais il est bien difficile de le définir. Si le temps se décompose en passé, présent, et avenir, il est donc composé de trois éléments qui n'existent pas : puisque le passé n'est plus, que l'avenir n'est pas encore, et que le présent n'est que la limite entre les deux. Le temps n'existe donc que dans la conscience, comme présent du passé, présent du présent, et présent de l'avenir.

⑥ Contresens à ne pas commettre

Du lien établi par Augustin entre temps et conscience, il ne faut pas déduire l'idée que, pour lui, le monde n'existerait que dans notre conscience. Dire que l'on ne peut comprendre la nature du temps qu'en le mettant en rapport avec la conscience, cela ne veut pas dire que rien n'existe sans la conscience. En particulier, l'examen de ce qu'est l'âme va mener Augustin à découvrir l'existence de Dieu comme réalité transcendante.

⑥ Exemple d'utilisation

Ce que met en évidence Augustin, c'est le lien inéluctable entre le temps et ma conscience : on ne peut pas définir le temps, objectivement, on ne peut le définir que par rapport à la subjectivité qui en éprouve le passage : le temps est donc un « élargissement de l'âme », entre la mémoire et l'attente. Le texte d'Augustin est donc très intéressant pour penser le lien entre la conscience et le réel : il inverse le rapport habituel, qui pose la conscience face à une réalité qui a une existence objective autonome : Augustin montre que le réel (ou du moins le temps, mais tout est dans le temps) n'existe pas sans la conscience pour laquelle il existe.

SUJET TYPE

Faut-il dire que la conscience est dans le temps ou que le temps est dans la conscience ?

Principales notions concernées

La conscience • L'existence et le temps • La religion • La raison et le réel.

Voir aussi les repères : Croire/savoir • Intuitif/discursif • Objectif/subjectif.

Anselme

LA PREUVE ONTOLOGIQUE DE L'EXISTENCE DE DIEU

◎ Indications générales

Anselme (1033-1109), archevêque de Canterbury appartient à cette période où philosophie et religion sont inséparables. Pour lui, la foi doit chercher à s'appuyer sur la raison (d'où sa célèbre formule : « *Fides quaerens intellectum* » : « La foi cherchant l'intellect »). Le meilleur exemple en est donné dans son *Proslogion* (1078), où il prétend démontrer rationnellement l'existence de Dieu.

◎ Extrait

Mais certainement, ce dont rien de plus grand ne peut être conçu ne peut exister seulement dans l'intelligence. En effet, si cela existait seulement dans l'esprit, on pourrait le concevoir comme étant aussi dans la réalité, ce qui serait supérieur. [...] Il existe donc, sans aucun doute, quelque chose dont on ne peut rien concevoir de plus grand, et dans l'intelligence et dans la réalité. [...] Et cela c'est Toi, Seigneur notre Dieu. (Proslogion, chap. 2.)

◎ Explication

Cette preuve de l'existence de Dieu est censée convaincre même l'homme le plus insensé. « Ontologique » signifie « qui concerne l'être » : on l'appelle preuve ontologique parce qu'Anselme prétend déduire l'existence de Dieu de sa définition même. En effet, Dieu est défini comme « ce dont rien de plus grand ne peut être conçu » : l'être maximum. Or si un tel être n'existait pas, on pourrait concevoir le même être mais doté en plus de l'existence. Ce serait donc celui-ci l'être maximum. L'être maximum doit donc, par définition, compter l'existence au nombre de ses attributs. Donc l'être maximum existe nécessairement, c'est-à-dire que Dieu existe nécessairement. (Pour une

autre manière de démontrer de l'existence de Dieu, voir Thomas d'Aquin).

◎ Contresens à ne pas commettre

Ne pas se tromper dans la nature du rapport entre raison et foi : il ne faut pas dire que le raisonnement d'Anselme est simplement l'expression de sa croyance : il s'agit bien d'un raisonnement (qu'on le trouve convaincant ou non). Mais il ne faut pas non plus, à, l'inverse, faire d'Anselme quelqu'un qui voudrait réduire toute la foi à la raison : la foi reste première pour Anselme ; les Écritures et l'Église nous imposent des dogmes à l'autorité desquels nous devons nous soumettre sans chercher à comprendre. Il faut donc d'abord croire, mais cela n'empêche pas, ensuite, de chercher à comprendre.

◎ Exemple d'utilisation

La preuve ontologique d'Anselme, qui sera reprise par Descartes, est l'exemple classique d'un lien entre raison et religion : croire en Dieu n'est pas simplement ici un acte de foi, c'est aussi le résultat d'une démonstration. La possibilité d'une telle démonstration a été critiquée dans l'histoire de la philosophie (par Kant notamment). Que l'on soit ou non religieux, ce que cette démonstration a d'intéressant c'est le lien qu'elle établit entre la conscience et Dieu : puisque c'est dans la définition même de Dieu que je trouve la preuve de son existence, c'est en moi-même, dans ma raison, que je trouve Dieu.

sujet type
L'athéisme est-il possible ?

Principales notions concernées

La conscience • L'existence et le temps • La religion • La démonstration.

Voir aussi les repères : Croire/savoir • Essentiel/accidentel • Objectif/subjectif.

Averroès

FOI ET RAISON : « LA VÉRITÉ NE PEUT CONTREDIRE LA VÉRITÉ »

☉ Indications générales

Dans l'œuvre d'Averroès (1126-1198), la pensée musulmane rencontre celle d'Aristote, dont Averroès fut l'un des grands commentateurs au Moyen Âge. Une des questions qu'il se pose alors est : comment rendre compatible le rationalisme du philosophe avec la vérité révélée du Coran ? Averroès insiste sur le rôle de la raison, tout en prenant garde de ne pas entrer en contradiction avec la religion.

☉ Extrait

Si les paroles de Dieu sont vraies et si elles nous invitent au raisonnement philosophique qui conduit à la recherche de la vérité, il en résulte certainement pour l'homme de Foi que le raisonnement philosophique ne nous mène pas à une conclusion contraire à la vérité divine, car si l'une est vérité et l'autre vérité, la vérité ne peut contredire la vérité mais s'harmonise avec elle et témoigne en sa faveur. (Discours décisif.)

☉ Explication

On appelle parfois la théorie d'Averroès la « double vérité » : il y a d'un côté les vérités philosophiques et de l'autre les vérités de la foi : elles peuvent parfois sembler contradictoires, mais elles ne sont pas pour autant incompatibles. ou encore, il y a d'un côté ce qui est « nécessaire selon la raison », et de l'autre ce à quoi l'on « adhère fermement » par la foi. Plutôt qu'une opposition, il s'agit pour Averroès de deux modes d'expression d'une même vérité : dans le discours religieux, les vérités de la raison sont « habillées d'un voile » pour être accessibles à tous ; le philosophe, lui, voit ces vérités sans voile, et leur connaissance est le culte qu'il rend à Dieu.

☉ Contresens à ne pas commettre

La théorie de la « double vérité » ne doit pas être comprise comme l'affirmation d'une incompatibilité entre foi et raison : la vérité est « double », mais, dans les deux cas, elle est « vérité ». Il serait sans doute aussi simpliste de dire qu'Averroès dissimulait son athéisme pour se protéger des persécutions religieuses : à cette époque, il est plus vraisemblable que le philosophe se pose en toute sincérité la question du rapport entre sa foi et ses raisonnements.

☉ Exemple d'utilisation

Le texte d'Averroès peut être utilisé pour réfléchir à la question du rapport entre foi et raison, entre religion et science. Comment rendre compatible, par exemple, l'idée que le monde est éternel avec le récit religieux de la création du monde ? Averroès ne prétend pas qu'il n'y a pas de différence entre les deux, mais il n'affirme pas non plus qu'elles sont opposées et inconciliables. Pour lui ce sont deux voies d'accès à la vérité.

Sujet type

La croyance religieuse implique-t-elle une démission de la raison ?

Principales notions concernées

La religion • La raison et le réel • L'interprétation • La vérité.

Voir aussi les repères : CROIRE/SAVOIR • INTUITIF/DIS-CURSIF • PERSUADER/CONVAINCRE.

Thomas d'Aquin

DIEU, CAUSE PREMIÈRE

⊚ Indications générales

Thomas d'Aquin (1225-1274), le plus célèbre des théologiens, est une figure centrale de l'histoire de la philosophie: conjuguant la pensée d'Aristote avec le christianisme, il est au carrefour entre la pensée chrétienne et le rationalisme moderne. Auteur notamment de la *Somme théologique* (1274), il critique la preuve ontologique de l'existence de Dieu proposée par Anselme. Il en propose en revanche une autre démonstration, basée sur la notion aristotélicienne de causalité.

⊚ Extrait

Mais si l'on devait monter à l'infini dans la série des causes efficientes, il n'y aurait pas de cause première; en conséquence il n'y aurait ni effet dernier, ni cause efficiente intermédiaire, ce qui est évidemment faux. Il faut donc nécessairement affirmer qu'il existe une cause efficiente première, que tous appellent Dieu.
(*Somme théologique*, question 2, article 3.)

⊚ Explication

Cette démonstration de l'existence de Dieu, dite «preuve par les effets», consiste à dire que, tout effet ayant une cause, il faut bien en toute logique qu'il existe une cause première, elle-même incausée, d'où découlent tous les effets qui se produisent dans le monde. Cette cause incausée, c'est Dieu.

⊚ Contresens à ne pas commettre

Pas plus qu'Anselme, Thomas ne réduit la foi à la raison: ce n'est pas la démonstration rationnelle de l'existence de Dieu qui mène à la croyance. Le chrétien doit croire en Dieu, aux Écritures et se soumettre à l'autorité de l'Église sans passer par des raisonnements. Mais la raison est plus autonome chez Thomas que chez Anselme: chez celui-ci, elle vise à éclairer la foi; chez Thomas, elle a sa valeur propre. Cependant, si elle entre en conflit avec les vérités révélées, c'est, d'après lui, que les raisonnements doivent être faux.

⊚ Exemple d'utilisation

On a ici un exemple du rapport entre la croyance et la raison: l'existence de Dieu n'est pas qu'une affaire de foi, elle peut être démontrée (ce qui ne signifie pas que cette démonstration ne peut pas être critiquée). Il peut être intéressant de confronter cette démonstration avec celle que nous a léguée Anselme: Thomas d'Aquin rejette cette dernière parce qu'elle est exclusivement rationnelle. Pour Anselme, c'est la définition même de Dieu qui nous prouve son existence. Plus attentif à la nécessité de l'expérience pour fonder la connaissance (comme Aristote), Thomas part, lui, de l'expérience, pour remonter à la nécessité de l'existence de Dieu. La comparaison Anselme/ Thomas nous donne donc un bon exemple, au sein d'une pensée pourtant dominée par la foi, de la rivalité entre connaissance purement rationnelle et connaissance empirique. C'est aussi l'occasion de voir que le débat théologique au Moyen Âge a déjà posé, à propos du problème de l'existence de Dieu, les termes dans lesquels auront lieu les débats ultérieurs à propos de la connaissance du monde physique (le rationalisme de Descartes contre l'empirisme de Locke au XVIIe siècle, en particulier).

SUJET TYPE

Les progrès des sciences expérimentales vont-ils à l'encontre de la croyance religieuse ?

Principales notions concernées

L'existence et le temps • La religion • La raison et le réel • La démonstration.

Voir aussi les repères: CAUSE/FIN • CROIRE/SAVOIR • OBJECTIF/SUBJECTIF • PRINCIPE/CONSÉQUENCE.

Guillaume d'Ockham

LE RASOIR D'OCKHAM

⊚ Indications générales

Membre de l'ordre des Franciscains, Guillaume d'Ockham (vers 1285-1349) fut poursuivi par le Pape pour hérésie à cause de son *Commentaire sur les «Sentences» de Pierre Lombard* (1320), le manuel religieux de l'époque. Tout en critiquant la raison, il remet aussi en question les thèses traditionnelles de la théologie. Il est notamment connu pour son principe d'économie de la pensée, dit «rasoir d'Ockham».

⊚ Extrait

Aucune pluralité ne doit être posée sans nécessité (cité par Émile Bréhier, *La Philosophie du Moyen Âge*, 1937).

⊚ Explication

Le propos d'Ockham a un sens très précis: il s'agit de dire que «*en dehors de l'âme, il n'y a aucun universel existant, mais tout ce qui peut être attribué à plusieurs existe dans l'esprit*» (*Sentences*, d2, q8). En d'autres termes, seuls existent les êtres singuliers; les concepts généraux, appelés les «universaux», («homme», «pomme», «triangle»...) n'existent que dans l'esprit: ce sont des noms et non pas des êtres. Il s'agit d'une critique de Platon et de la tradition théologique qui en découle, selon lesquels les singularités ont une existence moindre que les concepts généraux (les Idées de Platon). D'où l'idée du «rasoir», car Ockham «coupe» de la liste des existants tous les concepts généraux.

⊚ Contresens à ne pas commettre

Lorsqu'Ockham dit que les concepts généraux n'ont pas d'existence en dehors de l'esprit, il ne dit pas que la connaissance objective n'est pas possible et que tout est subjectif. Il s'agit pour lui de penser de manière plus complexe les rapports entre objectivité et subjectivité. Les concepts ne sont pas des choses objectives et ne ressemblent pas aux choses objectives: ils sont des signes. Dès lors, la connaissance objective ne peut prétendre se passer du langage, et toute science est une analyse du langage. Elle est donc moins absolue que dans la conception issue de Platon, mais elle n'en est pas moins possible.

⊚ Exemple d'utilisation

La thèse d'Ockham pose le problème du rapport entre les concepts et les êtres singuliers. Il s'agit d'un renversement important dans l'histoire de la philosophie puisque cela veut dire qu'il n'existe pas de «monde des Idées» au-dessus de ce monde-ci. Réciproquement il y a donc chez Ockham une affirmation forte de la place du sujet humain dans le processus de connaissance, puisque c'est en lui que se trouvent les idées des choses.

Sujet type

Les mots nous éloignent-ils des choses ?

Principales notions concernées

La conscience • Le langage • La raison et le réel.

Voir aussi les repères: Genre/espèce/individu • Objectif/subjectif • Universel/général/particulier/singulier.

Machiavel

MIEUX VAUT ÊTRE CRAINT QU'ÊTRE AIMÉ

◎ Indications générales

Machiavel (1469-1527), né à Florence, écrit *Le Prince* (1513) pour Julien de Médicis. Publié de façon posthume, en 1532, ce traité de politique fait scandale parce que, loin de prêcher la vertu aux gouvernants, Machiavel explique quels sont les moyens réels qu'il faut mettre en œuvre pour conquérir et conserver le pouvoir. D'où l'adjectif « machiavélique ».

◎ Extrait

Il est beaucoup plus sûr de se faire craindre qu'aimer, s'il faut qu'il y ait seulement l'un des deux. [...] Les hommes hésitent moins à nuire à un homme qui se fait aimer qu'à un autre qui se fait redouter; car l'amour se maintient par un lien d'obligations lequel, parce que les hommes sont méchants, là où l'occasion s'offrira de profit particulier, il est rompu; mais la crainte se maintient par une peur de châtiment qui ne te quitte jamais. (*Le Prince*, 1532, chap. 17.)

◎ Explication

Un prince, un gouvernant, aura donc plus d'autorité s'il est connu pour sa sévérité que s'il est connu pour sa clémence. Telle est la leçon de Machiavel: comme les hommes sont eux-mêmes méchants, celui qui veut les gouverner doit être encore plus méchant. Mais en même temps, ajoute Machiavel, il faut aussi qu'il ait bonne réputation et qu'il n'hésite pas à mentir sur ses intentions, ou à supprimer ceux qui l'ont aidé afin de rehausser sa propre image. Ce qui compte en politique, c'est de faire durer son gouvernement.

◎ Contresens à ne pas commettre

Machiavel ne fait pas pour autant l'apologie de la tyrannie. Son texte n'est pas immoral, il est plutôt amoral: il décrit la politique telle qu'elle fonctionne en effet. Faisant cela, il déroge lui-même aux principes qu'il expose, puisqu'il livre au public le secret des ruses des puissants. En ce sens, on a même pu dire de Machiavel qu'il était un dénonciateur de la tyrannie. Cynique, neutre, ou défenseur de la liberté? L'interprétation n'est pas si simple.

◎ Exemple d'utilisation

Le texte de Machiavel est intéressant en tant que renversement de la théorie platonicienne des « philosophes-rois » [voir à ce sujet Cicéron]. Il offre un bon exemple pour montrer que la politique n'est pas exclusivement une affaire de raison, mais de passions, et que la rationalité des hommes de pouvoir ne consiste pas à agir rationnellement sur des hommes rationnels, mais à ruser pour utiliser les passions des hommes à son profit. Le texte est choquant et brutal, mais c'est parce qu'il est réaliste.

SUJET TYPE

La politique peut-elle se passer de la morale ?

Principales notions concernées

La politique • L'État.

Voir aussi les repères: LÉGAL/LÉGITIME • OBLIGATION/CONTRAINTE • PERSUADER/CONVAINCRE.

Montaigne

QUE SAVONS-NOUS DE L'INTELLIGENCE DES ANIMAUX ?

◎ Indications générales

Montaigne (1533-1592), après s'être retiré des affaires publiques, a rédigé, pendant les vingt dernières années de sa vie, les trois livres des *Essais*: des réflexions libres et ponctuées d'anecdotes sur tous les sujets qui lui plaisaient. Le contraire d'un «système» de philosophie. Influencé par le scepticisme [voir Sextus Empiricus], il dénonce à maintes reprises les prétentions du rationalisme. Cela l'amène notamment à poser de manière originale la question de l'intelligence des animaux.

◎ Extrait

C'est par la vanité de cette même imagination qu'il [l'homme] s'égale à Dieu, qu'il s'attribue les conditions divines, qu'il se trie soi-même des autres créatures, taille les parts aux animaux, ses confrères et compagnons, et leur distribue telle portion de faculté et de force que bon lui semble. Comment connaît-il par l'effort de son intelligence les mouvements internes et secrets des animaux? Par quelle comparaison d'eux à nous conclut-il la bêtise qu'il leur attribue? (Essais, 1580, livre II, chap. 12.)

◎ Explication

Toute la tradition aristotélicienne [voir Aristote], et le christianisme à sa suite, attribuait à l'homme seul une âme rationnelle qui faisait de lui un être supérieur à tous les animaux. Montaigne montre ce qu'il y a d'irrationnel dans cette certitude. Comment saurait-on en effet ce qui se passe dans l'esprit des animaux? C'est sa vanité et son imagination qui rendent l'homme si présomptueux, et il appelle même la présomption «notre maladie originelle».

◎ Contresens à ne pas commettre

Il ne faut pas toutefois s'abriter derrière ce texte de Montaigne pour tomber dans un autre écueil qui surgit lorsque l'on parle des animaux: l'anthropomorphisme, qui consiste à affirmer, avec tout autant de «présomption», que les animaux sont aussi intelligents que les hommes. D'autant moins qu'il y a des différences objectivement constatables entre l'homme et les autres espèces, en particulier le langage articulé. Le texte de Montaigne pose une question, il attire l'attention sur un problème. Il ne dit certainement pas qu'il n'y a pas de différences entre les animaux et les hommes. Il faudrait d'ailleurs savoir de quels animaux l'on parle, car sous ce terme général sont regroupées des espèces extrêmement distantes les unes des autres. Le texte de Montaigne permet donc de commencer à réfléchir au problème, certainement pas de clore la discussion.

◎ Exemple d'utilisation

Le texte de Montaigne est très utile pour questionner toute la tradition philosophique qui écarte radicalement les animaux de l'homme – y compris après Montaigne, par exemple dans la théorie de Descartes des «animaux-machines» [voir Le vivant, texte 3, p. 663]. Il permet de remettre en cause un certain anthropocentrisme.

SUJET TYPE

Que peut apporter à la philosophie une réflexion sur l'animalité ?

Principales notions concernées

La culture • Le langage • La raison et le réel • Le vivant.

Voir aussi les repères: CROIRE/SAVOIR • INTUITIF/DISCURSIF • RESSEMBLANCE/ANALOGIE.

Bacon

«LES EXEMPLES DÉCISIFS»

⊚ Indications générales

Francis Bacon (1561-1626), baron de Verulam, est un des premiers philosophe des sciences. Comme souvent les Anglais, Bacon attache une grande importance à l'expérience dans la connaissance. Mais les données de l'expérience ne disent rien par elles-mêmes: il faut les tester par des expérimentations adéquates. Bacon met ainsi au point une méthode de généralisation à partir de faits (induction), dont un des concepts clés est celui d'«expérience cruciale» (aussi appelée «exemple décisif»).

⊚ Extrait

Prenez deux horloges, dont l'une ait pour moteur un poids de plomb, par exemple, et l'autre un ressort; ayez soin de les éprouver et de les régler de manière que l'une n'aille pas plus vite que l'autre; placez ensuite l'horloge à poids sur le faîte de quelque édifice fort élevé et laissez l'autre en bas, puis observez exactement si l'horloge placée en haut ne marche pas plus lentement qu'à son ordinaire, ce qui annoncerait que la force du poids est diminuée. Tentez la même expérience dans les mines les plus profondes, afin de savoir si une horloge de cette espèce n'y marche pas plus vite qu'à l'ordinaire par l'augmentation de la force du poids qui lui sert de moteur. Cela posé, si l'on trouve que cette force diminue sur les lieux élevés et augmente dans les souterrains, il faudra regarder comme la véritable cause de la pesanteur l'attraction exercée par la masse corporelle de la terre.
(*Novum Organum*, 1620, II, 36.)

⊚ Explication

Le texte de Bacon donne un exemple complet d'expérience cruciale inventée par lui pour déterminer quelle est la cause de l'attraction terrestre. L'horloge à ressort sert de repère, puisque sa vitesse n'a pas de raison de varier selon l'altitude. Par contre l'horloge à poids dépend de la gravité. Elle peut donc servir à mesurer les variations de celle-ci. Ce qui est très important ici, c'est que l'on voit bien que l'expérience ne parle pas d'elle-même: c'est l'expérimentation, guidée par une question posée par le chercheur, qui permet de produire une information nouvelle (ici: que la cause de l'attraction, c'est la masse de la terre).

⊚ Contresens à ne pas commettre

Bacon est un empiriste, mais il ne dit pas naïvement que toute connaissance vient de l'expérience. Au contraire, la notion d'«expérience cruciale» montre bien comment c'est la théorie qui guide l'expérimentation, qui à son tour, peut venir confirmer ou infirmer l'hypothèse théorique.

⊚ Exemple d'utilisation

La thèse de Bacon peut être utilisée pour montrer le changement qui s'opère dans les sciences physiques au XVIIe siècle: auparavant, la théorie d'Aristote disait que les corps tombaient en vertu d'une tendance interne qui les poussait à rejoindre leur «lieu propre» qui était le centre de la terre. C'était une physique basée sur la notion de causalité finale, tandis que la physique moderne (née au XVIIe siècle.) se base sur la notion de causalité efficiente, comme c'est le cas ici [voir repère «cause/ fin»]. C'est un très bon exemple pour analyser de manière fine les rapports entre théorie et expérience.

SUJET TYPE
Les faits parlent-ils d'eux-mêmes ?

Principales notions concernées

La raison et le réel • Théorie et expérience • La démonstration • La vérité.

Voir aussi les repères: CAUSE/FIN • INTUITIF/DISCURSIF • EN THÉORIE/EN PRATIQUE.

Hobbes

« L'HOMME EST UN LOUP POUR L'HOMME »

ⓖ Indications générales

Thomas Hobbes (1588-1679) est un des grands penseurs politiques du XVIIᵉ siècle, essayant de penser de manière rationnelle (et non en référence au droit divin) l'autorité monarchique. Sa théorie du pacte social repose sur une conception de l'état de nature caractérisé comme état de guerre de tous contre tous.

ⓖ Extraits

Et certainement il est également vrai et qu'un homme est un dieu à un autre homme, et qu'un homme est aussi un loup à un autre homme (Du Citoyen, Épître dédicatoire, 1642).

Aussi longtemps que les hommes vivent sans un pouvoir commun qui les tienne tous en respect, ils sont dans cette condition qu'on appelle guerre, et cette guerre est guerre de chacun contre chacun. [...] Dans un tel État il n'y a pas de place pour une activité industrieuse, parce que le fruit n'en est pas assuré [...] pas d'arts, pas de lettres, pas de société; et ce qui est pire de tout, la crainte et le risque continuel d'une mort violente; la vie de l'homme est alors solitaire, besogneuse, pénible, quasi animale et brève. (Léviathan, 1651, chap. 13.)

ⓖ Explication

L'originalité de Hobbes vient du fait qu'il ne pense pas l'homme comme naturellement sociable (par contraste, voir Aristote). Dans l'état de nature, rien ne garantit les hommes contre leurs violences mutuelles. Celle-ci est même une spirale qui mènera, si rien ne l'arrête, à la destruction mutuelle de tous les hommes et à la fin de l'humanité. Tel est le sens de l'expression figurée « l'homme est un loup pour l'homme » (que Hobbes reprend à Plaute).

ⓖ Contresens à ne pas commettre

L'expression « l'homme est un loup pour l'homme » ne doit pas mener à croire que Hobbes considère les hommes comme des animaux dans l'état de nature.

En vérité, la violence dont les hommes font preuve lorsqu'ils ne sont pas soumis à l'État est spécifiquement humaine : aucune autre espèce (pas même les loups) ne s'entre-tue de cette manière. La manière dont ils rompent le cycle de la violence, parce qu'elle consiste en une décision collective (le pacte social), est spécifiquement humaine aussi.

ⓖ Exemple d'utilisation

Le texte de Hobbes est une bonne référence pour penser la nature de l'homme : s'opposant à l'idée d'une bonté naturelle de l'homme, Hobbes en donne au contraire une vision pessimiste. C'est aussi un bon exemple pour valoriser le rôle de l'État : pour Hobbes, les hommes, voulant éviter l'insécurité, préférent renoncer à leur droit naturel à la violence et se soumettre, par un pacte de soumission, à une autorité commune. Cette autorité qui aura seule le droit à la violence, c'est l'État, ou le « Léviathan » (titre de l'ouvrage de Hobbes, repris du nom d'un monstre de la Bible). Par cette soumission à un pouvoir commun, ils renoncent à leur liberté naturelle, mais ils ouvrent la possibilité de la liberté civile et de la civilisation.

SUJET TYPE

Le pouvoir de l'État est-il facteur de liberté ou d'oppression ?

Principales notions concernées

La culture • La politique • La société • L'État.

Voir aussi les repères : EN FAIT/EN DROIT • LÉGAL/LÉGITIME • OBLIGATION/CONTRAINTE.

Descartes

COGITO ERGO SUM: «JE PENSE DONC JE SUIS»

⊚ Indications générales

Descartes (1596-1650) est le grand représentant du rationalisme du XVIIᵉ siècle. Auteur du *Discours de la méthode* (1637) et des *Méditations métaphysiques* (1641), il critique la pensée religieuse fondée sur la tradition et propose une «méthode», «pour gouverner sa raison et trouver la vérité dans les sciences»: une méthode qui permette d'être sûr que ce que l'on dit est vrai. Mais pour cela, il lui faut trouver quelle est la première vérité, celle sur laquelle s'appuient toutes les autres. Afin de la trouver, il remet en cause tout ce qu'il a cru jusqu'à présent, même ce qu'il voit, même les mathématiques, et même l'existence du monde autour de lui! Mais il parvient alors à une limite du doute:

⊚ Extrait

Je pris garde que, pendant que je voulais ainsi penser que tout était faux, il fallait nécessairement que moi, qui le pensais, fusse quelque chose. Et remarquant que cette vérité: Je pense donc je suis, était si ferme et si assurée que toutes les plus extravagantes suppositions des sceptiques ne pouvaient l'ébranler, je jugeai que je pouvais la recevoir sans scrupule pour le premier principe de la philosophie que je cherchais. (Discours de la méthode, IVᵉ partie.)

⊚ Explication

«Je pense donc je suis» (*cogito ergo sum*, en latin) est donc la première vérité, d'où vont partir toutes les autres. Pourquoi est-ce une vérité absolument certaine? Parce que personne ne peut douter de sa propre existence: je peux douter de l'existence de tout ce qui m'entoure, et même de mon propre corps, et de tout ce que je fais; mais si je doute, je ne peux pas douter que je doute: dès lors j'existe. Mon existence en tant que conscience pensante est donc une certitude absolue, qui s'impose avec la force de l'évidence. Dans la suite, Descartes s'appuie sur cette vérité pour démontrer que

le monde existe bien (ce qu'il avait mis en doute) et que l'esprit peut le connaître. Dès lors, la science est fondée: il n'y a plus qu'à la développer. Ce à quoi nous travaillons encore...

⊚ Contresens à ne pas commettre

Ne pas donner de «je pense donc je suis» une interprétation trop vague et large, qui en ferait une sorte d'équivalent de «il faut penser pour exister vraiment», «seul l'homme existe vraiment, car il est le seul être qui pense», «ne pas réfléchir, c'est vivre comme une bête», etc. Le sens de «je pense donc je suis» est beaucoup plus précis: c'est l'exemple (le seul?) d'une vérité qui se fonde elle-même: la conscience énonce une vérité (sa propre existence) sans recours à aucun intermédiaire extérieur à elle-même.

⊚ Exemple d'utilisation

Le *cogito* est un exemple typique pour toute réflexion sur la vérité. «Je pense donc je suis» est une vérité absolue, plus absolue encore que «2+2 = 4» ou que «la Terre est ronde». La question à laquelle répond le *cogito* c'est celle de la fondation de la vérité: qu'est-ce qui nous assure que quelque chose est vrai? La pensée religieuse dit: c'est vrai parce que les prêtres le disent, qui, eux-mêmes le savent par l'intermédiaire d'un ou plusieurs prophètes, qui eux-mêmes ont recueilli directement la parole de Dieu. L'originalité de la pensée de Descartes, c'est de penser la vérité sans passer par la croyance en Dieu ou par la confiance en une tradition. Le *cogito*, donne l'idée d'une pensée sans croyance: c'est la pensée rationnelle, basée sur une évidence absolument indubitable.

SUJET TYPE

Puis-je être sûr de ne pas me tromper ?

Principales notions concernées

Le sujet • La conscience • La démonstration • La vérité.

Voir aussi les repères: CROIRE/SAVOIR • SUBJECTIF/ OBJECTIF • ABSOLU/RELATIF • ORIGINE/FONDEMENT.

Pascal

L'IMAGINATION
« MAÎTRESSE D'ERREUR ET DE FAUSSETÉ »

⑥ Indications générales

Blaise Pascal (1623-1662) est un auteur paradoxal, à la fois grand scientifique et grand mystique proche du jansénisme (courant réformateur du catholicisme). Il est l'auteur, d'un côté, de traités de mathématiques ou de physique, et de l'autre, d'une réflexion sur la religion chrétienne qu'il n'a jamais terminée et qui nous reste sous la forme de ses *Pensées*. C'est pourquoi on trouve chez lui des mises en œuvre de la raison qui visent souvent à critiquer les prétentions de celle-ci. Tel ce jugement sur l'imagination.

⑥ Extrait

Imagination. – C'est cette partie décevante dans l'homme, cette maîtresse d'erreur et de fausseté, et d'autant plus fourbe qu'elle ne l'est pas toujours, car elle serait règle infaillible de vérité si elle l'était infaillible du mensonge. Mais, étant le plus souvent fausse, elle ne donne aucune marque de sa qualité, marquant du même caractère le vrai et le faux. (Pensées, II, 82.)

⑥ Explication

Parmi les facultés de l'homme, la raison permet en principe la connaissance objective, mais les hommes cèdent le plus souvent à leur imagination. Celle-ci est d'autant plus redoutable qu'elle ne se laisse pas reconnaître comme telle. Pour échapper à l'imagination, il faudrait raisonner, mais comment puis-je distinguer si je raisonne véritablement ou si j'imagine que je raisonne ? Manière de dire que les hommes – y compris ceux qui se croient les plus rationnels – s'entretiennent en permanence dans des illusions qu'ils créent eux-mêmes. Dans la lignée de Montaigne, Pascal met donc en évidence la faiblesse de nos facultés de connaître, ce qui explique que pour lui, l'issue soit dans la foi et non dans la raison.

⑥ Contresens à ne pas commettre

Il faut faire attention à ne pas trop interpréter Pascal comme un penseur sceptique. Pascal questionne les pouvoirs de la raison, mais c'est rationnellement qu'il le fait. Il ne s'agit pas de dire que nous ne pouvons rien connaître – dans ce cas, Pascal n'aurait pas été également mathématicien et physicien – mais il faut remettre la connaissance humaine à sa juste place. « La grandeur de l'homme est grande en ce qu'il se connaît misérable » : tel est le paradoxe de la dignité de l'homme, « roseau pensant ». Le savoir absolu est hors de notre portée, mais cela ne nous empêche pas de penser. « Travaillons donc à bien penser : voilà le principe de la morale. »

⑥ Exemple d'utilisation

Le texte de Pascal est une bonne référence pour mettre en question les pouvoirs de la raison [voir aussi Sextus Empiricus]. Contre l'optimisme de Descartes, confiant dans les progrès à venir de la science, Pascal déclare : « Descartes, inutile et incertain ». C'est un texte qui dit bien la finitude de l'homme, son absence de ressource intérieure puisque ce sont ses propres facultés qui l'induisent en erreur. C'est ce que Pascal appelle la « misère de l'homme sans Dieu ».

SUJET TYPE

L'imagination peut-elle seconder la raison dans la connaissance du réel ?

Principales notions concernées

La conscience • Le désir • La raison et le réel • La vérité.

Voir aussi les repères : CROIRE/SAVOIR • OBJECTIF/SUBJECTIF.

Spinoza

« L'HOMME N'EST PAS UN EMPIRE DANS UN EMPIRE »

◎ Indications générales

Baruch Spinoza (1632-1677), lecteur et commentateur critique de Descartes, adopte, dans son grand livre *L'Éthique* (1675), «la méthode des géomètres» (*more geometrico*) pour exposer ses idées: comme un mathématicien, il pose donc des définitions, d'où il déduit des propositions qu'il démontre à chaque fois à partir de ce qu'il a déjà établi auparavant. Il développe ainsi un système où il traite d'abord de la nature de Dieu et du monde (qui pour lui ne font qu'un: *Deus sive Natura*), pour aller jusqu'à la nature de l'homme et la question de la liberté. Sa théorie de la liberté est directement une critique de celle de Descartes.

◎ Extrait

Ceux qui ont écrit sur les affections et la conduite de la vie humaine semblent, pour la plupart, traiter non des choses naturelles qui suivent les lois communes de la nature mais des choses qui sont hors de la nature. En vérité, on dirait qu'ils conçoivent l'homme dans la nature comme un empire dans un empire. Ils croient en effet que l'homme trouble l'ordre de la nature plutôt qu'il ne le suit, qu'il a sur ses propres actions un pouvoir absolu et ne tire que de lui-même sa détermination. (Éthique, 1675, III, introduction.)

◎ Explication

Le texte de Spinoza est une critique de la notion de libre arbitre. Chez Descartes, en effet, l'homme a une volonté infinie, c'est-à-dire que son âme peut échapper aux influences du corps, et qu'il est donc le point de départ absolu de ses propres actions. Contre cette conception, Spinoza soutient que l'âme n'est pas moins déterminée que le corps et qu'elle est elle aussi soumise à une causalité. La notion de liberté ne peut donc jamais être pensée pour Spinoza comme un absolu.

◎ Contresens à ne pas commettre

Il ne s'agit pas de dire que, pour Spinoza, la liberté n'existe pas. Au contraire, la cinquième et dernière partie de l'*Éthique* s'intitule: «De la puissance de l'entendement, ou de la liberté de l'homme». Mais comment penser à la fois le fait que l'homme n'est pas la cause absolue de ses actions et la liberté? La réponse de Spinoza est la suivante: on ne peut pas être absolument libre, mais on peut être plus ou moins libre selon que l'on se représente plus ou moins bien les causes qui nous déterminent. L'homme qui vit uniquement au gré des peurs et des espoirs nés de son imagination n'est pas libre; celui qui vit dans la connaissance rationnelle des causes qui le déterminent peut modifier l'influence que celles-ci ont sur lui, et s'inscrire dans d'autres chaînes causales, dont il a une conscience plus claire – et qui, par là même, lui donnent plus de joie.

◎ Exemple d'utilisation

Cette citation de Spinoza est une référence classique pour affirmer une conception déterministe du monde: tout a une cause pour Spinoza, et les mouvements de l'âme n'échappent pas à cette règle. Nous sommes mus par nos désirs, qui eux-mêmes naissent de la manière dont nous imaginons les choses. Le libre arbitre n'est donc qu'une illusion, qui vient du fait que la conscience se croit fermée sur elle-même et se prend donc pour le seul point de départ possible de ses représentations, sans comprendre ce qui la détermine.

SUJET TYPE

Agir spontanément est-ce agir librement ?

Principales notions concernées

Le sujet • Le désir • La raison et le réel • La liberté.

Voir aussi les repères: CONTINGENT/NÉCESSAIRE/POSSIBLE • MÉDIAT/IMMÉDIA • OBLIGATION/CONTRAINTE.

L'EXPÉRIENCE, FONDEMENT DE NOS CONNAISSANCES

⊚ Indications générales

John Locke (1632-1704), philosophe anglais, est à la fois un philosophe politique (*Traité du gouvernement civil*, 1690, où Locke défend la tolérance et le libéralisme politique contre les conceptions de Hobbes), mais aussi un théoricien de la connaissance (*Essai sur l'entendement humain*, 1690). Critique de Descartes, qui défendait l'idée que l'homme a des idées innées, Locke affirme fortement son empirisme: toute connaissance doit venir de l'expérience du monde extérieur.

qui absorberait indifféremment toutes les données qui lui viennent de l'extérieur: la sensation est la première source, qui fournit des idées simples, mais la réflexion est une seconde source de connaissance à part entière: c'est l'entendement qui produit les idées complexes de substance, de qualité, de relation de cause à effet, etc. En ce sens, l'empirisme n'est pas l'opposé du rationalisme: il en est seulement une autre modalité, qui prête plus d'attention au rôle de l'expérience, mais n'y réduit pas toute connaissance.

⊚ Extrait

Supposons donc qu'au commencement l'âme est ce qu'on appelle une «table rase», vide de tout caractère, sans aucune idée quelle qu'elle soit. Comment vient-elle à recevoir des idées? [...] D'où puise-t-elle tous ces matériaux qui sont comme le fond de tous ses raisonnements et de toutes ses connaissances? À cela je réponds en un mot, de l'expérience: c'est là le fondement de toutes nos connaissances et c'est de là qu'elles tirent leur première origine. (*Essai sur l'entendement humain*, 1690, livre II, §2.)

⊚ Explication

Il n'y a pas pour Locke d'idées innées, qui seraient inscrites dans l'esprit humain à la naissance et qui seraient communes à tous les hommes. Les idées simples viennent de l'expérience, et elles sont ensuite comparées et combinées par l'entendement, qui produit à partir de là des idées complexes. Par exemple, une idée qui paraît simple, comme la notion de «substance» (innée pour Descartes), vient en fait de ce que nous percevons des qualités souvent réunies, et que nous croyons pouvoir en déduire un support commun à ces qualités.

⊚ Contresens à ne pas commettre

Il faut bien remarquer que, tout en étant empiriste, Locke ne considère pas l'homme comme une éponge

⊚ Exemple d'utilisation

Une fois de plus [voir Pascal, Spinoza], Locke est un auteur qui permet de critiquer Descartes, ici sur la question de l'origine de nos connaissances. Là où Descartes pose comme un fait l'existence en nous de certaines idées, Locke montre qu'il y a des processus de formation des idées.

Cette approche comporte aussi des conséquences politiques: car, puisque la diversité des cultures nous montre bien, d'après Locke, que les opinions ne sont pas universelles et qu'elles varient lorsque l'expérience varie, les hommes pourront vivre ensemble, non pas s'ils partagent tous les mêmes idées, mais à condition que la tolérance leur soit une valeur commune.

SUJET TYPE

Toute idée vient-elle des sens?

Principales notions concernées

La perception • La raison et le réel • Théorie et expérience.

Voir aussi les repères: Absolu/relatif • Essentiel/accidentel • Intuitif/discursif.

Malebranche

CONNAÎTRE UNE VÉRITÉ: «VOIR EN DIEU»

⊚ Indications générales

Nicolas Malebranche (1638-1715), d'abord théologien, devint un philosophe cartésien (disciple de Descartes). Dans *De la Recherche de la vérité* (1675), soucieux de concilier théologie et philosophie rationnelle, il pousse plus loin une des idées de Descartes: chez celui-ci, Dieu est garant de la vérité (il est «vérace», c'est-à-dire qu'il ne peut nous tromper – c'est pourquoi ce qui nous paraît vrai l'est en effet). Malebranche va jusqu'à assimiler Dieu et la vérité: connaître une vérité, c'est «voir en Dieu».

⊚ Extrait

L'esprit est comme situé entre Dieu et les corps [...] Lorsqu'il découvre quelque vérité ou qu'il voit les choses selon ce qu'elles sont en elles-mêmes, il les voit dans les idées de Dieu, c'est-à-dire par la vue claire et distincte de ce qui est en Dieu qui les représente; [...] il ne voit point dans lui-même les choses qui sont distinguées de lui [...]. Ainsi lorsque l'esprit connaît la vérité, il est uni à Dieu, il connaît et possède Dieu en quelque manière. (De la Recherche de la vérité, 1675, V, 5.)

⊚ Explication

Les vérités, par exemple les vérités mathématiques, sont quelque chose qui est au-delà de nous, et non en nous [voir un rapprochement possible avec Platon]. Lorsque nous les percevons par l'esprit, nous sortons de notre propre esprit pour participer à quelque chose à quoi participent également tous les autres esprits rationnels: l'esprit de Dieu. C'est cette participation à l'esprit de Dieu qui fait qu'il y a des vérités universelles, indépendantes de toute variation culturelle [par contraste, voir Locke]. Autrement dit: l'objectivité, c'est la subjectivité divine.

⊚ Contresens à ne pas commettre

Il faut faire attention au lien qu'établit Malebranche entre pensée rationnelle et religion. Elles ne sont pas équivalentes. Allant au-delà de Descartes, Malebranche pense que les mystères divins eux-mêmes peuvent être expliqués rationnellement. Il va jusqu'à dire qu'il n'y a pas dans le monde de réelles relations de cause à effet: seul Dieu est cause de tous les phénomènes; les causes apparentes – le choc d'une boule de billard sur une autre par exemple – ne sont que les «occasions» de la manifestation du pouvoir causal de Dieu. Mais cette connaissance de Dieu à travers les choses n'est pas complète: nous ne connaîtrons jamais Dieu dans sa totalité, car nous voyons en Dieu les choses, mais nous ne voyons pas Dieu lui-même.

⊚ Exemple d'utilisation

Le texte de Malebranche est intéressant en tant qu'affirmation brute du fait qu'il existe des vérités objectives. C'est le rationalisme dans toute sa splendeur, sans aucune place pour le relativisme culturel. Mais le texte est aussi intéressant dans sa tentative de concilier religion et rationalisme: pour Malebranche, connaître le monde et aimer Dieu sont des synonymes.

SUJET TYPE

La conscience peut-elle être objective ?

Principales notions concernées

La religion • La raison et le réel • La vérité.

Voir aussi les repères: CROIRE/SAVOIR • MÉDIAT/IMMÉDIAT • OBJECTIF/SUBJECTIF • TRANSCENDANT/IMMANENT.

Leibniz

LE MEILLEUR DES MONDES POSSIBLES

⊚ Indications générales

Voltaire s'est moqué de Leibniz – caricaturé par le personnage du savant Pangloss dans *Candide* – en prêtant à celui-ci un optimisme touchant à la bêtise tant il restait constant devant les circonstances les plus abominables. Pourtant Leibniz (1646-1716) est l'un des plus grands métaphysiciens et mathématiciens de l'histoire. Lecteur critique de Descartes, il discute aussi l'empirisme de Locke dans ses *Nouveaux essais sur l'entendement humain* (1704). *La Monadologie* (1721) donne un exposé dense et complet de ce qu'il appelait son «système de l'harmonie préétablie». C'est dans ce cadre qu'il faut comprendre la théorie de l'optimisme, qui n'est pas réductible à la thèse absurde qu'en fait Voltaire.

⊚ Extrait

Comme il y a une infinité d'univers possibles dans les Idées de Dieu et qu'il n'en peut exister qu'un seul, il faut qu'il y ait une raison suffisante du choix de Dieu, qui le détermine à l'un plutôt qu'à l'autre. Et cette raison ne peut se trouver que dans la convenance ou dans les degrés de perfection, que ces mondes contiennent; chaque possible ayant droit de prétendre à l'existence à mesure de la perfection qu'il enveloppe. Et c'est ce qui est la cause de l'existence du meilleur, que la sagesse fait connaître à Dieu, que sa bonté le fait choisir et que sa puissance le fait produire. (La Monadologie, 1721, § 53 à 55.)

⊚ Explication

Leibniz ne dit donc pas que tout va bien pour tout le monde. La théorie de Leibniz consiste à dire qu'il y a une infinité de mondes possibles. La question est donc: pourquoi est-ce le nôtre qui existe? À cela, il faut d'après lui répondre que le monde réel est nécessairement le meilleur des mondes possibles, parce que c'est le seul qui corresponde à l'idée de la bonté de Dieu. Si Dieu est infiniment bon, il n'a pu créer que le meilleur des mondes, même si cela n'est pas visible tous les jours pour les hommes. Pour Leibniz, il s'agit d'une démonstration, fondée sur la définition de Dieu.

⊚ Contresens à ne pas commettre

Le meilleur des mondes possibles n'est pas un monde entièrement bon. C'est le contresens que fait Voltaire, et qui explique ses railleries. Mais c'est confondre la perception humaine et la compréhension divine, qui ne voient pourtant pas les choses à la même échelle. C'est pour cela aussi que l'«optimisme» de Leibniz ne peut que modérément nous rendre optimistes face à l'existence, car il ne garantit en rien que nous ne souffrirons pas et que tout ira pour le mieux pour nous.

⊚ Exemple d'utilisation

La théorie de Leibniz des mondes possibles est provocante et intéressante pour toute réflexion sur le Mal. Si Dieu est bon, comment le Mal est-il possible? Pourquoi souffrons-nous? Leibniz ne nie pas l'existence de la souffrance, il dit que ce qui apparaît comme un mal au niveau de l'existence humaine ne peut être compris que comme une circonstance nécessaire dans le calcul que fait Dieu pour créer un univers optimal.

SUJET TYPE

Si Dieu est bon, comment le mal est-il possible ?

Principales notions concernées

La religion • La raison et le réel • La démonstration • Le bonheur.

Voir aussi les repères: ABSOLU/RELATIF • CONTINGENT/NÉCESSAIRE/POSSIBLE • ESSENTIEL/ACCIDENTEL • IDÉAL/RÉEL.

Vico

LA LANGUE, MÉMOIRE DE L'HUMANITÉ

◎ Indications générales

Giambattista Vico (1668-1744) est un philosophe italien du XVIIIᵉ siècle. Avec sa « science nouvelle » (la *Scienza Nuova*, 1725), il bâtit une vaste fresque reconstituant l'histoire de l'humanité à partir du principe *verum est factum* : « le vrai, c'est le fait même » : les actions humaines sont l'avènement historique de la vérité, et le philosophe, comme un géomètre de l'humanité, doit en retracer les contours. Dans cette entreprise, l'étymologie joue un rôle primordial, car les langues sont porteuses de la mémoire des peuples.

◎ Extrait

Tel est l'ordre que suivent les choses humaines : d'abord les forêts, puis les cabanes, puis les villages, ensuite les cités, ou réunions de citoyens, enfin les académies, ou réunions de savants. Autre grand principe étymologique, d'après lequel l'histoire des langues indigènes doit suivre cette série de changements que subissent les choses. Ainsi dans la langue latine nous pouvons observer que tous les mots ont des origines sauvages et agrestes : par exemple lex *(*legere*, « cueillir ») dut signifier d'abord « récolte de glands », d'où l'arbre qui produit les glands fut appelé* illex, ilex *; de même que* aquilex *est incontestablement « celui qui recueille les eaux ». Ensuite* lex *désigna la récolte des « légumes » (*legumina*) qui en dérivent leur nom. Plus tard, lorsqu'on n'avait pas de lettres pour écrire les lois,* lex *désigna nécessairement la réunion des citoyens ou l'assemblée publique. La présence du peuple constituait « la loi » qui rendait les testaments authentiques,* calatis comitiis. *Enfin l'action de recueillir les lettres, et d'en faire comme un faisceau pour former chaque parole, fut appelée* legere, *« lire ». (*Scienza Nuova, 1725, I, chap. 2, ax. 65.)

◎ Explication

L'ordre de progression de l'organisation humaine (comparer avec Aristote) – forêts, cabanes, villages, cités, académies – se retrouve dans l'histoire des significations du mot *lex* : « récolte de glands » (forêt et cabane) – « légume » (village) – « loi » (cité) – « lire » (assemblée de savants). Pour Vico, les langues sont ainsi détentrices de la vérité, et le philosophe/ philologue doit venir la décrypter en elles.

◎ Contresens à ne pas commettre

Se référer au texte de Vico pour illustrer une certaine conception de l'histoire humaine et une certaine conception des langues ne doit pas vous faire croire que son étymologie est aussi « scientifique » qu'il le prétend. Cela ne l'empêche pas d'être intéressante et « parlante ».

◎ Exemple d'utilisation

Le texte de Vico relie de manière originale histoire et langage. Même si elle a quelque chose de délirant, son étymologie révèle une profondeur de la langue qui en fait bien autre chose qu'un simple « instrument de communication ». La langue est chargée des faits et gestes de l'humanité (à comparer avec les « jeux de langage » de Wittgenstein). Vico nous dit aussi que l'Histoire est comme une langue : une parole divine, faite des actions humaines, que la « science nouvelle » cherche à déchiffrer.

Sujet type

Parler, est-ce le contraire d'agir ?

Principales notions concernées

La culture • Le langage • L'histoire • L'interprétation.

Voir aussi les repères : EN ACTE/EN PUISSANCE • CONTINGENT/NÉCESSAIRE/POSSIBLE • ESSENTIEL/ACCIDENTEL.

Berkeley

« ÊTRE, C'EST ÊTRE PERÇU »

◎ Indications générales

George Berkeley (1685-1753), évêque de Cloyne, a proposé une théorie métaphysique provocante et originale appelée l'«immatérialisme». Partant de l'empirisme, Berkeley considère toute notion abstraite comme une illusion: seules existent les choses singulières; mais celles-ci ne sont connues par nous qu'en tant qu'images reliées à d'autres images.

◎ Extrait

Je dis que la table sur laquelle j'écris existe, c'est-à-dire que je la vois et la touche; et, si je n'étais pas dans mon bureau, je dirais que cette table existe, ce par quoi j'entendrais que, si j'étais dans mon bureau, je pourrais la percevoir; ou bien, que quelque autre esprit la perçoit actuellement. [...] L'esse (être) de ces choses-là, c'est leur percipi (être perçu); et il n'est pas possible qu'elles aient une existence quelconque en dehors des esprits ou des choses pensantes qui les perçoivent. (Les Principes de la connaissance humaine, 1710, § 3.)

◎ Explication

Quoique d'apparence paradoxale, l'idée de Berkeley est d'après lui, une simple question de bon sens: notre rapport aux choses est toujours un rapport de représentation. Dire qu'une chose existe, c'est dire qu'on la perçoit, ou que l'on pourrait la percevoir.

◎ Contresens à ne pas commettre

Lorsque Berkeley dit que la matière n'existe pas, il ne dit pas que tout n'est qu'illusion. Ce n'est pas parce que les choses sont des idées qu'elles ne sont pas réelles. On peut très bien distinguer, en particulier, les perceptions qui sont reliées entre elles de façon régulière, en produisant une correspondance entre la vue et le toucher, et les perceptions déréglées qui sont celles de l'imagination et du rêve.

◎ Exemple d'utilisation

Le texte de Berkeley est exemplaire pour toute réflexion sur les rapports entre la conscience et le réel. C'est le problème de la distance infranchissable entre les deux qu'il cherche précisément à résoudre. En effet, si l'on pose, comme Descartes, que le corps et l'esprit sont deux réalités distinctes, on a ensuite beaucoup de mal à résoudre la question de la possibilité de la connaissance. Car comment l'esprit peut-il franchir la distance qui le sépare du corps? Une telle difficulté favorise le scepticisme. D'où l'idée de Berkeley que «la matière» n'existe pas: c'est une abstraction, un simple mot qui nous fait croire qu'il est le signe de quelque chose de réel, d'une substance matérielle; alors qu'en fait, il n'y a pas de substance matérielle: il n'y a que des perceptions. L'esprit n'a donc pas de distance à franchir pour connaître le monde, puisqu'ils sont de même nature.

Sujet type

La perception permet-elle la connaissance ?

Principales notions concernées

La conscience • La perception • La raison et le réel • La matière et l'esprit.

Voir aussi les repères: Essentiel/accidentel • Idéal/réel • Objectif/subjectif.

Montesquieu

LA SÉPARATION DES POUVOIRS

⊙ Indications générales

Montesquieu (1689-1755), dans *De l'Esprit des lois*, veut appliquer aux faits politiques la même approche rigoureuse que celle qui prévaut dans les sciences physiques. Il s'agit donc de montrer les liens rationnels qui unissent certains types de population avec certaines formes de gouvernements, et ceux-ci avec certaines lois. C'est aussi sur ce modèle de la physique que repose la notion d'équilibre des pouvoirs.

⊙ Extrait

Il y a, dans chaque État, trois sortes de pouvoir: la puissance législative, la puissance exécutrice des choses qui dépendent du droit des gens, et la puissance exécutrice de celles qui dépendent du droit civil.
Par la première, le prince ou le magistrat fait des lois pour un temps ou pour toujours, et corrige ou abroge celles qui sont faites. Par la seconde, il fait la paix ou la guerre, envoie ou reçoit des ambassades, établit la sûreté, prévient les invasions. Par la troisième, il punit les crimes, ou juge les différends des particuliers. On appellera cette dernière la puissance de juger [...] Tout serait perdu si le même homme, ou le même corps des principaux, ou des nobles ou du peuple, exerçaient ces trois pouvoirs. (De l'Esprit des lois, 1748, livre XI, chap. 6.)

⊙ Explication

Il y a donc trois pouvoirs: législatif, exécutif et judiciaire. La liberté civile n'est possible que si ces pouvoirs sont séparés de manière à s'entre-équilibrer. Si le législatif et l'exécutif sont confondus, c'est la tyrannie; si le juge est législateur, « le pouvoir sur la vie et la liberté des citoyens serait arbitraire »; et si le juge est chef du pouvoir exécutif, il peut devenir un oppresseur.

⊙ Contresens à ne pas commettre

La théorie de Montesquieu est moins de nature juridique que politique et sociale. Les trois pouvoirs ne représentent en effet pas pour lui de simples fonctions de l'organisation politique, mais aussi des groupes sociaux distincts. Comme dans l'Angleterre de 1730 qui lui sert de modèle, où le pouvoir est réparti entre le monarque, l'assemblée du peuple et l'assemblée de la noblesse. C'est donc d'abord pour lui l'équilibre entre les groupes sociaux qui assure la modération du régime. Sans cela, une séparation des pouvoirs purement juridique ne serait qu'une simple façade.

⊙ Exemple d'utilisation

Le texte de Montesquieu est un des textes fondateurs du libéralisme politique, qui cherche à définir les conditions de possibilité de la liberté politique, contre le despotisme. C'est un bon exemple à opposer à la notion de « despotisme éclairé ». Ce qui est utile de comprendre ici, c'est que le caractère rationnel de l'organisation du pouvoir ne consiste pas, chez Montesquieu, dans le caractère rationnel des gouvernants ou des sujets, mais dans la structure du pouvoir, qui doit permettre à la liberté d'être préservée malgré l'irrationalité de ses acteurs. C'est un texte à comparer avec les thèses de Rousseau, qui considère que la volonté générale est indivisible.

SUJET TYPE

Le pouvoir politique peut-il échapper à l'arbitraire ?

Principales notions concernées

La politique • La liberté.

Voir aussi les repères: CAUSE/FIN • LÉGAL/LÉGITIME • OBLIGATION/CONTRAINTE.

Hume

LA RAISON NE PEUT PAS CONNAÎTRE DE RELATIONS DE CAUSE À EFFET

⊚ Indications générales

David Hume (1711-1776) est l'un des grands représentants de l'empirisme, selon lequel toute connaissance provient de l'expérience sensible. Il en a poussé les conséquences très loin, allant jusqu'à nier l'existence de liens de cause à effet réels entre les choses. C'est cette célèbre analyse qui mènera Kant à dire : « ce fut Hume qui me tira de mon sommeil dogmatique ».

⊚ Extrait

La première fois qu'un homme vit le mouvement se communiquer par impulsion, par exemple par le choc de deux billes de billard, il ne put affirmer que l'un des événements était en connexion avec l'autre ; il affirma seulement qu'il y avait une conjonction. [...] Quand donc nous disons qu'un objet est en connexion avec un autre, nous voulons seulement dire que ces objets ont acquis une connexion dans notre pensée et qu'ils font surgir cette inférence qui fait de chacun d'eux la preuve de l'existence de l'autre. (Enquête sur l'entendement humain, 1748, section IV.)

⊚ Explication

Lorsque deux boules de billard se heurtent, nous pensons que le mouvement de la première est la cause du mouvement de la seconde, et qu'il y a donc une *connexion nécessaire* entre les deux mouvements. Ce qu'explique Hume, c'est que, par l'expérience, tout ce que nous observons, c'est une *conjonction* entre le premier et le second mouvement. Nous avons *l'habitude* de les voir se produire à la suite l'un de l'autre, et donc nous *imaginons* un lien entre eux. Mais nous n'avons en fait aucun moyen d'être logiquement sûrs que l'un va nécessairement suivre l'autre comme s'il s'agissait d'une démonstration mathématique. L'idée de relation de cause à effet est donc le produit de notre habitude, mais elle n'existe pas réellement dans les choses. Telle est la thèse hautement provocante de Hume.

⊚ Contresens à ne pas commettre

Ne pas faire de Hume un sceptique pour lequel aucune connaissance n'est possible. Hume affirme que la connaissance est possible et qu'elle nous vient de l'expérience, mais il montre que l'expérience nous donne moins d'informations que ce que nous croyons communément. C'est pourquoi, Hume se caractérise lui-même comme un « sceptique mitigé ». Mais il ne faut pas se tromper sur le sens de ce scepticisme. Il est « mitigé », parce que, contrairement au scepticisme classique [voir Sextus Empiricus], il est au service de la connaissance, en faisant le tri entre les vrais et les faux problèmes.

⊚ Exemple d'utilisation

Le texte de Hume est un bel exemple de dénonciation de préjugé, posant la question du rapport entre le réel et notre représentation du réel. Il montre que les connexions que nous croyons exister entre les choses sont une projection de notre esprit. Il nous appelle ainsi à un regard épuré sur notre propre expérience, ramenée à une simple suite de perceptions. En philosophie des sciences, la thèse de Hume exprime les principes de la physique moderne (celle de Newton), qui ne cherche plus les causes des phénomènes, mais en établit les lois sous forme d'équations mathématiques.

SUJET TYPE

La connaissance scientifique consiste-elle à connaître les causes des phénomènes ?

Principales notions concernées

La conscience • La perception • La raison et le réel • Théorie et expérience.

Voir aussi les repères : Cause/fin • Contingent/nécessaire/possible • Objectif/subjectif.

Rousseau

« LE DROIT DU PLUS FORT »

Indications générales

L'œuvre politique de Jean-Jacques Rousseau (1712-1778) a deux versants : d'un côté, dans le *Discours sur l'origine et les fondements de l'inégalité parmi les hommes* (1754), il reconstitue la manière dont l'inégalité sociale a dû s'établir dans l'histoire ; de l'autre, dans *Du Contrat social* (1762), il tâche de concevoir à quelles conditions un pouvoir politique peut être légitime, et donc en quoi consisterait un système politique juste, assurant l'égalité et la liberté. Il construit ainsi une critique de la notion de droit du plus fort.

Extrait

Le plus fort n'est jamais assez fort pour être toujours le maître s'il ne transforme sa force en droit et l'obéissance en devoir. De là le droit du plus fort ; droit pris ironiquement en apparence, et réellement établi en principe. Mais ne nous expliquera-t-on jamais ce mot ? La force est une puissance physique ; je ne vois point quelle moralité peut résulter de ses effets.
(*Du Contrat social*, 1762, I, 3.)

Explication

Rousseau marque clairement la différence entre force et droit. Contre Grotius (1583-1645) qui, dans la suite d'Aristote, pensait qu'il existait une forme naturelle de domination de l'homme sur l'homme (dans l'esclavage en particulier), Rousseau explique qu'une puissance ne peut être légitime que si elle inspire une obligation, laquelle ne peut être assimilée à une simple crainte devant une menace. L'expression « droit du plus fort » est donc une contradiction dans les termes. Le droit commence justement là où l'on s'incline devant autre chose que devant la force.

Contresens à ne pas commettre

Ne pas croire – comme on l'entend si souvent – que Rousseau prône le retour à l'état de nature. Il est vrai que Rousseau a parfois des accents nostalgiques lorsqu'il évoque l'enfance de l'humanité. Mais cela s'arrête là. Rousseau pense que la société a corrompu l'homme, mais il pense aussi que c'est la société qui a rendu l'homme véritablement humain, en développant toutes les facultés qui n'étaient que virtuelles dans l'état de nature (la raison, le langage, la diversité des sentiments...). Il ne faut donc certainement pas revenir en arrière, mais aller de l'avant en construisant une société juste où l'homme puisse développer ses vertus plutôt que ses vices, et se baser sur un droit véritable et non un « droit du plus fort » factice.

Exemple d'utilisation

Le texte de Rousseau pose explicitement la question de la légitimité du pouvoir politique. Il peut servir à illustrer l'idée que les politiques de puissance – aussi bien au niveau national qu'au niveau international – cherchent à se légitimer en se donnant l'apparence du droit. Ou bien à montrer qu'il n'y a de politique véritable que lorsque les relations de pouvoir ne sont plus fondées sur la force. C'est un texte qu'il faut mettre en regard du *Léviathan* de Hobbes, que Rousseau critique directement, parce que celui-ci montre au contraire que l'État est l'instance qui détient le monopole de la force.

SUJET TYPE
Y a-t-il un droit du plus fort ?

Principales notions concernées

La politique • La justice et le droit • L'État • La liberté.

Voir aussi les repères : EN FAIT/EN DROIT • LÉGAL/LÉGITIME • OBLIGATION/CONTRAINTE.

Diderot

« LE PARADOXE SUR LE COMÉDIEN »

◎ Indications générales

Diderot (1713-1784), un des plus célèbres représentants des Lumières en France, est connu notamment pour avoir dirigé avec d'Alembert l'édition de l'*Encyclopédie*. Celle-ci se veut une présentation de tous les savoirs et savoir-faire de son temps, symbole de la diffusion de la connaissance rationnelle (« les Lumières ») à un public élargi. L'œuvre personnelle de Diderot est multiforme, située au carrefour de la philosophie et de la littérature. Elle pose notamment la question de la représentation artistique, en peinture, mais aussi sur la scène.

◎ Extrait

Réfléchissez un moment sur ce qu'on appelle au théâtre être vrai. Est-ce montrer les choses comme elles sont en nature ? Aucunement. Le vrai en ce sens ne serait que le commun. Qu'est-ce donc que le vrai de la scène ? C'est la conformité des actions, des discours, de la figure, de la voix, du mouvement, du geste, avec un modèle idéal imaginé par le poète, et souvent exagéré par le comédien. (Le Paradoxe sur le comédien, 1773.)

◎ Explication

La vérité de l'art n'est pas la vérité naturelle. Ce n'est pas l'adéquation à ce qui est, mais l'adéquation à un idéal. Le paradoxe sur le comédien désigne le fait que c'est l'artifice le plus grand qui produit le plus grand effet de réalité. Le comédien, d'après Diderot, ne doit pas « vivre » son personnage : il doit l'incarner face aux autres, et cela suppose une grande maîtrise de lui-même.

◎ Contresens à ne pas commettre

Pour Diderot, le plaisir esthétique ne s'adresse pas seulement aux sens. Il s'adresse également, de manière subtile, à la raison, qui calcule les formes les plus utiles : en architecture notamment, et aussi en peinture, il y a certaines proportions mathématiques (le « nombre d'or ») qui produisent le plus grand effet d'harmonie, tout en étant ce qui produit l'édifice le plus solide. C'est pourquoi l'acteur, lui aussi, doit calculer son effet – même si ce calcul est si fin qu'il finit par ressembler à un instinct (l'acteur n'est pas un robot). Ainsi, il s'agit bien, pour Diderot, d'imiter le réel, mais le réel n'est pas le naturel ou le spontané, ce qui se montre à nous de la manière la plus immédiate, c'est un idéal épuré – de même que le triangle conçu dans l'esprit du géomètre est plus réellement triangle que n'importe quelle équerre en bois.

◎ Exemple d'utilisation

Le texte de Diderot est intéressant à évoquer dans une discussion sur l'imitation en art (la *mimesis*, en grec) : l'art imite-t-il ou non la nature ? Cette imitation est-elle ce qui fait la force de l'art (Aristote), ou ce qui en fait la faiblesse (Platon) ? Ce que Diderot souligne, c'est que, pour que l'imitation soit efficace, il faut qu'elle soit un véritable processus d'imitation, mettant ce qu'elle imite à distance, et non pas la réalité même. L'acteur fait voir la réalité en la re-présentant. *« Une femme malheureuse et vraiment malheureuse pleure et ne vous touche point »*.

Sujets types

L'activité de l'artiste relève-t-elle du travail ou du jeu ?

En quoi consiste la vérité de l'œuvre d'art ?

Principales notions concernées

La perception • L'art • La vérité.

Voir aussi les repères : Idéal/réel • Intuitif/discursif • Médiat/immédiat • Ressemblance/analogie.

Condillac

LA STATUE SENTANTE

⊚ INDICATIONS générales

Étienne Bonnot de Condillac (1715-1780) est un représentant des Lumières. S'inspirant de Locke pour critiquer la théorie des idées innées de Descartes, il développe la théorie du sensualisme selon laquelle la sensation est la source de toutes nos idées et de toute connaissance. Pour le montrer, il imagine une statue « organisée à l'intérieur comme nous et animée d'un esprit privé de toute espèce d'idée ». Comment les idées lui viendront-elles ?

⊚ EXTRAIT

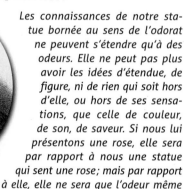

Les connaissances de notre statue bornée au sens de l'odorat ne peuvent s'étendre qu'à des odeurs. Elle ne peut pas plus avoir les idées d'étendue, de figure, ni de rien qui soit hors d'elle, ou hors de ses sensations, que celle de couleur, de son, de saveur. Si nous lui présentons une rose, elle sera par rapport à nous une statue qui sent une rose ; mais par rapport à elle, elle ne sera que l'odeur même de cette fleur. Elle sera donc odeur de rose, d'œillet, de jasmin, de violette suivant les objets qui agiront sur son organe. (Traité des sensations, 1755.)

⊚ EXPLICATION

Par la fiction de cette statue capable de sensations, Condillac retrace une genèse de la formation de nos idées. Ce qu'il met en évidence, c'est que ce sont les *stimuli* du monde extérieur qui façonnent ce qui se passe dans notre esprit. Si on lui présente une fleur, elle « sera l'odeur même de cette fleur », c'est-à-dire que toute son expérience se réduira à cette odeur, sans point de comparaison, et sans possibilité d'inscrire cette expérience dans le cadre d'une idée générale de *fleur* ou d'*odeur* (ou de *matière*). Condillac va ainsi encore plus loin que Locke, pour qui nos idées avaient une double origine (sensation et réflexion). Pour lui, c'est la sensation qui est la seule source de la connaissance, et qui détermine

ensuite les différents contenus de conscience : attention, souvenir, désir...

⊚ CONTRESENS à ne pas commettre

Dire que toute connaissance nous vient des sensations ne signifie pas que Condillac considère l'esprit comme un récepteur purement passif. Ce serait considérer le « moi » comme un récipient doué de permanence et qui serait progressivement rempli. Mais justement, pour Condillac, il n'y a pas de « substances ». Le sentiment du « moi » vient de la rencontre entre les sensations présentes et celles du souvenir. C'est dire que la réception des sensations est déjà une activité.

⊚ EXEMPLE D'UTILISATION

La doctrine de la sensation de Condillac est un exemple classique d'empirisme qui peut être mis en regard du rationalisme de Descartes. Il faut bien voir aussi comment ce sensualisme va de pair avec une critique de l'idée de substance, qui débouche, chez Condillac, sur une critique du langage. Pour lui, les mots ne désignent pas des substances, mais des opérations concrètes : ainsi « penser » veut d'abord dire « peser », « comparer » : c'est en comptant leurs doigts que les hommes ont inventé le calcul. Condillac montre donc le lien entre le langage et la pensée. D'où la phrase : « Toute science n'est qu'une langue bien faite », qui correspond à l'idée que le progrès de la science consiste à remplacer des mots au sens vague par des symboles d'un maniement plus rapide et plus efficace, comme en mathématiques.

SUJET TYPE

La science va-t-elle au-delà des apparences ?

PRINCIPALES notions concernées

La conscience • La perception • La raison et le réel • La matière et l'esprit.

Voir aussi les repères : GENRE/ESPÈCE/INDIVIDU • INTUITIF/DISCURSIF • MÉDIAT/IMMÉDIAT.

Kant

L'ESPACE ET LE TEMPS, « FORMES *A PRIORI* DE LA SENSIBILITÉ »

◎ Indications générales

Emmanuel Kant (1724-1804) reprend les problèmes ouverts au XVIIe et au XVIIIe siècles pour tâcher de les résoudre en les posant différemment. C'est l'œuvre de ses trois grandes « Critiques » : *Critique de la raison pure* (1781), *Critique de la raison pratique* (1788), *Critique de la faculté de juger* (1790), qui marquent un tournant important de l'histoire de la philosophie. L'interrogation philosophique ne porte plus sur la nature du monde lui-même, mais d'abord sur les pouvoirs de connaissance du sujet pensant.

◎ Extrait

Le temps ne peut pas être intuitionné extérieurement, pas plus que l'espace ne peut l'être comme quelque chose en nous. Or que sont l'espace et le temps ? Sont-ils des êtres réels ? Sont-ils seulement des déterminations ou même des rapports des choses, mais des rapports de telle espèce qu'ils ne cesseraient pas de subsister entre les choses, même s'ils n'étaient pas intuitionnés ? Ou bien sont-ils tels qu'ils ne tiennent qu'à la forme de l'intuition et par conséquent à la constitution subjective de notre esprit...? (Critique de la raison pure, « Esthétique transcendantale », § 2.)

◎ Explication

Kant cherche à résoudre le conflit entre les rationalistes cartésiens [voir Descartes] pour qui la connaissance vient d'abord de la raison, et les empiristes pour qui la connaissance vient d'abord des sens [voir Locke, mais aussi Berkeley, Condillac, Hume].

La nouveauté de l'approche de Kant consiste à dire qu'il n'y a d'expérience possible qu'en fonction d'une certaine structure de la subjectivité, qui donne sa forme au monde tel qu'il nous apparaît. L'espace et le temps, en particulier, n'existent pas comme des réalités extérieures à nous mais sont la manière dont nous structurons notre expérience sensible : ils « ne tiennent qu'à la constitution subjective de notre esprit », c'est-à-dire qu'ils sont les formes *a priori* de notre sensibilité. Sur le même modèle, Kant explique aussi quelles sont les catégories de l'entendement, par lesquelles nous structurons notre compréhension du monde.

◎ Contresens à ne pas commettre

Kant pose la distinction entre « phénomènes » et « noumènes », qu'il ne faut pas confondre avec l'opposition entre paraître et être : les « noumènes » sont les choses en soi, telles qu'elles sont, indépendamment de notre conscience. De cela, nous ne pouvons rien savoir. Les choses saisies par la conscience, ce sont les « phénomènes » : ce ne sont pas des illusions, mais la manière dont la conscience saisit leur réalité. Il ne s'agit donc pas de dire que tout est subjectif, mais de montrer que c'est par la subjectivité qu'est rendue possible la constitution d'un monde objectif – et donc la constitution d'une science.

Exemple d'utilisation

Ce texte de Kant est typiquement une référence utilisable dans une troisième partie de dissertation dans un sujet sur les rapports entre la raison et l'expérience. Une première partie exposerait la conception cartésienne, une seconde la conception empiriste (ou l'inverse, selon les choix argumentatifs que *vous* décidez de faire); comme Kant résout leur opposition, en montrant que c'est le sujet rationnel qui, par la structure même de sa subjectivité, construit le champ de l'expérience, il serait logique de présenter ses analyses dans le dernier temps de votre réflexion.

SUJET TYPE

À quelles conditions l'expérience peut-elle être source de connaissance ?

Principales notions concernées

La perception • L'existence et le temps • La raison et le réel • Théorie et expérience.

Voir aussi les repères : ABSOLU/ RELATIF • FORMEL/ MATÉRIEL • MÉDIAT/ IMMÉDIAT • OBJECTIF/ SUBJECTIF.

Hegel

LA DIALECTIQUE

⊚ INDICATIONS GÉNÉRALES

Hegel (1770-1831), au début du XIXe siècle, a accompli une œuvre monumentale dans laquelle il retrace l'histoire humaine en la présentant comme un processus rationnel dont chaque étape prépare la suivante. Ce processus n'est pas linéaire mais dialectique, c'est-à-dire qu'il est fait de conflits et de résolutions de ces conflits, qui débouchent sur d'autres conflits. La métaphore du bourgeon permet de bien le comprendre.

⊚ EXTRAIT

Le bouton disparaît dans l'éclatement de la floraison, et on pourrait dire que le bouton est réfuté par la fleur. À l'apparition du fruit également, la fleur est dénoncée comme un faux être-là de la plante, et le fruit s'introduit à la place de la fleur comme sa vérité. Ces formes ne sont pas seulement distinctes mais encore chacune refoule l'autre parce qu'elles sont mutuellement incompatibles. Mais en même temps leur nature fluide en fait des moments de l'unité organique dans laquelle elles ne se repoussent pas seulement mais dans laquelle l'une est aussi nécessaire que l'autre, et cette égale nécessité constitue seule la vie du tout. (*La Phénoménologie de l'esprit*, 1807, préface.)

⊚ EXPLICATION

Cette métaphore s'applique à l'histoire de la philosophie et à l'histoire en général: les systèmes philosophiques semblent s'opposer et être en contradiction les uns avec les autres: mais Hegel montre que ces oppositions ne se font pas au hasard et suivent une certaine logique: elles s'inscrivent ainsi dans un tout qui, *a posteriori*, permet de comprendre leur sens véritable. La dialectique s'oppose ainsi à la logique binaire, pour qui le faux est simplement l'opposé du vrai. Pour Hegel, l'avènement du vrai se fait à travers le faux: toutes les philosophies du passé sont fausses parce qu'incom-plètes, mais elles sont d'une certaine manière vraies en tant que moment d'un vaste processus historique de manifestation de la vérité et de prise de conscience de l'Esprit par lui-même.

⊚ CONTRESENS À NE PAS COMMETTRE

Pour Hegel, l'histoire empirique ne se confond pas avec l'histoire de l'Esprit. C'est pourquoi il peut annoncer la «fin de l'histoire», c'est-à-dire la fin du processus dialectique de prise de conscience de l'Esprit par soi-même – dont le point culminant est sa propre œuvre – même si l'histoire des hommes continue, soit en répétant des figures déjà advenues, soit en changeant totalement de logique.

⊚ EXEMPLE D'UTILISATION

Vous utilisez la notion de dialectique dans toute dissertation (les fameuses «thèse-antithèse-synthèse»: voir méthodologie).
À titre de référence, ce passage peut être cité dans une réflexion sur les processus historiques. C'est une conception originale du déroulement historique parce que, dans la conception dialectique, l'histoire n'est ni un pur désordre, ni un processus continu et bien ordonné: la dialectique est plutôt comme un mouvement de spirale, qui permet d'intégrer les conflits et désordres apparents dans un ordre à plus grande échelle. C'est ce que Hegel, dans *La Raison dans l'histoire* appelle «la ruse de la raison»: les conflits, les guerres, ne seraient donc, pour Hegel, que des moments nécessaires, négatifs, de l'accomplissement de la Raison qui gouverne le monde.

SUJET TYPE

Peut-on dire qu'il existe une logique des événements historiques ?

PRINCIPALES NOTIONS CONCERNÉES

L'histoire • La raison et le réel • Le vivant.

Voir aussi les repères: ABSOLU/RELATIF • EN ACTE/EN PUISSANCE • CAUSE/FIN • TRANSCENDANT/IMMANENT.

Schopenhauer

« LA VOLONTÉ EST L'ESSENCE DU MONDE »

◎ Indications générales

Schopenhauer (1788-1860), admirateur de Kant, lui emprunte l'idée que nous ne pouvons connaître du monde que la représentation humaine que nous nous en formons. Il en conclut que toute représentation est une illusion. Mais, pour lui, nous pouvons aussi directement connaître ce qui fait le cœur de la réalité, et que nous trouvons en nous-mêmes : la volonté.

◎ Extrait

La volonté, que nous trouvons au-dedans de nous, ne résulte pas avant tout, comme l'admettait jusqu'ici la philosophie, de la connaissance, elle n'en est même pas une pure modification, c'est-à-dire un élément secondaire dérivé et régi par le cerveau comme la connaissance elle-même ; mais elle est le Prius de la connaissance, le noyau de notre être et cette propre force originelle qui crée et entretient le corps animal, en en remplissant toutes les fonctions inconscientes et conscientes [...] Elle est ainsi ce qui doit s'exprimer de n'importe quelle manière, dans n'importe quelle chose au monde : car elle est l'essence du monde et la substance de tous les phénomènes. (Le Monde comme volonté et comme représentation, 1818, III.)

◎ Explication

Ce que Kant appelait les « noumènes », ou choses en soi, et qu'il estimait inconnaissable, Schopenhauer l'identifie à la volonté. Il s'agit d'un principe de croissance et d'action, présent en toutes choses, et dont nous avons, en nous, une conscience immédiate.

◎ Contresens à ne pas commettre

Même si, pour Schopenhauer, la souffrance provoquée par le désir est le lot de la plupart des hommes, il y voit quand même quelques issues : la pitié universelle n'en est qu'une étape, car elle n'atténue pas encore le malheur, même si elle détache l'individu de lui-même. L'art, et la musique en particulier, permettent de porter un regard désintéressé sur le monde, qui nous libère de notre vouloir égoïste, au moins de manière passagère. Enfin la voie la plus radicale, qui rappelle aussi le bouddhisme, consiste à se défaire, par le renoncement, du vouloir lui-même, pour atteindre ce point d'extinction du vouloir qui est la sérénité suprême.

◎ Exemple d'utilisation

La grande originalité de Schopenhauer, c'est qu'il pense l'être non pas comme une substance qui se présenterait devant la conscience, mais comme une force de production, une activité, présente en toute chose, y compris dans la conscience. De ce point de vue, Schopenhauer peut être opposé – comme il le dit lui-même d'ailleurs – à tous les philosophes qui l'ont précédé. Dans ce cadre, la question du rapport à Autrui est particulièrement intéressante : car pour Schopenhauer, inspiré par le bouddhisme, l'individualité n'est qu'une illusion : chacun se prend pour le centre du monde et veut tout pour lui, et les hommes vivent ainsi torturés par un désir insatiable, dans la lutte contre tous [voir Hobbes]. Mais celui qui, à travers la pitié, sait reconnaître que tous les individus ne sont en fait que des expressions de la même volonté universelle, celui-là pourra convertir son égoïsme en amour et atténuer sa souffrance.

SUJET TYPE

La conscience peut-elle atteindre les choses mêmes ?

Principales notions concernées

Le sujet • La conscience • L'existence et le temps • La vérité.

Voir aussi les repères : ABSOLU/RELATIF • OBJECTIF/SUBJECTIF • UNIVERSEL/GÉNÉRAL/PARTICULIER/SINGULIER.

Comte

CAUSE ET LOI: LA SCIENCE DÉCRIT LES LOIS, ELLE N'EXPLIQUE PAS LES CAUSES

◎ Indications générales

Auguste Comte (1798-1857) est le fondateur de l'école positiviste. Scientifique et philosophe des sciences, il développe un projet global de refondation rationnelle de la société, à partir d'une nouvelle science – dont il invente le nom: la «sociologie», qui est pour lui le point d'aboutissement de toutes les sciences. Dans les sciences, le positivisme, s'opposant à la métaphysique, substitue à la recherche du «pourquoi?», la recherche du «comment?».

◎ Extrait

Le caractère fondamental de la philosophie positive est de regarder tous les phénomènes comme assujettis à des lois naturelles invariables, dont la découverte précise et la réduction au moindre nombre possible sont le but de tous nos efforts, en considérant comme absolument inaccessible et vide de sens pour nous la recherche de ce que l'on appelle les causes soit premières, soit finales. (Cours de philosophie positive, 1842, 1re leçon.)

◎ Explication

Pour Aristote, expliquer un phénomène, c'était montrer quelle *cause* agissait en lui. Par exemple, les corps matériels tombaient, selon lui, parce qu'ils avaient en eux une tendance naturelle à regagner leur «lieu propre» qui était le centre de la terre (tandis que le «lieu propre» du feu était une région au-dessus du ciel). Auguste Comte rejette comme non-scientifiques de telles théories, qui cherchent les causes *sous* les phénomènes au lieu de simplement relier les phénomènes entre eux. Le positivisme cherche donc à décrire les *lois* des phénomènes, montrant *comment* ils se produisent et non *pourquoi*. Par exemple, la loi de la gravitation universelle, énoncée par Newton.

◎ Contresens à ne pas commettre

Le positivisme ne renonce pas à *expliquer* les phénomènes (l'opposition cause/ loi ne recoupe pas exactement l'opposition expliquer/ décrire). Mais l'explication positiviste ne consiste pas, de manière métaphysique, à situer un phénomène par rapport à une conception globale de l'univers. Elle consiste à ramener une diversité de phénomènes à un même type de fonctionnement régulier et mathématisable. Cela dit, le positivisme consiste bien à suspendre certains types de questions: l'équation mathématique n'explique pas et n'expliquera jamais *pourquoi* les corps s'attirent à proportion de leur masse. C'est ce que Newton disait déjà lorsqu'on lui demandait le pourquoi de sa loi: « *hypotheses non fingo* »: «je n'avance pas d'hypothèses». À ce sujet, la science doit rester muette si elle veut rester scientifique.

◎ Exemple d'utilisation

Opposer Aristote et Auguste Comte est très pertinent dans le cadre d'une interrogation sur la connaissance scientifique.

Sur la question du sens de l'histoire, il peut être intéressant aussi de savoir que, pour Auguste Comte, la substitution de la recherche des lois à celle des causes correspond à un vaste mouvement historique qui voit se succéder trois états, c'est-à-dire trois âges du développement théoriques de l'humanité: l'état théologique (âge des mythes); l'état métaphysique (âge de l'explication causale, Aristote); l'état positif enfin (âge de la description des régularités en termes d'équations mathématiques, maturité scientifique de l'humanité).

SUJET TYPE

Quelle réalité la science décrit-elle ?

Principales notions concernées

L'histoire • La raison et le réel • Théorie et expérience • La vérité.

Voir aussi les repères: CAUSE/FIN • UNIVERSEL/GÉNÉRAL/PARTICULIER/SINGULIER.

Cournot

LE HASARD EXISTE OBJECTIVEMENT

◎ Indications générales

Philosophe des sciences, Cournot (1801-1877) s'est intéressé, dans son *Essai sur les fondements de la connaissance et sur les caractères de la critique philosophique* (1851), à la question des limites de notre pouvoir de connaître. La question du hasard, en particulier, permet de bien poser le problème d'une connaissance qui reste de l'ordre de la probabilité, sans jamais atteindre à la certitude absolue.

◎ Extrait

Les événements amenés par la combinaison ou la rencontre d'autres événements qui appartiennent à des séries indépendantes les unes des autres, sont ce qu'on nomme des événements fortuits, ou des résultats du hasard. (*Essai sur les fondements de la connaissance et sur les caractères de la critique philosophique,* 1851.)

◎ Explication

Pour un scientifique comme Laplace (1749-1827), le hasard n'existe pas objectivement, il n'est que la marque de notre ignorance: c'est l'hypothèse du « génie de Laplace »: « Une intelligence qui, pour un instant donné connaîtrait toutes les forces dont la nature est animée et la situation respective des êtres qui la composent, si d'ailleurs elle était assez vaste pour soumettre ces données à l'analyse, embrasserait dans la même formule les mouvements des plus grands corps de l'univers et ceux du plus léger atome » (Laplace, *Essai philosophique sur les probabilités,* 1814). À l'inverse, pour Cournot, il y a une existence *objective* du hasard. Non pas que les événements arrivent sans cause, mais il y a des rencontres entre des chaînes causales qui ne peuvent pas être prévues et qui n'ont objectivement pas de lien entre elles avant que leur rencontre ne se produise: par exemple un homme qui va au travail et qui est blessé par une tuile tombée d'un toit: deux chaînes causales distinctes (l'homme allant au travail/ le vent faisant tomber la tuile) se croisent, sans que l'on puisse les intégrer dans une même causalité (ce n'est pas parce qu'il passait que la tuile est tombée, ni l'inverse). Le hasard n'est pas la suspension de tout lien de cause à effet, c'est la

rencontre de plusieurs enchaînements indépendants entre causes et effets.

◎ Contresens à ne pas commettre

Que Cournot attribue une existence objective au hasard ne fait pas de lui un sceptique. En histoire en particulier, où le hasard domine sur l'ordre, il ne s'agit pas de dire qu'aucune connaissance n'est possible. Cournot cherche une position médiane, entre l'indéterminisme pur, pour qui l'histoire n'est qu'un chaos, et une pensée totalisante (celle de Hegel par exemple) pour laquelle tout le devenir historique serait soumis à la raison.

◎ Exemple d'utilisation

La théorie de Cournot est particulièrement utile pour différencier, comme il le fait lui-même, la connaissance en sciences physiques et la connaissance historique. La physique travaille, autant que possible, sur des systèmes clos d'où le hasard est banni; inversement, l'historien, qui ne peut créer des conditions idéales en laboratoire, a largement affaire au hasard et sa tâche est de reconstituer une rationalité permettant d'intégrer des événements qui paraissaient d'abord sans lien entre eux.

SUJET TYPE

La pensée scientifique est-elle compatible avec l'idée de hasard ?

Principales notions concernées

l'existence et le temps • L'histoire • La raison et le réel • L'interprétation • La liberté.

Voir aussi les repères: CONTINGENT/NÉCESSAIRE/POSSIBLE • ESSENTIEL/ACCIDENTEL.

Tocqueville

UN CONCEPT PARADOXAL:
LE DESPOTISME DÉMOCRATIQUE

◎ Indications générales

Alexis de Tocqueville (1805-1859) a proposé une analyse de la société et du système politique américain, dans *De la Démocratie en Amérique* (1835-1840). À travers ces analyses, il décortique ce qu'est la démocratie, dont il voit les mérites, mais aussi les dangers.

◎ Extrait

Je pense donc que l'espèce d'oppression dont les peuples démocratiques sont menacés ne ressemblera à rien de ce qui l'a précédée dans le monde [...] Je veux imaginer sous quels traits nouveaux le despotisme pourrait se produire dans le monde: je vois une foule innombrable d'hommes semblables et égaux qui tournent sans repos sur eux-mêmes pour se procurer de petits et vulgaires, plaisirs dont ils emplissent leur âme. [...] Au-dessus de ceux-là s'élève un pouvoir immense et tutélaire, qui se charge seul d'assurer leur jouissance et de veiller sur leur sort [...] il aime que les citoyens se réjouissent, pourvu qu'ils ne songent qu'à se réjouir. Il travaille volontiers à leur bonheur; mais il veut en être l'unique agent et le seul arbitre; il pourvoit à leur sécurité, prévoit et assure leurs besoins, facilite leurs plaisirs, conduit leurs principales affaires, dirige leur industrie, règle leurs successions, divise leurs héritages; que ne peut-il leur ôter entièrement le trouble de penser et la peine de vivre? (De la Démocratie en Amérique, 1835-1840, II, 6.)

◎ Explication

Pour Tocqueville, l'histoire des hommes est une marche vers l'égalité. Ainsi, la démocratie remplace inexorablement la société d'ordres de l'Ancien Régime. Mais cette passion de l'égalité qui anime les hommes dans les démocraties a aussi un visage négatif: paradoxalement, elle peut se retourner contre la liberté. L'égalitarisme risque de déboucher sur un nivellement des conditions, où les hommes deviennent également médiocres, repliés sur leur vie privée, soumis à un État-providence par rapport auquel ils n'ont plus aucune autonomie. C'est pourquoi Tocqueville invente ce concept paradoxal d'un « despotisme démocratique », régime dans lequel la liberté n'est pas restreinte par l'oppression du tyran mais par l'égalitarisme lui-même.

◎ Contresens à ne pas commettre

1. Tocqueville n'est pas un penseur réactionnaire, monarchiste, parce qu'il critique la démocratie: il n'est pas question pour lui de revenir à des systèmes inégalitaires. Cela n'empêche pas d'être lucide sur les dangers de la démocratie. 2. Pour lui, la transformation de la démocratie en démagogie n'est pas inéluctable: Tocqueville voit des remèdes à ce danger, en particulier l'indépendance judiciaire et le développement de ce quatrième pouvoir qu'est la presse. Tocqueville est un des premiers grands défenseurs de la liberté de la presse.

◎ Exemple d'utilisation

Le texte de Tocqueville est une référence presque obligée pour toute discussion sur la démocratie. Il permet de problématiser la notion de démocratie en montrant comment les idéaux de liberté et d'égalité ne sont pas forcément faciles à concilier.
C'est aussi un beau texte pour illustrer la manière dont un philosophe invente parfois des concepts nouveaux, à partir de snotions contradictoires, qu'il a du mal à nommer. Il dit ainsi: «les anciens mots de despotisme et tyrannie ne conviennent point. La chose est nouvelle, il faut donc tâcher de la définir puisque je ne peux la nommer».

SUJET TYPE
Peut-on critiquer la démocratie?

Principales notions concernées

La société • l'État • La liberté • Le bonheur.

Voir aussi les repères: IDENTITÉ/ÉGALITÉ/DIFFÉRENCE • OBLIGATION/CONTRAINTE.

Mill

L'UTILITÉ COMME FONDEMENT DE LA MORALE

◎ Indications générales

John Stuart Mill (1806-1873) est le père de l'utilitarisme, doctrine qui fait de l'utilité la valeur morale la plus haute. Encore faut-il savoir comment celle-ci est définie.

◎ Extrait

La doctrine qui donne comme fondement à la morale l'utilité ou le principe du plus grand bonheur affirme que les actions sont bonnes ou mauvaises dans la mesure où elles tendent à accroître le bonheur, ou à produire le contraire du bonheur. Par bonheur on entend le plaisir et l'absence de douleur; par malheur la douleur et la privation de plaisir. (L'Utilitarisme, 1861.)

◎ Explication

Faire de l'utilité et du plaisir personnel un principe moral a quelque chose de provocant: il semble que si j'agis pour mon utilité, je n'agis pas par pur devoir, et donc pas de manière morale. C'est ce que dirait Kant par exemple (Le devoir, texte 8, p. 404). Quant au plaisir, la morale chrétienne le considère comme immoral en tant que tel. Le revendiquer comme valeur morale est donc quasiment scandaleux [voir Épicure à ce sujet]. Pour Mill cependant, il ne s'agit pas de tirer la morale vers le bas, mais de tirer vers le haut les notions de plaisir et d'utilité. Celles-ci consistent en fait à accomplir en soi les qualités humaines les plus nobles (« Mieux vaut être un homme insatisfait qu'un porc satisfait », dit-il), et à travailler au bonheur de l'humanité.

◎ Contresens à ne pas commettre

De cette définition individuelle du bonheur, il ne faut pas déduire que l'idéal utilitariste se réduit au bonheur personnel. Smith retrouve la dimension universelle à travers le particulier. Il peut ainsi militer pour des causes qui ne lui apparaissent pas comme des préférences personnelles, mais comme des améliorations objectives de la société humaine: c'est le cas lorsqu'il défend la stricte égalité entre les hommes et les femmes!

◎ Exemple d'utilisation

Le texte de Mill est intéressant à mettre en regard de la conception kantienne de la morale (Le devoir, textes 7 à 10, pp. 403 à 405), selon laquelle agir par devoir est strictement opposé à agir par utilité. Encore faut-il bien garder en mémoire, lorsque l'on fait cette comparaison, que Mill ne confond pas utilité et intérêt égoïste. L'antinomie entre les deux auteurs n'est donc pas aussi forte qu'on peut le croire au premier abord. Ce qui est intéressant chez Mill, c'est qu'il introduit d'une part la notion d'une quantification du bonheur: ainsi le bonheur n'est pas un état fixe et défini, être absolument heureux n'est pas concept qui ait un sens, on est seulement plus ou moins heureux; d'autre part, Mill s'oppose à l'idée d'une définition unique, universellement valable, du bonheur: la nature de ce qui rend l'un ou l'autre heureux dépend des préférences de chacun; la seule chose universellement partagée, c'est la recherche du bonheur; quant à son contenu, il varie selon chacun.

Sujet type

Peut-il y avoir une morale de l'intérêt ?

Principales notions concernées

Le sujet • Le désir • La morale • Le bonheur.

Voir aussi les repères: MÉDIAT/IMMÉDIAT • OBJECTIF/SUBJECTIF • UNIVERSEL/GÉNÉRAL/PARTICULIER/SINGULIER.

Kierkegaard

CONSTRUIRE SA VIE COMME UNE ŒUVRE D'ART

⑥ INDICATIONS GÉNÉRALES

Sören Kierkegaard (1813-1855) est un philosophe danois. Il fait partie de ces auteurs [voir Marx, Nietzsche...] qui écrivent en réaction contre les prétentions totalisantes du système de Hegel. Son œuvre, au caractère autant littéraire que philosophique, échappe ainsi à la classification, et il va jusqu'à écrire sous une multiplicité de pseudonymes. Dans *Le Journal du séducteur*, celui qui parle est un jeune dandy, Johannès de Silentio, qui théorise l'art de la séduction.

⑥ EXTRAIT

Je suis un esthéticien, un érotique, qui a saisi la nature de l'amour, son essence, qui croit à l'amour et le connaît à fond, et qui me réserve seulement l'opinion personnelle qu'une aventure galante ne dure que six mois au plus, et que tout est fini lorsqu'on a joui des dernières faveurs. Je sais tout cela mais je sais en outre que la suprême jouissance imaginable est d'être aimé, d'être aimé au-dessus de tout. S'introduire comme un rêve dans l'esprit d'une jeune fille est un art, en sortir est un chef-d'œuvre. Mais ceci dépend essentiellement de cela. (*Ou bien... ou bien...*, I, « Le Journal du séducteur », 1843.)

⑥ EXPLICATION

Par rapport à l'œuvre de Kierkegaard, l'esthète de la séduction qu'est Johannès représente, non pas l'idéal de Kierkegaard, mais le premier stade de l'existence:

comme Don Juan, il cherche à vivre dans l'instant, en deçà de la question du bien et du mal. C'est une posture existentielle possible, mais pour Kierkegaard, elle n'est pas tenable indéfiniment. Elle précède le stade éthique, où sera posée la question du bien et du mal. Ce second stade est lui-même insuffisant, et c'est le stade religieux qui est pour Kierkegaard le troisième et dernier stade.

⑥ CONTRESENS À NE PAS COMMETTRE

Ne pas confondre Kierkegaard avec son personnage Johannès. Ce n'est pas Kierkegaard lui-même qui fait l'éloge de la séduction. Certes, il s'installe un temps dans cette posture existentielle, mais c'est aussi pour en dénoncer les insuffisances.

⑥ EXEMPLE D'UTILISATION

La figure de Johannès de Silentio peut être évoquée dans une réflexion sur la morale, pour illustrer précisément une existence qui prétend échapper à la morale en donnant une valeur esthétique à sa vie. Une telle posture peut être discutée à partir des autres stades existentiels proposés par Kierkegaard, mais aussi à partir de morales classiques comme celle d'Épicure par exemple. Elle peut aussi, *a contrario*, être utilisée pour questionner la valeur de ces morales classiques.

SUJET TYPE
Peut-on être amoral ?

PRINCIPALES NOTIONS CONCERNÉES

Autrui • Le désir • L'existence et le temps • L'art.

Marx

« LA RELIGION EST L'OPIUM DU PEUPLE »

⊚ Indications générales

Karl Marx (1818-1883) est le fondateur du communisme. Si Marx figure parmi les grands philosophes, c'est parce que le communisme adosse ses conceptions politiques à une vaste construction théorique portant sur l'histoire et sur l'économie, exposée notamment dans *Le Capital* (1867) et dans *Le Manifeste du parti communiste* (1848). Ces conceptions engagent une certaine idée de l'homme et de la société, et du rôle de la philosophie (celle de Hegel en particulier). La critique sociale que développe Marx passe notamment par une critique de la religion.

⊚ Extrait

Le fondement de la critique irréligieuse est: c'est l'homme qui fait la religion, ce n'est pas la religion qui fait l'homme. [...] La détresse religieuse est pour une part, l'expression de la détresse réelle et, pour une autre, la protestation contre la détresse réelle. La religion est le soupir de la créature opprimée, la chaleur d'un monde sans cœur, comme elle est l'esprit de conditions sociales d'où l'esprit est exclu. Elle est l'opium du peuple. (Contribution à la critique de la philosophie du droit de Hegel, 1844.)

⊚ Explication

Dire que la religion est l'opium du peuple, c'est dire qu'elle a un rôle ambigu, car elle endort le peuple et en même temps, elle soulage ses souffrances. Pour Marx, il faut se débarrasser de la religion pour voir la réalité telle qu'elle est, même si c'est douloureux. Sans religion, l'homme n'aura plus de consolation de sa misère, mais c'est justement pour cela qu'il cessera d'accepter cette misère et se révoltera contre sa condition et contre ceux qui en profitent.

⊚ Contresens à ne pas commettre

Ne pas confondre marxisme et stalinisme. Certes, le marxisme contient un appel à la violence révolutionnaire et théorise la « dictature du prolétariat ». Toutefois, Marx n'a jamais donné à cette « dictature » le sens d'un État totalitaire comme le sera l'URSS et il n'a nullement préconisé l'extermination des classes ennemies du prolétariat, pratiquée par Staline, notamment lors de la « dékoulakisation » en Ukraine au début des années 1930. C'est un anachronisme et une confusion de personnes que d'assimiler les théories de Marx et le totalitarisme soviétique.

⊚ Exemple d'utilisation

Le texte de Marx constitue une claire affirmation d'athéisme (à comparer avec la preuve de l'existence de Dieu chez Anselme par exemple). Mais surtout, il est important par la signification *politique* qu'il donne à la critique de la religion. Croire ou ne pas croire n'est pas, selon lui, une simple question de préférence personnelle: il est vital de se défaire des illusions de la religion, parce que ce n'est qu'à ce prix que l'homme pourra se défaire de son aliénation. En tant qu'illusion, la religion est en soi intellectuellement aliénante. Mais elle est de plus matériellement aliénante parce qu'elle est une superstructure idéologique qui masque l'infrastructure économique dont elle émane et qu'elle cautionne. La religion, en faisant miroiter aux hommes le bonheur dans un autre monde permet de faire durer l'exploitation de l'homme par l'homme dans ce monde-ci. La religion n'est donc pas le véritable ennemi de Marx: à travers elle, c'est le mode de production capitaliste qu'il vise.

SUJET TYPE

La religion est-elle compatible avec la liberté ?

PRINCIPALES NOTIONS CONCERNÉES

Le travail et la technique • La religion • La raison et le réel • La politique • La liberté.

Voir aussi les repères: CROIRE/SAVOIR • PERSUADER/CONVAINCRE • TRANSCENDANT/IMMANENT.

Nietzsche

« LES CONCEPTS SONT DES MÉTAPHORES »

◎ Indications générales

Nietzsche (1844-1900) critique le rationalisme triomphant et optimiste de la fin du XIXᵉ siècle. À la pensée systématique, il oppose l'écriture par aphorismes (*Humain, trop humain*, 1878) et l'étude généalogique des concepts (*La Généalogie de la morale*, 1887), qui dévoile les processus conflictuels qui se cachent derrière les concepts moraux en apparence neutres et éternels (le bien et le mal). Dans sa grande œuvre *Ainsi parlait Zarathoustra* (1885), poésie et philosophie se confondent: la distinction entre les genres est en effet une illusion pour Nietzsche, car le langage est par essence métaphorique et par conséquent, les concepts qui se prétendent rationnels sont en fait des métaphores qui s'ignorent.

Extrait

Nous croyons savoir quelque chose des choses elles-mêmes quand nous parlons d'arbres, de couleurs, de neige et de fleurs et nous ne possédons cependant rien que des métaphores des choses, qui ne correspondent pas du tout aux entités originelles.
Comme le son en tant que figure de sable, l'X énigmatique de la chose en soi est prise une fois comme excitation nerveuse, ensuite comme image, enfin comme son articulé. Ce n'est en tout cas pas logiquement que procède la naissance du langage, et tout le matériel à l'intérieur duquel et avec lequel l'homme de la vérité, le savant, le philosophe, travaille et construit par la suite, s'il ne provient pas de Coucou-les-nuages, ne provient pas non plus en tout cas de l'essence des choses. (*Le Livre du philosophe*, III, 1873.)

◎ Explication

Nietzsche ne croit pas aux Idées éternelles de Platon. Il n'y a d'idées que dans le langage, et le langage a une histoire, et toute histoire est conflictuelle. Par conséquent les idées «abstraites», les concepts, recouvrent en fait des couches de signification accumulées qui leur donnent des sens qu'ils ignorent eux-mêmes.

Pour Nietzsche, philosopher, c'est interpréter la langue et retrouver les conflits qui s'y dissimulent. Ce rapport de la philosophie de Nietzsche avec le langage va de pair avec une critique anti-socratique de toute entreprise d'argumentation: «Ce qui a besoin d'être démontré pour être cru ne vaut pas grand-chose».

◎ Contresens à ne pas commettre

La position de Nietzsche n'est pas semblable à celle des sceptiques, qui nient la possibilité de toute connaissance [voir Sextus Empiricus]. Comme eux, Nietzsche dit que les concepts ne nous révèlent pas l'essence des choses, mais les sceptiques en déduisent l'idéal de la suspension du jugement. Pour Nietzsche, les concepts nous révèlent quand même quelque chose, à savoir l'histoire dont ils sont issus, les conflits pour la domination, et le fait que c'est la «volonté de puissance», c'est-à-dire l'affirmation de la vie, qui est agissante dans les œuvres humaines. C'est pourquoi l'analyse de Nietzsche ne débouche pas sur l'idéal d'aphasie, mais sur la conquête d'une parole puissante: la poésie.

◎ Exemple d'utilisation

Parce qu'il pose la question de la nature du langage, ce texte de Nietzsche peut être utilisé pour montrer que des oppositions conceptuelles que l'on croyait bien établies reposent en fait sur un même arrière-fond métaphorique. C'est donc un texte souvent utile pour introduire une troisième partie de dissertation car il permet de renvoyer dos à dos des thèses philosophiques en apparence opposées à un présupposé commun qu'elles ignorent toutes deux.

SUJET TYPE
Les mots disent-ils les choses?

Principales notions concernées

Le langage • La raison et le réel • L'interprétation • La vérité.

Voir aussi les repères: ABSTRAIT/CONCRET • INTUITIF/DISCURSIF • OBJECTIF/SUBJECTIF.

LE RÊVE EST LA SATISFACTION D'UN DÉSIR REFOULÉ

◎ Indications générales

Freud (1856-1939) est le fondateur de la psychanalyse, qui a mis en évidence l'existence et l'importance de l'influence de l'inconscient dans le comportement humain. L'interprétation des rêves, en particulier, est la «voie royale» qui permet la connaissance de l'inconscient, à condition de comprendre leur fonctionnement.

◎ Extrait

Le rêve montre que ce qui est refoulé persiste et subsiste chez l'homme normal aussi et reste capable de rendement psychique. Le rêve est une manifestation de ce matériel, il l'est théoriquement toujours, il l'est pratiquement dans un grand nombre de cas, et ceux-ci mettent précisément en pleine lumière son mécanisme propre. Tout ce qui est refoulé dans notre esprit, qui n'a pu, pendant la veille, réussir à s'exprimer, ce qui a été coupé de la perception interne, tout cela trouve pendant la nuit, alors que les compromis règnent, le moyen et le chemin pour pénétrer de force dans la conscience. (L'Interprétation des rêves, 1901.)

◎ Explication

Les rêves ne sont ni des messages divins, ni des images dénuées de sens. Ils ont du sens, mais ce sens est crypté. Freud distingue ainsi le *contenu manifeste* (celui dont on se souvient au réveil) et le *contenu latent*. Cela tient à leur nature qui est d'exprimer ce qui a été «refoulé» pendant la veille (ce que les interdits moraux ou culturels n'ont pas laissé devenir conscient). L'exemple classique est celui de l'enfant privé de dessert, qui rêve pendant la nuit qu'il mange son dessert. Dans ce cas, le sens est clair, mais en général, le sens du rêve est plus complexe à démêler. Le refoulé n'est pas totalement occulté: il peut se montrer tout en se cachant, notamment par *déplacement* (un objet anodin en symbolise un autre qui est frappé d'interdit) et *condensation* (un objet symbolise

plusieurs choses en même temps). D'où la nécessité de déchiffrer le rêve.

◎ Contresens à ne pas commettre

Ne pas croire que la théorie freudienne nous donne une «clé des songes» qui permettrait de décoder automatiquement le sens des rêves: interpréter un rêve est extrêmement complexe et, comme chacun a un symbolisme psychique qui lui est propre en vertu de son histoire particulière, il n'y a pas de formule toute faite pour les décrypter.

◎ Exemple d'utilisation

Comme les lapsus, actes manqués et autres éléments de la vie quotidienne que le psychanalyse prend pour objets, les rêves révèlent au sujet qu'il «n'est pas maître chez lui», comme dit Freud, et que sa vie consciente est déterminée par ses représentations inconscientes. On peut donc fréquemment opposer Freud à Descartes, en considérant ce dernier comme représentant d'une «philosophie du sujet», où le sujet est maître de ses actes et de ses pensées.

SUJET TYPE

Peut-il y avoir une science de l'inconscient?

Principales notions concernées

Le sujet • L'inconscient • Le désir • L'interprétation.

Voir aussi les repères: EN ACTE/EN PUISSANCE • EXPLIQUER/COMPRENDRE • RESSEMBLANCE/ANALOGIE.

Durkheim

« TRAITER LES FAITS SOCIAUX COMME DES CHOSES »

◎ Indications générales

Émile Durkheim (1858-1917) est le premier socio-logue moderne car il est le premier à considérer la sociologie comme une discipline autonome (séparée en particulier de la philosophie et de la psychologie) en lui donnant un objet et une méthode propre. Son but, dans la lignée de Descartes et de Comte, est de transposer à l'étude de la société la méthodologie qui a permis le développement des sciences physiques.

◎ Extrait

La proposition d'après laquelle les faits sociaux doivent être traités comme des choses est de celles qui ont provoqué le plus de contradictions. [...] Nous ne disons pas en effet que les faits sociaux sont des choses matérielles, mais sont des choses au même titre que les choses matérielles, quoique d'une autre manière. [...] Notre règle n'implique donc aucune conception métaphysique, aucune spéculation sur le fond des êtres. Ce qu'elle réclame, c'est que le sociologue se mette dans l'état d'esprit où sont physiciens, chimistes, physiologistes, quand ils s'engagent dans une région encore inexplorée de leur domaine scientifique. Il faut qu'en pénétrant dans le monde social, il ait conscience qu'il pénètre dans l'inconnu. (Les Règles de la méthode sociologique, 1895, préface de la seconde édition.)

◎ Explication

Pour que la sociologie soit une science à part entière, il faut définir son objet propre. C'est ce que fait Durkheim en montrant qu'il existe des « faits sociaux » qui ont une réalité autonome, en tant qu'objets d'étude, par rapport aux individus dans le comporte-ment desquels ils se manifestent. Ainsi, par exemple, les normes sociales (politesse, croyances, usages...). Les faits sociaux sont donc définis comme « des manières d'agir, de penser et de sentir, extérieures à l'individu, et qui sont doués d'un pouvoir de coercition en vertu duquel ils s'imposent à lui ».

◎ Contresens à ne pas commettre

Comme le souligne Durkheim lui-même, il n'a jamais dit que les faits sociaux *sont* des choses (ce qui est absurde) : son propos est d'abandonner le point de vue subjectif dans l'étude des faits humains en les trai-tant comme des *objets* : des réalités opaques, posées face au savant, vis-à-vis desquelles il doit se libérer de tout *a priori* et de tout préjugé – ce qui n'est pas facile puisqu'il s'agit de faits propres à la société dans lequel le sociologue vit lui-même et donc auxquels il est lui-même soumis.

◎ Exemple d'utilisation

Durkheim est une référence obligée pour toute réflexion sur les sciences humaines et sur le projet d'une connaissance rationnelle de la société. C'est un bon exemple aussi pour montrer comment naît une science nouvelle. Il peut être très fructueux de le confronter au philosophe allemand Wilhelm Dilthey (1833-1911), qui est critique de la méthode positiviste de Durkheim et qui soutient qu'il y a, justement, une spécificité des faits humains. Ceux-ci, selon Dilthey, parce qu'ils concernent des *sujets*, ne peuvent jamais être totalement traités comme des *objets* – comme le propose Durkheim – et doivent faire l'objet d'une *compréhension*, c'est-à-dire d'une saisie intuitive par le savant de la situation historique et sociale du sujet étudié. D'où la distinction expliquer/comprendre.

SUJET TYPE

Dans quelle mesure les faits sociaux peuvent-ils être l'objet d'une science ?

Principales notions concernées

Théorie et expérience • La société.

Voir aussi les repères : EXPLIQUER/COMPRENDRE • INTUITIF/DISCURSIF • OBJECTIF/SUBJECTIF • UNIVERSEL/GÉNÉRAL/PARTICULIER/SINGULIER.

Husserl

« TOUTE CONSCIENCE EST CONSCIENCE DE QUELQUE CHOSE »

⊚ Indications générales

Husserl (1859-1938) a posé les bases d'une nouvelle philosophie appelée la phénoménologie. Il s'agit de « faire de la philosophie une science rigoureuse » : non pas en lui appliquant les méthodes des sciences expérimentales, qui sont justement jugées *trop peu* rigoureuses, mais en prenant pour modèle, à la suite de Descartes, la géométrie. Celle-ci en effet travaille sur des idées pures sans se poser la question de leur existence empirique. C'est cette suspension de la question de l'existence du monde extérieur qui permet une réflexion véritablement rigoureuse. Quel est le statut, alors, du rapport de la conscience au monde extérieur ? C'est la question de l'*intentionnalité*, abordée dans le texte suivant.

⊚ Extrait

La perception de cette table est, avant comme après, perception de cette table. Ainsi, tout état de conscience en général est, en lui-même, conscience de quelque chose, quoi qu'il en soit de l'existence réelle de cet objet et quelque abstention que je fasse, dans l'attitude transcendantale qui est la mienne, de la position de cette existence [...] Le mot intentionnalité ne signifie rien d'autre que cette particularité foncière et générale qu'a la conscience d'être conscience de quelque chose. (Méditations cartésiennes, 1929.)

⊚ Explication

La « réduction phénoménologique » consiste à renoncer à la naïveté de croire que l'on peut s'interroger sur le monde directement, sans s'interroger sur la représentation du monde dans la conscience. Contre l'empirisme, Husserl se situe dans la suite du *cogito* de Descartes et du « sujet transcendantal » (c'est-à-dire du sujet en tant qu'il rend possible tout savoir) chez Kant : il pose la question des structures de la conscience qui précèdent et rendent possible la constitution d'une expérience pour moi. L'« intentionnalité » est la base de cette structure : elle est la structure d'ouverture de la conscience. Elle est ce fait décisif, interne à la conscience, que la conscience vise une extériorité à elle.

⊚ Contresens à ne pas commettre

« Toute conscience est conscience de quelque chose » ne signifie *pas* qu'il n'y a de conscience que parce qu'il y a des objets extérieurs : la phénoménologie élimine les objets extérieurs. C'est ce qui lui permet de mettre en évidence que la notion d'« extériorité » est interne à la conscience. « Toute conscience est conscience de quelque chose » définit la conscience comme cette visée vers une extériorité : elle n'est pas un récepteur, une « tablette de cire » sur laquelle le monde viendrait s'imprimer : elle façonne elle-même l'opposition intérieur/ extérieur.

⊚ Exemple d'utilisation

Le texte de Husserl propose un mode de résolution de la question du rapport de la conscience au monde : ce rapport reste énigmatique tant que l'on se représente le monde comme posé devant la conscience, face à elle, tout en étant d'une nature radicalement hétérogène par rapport à elle. Ce que Husserl met en évidence, c'est que c'est la conscience elle-même qui construit les significations du monde extérieur – à commencer par la signification « extérieur ».

SUJET TYPE

Comment la conscience peut-elle se représenter le réel ?

Principales notions concernées

Le sujet • La conscience • La perception • La raison et le réel.

Voir aussi les repères : Absolu/relatif • Idéal/réel • Objectif/subjectif.

Bergson

« LES MOTS SONT DES ÉTIQUETTES »

⊚ Indications générales

Bergson (1859-1941) critique le positivisme [voir Comte] et le kantisme [voir Kant], qui, chacun à leur manière, refusent de reconnaître la métaphysique comme une connaissance véritable, dans la mesure où elle prétend se passer des enseignements de l'expérience. Contre eux, Bergson fait retour à la métaphysique et à l'ambition d'une connaissance des choses mêmes. Cela suppose d'accéder à une intuition fondamentale qui permet de surmonter les obstacles qui nous séparent du réel, le langage en particulier.

⊚ Extrait

Nous ne voyons pas les choses mêmes ; nous nous bornons le plus souvent à lire des étiquettes collées sur elles. Cette tendance, issue du besoin, s'est encore accentuée sous l'influence du langage. Car les mots (à l'exception des noms propres) désignent des genres. Le mot qui ne note de la chose que sa fonction la plus commune et son aspect banal, s'insinue entre elle et nous, et en masquerait la forme à nos yeux si cette forme ne se dissimulait déjà derrière les besoins qui ont créé le mot lui-même. (Le Rire, 1900.)

⊚ Explication

Les mots, pour Bergson, sont un voile qui nous masque le réel. Ils sont issus du besoin, c'est-à-dire de l'intérêt pratique, qui nous pousse à isoler les choses les unes des autres et à ne retenir que ce qui est le plus utile pour nous. Ainsi il nous rend incapables de voir les singularités, qui sont les vraies réalités, et d'avoir l'intuition de la « durée » qui est le réel même (L'exis-

tence et le temps, texte 11, p. 94). Bergson dit que le langage « spatialise » la durée : il isole et fige des réalités qui sont liées et mouvantes. L'esprit doit donc se libérer du langage et des besoins pour accéder à la contemplation désintéressée du réel.

⊚ Contresens à ne pas commettre

Le texte cité dit « Nous ne voyons pas les choses mêmes », mais pour Bergson, ce n'est pas une fatalité : c'est le lot du plus grand nombre, mais tout homme peut exercer son regard – et plus précisément son intuition – pour dépasser les réductions que la vie courante nous oblige à opérer.

⊚ Exemple d'utilisation

Il peut être utile de confronter la critique du langage proposée par Bergson avec d'autres théories qui voient au contraire dans le langage le mode d'accès de la conscience au réel [voir Russell]. Il est intéressant aussi d'en suivre les conséquences, par exemple, sur la question de l'art : l'artiste est celui qui parvient à dépasser la vision commune, intéressée et schématisante, sur le monde, pour parvenir à la contemplation des singularités. Par là même, il façonne notre propre regard en nous faisant voir le monde autrement que sous l'angle du besoin.

SUJET TYPE

Sommes-nous prisonniers du langage ?

Principales notions concernées

Le langage • La raison et le réel.

Voir aussi les repères : GENRE/ESPÈCE/INDIVIDU • INTUITIF/DISCURSIF • OBJECTIF/SUBJECTIF.

Alain

NE PAS CONFONDRE DÉTERMINISME ET FATALISME

⊚ Indications générales

Émile Chartier, dit Alain (1868-1951), fut un grand professeur de lycée et commentateur de l'actualité. Rationaliste, il conçoit la philosophie comme un instrument de libération de l'homme, et invite l'individu à la méfiance à l'égard des préjugés et des pouvoirs établis. Ce que résume son célèbre aphorisme: «Penser, c'est dire non». C'est dans cette perspective qu'il propose de distinguer le déterminisme du fatalisme.

⊚ Extrait

Cette confusion est cause que les hommes peu instruits acceptent volontiers l'idée déterministe; elle répond au fatalisme, superstition bien forte et bien naturelle comme on l'a vu. Ce sont pourtant des doctrines opposées; l'une chasserait l'autre si l'on regardait bien. L'idée fataliste c'est que ce qui est écrit ou prédit se réalisera quelles que soient les causes. Au lieu que, selon le déterminisme, le plus petit changement écarte de grands malheurs, ce qui fait qu'un malheur bien clairement prédit n'arriverait point. (Éléments de philosophie, 1941.)

⊚ Explication

Le déterminisme est la doctrine selon laquelle rien n'arrive sans cause. Il est facile de la confondre avec le fatalisme pour lequel, puisque tout est déterminé, tout ce qui arrive est comme écrit à l'avance, et il n'y a donc rien à faire pour l'éviter. Alain dénonce cette confusion. Le fatalisme nie en effet toute liberté et incite à se plier aux circonstances. Le déterminisme, au contraire, même s'il dit que tout est déterminé, est la condition de la liberté: car c'est parce que le monde suit un ordre réglé que l'on peut prévoir ce qui va se passer et agir pour l'éviter. C'est parce que le monde suit un ordre réglé que l'on peut prévoir les conséquences de ses propres actes et agir «en connaissance de cause», c'est-à-dire librement.

⊚ Contresens à ne pas commettre

Il faut bien comprendre que le déterminisme n'est pas le contraire de la liberté. Certes, il rend impossible une liberté absolue qui consisterait à échapper à toute causalité [voir Spinoza]. Mais si rien n'était déterminé, alors aucun de mes actes n'aurait aucun sens: je ne pourrais jamais en prévoir une quelconque conséquence. Ce n'est donc que dans le cadre d'une nature déterminée que la liberté est pensable.

⊚ Exemple d'utilisation

Le texte d'Alain permet de bien comprendre comment déterminisme et liberté sont non seulement compatibles mais nécessairement liés. Il permet ainsi d'éviter les contradictions de la notion de liberté absolue. Du point de vue de la religion, il montre aussi que le fatalisme fondé sur l'idée que Dieu connaît à l'avance notre destin est absurde: car si Dieu connaît notre destin, nous ne le connaissons pas: nous ne pouvons donc rien en déduire sur ce que nous devrions faire ou ne pas faire. L'idée de la prédestination n'autorise donc pas à s'abandonner aux circonstances ni à nous débarrasser de toute responsabilité. De même en politique: le texte d'Alain est un appel à ce que chacun prenne son destin en main pour faire advenir la société qui lui paraît la plus juste, sans l'attendre d'une puissance tutélaire (à mettre en parallèle avec le texte de Tocqueville p. 394).

SUJET TYPE

La liberté est-elle incompatible avec l'idée de déterminisme?

Principales notions concernées

L'existence et le temps • La liberté.

Voir aussi les repères: CAUSE/FIN • CONTINGENT/NÉCESSAIRE/POSSIBLE • OBLIGATION/CONTRAINTE.

Russell

LE CALCUL DES PROPOSITIONS

⊚ Indications générales

Bertrand Russell (1872-1970) est un philosophe et logicien anglais qui inaugure ce que l'on appelle la philosophie analytique. Celle-ci part du postulat que notre pensée est déterminée par notre langage. Pour résoudre les problèmes de la philosophie, il faut donc épurer le langage de ses ambiguïtés. Dans les *Principia Mathematica* (1913) Russell répond à Leibniz et développe une méthode d'analyse des énoncés, notamment mathématiques, qui permet de les réduire à des propositions élémentaires, des «atomes logiques», à partir desquels on pourra calculer leur valeur de vérité.

⊚ Extrait

C'est de cette manière que l'étude de la logique devient l'étude centrale de la philosophie. Elle donne une méthode de recherche à la philosophie, exactement comme les mathématiques à la physique. Et comme la physique, qui ne fit aucun progrès depuis Platon jusqu'à la Renaissance, demeura obscure et superstitieuse, pour devenir une science grâce aux observations nouvelles faites par Galilée, et à une manipulation mathématique subséquente, la philosophie a eu le même sort, et, de nos jours, devient scientifique par l'acquisition simultanée de faits nouveaux et de méthodes logiques. (*La Méthode scientifique en philosophie*, 1914, chap. 8.)

⊚ Explication

Pour décider si une proposition est vraie ou fausse, il faut la décomposer en propositions élémentaires qui la composent. Par exemple «tous les hommes sont mortels» est en fait l'association de 2 propositions sous la forme «si x est un homme, alors x est mortel». Toutes les propositions de la philosophie peuvent ainsi être traduites en propositions du type «S est P», reliées entre elles par des connecteurs simples («et», «ou», «si... alors»...). La vérité de l'énoncé complexe est calculable selon des règles formelles en fonction de la vérité des propositions élémentaires, d'où les tables de vérité suivantes:

«P1»	«P2»	«P1 et P2»	«P1 ou P2»	«Si P1, alors P2»
Vraie	Vraie	Vrai	Vrai	Vrai
Vraie	Fausse	Faux	Vrai	Faux
Fausse	Vraie	Faux	Vrai	Vrai
Fausse	Fausse	Faux	Faux	Vrai

⊚ Contresens à ne pas commettre

Russell ne prétend pas que l'on pourrait, par ce moyen, résoudre tous les problèmes. Dans la lignée du positivisme, il pense plutôt qu'une telle formalisation permettra de distinguer les vrais problèmes – ceux qui peuvent donner lieu à une résolution – des faux problèmes – ceux qui ne peuvent être résolus et dont le caractère indécidable sera désormais clairement apparent: par exemple le problème de l'existence de Dieu, problème métaphysique par excellence [voir Anselme], que Russell considère comme une simple possibilité logique, qui ne peut être soumise à aucun test expérimental.

⊚ Exemple d'utilisation

La théorie de Russell nous donne un bon exemple d'assimilation de la pensée au langage et de tentative de maîtrise de l'une et de l'autre par la raison, jusqu'à une conception «technique» de la vérité, qui, à la limite, devrait pouvoir être calculée par des machines!

SUJET TYPE

La science apporte-t-elle à l'homme l'espoir de constituer un langage artificiel ?

Principales notions concernées

Le langage • La démonstration • La vérité.

Voir aussi les repères: ANALYSE/SYNTHÈSE • FORMEL/MATÉRIEL • GENRE/ESPÈCE/INDIVIDU • INTUITIF/DISCURSIF.

Bachelard

LA NOTION D'OBSTACLE ÉPISTÉMOLOGIQUE

⊚ Indications générales

Gaston Bachelard (1884-1962) est un philosophe des sciences, qui s'est intéressé en particulier à la formation des concepts scientifiques. Il va jusqu'à proposer une psychanalyse des mythes et des représentations qui sous-tendent nos conceptions communes de la matière (par exemple dans *La Psychanalyse du feu*, 1937). Son travail se situe alors à la frontière entre épistémologie et critique littéraire. La notion d'«obstacle épistémologique» est centrale pour comprendre l'évolution des sciences.

⊚ Extrait

Quand on cherche les conditions psychologiques des progrès de la science, on arrive bientôt à cette conviction que c'est en termes d'obstacles qu'il faut poser le problème de la connaissance scientifique. [...] En fait on connaît contre une connaissance antérieure, en détruisant des connaissances mal faites, en surmontant ce qui, dans l'esprit même, fait obstacle à la spiritualisation. L'esprit scientifique nous interdit d'avoir une opinion sur des questions que nous ne comprenons pas, sur des questions que nous ne savons pas formuler clairement. Avant tout, il faut savoir poser des problèmes. (La Formation de l'esprit scientifique, 1938, chap. 1.)

⊚ Explication

Il faut rapprocher ce passage de ce que nous avons dit en méthodologie sur la *problématisation*. La pensée commence toujours avec un paradoxe, c'est-à-dire, littéralement, dans une opposition à l'opinion commune («*para-doxa*»). La science et la philosophie, sur ce point, procèdent de la même manière. Les découvertes scientifiques ne se font pas à partir de rien. Même si c'est parfois par hasard que surgit la solution, une découverte n'est possible que dans le cadre d'un processus d'investigation et d'interrogation. Il n'y a de progrès, et même de «révolution» scientifique que par rapport à une génération scientifique antérieure.

⊚ Contresens à ne pas commettre

Bachelard ne dit évidemment pas qu'il suffit de contredire ses prédécesseurs pour être génial. La pure critique a toutes les chances de rester stérile. Mais l'idée de génie, qui propose une nouvelle manière de poser un problème (et donc de le résoudre), advient nécessairement sur un fond historique.

⊚ Exemple d'utilisation

La thèse de Bachelard peut utilement être opposée à une conception plus naïve de l'histoire des sciences, selon laquelle les sciences progressent par simple accumulation. Bachelard met en évidence le caractère conflictuel et dialectique de l'histoire des sciences. On peut l'illustrer par l'exemple classique des fontainiers de Florence: la théorie aristotélicienne expliquant que l'eau s'élève dans les pompes en vertu du principe «la nature a horreur du vide», les scientifiques du XVIIe siècle considéraient comme énigmatique que l'eau cesse de monter à partir d'une certaine hauteur. Il fallut le génie de Torricelli (1608-1647) pour imaginer que, si l'eau montait, ce n'était pas par «horreur du vide», mais à cause de la pression atmosphérique – ce qui expliquait aussi qu'à partir d'une certaine hauteur, proportionnelle à cette pression, elle cesse de monter.

Sujet type

La connaissance scientifique progresse-t-elle par l'accumulation des faits ?

Principales notions concernées

La raison et le réel • Théorie et expérience • La vérité.

Voir aussi les repères: CAUSE/FIN • CONTINGENT/NÉCESSAIRE/POSSIBLE.

Wittgenstein

LES JEUX DE LANGAGE

Indications générales

Il y a deux périodes dans la pensée de Ludwig Wittgenstein (1889-1951): celle du *Tractatus Logico-Philosophicus* (1921), où, dans la lignée de Russell (philosophie analytique), il entreprend de faire apparaître les incohérences logiques à l'origine de certains problèmes philosophiques, et dues à un mauvais usage du langage (d'où la dernière phrase du *Tractatus*: «Ce dont on ne peut parler il faut le taire»). Dans une seconde période, celle des *Investigations philosophiques* (1949), Wittgenstein critique l'idée qu'il existerait une forme idéale et homogène du langage, pour insister au contraire sur l'hétérogénéité et la multiplicité des règles de langage. C'est dans ce cadre qu'il développe la notion de «jeux de langage».

Extrait

11. Songez aux outils d'une boîte à outils: il y a là un marteau, des tenailles, une scie, un tournevis, un mètre, un pot de colle, de la colle, des clous et des vis. Autant les fonctions de ces objets sont différentes, autant le sont les fonctions des mots. [...]
23. ...il est d'innombrables et diverses sortes d'utilisations de tout ce que nous nommons «signes», «mots», «phrases». Et toute cette diversité, cette multiplicité n'est rien de stable ni de donné une fois pour toutes; mais de nouveaux types de langage, de nouveaux jeux de langage naissent, pourrions-nous dire, tandis que d'autres vieillissent et tombent en oubli. (*Investigations philosophiques*, 1936-1949, § 11 et 23.)

Explication

Wittgenstein insiste sur le fait que l'homogénéité du langage n'est qu'une apparence illusoire: ainsi un même mot a-t-il nécessairement une multiplicité d'usages; mais l'hétérogénéité n'est pas seulement la polysémie des mots, elle concerne aussi bien les phrases, qui n'ont de sens que selon les contextes dans lesquels elles sont prononcées ou entendues. Au §23 des *Investigations*,

il en donne une liste non-exhaustive: «*Commander et agir d'après des commandements, décrire un objet d'après son aspect, ou d'après des mesures prises, reconstituer un objet d'après une description (dessin), rapporter un événement...*», etc. On est donc loin de l'idée d'une correspondance terme à terme entre les mots du langage et les choses de la réalité. Notre représentation du réel, y compris dans les sciences, est mouvante au gré des contextes langagiers dans lesquels on se situe. Le langage n'a de sens qu'en situation.

Contresens à ne pas commettre

Même si Wittgenstein critique l'idée que les mots désigneraient une réalité indépendant du langage, comme le pense Augustin (voir Le langage, texte 14, p. 133), il n'est pas pour autant un relativiste ou un sceptique: les mots ne veulent pas dire n'importe quoi: il y a des règles, même si ces règles sont mouvantes. Comme dans un jeu: le jeu n'est pas la réalité, mais il a quand même des règles, sinon on ne pourrait pas jouer. D'où l'importance qu'accorde Wittgenstein à montrer que la notion d'un langage purement individuel n'aurait pas de sens.

Exemple d'utilisation

La pensée de Wittgenstein est précieuse lorsque l'on réfléchit sur les rapports entre le langage et la pensée. Ce qui est intéressant dans le parcours de Wittgenstein, c'est que l'on peut l'opposer à lui-même, en montrant comment il entreprend d'abord de purger le langage de ses imperfections, pour s'installer ensuite dans ces «imperfections» qu'il ne considère plus comme telles mais comme une diversité et une mobilité qui fait partie de l'essence même du langage.

SUJET TYPE
Faut-il reprocher au langage d'être équivoque ?

Principales notions concernées

Le langage • La raison et le réel • L'interprétation.

Voir aussi les repères: ABSOLU/RELATIF • FORMEL/MATÉRIEL • INTUITIF/DISCURSIF • OBJECTIF/SUBJECTIF.

Heidegger

« LA SCIENCE NE PENSE PAS »

⊚ Indications générales

Heidegger (1889-1976) fut l'assistant de Husserl à l'université de Fribourg. Il prolonge, à sa manière, la nouvelle forme de philosophie fondée par celui-ci : la phénoménologie. Dans *Être et temps* (1927) il affirme la différence fondamentale entre l'être (pensé comme un surgissement) et l'étant (correspondant à toutes les choses qui sont), et explique que toute la métaphysique occidentale s'est construite en privilégiant l'étant et en oubliant l'être. C'est dans ce cadre qu'il faut comprendre la phrase « la science ne pense pas ».

⊚ Extrait

Il faut le reconnaître, ce qui précède et tout l'examen qui va suivre n'ont rien de commun avec la science : à savoir, là précisément où notre exposé pourrait prétendre à être une pensée. La raison de cette situation est que la science ne pense pas. Elle ne pense pas parce que sa démarche et ses moyens auxiliaires sont tels qu'elle ne peut pas penser – nous voulons dire penser à la manière des penseurs. Que la science ne puisse pas penser, il ne faut voir là aucun défaut mais bien un avantage. Seul cet avantage assure à la science un accès possible à des domaines d'objets répondant à ses modes de recherche; seul il lui permet de s'y établir. (Que veut dire « penser » ?, 1954.)

⊚ Explication

Si Heidegger dit que la science ne pense pas, c'est parce qu'il attribue un sens spécifique au mot « penser ». Ce sens n'est d'ailleurs pas facile à saisir, et il reste, pour Heidegger, plutôt l'objet d'un questionnement que d'une définition. Car « définir », ce serait encore rester dans un mode de pensée conforme à la métaphysique et à la science occidentale, et donc encore manquer le « penser » que vise Heidegger. « Je ne peux pas dire, par exemple, dit Heidegger, avec les méthodes de la physique ce qu'est la physique. Ce qu'est la physique, je ne peux que le penser à la manière d'une interrogation philosophique ». Il faut donc distinguer lorsque l'on est à l'intérieur de la science, avec ses méthodes et son langage propre, qui permet un certain type d'appréhension du réel (les étants), doué notamment d'une grande efficacité technique. Et une « pensée » qui consiste justement en un effort pour sortir des catégories de pensée établies par la science – mais aussi par la philosophie – et qui permet de revenir à la question de l'être.

⊚ Contresens à ne pas commettre

1. Ne pas voir dans la phrase de Heidegger une condamnation de la science : il dit bien « ce n'est pas un défaut mais un avantage » : la science appréhende le réel de manière à pouvoir le prévoir et agir sur lui. Heidegger rappelle simplement qu'en faisant cela, elle n'épuise pas le sens du réel, mais façonne ce sens d'une certaine manière. 2. Ne pas réduire la phrase de Heidegger à une critique de la science au nom de la philosophie : l'analyse de Heidegger englobe aussi bien la science que la métaphysique classique (Aristote, Descartes) en montrant qu'elles marchent ensemble. La phénoménologie heideggerienne s'oppose aussi bien à l'une qu'à l'autre.

⊚ Exemple d'utilisation

Le texte de Heidegger est intéressant à confronter avec des préjugés scientistes, selon lesquels il n'y a pas de pensée hors de la science. Il s'oppose à toutes les pensées, comme celle d'Auguste Comte, pour lesquelles les méthodes de la science doivent être étendues à tous les domaines de la connaissance.

SUJET TYPE

Les sciences permettent-elles de connaître la réalité même ?

Principales notions concernées

Le travail et la technique • La raison et le réel • Théorie et expérience.

Voir aussi les repères : OBJECTIF/SUBJECTIF • ORIGINE/FONDEMENT.

Popper

LA FALSIFIABILITÉ

⊚ Indications générales

Karl Popper (1902-1994), logicien et philosophe des sciences, critique, dans *La Logique de la découverte scientifique* (1934), la «philosophie analytique» et le positivisme [voir Comte, Russell et Wittgenstein]: pour lui en effet, les énoncés métaphysiques sont loin d'être dénués de sens car, même s'ils ne sont pas scientifiques, ils permettent de formuler des conjectures qui, après confrontation avec l'expérience, peuvent servir de base à de nouvelles théories. Un de ses points d'achoppement avec le positivisme porte sur la question: «qu'est-ce qui fait qu'une théorie est scientifique?» Pour Popper, le critère de la scientificité d'une théorie n'est pas son caractère vérifiable mais sa «falsifiabilité».

⊚ Extrait

Les théories ne sont donc jamais vérifiables empiriquement […]. Toutefois j'admettrai certainement qu'un système n'est empirique ou scientifique que s'il est susceptible d'être soumis à des tests expérimentaux. Ces considérations suggèrent que c'est la falsifiabilité et non la vérifiabilité d'un système qu'il faut prendre comme critère de démarcation. En d'autres termes, je n'exigerai pas d'un système scientifique qu'il puisse être choisi une fois pour toutes, dans une acception positive mais j'exigerai que sa forme logique soit telle qu'il puisse être distingué, au moyen de tests empiriques, dans une acception négative: un système faisant partie de la science empirique doit pouvoir être réfuté par l'expérience. (La Logique de la découverte scientifique, 1934.)

⊚ Explication

Prétendre qu'une théorie pourrait être «vérifiée», c'est croire qu'elle pourrait être vraie de manière définitive. Pour Popper, ce qui fait la spécificité des théories véritablement scientifiques, c'est au contraire qu'elles peuvent évoluer, en étant confrontées à des faits qui les remettent en cause [voir aussi Bachelard à ce sujet]. Les théories non-scientifiques, selon Popper, comme le marxisme ou la psychanalyse, mais aussi l'astrologie, sont au contraire confirmées par une infinité de faits: elles ont toujours réponse à tout. Une véritable théorie scientifique, parce qu'elle est claire, précise et univoque, s'offre à une confrontation véritable avec l'expérience. Elle n'est «vraie» que tant qu'elle n'est pas démentie par des faits nouveaux: elle est donc provisoire par essence (ce qui ne l'empêche pas de durer longtemps parfois).

⊚ Contresens à ne pas commettre

Popper ne critique pas l'idée de science, au contraire. Il critique une conception naïve de la science selon laquelle celle-ci est figée une fois pour toutes. Pour lui, c'est au contraire l'idéologie ou le discours religieux ou superstitieux qui est figé. Le discours scientifique est un discours capable de révolutions internes qui lui permettent d'intégrer des données nouvelles.

⊚ Exemple d'utilisation

Ce texte de Popper est très important dès que l'on s'interroge sur la définition de la science empirique. Il critique une conception naïve de la vérité scientifique, selon laquelle celle-ci consisterait en énoncés universellement valides. Il permet de penser le caractère historique de la science et permet de résoudre la contradiction apparente entre la vérité et le progrès des sciences. Pour Popper, la vérité est moins dans la correspondance avec les faits que dans son caractère limité et sa cohérence formelle, qui la rendent accessibles aux démentis de l'expérience.

SUJET TYPE

À quoi reconnaître qu'une science est une science?

Principales notions concernées

Théorie et expérience • La vérité.

Sartre

L'AUTRE, AUSSI CERTAIN QUE NOUS-MÊMES

⑥ Indications générales

L'existentialisme de Jean-Paul Sartre (1905-1980) s'inscrit dans le courant de la phénoménologie [voir Husserl, Heidegger, Merleau-Ponty]. C'est-à-dire qu'il s'intéresse d'abord à la manière dont notre conscience structure notre expérience du monde. Le point de départ de *L'Existentialisme est un humanisme* (1945), c'est que « l'existence précède l'essence », c'est-à-dire que l'existence de l'homme n'est pas prédéterminée par une « essence », une « nature » qui lui imposerait d'agir d'une manière plutôt que d'une autre : l'homme est « condamné à être libre » et à façonner sa propre essence par les choix qu'il fait. Ces choix, toutefois, n'ont de sens pour Sartre que dans une intersubjectivité, c'est-à-dire dans un rapport à Autrui qui est la condition de possibilité de la conscience que j'ai de moi-même.

⑥ Extrait

Par le je pense, contrairement à la philosophie de Descartes, contrairement à la philosophie de Kant, nous nous atteignons nous-mêmes en face de l'autre, et l'autre est aussi certain pour nous que nous-mêmes. Ainsi l'homme qui s'atteint directement par le cogito découvre aussi tous les autres et il les découvre comme la condition de son existence [...] Ainsi découvrons-nous tout de suite un monde que nous appellerons l'intersubjectivité et c'est dans ce monde que l'homme décide ce qu'il est et ce que sont les autres. (*L'existentialisme est un humanisme*, 1945.)

⑥ Explication

Sartre récuse dans ce texte que le *cogito* [voir Descartes] soit un solipsisme, c'est-à-dire enferme l'homme dans une conscience de soi qui conduirait à mettre en doute l'existence du monde extérieur et des autres. Pour Sartre, l'intersubjectivité (c'est-à-dire la relation entre les subjectivités) est une structure première : l'individu ne se découvre pas lui-même avant de découvrir les autres : il ne prend conscience de lui-même qu'en même temps qu'il prend conscience des autres, qu'il se situe par rapport à eux en étant reconnu par eux.

⑥ Contresens à ne pas commettre

Que la conscience de soi passe par la reconnaissance et le regard d'Autrui ne signifie pas que le rapport à Autrui est nécessairement harmonieux. Sartre a dit lui-même « l'Enfer c'est les autres » (*Huis-clos*), justement parce que le regard d'autrui risque toujours de figer mon essence, de me réifier (me transformer en chose). Je me retrouve alors dans la « mauvaise foi », me contentant de jouer mon rôle social, oublieux de mon existence, c'est-à-dire de ma liberté fondamentale.

⑥ Exemple d'utilisation

Le texte de Sartre permet de renverser l'ordre habituel entre moi et les autres en montrant comment le « moi » n'a de sens que dans le vis-à-vis avec Autrui. Il permet d'illustrer la différence entre la conception que j'ai d'Autrui dans l'amour (où je ressens bien que j'existe *par* l'autre), et celle que j'ai quand je suis un « salaud » (le mot est de Sartre : le salaud c'est celui qui fige l'essence de l'autre, lui nie donc sa liberté et l'instrumentalise, le traite comme une simple fonction).

SUJET TYPE

Autrui peut-il être autre chose pour moi qu'un obstacle ou un moyen ?

Principales notions concernées

Le sujet • La conscience • Autrui • La liberté.

Voir aussi les repères : GENRE/ESPÈCE/INDIVIDU • OBJECTIF/SUBJECTIF • RESSEMBLANCE/ANALOGIE.

Levinas

« LA RELATION AU VISAGE EST D'EMBLÉE ÉTHIQUE »

⊚ Indications générales

Emmanuel Levinas (1905-1995) fut l'introducteur de la pensée de Husserl en France dans les années 30. Influencé par la phénoménologie, mais aussi par la Bible et le Talmud, il fait porter son questionnement principalement sur l'éthique et le rapport à autrui.

⊚ Extrait

On peut dire que le visage n'est pas «vu». Il est ce qui ne peut devenir un contenu que notre pensée embrasserait. [...] La relation au visage est d'emblée éthique. Le visage est ce qu'on ne peut tuer, ou du moins ce dont le sens consiste à dire: «Tu ne tueras point». Le meurtre, il est vrai, est un fait banal: on peut tuer autrui; l'exigence éthique n'est pas une nécessité ontologique. L'interdiction de tuer ne rend pas le meurtre impossible, même si l'autorité de l'interdit se maintient dans la malignité du mal accompli. (Éthique et Infini: dialogues avec Philippe Nemo, 1982.)

⊚ Explication

L'éthique est la partie de la philosophie qui traite du comportement juste. Contrairement à une morale religieuse basée sur la peur de Dieu, l'éthique philosophique est traditionnellement la recherche d'une définition du bien et du mal fondée sur la raison [voir Spinoza]. L'originalité du texte de Levinas tient à ce qu'il ne situe le fondement de l'éthique ni dans la raison ni en Dieu. C'est le visage même d'autrui, dans son face à face avec moi, qui me fait entendre le commandement éthique «tu ne tueras point». Le visage d'autrui n'est pas un simple objet posé en face de moi [voir Sartre]. Autrui est non seulement un autre sujet, mais cette intersubjectivité qui nous lie immédiatement a

aussi un sens. Le visage d'autrui me dit sa fragilité, son absolue imprévisibilité, sa vulnérabilité, c'est-à-dire aussi ma responsabilité vis-à-vis de lui.

⊚ Contresens à ne pas commettre

Que le visage d'autrui ait pour signification: «Tu ne tueras point» ne signifie pas que je ne peux pas le tuer: au contraire, «le visage d'autrui est dénudé»: il est nu et sans défense. Et pourtant, il me commande d'une certaine manière, parce que je ne peux pas le réduire à être une simple chose. C'est ce qui rend possible la pitié, et mon sentiment de responsabilité vis-à-vis d'autrui, c'est-à-dire la nécessité de *répondre de* mes actes devant lui. «Il y a là une relation non pas avec une résistance très grande, mais avec quelque chose d'absolument Autre: la résistance de ce qui n'a pas de résistance – la résistance éthique» (*Totalité et infini*, 1962).

⊚ Exemple d'utilisation

Le texte de Levinas est un texte utile pour penser le rapport à autrui et l'expérience de la présence. Je ne me re-présente pas autrui comme un objet: autrui est présent et me fait éprouver ce paradoxe du transcendant dans l'immanence. Le texte de Levinas permet simultanément de dépasser la conception religieuse de l'éthique et la conception rationaliste (il pourrait donc s'inscrire dans une troisième partie de dissertation).

SUJET TYPE

Qu'est-ce qui justifie le respect d'autrui ?

Principales notions concernées

Autrui • Le devoir.

Voir aussi les repères: Identité/égalité/différence • Obligation/contrainte • Transcendant/immanent.

Arendt

LE SENS DE L'ESCLAVAGE DANS L'ANTIQUITÉ

⊚ Indications générales

Hannah Arendt (1906-1975) fut une élève de Husserl et de Heidegger. Témoin et victime du nazisme, sa pensée est avant tout une pensée politique, portant notamment sur le totalitarisme (système politique dans lequel l'État, contrôlé par un parti unique, domine les individus dans tous les aspects de leur vie. *Cf. Les Origines du totalitarisme*, 1951). Dans *Condition de l'homme moderne* (1958), elle cherche à penser les conditions d'un véritable agir politique, qui préserve la société de la dérive totalitaire.

⊚ Extrait

L'institution de l'esclavage dans l'Antiquité, au début du moins, ne fut ni un moyen de se procurer de la main d'œuvre à bon marché ni un instrument d'exploitation en vue de faire des bénéfices; ce fut plutôt une tentative pour éliminer des conditions de la vie le travail. Ce que les hommes partagent avec les autres animaux, on ne le considérait pas comme humain. (Condition de l'homme moderne, 1958.)

⊚ Explication

Ce qu'explique Arendt, c'est que les hommes de l'Antiquité considéraient le travail comme une activité servile, réservée aux esclaves. L'institution de l'esclavage n'avait pas pour sens la rentabilité économique, également servile pour l'homme grec. Pour le citoyen libre de la cité antique, la vraie vie n'est pas celle de la production économique, qui est seulement survie, mais la vie contemplative, dévouée à la pensée pure, celle du citoyen libre dégagé des contraintes de la vie matérielle.

⊚ Contresens à ne pas commettre

Le sens de cette critique du travail n'est pas de faire l'éloge naïf de la vie intellectuelle désintéressée. Ce n'est pas celle-ci que valorise Arendt. Elle dénonce au contraire la confusion conceptuelle née de ce mépris des hommes de l'Antiquité pour la « vie active ». Elle distingue pour sa part trois concepts : « travail », « œuvre » et « action », son propos étant de réhabiliter l'« action » : c'est-à-dire l'activité politique. Celle-ci est mise en relation des hommes les uns avec les autres pour constituer un terrain commun où puissent s'exprimer et coexister les différences. C'est parce que l'homme moderne a perdu le sens de l'action et qu'il s'abîme soit dans la production économique, soit dans la vie intellectuelle coupée du monde, que le totalitarisme est possible. Pour lutter contre celui-ci, il faut retrouver le sens de l'action politique.

⊚ Exemple d'utilisation

La présentation que fait Arendt de la conception antique du travail, peut servir à alimenter une réflexion sur les valeurs liées au travail. Le travail vu par les Grecs peut être opposé aux théories libérales pour lesquelles le travail, en plus de produire une valeur matérielle, est aussi une valeur morale.

SUJET TYPE

Les hommes doivent-ils travailler pour être humains ?

Principales notions concernées

Le travail et la technique • La société • La liberté.

Voir aussi le repère : Identité/Égalité/Différence.

Merleau-Ponty

« LE CORPS PROPRE »

⊚ Indications générales

Maurice Merleau-Ponty (1908-1961) s'inscrit à sa manière dans le courant de la phénoménologie [voir Husserl, Heidegger, Sartre]. Mais sa phénoménologie à lui est une *Phénoménologie de la perception* (1945): reprenant à Husserl l'idée d'intentionnalité, c'est-à-dire le fait pour la conscience, d'être toujours «conscience de quel chose», Merleau-Ponty ne pense toutefois pas le sujet comme un simple «je pense» [voir Descartes], mais d'abord comme un corps: c'est le corps, et non simplement la conscience, qui est le siège des significations par lesquelles je structure mon expérience du monde.

⊚ Extrait

Le corps propre est dans le monde comme le cœur dans l'organisme: il maintient continuellement en vie le spectacle visible, il l'anime et le nourrit intérieurement, il forme avec lui un système. Quand je me promène dans mon appartement, les différents aspects sous lesquels il s'offre à moi ne sauraient m'apparaître comme les profils d'une même chose si je ne savais pas que chacun d'eux représente l'appartement vu d'ici ou vu de là, si je n'avais conscience de mon propre mouvement, et de mon corps comme identique à travers les phases du mouvement. (Phénoménologie de la perception, 1945.)

⊚ Explication

Le « corps propre » est la structure *a priori* par laquelle je détermine la forme de mon expérience du monde. C'est lui qui assure l'unité de ma perception malgré la diversité des sensations dont elle est composée. Le corps propre ne fait donc qu'un avec le monde et c'est lui qui en assure l'unité pour moi.

⊚ Contresens à ne pas commettre

Ne pas confondre le «corps propre» avec le corps au sens ordinaire du terme, qui est un assemblage d'organes. Le corps «propre», c'est le corps «vécu», le corps «qui est le mien», mon propre corps, c'est le sujet en tant que corps: non pas le corps pris comme objet par l'anatomiste, mais mon corps en tant qu'origine et condition de possibilité de ma représentation du monde. Merleau-Ponty, dans la lignée de la phénoménologie (et de Kant) inverse le rapport entre le sujet et le monde. Le corps propre ne s'oppose pas au monde, il n'est pas *dans* le monde: c'est plutôt par lui qu'il y a, pour moi, un monde, et par lui que ce monde a la forme que je lui vois.

⊚ Exemple d'utilisation

Le texte de Merleau-Ponty est très intéressant pour penser la question de la perception. Il faut le confronter à l'empirisme (Locke par exemple – mais au xxᵉ siècle, c'est avec la psychologie behaviouriste de Watson que Merleau-Ponty est en débat) pour lequel le monde nous livre des informations et par rapport auquel nous sommes passifs. Au sein même de la phénoménologie, Merleau-Ponty peut aussi être confronté à Husserl, ce dernier pensant le sujet comme pure conscience, alors que l'originalité de Merleau-Ponty est de réhabiliter la notion de corps et d'effacer la ligne de partage traditionnelle (qui remonte à Platon) entre le corps et l'esprit.

SUJET TYPE

La perception est-elle une réception passive de données ?

Principales notions concernées

La conscience • La perception • L'existence et le temps • Le vivant.

Voir aussi les repères: ABSTRAIT/CONCRET • OBJECTIF/SUBJECTIF • ORIGINE/FONDEMENT.

Foucault

CONTRE L'HISTOIRE GLOBALE

⊚ Indications générales

Michel Foucault (1926-1984), se réclamant de la démarche de Nietzsche et de la méfiance à l'égard des grands systèmes globalisants, a abordé en généalogiste, ou en « archéologue » (*L'Archéologie du savoir*, 1969), des problèmes laissés de côté par la philosophie : la folie, la clinique, les prisons, la sexualité... Foucault cherche comment se sont formées les institutions et les représentations de la société contemporaine, pour montrer que, loin d'exister de toute éternité, elles sont le fruit de processus historiques récents – à commencer par l'idée d'« homme » elle-même. À l'*histoire globale* se substitue pour lui le projet d'une *histoire générale*.

⊚ Extrait

Le thème et la possibilité d'une histoire globale commencent à s'effacer, et on voit s'esquisser le dessin, fort différent, de ce qu'on pourrait appeler une histoire générale. [...] Une description globale resserre tous les phénomènes autour d'un centre unique – principe, signification, esprit, vision du monde, forme d'ensemble ; une histoire générale déploierait au contraire l'espace d'une dispersion. (*L'Archéologie du savoir*, 1969.)

⊚ Explication

Le XIXe siècle est l'âge des « histoires globales », qui prétendent restituer toute l'histoire de l'Humanité à partir d'un seul principe explicatif : tel est le projet d'Auguste Comte ou, surtout, de Hegel, qui déclare : « L'histoire universelle est la manifestation du processus divin, de la marche graduelle par laquelle l'esprit connaît et réalise sa vérité » (*La Raison dans l'histoire*). Ce que constate Foucault, c'est que l'histoire, en se constituant comme « science humaine », a mis de côté cette pensée totalisante, et s'est consacrée à l'étude détaillée de domaines plus spécifiques. Elle n'est pas vouée pour autant à l'éclatement en histoires régionales sans communication les unes avec les autres (« celle de l'économie à côté de celle des institutions, et à côté d'elles encore celles des sciences, des religions ou des littératures »...), mais elle devient « histoire générale », c'est-à-dire qu'elle cherche à comparer et à organiser

en « tableaux » ces savoirs dispersés qu'elle a recueillis, sans plus essayer de les ramener à un principe commun.

⊚ Contresens à ne pas commettre

Ne pas croire que Foucault renonce à l'ambition d'une science historique. Au contraire : l'histoire générale, celle qu'il met en œuvre par exemple dans *Les Mots et les choses* (1966), est à la fois plus ambitieuse et moins ambitieuse que les grands systèmes du XIXe siècle. Elle cesse de prétendre à un principe explicatif absolu, mais c'est pour gagner en richesse de détails et de distinctions, et se garder d'amalgames qui rendent en fait l'histoire moins objective en croyant la rendre plus cohérente. Face à un objet aussi complexe que l'histoire humaine, renoncer à une certaine cohérence peut vouloir dire gagner en scientificité.

⊚ Exemple d'utilisation

Le texte de Foucault nous donne une conception moderne de ce qu'est la science historique. Il s'oppose à l'histoire mythique des religions, mais aussi aux grandes reconstitutions de l'histoire humaine, dont il montre qu'elles aussi, à leur manière, sont des sortes de mythes rationnels. (Ce texte pourrait ainsi être utilisé dans une troisième partie de dissertation sur la question de la scientificité de l'histoire).

SUJET TYPE

L'histoire : une histoire ou des histoires ?

Principales notions concernées

La culture • L'histoire • La raison et le réel • L'interprétation.

Voir aussi les repères : EXPLIQUER/COMPRENDRE • ORIGINE/FONDEMENT.

Programme d'enseignement de la philosophie en classe terminale des séries générales

Bulletin officiel du Ministère de la Jeunesse, de l'Éducation nationale
et de la Recherche n° 25 du 19 juin 2003

I. Présentation

I. 1

L'enseignement de la philosophie en classes terminales a pour objectif de favoriser l'accès de chaque élève à l'exercice réfléchi du jugement, et de lui offrir une culture philosophique initiale. Ces deux finalités sont substantiellement unies. Une culture n'est proprement philosophique que dans la mesure où elle se trouve constamment investie dans la position des problèmes et dans l'essai méthodique de leurs formulations et de leurs solutions possibles ; l'exercice du jugement n'a de valeur que pour autant qu'il s'applique à des contenus déterminés et qu'il est éclairé par les acquis de la culture.

La culture philosophique à acquérir durant l'année de terminale repose elle-même sur la formation scolaire antérieure, dont l'enseignement de la philosophie mobilise de nombreux éléments, notamment pour la maîtrise de l'expression et de l'argumentation, la culture littéraire et artistique, les savoirs scientifiques et la connaissance de l'histoire. Ouvert aux acquis des autres disciplines, cet enseignement vise dans l'ensemble de ses démarches à développer chez les élèves l'aptitude à l'analyse, le goût des notions exactes et le sens de la responsabilité intellectuelle. Il contribue ainsi à former des esprits autonomes, avertis de la complexité du réel et capables de mettre en œuvre une conscience critique du monde contemporain.

Dispensé durant une seule année, à la fin du cycle secondaire, et sanctionné par les épreuves d'un examen national, l'enseignement de la philosophie en classes terminales présente un caractère élémentaire qui exclut par principe une visée encyclopédique. Il ne saurait être question d'examiner dans l'espace d'une année scolaire tous les problèmes philosophiques que l'on peut légitimement poser, ou qui se posent de quelque manière à chaque homme sur lui-même, sur le monde, sur la société, etc. Il ne peut pas non plus s'agir de parcourir toutes les étapes de l'histoire de la philosophie, ni de répertorier toutes les orientations doctrinales qui s'y sont élaborées. Il convient donc d'indiquer clairement à la fois les thèmes sur lesquels portent l'enseignement et les compétences que les élèves doivent acquérir pour maîtriser et exploiter ce qu'ils ont appris. Le programme délimite ainsi le champ d'étude commun aux élèves de chaque série.

I. 2

Dans les classes terminales conduisant aux baccalauréats des séries générales, le programme se compose d'une liste de notions et d'une liste d'auteurs. Les notions définissent les champs de problèmes abordés dans l'enseignement, et les auteurs fournissent les textes, en nombre limité, qui font l'objet d'une étude suivie.

Ces deux éléments seront traités conjointement, de manière à respecter l'unité et la cohérence du programme. C'est dans leur étude que seront acquises et développées les compétences définies au titre III ci-dessous. Les notions peuvent être interrogées à la faveur du commentaire d'une œuvre ; le commentaire d'une œuvre peut à son tour être développé à partir d'une interrogation sur une notion ou sur un ensemble de notions, qu'il permet aussi d'appréhender dans certains moments historiques et culturels de leur élaboration. Le professeur déterminera la démarche qui lui paraîtra le mieux correspondre aux exigences de son cours et aux besoins de ses élèves.

La liste des notions et celle des auteurs ne proposent pas un champ indéterminé de sujets de débats ouverts et extensibles à volonté. Elles n'imposent pas non plus un inventaire supposé complet de thèmes d'étude que l'élève pourrait maîtriser du dehors par l'acquisition de connaissances spéciales, soit en histoire de la philosophie, soit en tout autre domaine du savoir. Elles déterminent un cadre pour l'apprentissage de la réflexion philosophique, fondé sur l'acquisition de connaissances rationnelles et l'appropriation du sens des textes.

II. 1 Notions et repères

Le choix d'un nombre restreint de notions n'a d'autre principe que d'identifier les plus communes et les mieux partagées. Les notions retenues doivent constituer un ensemble suffisamment cohérent et homogène pour que leur traitement fasse toujours ressortir leurs liens organiques de dépendance et d'association. En outre, la spécification des listes de notions propres au programme de chaque série tient compte non seulement de l'horaire dévolu à l'enseignement de la philosophie, mais aussi des connaissances acquises par les élèves dans les autres disciplines. Enfin, l'intelligence et le traitement des problèmes que les notions permettent de poser doivent être guidés par un certain nombre de repères explicites.

II. 1.1 Notions

Dans toutes les séries, la liste des notions s'articule à partir de cinq champs de problèmes, eux-mêmes désignés par des notions, isolées ou couplées, qui orientent les directions fondamentales de la recherche. Ces cinq notions ou couples de notions occupent la première colonne des tableaux ci-après.

La deuxième colonne présente les principales notions, isolées ou couplées, dont le traitement permet de spécifier et de déterminer, par les relations qu'il établit entre elles, les problèmes correspondant à ces divers champs.

La présentation de certaines notions en couple n'implique aucune orientation doctrinale définie. De même que la mise en correspondance des notions de la deuxième colonne à celles de la première, elle vise uniquement à définir une priorité dans l'ordre des problèmes que ces notions permettent de formuler.

Les notions figurant dans l'une et l'autre colonnes ne constituent pas nécessairement, dans l'économie du cours élaboré par le professeur, des têtes de chapitre. L'ordre dans lequel les notions sont abordées et leur articulation avec l'étude des œuvres relèvent de la liberté philosophique et de la responsabilité du professeur, pourvu que toutes soient examinées. Le professeur mettra en évidence la complémentarité des traitements dont une même notion aura pu être l'objet dans des moments distincts de son enseignement.

II. 1.2 Repères

L'étude méthodique des notions est précisée et enrichie par des repères auxquels le professeur fait référence dans la conduite de son enseignement. Il y a lieu de les formuler explicitement, pour en faciliter l'appropriation par les élèves. Ceux dont l'usage est le plus constant et le plus formateur sont répertoriés, par ordre alphabétique, sous chaque tableau.

Chacun de ces repères présente deux caractéristiques : il s'agit, d'une part, de distinctions lexicales opératoires en philosophie, dont la reconnaissance précise est supposée par la pratique et la mise en forme d'une pensée rigoureuse, et, d'autre part, de distinctions conceptuelles accréditées dans la tradition et, à ce titre, constitutives d'une culture philosophique élémentaire.

Les distinctions ainsi spécifiées présentent un caractère opératoire et, à des degrés variables, transversal, qui permet de les mobiliser progressivement, en relation avec l'examen des notions et l'étude des œuvres, ainsi que dans les divers exercices proposés aux élèves. Par exemple, la distinction cause/ fin peut être impliquée dans l'examen des notions de vérité, d'histoire, de liberté, d'interprétation, de vivant, ou la distinction idéal/réel peut intervenir dans celui des notions d'art, de religion, de liberté, de bonheur, etc.

C'est aussi pourquoi ces repères ne feront en aucun cas l'objet d'un enseignement séparé ni ne constitueront des parties de cours ; le professeur déterminera à quelles occasions et dans quels contextes il en fera le mieux acquérir par les élèves l'usage pertinent, qui ne saurait se réduire à un apprentissage mécanique de définitions.

Les sujets donnés à l'épreuve écrite du baccalauréat porteront sur les notions (colonnes 1 et 2) et sur les problèmes qu'elles permettent de poser (l'un des sujets le faisant au travers d'une explication de texte). La structure du programme autorise que ces sujets puissent recouper divers champs, pourvu qu'ils présentent un caractère élémentaire et qu'au moins une des notions du programme soit clairement identifiable par l'élève dans leur formulation. Ils ne prendront pas directement pour objet les distinctions figurant dans la liste des repères (ce qui n'exclut pas, bien entendu, qu'elles soient utilisées dans leur formulation) ; la maîtrise de ces distinctions permettra au candidat de mieux comprendre le sens et la portée d'un problème et de construire sa réflexion pour le traiter.

II. 1.3 Notions retenues pour chacune des séries L. ES. S.

Notions			
	L.	**ES.**	**S.**
Le sujet	La conscience La perception L'inconscient Autrui Le désir L'existence et le temps	La conscience L'inconscient Autrui Le désir	La conscience L'inconscient Autrui Le désir
La culture	Le langage L'art Le travail et la technique La religion L'histoire	Le langage L'art Le travail et la technique La religion L'histoire	 L'art Le travail et la technique La religion
La raison et le réel	Théorie et expérience La démonstration L'interprétation Le vivant La matière et l'esprit La vérité	 La démonstration L'interprétation La matière et l'esprit La vérité	 La démonstration Le vivant La matière et l'esprit La vérité
La politique	La société La justice et le droit L'État	La société et les échanges La justice et le droit	La société et l'État La justice et le droit
La morale	La liberté Le devoir Le bonheur	La liberté Le devoir Le bonheur	La liberté Le devoir Le bonheur

REPÈRES :

Absolu/relatif - Abstrait/concret - En acte/en puissance - Analyse/synthèse - Cause/fin - Contingent/nécessaire/possible - Croire/ savoir - Essentiel/accidentel - Expliquer/comprendre - En fait/en droit - Formel/matériel - Genre/espèce/individu - Idéal/réel - Identité/ égalité/différence - Intuitif/discursif - Légal/légitime - Médiat/immédiat - Objectif/subjectif - Obligation/contrainte - Origine/fondement - Persuader/convaincre - Ressemblance/analogie - Principe/conséquence - En théorie/en pratique - Transcendant/immanent - Universel/général/particulier/singulier

II. 2 Auteurs

L'étude d'œuvres des auteurs majeurs est un élément constitutif de toute culture philosophique. Il ne s'agit pas, au travers d'un survol historique, de recueillir une information factuelle sur des doctrines ou des courants d'idées, mais bien d'enrichir la réflexion de l'élève sur les problèmes philosophiques par une connaissance directe de leurs formulations et de leurs développements les plus authentiques. C'est pourquoi le professeur ne dissociera pas l'explication et le commentaire des textes du traitement des notions figurant au programme.

Les œuvres seront obligatoirement choisies parmi celles des auteurs figurant dans la liste ci-dessous. Deux œuvres au moins seront étudiées en série L, et une au moins dans les séries ES et S. Ces textes seront présentés par l'élève, le cas échéant, à l'épreuve orale du baccalauréat.

Dans tous les cas où plusieurs œuvres seront étudiées, elles seront prises dans des périodes distinctes (la liste fait apparaître trois périodes : l'Antiquité et le Moyen Âge, la période moderne, la période contemporaine).

Pour que cette étude soit pleinement instructive, les œuvres retenues feront l'objet d'un commentaire suivi, soit dans leur intégralité, soit au travers de parties significatives, pourvu que celles-ci aient une certaine ampleur, forment un tout et présentent un caractère de continuité. Bien entendu, le professeur peut aussi utiliser pour les besoins de son enseignement des extraits d'écrits dont les auteurs ne figurent pas sur cette liste.

Platon ; Aristote ; Épicure ; Lucrèce ; Sénèque ; Cicéron ; Épictète ; Marc Aurèle ; Sextus Empiricus ; Plotin ; Augustin ; Averroès ; Anselme ; Thomas d'Aquin ; Guillaume d'Ockham.

Machiavel ; Montaigne ; Bacon ; Hobbes ; Descartes ; Pascal ; Spinoza ; Locke ; Malebranche ; Leibniz ; Vico ; Berkeley ; Condillac ; Montesquieu ; Hume ; Rousseau ; Diderot ; Kant.

Hegel ; Schopenhauer ; Tocqueville ; Comte ; Cournot ; Mill ; Kierkegaard ; Marx ; Nietzsche ; Freud ; Durkheim ; Husserl ; Bergson ; Alain ; Russell ; Bachelard ; Heidegger ; Wittgenstein ; Popper ; Sartre ; Arendt ; Merleau-Ponty ; Levinas ; Foucault.

III. Apprentissage de la réflexion philosophique

Les formes de discours écrit les plus appropriées pour évaluer le travail des élèves en philosophie sont la dissertation et l'explication de texte. La dissertation est l'étude méthodique et progressive des diverses dimensions d'une question donnée. À partir d'une première définition de l'intérêt de cette question et de la formulation du ou des problèmes qui s'y trouvent impliqués, l'élève développe une analyse suivie et cohérente correspondant à ces problèmes, analyse nourrie d'exemples et mobilisant avec le discernement nécessaire les connaissances et les instruments conceptuels à sa disposition.

L'explication s'attache à dégager les enjeux philosophiques et la démarche caractéristique d'un texte de longueur restreinte. En interrogeant de manière systématique la lettre de ce texte, elle précise le sens et la fonction conceptuelle des termes employés, met en évidence les éléments implicites du propos et décompose les moments de l'argumentation, sans jamais séparer l'analyse formelle d'un souci de compréhension de fond, portant sur le problème traité et sur l'intérêt philosophique de la position construite et assumée par l'auteur.

Dissertation et explication de texte sont deux exercices complets, qui reposent d'abord sur l'acquisition d'un certain nombre de normes générales du travail intellectuel, telles que l'obligation d'exprimer ses idées sous la forme la plus simple et la plus nuancée possible, celle de n'introduire que des termes dont on est en mesure de justifier l'emploi, celle de préciser parmi les sens d'un mot celui qui est pertinent pour le raisonnement que l'on conduit, etc. Les deux exercices permettent de former et de vérifier l'aptitude de l'élève à utiliser les concepts élaborés et les réflexions développées, ainsi qu'à transposer dans un travail philosophique personnel et vivant les connaissances acquises par l'étude des notions et des œuvres. La maîtrise des distinctions contenues dans la liste des repères (II.1.2) aide l'élève à analyser et à comprendre les sujets et les textes proposés à la réflexion et à construire un propos conceptuellement organisé.

Les exigences associées à ces exercices, tels qu'ils sont proposés et enseignés en classe terminale, ne portent donc ni sur des règles purement formelles, ni sur la démonstration d'une culture et d'une capacité intellectuelle hors de portée. Elles se ramènent aux conditions élémentaires de la réflexion, et à la demande faite à l'élève d'assumer de manière personnelle et entière la responsabilité de la construction et du détail de son propos. Les capacités à mobiliser reposent largement sur les acquis de la formation scolaire antérieure : elles consistent principalement à introduire à un problème, à mener ou analyser un raisonnement, à apprécier la valeur d'un argument, à exposer et discuter une thèse pertinente par rapport à un problème bien défini, à rechercher un exemple illustrant un concept ou une difficulté, à établir ou restituer une transition entre deux idées, à élaborer une conclusion. Elles sont régulièrement développées et vérifiées au cours de l'année scolaire, que ce soit sous forme écrite ou sous forme orale, dans le cadre de devoirs complets ou d'exercices préparatoires correspondant particulièrement à l'une ou l'autre d'entre elles.

Il n'y a pas lieu de fournir une liste exhaustive des démarches propres au travail philosophique, ni par conséquent une définition limitative des conditions méthodologiques de leur assimilation. Le professeur doit lui-même donner dans l'agencement de son cours l'exemple de ces diverses démarches, exemple dont l'élève pourra s'inspirer dans les développements qu'il aura à construire et dans l'approche des textes qu'il aura à expliquer. Il lui revient en même temps d'en faire percevoir le bénéfice aux élèves, non seulement pour l'amélioration de leurs résultats scolaires, mais plus généralement, pour la maîtrise de leur propre pensée et pour son expression la plus claire et convaincante

* Les numéros de pages en gras renvoient aux œuvres pour l'oral et aux fiches auteurs.

Crédits photographiques

Le papier sur lequel est imprimé cet ouvrage provient de forêts certifiées et gérées durablement.

Imprimé en France par Loire Offset Titoulet à Saint-Étienne
N° d'édition : 006224-01 - N° d'impression : 2012040972/A
Dépôt légal : avril 2012